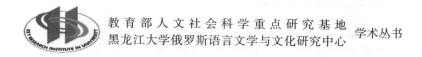

教育部人文社会科学重点研究基地
黑龙江大学俄罗斯语言文学与文化研究中心 学术丛书

作舟篇
基于西方原典的学术史追溯

Making a Boat:
A Retrospect of Academic History
Based on Western Texts

李葆嘉 著

外语教学与研究出版社
FOREIGN LANGUAGE TEACHING AND RESEARCH PRESS
北京 BEIJING

图书在版编目（CIP）数据

　　作舟篇：基于西方原典的学术史追溯 ＝ Making A Boat: A Retrospect of Academic History Based on Western Texts：汉文、英文、俄文、德文、法文／李葆嘉著．－－ 北京：外语教学与研究出版社，2021.11

　　（教育部人文社会科学重点研究基地黑龙江大学俄罗斯语言文学与文化研究中心学术丛书）

　　ISBN 978-7-5213-3240-7

　　Ⅰ．①作… Ⅱ．①李… Ⅲ．①学术思想－思想史－西方国家－文集－汉、英、俄、德、法 Ⅳ．①B5-53

　　中国版本图书馆 CIP 数据核字 (2021) 第 262308 号

出 版 人　王　芳
责任编辑　都帮森
责任校对　潘瑞芳
装帧设计　李　高
出版发行　外语教学与研究出版社
社　　址　北京市西三环北路 19 号（100089）
网　　址　http://www.fltrp.com
印　　刷　北京联兴盛业印刷股份有限公司
开　　本　880×1230　1/32
印　　张　20
版　　次　2022 年 1 月第 1 版 2022 年 1 月第 1 次印刷
书　　号　ISBN 978-7-5213-3240-7
定　　价　158.00 元

购书咨询：（010）88819926　电子邮箱：club@fltrp.com
外研书店：https://waiyants.tmall.com
凡印刷、装订质量问题，请联系我社印制部
联系电话：（010）61207896　电子邮箱：zhijian@fltrp.com
凡侵权、盗版书籍线索，请联系我社法律事务部
举报电话：（010）88817519　电子邮箱：banquan@fltrp.com
物料号：332400001

记载人类文明
沟通世界文化
www.fltrp.com

开卷通四海，闭门隐深山。周游学林，乐哉玉兰飘香；冲浪慧海，欣然寒梅怒放。吾生有涯，与书为友；知识无涯，唯有作舟……

——作者手记

沈家煊先生序

　　学海无边苦作舟，读李葆嘉先生的《作舟篇——基于西方原典的学术史追溯》，让我对这句话有了更深刻的体会。我也是学语言学的，在当研究生的时候读了点语言学史：一是读罗宾斯的《语言学简史》，西方人写的，现在看来带有明显的欧洲中心主义的倾向；一是读了岑麟祥的《语言学史概要》，中国人写的，大大增加了中国语言学史的内容，但是对西方语言学史的论述基本上是复述西方学者的观点。《作舟篇》是一个中国学者用中国人的眼光对西方学术史的梳理，以西方语言学史为主，其中有许多发现和看法是西方学者自己没有意识到的，这就非同一般了。静心一想，既然英国的李约瑟可以写一部巨著《中国科学技术史》，让中国人重新认识自己祖先的科技成就，为什么中国的李葆嘉就不能写一本书来阐释西方学术史呢？不识庐山真面目，只缘身在此山中，常言道"旁观者清"。只有对西方文化和历史有了透彻的了解，我们才能对自己的文化和历史有深入的认识。

　　李葆嘉先生研治西方学术史的方法值得称道。一是拿早期多语种原典的辨析作为立论的基础，二是把群体考察和主线梳理结合起来。不考原文，辗转引用，难免盲从误说；不作群体考察，就只见树木不见森林，不抓住主线，就眉毛胡子一把抓，条理不清。

我把阅读《作舟篇》后从中获益而且印象深刻的几点依次说一说。

关于术语，一个核心术语就是一段学术史，要切实理解一个术语必须熟悉它的历史语境。要明白术语在历史上是演变的，要避免以今律古（书中自序 VI 页，正文 23 页，156 页）。以今律古的毛病是我们常犯的，要时刻给自己敲警钟。

关于普遍语法，格林伯格的普遍语法是唯实论的普遍语法，乔姆斯基的普遍语法是唯理论的普遍语法（书中 72 页，可以参见 44 页）。原来普遍语法不是唯一的。强调每种语言有自身特点的人不必别人一提普遍语法就反对。

关于语言类型学，中国语言学的根本任务首先是，建构切合汉语结构类型且具有普遍价值的语法学理论（书中 74 页）。这一点我特别赞同，想多说几句。建构的语法学理论一是要"切合汉语结构类型"。书中有《西方汉语文法学史鸟瞰》一文，讲西方的有识之士批评有人"给中文披上西方的外衣"，"将拉丁语法的'普鲁克鲁斯特之床'强加给异族语言"。我也想起法国汉学家戴密微的一段话，说汉语的结构特点"冒犯着我们几百年来通过经院式学习，从亚里士多德和希腊-拉丁修辞学家那儿继承来的、可以说珍藏于我们心底的信念。对我们来说，那里面有些什么东西让人感到丢脸和愤慨"，但是"有一些人放弃原则，把词类转弯抹角地引入汉语语法。这里面既有最近的西方作者，也有当代的中国专家，而后者之所以对自己的语言进行语法研究，那也是因为受了来自西方的冲动的影响，所以他们要在研究中摆脱欧洲范畴的束缚，也许要比我们更加困难"。二是"要有普遍价值"。只讲汉语特点而不讲它的普遍价值，这是一个极大的缺憾，是我们的语法理论不受西方学者重视的原因之一。

《作舟篇》视野开阔，第一组论文是比较方法论和文化总体观，从比较语言学谈到比较文学，又谈到比较方法在多个学科中的传播。我们语言学家不能只守住自己的一亩三分地，苦作舟要面向大海。

《作舟篇》的文笔既严谨又生动，这也是一般人很难做到的。学术史上的事情不必写得干巴巴的，"事情"就是事和情的结合，对事的陈述必定是带情的。作者说，真正的学者从不奢谈"真相"，只能说何种感知体，面对何种对象，在何种情境下，以何种方式，反映或表达何种感知（书中自序VI页）。

李葆嘉先生四十年学海苦作舟的心路历程，在他的自序中已经有说明，我只有佩服，没有更多的话可说。

沈家煊

2021 年 7 月 11 日

自　序

在语言学的道路上，跋山涉水四十年。从中国传统语文学、现代汉语学到语言文字学理论，再从语言文化哲学到语言科学技术，从元语言工程、语义网络建构、幼儿语言成长到话语行为分析，从方言地理学、民族语言学、语言史到语言学术思想史……文献的搜集和研读，也就从汉语文献拓展到欧语文献。所有的这一切，都是在探索"华夏民族—华夏文明—华夏语言"的起源及演化，也就是为了解析青少年时代的梦呓——"我从哪里来？"

世事皆有因缘。1996年8月，王士元先生应邀莅临南京师范大学语言学专业访问。这次机缘，不但使后学有可能请益王先生，而且承蒙惠赠《汉语的祖先》。数日后，王先生从黄山来信，约后学撰写书评。是年秋，后学到北京大学访问，师从徐通锵先生。听课之余，研读《汉语的祖先》而萌发了翻译念头。其后，陆续邀请多位学者（李锦芳教授，以及司联合、延俊荣、魏慧萍博士和白丽芳、温秀杰、于红等）合作，至2004年9月杀青（中华书局，2005年）。通过翻译和撰写译序《从同源性到亲缘度：历史比较语言学的重大转折》，深感研读外文原著的乐趣和重要性。

师友唯有随缘。我指导的博士生、博士后中有多位是英语专业背景。2007 年，与李艳合译德里姆（G. van Driem）《汉-南语系与汉-高语系、汉-博语族与汉-藏语系以及尚未完全证明的藏缅语系假说》、沙加尔（L. Sagart）《南岛语系高层次发生史与台-卡语的历史层次》。2010 年以来，与司联合、李炯英合译吉拉兹（D. Geeraerts）的《欧美词汇语义学理论》（世界图书出版公司，2013 年），与章婷、邱雪玫、李炯英合译莱考夫（G. Lakoff）的《女人、火与危险事物：范畴显示的心智》（世界图书出版公司，2017 年），与孙晓霞、司联合、殷红伶、刘林、邱雪玫合译莱考夫和约翰逊（M. Johnson）的《肉身哲学：亲身心智及其向西方思想的挑战》（世界图书出版公司，2018 年），与刘慧、殷红伶合译聂利奇（B. Nerlich）的《欧洲语义学理论 1830—1930：从语源论到语境性》（世界图书出版公司，2020 年）。此外，还完成了《威廉·琼斯亚洲学会年会演讲：1784—1794》《西方语义学论著选译》《西方比较语言学史论著选译》等，皆得益于教学相长、通力合作。

生有涯而知无涯。2005 年以来，试图对我在 20 世纪 80 年代产生的一些疑问寻求答案。2010 年全力以赴"重建西方五百年语言学史"，陆续建立比较语言学、西方汉语文法学、西方语义学和现代语言学原著文库，近几年相继合作完成《揭开语言学史之谜——基于知识库重建历史的 21 世纪使命》（2017 年完稿，世界图书出版公司 2021 年印行）、《层封的比较语言学史：终结琼斯神话》（2018 年完稿，科学出版社 2020 年印行）、《失落的西方语义学史论》（2016 年完稿，预计 2022 年刊行）。

这些书稿完成后，进一步地思考还在继续……这本论文集收录的，就是近几年来继续学术史探索的一系列专题论文。

第一组：比较方法论和文化总体观

《比较语言学的"比较"从何而来》，是《层封的比较语言学史：终结琼斯神话》交稿之后的思考，觉得有必要梳理比较方法论的来龙去脉。在此过程中，联想到"比较"的另一含义，即"对比语言学"的"对比"。长期以来，语言亲缘关系研究和语言结构类型研究用的是同一术语"比较"（拉丁文 comparatio，荷兰文 vergelijcken，德文 vergleichende，法文 comparée，英文 comparative），直到 20 世纪 40 年代才明确区分"比较语言学"（comparative linguistics）与"对比语言学"（contrastive linguistics）。因此，有必要梳理这两种"比较"的关系及分化过程，其考察结果就是《普遍语法、对比语言学及语言类型学的由来》。普遍语法与对比语言学互为表里，而 19 世纪语言类型学则是对比语言学的第一个表现形态。

受比较解剖学和比较语法的影响，"比较"在 19 世纪上半叶成为欧洲的学术思潮，我的思绪由此延伸到"比较文学"及"世界文学"（运用比较方法）的关系。通过翻阅资料和研读早期原著，草成《哥廷根-魏玛：揭开"世界文学"之谜》。在此过程中，又发觉德国"世界文学"与"总体文学"之间的关系也需厘清，进而觉察到"总体文学"的理论基础是 17—18 世纪的"欧洲学术研究总体观"。文献挖掘显示，这一总体观来自 17 世纪中期荷兰学派的语言研究总体观和比较法，由此撰写《比较方法的传播与"新欧洲"总体-比较文学的轨迹》。最终揭示，17 世纪中期荷兰学派语言关系研究的总体观和比较法，影响了 17 世纪晚期的德国"总体文学"或"新欧洲文学"研究，由此开启了 18 世纪下半叶到 19 世纪初期的德国"总体世界文学"研究，从而迎来了 19 世纪"比较文学"的热潮。17—19 世纪的欧洲文学史线索，终于豁然开朗。

第二组：现代语言学史论

这几篇论文是从不同分支学科出发，讨论现代语言学史上的问题。《博杜恩·德·库尔特内（1870）创立应用语言学》一文，基于博杜恩的《关于语言学和语言的若干原则性看法》（1870 [1871]），追溯"应用语言学"的来源与现代语言学的发端。《继往开来的西方三代社会语言学》一文，首次将社会语言学划分为三代，通过第一代（19世纪后期）的法国文献和第二代（20世纪上半叶）的俄国文献挖掘，揭示这门学科的形成和发展历程。通过第三代（20世纪下半叶）的文献梳理，澄清美国学派的来龙去脉。《句子研究三个平面理论：起源和发展》一文，则是为了呈示句子研究如何走向多维化的历程。以上这些研究以对比语言学、应用语言学、社会语言学的形成及发展为案例，旨在澄清包括生物语言学（形成于19世纪20年代）、心理语言学（形成于19世纪50年代）等学科，并非20世纪下半叶才出现的所谓"新兴学科""交叉学科"或"边缘学科"——一些英美学者炮制的神话。

《当代语言学理论：植根于往昔语义学著作之中》《家族相似性理论的语义学研究来源》《评英国学者的语义学简史研究》都是《失落的西方语义学史论》完稿以后的再思考。第一篇思考当代语言学理论与传统语义学之间的渊源，意在说明，当代西方语言学如何在向欧洲语言学传统逐步回归。尽管20世纪下半叶，美国语言学走向国际前台，然而，这些当代语言学理论方法皆有其19世纪西欧（尤其是德法俄）传统的渊源。第二篇探讨维特根斯坦家族相似性与传统语义学理论的联系，意在说明，并非像通常认为的那样——现代语言哲学影响了语言学的发展；反之，语言学也影响了现代语言哲学的发展。第三篇评注乌尔曼所描述的西方语义学简史，然而这一"以史为鉴"的学风却未能延续，其后的英国语义学家或不置一词，或偶有提及而误说丛生，由此导致中国语言学界迄今仍有以讹传讹。

长期读书作文，会有若干无意记忆。时有串珠蝉联，令人豁然开朗。2019 年 11 月，走笔"第三代社会语言学"时，涉及多位犹太裔美国学者，心中不免一惊——莫非犹太人已掌控美国语言学界（以及国际语言学界，甚至……）！遂草成《至简美国语言学史》。也算是对未来的一个预测，其中玄机，读者自有体会……

第三组：西方中国语言学史论

此处的"西方"（地域）指代"西方学者"（研究者）。"西方"的近义词是"泰西""西洋"。中国五代时期已有"西洋"一词，起初指东南亚沿海地区。元朝指文莱以西的东南亚和印度沿海地区，至明代郑和下西洋则延伸到阿拉伯和波斯。明代后期用"泰西"指欧洲。晚清用"西洋""西方"指欧洲，后泛化为指"欧美"。

第一篇《西方汉语文法学史鸟瞰》考察西方学者从 16 世纪末到 19 世纪末（《马氏文通》之前）对汉语文法学的研究。所谓"西方汉语**文法学**"，即这一时期西方学者为西方人学习中国语言文化所研究的文法知识系统。有人会提出，为何不用现在通行的术语"语法"呢？这是因为 17—19 世纪的"文法"（希腊语 grámmatiké，拉丁语 Grammatica，法语 Grammaire，德语 Grammatik，英语 Grammar；或拉丁语 ars，西班牙语 arte），所涵盖的是：文字＋语音＋词语＋词源（形态词类）＋句法＋用法（甚至还有文选和作文），与现在所谓的"语法"（词法＋句法）并不等值。明智的读者已经明白，该"文法"是作为历史词汇在使用。希腊学者特拉克斯（Dionysius Thrax, 公元前 170 年—公元前 90

年）的《读写技艺》或《文法技艺》（*Téchnē Grámmatiké*），将
grámmatiké 定义为"有关诗人和文学家使用语言的实际知识"，
包括语音韵律、解释词语、讲解熟语、探讨词源、类比规则和评
析文学作品。罗马学者多纳图斯（Aelius Donatus, 320—380）的
《文法技艺》（*Ars Grammatica*）包括语音、字母、拼音、诗律、重
音、正误、诗歌语言、比喻等，其书名用拉丁语的 ars 对译希腊
语的 téchnē，用拉丁语的 grammatica 对译希腊语的 grámmatiké。
根 据 词 源，拉 丁 语 grammatica < 希 腊 语 grámmatiké"文 法"
< grámmatikós"读写者" < grámmat"字母" < gram"书写"，其
词源意即基于"读写"（而非口语）的"文法"。在西方学者中，
最早编撰汉语文法学著作的是西班牙高母羡（Juan Cobo, 1546—
1592），其书名西班牙文 *Arte de la Lengua China*（1592）可译为《中
国语技艺》或《中国语文法》。其中的 arte（西班牙语"技艺"）< 多
纳图斯的 ars（拉丁语"技艺"）< 特拉克斯的 Téchnē（希腊语"技
艺"），三者一脉相承。在欧洲中世纪学校教育中，文法为"三才
之冠"或"七艺之首"。用"技艺"转指"文法"，表明欧洲学者
将文法研究视为借助分析技艺而完成的一件艺术品，洋溢着文法
研究的科学精神、人文气息和应用旨趣。反之，如果写成"西方
汉语**语法学**"，照样会有人依据通行术语"语法"提出质疑，为
何其中的若干内容并非"语法"呢？**根本问题在于——要明白术
语在历史上是演变的，要避免以今律古。对历史的叙述，其核心
术语务必力求基于历史语境。**

在探索西方汉语文法学史时，偶尔会想到 19 世纪西方学者
的汉语古音研究，或 17 世纪以来的汉语亲缘关系研究。此两者
有所交叉，但各有侧重（一侧重于古音构拟，一侧重于亲缘探
究），故宜分别梳理。《西方汉语古音学史发凡》一文，追溯到
19 世纪初，重在高本汉之前的"中国古音研究"。《西方汉语亲
缘关系学史发凡》一文，可远绍至 17 世纪，重在 18—19 世纪早

期文献的挖掘。

也许，这些专题探索都具有原创性、开拓性和国际性。据说，真正的哲人，从不奢谈"真相"。**窃以为，只能说何种感知体，面对何种对象，在何种情境下，以何种方式，反映或表达何种感知。**多年来，在西方学术史探索领域，作为具体感知体——我的原则是：**采用中国传统方法（考据—辨析—归纳）研治西方学术，基于早期多语种原典阐述学者观点，依据群体考察—主线梳理模式溯源沿流。**这些专题研究大体上是四个步骤。第一步，围绕某个问题（多年前的疑问），查阅国内外相关文献（多从二手资料入手），形成探索思路。第二步，寻找一手资料（主要是 19 世纪以前的原著及其背景信息）研读，制作编年史。第三步，通过溯源沿流，寻找失落的承传关系，形成基本观点。第四步，在行文中反复思考，时有新的发现。虽然草拟文章的时间不等，有的一年半载，有的十天半月，但是酝酿、思考、查找和研读文献的时间却相当漫长。

就文献资料而言，早期西方学术史研究有"五难"：难晓、难找、难读、难懂、难通。正如我在《层封的比较语言学史：终结琼斯神话》（科学出版社，2000 年）后记中所写：

> 在黑暗中摸索，在荒野中探路。你不知那渺渺茫茫的时空隧道中何人曾先行；即使知道了人名，你也不一定就能找到其论著题目；即使找到了题目，你也不一定就能找到其论著；即使找到了论著，你也不一定能看懂……书山寻宝，处处逢歧路；学海捞针，每每陷漩涡。唯有继续前行，或顺藤摸瓜，或歪打正着，路越走越亮。也有妙手偶得，也有未卜先知。作为勘探者，我们走过的只是一段路程，严格来说，最大的收益就是绘制了一份路线图，而要建立既全面贯通又具体精微的西方比较语言学史（12—20 世纪），尚需后来者继续跋涉。（李葆嘉 2020: 418）

学术史研究的基础工作就是寻找原始文献和编年史，由此陆续建立了"比较语言学原著文库"（12—19世纪，90余种，拉丁语、法语、荷兰语、德语、英语、俄语等）、"西方汉语文法学原著文库"（17—19世纪，60余种，西班牙语、拉丁语、法语、德语、英语、俄语等）、"西方语义学原著文库"（1800—1960，70余种，拉丁语、法语、德语、英语、俄语等）、"现代语言学原著文库"（19—20世纪，40余种，俄语、法语、德语、英语等）等。有了不同的思路，务必要有原始文献支撑；而积累了原始文献知识，又会形成新的思路……

书山有路勤为径。新的探索难免具有矫枉性和颠覆性。所谓矫枉性，也就是发掘并突显以往隐而不彰的，澄清并纠正以往夸大其辞的；所谓颠覆性，也就是与教材或论著中宣讲的"公认"可能大相径庭，与通常学者熟知的结论龃龉。恰切地说，这些专题研究并非刻意于观点的"创新"，而是笃守在文献的"复旧"——试图重建历史语境，尽量还原历史文献所体现的学术史轨迹。**当然，任何研究都有其受限性，受限于我的知识基础和思维能力（何种感知体），受限于我的文献搜集和研读能力（何种对象），受限于我的历史情怀和学术境界（何种情境），受限于我的研究方法和呈示章法（何种方式）。换而言之，学术史的研究具有开放性，应有不同说法，通过营造"史实—作者—读者"的互动氛围，由读者来审视、来鉴别、来取舍。**

学海无边苦作舟。从1985年刊发第一篇语言学论文，到2010年，我已发表150篇。2011年，选编了两本论文集。一本题名《一叶集》（北京：世界图书出版公司，2012），主要收录现代语言学方面的论文。扉页手记：

> 一叶可以知秋，一叶亦可障目。一叶知秋为见微知著，是智慧的推演；一叶障目为难见全貌，是悟性的警觉。以有限观无限，难免进退两难，故有见仁见智之通融。

另一本题名《钩沉录》（上海：上海古籍出版社，2012），主要收录古代语言学方面的论文。扉页手记：

无分龙虫，仅出好奇之心；有所钩沉，难免贻笑大方。夜深人静，忽闻敲窗冷雨；旧文新阅，莫非自赏孤芳。而自语"我乐故我在"，大愚若智竟如此！

到今年，发表论文数已有210篇。现编辑的第三本，题名《作舟篇》。记曰：

榆桑渐晚，古稀之情，开卷有益，秉烛夜行。
古今探索，百家共鸣，学术同乐，兴趣充盈。
书山有路，学海无涯，勉力作舟，渐入佳境！

东亭散人　李葆嘉　谨识
2020年8月于千秋情缘

拙稿校样，敬奉沈家煊先生赐教。承蒙先生拨冗惠赐大序，激励后学，谨致谢忱！

目　录

比较方法论和文化总体观

现代语言学史论

西方中国语言学史论

比较方法论和文化总体观

比较语言学的"比较"从何而来？

提　要：语言亲缘关系研究的先驱是 8—9 世纪的犹太语法学家库莱什。1574 年，伯特伦研究希伯来语和阿拉米语的关系，首先采用 comparatio grammaticae（比较语法）这一术语。1647 年，伯克斯洪在论证斯基泰（印欧）语系时阐明了比较方法论。1723 年，凯特采用比较方法发现了日耳曼音变定律。19 世纪初，给语言关系研究正式加冕"比较"的学者有：伐特（1801）的 vergleichende Sprachlehre（比较语法学）、奥古斯特·施莱格尔（1803）的 vergleichende Grammatik（比较语法）、弗里德里希·阿德隆（1818）的 vergleichende Sprachenkunde（比较语文学）。1849 年，缪勒使用英文的 comparative philology（比较语文学）。1924 年，叶斯柏森使用 comparative and historical linguistics（比较和历史语言学）。当代常见的为 historical-comparative linguistics（历史-比较语言学）。

关键词：语言亲缘关系；比较方法论；比较语法；比较语文学；比较语言学

　　比较出于天性，在作为学科方法论之前，古代学者已有朴素的比较。朴素的比较和学科方法论的比较，前者为自发的、偶然的观察，后者为自觉的、系统的研究。一方面，具体学科的定型以本体论和方法论的形成为标记，一方面，作为一种方法论则离不开具体学科的运用。因此，大体而言，学科方法论的"比较"具有：单位性（所比较要素）、异同性（所比较结果）、系统性

（成系统比较）、规则性（平行对应规则）、谱系化（呈示亲疏关系）。

　　关于欧洲比较方法的来源及其发展，有必要基于一手文献加以梳理，以澄清误说并推进相关研究。语言亲缘关系的比较研究，从早期的核心概念到学科方法论、学科名称的定型，其轨迹大体如下：

拉　lexicum symphonum "词汇和谐"（Gelenius 1537）
　　linguarum affinitate "语言亲和"（Postel 1538）
　　cognatione "血统关系"（Périon 1554）
　　comparatio grammaticae "比较语法"（Bertram 1574）
　　l'harmonie étymologique "词源和谐"（Guichard 1606）
→　荷 vergelijcken "比较"（Boxhorn 1647）
　　Gemeenschap "亲缘关系"（Kate 1710）
　　taelverwanten...vergeleken word "亲属语言……进行比较"
　　（Kate 1723）
→　德 vergleichende Sprachlehre "比较语法学"（Vater 1801）
　　vergleichende Grammatik "比较语法"（A. Schlegel 1803; F.
　　Schlegel 1808）
　　vergleichende Sprachenkunde "比较语文学"（F. Adelung
　　1815）
→　法 grammaire comparée "比较语法"（Raynouard 1821）
　　英 comparative philology "比较语文学"（Müller 1849）
　　法 la science comparative des Langues "语言比较科学"（Benloew
　　1858）
　　法 philologie comparée "比较语文学"（Jéhan 1858）
　　英 comparative grammar "比较语法"（Bendall 1874）
　　德 vergleichenden Sprachwissenschaft "比较语言科学"（Koch
　　1887）
→　英 comparative and historical linguistics "比较和历史语言学"

（Jespersen 1924）

historical-comparative linguistics "*历史-比较语言学*"（当代）

　　本文首先追溯语言亲缘关系研究从 9 世纪以来的主要成就，然后阐述"语言比较方法论"在 17 世纪上半叶的成熟，最后描述 19 世纪给这门学科正式加冕为"比较语法"的过程。

一、语言亲缘关系的早期研究

　　语言的比较研究源远流长。前 1 世纪，罗马人已经意识到希腊语和拉丁语之间的相似之处。作为学科方法的比较，据目前已知文献，最早出现于 8—9 世纪。这位先驱是出生于提亚雷特（位于今阿尔及利亚中部）的犹太语法学家库莱什（Judah ibn Kuraish）。他运用词语、形态的比较研究闪米特语的关系，所著《学术论文》：第一部分，把《圣经》词语与阿拉米语的类似词语进行比较；第二部分，把《圣经》词语与拉比希伯来语（Rabbinic Hebrew）的类似词语进行比较；第三部分，讨论希伯来语、阿拉米语和阿拉伯语这三种语言之间的亲属关系。由此认识到这些闪语来自一个源头，**可谓闪米特语亲缘关系的最早研究。**

　　1122—1133 年间，一位佚名的冰岛学者——有人提出可能是泰特森（Hallr Teitsson, 1085—1150）——留下了《第一篇语法论文》。他发现了冰岛语与英语的词汇相似性，**可谓日耳曼语亲缘关系的最早研究。**1194 年，威尔士学者坎布伦西斯（Giraldus Cambrensis, 1146—1223）在《威尔士记事》中论述了威尔士语、考尼士语和布列塔尼语的词汇相似性。**可谓凯尔特语亲缘关系的最早研究。**1243 年，西班牙学者罗德里库斯（Rodericus Ximenez de Rada, 1175—1247）在《伊伯利亚纪事》中描绘了欧洲分布的三种主要语言：拉丁语、日耳曼语和斯拉夫语。1305 年，意大利诗人但丁（Dante Alighieri, 或 Dantis Aligerii, 1265—1321）在

《论俗语》中把欧洲语言分为北方日耳曼语组、南方拉丁语组及欧亚毗邻的希腊语组。1479 年，北欧人本主义之父、荷兰学者阿格里科拉（Rodolphus Agricola, 1443—1485）在《方言的发现》中研究了希腊语、拉丁语和日耳曼语的对应关系。

这门寻找语言亲缘关系的历史比较学科，长期以来属于"语法"（Grammatica）。就研究理念或核心概念而言，在 16 世纪，首先是波希米亚（今捷克）学者杰勒纽斯（Sigismund Gelenius, 1497—1554）借鉴音乐术语，提出"词汇和谐"（1537）；继而，法国学者波斯特尔（Guillaume Postel, 1510—1581）基于密切关系，提出"语言亲和"（1538）。此后，法国学者佩利雍（Joachim Périon, 1498—1559）换用"血统关系"（1554），基沙尔德（Estienne Guichard，生卒不详）强调 l'Harmonie étymologique "词源和谐"（1606）。这些早期研究者关注的是本体论——研究对象及其研究目标。前者是哪些语言在哪些方面具有相似性，后者是这些相似性反映了这些语言的何种关系或试图寻找其共同来源。至于研究方法，主要针对语言要素（词语、词源、形态、结构）加以比较。

我在阅读古文献时偶然发现——1574 年，日内瓦大学希伯来语教授伯特伦（Bonaventure Corneille Bertram, 1531—1594）出版的《希伯来语和阿拉米语比较语法》，已用"比较语法"（Comparatio Grammaticae）这一术语，比学界流行的说法——弗里德里希·施莱格尔（1808）最早提出"比较语法"——要早 234 年。伯特伦该书封面上说明：

Subiunctum est ad huius **comparationis** praxin dotale quoddam instrumentú illis omnibus linguis & dialectis, ex veteri Hebræorú ritu conscriptú, ab eodé Cornelio interpretatione & notis quibusdam illustratum. (Bertram 1574)

这就为研究者增加了有助于对所有语言和方言进行**比较**的实践和打造工具，据其对王权象征的理解和文明的阐释，从古希伯来语中提取出来的一条条书面语规则。

伯特伦在"希伯来语和阿拉米语比较前言"（*Praefatio in comparationem linguae Hebraicæ & Aramicæ*）开篇写道：

Nitia **comparationis** illius qua linguam Hebraicam & Aramicam inter se cõferre, & Aramicæ linguæ dialectos inter se committere instituimus, ab earum linguarum & dialectorum primordüs & progreslu omnino repetenda sunt. (Bertram 1574 Praefatio: i)

其次是对希伯来语与阿拉米语加以相互**比较**，并且在阿拉米语各方言之间展开比较，即对所有的语言及其方言，都必须从其开端到发展加以完全追溯。

由此可见，伯特伦对闪米特语族内部的两种主要语言展开了比较研究。

语言关系和始源语研究，成为 16 世纪下半叶—17 世纪上半叶荷兰（包括当时的比利时）学界流行的主题。当时欧洲的学术精英云集莱顿，他们具有明确的研究对象及其目的，并且不断探讨方法论，形成了比较语言学史上的"荷兰学派"。其成员多为莱顿大学教授或与之关系密切的同道（同事、师生、朋友关系），后期还包括到莱顿求学与工作，或受荷兰学者影响即具有学缘关系的一些捷克、德国、瑞典学者。可以划分为四个阶段：15—16 世纪初的早期阶段（四位学者）；16 世纪中期—17 世纪中期的鼎盛阶段（20 位学者）；17 世纪下半叶的进展阶段（13 位学者）；18 世纪的延续阶段（八位学者）。现将这些学者及其研究择要列出。

（1）1569 年，贝卡努斯（Johannes Goropius Becanus, 1518—1572；早年在鲁汶大学学医）在《安特卫普的起源》中，揭示拉丁语、希腊语和北印度语等语言的亲属关系，提出其始源语是"斯基泰语"，开创了把印欧诸语视为一个语言家族的概念。

（2）1574 年，基利安（Cornelis Kiliaan, 1529—1607；早年在鲁汶大学学习古典语言和希伯来语）刊行《条顿语-拉丁语词典》，1599 年第三版改名《条顿语词源词典》。该词典共收词条12000，列出其他语言与条顿语近似的词语形式。

（3）1584 年，拉维林根（Frans van Ravelingen, 1539—1597；1587 年起任莱顿大学希伯来语教授）在给利普修斯的信中，提供了一份"著名荷兰学者"所认为的波斯语和佛莱芒语（即荷兰语）的相似性词表，并认为"这种相似性可能来自起源上的密切关系"。

（4）1584 年，利普修斯（Justus Lipsius, 1547—1606；莱顿大学首席教授，曾任校长）赞同波斯语和佛莱芒语存在相似性，但认为拉丁语与波斯语的关系更密切。1602 年，在其《荷兰第一世纪书信选辑》中传播了这一发现，并从词语比较扩展到动词屈折的比较。

（5）1597 年，乌尔卡纽斯（Vulcanius of De Smet, 1538—1614；莱顿大学教授）刊行《盖塔或哥特人的文学和语言》，列举 22 例以证明荷兰语与波斯语的词汇对应。

（6）1599 年，法-荷学者斯卡利杰（Joseph Justus Scaliger, 1540—1609；莱顿大学首席教授）在《欧洲语言论集》中，通过典型词的比较将欧洲语言分为十一个母语，建立了"母语-子语"模式。

（7）1612 年，荷兰神父米留斯（Abraham van der Mylius, 或Mijl, 1558—1637）刊行《贝尔吉卡语：不但在其他许多语言中，尤其在拉丁语、希腊语和波斯语中的语言共同体》，把贝尔吉卡语（比利时语或南部荷兰语）视为波斯语、弗里吉亚语、斯基泰语、凯尔特语、辛布里语、佛莱芒语和德语的始源语。首次提出语言相似性的四种原因：偶然发生、天然一致、共同继承及借用。

（8）1616 年，庞塔努斯（Johannes Isacius Pontanus, 1579—

1639；哈德维克大学教授）在《法兰西的起源》中列出高卢语词表，建立了大陆古代高卢语与海岛布列塔尼语、凯尔特语之间联系的第一个环节。

（9）1614、1615、1620 年，比利时人本主义者施列克乌斯（Adrianus Scrieckius, 1560—1623）先后刊行《欧洲的最初居民》、《比利时人的起源及其与凯尔特人的关系》以及《希伯来语是神圣的长子：条顿语是第二语言，是与希伯来语有差别的方言》。他认为，斯基泰-凯尔特语是和希伯来语一样的主要古老语言，而比利时语（南部荷兰语）是斯基泰语中的"最纯粹典型"。

（10）1616 年，德-荷学者克吕维尔（Philipp Clüver, 1580—1622；莱顿大学地理学家）刊行《古代日耳曼尼亚》，认为高卢语和日耳曼语有联系。

（11）1634—1639 年期间，寓居莱顿的德-荷学者艾利奇曼（Johann Elichmann, 1600—1639）提出日耳曼语、拉丁语、希腊语和波斯语等不仅在词汇上具有相似之处，而且还有相似的屈折词尾及相同的形态，首次使用了"来自一个共同源头"这一表述。

（12）1643 年，法-荷学者萨马修斯（Claudius Salmasius, 1588—1653；莱顿大学首席教授）在《希腊文化评论》中，论述了拉丁语、希腊语、波斯语和日耳曼语都是从一个已消失的共同祖先流传下来的，并把北印度语（梵语）引进斯基泰假说。

（13）1642 年，赫罗齐厄斯（Hugo Grotius, 1583—1645；莱顿大学教授，曾任校长）在《关于美洲人的起源》中，推测印第安莫夸森语来自斯堪的纳维亚语。1644 年，在《旧约全书评注》中，认为希伯来语属于迦南语或腓尼基语的方言，并提出原始语残留在所有相关语言之中。

（14）1643 年，荷兰历史学家、语言学家莱特（Johannes de Laet, 1581—1649）在《评赫罗齐厄斯关于美洲人的起源，一些观察结果难以增进对此问题的检验》，批评词语比较中采用改换、替代、添加或减省音节等做法，提出应就基本词语展开比较，并且强调，语言之间的差异应是有效规则造成的，语言之间的对应关系应具系统性。

总体而言，他们的比较在于求同，其旨趣是通过词汇与结构的比较将具有相似性的语言组成家族。

二、语言亲缘比较方法论的阐明

作为荷兰学派的集大成者，莱顿大学教授伯克斯洪（Marcus Zuerius van Boxhorn, 1612—1653）创立了亲缘关系语言学的理论方法。他在 1647 年刊行了三本书：《迄今未知的女神尼哈勒尼亚之谜》（1647a）；《向伯克斯洪先生提问，就他最近提出的迄今未知的女神尼哈勒尼亚之谜》（1647b）；《对女神尼哈勒尼亚之谜提问的解答，关于希腊语、罗曼语和德意志语起源于斯基泰的清晰证明，以及这些民族各种古代遗存的发现和阐述》（1647c），其遗作《高卢的起源》（1654）在去世次年刊行。基于前人研究，特别是其友人莱特的见解，**伯克斯洪不但论证了亲缘语言学的本体论（斯基泰语系，即印欧语系），将亲属语言视为一个整体，而且阐明了后世称之为的"历史比较法"。**

伯克斯洪阐明的比较法，其科学性主要表现在：（1）**区分传承词和外来词**，确定亲属关系必须排除外来词，以本地人常用传承词为比较对象。（2）**区分系统特征和貌似同源**，亲属关系应建立在系统性特征的对应之上，不要把偶然相似误以为亲属同源。（3）**兼顾词汇比较和语法比较**，不仅要比较传承词，而且要对语法现象，尤其是名词格变词尾、动词屈折形态加以比较。（4）**区分远古形态和革新形态**，如果去掉"晚近形成的装饰品"就能映射出其远古形态系统。（5）**关注不规则变化的价值**，类似的语法异常现象或不规则变化，可视为亲属关系的关键证据。同词根映射的差别，有可能通过这些语言一直使用的规则加以解释。

在其论著中，列出若干亲属语言之间的一系列词语比较清单（Boxhorn 1647c, pp. 6-7, 67-68, 78-80, 88-99 等），并且使用了"比较"（vergelijcken）这一术语：

Laet ons nu oock sien de hedendaeghsche Lettousche tale, ende andere, ende de selsde met der Griecken ende Romeinen tale *vergelijcken* (Boxhorn 1647c: 94-95).

现在让我们考察同时期的拉脱维亚语和其他语言，将其与希腊语和罗马语进行**比较**。

接下来，伯克斯洪（1647c: 95-98）列出了立陶宛语（Lettouws）与拉丁语（Latiin）、古撒克逊语（Oudt Saxis）与拉丁语（Latiin）、古撒克逊语与希腊语（Griecx）、俄罗斯语（Russisch）与拉丁语、波希米亚语（Boheemsch）与拉丁语、波希米亚语与希腊语、瑞典语（Sueets）与拉丁语、瑞典语与希腊语、丹麦语（Deens）与拉丁语、丹麦语与希腊语等一系列词语比较表（1647c: 95-98）。

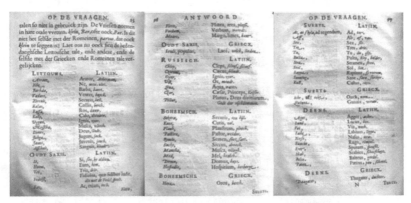

Boxhorn. 1647c. *Antwoord van Marcus Zuerius van Boxhorn*, p.95, p.96, p.97.

除了没有命名"语言比较法"，伯克斯洪阐明的比较原则和实践中的操作表明，历史比较法在此已经成型。

1710 年，荷兰学者凯特（Lambert ten Kate, 1647—1731）刊行《论哥特语和尼德兰语的亲缘关系》；1723 年，刊行《以可靠基础和高雅名义介绍荷兰语的精要知识，深思熟虑和溯源沿流最有用的特性和规则变化，并对最重要的古老语言和存在至今的**亲属语言**，如古哥特语、法兰克–德意志语、盎格鲁–撒克逊语及当代高地德语和冰岛语**进行比较**》。除书名中出现 Taelverwanten... Vergeleken word **"亲属语言……进行比较"**，文中还多次出现 vergeleken / vergelijk "比较"。

凯特的名言是"语言法则必须被发现，而不是被制定"：

en het vergelijken van de ***Staet*-en *Tael-wetten*** heeft mij als met den vinger aengewezen, datze, alhoewel het gezach van de Rede in elks grondlegging moet erkent worden, egter als een ***Gemeente-Regt*** zijn geworden, wanneer de Gewoonte en't agtbaere Gebruik, die de Wetten uitmaken, hare wortels al sedert vele eeuwen geschoten hebben. Hier uit is ligtelijk op te maken, dat men, nu van agtere komende, ***de Taelwetten moet vinden en niet maken.*** (Kate 1723, I: 13)

国家法律和语言法则的比较向我表明，虽然理性的权威必须视为其基础，但只有所构成法则的习惯和实际使用在几个世纪已经扎根，它才能成为**普遍法则**。显而易见，现在应当回到，**语言法则必须被发现，而不是被制定**。

凯特的贡献在于基于七种日耳曼语或方言（荷兰语、哥特语、古高德语、盎格鲁–撒克逊语、新高德语、冰岛语等）**的比较，首次提出日耳曼语历史音变定律**（即 19 世纪所谓的"格里姆定律"）。一方面，强调音位系统和词法形态的变化都是规则变化；一方面，研究了历史音变的次序、根词元音的交替模式，以及历史音变对变格与变位的影响。这些也就是 19 世纪丹麦和德国比较语法学家所奉行的语音比较原理。

其后，在莱顿大学教授斯库尔滕（Schultens 1738）的东方方言（闪米特诸语）亲属关系研究中，**其核心概念是"类比"**（analogy）。他认为，每一语言都具有规则性或服从规约的内在本性，由此他将其界定为类比。希腊语"类比"的本义是"直接关系、比照、相当"，因此也有"相关性、一致性"之意。后世使用的不同意义可简化为三种：（1）语言自身的规则性；（2）语言使用者采取的重构原则，该原则基于相似形式，通过比较可显示其平行性；（3）语言探讨者用于比较研究的原则。斯库尔滕常用的是"语言具有的规则性或一致性"，由此确定了东方方言的类比标准，提出古希伯来语的规则性必须通过与同源方言（即可类比方言）的比较才能重建。

与之同期，荷兰古典学者赫姆斯特赫斯（Tiberius Hemsterhuis, 1685—1766）开创了希腊语词源类比学派，其成员伦内普（Johannes Daniel van Lennep, 1724—1771）著有《希腊语的类比原则》（1778）。在该学派理论中，"类比"同样起着重要作用。在赫姆斯特赫斯学派的应用中，这一"类比"不仅包括相似性词语的变化具有一致性，而且提高到活跃的形态、历时语义和语法的语言学原理高度。在理论层面上，把"类比"提到语言是规则系统的概念，语言的所有元素都基于类比而相互关联。在方法论层面上，类比意味着"归纳"方法。总之，斯库尔滕和赫姆斯特赫斯学派的"类比"方法，即基于语言类似形式的比较，即语言比较法的另一种说法。

三、为语言亲缘关系研究加冕

在伯特伦（1574）出版《希伯来语和阿拉米语比较语法》两百年之后，即1774年，法国学者谢贝兰（Antoine Court de Gébelin, 1725—1784）刊行《原始世界与现代世界的分析比较，言语自然史的深思；或普遍语法和比较语法》，再次出现"比较语法”这一术语。在"第五卷：比较语法"（Livre V. Grammaire Comparative）中，谢贝兰不但揭示了特定语法与普遍语法的关系，而且阐明了创立"比较语法"的必要性。不过，谢贝兰的"比较语法"非亲属关系比较，相当于后人的"对比语言学"。

　　18世纪后期，出现了三部大型语言比较样本集。1786—1789年，俄罗斯科学院德国科学家帕拉斯（Peter Simon Pallas, 1741—1811）主编的《全球语言比较词汇》，共收录200种（欧洲语言51种，亚洲语言149种），其书名中出现了拉丁文的vocabularia comparativa（比较词汇）。1800—1804年，西班牙学者赫尔伐斯（Lorenzo Hervás y Panduro, 1735—1809）编撰的《已知民族语言编目：据其语言和方言的差异编号、分区及分类》，收录了欧亚美语言300多种。他比较了希伯来语、迦太基语、古叙利亚语、阿拉伯语、埃塞俄比亚语和阿姆哈拉语的名词变格和动词变位，证明它们属同一种始源语的方言。1806—1817年，德国学者约翰·阿德隆（Johann Christoph Adelung, 1732—1806）和伐特（Johann Severin Vater, 1771—1826）编撰的《语言大全或普通语言学，附约500种语言和方言的"主祷文"做样品》，汇集了500种语言和方言的词语对比，依据词音构造、语法形态以及区域远近原则对之加以分类。

　　这门寻找语言亲缘关系的学科，比较工作进行了几个世纪，尽管伯特伦（1574）书中已经出现"比较语法"这一术语，但未能引起关注。18世纪下半叶到19世纪，比较解剖学对欧洲科学（包括人文科学、社会科学）产生很大影响。在该思潮的影响下，19世纪初的德国学者为这门学科正式加冕。

　　比较解剖学建立在一般解剖学基础上。1543年，尼德兰解剖学家维萨利（Andreae Vesalii, 1514—1564）出版《人体构造》（*De humani corporis fabrica*, Basileæ），意味近代人体解剖学的诞生。1589年，荷兰莱顿大学教授保尔（Pieter Pauw, 1564—1617）

首次公开讲授人体解剖课程。第一个采用"比较解剖学"（comparative anatomy）术语的，是英国解剖学家格鲁（Nehemiah Grew, 1641—1712）。格鲁 1671 年在荷兰莱顿大学获得医学硕士学位，1675、1676 年先后刊行《树干比较解剖学》和《胃和胆的比较解剖学》。17 世纪下半叶，英国生物学家泰森（Edward Tyson, 1651—1708）通过解剖方法比较不同物种的结构。1778 年，荷兰生物学家坎珀（Petrus van Camper, 1722—1789）通过"变形"方式演示生物体的关联原理。当时的荷兰是宗教改革的重要基地，欧洲各地受天主教会迫害的新教徒纷纷到此避难，宗教和政治的宽容促进了文化科技的兼容并蓄。莱顿成为当时欧洲的科学中心，尤其是医学和语言学。

就"比较"方法及术语的使用而言，并非最早见于解剖学。除了伯特伦（Bertram 1574）最先使用"比较语法"，1598 年，英国牧师梅雷斯（Francis Meres, 1565—1647）著有《英国诗人与希腊、罗马和意大利诗人的**比较论述**（*Comparative Discourse*）》，此为在文学论著中最早使用。到 18 世纪下半叶，"比较"方法逐渐传播开来。1741 年，德国批评家埃利亚斯·施莱格尔（Johann Elias Schlegel, 1719—1749）发表《莎士比亚和安德列阿斯·格里夫斯的**比较**（Vergleichung）》

1801 年，哈雷大学教授伐特出版《试论普遍语法学》，采用了"比较语法"这一术语。

Die **allgemeine Sprachlehre** ist also auch bei der beobachtenden Ueberschauung der einzelnen Sprachen anwendbar, und kann den Grammatiker jeder einzelnen Sprache bei seiner Darstellung des Gebdndes derselben leiten. Er suche in der Sprache, die er bearbeitet, Beispiele der Bezeichnung jener Begriffe auf. Offenbar muß sie den Verfasser einer **vergleichenden Sprachlehre**, d. i. einer Vergleichung möglichst vieler Sprachen, nämlich der in denselben gewöhnlichen

Einrichtungen, leiten. Denn es giebt keinen andern Standpunkt, **von wo aus ganz verschiedene Sprachen übersehen und verglichen werden könnten,** als den der allgemeinen Uebersicht dessen, was durch Sprache bezeichnet seyn kann, des Wenigen oder Vielen, was sich darüber im Allgemeinen sagen läßt. Das **vergleichende Sprachstudium** legt in die allgemeinen Rubriken und Fächer des Bezeichneten, die Resultate ihrer Beobachtung, als Beispiele, hin. Aber die allgemeine Sprachlehre kann nicht nur, sondern sie muß auch den Darsteller der Grammatik jeder einzelnen Sprache leiten. (Vater 1801: 258-259)

因此，**普遍语法**也适用于对各种语言的观察研究，并能指导每种语言的语法学家在其书中用相同的方法介绍其语法。从人们正在研究的语言中，可以找到这些术语名称的例证。显然，必须说服**比较语法**（vergleichenden Sprachlehre）的研究者，尽可能更多地比较同样处于普遍体系中的各种语言。因为没有任何观点认为，**可以忽略迥然不同的语言，或者这些语言不能加以比较**，以致于作为一般性综述，无论语言多少，都可能从中概括一般特征。

面对世界各种语言，伐特意识到有两种"比较"：一是狭义的，仅就亲属语言之间的比较；一是广义的，就人类所有语言开展"比较研究"，以揭示普遍规则。

埃利亚斯·施莱格尔有两个侄子：奥古斯特·施莱格尔（August Wilhelm Schlegel, 1767—1845）和弗里德里希·施莱格尔（Friedrich von Schlegel, 1772—1829），他们是德国浪漫主义运动的代表人物。学界流行的说法是弗里德里希·施莱格尔在 1808 年最早提出"比较语法"，其实 1803 年，奥古斯特·施莱格尔在《本哈迪〈语法学〉评校》中已用"比较语法"这一术语。

Die *vergleichende Grammatik*, eine Zusammenstellung der Sprachen nach ihren gemeinschaftlichen und unterscheidenden Zügen, würde dazu ungemein behülflich sein. So müßte man das Griechische und

Lateinische; die Sprachen deutschen Stammes, das Deutsche, Dänische, Schwedische und Holländische; die neulateinischen mit deutschen und andern Einmischungen; das Provenzalische, Französische, Italiänische, Spanische, Portugiesische; dann das in der Mitte liegende Englische; endlich wieder alle zusammen als eine gemeinschaftliche Sprachfamilie nach grammatischen Uebereinstimmungen und Abweichungen und deren innerem Zusammenhänge vergleichen. (A. Schlegel 1847:152-153)

比较语法，对据其共同和区别成分建立语言集合体大有益处。要做到这一点，其途径是将希腊语和拉丁语，日耳曼部落诸语，包括德语、丹麦语、瑞典语和荷兰语，带有受日耳曼语和其他干扰因素的新拉丁语，还有普罗旺斯语、法语、意大利语、西班牙语、葡萄牙语，以及处于中部的英语，最终全部归为语法上存在一致性和差异性而内部具有比较关系的共同语言家族。

奥古斯特的"比较"指语言亲属关系的比较。1791—1795年，奥古斯特在荷兰阿姆斯特丹曾担任后来成为荷兰银行行长的穆尔曼（Mogge Muilman, 1778—1849）的家庭导师。在这段时间，他通过广泛阅读获得许多新观念，包括荷兰学者的语言比较研究。

其后，弗里德里希·施莱格尔沿用其兄术语，在《论印度人的语言和智慧》（1808）中进一步阐明了"比较语法"。在第一部分第三章"从语法结构"（*Von der grammatischen Structur*）写道：

Könnte man aber nicht vielleicht diesen ganzen Beweis umkehren und sagen: die *Verwandtschaft* ist auffallend genug und mag zum Theil gegründet sein, woraus folgt aber dass die indische unter den verwandten Sprachen grade die ältere und ihr gemeinschaftlicher Ursprung sei? Kann sie nicht eben so gut erst durch Mischung der andern entstanden sein, oder doch dadurch diese Aehnlichkeit erhalten haben?

Nicht zu erwähnen, dass vieles von dem schon angeführten und auch manche andre Wahrscheinlichkeit dagegen spricht, so werden wir

jetzt auf etwas kommen, was die Sache völlig entscheidet und zur Gewiß-
heit erhebt. Ueberhaupt dürfte die Hypothese, welche, was sich in Indien
Griechisches findet, von den Seleuciden in Bactrien herleiten zu können
meint, nicht viel glücklicher sein als die, welche die aegyptischen Pyra-
miden für natürliche Krystallisationen ausgeben wollte.

Jener entscheidende Punkt aber, der hier alles aufhellen wird, ist *die
innre Structur der Sprachen* oder *die vergleichende Grammatik*, welche
uns ganz neue Aufschlüsse über die *Genealogie der Sprachen* auf ähnli-
che Weise geben wird, wie die *vergleichende Anatomie* über die höhere
Naturgeschichte Licht verbreitet hat. (F. Schlegel 1808: 27-28)

　　然而人们或许不能反驳所有这些证据，并说这种**亲和力**（比较
语言学的传统用语——译注）足以引人关注并可能局部成立，但由
此导致的结果是，在这些相关语言中，刚好印度语更为古老，并且
是其共同来源吗？（弗里德里希赞同印度语比希腊语、拉丁语更为
古老——译注）难道它不会像其他混合语那样形成的，或至少保存
了这种相似性吗？

　　更不必说这么多已经提到的说明以及许多其他可能，因此我们
现在将彻底解决这一麻烦事并将其上升到确实的情况。一般而言，
印度希腊语来自塞琉西王朝到巴克特里亚王国时期的这一假设，可
能并不比埃及金字塔原打算制造自然结晶体的设想更为乐观。（弗里
德里希不赞同印度语来自希腊语——译注）

　　而这种将启发一切的关键观点就是**语言的固有结构或比较语
法**，既然**比较解剖学**已在更高层次的自然史中放射光明，与之类似
的方式也可以为我们提供对**语言谱系**的全新见解。

　　在第一部分第六章"各种语言亲族和一些陌生的中间语言"
（Von der Verschiedenheit der verwandten und einigen merkwürdigen
Mittelsprachen）中，第二次提到"比较语法"。

Ich würde überhaupt den Leser zu ermüden und zu verwirren
fürchten, wenn ich alles, was gesammelt und vorgearbeitet war,

mittheilen wollte. Genug, wenn hier nur in das Ganze Ordnung gebracht und befriedigend angezeigt ist, nach welchen Grundsätzen etwa eine *vergleichende Grammatik* und *ein durchaus historischer Stammbaum*, eine wahre *Entstehungsgeschichte der Sprache*, statt der ehemaligen erdichteten Theorieen vom Ursprunge derselben, zu entwerfen wäre. Das hier gesagte wird wenigstens hinreichend sein, um die Wichtigkeit des indischen Studiums, auch schon bloß von Seiten der Sprache betrachtet, zu beweisen. (F. Schlegel 1808: 84-85)

如果我想传达收集和准备的所有内容，会担心读者感到厌倦和困惑。如果只是整体上了解一般规则和深入浅出的说明，以及依据哪些原理，例如**比较语法和完整的历史谱系**，必须提出真正的**语言历史理论**以取代之前虚构的起源理论，上述这些已经足够。这至少足以证明研究印度的重要性，即使就语言而论也是如此。

弗里德里希·施莱格尔提及，"比较语法" 的采用接受了比较解剖学的启发。除了传统的 "亲和力" 这个词，最有可能 "澄清亲属关系" 的是 "语法的固有结构或比较语法"，由此强调 "对语法的固有结构加以比较"。

在凯瑟琳大帝（Екатерина II Алексеевна, 1729—1796）的倡导下，俄罗斯编撰出版了《全球语言比较词汇》。1815 年，在俄罗斯工作的德裔语言学家、历史学家弗里德里希·阿德隆（Friedrich Adelung, 1768—1843）出版《凯瑟琳大帝对比较语文学的重要贡献》。该书包括四章：第一章，俄罗斯学者在《全球比较词汇》问世之前对语言学作出的努力（Bemühungen der Gelehrten in Russland um Linguistik vor der Erscheinung des Allgemeinen Vergleicienden Wörterbuches. S. 1-36）；第二章，《全球比较词汇》的缘起历程和详细描述（Geschichte der Entstehung und nähere Beschreibung des Allgemeinen Vergleichenden Wörterbuches. S. 37-106）；第三章，《全球比较词汇》增订的详细

说明（Ausführliche Benrtheilung des Allgem. Verg. Wörterbuches und Nachträge zu demselben. S. 107-186）；第四章，《全球比较词汇》对普通语言学研究的影响，以及俄罗斯语言学家的近期努力（Einfluss des Allgemeinen Vergleichenden Wörterbuches auf das Studium der allgemeinen Linguistik, und Nachrichten von den Bemühungen neuerer Sprachforscher in Russland. S. 187-210）

弗里德里希·阿德隆在引言中使用了术语"比较语言著作"（sprachvergleichende Arbeiten, Adelung 1815: v-vi）。而"比较语文学"在该书仅出现一次：

> Julius Klaprotii. Obgleich dieser gelehrte Linguist bereits seit vier Jahren nicht mehr unter die Bewohner von Russland gezählt werden darf, so verdient doch sein Name hier die ausgezeichnetste Stelle, wegen der grossen Verdienste, die er sieh um die **vergleichende Sprachenkunde** überhaupt und besonders um die Kenntniss der Kaukasischen Sprachen erworben hat. (Adelung 1815: 203-204)

朱利叶斯·克拉普罗蒂。尽管这位博学的语言学家已经四年没来俄罗斯居住了，但其名望在此备受推崇，因为他在一般比较语文学领域成就卓著，尤其是关于高加索语言知识。

随着语言亲属关系研究的进一步深入和拓展，19世纪20年代以来，术语"比较语法""比较语言学"很快流传开来。

四、"比较语法"的流传和变化

1803年，弗里德里希在巴黎向英国梵文学家汉密尔顿（Alexander Hamilton, 1762—1824）学习梵文。1810年，其兄奥古斯特也到巴黎学习梵文，其导师是汉密尔顿的学生、法国东方学家谢齐（Antoine-Léonard de Chézy, 1773—1832）。1812年来了一位小同学，他就是葆朴（Franz Bopp, 1791—1867）。葆朴追随施莱格尔兄弟，1816 年发表《论梵语动词变位体系与希腊语、拉丁语、波斯语和日耳曼语的**比较**（*Vergleichung*）》，1833—1852 年刊行《梵语、禅德语、希腊语、拉丁语、立陶宛语、古斯拉夫语、哥特语和德语的**比较语法**（*Vergleichende Grammatik*）》。但是，专门研究日耳曼语史的格里姆（Jacob Grimm, 1785—1863），其代表作《德意志语语法》（*Deutsche Grammatik*, 1819；此德意志语指日耳曼诸语）仍沿袭传统"语法"（未加"比较"）之名。

19 世纪下半叶，施莱歇尔（August Schleicher, 1821—1868）的《印度日耳曼语诸语比较语法纲要》（1861—1862），还有布鲁格曼（Karl Brugmann, 1849—1919）和德尔布吕克（Berthold Delbrück, 1842—1922）的《印度日耳曼语系比较语法概论》（1886—1900）也都使用"比较语法"（Vergleichenden Grammatik）这一术语。19 世纪 70 年代，莱比锡大学教授库尔提乌斯（Georg Curtius, 1820—1885）揶揄德国新一代学者称 Jung-grammatiker（青年语法学派）。

1887 年，德国文学评论家教授科赫（Max Koch, 1855—1931）在《比较文学史杂志》发刊词中提到比较语言学对比较文学史研究的影响。

Friedrich Schlegel war es aber auch, der, …1808 durch seine Schrift "über die Sprache und Weisheit der Indier" wie der ***vergleichenden Sprachwissenschaft***, so auch der vergleichenden Litteraturgeschichte eine neue Grundlage gab. (Koch 1887: 6)

而正是弗里德里希·施莱格尔，……在 1808 年以其著作《论印度人的语言和智慧》，既为比较语言科学，也为比较文学史奠定了新的基础。

19 世纪 20 年代，该术语传到法国。1821 年，法国语言学家雷努阿尔（François Just Marie Raynouard, 1761—1836）出版《欧洲拉丁人语言与行吟诗人语言的比较语法（*grammaire*

comparée)》。1858 年，德裔法国语言学家本罗（Louis Benloew, 1818—1900）出版《语言比较科学（*la science comparative des langues* ）概论，印欧语比较原理导论》。1858 年，法国语言学家耶汗（Louis-François Jéhan, 1803—1871）出版《语言学和比较语言学（*Philologie comparée* ）词典》。1867 年，比裔法国语言学家查维（Honoré Chavée, 1815—1877）在巴黎创办《语言学和比较语文学杂志》（*Revue de Linguistique et de Philologie Comparée* ）。

19 世纪 40 年代，该术语见于英语。1849 年，葆朴的学生、牛津大学教授缪勒（Friedrich Max Müller, 1823—1900）发表《论印欧语比较语文学与人类早期文明的关系》，将德语的 Vergleichende Sprachenkunde 译为英语的 Comparative Philology。1874 年，英国学者本多尔（Herbert Bendall）将施莱歇尔的《印度日耳曼语诸语比较语法纲要》（第三版，1870）选译为《印欧语比较语法（*Comparative Grammar* ）纲要，尤其是梵语、希腊语和拉丁语》。

随着 20 世纪"语法"的逐步窄化，"语言学"这一术语取代"语文学"（重新定义为文献语言为主的传统研究），"比较语法 / 比较语文学"逐渐为"比较语言学"等所替代。1924 年，丹麦学者叶斯柏森（Otto Jespersen, 1860—1943）在《语法哲学》（1924; Rpt., 1951）中使用了两个与之相关的术语。

This is true not only of historiocal linguistics in the stricter sense, but also of **comparative linguistics**, which is only another branch of the same science, supplementing by analogous methods the evidence that is accessible to us in historical sources, by connecting languages whose common "ancestor" is lost to tradition. (Jespersen 1951: 31)

这不仅对严格意义上的历史语言学是正确的，而且对**比较语言学**也是如此，后者只是同一科学的另一分支，通过类比方法，以历史方式补充我们能得到的证据，将那些遗忘了共同"祖先"

承传的语言联系起来。

In the nineteenth century, with the rise of **comparative and historical linguistics**, and with the wider outlook that came from an increased interest in various exotic languages, the earlier attempts at a philosophical grammar were discountenanced, and it is rare to find utterances like this of Stuart Mill. (Jespersen 1951: 47)

在 19 世纪，随着**比较和历史语言学**的兴起，以及对各种外来语兴趣的日益增长而视野拓宽，哲学语法的早期努力受到冷遇，像斯图尔特·米尔这样的表述实属罕见。

这门寻找语言亲缘关系的学科，当代学界从两方面限定：一是"比较的"，承袭 19 世纪初强调的方法论；一是"历史的"，依据 20 世纪初的共时与历时区别，从而定型为"比较和历史语言学"（comparative and historical linguistics）或"历史-比较语言学"（historical-comparative linguistics）。

一个核心术语就是一段学术史。语言亲属关系比较研究源远流长。8—9 世纪，库莱什运用词语、形态比较方法研究《圣经》词语与阿拉米语、拉比希伯来语、希伯来语和阿拉伯语之间的亲属关系。1574 年，伯特伦用"比较语法"研究希伯来语和阿拉米语之间的亲属关系。16 世纪下半叶—17 世纪，"荷兰学派"具有明确的研究对象及其目的，并且不断探讨方法论。伯克斯洪在论证历史比较语言学本体论的过程中，阐明并实践了后世称之为"历史比较法"的学科。受 18 世纪比较解剖学思潮的影响，19 世纪初的几位德国学者把"比较"作为这门学科的标签，"比较语法"逐步传播到俄国、法国和英国等。

20 世纪，这一学科则从两方面加以限定：一是"比较的"，承袭 19 世纪初所强调的方法论；一是"历史的"，依据 20 世纪初流行的共时与历时区别，从而命名为"比较和历史语言学"或

"历史-比较语言学"。然而，早期核心术语"词汇和谐""语言亲和""词源和谐"和"亲缘关系"等，关注的是本体论。就其本质而言，李葆嘉（2005）提出，这门学科的恰当名称似乎应是"亲缘语言学"（kinship linguistics）或"亲缘-比较语言学"（kinship-comparative linguistics）。随着研究的深入和范围的扩张，传统的同源论假说已经逐步转向基于语言核心要素比较的亲缘度测定。

参考文献

李葆嘉，2005，从同源论到亲缘度：历史比较语言学的重大转折——汉语的祖先译序 [A]，载王士元主编、李葆嘉主译《汉语的祖先》，北京：中华书局。

李葆嘉、王晓斌、邱雪玫，2020，《尘封的比较语言学史：终结琼斯神话》[M]，北京：科学出版社。

邱雪玫、李葆嘉，2020，西方"语言学"名义考论 [J]，《中国外语》（3）：45–54。

Adelung, F. 1815. Catharinens *der Grossen Verdienste um die vergleichende Sprachenkunde* [M]. St. Petersburg: Friedrich Drechsier.

Adelung, J. C. & J. S. Vater. 1806, 1809, 1816, 1817. *Mithridates oder allgemeine Sprachenkunde mit dem Vater unser als Sprachprobe in bey nahe fünfhundert Sprachen und Mundarten* [M]. Berlin: Vossischen Buchhandlung.

Agricola, R. 1528 [Written 1479]. *De inventione dialectica libri tres* [M], 未署出版地等.

Anonymous. 1818 [Written about 1122–1133]. R.s Ch. Rask ed., *Fyrsta Málfræðiritgerðin (First Grammatical Treatise), Snorra Edda ásamt Skáldu og þarmeð fylgjandi ritgjörðum* [M]. Stockholm: Hin Elménska prentsmiðja.

Becanus, J. G. 1569. *Origines Antwerpianaesive Cimmeriorum Becceselana, novem libros complexa, Atuatica, Gigantomachia, Niloscopium, Cronia, Indoscythica, Saxsonica, Gotodanica, Amazonica, Venetica et Hyperborea* [M]. Antwerpen: Christophori Plantini.

Benloew, L. 1858. *Aperçu général de la science comparative des langues pour servir d'introduction à un traité comparé des langues indo-européenes* [M]. Paris: Durand.

Bertram, B. C. 1574. *Comparatio Grammaticae Hebraicae et Aramicæ* [M]. Genevae: Apud Eustathium Vignon.

Brugmann, K. & B. Delbrück. 1886–1900. *Grundriß der Vergleichenden Grammatik der indogermanischen Sprachen* [M]. Straßburg: K. J. Trübner.

Bopp, F. 1816. *Über das Conjugationssystem der Sanskritsprache in Vergleichung mit jenem der griechischen, lateinischen, persischen und germanischen Sprache* [M]. Frankfurt: Andreäsche Buchhandlung.

Bopp, F. 1833–1852. *Vergleichende Grammatik des Sanskrit, Zend, Griechischen, Lateinischen, Litthauischen, Altslawischen, Gotischen und Deutschen* [M]. Berlin: Druckerei der Königl, Akademie der Wissenschaften.

Boxhorn, M. Z. 1647a. *Bediedinge van de tot noch toe onbekende Afgodinne Nehalennia, over de dusent ende meer Jaren onder het sandt begraven, dan onlancx ontdeckt op het strandt van Walcheren in Zeelandt* [M]. Leyden: Willem Christiaens vander Boxe.

Boxhorn, M. Z. 1647b. *Vraagen voorghestelt ende Opghedraaghen aan de Heer Marcus Zuerius van Boxhorn,over de Bediedinge van de tot noch toe onbekende Afgodinne Nehalennia, onlangs by Hem uytgegeven* [M]. Leyden: Willem Christiaens vander Boxe.

Boxhorn, M. Z. 1647c. *Antwoord van Marcus Zuerius van Boxhorn, Gegeven op de Vraaghen, hem voorgestelt over de Bediedinge van de Afgodinne Nehalennia, onlancx uytgegeven. In welcke de ghemeine herkomste van der Griecken, Romeinen, ende Duytschen Tale uyt den Scythen duydelijck bewesen, ende verscheiden Oudheden van dese Volckeren grondelijck ontdeckt ende verklaert worden* [M]. Leyden: Willem Christiaens vander Boxe.

Boxhorn, M. Z. 1654. *Originum Gallicarum Liber. In quo veteris & nobilissimæ Gallorum gentis origines, antiquitates, mores, lingua & alia eruuntur & illustrantur: cui accedit antiquae linguae Britannicae lexicon Britan nico-Latinum, cum adjectis & insertis ejusdem authoris Agadiis Britannicis sapientiae veterum druidum reliquiis, & aliis antiquitatis Britannicae Gallicaeque nonnullis monumentis* [M]. Amstelodami: Joannem Janssonium.

Cambrensis, G. 1194. *Descriptio Cambriae* [M]. Edited and printed by David Powel, 1588; Rpt. by William Camden, 1603.

Clüver, P. 1616. *Germaniae Antiqvae Libri tres* [M]. Leiden: Elsevier.

Dante, A. 1577 [Written 1305]. *De Vulgari Eloquentia Libri Duoi* [M]. Parisiis: Apud Io. Corbon.

Gébelin, A. C. 1774. *Monde primitif, analysé et comparé avec le monde moderne, considéré dans l'histoire naturelle de la parole; ou grammaire universelle et comparative* [M]. Paris: L'Auteur.

Gelenius, S. 1537. *Lexicum symphonum quo quatuor linguarum Europae familiarium, Graecae scilicet, Latinae, Germanicae ac Sclauinicae concordia consonatiiaq' indicatur* [M]. Basileae: Froben & Episcopius.

Grimm, J. 1819. *Deutsche Grammatik* [M]. Göttingen: Dieterich .

Grotius, H. 1642. *De origine gentium Americanarum dissertation* [M]. Parisiis: S. Cramiosy.

Grotius, H. 1644. *Annotationes in Vetus Testamentum* [M]. Amsterdam.

Grew, N. 1675. *The Comparative Anatomy of Trunksm, Together with an Account of Their Vegetation Grounded Thereupon* [M]. London: Walter Kettilby.

Grew, N. 1676. *The Comparative Anatomy of the Stomachs and Guts Begun* [M]. London: Tho. Malthu.

Guichard, E. 1606. *L'Harmonie étymologique des langues hébraïque, chaldaïque, syriaque, grecque, latine, françoise, italienne, espagnole, allemagne, flamande, angloise, & c* [M]. Paris: Chez Guillaume le Noir.

Hervás y Panduro, L. 1800–1804. *Catálogo de las lenguas de las naciones conocidas: y numeracion, division,y clases de estas segun la diversidad de sus idiomas y dialectos* [M]. Madrid: Ranz.

Jespersen, O. 1924. *The Philosophy of Grammar* [M]. London: George Allen & Un Win Ltd. Rpt., 1951.

Jéhan, L-F. 1858. *Dictionnaire de Linguistique et de Philologie comparée, histoire de toutes les langues mortes et vivantes ou Traité complet d'idiomographie* [M]. Paris: J.-P. Migne.

Kate, L. 1710. *Gemeenschap tussen de Gottische Spraeke en de Nederduytsche, vertoont: I. By eenen brief nopende deze stoffe. II. By eene lyste der Gottische woorden, gelykluydig met de onze, getrokken uyt het Gothicum Evangelium. III. By de voorbeelden der Gottische declinatien en conju-*

gatien, nieulyks in haere classes onderscheyden. Alles gerigt tot ophelderinge van den ouden grond van't Belgisch [M]. Amsterdam: Jan Rieuwertsz.

Kate, L. 1723. Aenleiding tot de Kennisse van het Verhevene Deel der Nederduitsche Sprake waer in Hare zekerste Grondslag, edelste Kragt, nuttelijkste Onderscheiding, en geregeldste Afleiding overwogen en naegespoort, en tegen het Allervoornaemste der Verouderde en Noglevende Taelverwanten, als't Oude Mœso-Gotthisch, Frank-Duitsch, en Angel-Saxisch, beneffens het Hedendaegsche Hoog-Duitsch en Yslandsch, vergeleken word [M]. Amsterdam: Rudolph en Gerard Wetstein.

Kiliaan, C. 1574. Dictionarium Teutonico-Latinum [C]. Antwerp: Plantin. 3rd edition, Etymologicum Teutonicae linguae, Antwerp: Plantini, 1599.

Koch, M. 1887. Zur Einführung. Zeitschrift für vergleichende Litteraturgeschichte [J]. Band 1: 1-12, Berlin: A. Haack.

Kuraish, Judah ibn. 1857 [Written 8~9th C.] Risalah al-ḥakim [M]. Bargès & Goldberg, eds., Paris: Taba' fi al-mahrusah Baris.

Laet, J. 1643. Notae ad Dissertationem Hugonis Grotii de origine gentium Americanarum et observationes aliquot ad meliorem indaginem difficillimae illius quaestionis [M]. Amsterdam: Ludovicum Elzevirium.

Lennep, J. D. 1778. In Analogiam Linguae Graecae, cui Praemissa eiusdem Viri Docti Oratio de Linguarum Analogia [M]. Londini: P. Elmsly & Burgh; Parisiis: Barois Fils ainé; Bruxelles: Emanuel Flont; Lugduni: J. M. Bruiset; Ultrajecti ad Rhenum: G. T. van Paddenburg; Lipsiae: Weidman & Ryken; Bern: Emanuel Haller.

Lipsius, J. 1602. Epistolarum selectarum centuria prima ad Belgas [M]. Antverpiae: Plantiniana, apud Joannem Moretum.

Meres, F. 1598. Comparative Discourse of Our English Poets with the Greeke, Latin, and Italian Poets [M]. London: P. Short.

Müller, F. M. 1849. On the Comparative Philology of the Indo-European Languages in its Bearing on the Early Civilization of Mankind [M]. Paris: Archives de l'Institut de France.

Mylius (Milius), A. 1612. Lingua Belgica: de linguae illius communitate tum cum plerisque alijs, tum presertim cum Latinâ, Graecâ, Persicâ; deque communitatis illius causis; tum de linguae illius origine&latissimâ per *nationes quamplurimas diffusione* [M]. Leiden: Lugduni Batavorum.

Pallas, P. S. 1786, 1789. *Linguarum totius orbis vocabularia comparativa: augustissimae cura collecta* [M]. St. Petersburg: Johannes Carolus Schnoor. Jankiewitsch de Miriewo, ed., 2nd edn., 1790, 1791.

Périon, J. 1554. *Dialogorum de linguæ Gallican origine, ejusque çum Graecâ cognatione* [M]. Paris: Sebastianum Niuelliums.

Pontanus, J. I. 1616. *Originum Francicarum libri VI.* [M]. Harderwijk: University of Harderwijk.

Postel, G. 1538. *De originibus seu de Hebraicae linguae et gentis antiquitate, deque variarum linguarum affinitate* [M]. Parisiis: Dionysium Lescuier.

Raynouard, F. J. M. 1821. *Grammaire comparée des langues de l'Europe latine, dans leurs rapports avec la langue des troubadours* [M]. Paris: Didot.

Rodericus Ximénez de Rada. 1243. *De rebus Hispaniae* [M]. Trans. into Spanish by Juan Fernández Valverde, *Historia de los hechos de España.* Madrid: Alianza, 1989.

Salmasius, C. 1643. *De Hellenistica commentarius* [M]. Leiden: Length.

Scaliger, J. J. 1599. "Diatriba de Europœorum Linguis, item de ho-diernis Francorum necnon de varidâ litterarum aliquot pronuciatione" [A]. In *Opúscula varia Scaligeri, antehac non edita, nunc verò multis partibus ancta.* Parisiis: Hadrianum Beys. 1610, pp. 119-122.

Schlegel, A. W. 1803. Recension von Bernhardis Sprachlehre [A]. In Herausgegeben von Eduard Böcking, *August Wilhelm Schlegel's Vermischte und kritische Schriften,* 6 Band. / *August Wilhelm Schlegel's Sämmtliche Werke,* 12 Band. S. 141-153. 1847. Leipzig: Weidmann'sche Buchhandlung.

Schlegel, F. 1808. *Über die Sprache und Weisheit der Indier, Ein Beitrag zur Begründung der Altertumskunde* [M]. Heidelberg: Mohr und Zimmer.

Schlegel, J. E. 1741. Vergleichung Shakespears und Andreas Gryphs [A]. In *Beyträge Zur Critischen Historie Der Deutschen Sprache, Poesie und Beredsamkeit,* hrsg. von einigen Liebhabern der deutschen Litteratur, Bd. 7. Leipzig: Breitkopf, S. 540-572.

Schleicher, A. 1874 [Written 1861–1862]. *Compendium der vergleichenden Grammatik der indogermanischen Sprachen* [M]. Weimar: H. Böhlau. Trans. into German by Herbert Bendall, *A Compendium of the Comparative Grammar of the Indo-European, Sanskrit, Greek, and Latin Languages,*

London: Trtibner and Company.

Schultens, A. A. 1738. *Origines Hebraeae, Accedit gemina oratio de linguae Arabicae antiquitate et sororia cognatione cum Hebraea* [M]. Lugduni Batavorum : Apud Samuelem Luchtmans.

Scrieckius, A. 1614. *Van t'beghin der eerster volcken van Europen* [M]. François Bellet.

Scrieckius, A. 1615. *Quibus originum rerumque Celticarum et Belgicarum opus suum nuper editum* [M]. François Bellet.

Scrieckius, A. 1620. His argumentis: *linguam hebraicam esse divinam et primogeniam: linguam teutonicam esse secundam, et dialecto tantùm ab hebraea distare* [M]. François Bellet.

Vater, J. S. 1801. *Versuch einer allgemeinen Sprachlehre: Mit einer Einleitung über den Begriff und Ursprung der Sprache und einem Anhange über die Anwendung der allgemeinen Sprachlehre auf die Grammatik einzelner Sprachen und auf die Pasigraphie* [M]. Halle: Rengerschen Buchhandlung.

Vulcanius of De Smet. 1597. *De literis et lingua Getarum sive Gothorum* [M]. Leyden: Raphelengius.

附记：本文初稿于 2018 年 6 月，修改于 2019 年 1 月，增订于 2020 年 6 月。主要内容曾在南京大学文学院和汉语史研究所主办的"纪念方光焘、黄淬伯先生诞辰 120 周年国际学术研讨会"（2018 年 12 月 29 日）以及江苏师范大学语言科学与艺术学院和《语言科学》编辑部联办的"第七届海外中国语言学者论坛"（2019 年 6 月 11 日）上演讲。刊于《汉语史和汉藏语研究》第八辑，北京：中国社会科学出版社，2020 年。

普遍语法、对比语言学及语言类型学的由来

提　要： 普遍语法（grammaticæ generalis）孕育了比较语法（comparatio grammaticæ，相当于后世"对比语法"），比较语法充实了普遍语法。阿尔斯特（1630）最早在"对比语言学"意义上使用"比较语法"，谢贝兰（1774）最早清晰阐明了"普遍语法和比较语法"。19世纪，伐特（1801）倡导"比较语言研究"；施莱格尔兄弟（1808, 1818）提出"语言结构类型"；洪堡特（1810, 1820, 1836）发扬"比较语言研究"或"普通比较语法"。20世纪，博杜恩（1902）提出语言"比较"的三种类型；叶斯柏森（1924）意欲建立一种"新的比较语法"；直至沃尔夫（1941），才明确区分了"比较语言学"（亲属关系）和"对比语言学"（非亲属关系）。对比语言学经历了普遍语法视野下的语言结构类型探讨、面向语言教学的语言异同对比、基于文化相对论的语言类型研究，迄今已开枝散叶。而语言类型研究逐步脱离母体，形成一门新的分支学科。

关键词： 普遍语法；比较语法；比较语言研究；对比语言学；语言类型学

　　根据史实，术语"比较语法"（Bertram 1574，Alsted 1630）早于"比较解剖学"（Grew 1675）。语言学的比较方法先后用于亲缘比较语言学、对比语言学（和语言类型学）。文献显示，作为历史术语，"比较语法"（拉丁文 comparatio grammaticæ / 法 grammaire comparative / 德文 vergleichende Sprachlehre / vergleichende

Grammatik）的用法：(1) 最先指语言亲缘关系比较（Bertram 1574）；(2) 后来用于一般语言的异同对比（Alsted 1630, Gébelin 1774）；(3) 再后来，既指（1）也指（2）（Vater 1801）。直到 20 世纪 40 年代才明确区分为"比较语言学"（comparative linguistics）和"对比语言学"（contrastive linguistics）（Whorf 1941）。

另一个重要术语"普遍语法"，又译为"一般语法""普通语法"等，其欧文是：拉丁文 grammaticæ generalis / universalis, 法文 grammaire générale / universelle, 德文 allgemeine Grammatik / allgemeine Sprachlehre / allgemeine Sprachkunde / Ursprachlehre, 英文 uiniversal grammar。其术语的限定词存在微殊，拉丁文的 generalis、法文的 générale，含义是"一般"（正规的、通用的）；拉丁文的 universalis、法文的 universelle、英文的 uiniversal，含义是"普遍"（原初的、基于逻辑的）；而德文的 allgemeine，意指"总体 / 普通"（所有的、综合的）。可谓浑言（模糊概念）不分，而析言（精准概念）有别。

本文聚焦于对比语言学（和语言类型学）意义上的"比较语法"（**有时需要不断提醒，与语言亲缘关系比较有别**），追溯 18 世纪以前的"普遍语法和比较语法"，梳理 19 世纪"比较语法"的发展，揭示 20 世纪上半叶"比较语法"一分为二的过程，并进一步厘清 19 世纪以来"对比语言学"和"语言类型学"的各自发展轨迹。

一、13 世纪德英先驱的"普遍语法"理念

关于中国学界梳理"普遍语法"概念的专论，在知网上仅搜到一篇：朱雷《"普遍语法"概念的溯源与哲理变迁》（2019）。文中写到：

Boethius 为中世纪首倡普遍语法概念的语法学家，他深受新柏拉图主义及 Augustine 的影响，热衷于语言共相之论（见 Robins 2001）。

如该学派经院哲学代表人物——身兼哲学家和神学家的 Saint Thomas Aquinas，将神学与理性结合，并从形而上学的角度来研究语言，从而把"普遍语法"拔高到哲学层面的高度（见 Robins 2001）。（朱雷 2019：52）

我核查了罗宾斯（R. H. Robins, 1921—2000）《简明语言学史》的原文：

The division into the *trīvium* and *quadrzvīum* and these terms were the work of Boethius (c. A.D. 500), a Roman scholar and statesman, who among his many writings made a number of Latin translations from the works of Aristotle, which formed a good part of the restricted amount of Greek literature available in the west in the early Middle Ages. (Robins 2001[1997]: 82)

"三才"和"四艺"的划分及其名称，是罗马学者和政治家波伊提乌（约公元 500 年）提出的，在其大量作品中，有许多是翻译成拉丁语的亚里士多德著作。中世纪初，西方为数不多的希腊文献中，有很大一部分出自其拉丁文译本。

Speculative grammar was the product of the integration of the grammatical description of Latin as formulated by Priscian and Donatus into the system of scholastic philosophy. Scholasticism itself was the result of the integration of Aristotelian philosophy, at the hands of such thinkers as St. Thomas Aquinas, into Catholic theology. It was a system of thought reinforced by and reinforcing the Christian faith of the day, which could serve to unify within itself all branches and departments of human learning and in which the claims of reason and revelation could be harmonized. (Robins 2001[1997]: 88)

　　思辨语法是把普利西安和多纳图斯对拉丁语语法的描写融入经院哲学体系的产物。经院哲学本身则是阿奎那等思想家把亚里士多德哲学融入天主教神学的结果。这一思想体系通过当时的基督教信仰得到加强，反过来又增强了其信仰，由此可能将人类学习的所有分支和部门整合起来，并主张理性和启示的统一。

　　在罗宾斯书中，未见与朱文所言（Boethius "热衷于语言共相之论"、Aquinas "把普遍语法拔高到哲学层面的高度"）的相应论述。因此，除非在 Boethius、Aquinas[1] 的原著中找到近似论述，否则此类说法可能阐述过度，甚至郢书燕说。

　　史实显示，早期普遍语法理念孕育了比较语法研究，但"普遍语法"这一观念和术语何时出现需要查考。直到 12 世纪，亚里士多德（Aristotle, 公元前 384 年—公元前 322 年）哲学才被欧洲学界吸收，由此促使逻辑和语法紧密联系。而逻辑使人联想到语言的普遍法则，甚至把后者理解为前者。13 世纪，有三位语法学家——德国萨克森·约旦（Jordan of Saxony, 1190—1237）、英国罗伯特·基尔沃德拜（Robert Kilwardby, 1215—1279）和罗杰·培根（Roger Bacon, 1124—1294）的论述，涉及"普遍语法"这一概念。有人提出，约旦研究了普利西安（Priscian, 512—560）的《语法原理》，通过融合语法和逻辑术语而引入"普遍语法"概念。格拉布曼（Martin Grabmann）在《中世纪的知识生活》（1956 Bd. III: 232-242）中首先推测，对普利西安著作手稿加以评价的作者是约旦。其后，平葆（Jan Pinborg）在《中世纪语言理论的发展》（1967）中将中世纪晚期语法史分为六个阶段，第四个就是"普遍语法概念引论：萨克森·约旦"（Introduction of the idea of a universal grammar: Jordan of Saxony）。克尔纳等（Ko-erner et al）则进一步认为：

1　波爱修斯（A. M. S. Boethius, 约 480—524），中世纪初期哲学家。阿奎那（Saint Thomas Aquinas, 约 1225—1274）中世纪经院哲学代表人物。

约旦（约 1210）是三者中最早的，他撰写了一篇关于普利西安次要著作的评论，其中提出普遍语法的观念，这一观念对于将语法视为一门科学必不可少。这一建议促使语法从侧重于表面特征的研究发生转移。他还提出，语法应更多关注所有人的**共有意义**。（Koerner et al 1995: 131）

约旦出生于德国的威斯特伐利亚（Westphalia），1237 年在安塔利亚（Attalia）附近去世。年轻时曾在巴黎学习，约 1220 年前撰写"普利西安次要著作评论"（*Priscianum minorem*）。所谓次要著作，即《语法原理》之外的其他论著。不过，斯谭默约翰（Harro Stammerjohann）的《语法词典：语言学史书目指南》"约旦词条"（Jordan, fl. mid-13th century）中却指出：

Pinborg (1966) accepted Grabmann's (1956) identification of J. the author of the commentary on Priscian Minor's *Sermocinalis scientia* (→ Priscian), as John of Saxony (d. 1237). This attribution is untenable, given the content of this literal commentary and the translation of passages from the works of → Aristotle; and no other plausible attribution has been forthcoming. (Stammerjohann 2009: 768)

平葆（1966）接受了格拉布曼（1956）的鉴定，认为约旦，即萨克森·约旦（卒于 1237）是评论普利西安次要作品《会话常识》[1] 的作者。鉴于该书评的内容及所译亚里士多德作品的段落，这种作者归属的做法不能成立，但尚未有其他似乎更合理的归属。

该词条编写者西里奇（Mary Sirridge），所参编的《约旦评普利西安次要著作简注》（*Notulae super Priscianum minorem magistri Jordani*. partial ed. by M. Sirridge, *CIMAGL*. 36. 1980），我们尚未找到。其行文中是否出现"普遍语法"这一术语，还是以其论述蕴涵该观念，尚待查考。

1　中世纪经院哲学的"会话常识"，通常包括语法、修辞和逻辑三部分。

1250 年，牛津大学教授基尔沃德拜在《新兴科学》中提出，语言研究应努力发现"通用语言"（universal language）的本质。尽管我们可以通过感知来了解具体事物，但只有始终以相同方式存在的事物才具有科学性。换而言之，科学是关于事物普遍性的研究。弗罗姆金（Victoria Fromkin）等在《语言导论》中写道：

Robert Kilwardby held that linguists should be concerned with discovering the nature of language in general. So concerned was Kilwardby with Universal Grammar that he excluded considerations of the characteristics of particular languages, which he believed to be as "irrelevant to a science of grammar as the material of the measuring rod or the physical characteristics of objects were to geometry." Kilwardby was perhaps too much of a universalist. The particular properties of individual languages are relevant to the discovery of language universals, and they are of interest for their own sake. (Fromkin et al 2011: 298)

罗伯特·基尔沃德拜认为语言学家应该关注发现语言的本质。基尔沃德拜对普遍语法是如此关注，以致于他不考虑具体语言的特征。他认为，这些与"语法科学无关，因为测量工具的材料或物体的物理特性与几何学无关"。基尔沃德拜也许称得上一位普遍主义者。个别语言的特殊性与语言普遍性的发现有关，并且出于其自身的理由引起人们的兴趣。

最著名的则是修道士罗杰·培根（1250）的名言——"所有语言的语法在实质上都是相同的，而差异只是偶然的"。引用这句话的文章很多，通常所注："转引自 Robins（1976：81）"，或"转引自 Jakobson（1961: 264）"。罗宾斯《简明语言学史》的说法是：

Roger Bacon, who himself wrote a grammar of Greek as well as one of the earliest speculative grammars, and who insisted on the importance of studying Arabic and Hebrew, could declare that grammar was one and the same in all languages in its substance, and that surface differences between them are merely accidental variations.[21] (Robins 2001[1997]: 90)

罗杰·培根曾写了一本希腊文语法，还写过最早的思辨语法论文。他强调研究阿拉伯语和希伯来语的重要性，宣称所有语言在其实质上完全相同，语言之间的表面不同仅仅是偶然的变异。

罗宾斯的注 [21] GRABMANN, 1926, 118; ROGER BACON: 'Grammatica una et eadem est secundum substantiam in omnibus linguis, licet accidentaliter varietur', WALLERAND, Oeuvres (43), 也就是说格拉布曼（1926）引自沃勒兰德（《作品全集》）[1]。罗宾斯在文献部分有：M. GRABMANN, *Mittelalterliches Geistesleben*, Munich, 1926, volume 1, chapter 4（Robins 2001:105）。并且注 [18] 是：G. WALLERAND (ed.), *Les oeuvres de Siger de Courtrai*, Louvain, 1913, 36.（Robins 2001[1997]:107）

接下来，查阅雅柯布逊（Roman Jakobson, 1896—1982）在《语言普遍性对语言学的影响》（1961）中的相关论述：

Among scholastic theoreticians of language the renowned Paris savant of the twelfth century, Pierre Hélie, declared that there are as many kinds of grammar as there are languages; whereas in the thirteenth century, grammatica universalis was considered indispensable to give grammar a scientific status. Roger Bacon taught: 'Grammatica una et eadem est secundum substantiam in omnibus linguis, licet accidentaliter varietur'. (Jakobson 1961: 264)

在经院哲学的语言理论家中，皮埃尔·赫里是 12 世纪著名的巴黎学者，他宣称语法种类与其语言种类一样多。而在 13 世纪，要赋予语法以科学地位，语法的普遍性被认为是不可或缺的。罗杰·培根教导："所有语言的语法在实质上都是相同的，而差异只是偶然的"。

1　格拉布曼（Martin Grabmann, 1875—1949），德国哲学家和历史学家，中世纪神学家。沃勒兰德（Gaston Wallerand, 1884—1941），比利时布鲁塞尔圣路易学院的哲学和文学教授。

据说，雅柯布逊转引自比利时哲学史家德沃夫（Maurice De Wulf, 1867—1947）的《评加·沃勒兰德的"辛格·德·科特赖克[1]的作品"》（1913）。德沃夫的原文是：

On rêve d'une grammaire rationnelle, et, conformément aux idées de Roger Bacon, elle devait être la même pour toutes les langues. (De Wulf 1913: 557)

我们梦想有一个合符理性的语法，按照罗杰·培根的观点，所有语言的语法应该都是相同的。

经过反复搜寻，发现这句名言始见于英国希腊语学者诺兰（Edmond Nolan）和伦敦犹太学院神学家希尔施（Samuel Abraham Hirsch, 1843—1923）编辑的《罗杰·培根的希腊语语法和希伯来语语法存稿》（1902）。希尔施在《导论》中写道：

The result he arrives at is laid down in our grammar (p. 27), namely, that there is a **universal grammar**, that the grammar of all languages is the same in substance, and that the differences are merely accidental "grammatica una et eadem est secundum substantiam in omnibus linguis, licet accidentaliter varietur." When reading a sentence like this we must not lose sight of the fact that it proceeded from the philosopher Bacon, who uses the terms "substantia" and "accidens" in the precise philosophical sense he attaches to them. (Nolan & Hirsch 1902, Introduction: xxv)

他所得结论见于我们编印的这本语法书（27 页），也就是说存在普遍语法，"所有语言的语法在实质上都是相同的，而差异只是偶然的"。当读到像这样的论断时，我们一定不要忽略这一事实，这得益于哲学家培根，他在其赋予严格哲学意义上使用了词语"实质"和"偶然"。

1　辛格·德·科特赖克（Siger de Courtrai, 1283—1341），摩迪斯泰学派的语法学家和语言哲学家。

诺兰和希尔施编辑的这本语法书中，并未出现 universal grammar 这一术语。该名言见于他们所编 "希腊语语法" 的第二部分第二章："论希腊语语法必须与拉丁语语法比较的理由"（De rationibus propter quas oportet Graecam grammaticam comparari Latinae）。

Quia igitur volo tractare proprietatem grammatice grece, oportet ut sciatur quod iste diuersitates sunt in lingua greca secundum quod inferius notabuntur nomina istorum idiomatum. Et voco has diuersitates idiomata et non linguas vt multi vtuntur, quia in veritate non sunt lingue diuerse sed proprietates diuerse que sunt idiomata eiusdem lingue. Cupiens igitur exponere grammaticam grecam ad vtilitatem latinorum necesse est illam comparari ad grammaticam latinam, tum quia latine loquor vt in pluribus, sicut necesse est, cum linguam grecam nescit vulgus loqui, tum quia **grammatica una et eadem est secundum substanciam in omnibus linguis, licet accidentaliter varietur**, tum quia grammatica latina quodam modo speciali a greca tracta est, testante Prisciano, et sicut auctores grammatice docent euidenter. Et in hac comparacione grammatice grece ad latinam non solum est necessitas propter intelligendam grammaticam grecam, sed omnino necessarium est ad intelligenciam latine grammatice, propter quam principaliter componitur hic tractatus. (Nolan & Hirsch 1902: 27)

从那时以来从语法上处理这种特性，当时希腊人认为这是希腊语的变异，一些文献中把这些特性确定为希腊语的。对于他们不予承认的许多语言，我称为是有差异的语言，因为实际上存在不同的语言，而这种特性是同类语言在表达方式上形成的差异。如果希望揭示拉丁语的含义，则必须与希腊语语法比较，就像我们在大多数情况下说拉丁语，但必要时人们要了解希腊语说的内容，因为**所有语言的语法在实质上都是相同的，而差异仅仅是偶然的**，因为拉丁语语法也是以一些特定方式借用希腊语语法规则以及援引其意义而引发的变化，并且那些作家明确指出这是通过教学语法做到的。在此有责任，不仅是为了通过比较来理解希腊人向拉丁人灌输的希腊语语法观点，而且为了能更好地理解拉丁语语法也是绝对必要的，因为语法主要是由这些规则组成的。

此处"所有语言的语法"，主要指希腊语和拉丁语，当然也可能涉及希伯来语等。

然而，这部手稿是否确实为罗杰·培根所撰还值得考量。诺兰在"前言"中提及，这是一份藏于牛津大学科珀斯·克里斯蒂学院（Corpus Christi College）的手稿，题名为"牛津希腊语语法"（Oxford Greek Grammar A），并无作者署名。希尔施在《导论》开篇说明：

Although the manuscript did not originally display Roger Bacon's name as the author of the Greek grammar, we are in a position to ascribe it unhesitatingly to that scholar. As to external evidence, it must be remembered that Bacon's authorship has never been doubted. A Greek grammar appears in all the lists of Bacon's works; it is, therefore, clear that the compilers of such lists must have known it to be his, either traditionally, or from some other copies of the work which may have been extant, and which may have borne his name. There is a consensus of opinion on this point, which, although not conclusive, is yet of sufficient weight, if corroborated by internal evidence. (Nolan &Hirsch 1902, Introdution: xiii)

尽管该手稿本来并无罗杰·培根作为"希腊语语法"作者的署名，但是我们可以毫不犹豫地将其归于该学者。关于外部证据，必须记住，培根的作者身份从未受到质疑。"希腊语语法"见于有关培根作品的所有清单中；因此，很显然，无论从流传下来的说法，还是从现存有其名字的其他作品副本，都可以认为清单的编撰者应该知道是其作品。在这点上我们意见一致，尽管并非定论，但如有内部证据证实则更为重要。

由此可见，认为作者是罗杰·培根仅为某些人的推测，所以这句名言是否为罗杰·培根所说，似可存疑。

综上，13 世纪的普遍语法先驱（思辨语法学派）所了解的"所有语言"主要是其母语（德语、英语或法语）和古典语言（拉丁语、希腊语），可能涉及希伯来语（圣经的语言）等闪米特语言。这些语言都是屈折类型，而没有其他类型的语言。他们心目中的"普遍语法"或"语法普遍性"，实际上是基于逻辑规则（相同的）和形态变化（偶然变异的）的一种衡量，总体上还处于观念的（而非语言的细致对比）状态，其思想资源主要来自亚里士多德的逻辑学和普利西安的拉丁文语法原理。

二、17—18 世纪德法学者提出的比较语法

1630 年，德国哲学家阿尔斯特（Johann Heinrich Alsted，1588—1638）首次将语法分为"一般语法"和"具体语法"。阿尔斯特是希伯伦加尔文学院的哲学和神学教授，其《百科全书七种》在当时富有影响。弗罗姆金等的《语言导论》中写道：

In about 1630, the German philosopher Johann Heinrich Alsted first used the term general grammar as distinct from special grammar. He believed that the function of a general grammar was to reveal those features "which relate to the method and etiology of grammatical concepts. They are common to all languages." Pointing out that "general grammar is the pattern 'norma' of every particular grammar whatsoever." (Fromkin et al 2011: 298)

约在 1630 年，德国哲学家约翰·海因里希·阿尔斯特首次使用了与"具体语法"不同的"一般语法"这一术语。他认为，一般语法的作用在于揭示"与语法概念的方法和原理有关的特征。它们对所有语言都是共同的。"并且指出，"一般语法是每一具体语法的模式"。

　　我查阅了《百科全书七种》卷一，其表七为语法分类框图
（Alsted 1630: 6）。首先，阿尔斯特把语法分为两大门：**一般语法**
（Generalis）和**具体语法**（Specialis），后者列出希伯来语、阿拉
米语、希腊语和拉丁语四种。其次，再将第二层次的一般语法分
为**教学语法**（Docens）和**应用语法**（Utens）。然后，第三层次的
教学语法分为：为演讲服务的语法（Finis est tradere modum purè
ioquendi）和媒介语法（Media）。第四层次的媒介语法分为简单
的（Simplicia）和复杂的（Composita），第五层次的复杂语法分
为相似的（Analoga）和异常的（Anomala）。第六层次的相似语
法分为有联系的（Connexionis）和相区别的（Distinctionis），第
七层次的有联系的语法分为原初的（Prima）和后起的（Orta）。
第八层次的原初语法分为 Convenientiæ（亲和的）和管辖的
（Rectionis），后起语法分为装饰的语法（Ornatus Grammatici）
和变化的语法（Variationis Grammaticæ）。至于第二层次的另一
应用语法，则分为**普遍语法**（Genesi Grammaticâ）和**解析语法**
（Analyis Grammaticâ）。

　　关于语法的详细内容见于《百科全书七种》卷六"应用技
艺"（*Artes mechanicae*），卷一中有其目录（Alsted 1630: 28）。开
始的几个问题是：1. 语法有何作用？语法是一种纯粹表达的技艺
（Quid ect Grammaticæ? Est ars tradens modum pure loquendi）。2.
语法分为几种？一般语法和特殊语法（Quotuplex ect? Generalis,
& specialis）。3. 何为一般语法？规范语言简介，首先是符合语
法规则的语言。包括教学语法和应用语法（Quid ect Grammaticæ
generalis? Est introductio de puritate sermonis, omnium linguarum
Grammaticis præmittenda. Estque docens, vel utens）。4. 何为一般
语法中的教学语法？教学语法的目标、主体和工具，即媒介语
法（Quid tradit Grammaticæ generalis docens? Finèm, subjectum, &
instrumenta, seu media Grammatica）。

　　据以上查考,阿尔斯特的"一般语法"(规范的、合法的)与"普遍语法"(原初的、固有的)有所不同。阿尔斯特在语法下面,以一般语法(Grammaticæ generalis)与具体语法(Grammaticæ Specialis)相对。然后将一般语法分为教学和应用,而在应用语法下面,是普遍语法(Genesi Grammaticâ)和解析语法(Analyis Grammaticâ)并列。**"一般语法"立足于规范通用性,"普遍语法"立足于原初一致性。换而言之,起源上的一致性才是"普遍的"(借助推测),用法上的规范性则为"一般的"(可以查考)。**

　　1660年,法国波尔·罗瓦雅尔学派的哲学家阿尔诺(Antoine Arnauld, 1612—1694)和语言学家朗斯洛(Claude Lancelot, 1615—1695)合著的《普遍唯理语法》(*Grammaire générale et raisonnée*),"普遍语法"(与唯理相连)首次出现在书名上。书中强调,"人类具有普遍一致的思维方式,其基础是共通的逻辑结构或同一的理性原则,而这方面的高度一致又决定着人类诸语言的深层构造,使之为一些共通的结构规律所贯通。"(姚小平2011:126)显然,波尔·罗瓦雅尔语法是基于逻辑和理性的"一般语法"。

　　与"一般语法""普遍语法"类似的概念是"通用语言""普遍语言""普遍语符"。约旦(约1210,见于 Koerner et al 1995: 131)认为语法研究应更多关注所有人的"共有意义"或"普遍意义",基尔沃德拜(1250)倡导语言研究应努力探索"通用语言"的本质。1629年11月20日,定居于荷兰莱顿的法国哲学家笛卡尔(René Descartes, 1596—1650)在写给梅森的信中(Descartes 1657: 498),曾提及"普遍语言"(Langue universelle)。1666年,德国哲学家莱布尼茨(G. W. Leibniz, 1646—1716)在《论组合技艺》(Leibniz 1666)中,曾设想用代表原初概念的有限符号构成"人类思维字母表"(Alphabet des menschlichen Denkens),以之作为科学、数学和本元学的"普遍语符"(characteristica universalis）。18 世纪初，莱布尼茨进一步阐述了基于语法和逻辑结构的人工语符。学界认为，莱布尼茨的"普遍语符"、阿尔诺和朗斯洛的"普遍唯理语法"思想都受到笛卡尔的影响。1688—1692 年，德国学者莫霍夫（Daniel Georg Morhof, 1639—1691）刊行《博学者，神与物的知识或作者评注》，其中有一章是"关于普遍语言和始源语言"（De lingua universali et primaeva）。

这些普遍主义的种子，在 18 世纪进一步发芽成长。1719—1721 年，英国学者亨利（M. A. John Henley, 1692—1756）编有《通晓多种语言的语言学家，或现存重要语言的普遍语法》（Universal Grammar）。1737 年，德国学者坎兹（Israel Gottlieb Canz, Israele Theophilo Canzio, 1690—1753）刊行《普遍语法教程》（Grammaticæ universalis）。1751 年，英国哲学家哈利斯（James Harris, 1709—1780）出版《赫尔墨斯[1]：或关于语言和普遍语法的哲学研究》（universal grammar）。1767 年，法国学者博泽（Nicolas Beauzée, 1717—1789）刊行《一般语法，即语言必要元素的合理阐述，以之作为研究所有语言的基础》（Grammaire générale）。1774 和 1776 年，法国学者谢贝兰（Antoine Court de Gébelin, 1725—1784）相继刊行《原始世界与现代世界的分析比较，言语自然史的深思；或普遍语法和比较语法》（grammaire universelle et comparative）和《言语自然史，或语言的起源和普遍语法》（de l'Origine du langage et de la grammaire universelle）。1781 年，德国学者梅纳（Johann Werner Meiner, 1723—1789）出版《试论人类语言或哲学和总体语法理论阐述的理性学说》（allgemeine Sprachlehre），尝试提出不同语法之间的基础对应性，并将逻辑设想为其深层结构。1796 年，德国学者梅尔提安（Ignaz Mertian, 1766—1843）出版《总体语法》（Allgemeine

---

1　在古希腊神话中，赫尔墨斯是宙斯的传旨者、信使及雄辩之神，同时也被视为商旅保护神。传说他发明了尺子、数字和字母。此处用赫尔墨斯隐喻"原初普遍语法"。

Sprachkunde），第一卷研究语言与心灵运作的关系，第二卷根据语言的性质定义"普遍概念"（Urbegriffe）或语法范畴，探讨语法的总体性。1799 年，法国学者萨西（Silvestre de Sacy, 1758—1838）出版《一般语法原理：儿童就能理解，适合学习所有语言入门》（grammaire générale）。此外，德国学者施米特黑讷（Friedrich Schmitthenner, 1796—1850）1826 年刊行《普遍语法：语法系统草案》（Ursprachlehre）。

也许，在这些学者的脑海中有两幅画面：一幅画面是现有语言的语法不同，但是有一种贯穿其中的规范通用语法（符合逻辑和理性）；一幅画面是所有语言都同源，其语法自然同源，变异是后来发生的（据圣经巴别塔传说）。浑言不分，而析言有别。大体上，前者称"一般语法"（规范语法），后者称"普遍语法"（或"原始语法"）。

要将观念上的普遍语法落实到可论证的普遍语法，务必对具体语言加以比较。只有比较语法才能促使普遍语法具体化，并充实其内容。1574 年，瑞士伯特伦（Bonaventure Corneille Bertram, 1531—1594）刊行的《希伯来语和阿拉米语比较语法》（*Comparatio Grammaticae Hebraicae et Aramicæ*），限定于亲属语言的比较研究。而阿尔斯特（1630）使用的"比较语法"，意指一般的语言对比研究。

Primus est fundamentalis, quo sit ut Grammaticam partiamur in certas sectiones, putà Elementa literarú & syllabarú, Declinationes & conjugationes, Regulas etymologicas & syntacticas, deniq, Praxin in bonis authoribus, & exercitiis stili atq; linguæ Secundus modus est subtilis, qui consistit partim in **comparatione Grammaticæ** Græcæ & Latinæ, itéq; Grammatice & Logicæ, partim in cognitione **Grámatacæ generalis**. Tertius est in pceptione Grammaticæ Hebraicæ, itéq....Prim modus pertinet ad classes, ut & prior pars secundi modi, quæ est de collatione.

Posterior pars modi secundi rejiciéda est ad curriculú philosophicú; tertia, ad theologicú. Unde jam facile est judicare de tempore, quod in hujus artis cognitione est conterendum. Nam fundaméta Grammaticæ Latinæ jacienda suntin tribus classibus inferioribus. **Comparatio Grammaticæ** Græcæ & Latinæ pertinet ad duas inferiores classes Humanitatis; collatio Grammaticæ & Logicæ ad supremā classem Humaniutis; cognitio **Grammaticæ generalis** ad studiosos philosophiæ, Hebraicæ ad studiosos Theologiæ, quorum etiá propria est Grammatica sacra, itemque Aramæa. Cæterùm in Latinis Probatur Grammatica Gieslena; in Græcis, Bremana; in Hebraicis & Aramicis, Johannis Dieu. (Alsted 1630: 108)

　　第一项是基础工作，要把语法分为几个特定部分，例如文字要素和音节表、名词格变和动词屈折，词源和句法规则，以及基于优良传统的实用文体训练。第二项是良好的交谈方法，某种程度上要依靠希腊文和拉丁文的**比较语法**。语法和逻辑的正确性，某种程度上取决于所掌握的**一般语法**知识。第三项任务是懂得希伯来文语法……第一项属于分类问题，并在第二项之前已掌握。第二项的后一部分内容必须留给哲学课程。第三项显示的是神学上的美德。因此，很容易基于这些划分鉴别其语言技艺的认识力。其实，在拉丁文语法的基础部分还有下位区分。而希腊文和拉丁文的**比较语法**，属于人文学科的两个下位等级。探讨语法和逻辑的至上学科是人文学科。**一般语法**知识用于研究哲学，希伯来文语法用于研究神学，还有人对神圣语法和阿拉米文语法感兴趣。而且可以证明 Gieslena 见于拉丁文语法，Bremana 见于希腊文，Johannis Dieu 见于希伯来文和阿拉米文。

　　在该节阐述中，阿尔斯特用了两次"比较语法"（希腊文和拉丁文对比），两次"一般语法"（与逻辑、哲学等相关）。据现有资料，首先在"对比语言学"意义上使用"比较语法"的是阿尔斯特，尽管其探讨还是初步的。

　　上文提及的谢贝兰（1774），则专门阐明了普遍语法和比较语法的关系：

Ces quatre Livres, qui ont pour objet la **Grammaire considérée** en elle-même, indépendamment de l'aplication qu'on en a faite dans chaque Grammaire Nationale, & où l'on rapporte néanmoins les procédés d'un grand nombre de Peuples, à cause de leur conformité avec ces Principes, font suivis d'un cinquième Livre, destiné, sous le nom de **Grammaire Comparative**, à faire voir qu'il n'existe aucun procédé, dans quelque Langue que ce soit, dont on ne puisse rendre raison par ces Principes combinés avec l'esprit individuel de chaque Langue, & que toutes les Langues ont le plus grand rapport entr'elles. (Gébelin 1774, Discours Préliminaire: xxxv-xxxvi)

前四卷以（普遍）语法为对象，而与各自民族语法中的应用无关，虽然其中包含了若干民族语言的习惯用法，但这是由于它们符合这些原则。随后的卷五标题是"**比较语法**",以表明无论何种语言，如果不经过这一过程的研究，也就无法结合每种语言的个性精神来证明这些原则的合理性，而所有语言之间都有充分的联系。

谢贝兰的"普遍语法"（人类语言起源阶段的语法，或称"原始语法"）与"民族语法"（具体语言的语法）对待。谢贝兰的"比较语法"意指"所有语言之间都有充分的联系"。

在"卷五比较语法"（Livre V. Grammaire Comparative）中，谢贝兰不但揭示了具体语法与普遍语法的关系，而且进一步阐明了创立"比较语法"的必要性：

Les **Grammaires particulières** ne sont en effet que les principes de la **Grammaire Universelle & primitive**, modifiés par le génie particulier de chaque Langue; elles peuvent donc toutes se ramener à une mesure générale; ainsi se formera la GRAMMAIRE COMPARATIVE qui fait voir les rapports de toutes les Grammaires particulières, & de quelle manière les principes communs à toutes se modifient dans chacune, avec les raisons nécessaires de chacune de ces modifications. Spectacle brillant & unique, où l'œil aperçoit la raison de tout, & où l'on développe à chaque Peuple les causes de toutes les régies qu'il suit dans les Tableaux de ses idées, & dont il ne pouvait connaître les rapports avec l'ordre nécessaire des Langues. (Gébelin 1774: 558)

实际上，**具体语法**仅仅是**普遍语法和原始语法**被各种语言的特定天赋所修改过的法则，因此它们都可以转化为一般规则。而将要创立的这一**比较语法**，旨在显示对所有具体语法的描述以及各自如何以某种方式修改共有原则，并为每种变异提供必然性的理由。如此精妙绝伦的奇观，让你看到万事万物的原因，并且了解我们每个民族的所有规则遵循其观念清单发展的缘由，以及与语言必要规则相关而难以知晓的这些联系。

谢贝兰阐述的与"普遍语法"相反相成的"比较语法"，即今人所谓的"对比语言学"（而非亲属关系比较）。之所以要创立"比较语法"，在谢贝兰看来，旨在显示对所有具体语法的描述以及各自如何以某种方式修改共有原则，并为每种变异提供必然性的理由，即今人所谓语法规则的"共性和个性"关系。如果说阿尔斯特（1630）提出的还是蜻蜓点水，那么谢贝兰（1774）的论述已是理正辞严。

三、19 世纪德国学者发展的比较语法

1675 年，英国生物学家格鲁（Nehemiah Grew, 1641—1712）发表《树干比较解剖学》，首次使用"比较解剖学"（Comparative Anatomy）。随着比较解剖学在 18 世纪大行其道，促使"比较语法"流行开来。1801 年，哈雷大学教授伐特（Johann Severin Vater, 1771—1826）在《试论普通语法：引论是关于语言的观念和起源，附录是普通语法在各自语言之语法及古籍中的应用》中写道：

Die **allgemeine Sprachlehre** ist also auch bei der beobachtenden
Ueberschauung der einzelnen Sprachen anwendbar, und kann den
Grammatiker jeder einzelnen Sprache bei seiner Darstellung des
Gebdndes derselben leiten. Er suche in der Sprache, die er bearbeitet,
Beispiele der Bezeichnung jener Begriffe auf. Offenbar muß sie den
Verfasser einer **vergleichenden Sprachlehre**, d. i. einer Vergleichung
möglichst vieler Sprachen, nämlich der in denselben gewöhnlichen
Einrichtungen, leiten. Denn es giebt keinen andern Standpunkt, **von wo
aus ganz verschiedene Sprachen übersehen und verglichen werden
könnten**, als den der allgemeinen Uebersicht dessen, was durch Sprache
bezeichnet seyn kann, des Wenigen oder Vielen, was sich darüber im
Allgemeinen sagen läßt. Das **vergleichende Sprachstudium** legt in die
allgemeinen Rubriken und Fächer des Bezeichneten, die Resultate ihrer
Beobachtung, als Beispiele, hin. Aber die allgemeine Sprachlehre kann
nicht nur, sondern sie muß auch den Darsteller der Grammatik jeder
einzelnen Sprache leiten. (Vater 1801: 258-259)

因此，**普通语法**也适用于对各种语言的观察研究，并能指导每
种语言的语法学家在其书中用相同的方法介绍其语法，从其正在研
究的语言中可以找到这些术语名称的例证。显然，必须说服**比较语
法**的研究者，尽可能更多地比较同样处于普通体系中的各种语言。
因为没有任何观点认为，**可以忽略迥然不同的语言**，或者这些语言
不能加以比较，甚至作为一般性综述，无论语言是多是少，都能从
中概括一般特性。**比较语言研究**侧重于所描述内容的一般范畴和主
题，对其观察结果可作为例子。然而，普通语法不仅可以如此研究，
而且还可以指导每种语言的语法使用者。

熟悉世界上多种语言的伐特，意识到有两种"比较"：一是
狭义的（亲属关系比较）；一是广义的，就人类所有语言开展比
较，以揭示普遍规则。伐特倡导的是对迥然不同的语言加以
对比。

19 世纪早中期的**比较语言研究**（如：F. Schlegel 1808; A.W.

Schlegel 1818; Humboldt 1810—11, 1820, 1836; Steinthal 1851; Schleicher 1861—62, 1863）[1] 或 "对比语言学"，主要表现为对**语言结构类型**的探讨。弗·施莱格尔（Friedrich von Schlegel, 1772—1829）在《论印度人的语言和智慧》（1808）中不仅阐述了亲属关系的 "比较语法"，而且提出了语言类型的二分法。在第一部分第四章 "据其内部结构划分的两种主要语言类型" 中写道：

Entweder werden die Nebenbestimmungen der Bedeutung durch innre Veränderung des Wurzellauts angezeigt, durch **Flexion**; oder aber jedesmal durch **ein eignes hinzugefügtes Wort**, was schon an und für sich Mehrheit, Vergangenheit, ein zukünftiges Sollen oder andre Verhältnißbegriffe der Art bedeutet; und diese beiden einfachsten Fälle bezeichnen auch die beiden Hauptgattungen aller Sprache. Alle übrigen Fälle sind bei näherer Ansicht nur Modifikationen und Nebenarten jener beiden Gattungen. (F. Schlegel 1808: 45)

有一类语言，其意义的附带含义通过词根内在变化以**语音屈折**（Flexion）来表明；而另一类语言，每次都要借助其**附加词**（hinzugefügtes Wort），以表示其复数、过去时、未来应该时或其他观念。这两种最简单的案例，也就揭示了所有语言的两种**主要类型**（Hauptgattungen）。其他所有案例都在与之接近的范围内，仅仅是这两种类型的变体和附属类型。

他还考虑到把借助附加词的语言再细分为两种：利用词缀的类型和不用词法形式的类型，并且指出，一种语言的结构类型在历史上可能发生变化。

1　刘丹青《语序类型学与介词理论》（北京：商务印书馆，2003：15）："其中的代表人物有：Friedrich von Schlegel（1772—1829）、August Schlecher（1821—1868）、Wilhelm von Humboldt（1767—1835）、August Wilhelm Schlegel（1767—1845）"。其中，August **Schlecher** 的姓应为 **Schleicher**。如据论著发表，其排序则为：Friedrich von Schlegel（1808）、August Wilhelm Schlegel（1818）、Wilhelm von Humboldt（1820,1836）、August Schleicher（1861—1862, 1863）。

弗·施莱格尔认为，只有希腊语、梵语这样的屈折类型才是
"有机的"，而其他类型则是"机械的"。

Im Griechischen kann man noch wenigstens einen Anschein von
Möglichkeit finden, als wären die Biegungssylben aus in das Wort,
verschmolznen Partikeln und Hülfsworten ursprünglich entstanden,
...Beim Indischen aber verschwindet vollends der letzte Schein einer
solchen Möglichkeit, und man muß zugeben, daß die Structur der Sprache
durchaus **organisch** gebildet, durch Flexionen oder innre Veränderungen
und Umbiegungen des Wurzellauts in allen seinen Bedeutungen
ramificirt, nicht bloß **mechanisch** durch angehängte Worte und Partikeln
zusammengesetzt sei, wo denn die Wurzel selbst eigentlich unverändert
und unfruchtbar bleibt. (F. Schlegel1808: 41-42)

在希腊语中，你至少还能发现一些可能的现象，似乎屈折音节
最初来自融合了词缀和辅助词的单词，……然而，在印度语中看到，
这种现象的可能性最终完全消失，必须承认这种语言的结构完全是
有机的，通过屈折或内在变化，词根语音在所有意义上都受到影响，
而不仅是机械地由附加单词和词缀组合而成，实际上词根自身保持
不变和毫无派生能力。

在语言分类研究史上，弗·施莱格尔首次明确区别了结构类
型（Hauptgattungen）和历史谱系（historischer Stammbaum）。

1818 年，其兄奥·施莱格尔（August Wilhelm Schlegel,
1767—1845）在《普罗旺斯语言和文学探考》中索性一分为三。

Les langues qui sont parlées encore aujourd'hui et qui ont été
parlées jadis chez les différents peuples de notre globe, se divisent en trois
classes: les langues sans aucune structure grammaticale, les langues qui
emploient des aflîxes, et les langues à inflexions [6]. (A. Schlegel 1818: 14)

[6] Cette classification fondamentale des langues a été déveveloppée
par mon frère dans son ouvrage *sur la langue et l'antique philosophie
des Indiens*, dont la première partie a été traduite en françois à la suite du

traité d'Adam Smith *sur l'origine des langues* (A. Schlegel 1818, Notes: 85)．

我们地球上不同的民族，今天仍然所说和以前所说的语言可分为三类：没有任何语法结构的语言，使用词缀的语言，以及屈折变化的语言。[6]

注[6] 此语言之基本分类，是吾弟在其《印度人的语言和古代哲学》中所揭示。该文第一部分在亚当·斯密《论语言的起源》[1]之后，被译成法语。

所谓"没有任何语法结构的语言"，即词根语或孤立语类型：

Les langues de la première classe n'ont qu'une seule espèce de mots, incapables de recevoir aucun développement ni aucune modification. On pourrait dire que tous les mots y sont des **racines**... (A. Schlegel 1818: 14)．

第一类语言仅仅具有不发生任何变化的词语。可以说，所有的**词都是词根**……

当然，奥·施莱格尔不了解汉语的语法关系凭借虚词表达，而有些虚词相当于黏着型的词缀。

所谓"使用词缀的语言"即黏着语，但是奥·施莱格尔推崇的是"屈折变化的语言"，因此进一步阐释了其弟的"有机语"说法。

---

1 1761 年，亚当·斯密（Adam Smith, 1723—1790）的初稿《关于语言的最初形成，及原始语和混合语出于不同天赋的思考》（*Considerations Concerning the First Formation of Languages, and the Different Genius of Original and Compounded Languages*）刊于其《语言学杂论》（*Philological Miscellany*, London: Beckett & Dehondt. pp. 440-479）。1767 年，在格拉斯哥大学讲座（1762）的增订本《论语言的起源》（*Dissertation on the Origin of Languages*），收入其《道德情操论》（*The Theory of Moral Sentiments*, London: A. Millar）。其法文译本（*Dissertation sur l'origine des langues*）有三：分别刊于 1796（Trans. by M. H. Boulard）、1798（Trans. by S. de Grouchy）、1809（Trans. by J.-L. Manget）。又，弗·施莱格尔的法文版《印度人的语言和哲学》（*Essai sur la langue et la philosophie des Indiens*, Trans. by H. A. Mazure, Paris: Parent-Desbarres）刊于 1837 年。

Le caractère distinctif des **affixes** est, qu'ils servent à exprimer les idées accessoires et les rapports, en s'attachant à d'autres mots, mais que, pris isolément, ils renferment encore un sens complet. Les langues, dont le système grammatical est fondé sur les affixes, peuvent avoir de certains avantages, malgré leurs imperfections. Je pense, cependant, qu'il faut assigner le premier rang aux langues à **inflexions**. On pourroit les appeler **les langues organiques**, parce qu'elles renferment un principe vivant de développement et d'accroissement. (A. Schlegel 1818: 14)

词缀的独特性是通过附加于其他词语以表达附属观念和关系，然独立时仍有完整意义。一种语言的语法系统基于词缀，虽有不完善之处，但仍具有一定优势。无论如何，我认为必须将屈折赋予第一等。这种语言可称为有机语，因为包含发展和成长的生命机制。

En modifiant les lettres radicales, et en ajoutant aux racines des syllabes dérivatives, on forme des mots dérivés de diverses espèces, et des dérivés des dérivés. On compose des mots de plusieurs racines pour exprimer les idées complexes. Ensuite on décline les substantifs, les adjectifs et les pronoms, par genres, par nombres et par cas; on conjugue les verbes par voix, par modes, par temps, par nombres et par personnes, … Cette méthode procure l'avantage d'énoncer en un seul mot l'idée principale, souvent déjà très-modifiée et très-complexe, avec tout son cortège d'idées accessoires et de relations variables. (A. Schlegel 1818: 15-16)

通过改变词根的基本字母或把基本字母添加到词根中形成衍生音节，由此我们可以形成各种衍生词及其再衍生词语。我们用几个词根组成话语以表达复杂观念。然后将主语、形容词和代词细分为性、数、格，而动词具有语气、态、时、数和人称的相应变化，……这种方法具有表达清晰的优势。一个词中的主要观念有其所有附属观念和变化关系的伴随，这种语言通常已经很完善。

奥·施莱格尔还进一步把屈折语划分为综合语和分析语。

Les langues à inflexions se subdivisent en deux genres, que j'appellerai les **langues synthétiques** et les **langues analytiques**. J'entends par langues analytiques celles qui sont astreintes à l'emploi de l'article devant les substantifs, des pronoms personnels devant les verbes, qui ont recours aux verbes auxiliaires dans la conjugaison, qui suppléent par des prépositions aux désinences des cas qui leur manquent, qui expriment les degrés de comparaison des adjectifs par des adverbes, et ainsi du reste. Les langues synthétiques sont celles qui se passent de tous ces moyens de circonlocution....L'origine des langues synthétiques se perd dans la nuit des temps; les langues analytiques, au contraire, sont de création moderne: toutes celles que nous connaissons, sont nées de la décomposition des langues synthétiques. (A. Schlegel 1818: 16)

具有屈折变化的语言又可细分为两种，我称为**综合语**和**分析语**。关于分析语，我的意思是，这种语言在实体名词前加冠词，动词前的人称代词与动词结合时要加助动词，用前置词代替格变词尾，用副词表形容词比较级等。而综合语中没有这些迂回方式。……综合语源于史前时期，今已不可考；与之相反，分析语是近代的产物——我们知道的所有分析语皆来自综合语的分解。

需要注意的是，奥·施莱格尔的综合语（纯粹的屈折变化）和分析语(屈折变化＋迂回方式)概念，与后来语言学界所谓的"综合语"（运用形态变化）和"分析语"（不用形态变化，如汉语这样的孤立语)概念不同。通过拉丁语与其衍生的罗曼诸语的比较，他还进一步阐述了从综合语过渡到分析语可能是某个语系中的历史演化现象。

1818 年，奥·施莱格尔受洪堡特的推荐，到波恩大学就任德国的第一个梵文讲席教授。此时的洪堡特（Wilhelm von Humboldt, 1767—1835），对民族语言特性和语言结构研究颇有兴

趣。潘文国、谭慧敏在《中西对比语言学——历史和哲学思考》
（2018，汉英对照版）中提出，洪堡特在《论与语言发展不同时
期有关的比较语言研究》（1820）中将"比较"和"对比"两个
术语并列。

【英文】Both the language and linguistic character of a nation ap-
pear in a clearer light when one sees the idea of language realized in so
many individual ways and when one can **compare and contrast** the
linguistic character of one nation with that of others, both in general and
individually. (Harden & Farrelly eds., Humboldt 1997: 1-22)

【中文】只有当人们看到语言这一观念有这么多种体现，并
能对不同民族的语言特点从个别和一般两方面进行**比较**和**对比**
（compare and contrast）之后，才能更清楚地理解一个民族的语言及
其特点。（潘文国、谭慧敏 2018：42）

此据洪堡特论著的英译本再汉译，与姚小平据德文原著的汉
译存在明显差别。

通过这种双重的关系我们才会认识到，人类构成的语言具有多
大的差异，而每一民族构成的语言具有怎样的［结构］一致性。如
果我们能以丰富多样的个性形式阐明［人类］语言的理念（Idee），
同时又能从普遍的角度和相关民族的角度揭示各民族的语言特性，
那么，我们对［人类］语言和民族语言特性这两者就都会认识得更
加清楚。（姚小平编译 2001: 19）

我进一步核查洪堡特的德文本：

Durch diesen doppelten Zusammenhang erst wird erkannt, in
welchem Umfang der Verschiedenheiten das Menschengeschlecht, und in
welcher Consequenz ein einzelnes Volk seine Sprache bildet, und beide,
die Sprache und der Sprachcharakter der Nationen, treten in ein helleres
Licht, wenn man die Idee jener in so mannichfaltigen individuellen

Formen ausgeführt, diesen zugleich der Allgemeinheit und seinen Nebengattungen gegenüber gestellt erblickt. (Humboldt 1822 [1820]: 246)

这段论述意在强调揭示民族语言特性的重要性（涉及不同语言的对比），但德文原文中并未出现与英文 compare and contrast （比较和对比）对应的德语词。英文译者（Harden & Farrelly eds., 1997）基于主观理解的增译，也就有可能误导读者。

接下来，潘文国、谭慧敏正确地指出，洪堡特在《论人类语言结构的差异及其对人类精神发展的影响》（Humboldt 1936: 21）中使用了"比较"的双重含义，所引姚小平译文如下：

不计其数的民族作为人，以各种不同的途径担负着创造语言的任务，而比较语言研究的目的就在于详尽地探索这些不同的途径；倘若忽略了语言与民族精神力量的形成之间的联系，比较语言研究便会丧失所有重大的价值。……要是我们不以民族精神力量为出发点，就根本无法彻底解答那些跟最富有内在生命力的语言构造有关的问题，以及最重大的语言差异缘何而生的问题。根据这一出发点，虽然不能为本质上只具历史性质的比较语言研究找到材料，但唯有如此，才能弄清事实的初始联系，达到对语言这一具有内在联系的有机体的认识，从而再促进对个别部分的正确评价。（姚小平译本 1997：16–17）[1]

我核查了原文并试译如下：

Das **vergleichende Sprachstudium**, die genaue Ergründung der Mannigfaltigkeit, in welcher zahllose Völker dieselbe in sie, als Menschen, gelegte Aufgabe der Sprachbildung lösen, verliert alles höhere Interesse, wenn sie sich nicht an den Punkt anschliesst, in welchem die

---

1 姚小平译本《论人类语言结构的差异及其对人类精神发展的影响》，商务印书馆有 1997 年版、1999 版（汉译世界学术名著丛书）。潘文国、谭慧敏引用的是 1997 年版本，我引用的是 1999 年版本。

Sprache mit der Gestaltung der nationellen Geisteskraft zusammenhängt. ...Da sie in ihrer zusammenhängenden Verwebung nur eine Wirkung **des nationellen Sprachsinns** ist, so lassen sich gerade die Fragen, welche die Bildung der Sprachen in ihrem innersten Leben betreffen, und woraus zugleich ihre wichtigsten Verschiedenheiten entspringen, gar nicht gründlich beantworten, wenn man nicht bis zu diesem Standpunkte hinaufsteigt. Man kann allerdings dort nicht Stoff für das, **seiner Natur nach, nur historisch zu behandelnde vergleichende Sprachstudium** suchen, man kann aber nur da die Einsicht in den ursprünglichen Zusammenhang der Thatsachen und die Durchschauung der Sprache, als eines innerlich zusammenhängenden Organismus, gewinnen, was alsdann wieder die richtige Würdigung des Einzelnen befördert. (Humboldt 1836: 1-2)

　　作为人类成员，无数民族担负着完成培育语言的任务，**比较语言研究即对语言的多样性进行详实的探究**，如果忽略了语言与民族精神力量形成之间的联系，那么这种研究就会失去更高的价值。……既然民族语言意识仅在其交织过程中发生影响，假如不坚持这一观点，也就无法彻底回答语言在其内心生活中如何构成，以及最重要的差异因何出现的问题。虽然人们不可能为**本质上只能以历史观点看待**的比较语言研究找到完整材料，但唯有如此，才能深入了解原始情境的真相，并理解作为具有内在联系的有机体的语言，从而促使再对个别现象作出正确评价。

　　可以看出，"对语言的多样性进行详实的探究……彻底回答语言在其内心生活中如何构成，以及最重要的差异因何出现的问题"似乎属后世所谓的"对比"，而"本质上只能以历史观点看待的比较语言研究"似乎与传统的历史语言"比较"有关。

　　通过梳理，我们发现 19 世纪早期德国学者使用的"比较语法"具有双重含义。葆朴（Franz Bopp, 1791—1867）追随施莱格尔弟兄，使用的是施莱格尔弟兄的"比较语法"（vergleichende

Grammatik）（亲缘关系研究）；而洪堡特使用的是"比较语言研究"（vergleichende Sprachstudium）或"普通比较语法"（allgemein vergleichende Grammatik）（非亲缘关系研究），则来自伐特的论著。1802—1808 年，洪堡特出使罗马期间结识了《已知民族语言编目》（*Catálogo de las lenguas de las naciones conocidas*）编者赫尔伐斯（Lorenzo Hervás y Panduro, 1735—1809），由此接触美洲语言。阿德隆（Johann Christoph Adelung, 1732—1806）和伐特编撰《语言大全或普通语言学》（*Mithridates oder allgemeine Sprachenkunde*），曾请洪堡特（1799 年开始关注巴斯克语）帮助校补巴斯克语的内容。（姚小平译序 1999：37）

　　洪堡特从事的比较语言研究具有跨学科性，其目标是了解个人、民族及人类的全部精神活动。（姚小平译序 1999：42）1810—1811 年，洪堡特撰写《总体语言研究导论》（*Einleitung in das **gesamte** Sprachstudium*），其纲要部分题名《普通语言学基础论纲》（*Thesen zur Grundlegung einer **allgemeinen Sprachwissens-chaft***）。他将普通语言学分为：（1）一般研究，讨论语言的本质和功用，语言与人及世界的关系，语言类型的划分等。（2）具体研究，搜集现实语言中的材料加以归纳分类。（3）历史研究，把以上领域的研究成果结合起来。（姚小平译序 1999：40）。洪堡特由此建议展开"普通比较语法"研究，提出只有在最广泛意义上进行比较的语法才称得上"普通"语法。（姚小平译序 1999：42）洪堡特的"普通比较语法""比较语言研究"相当于现在所谓的"对比语言学"。而"普通语言学"（Humboldt 1810）、"普通比较语法"（Humboldt 1810）、"比较语言研究"（Humboldt 1820, 1836）这些概念，皆见于伐特（1801）论著。洪堡特（1827）引用过伐特的《希伯来语语法》（姚小平序言 2001：191），并认为"特别是伐特所编的那一部分《语言大全》，凝聚着作者如此勤勉不懈、力求详尽的努力。"（Humboldt 1827—1829；姚小平序言

2001：251）尽管洪堡特的论著中没有注明引自《试论普通语法》
（1801），但可以推定，他看过伐特的这部著作且深受影响。

至于洪堡特对语言类型三分的论述，最早见于其《论与语言
发展不同时期有关的比较语言研究》（1820），该文中提出"语言
形式的三个发展阶段"：形式是通过思想附加上去的；出现了表
达形式意义的词；每个要素的形式都获得语音表达。（姚小平编
译 2001：22-23）接着，在其《论语法形式的产生及其对观念发
展的影响》（1822），关于"语法形式的产生"一节中也有类似的
阐述（姚小平编译 2001：55）。其后，见于其《论语法形式的通
性以及汉语的特性》（1826），具体内容是：（1）汉语；（2）梵语，
以及与梵语有显著亲属关系的语言；（3）以上两种类型之外的其
他类型（姚小平编译 2001：153）。再以后，见于其《论人类语言
结构的差异》（1827—1829）。在该文中，洪堡特提及其分类受到
奥·施莱格尔的影响。

A. W. v. 施勒格尔（即奥·施莱格尔——引注）把这类语言称
为分析型，而把具有高度有机、形变丰富的结构的一类语言称作综
合型。……不论在我自己对世界语言所作的分类中（实际上与施勒
格尔的分类非常相似），还是在这里……我都用了描述性的婉转表
达。（姚小平编译 2001：381）。

洪堡特文中，曾多次引用奥·施莱格尔的《普罗旺斯语言和
文学探考》（见姚小平编译 2001：407，409，411）。此外，洪堡
特举例阐述了语言结构类型发展的三阶段论。

我们可以把这里划分的各种语言看作语言发展的不同阶段，然
后设想：一种比近代汉语更有规律地使用语法词的语言变成了一种
类似于塔希提语的语言；塔希提语则通过逐渐的粘附，变成了一种
类似于科普特语的语言；最后，科普特语通过更内在的词缀融合，
变得类似于闪米特语言。这样，我们就不仅能够更清楚地说明这些

语言形式的差异，而且可以建立起人类语言的语法有机体逐阶段发展的序列。（姚小平编译 2001：397）

总体而言，洪堡特是在"语言形式的三个发展阶段"框架中论述"人类语言结构的差异"的。

在《论人类语言结构的差异及其对人类精神发展的影响》（1836）中，洪堡特进一步提出语言类型的四分法，详见第十四章《词的孤立、屈折和黏着》（§.14. Isolirung der Wörter, Flexion und Agglutination, S. 119-132）和第十三章《语言的复综型系统》（§.15. Einverleibungssystem der Sprachen, S. 132-135）。

值得注意的是，洪堡特在《论人类语言结构的差异》（1827—1829）中还提出语言的四种联系：

1）在有些语言中，具体的语法标记明显相同或类似，这样的语言（也只有这样的语言才）属于同一**语系**（Stamm）。2）在有些语言中，具体的语法标记并不相同或类似，但其词汇有一部分是共同的，这样的语言属于同一**地区**（Gebiet）。3）有些语言既没有共同的语法标记，也没有共同的词汇成分，只是在语法观（即从概念上来理解的语言形式）上显示出一定的相同或类似，这样的语言属于同一**类**（Classe）。4）有些语言在词汇、语法标记和语法观三方面都没有相同之处，这样的语言彼此是陌生的，它们所分享的只是所有人类语言共有的东西。（姚小平编译 2001：413）

这四种联系或洪堡特称为的"语言联系的基本定律"，实际上包含了四种比较：语系内语言比较、语区内语言比较、语言形式比较以及语言共性比较。洪堡特强调比较方法，"语言有机体的研究要求我们尽可能广泛地（对各种语言）进行比较"（姚小平编译 2001：12）；通过比较，才能揭示人类语言的结构差异，并且"从根本上回答这样一个重要的问题：对各种语言能否像对植物分科立目那样，根据其内在结构进行分类"（姚小平编译 2001：19）。

　　作为洪堡特的信徒，斯坦塔尔（Heymann Steinthal, 1823—1899）在《语言的起源与所有知识的最终问题有关》（1851）附录《反映语言观念进化的语言分类》（*Die Klassification der Sprachen dargestellt als die Entwickelung der Sprachidee*, 1850）中提出，语言基于本质可划分为十三种，类似于动植物的自然系统分类。他在 1860 年发表《语言结构主要类型的特征》，开始思考"建立合理的普通语言哲学，以从中发现汉语的重要性"。（Steinthal 1860: 137）

　　自称为洪堡特的追随者，施莱歇尔（August Schleicher, 1821—1868）在《印度日耳曼诸语言比较语法纲要》（1861）接受了语言结构类型三分说。[1] 在引论"第二节 语言结构的主要形式［这些语言按其自身形式组织而成孤立、黏着和屈折］"（Hauptformen des sprachbaues [die sprachen nach irer form in isolierende, zusammen fügende, flectierende geordnet]）中写道：

　　Es gibt 1. sprachen, die nur auch ungegliderten unveränderlichen bedeutungslauten bestehen, isolierende sprachen (z. b. das Chinesische, Annamitische, Siamesische, Barmanische);...2. sprachen, die zu disen unveränderlichen bedeutungslauten vorn, in der mitte, am ende oder an mereren stellen zugleich beziehungslaute — von uns bezeichnet mit *s* (suffix), *p* (praefix), *i* (infix) — fügen können: zusammen fügende sprachen (z. b. die finnischen, tatarischen, dekhanischen sprachen, das Baskische, die sprachen der aboriginer der neuen welt, die südafrikanischen oder Bántusprachen u. s. w., überhaupt die meisten sprachen)....3. sprachen, welche die wurzel sowie die auß ursprünglich selbständigen wurzeln entstandenen beziehungslaute zum zwecke des

---

1　刘国辉《历史比较语言学概论》（成都：四川大学出版社，2000：28）："黑格尔逻辑在形式上有个特点，就是用'三'来区分范畴。于是施莱歇尔也把语言按形态特点分为三类"。实际上，施莱歇尔是通过洪堡特的论著接受三分法的。施莱格尔兄弟（1808, 1818）创立结构类型三分说时，施莱歇尔（1821—1868）尚未出生。

beziehungsau-ßdruckes regelmäßig verändern können und dabei die
mittel der zusammenfügung bei behalten: flectierende sprachen....Bis jezt
sind uns zwei sprachstämme diser classe bekant, der semitische und der
indogermanische.（Schleicher 1861: 2-3）

　　1. 这种语言仅由无标记的、不变化的有意义音节组成，孤立结构的语言（例如汉语、安南语、暹罗语、缅语）；……2. 这种语言可以同时在前面、中间、结尾或其他位置，添加固定不变的含义——我们称为后缀、前缀和中缀——有黏着能力的：黏着结构的语言（例如芬兰语、塔塔尔语、德哈尼语、巴斯克语、新世界的原居民语言、南非语或班图斯语等）。……3. 这种语言能够有规则地改变词根和来自独立词根之间关系的语音，其目的是表达关系，同时保持组合方式：屈折结构的语言。……到目前为止，我们熟悉该类型的两种语言，闪米特语系和印度日耳曼语系。

　　施莱歇尔在《达尔文理论与语言学》（1863）中，将语言的类型和历史演变统摄于语言进化论，从而将类型描述从属于历史描述。（罗宾斯 1973，周绍珩译 1983: 12）

四、20 世纪上半叶学者的比较研究理论

　　除了洪堡特之外，潘文国、谭慧敏（2018：43-47）还揭出博杜恩、叶斯柏森和沃尔夫关于对比语言学的论述。沿着这一线索，我们基于原文加以进一步阐明。

　　作为洪堡特的追随者和施莱歇尔的学生，波-俄语言学家博杜恩（Baudouin de Courtenay, 1845—1929）在《斯拉夫语言比较语法》（1902）中提出，最好用一组语言或语言区域的"比较评论"或"语言现象对比"来替代以往的"比较语法"。

　　Сравнительное обозрение и *сопоставление языковых явлений* может быть трех родов: I. Языковые процессы можно рассматривать

независимо от родства языков, чтобы определить-степень
сходства или различия в строе двух языков....II. Затем возможно
сравнительное обозрение двух или нескольких даже разнородных
по своему первоначальному историческому источнику языковых
областей, в которых вследствие их территориальной близости
замечаются сходные языковые явления....III. Наконец, имеется
сравнительное рассмотрение таких языковых областей, для которых
предполагается один общий исторический источник, т. е. языковых
областей, которые можно считать видоизменениями одного некогда
общего им всем состояния, впоследствии распавшегося именно
на эти сравниваемые видоизменения. Это и есть так называемая
«Сравнительная грамматика» в строгом смысле этого слова.
(Бодуэн 1963 Т. II: 30-32)

比较评论和语言现象对比可以分为三种：1. 首先，可以考虑语
言过程而非语言之间的亲属关系，以便确定两种语言结构的相似或
差异程度。……2. 其次，可以对两个或更多个其原始历史来源甚至
不同的语言区域进行比较研究，在该区域中，由于它们的地域接近
性，可能观察到类似的语言现象。……3. 再次，可以对假定具有共
同历史来源的语言区域进行比较考察，即可以认为，这一语言区域
是发生了变化的状态，它们曾经拥有共同的状态，后来才分化为这
些可比的变体。**以上才是完整意义上的所谓"比较语法"。**

第一种非亲属语言比较（如伐特倡导、洪堡特发扬的），第
二种地域语言比较（博杜恩早年调研过巴尔干地区语言，提出
"语言混合""语言联盟"等概念），第三种亲属语言比较（传
统历史比较语法）。此后，特鲁别茨科伊（Н. С. Трубецкой 或
Nikola Trubetzkoy, 1890—1938）基于博杜恩的"语言混合"概念，
在其《有关印欧语的一些看法》（Trubetzkoy 1939a）中论证了"印
欧语聚合发展假说"。

博杜恩提出的三种对比，可能受到洪堡特"语言联系的基

本定律"的影响。具体而言，博杜恩认为可从语言的三方面加以
比较。

«Сравнительная грамматика» или **сравнительное обозрение**
известной группы языков распадается на следующие главные
части: 1. Фонетика – учение о фонетических представлениях. 2.
Морфология – в обширном смысле – учение о представлениях строя
языка....3. Лексикология – учение о словах как частях речи и о
разных категориях слов.... (Бодуэн 1963 Т. II: 32)

"比较语法"或对已知一组语言的**比较评论**分为以下几个主要
部分：1. *语音学*——关于语音表征的学说。2. *形态学*——广义上的
语言结构表征学说。……3. *词汇学*——关于词性和不同词法范畴的
学说……

用当今术语来说，博杜恩区分了三种比较：对比语言学（类
型分类）的比较、区域语言学（接触分类）的比较、亲属语言
学（谱系分类）的比较。博杜恩的行文中虽然出现了与"比较"
（сравнительное）有别的"对比"（сопоставление），但他并未
进一步命名"对比语法"，而是用"完整意义上的所谓比较语法"
来统摄这三种比较。

1924 年，丹麦学者叶斯柏森（Otto Jespersen, 1860—1943）
在《语法哲学》（1924）中使用了四个与语言比较相关的术语。

This is true not only of historiocal linguistics in the stricter sense,
but also of **comparative linguistics**, which is only another branch of the
same science, supplementing by analogous methods the evidence that
is accessible to us in historical sources, by connecting languages whose
common "ancestor" is lost to tradition. (Jespersen 1924: 31)

这不仅对严格意义上的历史语言学是正确的，而且对**比较语言
学**亦如此。后者只是同一科学的另一分支，通过类比方法，以历史
方式补充我们能得到的证据，将那些遗忘了共同"祖先"承传的语

言联系起来。

In the nineteenth century, with the rise of **comparative and historical linguistics**, and with the wider outlook that came from an increased interest in various exotic languages, the earlier attempts at a philosophical grammar were discountenanced, and it is rare to find utterances like this of Stuart Mill. (Jespersen 1924: 47)

在 19 世纪，随着**比较和历史语言学**的兴起，以及对各种外来语兴趣的日益增长和视野的拓宽，哲学语法（相当于基于逻辑的普遍语法——译注）的早期努力受到冷遇，像斯图尔特·米尔[1]这样的表述实属罕见。

It is quite true that we should base our grammatical treatment of English on the established facts of **comparative and historical grammar**, but one of the most important truths of that science is the differentiation which in course of time has torn asunder languages that were at first closely akin, thereby rendering it impossible to apply everywhere exactly the same categories. (Jespersen 1924: 178)

确实，我们应将英语语法研究建立在**比较和历史语法**已经证明的事实上，但是该科学最重要的真相之一是变异，即最初紧密相似的语言随着时间流逝已发生支离破碎的裂变，因此不可能将完全相同的范畴应用于每个地方。

In *Modern Language Teaching*, March 1915, he said that a straight line led from the earliest grammarians, who did not see any analogy between English and Latin grammar, to a gradually increasing recognition of the same cases as in Latin, a full understanding of the agreement of the two languages having only been made possible after **comparative**

1　约翰·斯图亚特·米尔（John Stuart Mill, 1806—1873），19 世纪最有影响力的英语语言哲学家。他试图将 18 世纪启蒙思想的精髓与 19 世纪浪漫主义、历史哲学的潮流结合起来。著有《逻辑系统》（*System of Logic*, 1843），《自由论》（*On Liberty*, 1859）和《功利主义》（*Utilitarianism*, 1861）。

grammar had cleared up the relationship between them. (Jespersen 1924: 176)

在 1915 年 3 月的《现代语言教学》中，他 [1] 说存在一条线索，从最早的语法学家在英语和拉丁语法之间看不出任何类似之处，到对与拉丁文相同情况的逐渐认可，只有在**比较语法**明确了它们之间的关系之后，才能完全理解这两种语言的一致性。

前两个术语指"亲属语言的历史比较"，第三个术语是复合的（比较语法和历史语法）。第四个术语"比较语法"，接近于对比语言学。叶斯柏森在《语法哲学》的最后总结：

In elementary schools the only grammar that can be taught is that of the pupils' own mother-tongue. But in higher schools and in the universities foreign languages are taken up, and they may be made to throw light on each other and on the mother-tongue. This involves **comparative grammar**, one part of which is the **historical grammar** of one's own language. The great vivifying influence of *comparative and historical grammar* is universally recognized, but I may be allowed to point out here before I close that the way in which the facts of grammar are viewed in this volume may **open out a new method in comparative grammar, or a new kind of comparative grammar**....But we can obtain new and fruitful points of view, and in fact arrive at a new kind of **Comparative Syntax** by following the method of this volume, i.e. starting from C (notion or inner meaning) and examining how each of the fundamental ideas common to all mankind is expressed in various languages, thus proceeding through B (function) to A (form). This comparison need not be restricted to languages belonging to the same family and representing various developments of one original common

---

1　根据上下文，他指牛津大学梅森学院的希腊语和拉丁语教授松嫩辛（Edward Adolf Sonnenschein, 1851—1929）。在《语法的灵魂》（*The Soul of Grammar*，1927）中，阐述了与《语法哲学》不同的观点。

tongue, but **may take into consideration languages of the most diverse type and ancestry**. The specimens of this treatment which I have given here may serve as a preliminary sketch of a notional **comparative grammar**, which it is my hope that others with a wider outlook than mine and a greater knowledge of languages may take up and develop further, so as to assist us in gaining a deeper insight into the innermost nature of human language and of human thought than has been possible in this volume. (Jespersen 1924: 346-347)

小学的教学语法仅针对学生的母语。但在高中和大学期间会使用外语，这些外语知识可能被用来相互解释并阐明母语。这就涉及**比较语法**，其中一部分是自己语言的**历史语法**。虽然**比较语法和历史语法充满活力**，其巨大影响普遍公认，然而，请允许我在搁笔之前指出，该书中审视语法事实的方法可能开创**比较语法的一种新方法，或者一种新的比较语法**。……但是我们能够形成富有成效的新看法，并且通过遵循本书的方法，实际上达成一种新的比较句法，该方法即从 C（概念或内在意义）开始，审视每个基本观念如何为全人类各种语言表达所共有，从而继续通过 B（功能）到 A（形式）。这种比较不必局限于属于同一语系、从一种原始共同语各自发展而来的语言，**而可以充分考虑那些类型和谱系差异极大的语言**。我在此给出的探讨样本，可作为所设想的这种比较语法的雏形。我希望那些眼界比我更开阔，语言知识更丰富的人接手此事并进一步发展，以便帮助我们对人类语言和人类思想的内在本质，获得比本书更深入的理解。

叶斯柏森设想的"一种新的比较语法""可以充分考虑那些类型和谱系差异极大的语言"，显然就是对比语言学。一方面，叶斯柏森的术语还是传统的，没有新立名目；另一方面，叶斯柏森的设想是，从意义通过功能到形式，审视人类共有的基本观念在各种语言中如何表达。

直到 1941 年，美国人类语言学家沃尔夫（Benjamin Lee

Whorf, 1897—1941)才明确区分了"比较语言学"和"对比语言学"
这对术语或这两门学科。他在《语言与逻辑》中提出：

Botanists and zoologists, in order to understand the the world of
living species, found it necessary to describe the species in every part of
the globe and to add a time persperctive by including the fossils. Then
they found it necessary to **compare** and **contrast** the species, to work out
families and classes, evolutionary descent, morphology, and taxonomy.
In linguistic science a similar attempt is under way. The far-off event
toward which this attempt moves is a new technology of language and
thought. Much progress has been made in classifying the languages of
earth into genetic families, each having descent from a single precursor,
and in tracing such developments through time. The result is called
"comparative linguistics". Of even greater importance for the future
technology of thought is what might be called **"contrastive linguistics"**.
This plots the outstanding differences among **tongues** — in grammar,
logic, and general analysis of experience. (Whorf 1941: 250)

为了解生物物种世界，植物学家和动物学家发觉有必要描述地
球上每个地区的物种，并通过古生物化石来追溯更早年代的物种。
然后他们认识到有必要对物种进行**比较**和**对比**，研究其族群和种类、
进化的后代以及形态学和分类学。语言科学中的类似尝试也正在进
行。这一尝试向前推进的长远大事是关于语言和思维研究的新技术。
在把地球上的诸种语言分属于同源语系方面，已经取得巨大进展，
每个同源语系都来自某个单一祖先的血统，并依据时间的推移而追
溯其发展历程。这一成果被称为**比较语言学**。就未来的语言和思维
研究技术而言，更重要的学科可能称为**对比语言学**。这一学科刻画
诸种**口语**中的显著差异——存在于语法、逻辑和经验总体分析之中。

沃尔夫想到"比较"和"对比"之分，受到生物学研究的
启迪。至于对比语言学的对象，他强调的是"口语"，更多考虑
的是处于文明社会早期种群的无文字口语（比如他熟悉的印第安

语）。他的"语言和思维研究的新技术"，就是基于这些语言的语法、逻辑和经验总体分析，以揭示蕴含其中的"语言世界观"或"语言相对论"。

五、对比语言学的形成轨迹及其阶段

有流必有源。与"普遍语法"（一般语法）相对的"比较语法"（对比语言学）研究，可追溯到阿尔斯特和谢贝兰。其旨趣正如伐特所倡导的，即通过比较以揭示不同语言的结构差异，以寻求人类语言的普遍原理。就学科术语而言，"比较语法"（对比语言学）的形成轨迹大体如下：

1630 阿尔斯特 comparatio Grammaticae "比较语法"（一般的语言对比）

1774 谢贝兰 grammaire comparative "比较语法"（结构差异）

1801 伐特 vergleichende Sprachlehre "比较语法"（历史比较/结构差异）; vergleichende Sprachstudium "比较语言研究"（结构差异）

1808 弗·施莱格尔 vergleichende Grammatik "比较语法"; Hauptgattungen aller Sprache "语言结构类型"

1810 洪堡特 allgemein vergleichende Grammatik "普通比较语法"

1820, 1836 vergleichende Sprachstudium "比较语言研究"

1902 博杜恩 сравнительное обозрение "比较评论"（第一类非亲属比较）

1924 叶斯柏森 a new kind of comparative grammar "新的比较语法"（非亲属比较）

1941 沃尔夫 contrastive linguistics "对比语言学"

根据我目前查阅的文献原著，最早清晰论述"普遍语法和比较语法"是谢贝兰。伐特意识到有两种"比较"，倡导语言结构差异探索。弗·施莱格尔首次区别历史谱系研究和结构类型研究。洪堡特发扬"比较语言研究"并提出"语言联系基本定律"

（包含四种比较）。博杜恩区分三种比较。叶斯柏森意欲建立"新的比较语法"，直到沃尔夫最终明确区分"比较语言学"和"对比语言学"。

根据词源，compare/comparative（比较）与 contrast/contrastive（对比、比照）为部分同源词。现代英语的 comparative (adj.) < 15 世纪古法语 comparatif < 拉丁语 comparativus "适合比较" < 拉丁语 comparat "相等，比作"（comparare 的过去分词词干）< 古拉丁语 comparare (v.)，由 com-"一起"+ par "相等"组成。现代英语的 contrastive (adj.) < 16 世纪 90 年代的 contrast (v.) "置于对立以显差异；相比之下区分" < 古法语 contraster "互逆的" < 古意大利语 contrastare "反对，争辩" < 民间拉丁语 *contrastare "处于对立" < 拉丁语 contra "对立的"+ stare "抵抗"。进一步追溯，拉丁语的 contra (prep. & adv.) "与之比较" < 古拉丁语 com "一起"+ -tr（比较级后缀 -ter），而拉丁语的 stare < 原始印欧语词根 *sta-"站立，坚定"。**就词源而论，compare（com-"一起"+ par "相等"）重在求相似（相等，配对），而 contrast（com-"一起"+ -tr"比较级后缀"+ *sta-"站立"）重在求相异（对立，区分）。因此，对比语言学的术语以 contrastive linguistics（求异同）为宜，而比较语言学的术语以 comparative linguistics（求同源）为宜。**

源明而流清。对比语言学研究从 19 世纪早中期关注语言结构类型，到 19 世纪末更注重两种或三种语言的精细对比，而且往往针对语言（二语）教学等应用研究。语音对比方面的主要著作有：德国语言学家维特尔（Wilhelm Vëitor, 1850—1918）的《德语、英语和法语的语音要素和标准：关于教学实践的需要》（1887）、美国教育学家格朗根特（Charles Hall Grandgent, 1862—1939）的《德语和英语的语音》（1892），以及法国语言学家帕西（Paul Édouard Passy, 1859—1940）的《欧洲主要语言语音的细化比较》（1901）[1]。1886 年，帕西创立国际音标协会，他参与制作的国际音标为语音对比提供了工具。

基于以上梳理，我们可以提出对比语言学研究的三大时期五个阶段。第一时期，即 17 到 18 世纪的早期探索阶段，主要代表为阿尔斯特和谢贝兰。第二时期，即 19 世纪初到 20 世纪上半叶的语言对比研究，可以区分为三个阶段：第一阶段（19 世纪早中期）：普通语言学视野下的语言结构类型研究；第二阶段（始于 19 世纪末）：针对语言（二语）教学应用的语言异同对比研究；第三阶段（始于 20 世纪 40 年代）：基于文化相对论立场的语言逻辑类型研究。第三时期，即 20 世纪下半叶以来的全面发展阶段，形成了（教学、翻译）对比语言学、（对比的）文化语言学和认知语言学等一系列门类。

六、自立门户的语言结构类型学

作为对比语言学第二时期第一阶段的语言结构类型研究，20 世纪以来却逐渐与其母体分离，自立"语言类型学"门户。根据当今学界通行划分：第一阶段形态类型学，第二阶段词序类型学，第三阶段功能类型学（就句法功能划分类型，寻找普遍现象和蕴涵共性）。或者采取二分法，即传统语言类型学和现代语言类型学。（金立鑫 2018）

20 世纪上半叶，德国学者芬克（Franz Nikolans Finck, 1867—1910）在《语言的主要类型》（1910）中将语言分为八大类型：词根孤立语（如汉语）、词干孤立语（如萨摩亚语）、词干屈折语（如阿拉伯语）、词根屈折语（如希腊语）、词组屈折语（如格鲁吉亚语）、并列语（如班图语族的苏比亚语）、黏着语（如

---

1 刘复译为《比较语音学概要》（上海：商务印书馆，1930）。该书从语音构成细化到元音辅音分类、特征和发音技巧，再以法语为参照比较英、法、德、俄、丹麦、冰岛语的语音特征，揭示法国人学习外语的发音问题。

土耳其语）、多式综合语（如爱斯基摩语）。德裔美国学者萨丕尔
（Edward Sapir, 1884—1939）在《语言论》（1926）中则分为四大
类型：简单的纯粹关系语（如汉语）、复杂的纯粹关系语（如土
耳其语）、简单的混合关系语（如班图语）、复杂的混合关系语（如
英语）。

　　基本语序类型考察反映了语言类型研究的新进展。德国学者
莱普修斯（Karl Richard Lepsius, 1810—1884）在《努比亚语语法》
（1880）序言中，提及关于所有格的位置与前置词/后置词的关
系，以及某些语言的语序是"修饰语-被修饰语"（NA），而另
一些语言则相反（AN）。德-奥学者施密特（Wilhelm Schmidt,
1868—1954）在《世界的语系及其区域》（1926）中得出一些基
本结论：前置词伴随名词-所有格语序，后置词则伴随相反语序；
名词-所有格语序倾向于出现在 VO 语言中，而所有格-名词语
序则出现在 OV 语言中，以及名词-所有格伴随名-形结构，而
所有格-名词则伴随形-名结构。英国学者巴泽尔（Charles Ernest
Bazell, 1909—1984）在《句法关系和语言类型学》（1949）中提
出，句法层次既要考虑表面的先后或词序，也要考虑隐蔽的或功
能的限定和主从关系。此外，俄罗斯学者特鲁别茨柯依在《音位
学原理》（1939）中提出根据音位特征的语言分类原则，为音位
类型学提供了基础。雅柯布逊等在《言语分析初探》（1952）中
列出十二对区别性特征。

　　现代语言类型学的出现标志，是美国格林伯格（Joseph
Harold Greenberg, 1915—2001）的《语言类型学的性质与用途》
（1952）。其后，格林伯格在《一些与有意义要素顺序有关的语
法普遍性》（1963）中，基于施密特的研究列出 45 个普遍现象。
其理论贡献主要有：一是提出计算语言形态类型的"综合程度指
数"：Is（综合程度指数）= M（orpheme，语素数）/W（ord，词
数）；一是提出"蕴涵共性"理论：X 蕴含 Y，如一种语言有结

构 X 则一定会有结构 Y。霍金斯（John A Hawkins）在此基础上提出多层次蕴涵规则，如"前置词语言的名词修饰语蕴含等级"：Prep → ((NDem V NNum → NA) & (NA → NG) & (NG → NRel))，即：如一种语言属于前置词语言，则其指示词或数词在名词之后蕴含其形容词也在名词之后；并且，如形容词在名词之后则其领属词也一定在名词之后，且领属词在名词之后则其关系小句也在名词之后。（Hawkins 1983：89）

　　学界认为，格林伯格和乔姆斯基都受到"普遍语法"传统的影响，然而，格林伯格采用的是基于经验分析的对比方法，将结构类型和范畴功能相结合。**可以认为，历史上存在两种相互交织的"普遍语法"：一种是唯实论的普遍语法，相当于"一般语法"或"总体语法"；一种是唯理论的普遍语法，相当于"形式规则"或"数理规则"（形式逻辑、数理逻辑）。格林伯格的"普遍语法"属于前一种，而乔姆斯基的"普遍语法"则属于后一种。**20世纪 20 年代，德国数学家希尔伯特（David Hilbert, 1862—1943）提出"希尔伯特方案"，其基础是一套"形式系统方法"，即只考虑符号的种类、排列以及符号序列之间的转换。一个"无意义"的形式系统框架包括：1. 初始符号，有如形式系统的字母表；2. 组合规则，规定哪些符号序列是合适的公式；3. 公理，从合适的公式中挑选出公理，作为系统推演的基点；4. 转换规则，规定合适的公式之间怎样转换。1936 年，波兰裔美国数学家和逻辑学家波斯特（Emil Leon Post, 1897—1954）在《有限组合过程》（*Finite Combinatory Processes–Formulation 1*）中提出"波斯特生成式系统"，即根据符号串代替规则所建立的"波斯特机"计算模型，其中的每条规则都称为生成式。该系统发展了形式语言的数学理论，被用于描述算法，等同于数理逻辑和图灵机理论（或递归函数）中的验证理论。这些就是乔姆斯基"转换生成语法"的主要思想资源，所谓笛卡尔的唯理主义（通用语符）则是后来

（1966）的贴牌。至于 20 世纪 70 年代以来宣称的"语言生物学"，是其理论披上的生物学新装。逻辑主义的根本要害是把语言使用者拔高为逻辑学家（人类中的智者），把语言的结构法则架空为逻辑规则（人工化的抽象）。而不清楚逻辑是智者的创造，逻辑规则仅仅是部分语言规则（语言中后起的主谓陈述结构）的抽象。（详见李葆嘉 2018: 75—77）

无论是传统语言类型学，还是现代语言类型学，对中国学者而言，尤其需要关注的是——基于汉语结构类型建构汉语语法体系。19 世纪上半叶，洪堡特（Humboldt 1826, 1827）、硕特（Schott 1826）和斯坦塔尔（Steinthal 1851, 1860）已将类型学眼光投向汉语特性及语法分析。19 世纪下半叶，受德国前辈语言类型学和汉语特性观的影响，甲柏连孜（Gabelentz 1881, 1891）阐明汉语词类和句法分析原理，创立不受欧洲语法束缚的汉语语法学理论。1890—1894 年，日本学者上田万年（1867—1937）赴德留学，深受甲柏连孜的影响。1909 年，胡以鲁（1888—1915）考入东京帝国大学博言科，师从上田万年，接受了语言类型学和甲柏连孜汉语语法理论。在其《国语学草创》中强调汉语不同于印欧语，属分析型语言，呼吁汉语语法研究"不必悬印度日耳曼语法之一格而强我以从也"（胡以鲁 2014［1913］: 101）。汉语"心心相传"，固无名学上规定范畴也，兹就心理上见地分类，句子成分为题语（相当于甲柏连孜的"心理主语"）、说语（相当于甲柏连孜的"心理谓语"）、表语、目语、属语（胡以鲁 2014［1913］: 64—65）。

长期以来，中国学者对语言类型学了解多为语言结构分类，虽然在某些方面取得一些成果，但未能建构基于汉语结构类型的语法学理论。**20 世纪 80 年代以来，中国学者引进格林伯格语言类型学理论（陆丙甫和陆致极译 1984），但其旨趣为汉语"蕴涵共性"研究。而中国语言学的根本任务首先在于建构切合汉语结**

构类型且具有普遍价值的语法学理论。[1]

参考文献

洪堡特著，姚小平编译，2001，《洪堡特语言哲学文集》[C]，长沙：湖南教育出版社。本文引：洪堡特 1820《论与语言发展不同时期有关的比较语言研究》(*Über das vergleichende Sprachstudium in Beziehung auf die verschiedenen Epochen der Sprachentwicklung*)，11–33 页；洪堡特 1826《论语法形式的通性以及汉语的特性》(*Lettre Monsieur Abel-Rèmusat, sur la nature des fonmes grammaticales en généarl, et sur le génie de la langue Chinoise en particulier*)，122–177 页；洪堡特 1827—1829《论人类语言结构的差异》(*Üeber die Verschiedenheiten des menschlichen Sprachbaues*)，226–421 页。

洪堡特著 1836，姚小平译，1999，《论人类语言结构的差异及其对人类精神发展的影响》(*Über die Verschiedenheit des Menschlichen Sprachbaues und Ihren Einfluss auf die Geistige Entwicklung des Menschengeschlechts*) [M]，北京：商务印书馆。

胡以鲁，1913，《国语学草创》[M]，上海：商务印书馆。《近代名家散佚学术著作丛刊》影印，太原：山西人民出版社，2014。

金立鑫，2018，语言类型学：传统、现代与当代 [J]，《高等日语教育》(2)：1–13。

李葆嘉，2018，译序"永恒的灵肉：亲身离身集于一身"[A]，载莱考夫、约翰逊原著，李葆嘉、孙晓霞、司联合、殷红伶、刘林译，《肉身哲学：亲身心智及其向西方思想的挑战》，北京：世界图书出版公司，1–84 页。

罗宾斯著 1973，周绍珩译、叶蜚声校，1983，语言分类史（下）[J]，《国外语言学》(2)：11–23+54。

潘文国、谭慧敏，2018，《中西对比语言学——历史和哲学思考》(汉英版) [M]，上海：华东师范大学出版社。

姚小平，2011，《西方语言学史》[M]，北京：外语教学与研究出版社。

朱雷，2019，"普遍语法"概念的溯源与哲理变迁 [J]，《外语与翻译》(2)：51–55。

1　参见徐通锵《语言论——语义型语言的结构原理和研究方法》(长春：东北师范大学出版社，1997 年)，以及李葆嘉《理论语言学·第六章人类语言的本质共性和语义语法学理论》(南京：江苏古籍出版社，2001 年)、《语义语法学导论：基于汉语个性和语言共性的建构》(北京：中华书局，2007 年)。

Alsted, J. H. 1630. *Encyclopaedia septem tomis distincta: 1. Praecognita disciplinarum; 2. Philologia; 3. Philosophia theoretica; 4. Philosophia practica; 5. Tres superiores facultates; 6. Artes mechanicae; 7. Farragines disciplinarum* [M]. Herbornae Nassoviorum.

Arnauld, A. & C. Lancelot. 1660. *Grammaire générale et raisonnée* [M]. Paris: Chez Pierre le Petit.

Bacon, R. 1902 [Written 1250]. *The Greek grammar of Roger Bacon and a fragment of his Hebrew grammar* [M]. Edmond Nolan, S. A. Hirsch. eds., Cambridge: University Press.

Baudouin de Courtenay (Бодуэн де Куртенэ). 1902. Сравнительная грамматика славянских языков [A]. Избранные труды по общему языкознанию. Москва: Издательство Академии Наук СССР, 1963. Т. II: 30-32.

Bazell, C. E. 1949. Syntactic Relations and Linguistic Typology [J]. *Cahiers Ferdinand de Saussure*, vol. 8, 5-20.

Beauzée, N. 1767. *Grammaire générale, ou Exposition raisonnée des éléments nécessaires du langage, pour servir de fondement à l'étude de toutes les langues* [M]. Paris: J. Barbou.

Bertram, B. C. 1574. *Comparatio Grammaticae Hebraicae et Aramicæ* [M]. Genevae: Eustathium Vignon.

Canz, I. G. (Israele Theophilo Canzio). 1737. *Grammaticæ universalis tenuia rudimenta* [M]. Tübingæ: Litteris Josephi Sigmundt.

Cuvier, G. 1800−1805. *Leçons d'anatomie comparée* [M]. Paris: Baudouin.

Dalgarno, George. 1661. *Ars signorum: vulgo character universalis et lingua philosophica* [M]. London: J. Hayes. Rpt. Menston: Scolar Press, 1968.

Descartes R. 1657. Lettre au P. Merseiine [A]. In Claude Clerselier ed. *Descartes' correspondence*, vol. I, 498. Paris: C. Angot.

De Wulf, M. 1913. G. Wallerand, *Les Œuvres de Siger de Courtrai* (Étude critique et textes inédits) [J]. *Revue néo-scolastique de philosophie*, vol. 80, 556-558.

Finck, F. N. 1910. *Die Haupttypen des Sprachbaus* [M]. Leipzig: B. G. Teubner.

Fromkin, V. & R. Rodman. N. Hyams. 2011. *An Introduction to Languag*. 9th edn., Canada: Nelson Education.

Gabelentz, G. von der. 1881.《汉文经纬》/ *Chinesische Grammatik. Mit Ausschluss des niederen Stiles und der heutigen Umgangssprache, or Grammatik der*

Chinesischen Schriftsprache [M]. Leipzig: Weigel Verlag. [《汉文经纬》为作者自题中文书名。]

Gabelentz, G. von der. 1891. *Die Sprachwissenschaft, ihre Aufgaben, Methoden und bisherigen Ergebnisse* [M]. Leipzig: Weigel Nachfolger.

Gébelin, A. C. 1774. *Monde primitif, analysé et comparé avec le monde moderne, considéré dans l'histoire naturelle de la parole; ou grammaire universelle et comparative* [M]. Paris: L'Auteur.

Gébelin, A. C. 1776. *Histoire naturelle de la parole, ou Précis de l'Origine du langage et de la grammaire universelle* [M]. Paris: L'Auteur.

Grabmann, M. 1926−1936−1956. *Mittelalterliches Geistesleben. Abhandlungen zur Geschichte der Scholastik und Mystik* [M]. Bd. I 1926, Bd. II 1936, Bd. III 1956. München: Max Hueber Verlag.

Grandgent, C. H. 1892. *German and English Sounds* [M]. Boston: Ginn.

Greenberg, J. H. 1952. The Nature and Uses of Linguistic Typologies [J]. *IJAL*, vol. 23, 68-77.

Greenberg, J. H. 1963. Some Universals of Grammar with Particular Reference to the Order of Meaningful Elements [A]. In Greenberg ed., *Universals of Language*. Cambridge: MIT Press, pp. 40-70. 陆丙甫、陆致极 译，1984，某些主要与语序有关的语法普遍现象，《国外语言学》（2）：45−60。

Grew, N. 1675. *The Comparative Anatomy of Trunks, Together with an Account of Their Vegetation Grounded Thereupon* [M]. London: Walter Kettilby.

Harris, J. 1751. *Hermes: Or, A Philosophical Inquiry Concerning Language and Universal Grammar* [M]. London: H. Woodfall.

Hawkins, J. A. 1983. *Word Order Universals. Quantitative Analyses of Linguistic Structure* [M]. New York: Academic.

Henley, M. A. J. 1719−1721. *The Compleat Linguist, or An Universal Grammar of the considerable tongues in being* [M]. London: J. Roberts & J. Pemberton.

Humboldt, W. 1822 [Written 1820]. Über das vergleichende Sprachstudium in Beziehung auf die verschiedenen Epochen der Sprachentwicklung [A]. *Abhandlungen der Königlichen Akademie der Wissenschaften zu Berlin aus den Jahren 1820−1821*, Berlin: Georg Reimer, S. 239-260.

Humboldt, W. 1836. *Über die Verschiedenheit des Menschlichen Sprachbaues und Ihren Einfluss auf die Geistige Entwicklung des Menschengeschlechts* [M]. Berlin: Druckerei der Königlichen Akademie der Wissenschaften.

Humboldt, W. 1852 [Written 1827]. Lettre à Monsieur Abel-Rémusat sur la nature des formes grammaticales en général et sur le génie de la langue Chinoise en particulier [A]. In A. von Humboldt hrsg., *Wilhelm von Humboldt's gesammelte werke*, Bd. 7. Berlin: Georg Reimer. S. 294-381.

Humboldt W. 1906 [Written 1826]. Über den grammatischen Bau der chinesischen Sprache [A]. *Wilhelm von Humboldts Werke*, hrsg. v. Albert Leitzmann, Bd. 5. Berlin: B. Behr's Verlag, S. 309-324.

Humboldt, W. 1973 [Written 1810-1811]. Thesen zur Grundlegung einer Allgemeinen Sprachwissenschaft [A]. In M. Böhler hrsg., *Wilhelm von Humboldt. Schiften zur Sprache*, Stuttgart: Philipp Reclam , S. 1-22.

Humboldt, W. 1997. On the Comparative Study of Language and Its Relation to the Different Periods of Language Development [A]. In Theo Harden & Daniel J. Farrelly eds., *Essays on Language* / Wilhelm von Humboldt, Frankfurt am Main; New York: P. Lang, pp. 1-22.

Jakobson, R. 1961. Implications of Language Universals for Linguistics [A]. In J. H. Greenberg, ed., *Universals of Language*. Cambridge, MA: MIT Press. pp. 263-278.

Jakobson, R. & G. Fant, M. Halle. 1952. *Preliminaries to Speech Analysis: The Distinctive Features and Their Correlates* [M]. Cambridge, MA: MIT Press.

Jespersen, O. 1924. *The Philosophy of Grammar* [M]. London: George Allen. Rpt. 1951.

Kilwardby, R. 1976. [Written 1250]. *De Ortu scientiarum* [M]. Albert G. Judy. ed., London: British Academie.

Koerner, E. F. K. & R. E. Asher, eds., 1995. *Concise History of the Language Sciences: From the Sumerians to the Cognitivists* [M]. New York: Pergamon.

Leibniz, G. W. 1666. *Dissertatio de arte combinatoria* [M]. Lipsiae: Fick u. a..

Lepsius, K. R. 1880. *Nubische Grammatik: mit einer Einleitung über die Völker und Sprachen Afrikas* [M]. Berlinn: W. Hertz.

Malmberg, B. 1991. *Histoire de la linguistique* [M]. *De Sumer à Saussure*. Paris: P.U.F..

Meiner, J. W. 1781. *Versuch einer an der menschlichen Sprache abgebildeten Vernunftlehre oder philosophische und allgemeine Sprachlehre* [M]. Leipzig: Breitkopf.

Mertian, I. 1796. *Allgemeine Sprachkunde* [M]. Braunschweig: Schulbuchhandlung.

Morhof, D. G. 1688–1692. *Polyhistor, sive de auctorum notitia et rerum commentarii: qvibus praeterea varia ad omnes disciplinas consilia et subsidia proponuntur* [M]. Lübeck: Böckmanni.

Pallas, P. S. 1786–1789. *Linguarum totius orbis vocabularia comparativa: augustissimae cura collecta* [M]. St. Petersburg: Johannes Carolus Schnoor.

Passy, P. É. 1901. *Petite phonétique comparée des principales langues européennes* [M]. Leipzig: Teubner.

Pinborg, J. 1967. Die Entwicklung der Sprachtheorie im Mittelalter [M]. Münster: Westf., Aschendorff.

Robins, R. H. 2001 [1997]. *A Short History of Linguistics* [M]. 北京：外语教学与研究出版社.

Sacy, A. I. S. 1799. *Principes de grammaire générale: mis à la portée des enfants, et propres à servir d'introduction à l'étude de toutes les langues* [M]. Paris: A. Belin.

Sapir, E. 1926. *Language: An Introduction to the Study of Speech* [M]. New York: Harcourt Brace.

Schlegel, A. W. 1803. Recension von Bernhardis Sprachlehre [A]. In Herausgegeben von Eduard Böcking, *August Wilhelm Schlegel's Vermischte und kritische Schriten*, 6 Bd. / *August Wilhelm Schlegel's Sämmtliche Werke*, 12 Bd. S. 141–153. 1847. Leipzig: Weidmann'sche Buchhandlung.

Schlegel, A. W. 1818. *Observations sur la langue et la littérature provençales* [M]. Paris: A La Librairie Grecque-Latine-Allemande.

Schlegel, F. 1808. *Über die Sprache und Weisheit der Indier, Ein Beitrag zur Begründung der Altertumskunde* [M]. Heidelberg: Mohr und Zimmer.

Schlegel, J. E. 1741. Vergleichung Shakespears und Andreas Gryphs [A]. In *Beyträge Zur Critischen Historie Der Deutschen Sprache, Poesie und Beredsamkeit*. hrsg. von einigen Liebhabern der deutschen Litteratur, Bd. 7. Leipzig: Breitkopf, S. 540-572.

Schleicher, A. 1861–1862. *Compendium der vergleichenden Grammatik der indogermanischen Sprachen. Kurzer Abriss einer laut-und formenlere der indogermanischen Ursprache, des Altindischen, Alteranischen, Altgrie-*

chischen, Altitalischen, Altkeltischen, Altslawischen, Litauischen und Altdeutschen [M]. Weimar: H. Böhlau.

Schleicher, A. 1863. *Die Darwinsche Theorie und die Sprachwissenschaft-offenes Sendschreiben an Herrn Dr. Ernst Haeckel* [M]. Weimar: H. Böhlau.

Schmidt, W. 1926. *Die Sprachfamilien und Sprachkreise der Erde* [M]. Heidelbegr: Carl Winter.

Schmitthenner, F. 1826. *Ursprachlehre: Entwurf zu einem System der Grammatik* [M]. Frankfurt: la Literatur-Zeitung.

Schott, W. G. 1826. *De indole linguae Sinicae* [M]. Halae: Typis Friderici Ruffii.

Steinthal, H. 1851. *Der Ursprung der Sprache im Zusammenhange mit den letzten Fragen alles Wissens. Eine Darstellung, Kritik und Fortentwicklung der vorzüglichsten Ansichten* [M]. Berlin: F. Dümmler.

Steinthal, H. 1860. *Charakteristik der hauptsächlichen Typen des menschlichen sprachbaues* [M]. Berlin: F. Dümmler.

Stammerjohann, H. ed., 2009. *Lexicon Grammaticorum: A Bio-bibliographical Companion to the History of Linguistics* [M]. Tübingen: Niemeyer Verlag.

Trubetzkoy, N. 1939a. Gedanken über das Indogermanen problem [J]. *Acta linguistica*, vol. 1. Copenhague, pp. 81-89.

Trubetzkoy, N. 1939b. *Grundzüge der Phonologie* [M]. Prague: Jednota Československých Matematik a Fysiků.

Vater, J. S. 1801. *Versuch einer allgemeinen Sprachlehre: Mit einer Einleitung über den Begriff und Ursprung der Sprache und einem Anhange über die Anwendung der allgemeinen Sprachlehre auf die Grammatik einzelner Sprachen und auf die Pasigraphie* [M]. Halle: Rengerschen Buchhandlung.

Vëitor, W. 1887. *Elemente der Phonetik und Orthoepie des Deutschen, Englischen und Französischen: mit Rücksicht auf Die Bedurfnisse der Lehrpraxis* [M]. Heilbronn: Henninger.

Whorf, B. L. 1941. Languages and Logic [J]. *Technology Review*, vol. 43, 250-252+266+268+272.

附记: *初稿于* 2018 *年* 6 *月，修改于* 2019 *年* 1 *月，增订于* 2020 *年* 8 *月。* 刊于《*常熟理工学院学报*》，2021 *年第* 1 *期。*

哥廷根-魏玛：揭开"世界文学"之谜

提　要： 本文通过一手文献的钩稽，梳理"世界文学"这一术语或概念的来源及传播线索：施勒策尔（1773）→ 维兰德（1790）→ 福斯塔（1791）→ 赫尔德（1796）→ 奥·施莱格尔（1803）→ 歌德（1827）。对"世界文学"的理解，大体可归纳为三种：（1）Weltlitteratur / Literatur aller Welt，世界各地文学或世界性文学综合体；（2）Weltlitteratur，国际都会的精致文学；（3）Kosmopolitismus / Weltliteratur，具有世界价值的文学。哥廷根学者提出并经魏玛学者传播的"世界文学"，与其先驱莫霍夫（1682）的"总体文学"存在联系。而莫霍夫的理念则来自 17 世纪中期荷兰学派语言关系研究的总体历史观。

关键词： 世界文学；施勒策尔；哥廷根-魏玛；总体文学；总体历史观

中国学术界（并非专指某一学科）引用外国学者观点，通常情况是一人引用（可能已是外语文献中多次转引的），众人辗转，而无暇核实原文，思考源流，以致于有可能习非为是。历史上的文献是逐步发现的，学术史的真相是逐步揭开的。关于"世界文学"这一术语或概念的来源，国外学者有一些新说，但是仍然没有厘清其来龙去脉。受其相关论述启发，本研究钩稽 18 与 19 世纪之交的一手文献（主要是德文），梳理关于"世界文学"这一术语或概念的来源及其传播线索，分辨不同使用者理解的含义，并进一步追溯德国"总体文学"理念及欧洲学术研究"总体历史观"的渊源。

一、歌德（1827）Weltliteratur：具有世界价值的文学

比较文学界通常认为，德国学者歌德（Johann Wolfgang von Goethe, 1749—1832）首次提出"世界文学"这一观念，并促进比较文学学科的形成。

1827 年 1 月，歌德有四次提到"世界文学"（Weltliteratur）或"总体世界文学"（allgemeine Weltliteratur）。1826 年 12 月 26 日，法国戏剧家杜瓦尔（Alexandre Duval, 1767—1842）据歌德多年前创作的《托尔夸托·塔索》（*Torquato Tasso*, 1789）[1] 译编的"塔索：五幕历史剧"（*Le Tasse: Drame historique en cinq actes*, 1827 年 2 月刊行），在法兰西剧院首次公演。歌德从法国报纸上看到关于对该戏剧的两篇评介后有所思考。在 1827 年 1 月 15 号的日记中，歌德记有"对舒哈特口述法国与**世界文学**"（An Schuchardt diktiert bezüglich auf französische und **Welt-Literatur**）。（Goethe 1900: 8）随后，歌德在其主编的《艺术与古代》（1827 年 1 月 6 卷 1 册）上转载了法国《商业杂志》（*Journal du Commerce*）和《全球报》（*Le Globe*）上的两篇评介，并在《亚历山大·杜瓦尔先生的"塔索：五幕历史剧"》（*Le Tasse, drame historique en cinq actes. par M. Alexandre Duval*）一文中公开提及"总体世界文学"：

> Die Mittheilungen, die ich aus französischen Zeitblättern gebe, haben nicht etwa allein zur Absicht, an mich und meine Arbeiten zu erinnern, ich bezwecke ein Höheres, worauf ich vorläufig hindeuten will. Überall hört und liest man von dem Vorschreiten des Menschengeschlechtes, von den weiterern Aussichten der Welt- und Menschen-

---

1　塔索（Torquato Tasso, 1544—1595），意大利诗人。1575 年发表诗作《解放的耶路撒冷》成名。爱上阿芬佐公爵之妹被关进精神病院。1586 年逃出。教皇克雷蒙斯八世知道后，召到罗马并赐予光荣诗人桂冠，但他已离世。其经历激发后世文人灵感，1789 年歌德创作戏剧《托尔夸托·塔索》。

verhältnisse. Wie es auch im Ganzen hiermit beschaffen sein mag, welches zu untersuchen und näher zu bestimmen nicht meines Amtes ist, will ich doch von meiner Seite meine Freunde aufmerksam machen, daß ich überzeugt sei, es bilde sich eine **allgemeine Weltliteratur**, worin uns Deutschen eine ehrenvolle Rolle vorbehalten ist. (Goethe 1827: 131)

我从法国报纸上转载这些消息，其意图并非炫耀有人还记得我和我的作品，而是此刻我要指出，我想应该有更高的境界，即各地人们都能听到和读到，有关人类进步、世界发展的广阔前景和人们相互交往的作品。尽管这并非我调研和详细说明的任务，但我仍然想提醒我的朋友们关注我的立场，即我确信**总体世界文学**正在形成，德意志人会在其中承担光荣角色。

1 月 27 日，歌德在给犹太裔德国作家斯特赖克福斯（Adolph Friedrich Carl Streckfuss, 1779—1844）的信中写道：

I am convinced that a **world literature** is in process of formation, that the nations are in favour of it and for this reason make friendly overtures. The German can and should be most active in this respect; he has a fine part to play in this great mutual approach. (quoted in Strich 1949: 349)

我确信，**世界文学**正在形成之中，各国都会赞成并为此提出友好建议。德国人可以而且应该是这方面最主动的，在这种重大的彼此接近中扮演最佳角色。

1 月 31 日，歌德与其秘书爱克曼（Johann Peter Eckermann, 1792—1854）谈到中国清初小说《好逑传》，再次提到"世界文学"。

Ich sehe immer mehr, "fuhr Goethe fort," daß die Poesie ein Gemeingut der Menschheit ist und daß sie überall und zu allen Zeiten in Hunderten und aber Hunderten von Menschen hervortritt. Einer macht es ein wenig besser oben als der andere und schwimmt ein wenig länger oben als der andere, das ist alles....Aber freilich, wenn wir Deutschen nicht ans dem engen Kreise unserer eigenen Umgebung hinausblicken, so kommen wir gar zu leicht in diesen pedantischen Dünkel. Ich sehe mich daher gerne bei fremden Nationen um und rate jedem, es auch seinerseits zu tun. **National-literatur** will jetzt nicht viel sagen, die Epoche der **Weltliteratur** ist an der Zeit, und jeder muß jetzt dazu wirken, diese Epoche zu beschleunigen. (Eckermann 1885: 224)

我越来越明白【歌德继续】，诗歌是人类的共同财富，它流传于世界各地和众多人们之中。一首写得比另一首更好，一首流传得比另一首更长，就是如此。……然而，可以肯定，如果我们德意志人不超越自己周围的狭窄圈子，那么也就不可能轻易地克服迂腐的自负。因此我喜欢纵览外国民族文学，并建议诸位也能转而如此。**民族文学**现在已经不想多说，**世界文学**的时代正在到来，每个人都必须为加速该时代的到来立即行动。

此后，在这一年中，歌德还有三次提到世界文学。1827 年 6 月 11 日，歌德在写给斯托尔伯格伯爵（Count Stolberg, 1753—1835）的信中提到 "文学的世界性和民族性"：

Poetry is **cosmopolitan**, and the more interesting the more it shows its nationality. (Goethe 1986: 227)

诗歌是**世界性的**，并且越是有趣的诗篇越能显示其民族性。

7 月 15 日，歌德与爱克曼谈到世界文学的受益或用途：

Im ästhetischen Fache sieht es freilich bei uns am schwächsten aus, und wir können lange warten, bis wir aus einen Mann wie Carlyle stoßen. Es ist aber sehr artig, daß wir jetzt, bei dem engen Berkehr zwischen Franzosen, Engländern und Teutschen, in den Fall kommen, uns einander zu corrigiren. Das ist der große Nutzen, der einer **Weltliteratur** herauskommt und der sich immer mehr zeigen wird. Carlyle hat das Leben von Schiller geschrieben und ihn überall so beurtheilt, wie ihn nicht leicht ein Deutscher beurtheilen wird. Dagegen sind wir über

Shakspeare und Byron im Klaren und wissen deren Verdienste vielleicht besser zu schätzen als die Engländer selber. (Eckermann 1885: 257)

在美学方面，当然看起来是我们最薄弱的，我们可能要等很长时间才会出现像卡莱尔[1]这样的学者。而令人愉悦的是，现在随着法国人、英国人和条顿人之间的紧密接触，我们能直接相互修正。这就是来自**世界文学**的巨大受益，而且会显得越来越多。卡莱尔撰写席勒传记并处处加以评论，因为德国人对他难以评判。另一方面，我们对莎士比亚和拜伦的看法更清晰，也许比英国人更能了解其优点。

10月12日，歌德在给艺术史家包伊思塞利（Sulpiz Bois-serée, 1783—1854）的信中谈论"世界文学的发展"：

In this connection it might be added that what I call **world literature** develops in the first place when the differences that prevail within one nation are resolved through the understanding and judgment of the rest. (quoted in Strich 1949: 349)

在这方面可以补充的是，当一个国家所流行的特色，在了解和评价其他国家特色的过程中能够得到解释时，我所提出的**世界文学**会首先得到发展。

歌德并没有就"世界文学"撰写专论，这些零散言辞更像"提醒"或"指示"，需要读者去体会，去阐述，去践行。首先，歌德所理解的"世界文学"是一个时代（正在到来），是一项事业（需要立即行动），是一种工具（能够相互修正），而非一门学科。其次，歌德所理解的"世界"（即世界范围，此为"世界"的地域属性）主要指欧洲，法国《全球报》（1827年11月1日）将歌德的"世界文学"译为法语 littérature occidentale ou européenne "西方文学或欧洲文学"（方维规 2017：11）。歌德在《艺术与古代》

1　卡莱尔（Thomas Carlyle, 1795—1881），苏格兰哲学家、评论家，著有《席勒传》（*The Life of Schiller*, 1825）。

（1829 年第 6 卷第 3 册 ）曾明确表示：Europäische, d. h. Welt-Litteratur "欧洲文学，即世界文学"（Goethe 1986—1999, Bd. 22: 724-725 ）。1828 年，歌德在柏林自然科学家大会上发言："斗胆宣称，一个欧洲，其实就是一个总体的世界文学，我们的理解，并不仅仅意味不同的国家应该相互了解彼此及其作品"。[1] 不仅如此，所谓"欧洲"，即当时称为的"南北方"（南方主要指希、意、法，北方主要指德、英、荷等 ）。除了古希腊-罗马文学，他主要关注的就是德意志、法兰西、大不列颠和意大利文学。第三，歌德所理解的"世界文学"，是超越国家而具有世界性（即世界价值，此为"世界"的文化属性 ），即在欧洲具有影响力的作品。

德国学者波林（Roger Paulin ）在《奥古斯特·威廉·施莱格尔生平，艺术和诗歌的世界性》中提到：

For all his proclamation of an age of 'Weltliteratur' (**which others, unacknowledged, had already ushered in, Wieland and Schlegel among them**), Goethe's real literary canon in his later years, what really mattered, consisted of the Greek and Latin classics, Schiller, and himself. (Paulin 2016: 530)

尽管他（歌德——译注 ）宣告了"世界文学"的时代（**开创该时代而未被广知的其他人，有维兰德和施莱格尔** ），但在其晚年，歌德认可的真正文学经典，实际上最重要的，也就是希腊和拉丁经典、席勒和他自己的作品。

通过以上引文可以感觉到，歌德所理解的"世界文学"包含"古希腊-罗马经典主义"和"德意志中心主义"。当然，"世界"（文化-地域属性 ）可以延伸，因此歌德有时稍带提及其他一些欧洲国家的民间文学，偶尔还会谈论几句欧洲以外（ 如中国文学 ）

---

1 原文：In venturing to announce a European, in fact a universal, world literature, we did not mean merely to say that the different nations should get to know each other and each other's productions (quoted in Strich 1949: 350).

的情况。**由此可见，歌德倡导的"世界文学"或"总体世界文学"，其旨趣在于：世界文学（相当于"欧洲文学"）是人类的共同财富，要超越民族文学，努力了解具有世界价值的文学作品，以增进各国之间的了解和交往。**

1765—1768 年，歌德在莱比锡大学学习法律。1770 年 4 月前往斯特拉斯堡大学完成学业。在此期间，歌德（21 岁）拜会了赫尔德（26 岁）。与赫尔德的交谈（希伯来诗艺、世代相传的民歌），激起了他对莎士比亚（William Shakespeare, 1564—1616）、奥西恩（Ossian）[1]以及民间诗歌（即赫尔德实践"世界文学"理念的具体活动）的兴趣。

1775 年，歌德（当时 26 岁）以《少年维特之烦恼》名声鹊起，应公爵卡尔·奥古斯特（Carl August, 1758—1828）之邀来到魏玛。作为宫廷首席顾问，歌德承担若干公务，与当时德国知识精英保持交往。18 世纪 90 年代，歌德与维兰德（C. M. Wieland）、赫尔德（J. G. Herder）、席勒（J. C. F. Schiller）、费希特（J. G. Fichte）、施莱格尔兄弟（A. Schlegel & F. Schlegel）等学者之间的交流及研究，形成了"魏玛古典主义"（Weimar Classicism）。毋庸置疑，歌德在 1827 年提及的"世界文学"，有着赫尔德等对他的影响以及魏玛学术背景。

二、施莱格尔（1803）Kosmopolitismus：普遍的世界主义文学

有人提出，早在 1802 年，奥古斯特·施莱格尔（August Wilhelm Schlegel, 1767—1845）在柏林的"精美文学与艺术讲座"

---

1 奥西恩（一译莪相），传说中的爱尔兰游吟诗人。1762 年，苏格兰诗人麦克菲森（James Macpherson, 1736—1796）声称发现奥西恩的诗作，将其翻译并印行，对早期浪漫主义运动产生了重要影响。实际上，这些诗作虽然有些是据凯尔特语民谣整理的，但大部分是麦克菲森的创作。歌德当时读到的奥西恩诗作是麦克菲森的创作。

中已经提出"世界文学"。

Der Begriff der Nationalliteratur entstand im 19 Jahrhundert, als auch das Wort "Literatur" neu definiert wurde. Als "Literatur im engeren Sinne" galt nun Literatur mit kunstvollem Sprachgebrauch. Dabei reifte die Erkenntnis, dass diese "schöne Literatur" sich in nationalsprachlichen Traditionen entwickelt und demnach von den Philologien der einzelnen Sprachen zu untersuchen wäre. **Komplementär dazu entstand der Begriff der Weltliteratur, der zuerst von August Wilhelm Schlegel 1802 eingeführt wurde**. (Nationalliteratur, aus Wikipedia)

"民族文学"的概念出现于 19 世纪，并且"文学"这个词被重新定义。作为"狭义上的文学"，现在指运用语言艺术的文学。这种已经成熟的"精美文学"在民族语言传统中得以发展，因此必须通过各自语言的语文学加以检验。作为对此补充的**"世界文学"概念，这是奥古斯特·威廉·施莱格尔 1802 年首次提出的。**

1990 年，德国比较文学家霍夫梅斯特（Gerhart Hoffmeister）在《德国和欧洲浪漫主义》中写道：

Im Mittelalter fanden die Deutschen den ersehnten Naturzustand, eine nordische Mythologie, 'Weltliteratur' und das Stilideal der 'Heterogenität der Mischungen' (A. W. Schlegel), d.h. die Synthese des Römischen und Christlichen, des deutschen Nordens mit dem religiös orientalischen Idealismus in ritterlichem Geiste, des Rittertums mit dem Mönchstum. (Hoffmeister 1990: 152)

在中世纪，日耳曼人发现了所期望的北欧神话中的自然状态，"世界文学"和"异质融合"的理想风格（奥·威·施莱格尔），也就是，罗马语和北方日耳曼语基督教的综合体，带有虔诚的东方理想主义、骑士精神与修道士精神。

该文未标注施莱格尔论著的标题和发表年份，更无引文。

2008 年，日本学者安平石原（Aeka Ishihara）在《国际潮流中的魔法师的学徒[1]，对歌德世界文学概念的菲薄贡献》中开篇即言：

Heutzutage versteht man unter dem Wort "Weltliteratur" im Allgemeinen die *gesamte Literatur* aller Völker und Zeiten"[1] Etwas gründlicher gefasst ist die folgende Definition gebräuchlich: Kanon der nach den jeweil, ästhet, Normen als überzeitl, und allgemeingült, angesehenen literar, Werke aus dieser Gesamtliteratur; Bez. **In diesem Sinne ("universelle, unvergängl, Poesie") erstmals 1802 bei A. W. Schlegel (Berliner "Vorlesungen über schöne Literatur und Kunst");** ihre Interdependenzen sind Gegenstand der vergleichenden Literaturwissenschaft[2] . (Aeka Ishihara 2008: 167)

如今"世界文学"一词通常意味着"所有民族和时代的**总体文学**"。[1] 更完整地说，以下的定义很常见：各自经典、审美家、超越时间的标准，以及通常的，崇尚文学，来自这一完整文学的作品。参考，就此意义（"普遍的、难忘的，诗意的"）而言，这些首先由奥·威·施莱格尔（柏林"精美文学和艺术讲座"）在 1802 年宣讲的，它们之间的依存关系是比较文学研究的主题。[2]

据作者的两处脚注，皆引自君特尔（Günther）和施维克尔（Schweikle）编纂的《梅茨勒文学词典：术语和定义》（*Metzler Literatur Lexikon. Begriffe und Definitionen.* Hrsg. v. Günther und Irmgard Schweikle. Zweite, überarbeitete Aufl. Stuttgart 1990, hier S. 502 ），意指施莱格尔在讲座中使用过"普遍的、难忘的，诗意的"

1　1828 年 5 月 21 日，歌德在给策尔特（Karl Zelter）的信中写道：Please note that the world literature I have called for is deluging and threatening to drown me like the sorcerer's apprentice: Scotland and France pour forth almost daily, and in Milan they are publishing an important daily paper called l'Eco (quoted in Strich 1949: 350). 请注意，我所呼吁的世界文学正在泛滥，危险得像要像"魔法师的学徒"（歌德所写诗歌题目——译注）那样淹没我：苏格兰和法兰西几乎每天都在倾泻，而米兰正出版一份名为《生态》的重要日报。

如此表述。

2016 年，波林在《奥古斯特·威廉·施莱格尔生平，艺术和诗歌的世界性》中也提到施莱格尔的"世界文学"概念：

'Force yourself' had been Friedrich Schlegel's advice to his brother as he embarked on a career as a professional writer. Writing under pressure involved drawing on existing sources of knowledge and insight, the things that Bürger and Heyne had taught him in Göttingen, the notions garnered from his wide reading in Holland: the theory and practice of translation, the origins of language, prosody and metrics, the relationship of the arts to each other, anthropology and human character, criticism, its proprieties and limits, the history of poetry. There could at this juncture be no question of a system, but a network of ideas was nevertheless emerging, fragmentary adumbrations of comparative literature, even of 'Weltliteratur'. (Paulin 2016: 83)

"逼迫自己"是弗里德里希·施莱格尔对其兄（奥古斯特·施莱格尔——译注）开始职业作家生涯时提出的忠告。在压力之下写作受到现有知识和洞察力的牵制，即比格尔和海涅在哥廷根大学教给他的学识，以及他在荷兰广泛阅读而获得的观念——翻译理论和实践、语言的起源、韵律学和作诗法、艺术之间的彼此联系、人类学和人性、批评的礼节和分寸、诗歌史。尽管此时其学说未成系统，但是有关观念网络的想法，还有关于比较文学的碎片化，甚至"世界文学"的概念也正在浮现。

波林所言该概念"正在浮现"，也许意味着尚未查到施莱格尔使用"世界文学"这一术语的出处。

那么，施莱格尔的"世界文学"概念是什么内容呢？德国学者绍尔兰德（Karol Sauerland）在《作为术语的"欧洲文学"》（1972）中提到：

Als eine romantische Poesie bzw. Dichtung bezeichnet August Wilhelm Schlegel die "**Poesie der Hauptnationen Europäische Literatur als Begriff des neuen Europa**" in den einleitenden Sätzen zu seinen Berliner "Vorlesungen über schöne Literatur und Kunst" von 1802 / 03. Mit den Hauptnationen meint er Spanien, Italien, Frankreich, England und Deutschland. Später kommt noch Portugal hinzu. Die ostmitteleuropäischen und osteuropäischen Länder, etwa Ungarn, Polen und Russland, sind für ihn keine Hauptnationen. Sie hätten nichts zur europäischen Literatur beigetragen. Dass in Zukunft von dort aus Anregungen zu erwarten seien, deutet er im Gegensatz zu Herder nicht an. (Sauerland 1972: 170)

在 1802—1803 年柏林"精美文学和艺术讲座"导论中，奥古斯特·威廉·施莱格尔把"**作为新欧洲概念的主要国家的欧洲文学之诗歌**"描述为浪漫主义的诗歌。主要国家指西班牙、意大利、法国、英国和德国，其后增加了葡萄牙。而东中欧和东欧国家，如匈牙利、波兰和俄罗斯，对他而言，并非主要国家，而对欧洲文学了无贡献。与赫尔德相比，他并不认为，将来能期盼从这些国家得到建设性贡献。

由此可见，施莱格尔的"世界文学"概念，意指欧洲主要国家的文学（诗歌）。

我们进一步查阅施莱格尔"精美文学和艺术讲座"的内容（第一阶段 1801—1802；第二阶段 1802—1803；第三阶段 1803—1804；第四阶段私人讲座）。在其第三阶段，即卷三《浪漫主义文学史》（1803—1804）中有一段，论述了与"世界文学"概念类似的含义。

Genug daß das höhere künstlerische Nachbilden einen edleren Zweck hat, als das gemeine handwerksmäßige Überseßen, welches bloß der literarischen Dürstigkeit anshelsen soll. Es ist auf nichts geringeres angelegt, als die Vorzüge der verschiedensten Nationalitäten zu vereinigen, sich in alle hinein zu denken und hinein zu fühlen, *und so einen kosmopolitischen Mittelpunkt für den menschlichen Geist zu stiften. Universalität, Kosmopolitismus ist die wahre Deutsche Eigentümlichkeit.* (A. Schlegel 1884: 33)

与模仿海外的一般工艺相比，更高的文学艺术模仿具有崇高的目的，它重在试图激发文学的顽强生命力。没有什么比这些更值得去做，将不同民族的美德结合在一起，去思考和感受这一切，**从而为人类心智创造一个世界性中心**（kosmopolitischen Mittelpunkt）。**普遍性**（Universalität）、**世界主义**（Kosmopolitismus）**是德意志人的真正特色。**

实际上，并非人的所有体验都可能概念化，并非所有的概念都必然语言化。即使某些概念语言化，也并非都通过词语来实现——也可能通过其他的语言单位（句子或语篇）来表达。可以认为，施莱格尔通过其句子或语篇呈示了"世界文学"的概念。施莱格尔所理解的"世界文学"概念具有"美德性"，可能受到康德（Immanuel Kant, 1724—1804）道德哲学的影响。

施莱格尔的"世界主义"或"世界文学"概念，不但具有哥廷根学术背景，而且受到荷兰学者语言关系研究总体观的影响。1786—1790 年，施莱格尔在哥廷根大学的专业起初是神学，但他很快就转向语言学和哲学。在德国古典学者海涅（Christian Gottlob Heyne, 1729—1812）的指导下接受语言学训练。对施莱格尔而言，哥廷根总是意味着两件事：除了学术观念、思想体系，还有汉诺威王国朴实无华的大学城及其教授们。1791 年到 1795 年，施莱格尔在阿姆斯特丹曾担任后来成为荷兰银行行长的穆尔曼（Mogge Muilman, 1778—1849）的家庭导师。在这一期间，他通过广泛阅读获得了若干新的观念。其中，值得关注的是"语言的起源"，即荷兰学者关于语言亲缘关系的总体观，这对施莱格尔"世界主义"观念的形成具有促进作用。

1796 年，施莱格尔回到德国，应席勒（Friedrich von Schiller, 1759—1805）之邀定居耶拿。随后与哥廷根大学教授、东方学家米夏埃利斯（Johann David Michaelis, 1717—1791）之女、作家兼翻译家卡洛琳·波西米亚（Caroline Böhmer, 1763—1809）结婚。1798 年获耶拿大学教授职位，他们家成为浪漫主义知识人总部。1798—1800 年，施莱格尔兄弟创办浪漫主义刊物《雅典娜神殿》。1801—1804 年，施莱格尔在柏林举办"精美文学和艺术讲座"。1804 年，成为斯塔尔夫人（Madame de Staël, 1766—1817）的家庭导师，此后一同前往瑞士、意大利和法国，担任其文学顾问。1811—1815 年，施莱格尔在巴黎学习梵文。1818 年，波恩大学为他设立德国的第一个梵文教授讲席，此后主要从事东方学研究。

三、赫尔德（1796）Literatur aller Welt：综合体的世界文学

有人提到，在奥古斯特·施莱格尔之前，作为歌德的前辈，德国文艺批评家、哲学家赫尔德（Johann Gottfried Herder, 1744—1803）在 1793 年的《鼓励人道书简》中已经提出"世界文学"。

胡良桂《"世界文学"的成因与现代意义》（1996）中引文如下：

赫尔德在《鼓励人道的书简》中……说："现在我们的欧洲文学史太狭窄了，它遗漏了世上许多精彩的艺术珍品，这太可惜、太遗憾了。我们应该排除狭隘的民族局限性框框，与全球各民族建立精神商品的自由交换（freier geishger Handelsverkehr），把历史发展各个阶段由各民族创造的最珍贵的作品，都包容到自己的组成部分中来，使我们的文学史成为包罗万象的全世界文学史。"注⑪《赫尔德

全集》第 17 卷第 163—164 页，柏林 1877—1893 年德文版。（胡良
桂 1996：50，40）

潘正文在《中国"世界文学"观念的"逆向发展"与"正
向发展"》（2006）中也有此引用，并注明了译文转引出处："译
文引自钱念孙：《文学横向发展论》（上海文艺出版社，1989 年）
34"。我们核查了钱念孙的《文学横向发展论》（上海文艺出版
社，1989：34），胡良桂的引文与之全同。钱著的注解是"《赫尔
德全集》，柏林 1877—1893 年德文版，第 17 卷第 163—164 页"。

首先，《赫尔德全集》（*Herders Sämmtliche Werke*, Berlin:
Weidmannsche Buchhandlung）共 18 卷，出版时间是 1877—
1883 年，并非 1877—1893 年，其中第 17 卷刊于 1881 年。据引
文中"精神商品的自由交换"的含义，德文似为 freier geis*ti*ger
Handelsverkehr。其次，《鼓励人道书简》写于 1793—1797 年，
一共 10 集（10 Sammlungen）。《赫尔德全集》第 17 卷（1881 年刊）
收 1793 第一集（1—13 封，S. 1—72），1793 第二集（14—26 封，S.
73—132）、1794 第三集（27—39 封，S. 133—196）、1794 第四集
（40—53 封，S. 197—260）、1795 第五集（54—62 封，S. 261—
338）、1795 第六集（63—80 封，S. 339—414）；第 18 卷（1883
年刊）收 1796 第七集（81—90 封），1796 第八集（91—107 封）、
1797 第九集（108—113 封）、1797 第十集（114—124 封）。很遗憾，
我们检索了《赫尔德全集》第 17、18 卷，皆未找到这段表述。

除非查阅赫尔德的所有论著，尚不能最终确定他是否使用过
Weltliteratur（世界文学）或 Weltliteraturgeschichte（世界文学史）
这样的术语，但是早在 1766—1767 年，赫尔德在《关于最近德
国文学的片段》中描述过西方和东方（闪米特）文学的混合和影
响，将其构想为一个庞大的巨人体，即通过语篇方式和**"更新的
诸民族文学"**表明了"世界文学"的概念。

Ist das wundersame Bild ein Traum, das ich in meiner Einbildung vor mir sehe, und das auf seiner Stirn den Namen trägt: **Neuere Litteratur der Völker**? Es ist ein großer Colossus: sein Haupt von Orientalischem Golde, das meinen Blick tödtet, weil es die Stralen der Sonne zurückwirft: seine hochgewölbte Brust glänzt von Griechischem Silber: sein Bauch und Schenkel vestes Römisches Erz: seine Füße aber sind von Nordischem Eisen mit Gallischem Thon vermengt — ein ungeheures Wunderwerk der Welt. (Herder 1985 [1766–1767]: 364, quoted in Patten 2015: 110)

奇妙的画面出现在我想象中所见之梦幻，在其额头上刻着名称**"更新的诸民族文学"**？他是一个伟大的巨人：其东方黄金铸就的头部放射出太阳的光芒，直刺我的双眼：其拱形胸脯前闪烁着希腊的银色：其腹部和大腿披上罗马矿石的外套：而其双脚则由日耳曼的铁与高卢的黏土混合而成——世界上的惊人奇迹。

美国明尼苏达大学博士帕滕（Andrew Nance Patten）的这段引文出自赫尔德《十卷本文集》（Johann Gottfried Herder. *Werke in zehn Bänden*. Ed. Martin Bollacher. Vol. 1: 9. Frankfurt: Deutscher Klassiker Verlag, 1985）。赫尔德原文的标点 "："，可能表示身体各部分的连接关系。赫尔德所言"更新的诸民族文学"，包括东方（闪米特）文学、希腊文学、罗马文学、日耳曼文学和高卢文学。

赫尔德描述了文学发展的"世界事件"，有时甚至将其视为一个影响巨大和逐步衰退的过程，而其结果却是世界文学综合体，即超越国界的传统、语言和思想的混合物。

So gären Griechisch-Römisch-Nordisch-Orientalisch-Hellenistische Dämpfe ganze Jahrhunderte: sie brausen gewaltig auf: die Hesen sinken endliche langsam, und nun! Was ist ausgegäret? ein neuer Moderner Geschmack in Sprachen, Wissenschaften und Künsten. (Herder

1766-1767[1985]: 363, quoted in Patten 2015: 109)

由此，希腊的-罗马的-日耳曼的-东方的-希腊化的云蒸霞蔚整整几个世纪：它们正在激起巨大反响：这些母鸡最终慢慢衰退，而现在！何为酿造？对语言、科学和艺术的新的现代品味。

帕滕认为，赫尔德想象的世界文学巨人，在其比作身体部位中的诸民族文学中，虽然并非没有等级之分，但是仍然凭借生理或有机体融合的比喻将"文学综合体"概念化。这一比喻，包含了对语言大范围重组研究的早期概念"亲和力"（early affinity），或者是对"整体"（entirety）加以重新考虑的一个共同隐喻。（Patten 2015: 110）

此后，赫尔德开始收集德、英、法、西班牙、意大利、希腊、丹麦、冰岛、瑞典、波兰等欧洲各地的民歌文本，并于 1775 年以《老民歌》（*Alte Volkslieder*）为题印刷，但突然中止。1778—1779年，题名《民歌和其他杂诗》（*Volkslieder nebst untermischten anderen Stücken*）在莱比锡刊行。这就是赫尔德的"更新的诸民族文学"或"世界文学综合体"概念的某种实践活动。在他去世后，其友人缪勒（Johannes von Müller, 1752—1809）以《民歌中各民族的声音》（*Stimmen der Völker in Liedern*, 1807）为名在哈雷重版。

那么，赫尔德到底有没有用过与 Weltliteratur 类似的词语呢？我们通过文献检索，答案是肯定的，见于《鼓励人道书简》1796年第八集第 96 封（Achte Sammlung, Brief 96）。

"Enthalte dich, dulde!" Sind wir denn mit der **Literatur aller Welt** vermählet? Ist kein Riegel zu sinden, der uns gegen das Andringen schwarzer Buchstaben schütze? kein Seil zu sinden, das uns am Mastbaum halte, indem wir mitten durch den Gesang Derer, die da wissen, was war, ist und seyn wird, gerade hin durchsahren? Gehört fremden Meinungen unser Geschmack und Verstand, unser Wille und

Gewissen? Gehören den Seele-Verkäufern unsere Seelen? (Herder
Sämmtliche Werke, Bd. 18. 1883: 92)

"放弃，抑或容忍！"我们把自己出卖给了**世界各地文学**吗？
没有任何屏障能保护我们免受黑暗文学侵害吗？要找到一条把我们
绑在桅杆上的绳索，直接穿过那些知道过去、现在和未来的人们的
歌声吗？我们的评价是否还有我们的体验和理解、意志和良心？难
道出卖的是我们的灵魂？

可以看出，赫尔德的"世界文学"概念表现为三个阶段。
1766—1767 年，描述了世界文学（欧洲和东方）的混合和影
响，将其构想为庞大的人体，使用的是"更新的诸民族文学"。
1775—1779 年，所编《民歌和其他混合作品》是其"世界文学
综合体"概念的实践。1796 年在《鼓励人道书简》中使用了"世
界各地文学"。

魏玛时期是赫尔德思想的成熟期。1776 年，赫尔德到魏玛
担任教会总监、首席牧师等职，负责管理教会和学校教育。在此
与维兰德结识，并为其主编的《德意志信使》撰稿。早期的歌德
视赫尔德为其师，但赫尔德到魏玛时，歌德已在那里当官，关系
一度疏远，后重又修好。1789 年法国大革命爆发，赫尔德支持
这场革命，与魏玛公爵卡尔·奥古斯特政见不合，受到整个宫廷
包括歌德的冷遇。晚年的赫尔德在魏玛心情压抑，离群索居，而
贯穿他全部著作的基本思想就是总体主义、民主主义和历史主义，
其目标就是使人的本质得以充分发展。

四、福斯塔（1791）谈过同样话题：文化世界主义

波林曾经提到：

Nobody at that time was of course speaking publicly of 'world
literature', but Wieland had used the word 'Weltliteratur' privately,

and Georg Forster was saying essentially the same thing: it was not Goethe's later invention. (Paulin 2016: 46)

当时尚未有人公开谈论"世界文学"，但维兰德私下里使用了"世界文学"这个词语，**并且格奥尔格·福斯塔本来也谈过同样的话题——这个术语并非歌德后来发明的。**

但是波林没有介绍具体内容和出处。其参考文献中只有：Georg Forster. *Portrait painting by Johann Heinrich Wilhelm Tischbein* (1785). http://commons.wikimedia.org/wiki/File:Georg_Forster-larger.Jpg，即福斯塔的肖像画。

德国启蒙运动的核心人物格奥尔格·福斯塔（Johann Georg Adam Forster, 1754—1794），青少年时期曾随同其父莱因霍尔德（Johann Reinhold Forster, 1729—1798）参加多次科学考察活动。1765 年，十岁的格奥尔格加入俄罗斯女皇凯瑟琳二世（Екатерина II Алексеевна, 1729—1796）委派的德国科学家穿越俄罗斯考察队。1766 年，随其父（任教于英国沃灵顿学院）迁居英格兰。格奥尔格精通俄语，十三岁翻译出版罗蒙诺索夫（М. В. Ломоносов, 1711—1765）的《俄罗斯简史》（*Краткий российский летописец с родословием*, 1760）英译本。1772—1775 年，格奥尔格参加了库克（James Cook, 1728—1779）率领的第二次太平洋航行。1777 年，出版英文版《周游世界的航行》（*A Voyage Round the World*），1778—1780 年刊行德文本（*Reise um die Wel*）。他在南太平洋岛屿很快学会了波利尼西亚语，该书中还记录了波利尼西亚人演唱的歌词和曲谱，由此赢得植物学家、民族志学者的声誉，对德国文学、文化和科学产生了重大影响，尤其是影响了亚历山大·洪堡特（Alexander von Humboldt, 1769—1859）。

福斯塔于 1778 年回到德国，先后在卡塞尔的卡罗琳学院（Collegium Carolinum）、波兰的维尔纳学院（Academy of Vilna）任自然史教授；1788 年任美因茨大学图书馆馆长。从在卡塞尔始，福斯塔就与启蒙运动的重要人物，包括莱辛（Gotthold Ephraim Lessing, 1729—1781）、赫尔德、维兰德和歌德等通信。由他发起，卡罗琳学院和哥廷根大学合办了《哥廷根科学和文学杂志》（*Göttingisches Magazin der Wissenschaften und Litteratur*）。

1785 年，他与哥廷根大学教授海涅之女、身为作家兼编辑的特蕾泽·海涅（Therese Heyne, 或 Therese Huber, 1764—1829）结婚。特蕾泽与哥廷根大学教授米夏埃利斯之女卡洛琳·波西米亚为闺蜜。卡洛琳后来与奥古斯特·施莱格尔结婚，而福斯塔的岳父就是奥古斯特的老师。由此，福斯塔与施莱格尔兄弟十分熟悉。1791 年，他将威廉·琼斯（William Jones, 1746—1794）的英译本《沙恭达罗》（*Śakuntalâ*）译成德文，影响了赫尔德并引发了一批德国学者对印度文化的兴趣。1791—1794 年，出版游记《莱茵河下游，途径布拉班特、佛兰德、荷兰、英格兰以及法兰西》（*Ansichten vom Niederrhein, von Brabant, Flandern, Holland, England und Frankreich im April, Mai und Juni 1790*），该书十分贴近德语地区的早期浪漫主义思想运动。歌德的读后感是："就像受到教诲一样令人愉快，当一个人读完时，可能还愿意再读一次，并希望与如此心地善良、见多识广的观察者一起旅行。"[1]

1793 年初，福斯塔参与组建美因茨共和国，并成为临时政府副总统。在普鲁士和奥地利联军攻占美因茨之后，福斯塔被神圣罗马帝国皇帝弗朗茨二世（Franz II, 1768—1835）宣布为歹徒。他困居于巴黎，1794 年因风湿病去世。当时 40 岁的他，还在计划访问印度。福斯塔去世后，其作品大多被遗忘。在拿破仑时代之后，德国民族主义抬头，他被视为"国家的叛徒"。

福斯塔有部分苏格兰血统，出生于波兰的皇家普鲁士，曾在

1　原文 so angenehm als unterrichtend, man mag, wenn man geendigt hat, gerne wieder von vorne anfangen und wünscht sich, mit einem so guten, so unterrichteten Beobachter zu reisen (Brief Goethes an Forster vom 25. Juni 1792).

俄罗斯、英国、波兰以及当时德国的几个国家工作过，最后去世
于法国。他从年轻时就开始旅行，在不同环境中工作，加上基于
启蒙原则的科学教养，使他对不同种族和民族具有广泛的认识。
德国哲学家克莱因盖尔德（Pauline Kleingeld）在《十八世纪晚
期德国的六种世界主义》中，把福斯塔列为该时期德国"文化世
界主义"的代表。（Kleingeld 1999: 515—516）在 1791 年的论著
中，福斯塔主张，理想化的文化描述是对每种文化整体的个性特
征进行系统的无偏见调查，不仅调查物质文化，而且调查其社会
和政治结构、宗教、道德和习俗。在他看来，所有人在理性、情
感和想象力方面都具有相同能力，但以不同的方式在不同的环境
中运用，从而形成不同的文化和文明。（Forsters 1963: 45）福斯
塔用审美的语言描述文化的多元性——就像"一束花的不同花朵"
（a bouquet of different flowers, Forsters 1963: 52），就像"装有不
同琴弦的一把竖琴，可以比弦长都相等演奏更多的和声"（a harp
with different strings on which many more harmonies can be played
than if the strings were all of equal length, Forsters 1963: 56）。虽然
赫尔德也强调文化多元性，但是福斯特强调的是根本上的人类平
等，超越赫尔德的境界。

　　本文所考提出"世界文学"的学者，没有一个像福斯塔这样
亲身体验过"全球性世界"。因此，根据其周游世界的经历、精
通多种语言（德语、英语、俄语，法语、荷兰语、瑞典语等）和
从事文学研究，福斯塔很有可能谈论过"世界文学"这样的话
题，而且影响了施莱格尔兄弟。弗里德里希·施莱格尔在《格奥
尔格·福斯塔，德国经典的特色片段》（*Georg Forster. Fragment
einer Karakteristik der deutschen Klassiker*）中赞扬：

Unter allen eigentlichen Prosaisten atmet keiner so sehr den Geist
freier Fortschreitung wie Georg Forster. (F. Schlegel 1797)
　　在所有真正的散文作家中，没有人像格奥尔格·福斯塔呼吁如

此更多的自由进步精神。

梅尔茨（John Theodore Merz, 1840—1922）在《19世纪欧洲思想史》中这样评价：

> 格奥尔格·福斯塔（1753—1794）是文学和科学史上那些将艺术与科学精神结合起来的独特人物之一，通过对自然的挚爱研究，同时提升诗歌艺术和精确知识的兴趣，形成新的艺术观点以及更深层次的科学观念。……弗里德里希·施莱格尔（《特色和评论》，vol. I），格维努斯（Georg Gottfried Gervinus, 1805—1871）（《十九世纪历史导论》第7卷，"格奥尔格·福斯塔论著"简介）和赫特纳（Hermann Julius Theodor Hettner, 1821—1882）（《十八世纪的文学史》，vol. III，1862）撰写了赞赏他的文章。亚历山大·洪堡特称他为主人（《宇宙》vol. I，345），赫尔德（为福斯塔所译《沙恭达罗》作序）预言，他对其不合意的同时代人观点的批评将享有持久名声。（Merz 1896: 179-180）

尽管未查到福斯塔使用"世界文学"术语的出处，但是我们倾向于接受波林的看法"格奥尔格·福斯塔本来也谈过同样的话题"（Paulin 2016: 46），即通过语篇方式反映了其"世界文学"的观念。

五、维兰德（1790）Weltliteratur：国际都会的精致文学

再向前追溯，1790年，德国启蒙运动的重要学者维兰德（Christoph Martin Wieland, 1733—1813）已用"世界文学"一词。

Der Begriff der "Weltliteratur" wurde erstmals von Christoph Martin Wieland verwendet, der darunter jedoch Literatur für den homme du monde, den "Weltmann" verstand. (Weltliteratur, aus Wikipedia)

"世界文学"一词首先是克里斯托夫·马丁·维兰德使用的，但他所理解的文学是属于"世界绅士"的文学。

1782 年，维兰德译注的《贺拉斯书信集》出版，1790 年再版（Leipzig）。**根据德国戏剧家、学者魏茨**（Hans-Joachim Weitz, 1904—2001）**的考察，1790 年样书的前言部分有维兰德的亲笔删改，其中出现了用于 Weltlitteratur**（当时写法 tter，与歌德写法 ter 微殊）。（Weitz 1987）

我们核对了维兰德译注《贺拉斯书信集》三个版本（1782, 1790, 1801）中的行文相同之处。

...selbst dasjenige was man in den schönsten Zeiten von Rom unter dem Wort Urbanität begriff, diesen Geschmack der Hauptstadt und diese feine Tinktur von Gelehrsamkeit, *Weltkenntniß* und Politesse, die man aus dem Lesen der besten Schriftsieller, und aus dem Umgang der cultivirtesten und vorzüglichsten Personen in einem sehr verfeinerten Zeitalter, unvermerkt annimmt, — selbst diese Urbanität an einem Schriftsteller gehörig zu empfinden, setzt eine Menge Kenntnisse voraus, die auch dem gelehrtern Theile der Leser nicht allezeit gegen wärtig sind. (Wieland 1801: 5-6)

……至于人们理解罗马最优雅的时代，采用"都市风格"这个词，是因为这种首都品味和博学精华，以及**世界知识**和彬彬有礼，皆来自阅读最优秀的作家，以及与极其精致时代中的最有教养和杰出人士的交往，这些尚未有人注意——只有具备大量的知识，才能正确感受到作家的这种都市风格，而这些并不总是存在于读者的学识之中。

在 1790 年版本[1]上，经维兰德亲笔删改（斜体部分）后的行

1　方维规《何谓世界文学？》（2017：8）："魏茨发现维兰德早在歌德之前就已用过这个词，见之于他的贺拉斯书信简翻译修订手稿（1790）"。据魏茨（Weitz 1987：350）的论述和书影，维兰德是在 1790 年样书上删改的。

文是：

...selbst dasjenige was man in den schönsten Zeiten von Rom unter dem Wort Urbanität begriff, diesen Geschmack der Hauptstadt und diese feine Tinktur von *Weltkenntniß, Weltlitteratur so wie von reifer Charakterbildung, Wohlbetragen*, die man aus dem Lesen der besten Schriftsteller, und aus dem Umgang der cultiviertesten und vorzüglichsten Personen in einem sehr verfeinerten Zeitalter, unvermerkt annimmt, -selbst diese Urbanität an einem Schriftsteller gehörig zu empfinden, setzt eine Menge Kenntnisse voraus, die auch dem gelehrtern Theile der Leser nicht allezeit gegenwärtig sind.

即把"是因为这种首都品味和博学精华，以及世界知识和彬彬有礼"（diesen Geschmack der Hauptstadt und diese feine Tinktur von Gelehrsamkeit, Weltkenntniß und Politesse），用笔修改为："是因为这种首都品味和世界知识的精华，以及世界文学和成熟人格的形成及素养"（diesen Geschmack der Hauptstadt und diese feine Tinktur von Weltkenntniß, <u>Weltlitteratur so wie von reifer Charakterbildung, Wohlbetragen</u>）。

尽管在印刷版中出现的是"世界知识"（Weltkenntniß），但是根据上下文，可以体察到维兰德具有"世界文学"这一概念，因此改为"世界文学"这一术语很自然。不过，维兰德的世界文学观念基于古罗马的国际化都市氛围，强调的是文学的世界价值及其阅读活动，其含义是——只有通过阅读最优秀作家的作品，与最有教养和杰出人士的交往才能领悟世界知识的精华。

维兰德十二岁开始学习拉丁语，十六岁时已经阅读了几乎所有的罗马经典作品。1749 年，维兰德进入爱尔福特大学学习哲学。1750 年秋到图宾根大学学习法律，但不久喜欢上文学和诗歌创作。1752 年夏，维兰德应邀来到苏黎世，在瑞士生活了八年。这一期间的文学活动，确立了其名声及对民族文学的重要影响。约在 1761 年，其描述雅典悲剧诗人的《阿加顿》（*Agathon*）传记取得巨大成功。1762—1766 年，翻译了莎士比亚的作品。

从 1772—1798 年，维兰德一直生活在魏玛。在"魏玛经典四星"（klassischen Viergestirns von Weimar）中，维兰德最年长，赫尔德、歌德和席勒都比他年轻。1772 年，维兰德被任命为萨克森-魏玛公爵夫人、作曲家阿玛利亚（Anna Amalia）的家庭导师，教育其两个儿子。在魏玛，维兰德进入了当时德国最重要的、围绕着公爵夫人的精神圈子。维兰德担任公爵宫廷顾问，以其言辞和学识折服了穆塞乌斯（Johann Karl August Musäus, 1735—1787）、克内贝尔（Karl Ludwig von Knebel, 1744—1834）、艾因西德尔（Friedrich Hildebrand von Einsiedel, 1750—1828）和贝图希（Friedrich Justin Bertuch, 1747—1822）等。此后，赫尔德和歌德又从他那里受到激励。尤其是与歌德之间形成持久的认同关系。

维兰德塑造了德国 18 世纪末的文学景观，他是一位伟大的创新者，更是一位出色的评论家。他主编的《德意志信使》（*Teutscher Merkur*，1773~1789）和《新德意志信使》（*Neue Teutsche Merkur*，1790~1810），影响了那个时代的文化生活。有人甚至认为，德国启蒙时代的浪漫主义，有理由称为"维兰德时代"（Wielandzeit）。1800 年以后，维兰德淡出公众视野。一方面，持久的欧洲战争和民族主义的抬头，使他心灰意冷。另一方面，据

说，他受到施莱格尔兄弟的伤害，奥·施莱格尔曾公开批评他对
"世界文学"的定位，并指出维兰德的提法并非原创。（Kleingeld
1999：524）也就是说，奥·施莱格尔知道，有学者比维兰德更
早提出过"世界文学"。

六、施勒策尔（1773）Weltlitteratur：世界各地的文学

再向前追溯，我们来到奥古斯特·施莱格尔曾经求学、其岳
父米夏埃利斯任教的哥廷根大学。

1773 年，德国哥廷根大学历史学家、语言学家施勒策尔
（August Ludwig von Schlözer，或 Schlötzer，1735—1809）已经使
用"世界文学"（Weltlitteratur）这一词语。他在《冰岛的文学和
历史》（*Islädische Litteratur und Geschichte*. Göttingen）中写道：

> Es giebt eine eigene Isländische Litteratur aus dem Mittelalter,
> die für die gesammte **Weltlitteratur** eben so wichtig, und großenteils
> außer dem Norden noch ebenso unbekannt, als die Angelsächsische,
> Irländische, Rußische, Byzantische, Hebräische, Arabische, und
> Sinesische, aus eben diesen düstern Zeiten, ist. (Schlözer 1773: 2)

从中世纪起就存在一个单独的冰岛文学，她对整个**世界文学**同
样重要。而且除了几无人知的北方文学，在那些昏暗时代，还有盎
格鲁–撒克逊、爱尔兰、俄罗斯、拜占庭、希伯来、阿拉伯和中国文
学同样鲜为人知。

施勒策尔甚至还将欧洲对中国文学的了解与中国对欧洲文学的了
解进行了对比。中国人通过欧洲人，随机而零星接触到的欧洲文
学作品，也就成了中国人所了解的欧洲文学。

1751 年，施勒策尔在维滕贝格大学学习神学。在米夏埃
利斯的感召下，转到哥廷根大学学习。为了更深入地理解《圣

经》，他投入东方地理和语言研究。在接受外国事物方面，施勒策尔富有才华。从哥廷根毕业后到瑞典担任三年家庭教师，就能用瑞典语撰写论文。1761 年把《远古时期的战争和航海通史》（ Versuch einer allgemeinen Geschichte der Handlung und Seefahrt in den ältesten Zeiten, 1758)译成德文。也就是在瑞典生活的几年中，他对"北欧文学"(Nordischen Litteratur, Schlözer 1773: 33 ）和历史产生了兴趣。1761—1770 年，施勒策尔在俄罗斯工作，曾任圣彼得堡科学院的俄罗斯史教师，他编辑的《内斯特编年史》（ Nestorchronik ）得到沙皇亚历山大一世的赞赏。1771 年，施勒策尔被任命为哥廷根大学哲学系教授，主要讲授世界史。1772—1773 年出版《普通世界史引论 》(Vorstellung seiner Universal-Historie, Göttingen und Gotha)。施勒策尔的世界眼光及其文学和历史素养，促使他提出"世界文学"这一概念。

18 与 19 世纪之交，哥廷根大学几位教授的女儿被称为"大学美人鱼"(Universitätsmamsellen)。她们不仅童年起就彼此熟悉，而且成年后一直保持联系。这些从事文学和学术工作的女性知识人，与德国知识界的青年俊才保持交往。施勒策尔之女多萝西娅（ Dorothea Schlözer, 1770—1825 ）就是其中之一。在其父鼓励下，修习数学、历史、法语、英语、荷兰语、瑞典语、意大利语、拉丁语、西班牙语、希伯来语和希腊语等课程，十六岁时已经会说十种语言。1787 年成为德国第二位、哥廷根大学第一位获得哲学博士学位的女生。上文提到的，米夏埃利斯之女卡洛琳·波西米亚，古典学家海涅之女特蕾泽·海涅，都是"大学美人鱼"。此外还有，外交学教授噶特里尔（ Johann Christoph Gatterer, 1727—1799)的女儿、身为诗人的恩格尔哈德(Philippine Engelhard, 1756—1831)，哲学教授韦德金德（ Rudolf Wedekind, 1716—1778 ）的女儿、身为作家和翻译家的利贝斯金德（ Meta Forkel-Liebeskind, 1765—1853)。其中，特蕾泽·海涅与福斯塔结婚，卡洛琳·波西米亚与奥古斯特·施莱格尔结婚。这两位都与"世界文学"这一话题有关，也就是说，福斯塔和奥古斯特·施莱格尔有条件受到多萝西娅之父施勒策尔的影响。

七、德国世界文学与荷兰学派的总体历史观

赫尔德（1766—1767）描述了"世界文学综合体"。奥·施莱格尔（1803—1804）提出了"普遍性、世界主义（Universalität, Kosmopolitismus）"。我们依据资料（Yadav 2009）统计，歌德用 Weltliteratur（world literature）11 次，用 allgemeine / universelle Weltliteratur（universal / general world literature, 1827 年 1 月，1828 年 5 月 31 日，1828 年，1828 年，1830 年 4 月 5 日，1830 年，1831 年 4 月 24 日）7 次，用 gemeinsame weltliteratur（common world literature）1 次，共 18 次。歌德第一次公开提及该话题（刊于《艺术与古代》1827 年 1 月的文章），所用术语就是"总体世界文学"（allgemeine Weltliteratur）。而哥廷根–魏玛学者的"世界文学""世界文学综合体"或"总体世界文学"话题，与 17 世纪晚期德国出现的"总体文学史"（allgemeine Literaturgeschichte）之间存在联系。

据 http://www.godic.net，德语 allgemein（adj. 变化形式 allgemeine）的含义有：①总体的，普遍的，共同的；②一般的，普通的；③通用的，普及的；④公共的。据 https://translate.google.cn/，allgemein 可译为英语的：① general（一般的、普通的、综合的、世界范围的）；② universal（普遍的、全体的、全世界的）；③ common（共同的、全体的、普通的）；④ overall（全部的、一切的）；⑤ public（公众的）；⑥ broad（广泛的）；⑦ omnibus（总括的）。由此观之，allgemein 可汉译为"总体的、世界的"（与局部的、民族的相对），也可汉译为"一般的、普通

/普遍的"（与个别的、特殊的相对）。在学术研究中，作为一种观念，宜译为"总体的、世界的"（≠全球的；该用语早期~欧洲的，此后逐步扩展），突显其范围的广泛性，即研究对象的多语种、多民族、多国家；但在限定具体学科或分支时，则宜译为"一般的、普通/普遍的"，突显其学理总括性，即揭示一般原理或普遍规律。在文学史研究中，可译为"总体文学史"或"世界文学史"，而在文学研究中，如与"个别文学"（某一语种、某一民族、某一国家）相对，宜译为"一般文学"或"普通文学"。

欧洲学术研究的"总体历史观"形成于语言亲属关系研究之中。比较语言学史上的"荷兰学派"，其主体成员多为莱顿大学教授或与之关系密切的同道，也包括到莱顿求学与工作或受荷兰学者影响的德国、瑞典学者。17世纪中期，作为该学派的集大成者，莱顿大学教授伯克斯洪（Marcus Zuerius van Boxhorn，1612—1653）创立了历史比较语言学的本体论（斯基泰语系，即"印欧语系"）和方法论，其斯基泰假说囊括了拉丁语、希腊语、日耳曼语、斯拉夫语、凯尔特语、波罗的语以及波斯语和印度语。把欧洲语言看作一个有机体加以研究，即基于欧洲语言研究的总体观。

荷兰学派的语言关系研究或学术研究总体观，有可能影响了笛卡尔（René Descartes, 1596—1650）。1629年11月20日，笛卡尔在写给梅森的信中（Lettre au P. Merseiine, In *Correspondance*, Edition Claude Clerselier, 1657, t. I, p. 498）提出对"普遍语言"（Langue universelle）的看法。笛卡尔在荷兰居住了21年（1628—1649），1630年到莱顿大学学习数学，成为数学家和东方学家高利乌斯（Jacob Golius, 1596—1667）的学生。伯克斯洪1625年进莱顿大学学习文史哲，1629年毕业后继续学习神学，1633年任雄辩术教授，1648年任历史学讲座教授，作为古典学家、西塞罗式的演说家、政治学家和语言学家而闻名。1635年，伯克斯洪谢绝瑞典女王克里斯蒂娜之邀，而 1649 年笛卡尔接受克里斯蒂娜之邀。另外，伯克斯洪也是高利乌斯的学生，并且伯克斯洪在创立比较语言学理论时，高利乌斯曾把尚未出版的论著提供给他。

1666 年，莱布尼茨（G. W. Leibniz, 1646—1716）在《论组合技艺》（*De Arte Combinatoria*, 1666）中曾设想，用代表原初概念的有限符号构成"人类思维字母表"（Alphabet des menschlichen Denkens），以作为科学、数学和本元学的普遍语符（characteristica universalis）。学术界认为，莱布尼茨的"普遍语符"概念受到笛卡尔的影响。其实，莱布尼茨与荷兰学术界也有直接联系。1676 年，他前往荷兰海牙拜访克里斯蒂安·惠更斯（Christiaan Huygens, 1629—1695）并保持长期联系。克里斯蒂安的父亲康斯坦丁·惠更斯（Constantijn Huygens, 1596—1678）与伯克斯洪为友。莱布尼茨对语言亲属关系研究具有强烈兴趣，在《人类理智新论》（1704）中介绍了荷兰学派的斯基泰假说（Rpt. 1840: 259, 299~300）。1695 年 3 月，在给鲁道夫（Hiob Ludolf, 1624—1704）的信中说,他不可能像莱顿学者萨马修斯（Claudius Salmasius, 1588—1653）、艾利奇曼（Johann Elichmann, 1601—1639）一样，在波斯语与日耳曼语之间发现许多相似性（Leibniz 1982: 360）。而在《古代凯尔特语、日耳曼语词源集释》（1717）中，莱布尼茨大量使用了伯克斯洪《高卢的起源》中收集的威尔士词语。在给克罗兹（M. V. de la Croze, 1661—1739）的信中，莱布尼茨说看过伯克斯洪关于尼哈勒尼亚的书（Leibniz 1734: 419）。

以拉丁文 universalis 和德语 allgemein 定义其研究对象，见于 18 世纪德国学者的语言研究。比如，坎兹（Israel Gottlieb Canz）的《普遍语法教程》（1737）用 *Grammaticae universalis*，梅纳（Johann Werner Meiner）的《试论人类语言或哲学和普通语

法中映射的理性学说》（1781）、梅尔 Grammaire générale（英语 Universal grammar 仿此）。

在弗罗曼出版社（Friedrich Frommann Verlag）编辑出版的"普遍语法丛书"（1966—1989）中，对梅纳的著作简介有如此评述：

Wie die Werke von Vater und von Kempelen in dieser Reihe, entstammt auch dieses Werk der deutschen Tradition der philosophisch orientierten Universalgrammatik, deren Wurzeln uber die Wolff' sche Systemphilosophie direkt auf die heute noch nicht ausgeschopften sprachtheoretischen Arbeiten von Leibniz zuruckgehen. (https://www. amazon.cn/dp/3772802176)

就像此丛书中伐特和肯佩伦的著作一样，这部著作也源于德国哲学导向的普遍语法传统，其根源可以追溯到沃尔夫的系统哲学，直接归功于莱布尼茨著作中用之不竭的语言理论。

再如，坎兹信奉"莱布尼茨-沃尔夫哲学"，梅尔提安参照莱布尼兹的观点。这些都表明，德国普遍语法传统与莱布尼茨的语言理论存在渊源关系。

同样，荷兰学派的语言关系研究或学术总体观影响到德国学者的文学研究。具体而言，可以认为，"总体文学史"来自亲缘语言学的本体论，而"比较文学"则来自亲缘语言学的方法论。1682 年，德国基尔大学修辞学和诗学教授丹尼尔·格奥尔格·莫霍夫（Daniel Georg Morhof, 1639—1691）出版的《条顿语和诗学教程》，首次对欧洲文学进行了系统的总体研究和比较研究。此后又刊行《博学者，神与物的知识或作者的评注》（1688—1692），书中多次提到伯克斯洪及其学说。莫霍夫称赞"伯克斯洪以其总体历史观负有盛名。"（Boxhornius in seiner Historiá Universal rühmlich gedenckt. In Morhof 1682: 11）

1657—1660 年，莫霍夫在罗斯托克大学学习法学和人文学科，毕业后任该校诗学教授。1660—1661 年到荷兰莱顿大学等访学，获弗兰纳克大学博士学位。1665 年起任教基尔大学，后任校长。1670 年访问乌特勒支、阿姆斯特丹。作为世界文学史上最早的文学史家，莫霍夫在其诗学的系统描述中关注诗歌起源和民族-个人的发展条件，这些思想影响了赫尔德的民族文学研究。1785 年，魏玛学者贝图希（Friedrich Justin Bertuch，1747—1822）创办《总体文学报》（*Allgemeine Literatur-Zeitung*，1785~1849），意在评判所有知识领域的文学作品，同时报道围绕世界学术基础建设的看法。贝图希 1765—1769 年在耶拿大学学习神学和法律，然其主要兴趣是文学和自然史。1773 年回到魏玛，1775—1787 年担任魏玛公爵的机要秘书。贝图希与歌德共事多年，其学术总体观可能影响歌德（第一次提及"世界文学"的用语是"总体世界文学"）。

18 到 19 世纪之交，与哥廷根学派有关的施莱格尔兄弟、布特维克（Friedrich Ludewig Bouterwek，1766—1828；哥廷根大学教授）和艾希霍恩（Johann Gottfried Eichhorn，1752—1827；哥廷根大学教授）全面创建总体文学史。弗·施莱格尔在《希腊人和罗马人的诗歌历史》（1798）中，从共同起源及其相互影响等方面探讨欧洲各国文学的关系，运用的就是历史比较法。在《论印度人的语言和智慧》（1808）中从阐述语言家族（印欧语系）延伸到亚欧文学，主张这些文学史是"一个密切连贯的建筑和构造"，运用"新的智慧之光"（即比较法）就可以揭示其间的联系（Schlegel 1808: 218）。奥·施莱格尔在维也纳发表《论戏剧艺术和文学》（1808）的演讲，对欧洲许多国家的文学及戏剧加以比较。布特维克在《近代诗歌和修辞史》（1801—1819）中，探讨意大利、西班牙、葡萄牙、法国、英国、德国等国的文学史。

从 18 世纪末至 19 世纪上半叶，德国涌现了一批冠以"总体史"（Allgemeine Geschichte）的鸿篇巨制。主要有哥廷根学者艾希霍恩的《新欧洲文化和文学的总体史》（1796—1799）、瓦赫勒（Johann Friedrich Ludwig Wachler, 1767—1838）的《文学的总体史初探》（1793—1801）、语言学家和诗人哈特曼（Johann David Hartmann, 1761—1801）的《从远古时期起的诗歌总体史初探》（1797—1798）、文学史家格拉塞（Johann Georg Theodor Grässe, 1814—1885）的《世界上所有已知民族的总体文学史教材》（1837—1857）和《总体文学史手册》（1844—1850）等。还有评论家蒙特（Theodor Mundt, 1808—1861）的《总体文学史》（1846）、文化史家谢尔（Johannes Scherr, 1817—1886）的《从最早时期到现在的总体文学史》（1851）等。与"民族文学"或"国别文学"不同，德国的比较文学研究一开始就属于总体文学史，而不是后人强调的文学批评。"总体文学"（或世界文学）和"比较文学"难以分割，因此美国印第安纳大学德国文学和比较文学教授韦斯坦因（Ulrich Weisstein）提出："比较文学和总体文学之间的区分是人为的，在方法论上毫无意义。"（刘象愚译 1987：14）

根据以上梳理和考证，本文的基本看法是：

1. 歌德（1827）并非"世界文学"术语的首创者。哥廷根学者施勒策尔（1772）提出这一术语，魏玛学者传播了这一术语或概念。其线索如下：施勒策尔1772（Weltlitteratur）→维兰德1790（Weltlitteratur）→福斯塔1791（a bouquet of different flowers, a harp with different strings）→赫尔德1796（Literatur aller Welt, Neuere Litteratur der Völker）→奥·施莱格尔1802（Kosmopolitismus）→歌德1827（Weltliteratur, allgemeine Weltliteratur, universelle Weltliteratur）。其中，福斯塔用语篇方式表达了"世界文学"的概念，他被列为18世纪晚期德国"文化世界主义"的代表。这些学者相互了解，多有直接交往。其中哥廷根"大学美人鱼"，在一定程度上起到了媒介作用。

2. 当时德国学者的所谓"世界"，主要指欧洲世界（甚至仅西欧）。有些学者，如赫尔德看到"东方"（产生圣经的闪米特语地区），福斯塔和施莱格尔兄弟关注印度（与欧洲主要语言同源的梵语地区），施勒策尔和歌德甚至提及中国。所谓"世界文学"，这些学者的理解可归纳为三种：（1）Weltlitteratur / Literatur aller Welt，世界各地文学或世界性文学综合体；（2）Weltlitteratur，国际都会的精致文学；（3）Kosmopolitismus / Weltliteratur，具有世界价值的文学。其共同点是，**走出民族文学的狭隘视野，采用"世界眼光"（欧洲范围或价值）观察文学作品及其总体发展史**。

3. 哥廷根学者提出并经魏玛学者传播的"世界文学"，与世界文学史先驱莫霍夫（1682）的"总体文学史"研究存在联系。施莱格尔兄弟不仅传播"世界文学"，而且参与"总体文学"（含比较文学）的建设。在歌德的著作和书信中，既使用"世界文学"，也使用"总体/普遍的世界文学"。

4. 欧洲的学术研究总体观，可追溯到16世纪和17世纪荷兰学派的语言亲属关系研究，把欧洲语言视为一个整体或有机体。伯克斯洪（1647，1654）创立了语言亲属关系研究的本体论和方法论，彰显了欧洲的总体历史观。根据文献挖掘和新的发现，我们绘制出附图"总体历史观与总体-世界文学"。

1741年，德国诗人和批评家埃利亚斯·施莱格尔（Johann Elias Schlegel, 1719—1749）撰写的《莎士比亚和安德列阿斯·格里夫斯的**比较**》（*Vergleichung Shakespears und Andreas Gryphs*），为德国文学研究冠名"比较"之始。埃利亚斯的论著由其弟历史学家海因里希·施莱格尔（Johann Heinrich Schlegel, 1724—1780）编辑出版。埃利亚斯的三弟，即牧师和诗人阿道夫·施莱格尔（Johann Adolf Schlege, 1721—1793），他是奥古斯特·施莱格尔和弗里德里希·施莱格尔的父亲。受其伯父之影响，施莱格尔兄弟成为世纪之交的德国总体文学或比较文学研究的中坚。

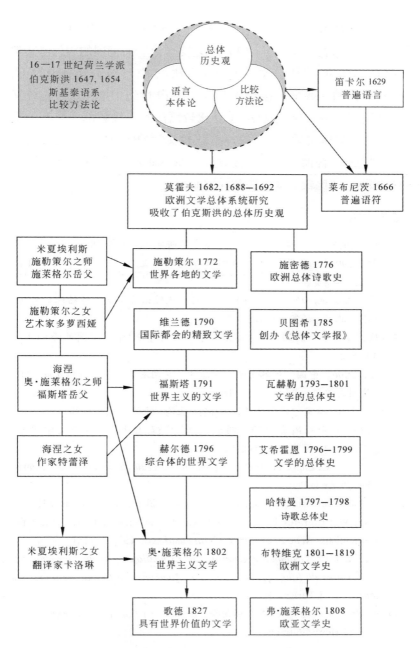

图 1　总体历史观与总体-世界文学

基于总体历史观的"总体文学"（Morhof 1682）与"世界文学"（Schlözer 1772）在 18 与 19 世纪之交合流。而德国的"总体文学（强调本体论）/ 比较文学（突显方法论）"传统，其后也为英、俄及瑞典的一些学者接受并发展。在 19 世纪中期，这一传统又与法国新兴的"比较文学"（受比较语法和比较解剖学影响）交叉融合。总体文学、世界文学、比较文学的研究之间存在交叠现象。"总体 / 普遍 / 普通"就对象和原理而言；"世界"就范围和价值而言；"比较"就方法和异同而言。

参考文献

方维规，2017，何谓世界文学？[J]，《文艺研究》（1）：5-18。

胡良桂，1996，"世界文学"的成因与现代意义 [J]，《云梦学刊》（1）：48-53+40 页。

李葆嘉、王晓斌、邱雪玫，2020，《尘封的比较语言学史：终结琼斯神话》[M]，北京：科学出版社。

邱雪玫、李葆嘉，2020，西方"语言学"名义考论 [J]，《中国外语》（3）：45-54。

潘正文，2006，中国"世界文学"观念的"逆向发展"与"正向发展" [J]，《外国文学研究》（6）：159-168。

钱念孙，1989，《文学横向发展论》[M]，上海：上海文艺出版社。

乌尔利希·韦斯坦因著 1973，刘象愚译，1987，《比较文学与文学理论》[M]，沈阳：辽宁人民出版社。

Arnauld, A. & C. Lancelot. 1660. *Grammaire générale et raisonnée* [M]. Paris: Chez Pierre le Petit.

Aeka I. 2008. Der Zauberlehrling in der Internationalen Flut, Ein Kleiner Beitrag Zum Weltliteratur-Konzept Goethes [J]. Japanische Gesellschaft fur Germanistik: *Neue Beiträge zur Germanistik*, vol. 137, 167-181.

Beauzée, N. 1767. *Grammaire générale, ou Exposition raisonnée des éléments nécessaires du langage, pour servir de fondement à l'étude de toutes les langues* [M]. Paris: J. Barbou.

Bouterwek, F. L. 1801-1819. *Geschichte der neuern Poesie und Bered-samkeit* [M]. 12 Bde., Göttingen.

Canz, I. G. (Israele Theophilo Canzio). 1737. *Grammaticæ universalis tenuia rudimenta* [M]. Tübingæ: Litteris Josephi Sigmundt.

Descartes R. 1657. Lettre au P. Merseiine [A]. In Claude Clerselier ed. *Descartes' correspondence*, vol. I, 498. Paris: C. Angot.

Eckermann, J. P. 1835. *Gespräche mit Goethe in den letzten Jahren seines Lebens* [M]. Leipzig: F. A. Brockhaus, 1885.

Forster, G. 1963. *Georg Forsiers Werke. Sämtliche Schriften, Tagebücher, Briefe* [M]. hrsg. Deutsche Akademie der Wissenschaften zu Berlin, Bd. VII, Berlin: Akademie. [16 Bde., 1958—1985]

Goethe, J. W. 1827. Le Tasse, drame historique en cinq actes. par M. Alexandre Duval [J]. *Über Kunst und Altertum*. Bd.VI. 1 : 123-133. Stuttgart: Cottaische Buchhandlung.

Goethe, J. W. 1900. *Werke* [M]. Weimarer Ausgabe, III. Abteilung. Goethes Tagebücher. Bd. 11. 1827—1828. Weimar: Hermann Böhlaus Nachfolger.

Goethe, J. W. 1986. Essays on Art and Literature [A]. In John Gearey ed., *Goethe's Collected Works*, vol. 3. New York: Suhrkamp.

Goethe, J. W. 1986—1999. *Goethe Sämtliche Werke. Briefe, Tagebücher und Gespräche* [M]. hrsg. von Friedmar Apel, Hendrik Birus et al., Frankfurt: Deutscher Klassiker Verlag. Bd. 22, S. 724-725.

Goethe, J. W. 1912. *Goethes sämtliche Werke, Jubiläums-Ausgabe in 40 Bänden* [M]. Stuttgart: Cottaische Buchhandlung. Bd. 38.

Hallam, H. 1837. *Introduction to the Literature of Europe in the Fifteenth, Sixteenth, and Seventeenth Centuries* [M]. vol. 1., Paris: Bad Dry's European Library.

Herder, J. G. 1767. *Fragmente über die neuere deutsche Litteratur* [M]. Riga: Hartknoch. In *Herder Werke*. Bd.19. Hempel, 1879.

Herder, J. G. 1807. *Stimmen der Völker in Liedern*. Halle [M]. [*Volkslieder nebst untermischten anderen Stücken*. 1778—1779, Leipzig.]

Herder, J. G. 1881. *Herders Sämmtlichc Werke (Briefe zu Beförderung der Humanität: 1793—1795)* [M]. hrsg. von Bernhard Suphan. Siebzehnter Band. Berlin, Weidmannsche Buchhandlung.

Herder, J. G. 1883. *Herders Sämmtliche Werke (Briefe zu Beförderung der Humanität: 1796—1797)* [M]. hrsg. von Bernhard Suphan. Achtzehnter Band. Berlin, Weidmannsche Buchhandlung.

Herder, J. G. 1985. *Herders Werke in zehn Bänden* [M]. Hrsg. Martin Bollacher. Bd. I. Frankfurt: Deutscher Klassiker Verlag.

Hoffmeister, G. 1990. *Deutsche und europäische Romanti* [M]. 2. Auflage. Stuttgart: Metzler.

Kleingeld, P. 1999. Six Varieties of Cosmopolitanism in Late Eighteenth-Century Germany [J]. *Journal of the History of the History of Ideas*, vol. 60: 3, 505-524.

Koch, M. 1887. Zur Einführung. *Zeitschrift für vergleichende Litteraturgeschichte* [J]. Band 1: 1-12, Berlin: A. Haack.

Leibniz, G. W. 1666. *Dissertatio de arte combinatoria* [M]. Lipsiae: Fick u. a..

Leibniz, G. W. 1704. *Nouveaux essais sur l'entendement humain* [M]. Pub. 1765. In *Opera philosophica quae exstant latina, gallica germanica omnia.* Berolini: Sumtibus G. Elchleri. 1840.

Leibniz, G. W. 1717. *Collectanea illustrationi linguarum veteris Celticae, Germanicre, aliarumque cum praefatione J. G. Eccardi.* Hanoverae: Foersteri.

Leibniz, G. W. 1734. *Epistolae ad diversos, theologici, iuridici, medici, philosophici, mathematici, historici et philologici argumenti, e MSC* [M]. Leipzig: Auctoris.

Leibniz, G. W. 1982. *Allgemeiner politischer und historischer Briefwechsel* [M]. Herausgegeben von dem Leibniz-Archiv der niedersächsischen Landesbibliothek Hannover. Elfter Band Januar-Oktober 1695. Berlin: Akademie.

Meiner, J. W. 1781. *Versuch einer an der menschlichen Sprache abgebildeten Vernunftlehre oder philosophische und allgemeine Sprachlehre* [M]. Leipzig: Breitkopf.

Mertian, I. 1796. *Allgemeine Sprachkunde* [M]. Braunschweig: Schulbuchhandlung.

Merz, J. Th. 1896. *A History of European Thought in the Nineteenth Century* [M]. vol. 1, Edinburgh: Blackwood, 1896.

Morhof, D. G. 1682. *Unterricht von der deutschen Sprache und Poesie, deren Uhrsprung, Fortgang und Lehrsätzen: Wobey auch von der reimenden Poeterey der Außländer mit mehren gehandelt wird* [M]. Kiel: Reumann.

Morhof, D. G. 1688−1692. *Polyhistor, sive de auctorum notitia et rerum commentarii: qvibus praeterea varia ad omnes disciplinas consilia et subsidia proponuntur* [M]. Lübecæ: Böckmanni.

Patten, A. N. 2015. *All That Is the Case: The Collection, Exhibition, and Practice of Weltliteratur* [M]. A dissertation submitted to the faculty of the University of Minnesota.

Paulin, R. 2016. *The Life of August Wilhelm Schlegel, Cosmopolitan of Art and Poetry* [M]. Cambridge, UK: Open Book Publishers. http://dx.doi.org/10. 11647/OBP.0069.

Sacy, A-I. S.1799. *Principes de grammaire générale: mis à la portée des enfants, et propres à servir d'introduction à l'étude de toutes les langues* [M]. Paris: A. Belin, Rue des Mathurins.

Sauerland, K. 1972. Europäische Literatur als Begriff [A]. In *Diltheys Erlebnisbegriff. Entstehung, Glanzzeit und Verkümmerung eines literaturhistoris -chen Begriffs*. Berlin, New York. pp. 165-177.

Sayce, R. A. 1966. *Year Book of Comparative and General Literature XV* [M]. Horst Frenz Ed., Bloomington: Indiana University.

Schamoni, W. 2008, "Weltliteratur"-zuerst 1773 bei August Ludwig Schlözer [J]. Arcadia: Zeitschrift für Vergleichende Literaturwissenschaft 43(2): 288-298.

Schlegel, A. W. 1809−1811.*Über dramatische Kunst und Literatur: Vorlesungen* [M]. 3 Bde., Heidelberg: Mohr & Zimmer.

Schlegel, A. W. 1846−1847. *Sämmtliche Werke* [M]. 12 Bde., hrsg. Eduard Böcking, Leipzig: Weidmann.

Schlegel, A. W. 1884. *Vorlesungen über Schöne Litteratur und Kunst. Zweitee Teil (1802−1803). Geschichte der klassischen Litteratur* [M]. Stuttgart: G. J. Göschen'sche Verlagshandlung.

Schlegel, A. W. 1884. *Vorlesungen über Schöne Litteratur und Kunst. Dritter Teil (1803−1804). Geschichte der romantischen Litteratur* [M]. Heilbronn, Verlag von Gebr. Henninger.

Schlegel, F. 1797. Georg Forster. Fragment einer Karakteristik der deutschen Klassiker [J]. *Lyceum der schönen Künste*. Berlin: Unger. I: i, S. 32-78 [*Charakteristiken und Kritiken* I (1796−1801). Hg. Hans Eichner. München, Paderborn 1966. Friedrich Schlegel. *Kritische Schriften*, W. Rasch ed., 2nd ed., Munich: Hanser 1964, translated by T. Saine in the preface to Georg Forster].

Schlegel, F. 1798. *Geschichte der Poesie der Griechen und Römer* [M]. Berlin: Unger.

Schlegel, F. 1808. *Über die Sprache und Weisheit der Indier, Ein Beitrag zur Begründung der Altertumskunde* [M]. Heidelberg: Mohr und Zimmer.

Schlözer, A. L. 1773 . *Isländische Litteratur und Geschichte* [M]. Göttingen und Gotha.

Schmid, Ch. H. 1776. Über die Hauptperioden in der Geschichte der Dichtkunst [J]. *Gothaisches Magazin der Künste und Wissenschaften* I: 21-41; 199-210; 210-224.

Strich, F. 1949. *Goethe and World Literature* [M]. Trans. C. A. M. Sym. London: Routledge.

Vater, J. S. 1801. *Versuch einer allgemeinen Sprachlehre: Mit einer Einleitung über den Begriff und Ursprung der Sprache und einem Anhange über die Anwendung der allgemeinen Sprachlehre auf die Grammatik einzelner Sprachen und auf die Pasigraphie* [M]. Halle: Rengerschen Buchhandlung.

Weitz, H-J. 1987. 'Weltliteratur' zuerst bei Wieland [J]. *Arcadia: Zeitschrift für Vergleichende Literaturwissenschaft* 22, Heft 2, S. 206-208 [In *Der einzelne Fall: Funde und Erkundungen zu Goethe.* pp. 349-352. Publisher: Verlag Hermann Böhlaus Nachfolger Weimar. 1998] .

Weisstein, U. 1973. *Comparative Literature and Literary Theory: Survey and Introduction* [M]. Bloomington & London: Indiana University Press.

Wieland, Ch. M. 1801. *Horazens Briefe, aus dem Lateinischen übersetzt und mit historischen Einleitungen und andern nöthigen Erläuterungen versehen* [M]. Erster Theil. Der neuen, verbesserten, mit dem Originale begleiteten Ausgab zweyle Auslage. Leipzig. in der Weidmannischen Buchhandlung [Erstausgabe, Dessau,1782; verbesserte Ausgabe, Leipzig: Weidmannis-chen, 1790] .

Yadav, A. Ed., 2009. *Johann Wolfgang von Goethe (1749−1832) on Weltlite-ratur* [OL]. George Mason University, Document available at: http: //mason. gmu.edu/~ayadav/.

Wikipedia. Nationalliteratur, Weltliteratur, Johann Wolfgang von Goethe, August Wilhelm Schlegel, Johann Gottfried Herder, Johann Georg Adam Forster, Christoph Martin Wieland, August Ludwig von Schlözer, Universitätsmamsellen [OL].

附记：本文初稿于 2019 年 3 月，修改于 2019 年 6 月。简本刊于《南京师范大学文学院学报》，2021 年第 2 期。

比较方法的传播与
"新欧洲"总体-比较文学的轨迹

提　要：1574 年，瑞士学者伯特伦已用"比较语法"这一术语。1647 年，荷兰学者伯克斯洪创立了语言关系研究的本体论和方法论，即学术研究的总体观和比较法。在此背景下，德国先后形成了包含比较研究的"总体文学"（Morhof 1682）和"世界文学"（Schlözer 1772）。在比较解剖学和比较语法的影响下，一系列学科陆续冠以"比较"术语。19 世纪 20—30 年代，出现"比较文学"（Noël 1816, Clerq 1824, Villemain 1830）这一学科名称。作为"新欧洲"的文学关系史研究，"总体文学"和"世界文学"突显的是本体论或总体观，而"比较文学"突显的是方法论或比较法。20 世纪的关系学派和平行学派争议，其实是罗曼文学和日耳曼文学的主导权之争。

关键词：比较语法；新欧洲；总体文学；世界文学；比较解剖学；比较文学

从文艺复兴以来，比较逐渐成为基本研究方法之一。约 12 世纪，法语文献中出现 comparaison（*n.*）"比较"，该词源自拉丁语的 comparare（*v.*）< com-"在一起"+ par"相等"。14 世纪，英语借入该词而写成 comparison。15 世纪中期出现的英语词 comparative（*adj.*），借自古法语 comparatif < 拉丁语 comparativus "适合比较" < 拉丁语 comparat（comparare 的过去分词词干，"相等、比作、比赛"）。英语 comparative 的最初含

义，指具体事物之间"更大、更强、更柔和"的比较。作为学术用语，其"通过比较、相关评价"的含义见于 16 世纪末（Meres 1598，文学作品比较）。至于"平行探讨一个主题不同分支"的含义，则见于 17 世纪晚期（Grew 1675，比较解剖学）。而荷兰语的 vergelijcken / vergeleken（Boxhorn 1647, Kate 1723）、德语的 vergleich / vergleichenden（Vater 1801）则为日耳曼语词源。

西方学术界，研究比较文学者众多，但在学术史探索方面，主观发挥多，而客观考证少，对早期文献往往疏于追溯。本文就亲缘语言学与总体文学史、比较解剖学和比较文学的早期文献加以勾稽，梳理其总体观和比较法的来龙去脉，并基于 19 世纪以前论著，追溯总体-比较文学的流变轨迹。

一、荷兰亲缘语言学的总体观和比较法

一些比较文学研究者（辜正坤 2007：276—279）提到"比较文学"受 19 世纪比较语言学的影响，通常引用的是罗宾斯（Robert Henry Robins, 1921—2000）《简明语言学史》（许德宝等译，1997）中的相关论述。然而，该书的明显缺失是，对史料把握不够严谨，史实方面错误太多，不能列为可信赖的参考书（Koerner 1978: 5；姚小平 1995）。罗宾斯是中古语法专家，并未基于一手文献做过比较语言学史的专题研究，其论述难免误导读者。

在欧洲，语言关系研究源远流长。1243 年，西班牙大主教罗德里库斯（Rodericus Ximenez de Rada, 1175—1247）在《伊比利亚纪事》中，首次描绘了欧洲的三种主要语言：拉丁语、日耳曼语和斯拉夫语。1303—1305 年，意大利诗人但丁（Dantis Aligerii, 1265—1321）在《论俗语》中把欧洲语言分为拉丁语组、希腊语组和日耳曼语组。1479 年，北欧人本主义之父、荷兰学者阿格里科拉（Rodolphus Agricola, 1443—1485）在《方言

的发现》中研究了希腊语、拉丁语和日耳曼语的对应关系。就核心概念或研究理念而言，波希米亚学者杰勒纽斯（Sigismund Gelenius, 1497—1554）首先提出 Lexicum symphonum "词汇和谐"（1537）；法国学者波斯特尔（Guillaume Postel, 1510—1581）则提出 Linguarum affinitate "语言亲和"（1538）。

语言关系及其起源的比较研究，是 16 世纪下半叶和 17 世纪荷兰学界流行的主题。当时欧洲的一批学术精英云集莱顿，他们具有明确的研究对象及其目的，并在方法论上不断探讨，形成了**比较语言学史上的"荷兰学派"**。1569 年，贝卡努斯（Johannes Goropius Becanus, 1518—1572）在《安特卫普的起源》中，揭示拉丁语、希腊语、日耳曼语和北印度语之间的亲属关系，**开创了把印欧诸语视为一个家族的总体概念**。1584 年，拉维林根（Frans van Ravelingen, 1539—1597）在给利普修斯（Justus Lipsius, 1547—1606）的信中，提供了波斯语和荷兰语的相似词表，并认为"这种相似性可能来自起源的密切关系"。1597 年，乌尔卡纽斯（Vulcanius of De Smet, 1538—1614）在《盖塔或哥特人的文学和语言》中列举 22 例，证明波斯语与荷兰语的词汇对应。1634—1639 年，寓居莱顿的德国医生艾利奇曼（Johann Elichmann, 1601—1639）提出日耳曼语、拉丁语、希腊语和波斯语等不仅在词汇上具有相似之处，而且还有相似的屈折词尾及相同的形态，并且首次使用"来自一个共同源头"这一表述。1643 年，莱顿大学首席教授萨马修斯（Claudius Salmasius, 1588—1653）在《希腊文化评论》中，把北印度语（相当于梵语）引进斯基泰假说。

作为荷兰学派的集大成者，莱顿大学教授伯克斯洪（Marcus Zuerius van Boxhorn, 1612—1653）在 1647 年刊行了三本书：《迄今未知的女神尼哈勒尼亚之谜》《向伯克斯洪先生提问，就他最近提出的迄今未知的女神尼哈勒尼亚之谜》《对女神尼哈勒尼亚之谜提问的解答，关于希腊语、罗曼语和德意志语起源于斯基泰的清晰证明，以及这些民族各种古代遗存的发现和阐述》。其遗作《高卢的起源》刊行于 1654 年。伯克斯洪不但论证了亲缘语言学的本体论（斯基泰语系，即印欧语系），而且创立了比较方法论。1723 年，荷兰语言学家凯特（Lambert ten Kate, 1647—1731）刊行《以最可靠的基础和最高尚的力量，介绍荷兰语的精要知识，思考和论述最有用的特性和规则变化，并对最重要的古老语言和幸存至今的亲属语言，如中古哥特语、法兰克–德意志语、盎格鲁–撒克逊语及当代高地德语和冰岛语，进行比较》。基于七种日耳曼语或方言的比较，首次提出日耳曼语音变定律（即 19 世纪所谓"格里姆定律"）以及语音历史比较原理。

最早把"比较"作为这门学科限定语的是 19 世纪初的德国学者。1801 年，哈雷大学教授伐特在《试论普通语法学》中提出"比较语法"（vergleichende Sprachlehre），意在开展"语言比较研究"，揭示语言结构差异。1803 年，奥格斯特·施莱格尔（August Wilhelm Schlegel, 1767—1845）使用"比较语法"（verglei-chende Gramrnatik）这一术语。1808 年，费里德里希·施莱格尔（Friedrich von Schlegel, 1772—1829）在《论印度人的语言和智慧》中沿用其兄术语。"既然比较解剖学已在更高层次的自然史研究中放射光明，与之类似的方式，即语法固有结构或比较语法也可以为我们提供对语言谱系的全新见解"（F. Schlegel 1808: 28）。

二、肇始于 17 世纪末的德国总体文学

荷兰学派创立了亲缘语言学的本体论和方法论，所谓本体论即学术总体观，所谓方法论即比较方法论。荷兰学派的总体观和方法论影响了欧洲的文学研究。

17 世纪 80 年代，德国基尔大学修辞学和诗学教授丹尼尔·格奥尔格·莫霍夫（Daniel Georg Morhof, 1639—1691）相继出版《条顿语和诗学教程》（1682）、《博学者，神与物的知识或作者评注》（1688—1692）。莫霍夫首次对欧洲文学进行了系统的总体研究，因此被称为西方最早的世界文学史家。

韦斯坦因（Ulrich Weisstein）在《比较文学和比较理论》中写道：

Just as in France, Comparative Literature in Germany was, at first, a branch of literary *histoiy* rather than literary *criticism* or *theory*. In this sense, **Kasper Daniel Morhof** may be considered as the actual founder of the discipline labeled General Literary History [*Allgemeine Liteiatuigeschichte*] until well into the last century.[35] (Weisstein 1973: 185)

正如在法国一样，德国的比较文学起初并非文学**批评**或文学**理论**，而是文学**史**的一支。就此而言，**卡斯帕·丹尼尔·莫霍夫**（？——引注）可视为这一学科的实际创始人，直到上一世纪该学科还被称为总体文学史。[35]

韦斯坦因的注 [35]："1682 年，莫霍夫的《条顿语和诗学教程》在基尔出版。1688 年至 1692 年间，其著名的《饱学之士》（即《博学者，神与物的知识或作者评注》——引注）在卢卑觅出版"。（刘象愚译 1987：321）其索引中是：Morhof, Kaspar Daniel，莫霍夫，卡斯帕·丹尼尔 182, 186, 214。（刘象愚译 1987：348）韦斯坦因并且援引了科赫的《比较文学史杂志》发刊词（刘象愚译 1987：186）和海勒姆的《十五、十六和十七世纪的欧洲文学概论》序言，说道："像马克斯·科赫一样，他同样追溯到莫霍夫。"（刘象愚译 1987：214）

我们需要核查文献。首先翻阅德国史学家科赫（Max

Koch, 1855—1931）撰写的《比较文学史杂志》发刊辞（*Zur Einführung*）。

Von der deutschen Litteraturgeschichte könnte man sagen, sie sei bereits in ihren Anfängen als vergleichende Litteraturgeschichte hervorgetreten. Denn war es zum gröfsten Teile auch nur durch die polybistarische Richtung aller Gelehrsamkeit im 17. Jahrhundert veranlafst, dafs **Daniel Georg Morhof** 1682 seinem Unterrichte "von der teutschen Poeterey Ursprung und Fortgang" fünf Kapitel "von dem Aufnehmen der reimenden Poeterey bey frembden Völkern" voranstellte, nachdem er höchst abenteuerliche Sprachverglei chungen des Griechischen, Lateinischen und Deutschen getrieben hatte: so war doch dem Vater der deutschen Litteraturgeschichte....Er wirft die Frage auf "warumb wir von der ausständischen Poesie zuerst handeln" und beantwortet sie mit der Erklärung: "Allhier wollen wir von dem Ursprung und Fortgang der teutschen Poeterey handeln, und damit solches desto gründlicher geschehen könne, wollen wir vorher der ausländischen Völker, als der Franzosen, Italiener, Hispanier und dann auch der Engelländer und Niederländer reimende Poeterey anführen, umb zu sehen, ob etwa bey ihnen dieselbe eher als bey den Teutschen entsprungen, zumahl, da fast unter allen denselben, einige sich finden, welche den Vorzug ihnen anmassen." Morhof ist der Zeitgenosse des grossen Denkers, der die wüste Polyhistorie des Zeitalters in eine allumfassende wissenschaftliche Erkenntnis erfolgreich umzuwandeln strebte. (Koch 1887: 1)

　　从德国文学史来看，可以认为文学的比较史早已出现。因为它在很大程度上受到 17 世纪所有学识多元化倾向的影响，而始于**丹尼尔·格奥尔格·莫霍夫** 1682 年论著序言"德国诗歌的起源和进步"到第五章"外国人诗歌押韵实录"的教诲。在他发奋对希腊语，拉丁语和德语进行大胆比较之后，作为德国文学史之父……，提出了"我们首先将外国诗歌付诸行动"这个问题，然后回答："在这一点上，我们想谈谈关于德国诗歌的起源和演进，为了更彻底地了解这一点，让我们首先援引外国民族，如法国人、意大利人、西班牙人，以及英国人和荷兰人的诗歌押韵。例如，如果他们是从其自身而非条顿语言中产生的，那么几乎所有民族都能找到他们优先考虑的一些东西。"莫霍夫是其时代的伟大思想家，他努力将当时一盘散沙的状况成功转变为包罗万象的学科知识。

接着，再翻阅英国史学家海勒姆（Henry Hallam, 1777—1859）《十五、十六和十七世纪的欧洲文学概论》（1837）序言中的论述。

But, in 1688, **Daniel Morhof**, professor at Kiel in Holstein, published his well-known Polyhistor, ...The precise object, however, of the Polyhistor, as the word imports, is to direct, on the most ample plan, the studies of a single scholar....In his review of books in every province of literature, Morhof adopts a sufficiently chronological order; his judgments are short, but usually judicious; his erudition so copious, that later writers have freely borrowed from, and, in many parts, added little to the enumeration of the *Polyhistor*. (Hallam 1837: Vj-Vij)

但在 1688 年，荷尔斯坦基尔大学教授**丹尼尔·莫霍夫**出版了著名的《博学者》，……然而作为一个借词，"博学者"的严格目标是以周密计划指导每个学者的研究。……在对各个文学领域的书籍评论时，莫霍夫充分按照时间为序。他的判断很简要，但通常很准确。他的学识如此渊博，可供后来作家自由引用，对《博学者》的内容却在许多方面几无增补。

我们还要核查丹尼尔·格奥尔格·莫霍夫当时出版的著作：《条顿语言和诗学教程》（Daniel Georg Morhofen. *Unterricht von der deutschen Sprache und Poesie, deren Uhrsprung, Fortgang und Lehrsätzen: Wobey auch von der reimenden Poeterey der Außländer mit mehren gehandelt wird*. Kiel: Reumann, 1682），目录后署名 D. G.

Morhoff ;《博学者，神与物的知识或作者的评注》(Danielis Geori Morhofi. *Polyhistor, sive de auctorum notitia et rerum commentarii: qvibus praeterea varia ad omnes disciplinas consilia et subsidia proponuntur.* Lübeck: Böckmanni, 1688—1692)，序言后署名 Daniel Georgius Morhofius。

由此断定，科赫和海勒姆追溯的是丹尼尔·格奥尔格·莫霍夫，而并非卡斯帕·丹尼尔·莫霍夫。经查考，卡斯帕·丹尼尔·莫霍夫（1675—？）是丹尼尔·格奥尔格·莫霍夫的长子。

Morhof, Daniel Georg On the 23rd of October, 1671, he married, at Kiel, Margaret, daughter of Caspar Degingk, senator of Lübeck. She died in 1687, after having brought him four sons; of whom the second, George Marquard, and the fourth, Eric George, died young; the first, Caspar Daniel, and the third, Frederie, survived their father. (Michaud 1843: 316)

1671 年 10 月 23 日，莫霍夫在基尔和吕贝克参议员卡斯帕·德金克（？—1680）的女儿玛格丽特（1649—1687）结婚。玛格丽特在为他生了四个儿子之后，去世于 1687 年；其中，次子乔治·马奎德、四子艾利克·格奥尔格，早年夭折；长子卡斯帕·丹尼尔和三子弗雷德利希，靠其父养育成人。[1]

Morhof (Daniel Georgius) ...welche lateinische poetische Sthrissten sein ältester Sohn Caspar Daniel Morhof mit D. Henrici Muhlü Vorrede de poesi ac poetis latinis, 1694 zusammen heraus gegeben. (Jöcher 1751: 672)

……其长子卡斯帕·丹尼尔·莫霍夫的拉丁诗与亨利·穆吕的拉丁诗，在 1694 年一起发表。

我们检索到的与卡斯帕·丹尼尔·莫霍夫有关的文献是：

1　卡斯帕·德金克去世于 1680 年。玛格丽特生于 1649 年。

(1) **Caspar Daniel Morhof**. *Geniale Carmen, auspicatiss. amoribus serenissimi Cimbriae Principis Friderici ac Hedvigis Sophiae, regiae Sveonum heredis.* Wittenberg, 1698; (2) **Caspar Daniel Morhof**. *De Majestate juribusque barbæ, praeses Georgius Caspar Kirchmajerus, et respondens Caspar Daniel Morhofius.* Wittenbergae: C. Schrödteri, 1698; (3) Daniel Georg Morhof, **Caspar Daniel Morhof**, Friedrich Morhof. *Danielis Georgii Morhofii Orationes & Programmata: In Celeberrima Holsatorum Academia Kiloniensi publicè proposita utraque: Nunc Amicorum rogatu, & cura Filiorum [Casparis Danielis & Friederici Morhofii], collecta, ac publicata cum Indicibus necessariis.* Hamburgi: Liebernickel, 1698.

由此可见，国外一些学者（如 Germanistisches Institut 2005: 23, Nasr 2011: 49）不考原文，盲从韦斯坦因误说，而国内学者也多有辗转引用。

1657—1660 年，莫霍夫在罗斯托克大学学习法学和人文学科，毕业后留任诗学教授。1660—1661 年到莱顿和牛津访学，并获荷兰弗兰纳克大学法学博士学位。1665 年任基尔大学教授，1669 年任校长。1670 年又出访乌特勒支、海牙、阿姆斯特丹和英格兰等地。莫霍夫的学术思想受到荷兰学派的深刻影响。据我查考，在《条顿语和诗学教程》中提到"伯克斯洪"14 次（11, 36, 36, 37, 40, 46, 48, 48, 49, 138, 142, 143, 313, 403），在第一卷第三章《许多希腊语和拉丁语的词汇都来自古老的条顿语或斯基泰语》（Daß viel Griechische und Lateinische Wörter von den alten Teutschen oder Scythischen herkoiñen）中，专门讨论了荷兰学派的"斯基泰假说"。在《博学者》第一部分（第一卷书目、第二卷方法）提到"伯克斯洪"7 次（189, 275, 275, 275, 284, 291, 307）；在第二部分（第三卷索引）提到"伯克斯洪"7 次（112, 112, 112, 113, 119, 143, 143）。很显然，莫霍夫熟悉伯克斯洪的理论方法。

Scytharum propaginem prætereà esse Europæos, Germanos, Gallos, Iberos, Britannos, Aborigines, sive Umbros, primos Italiæ Incolas. Hisce omnibus unam Linguam fuisse Scythicam, in varias Dialectos postmodum scissam. (Morhof 1682: 13)

此外斯基泰人扩散到欧洲,包括日耳曼人、高卢人、伊比利亚人、不列颠人、原住民或翁布利亚人,以及意大利原住民的主要人群。所有这些人群的语言都是斯基泰语分裂的各种方语。

Boxhornius hat zwar einen guten Versuch gethan in seinen Originibus linguæ Gallicæ: woselbst in der Vorrede einige nützliche und ungemeine Dinge deßhalben verhandelt warden: und vorhin in einem Holländischen Büchlein von der Abgöttin Nehalennia. Aber es ist zu bekagen / daß er über diesem Werck gestorben / und es nicht vollsühren können. (Morhof 1682: 48-49)

确实,伯克斯洪在其《高卢语的起源》中做了很好的尝试,甚至在序言中,一些有益的且不同寻常的情况还在探讨,这些早在关于尼哈勒尼亚雕像的荷兰语小册子中已涉及。然而,显然他(因这项工作而积劳早逝)尚未全部完成。

其中,尤其重要的是,莫霍夫提到:

Boxhornius in seiner Historiá Universal rühmlich gedenckt. (Morhof 1682: 11)

伯克斯洪以其总体历史观负有盛名。

近年来,我把目光聚焦于 16—18 世纪欧洲的学术中心荷兰,根据学术史的线索推定,德国学术的总体历史观来自荷兰的亲缘比较语言学研究,但未发现直接的文献证据。近日查阅关键人物莫霍夫的漫漶古书,终于从 340 年前的文献中觅得。17 世纪晚期—18 世纪德国学术研究和 16 世纪下半叶—17 世纪中期荷兰学术思想的承传关系由此衔接,可谓西方近代学术史研究上的新发现。

《条顿语和诗学教程》共三卷，卷一《条顿语》（Von der Teutschen Sprache，1-150）、卷二《条顿诗歌的起源和发展》（Von der Teutschen Poeterey Uhrsprung und Fortgang，151-446）、卷三《条顿诗歌的自身研究》（Von der Teutschen Poeterey on ihr selbsten，447-780）。内容上包括语学史（sprachgeschichtlichen）、文学史（literaturgeschichtlichen）和诗学（poetologischen）三部分。语学史部分除了回溯条顿语和语言学研究，还试图论证 17 世纪德国文学以新的方式唤醒条顿民族的自我语言意识。文学史部分按照年代顺序简介著作，加以批判性评析。通过文献梳理指出德国文学的应有地位。在诗学部分，首次把北方诗歌纳入文学史的研究范围，芬兰和拉普兰诗歌被插入到条顿诗歌的三个历史时期中。**最主要的是，莫霍夫奠定了文学史研究的"新欧洲"**（neueren europ）**总体历史观**，在其系统思考中导入了文学的历史因素，即关于文学起源和民族–个人发展条件的问题。作为语言学家，莫霍夫的《博学者》第四卷致力于"语法学家"活动的研究，在《关于语言和写作》（*De linguis et scriptura*）和《关于普遍语言和始源语言》（*De lingua universali et primaeva*）等章节中，论述了文艺复兴时期及其后期学者关于语言和使用的各种看法。

此后，德国学者空虚发展"新欧洲"总体文学研究。1776 年，吉森大学修辞学和诗学教授施密德（Christian Heinrich Schmid, 1746—1800）发表《论诗歌史上的主要时期》，讨论总体诗歌史。1766—1767 年，赫尔德（Johann Gottfried Herder, 1744—1803）在《关于最近德国文学的片段》中提出**"更新的诸民族文学"**（Neuere Litteratur der Völker, Herder 1985: 364）。1785 年，魏玛公爵秘书贝图克（Friedrich Justin Bertuch, 1747—1822）创办《**总体文学报**》（*Allgemeine Literatur-Zeitung*），后改为《**新耶拿总体文学报**》（*Neue Jena'sche Allgemeine Literaturzeitung*）。该报（1785—1849）的旨趣是评判所有知识领域的文学作品，同时报道文学知

识人围绕世界学术基础建设的看法。1796—1799 年，艾希霍恩（Johann Gottfried Eichhorn, 1752—1827）出版《**新欧洲**文化和文学的总体史》（*Allgemeine Geschichte der Kultur und Literatur des neuern Europa*）。

18 世纪到 19 世纪之交，施莱格尔兄弟、布特韦克（Friedrich Ludewig Bouterwek, 1766—1828）和艾希霍恩全面创建总体-比较文学史。1798 年，弗·施莱格尔刊行《希腊人和罗马人的诗歌历史》，从共同起源及其相互影响等方面探讨不同民族文学之间的关系，运用的就是历史比较法。1808 年，他在《论印度人的语言和智慧》中写道：

> So wie nun in der Völkergeschichte die Asiaten und die Europaer nur eine große Familie, Asien und Europa ein unzertrennbares Ganzes bilden, so sollte man sich immer mehr bemühen, auch die Literatur aller gebildeten Völker als eine fortgehende Entwicklung und ein einziges innig verbundenes Gebäude und Gebilde, als Ein großes Ganzes zu betrachten, wo denn manche einseitige und beschränkte Ansicht von selbst verschwinden, vieles im Zusammenhange erst verständlich, alles aber in diesem Lichte neu, erscheinen würde. (F. Schlegel 1808: 218)

正如亚洲历史所表明的，亚洲人和欧洲人来自一个宏大的家族，亚洲和欧洲是不可分割的整体。因此，人们应该越来越多地将所有受教育人民的文学，视为一种渐进的发展，以及一个密切连贯的建筑和构造。作为一个博大的整体，许多片面和局限的观点会自行消失，其间的大量联系是可以了解的。一切在新的智慧之光中才会呈现。

弗·施莱格尔从语言家族（印欧语系）延伸到亚欧文学，主张这些文学是"一个密切连贯的建筑和构造"，体现了学术研究的总体观，而用"新的智慧之光"（即比较解剖学）揭示其间联系，则赞美的是比较方法论。

1801 年到 1804 年，奥・施莱格尔在柏林举办"精美文学和艺术讲座"，把"作为新欧洲概念的主要国家的欧洲文学之诗歌"描述为浪漫主义的诗歌，提出"普遍性、世界主义是德意志的真正特色"（Universalität, Kosmopolitismus ist die wahre Deutsche Eigentümlichkeit）。1808 年，在维也纳举办"论戏剧艺术和文学讲座"，对欧洲各国文学及戏剧加以比较。第一卷涉及希腊、罗马文学，第二卷涉及意大利、法国、英国、西班牙和德国文学。1801—1819 年，德国哲学家、文学评论家布特韦克在《近代诗歌和修辞史》中，探讨意大利、西班牙、葡萄牙、法国、英国、德国等国的文学史；其中《西班牙和葡萄牙文学史》（Die Geschichte der spanischen und portugiesischen Literatur）1812 年刊行法文版，1823 年刊行英文版，1829 年刊行西班牙文版。

18 世纪末至 19 世纪上半叶，德国出版了多种冠以"总体文学史"的著作。历史学家、东方学家艾希霍恩先后出版《新欧洲文化和文学的总体史》（1796—1799）、《从古到今的文学史》（1805—1813）等。1793—1801 年，文学史学家、神学家瓦赫勒（Johann Friedrich Ludwig Wachler, 1767—1838）出版《总体文学史初探》。1797—1798 年，语言学家和诗人哈特曼（Johann David Hartmann, 1761—1801）出版《从远古时期开始的诗歌总体史初探，对人类文化史的贡献》。1837—1857 年，文学史家、目录学家格拉塞（Johann Georg Theodor Grässe, 1814—1885）出版《世界上所有已知民族的总体文学史教材：从最古老到最新时期》，此后刊行《总体文学史手册》（1844—1850）和《总体文学史指南》（1854）。1846 年，布雷斯劳大学文学和历史教授蒙特（Theodor Mundt, 1808—1861）出版《总体文学史》。1851 年，德裔瑞士学者谢尔（Johannes Scherr, 1817—1886）出版《文学总体史》。

德国的比较文学研究一开始就包容在总体文学或总体文学史

中。对于"总体文学"和"比较文学"之间的差异，英国文学家赛斯（Richard Anthony Sayce, 1917—1977）在《比较文学和总体文学年鉴》（15 辑）中指出：

'General Literature' as 'the study of literature without regard to linguistic frontiers', Comparative Literature as the study of national literature in relation to each other. (Sayce 1966: 3)

"总体文学"作为"不考虑语言边界的文学研究"，而比较文学作为彼此相关的民族文学研究。

实际上这二者难以分割，故韦斯坦因（Weisstein 1973）进而提出："比较文学和总体文学之间的区分是人为的，在方法论上毫无意义。"（刘象愚译 1987：14）

德国的总体文学史传统，主要为英美（Montgomery 1833, Hallam 1837—1839, Shackleford 1871, Marsh 1896）、比利时（Lacroix 1856）、俄罗斯（Афанасьев 1865—1869, Весело́вский 1870, Корш 1880—1892, Пы́пин 1897—1881）、丹麦（Brandes 1871, 1906）、匈牙利（Lomnitz 1877）等国的一些学者接受并发展。

在哥德（Johann Wolfgang von Goethe, 1749—1832）名声鹊起之前，丹尼尔·格奥尔格·莫霍夫一直是 18 世纪德国文学界最负盛名的学者。1773 年，哥廷根大学历史学家、语言学家施勒策尔（August Ludwig von Schlözer, 1735—1809）发表《冰岛的文学和历史》，沿袭了莫霍夫的北方文学研究。施勒策尔提出的"世界文学"（主要是欧洲），与莫霍夫新欧洲总体文学理念一脉相承。通过文献梳理，关于"世界文学"这一概念的来源及其传播线索如下：施勒策尔（A. L. Schlözer 1773）→ 维兰德（C. M. Wieland 1790）→ 福斯塔（G. Forster 1791）→ 赫尔德（J. G. Herder 1796）→ 奥·施莱格尔（A. W. Schlegel 1803）→ 歌德（J.

W. Goethe 1827）。哥廷根学者提出并经魏玛学者传播的"世界文学"或"总体世界文学"（Goethe 1827），即莫霍夫新欧洲文学或总体文学的新版。

三、比较解剖学的形成及其发展

通常认为，比较文学的形成受到比较解剖学和比较语言学（比较语法）的影响。与亲缘比较语言学成熟于荷兰一样，现代解剖学及比较解剖学的出现也与荷兰密切相关。

比较解剖学建立在一般解剖学基础上。1543 年，荷兰解剖学家维萨利乌斯（拉丁语 Andreas Vesalius，荷兰语 Andries van Wesel, 1514—1564）出版的《人体构造》，标志着现代人体解剖学的诞生。维萨利乌斯出生于布鲁塞尔（后归哈布斯堡王朝治下的尼德兰），1528 年进入鲁汶大学。1533 年转巴黎大学，在希尔威乌斯（Jacobus Sylvius, 1478—1555）的指导下研究盖伦学说。1536 年返回鲁汶大学，在安德纳赫（Johann Winter von Andernach, 1550—1574）的指导下完成学业并于次年毕业。此后到意大利帕多瓦大学深造，1537 年获医学博士学位，旋即任该校外科手术和解剖学讲席教授。1543 年成为哈布斯堡王朝查理五世（Charles V, 1500—1558）的宫廷医生。他通过系统调查纠正盖伦的传统解剖学知识。当时的医生开始对观察包括人在内的各种动物的类似结构产生兴趣。1555 年，法国博物学家贝隆（Pierre Belon, 1517—1564）刊行的《鸟类博物志》中，绘有人类和鸟类骨架比较解剖图。1589 年，荷兰莱顿大学的解剖学教授保尔（Pieter Pauw, 1564—1617）首次在大学公开讲授人体解剖课程。1596 年，学校为该课程专建欧洲大学的第一个圆形阶梯教室。

第一个采用"比较解剖学"术语的，是被称为"植物解剖学之父"的英国解剖学家和生理学家格鲁（Nehemiah Grew,

1641—1712）。他于 1671 年在荷兰莱顿大学获得医学硕士学位。1675 年出版《树干比较解剖学，及其触地植被的说明》（*The Comparative Anatomy of Trunks, Together with an Account of Their Vegetation Grounded Thereupon*. London: Walter Kettilby）。[1]1676 年发表《胃和胆的比较解剖学》。通常被认为"现代比较解剖学创始人"的是英国生物学家泰森（Edward Tyson, 1651—1708）。他于 1673 年获牛津大学文学硕士学位，1678 年获剑桥大学医学博士学位。基于解剖比较不同物种的结构，1680 年发现海豚大脑结构更接近陆地四足动物。1699 年出版《一个丛林人或樟子松森林人：或黑猩猩与猴子、猿和男人相比的解剖》，其结论是"黑猩猩"（当时用语 Pygmy"侏儒"）与人类，而不是与猴子具有更多的共同之处，特别是在大脑结构方面。

1765 年，爱丁堡大学医学教授格雷戈里（John Gregory, 1724—1773）匿名刊行《人类形态及官能与动物界形态及官能的比较观察》。他于 1745 年从爱丁堡大学转入莱顿大学医学院，次年获莱顿大学医学博士学位。该书随后即出德文版《人类形态及官能与动物形态及官能的比较：关于教育、天赋、艺术和科学及宗教的选择说明》（1768）和法文版《人类形态及官能与动物形态及官能的对比：包含他对自己官能使用的批判性观察》（1769），在欧洲广泛传播了"比较观察"方法。1778 年，荷兰生物学家坎珀（Petrus van Camper, 1722—1789）通过"变形"（metamorphosis）演示生物体的关联原理，在讲座《关于人类、四足动物、鸟类和鱼类之间的相似性；以及基于这种相似性的制图准则》中，将一匹马变形为人类以显示脊椎动物之间的相似性。坎珀在莱顿大学学习医学和哲学，在其 24 岁的同一天获得科学

1　彭建华在《当代比较文学》前言（2016：6）中将 *The Comparative Anatomy of Trunks, Together with an Account of Their Vegetation Grounded Thereupon* 译为"躯体的比较解剖学"，未辨析一词多义。

和哲学的两个博士学位。先后任荷兰弗兰纳克大学、阿姆斯特丹雅典学院、格罗宁根大学解剖学和外科学教授。

从 16 世纪下半叶到 18 世纪，经过荷、法、意、英等国科学家的努力，比较解剖学已经建立起来。需要说明的是，**其时的荷兰是宗教改革的重要基地，欧洲各地受天主教会迫害的新教徒纷纷到此避难，宗教和政治的宽容促进文化科技的兼容并蓄。莱顿是当时欧洲的科学（古典文献学、历史比较语言学、医学、政治学、经济学、哲学等）中心。**

19 世纪的比较解剖学得到更大发展。法国比较文学家巴尔登斯贝格（Fernand Baldensperger 1921）写道：

> 生物学方面的"比较"科学，在 19 世纪前三分之一时期已形成专门学科，文学史自然会仿效其法。居维叶在比较解剖学方面（1800—1805）、布朗维尔在比较生理学方面（1830）、科斯特在比较胚胎学方面（1837），都已就不同对象的比较研究发表了其论著。（徐鸿译 1985：37）

据林玮生（2014：186）所言，18 世纪至 19 世纪中后期，欧洲在近代人文运动思潮中出现了被布吕奈尔（Pierre Brunel）等概括为"比较主义"的科学新潮：维居叶写出《比较解剖学》，布朗维尔写出《比较生理学》，科斯特写出《比较胚胎形成学》等。以上所述含糊其辞，需要逐一查考。

1800—1805 年，古生物学之父、法国解剖学家居维叶（George Cuvier, 1769—1832）发表《比较解剖学教程》，提出动物器官相关律。1817 年，出版《动物王国据其组织的分布，为动物自然史基础和比较解剖学导论服务》，提出比较解剖研究的动物肢体系统原则和类比原则。有人认为，居维叶的比较解剖学对法国比较文学的形成具有较大影响。

19 世纪 20 年代，德国波恩大学生理学和比较解剖学教授穆勒（Johannes Peter Müller, 1801—1858）创立了**比较生理学**（*vergleichenden Physiologie*），1826 年出版《视觉比较生理学》。此后，法国解剖学家布朗维尔（Henri Marie Ducrotay de Blainville, 1777—1850）出版《普通生理学和比较生理学教程》（1829）。他于 1830 年接替拉马克（（Jean-Baptiste Lamarck, 1744—1829）的巴黎自然史博物馆生物学讲席，1832 年接替其师居维叶的法兰西学院比较解剖学讲席，1833 年创立**比较生物学**（Biologie comparée），著有《现存和化石哺乳动物骨骼和牙齿的骨相描述或比较图像学说明》（1839—1864）。

至于科斯特（Jacques Marie Cyprien Victor Coste, 1807—1873），1836 年在巴黎应用学院（l'École pratique de Paris）讲授解剖学，1837 年出版《比较胚胎学：人与动物发育教程》，1844 年任法兰西公学院胚胎学教授，1871 年任法兰西科学院院长。然而，**比较胚胎学**（vergleichenden Embryologie）的创始人却是德国科学家贝尔（Karl Ernst von Baer, 1792—1876）。贝尔早年在柏林、维也纳和维尔茨堡大学求学，1817 年成为柯尼斯堡大学教授，先后担任动物学、解剖学教授。1827 年为圣彼得堡科学院完成《哺乳动物和人类卵细胞的起源》，首次报告观察到哺乳动物的卵子，发现了动物胚胎发育的囊胚阶段和脊索。1828 年，在《动物发展史》中将胚胎层理论描述为物种发育原理，并绘制胚胎早期发育系统树，揭示了脊椎动物胚胎的个体发育和系统发育过程。

巴尔登斯贝格（1921）还提及：

（生物学的比较科学）不是简单地比较同一群体的类似现象，而是比较不同群体之间在某种情况下被人忽视的种种现象。这些现象都是正常群体所具有的，但是必须通过比较方法，其间的共同特征才能揭示出来。此前被认为毫不相关的群体，其相互之间存在亲缘关系和发展过程中的联系。（徐鸿译 1985: 38）

也许，提出"比较文学"这一名称的法国文学家在 19 世纪初才受到本国比较解剖学著作的影响，然而，生物学的比较方法对人文科学的影响在 18 世纪已经出现。而且，有些人文学者也从事比较解剖学研究。1784 年，歌德（Johann Wolfgang von Goethe, 1749—1832）在耶拿撰写《试验用比较骨骼证明人类与其他动物的上颌中间骨是相同的》（Versuch aus der *vergleichenden Knochenlehre, daß der Zwischenknochen der oberen Kinnlade dem Menschen mit den übrigen Thieren gemein sei*）。此后又写过《基于骨科学的比较解剖学概述初稿》（*Erster Entwurf einer allgemeinen Einleitung in die vergleichende Anatomie, ausgehend von der Osteologie*, 1795），并且做过《基于骨科学的比较解剖学概述初稿的前三章讲座》（*Vorträge über die drei ersten Kapitel des Entwurf einer allgemeinen Einleitung in die vergleichende Anatomie, ausgehend von der Osteologie*, 1796）。

四、比较方法向人文学科的渗透

史实表明，在"比较解剖学"（Grew 1675）这一名称出现之前，16 世纪末已有学者在文学论著中使用"比较"这一词语。1598 年，英国牧师梅雷斯（Francis Meres, 1565—1647）刊行《我们的英国诗人与希腊、罗马和意大利诗人的**比较论述**》（comparative discourse），将从乔叟（Geoffrey Chaucer, 1343—1400）到当时的许多英国诗人与古典作家进行比较。1602 年，英国剧作家、历史学家和法学家福尔贝克（William Fullbecke, 1560—1603）出版《各国法总论》，论述了比较法学（comparative law）。

18 世纪中期，"比较"方法向人文学科渗透。首先是德国文艺界。1741 年，德国诗人和批评家埃利亚斯·施莱格尔（Johann

Elias Schlegel, 1719—1749）发表《莎士比亚和安德列阿斯·格里夫斯的**比较**》（vergleichung）。埃利亚斯是莱辛（Gotthold Ephraim Lessing, 1729—1781）之前最重要的德国戏剧家，其论著由其二弟、历史学家海因里希·施莱格尔（Johann Heinrich Schlegel, 1724—1780）编辑出版。埃利亚斯的三弟，牧师和诗人阿道夫·施莱格尔（Johann Adolf Schlege, 1721—1793）是奥·施莱格尔和弗·施莱格尔的父亲。1807年，奥·施莱格尔用法语撰写了《拉辛的菲德拉和欧里庇得斯的菲德拉**比较**》（comparaison）。1795年，德国人文学家洪堡特（Wilhelm von Humboldt, 1767—1835）在巴黎撰写《**比较人类学**计划》（vergleichenden Anthropologie），描述两性的差别和共同特征，从体貌、生理、语言表达到智力、思维和审美方式加以比较。洪堡特认为，"比较解剖学通过研究动物机体来探讨人体的属性；在比较人类学中，同样可以举出各个不同的人类群属的精神特性，通过比较而作出评判。"（转引自姚小平译序 1999：32—33）。

英国学界突显的是"科学比较""比较调研""比较观察"。1753年，英格兰教会主教、牛津大学诗歌教授劳斯（A. M. Roberto Lowth, 1710—1787）在《希伯来圣诗》中强调：

We must see all things with their eyes [i.e. the ancient Hebrews]: estimate all things by their opinions; we must endeavour as much as possible to read Hebrew as the Hebrews would have read it. *We must act as the Astronomers with regard to that branch of their science which is called comparative* who, in order to form a more perfect idea of the general system and its different parts, conceive themselves as passing through, and surveying, the whole universe, migrating from one planet to another and becoming for a short time inhabitants of each. (Trans. G. Gregory 1787 [1 vol., London]: 113-114. quoted in Wellek 1968: 3)

我们必须用他们（即古希伯来人）的眼光观察所有事物：根据

他们的看法评估一切，我们必须尽可能地努力像希伯来人那样阅读希伯来文。**我们必须效法天文学家，将其科学分支称为比较**，为了形成对总体系统及其不同部分的更完美观念，将自己设想为游历并观察整个宇宙，从一个星球迁移到另一个星球，成为每个星球的临时居民。

据此论述，其"比较"方法受天文学启迪，他接受了丹麦布拉赫（Tycho Brahe, 1546—1601）、德国开普勒（Johannes Kepler, 1571—1630）和英国霍罗克斯（Jeremiah Horrocks, 1618—1641）的影响。

1774—1781 年，英国诗人、文学史家沃顿（Thomas Warton, 1728—1790）出版《英国诗歌史：从十一世纪末到十八世纪初》，在《序》中提出要对"其他国家的诗歌**比较调研**。"（a comparative survey of the poetry of other nations. 1774: iv；引自 Wellek 1968: 3）1785 年，英国政治家、历史学家安德鲁斯（John Andrews, 1736—1809）出版《英法两国仪礼、政治和文学的**比较观察**》（Comparative View）。

"比较"这一术语或方法也开始在法国流行。1749 年 9 月的法国《学者报》认为，"运用这种比较总可以获得巨大好处。"在 1754 年的《文学年鉴》和 1760 年的《外国杂志》上，"比较"这一术语已经常见。法国巴斯克作家和政治家伽拉（Dominique Joseph Garat, 1749—1833）在 1780 年 2 月的《法兰西信使报》上刊文，"对那些拥有文学的民族，将其引以自豪的作家进行比较研究，也许最适宜孕育和培养大量人才。"（引自 Baldensperger 1921，见干永昌编 1985：33）18 世纪末，法国出现了运用比较方法研究的专著。1796 年，特雷桑神父（M. l'abbé de Tressan, 1749—1809）基于法国牧师巴尼尔（Abbot Antoine Banier, 1673—1741）的《神话和寓言的历史阐释》（1711）加以研究，出版《神话与历史的比较》（*Mythologie comparée avec l'histoire*），此为比较神话学开端，该书 1802、1804、1810、1813、1822、1826 年在巴黎多次再版。1797 年，法国作家、政治家、历史学家和法国浪漫主义的创始人夏多布里昂（François-René de Chateaubriand, 1768—1848）出版《关于古代和现代革命的历史、政治和道德探索，及其与法国大革命关系的思考》，试图用比较方法阐述法国大革命，其《墓中回忆录》（1848—1850）也被称为"论比较革命的著作"。

到 19 世纪初，比较方法已经相当时髦。1800 年，英国演员和剧作家迪布丁（Charles Dibdin, 1745—1814）出版《英国戏剧全史；通过**比较和综述**来介绍亚洲人、希腊人、罗马人、西班牙人、意大利人、葡萄牙人、德国人、法国人及其他剧场，并涉及传记和轶事》，**显示了总体观和比较法融为一体**。

1804 年，法国法学家、哲学家德热朗多（Joseph Marie Degérando, 1772—1842）出版《哲学体系的比较史，涉及人类知识原理》，**该书对法国比较文学的形成具有重要影响**。1807 年，法国哲学家维莱尔（Charles Dominique de Villers, 1765—1815）发表《比较情爱，或试论法国和德国诗人对待爱情的不同方式》。维莱尔是哥廷根大学教授、法兰西学院成员，致力于在法国宣传德国文化。1810 年，法国建筑师、律师索布里（Jean-François Sobry, 1743—1820）出版《艺术诗学，或比较绘画和文学教程》。1811—1814 年，意大利-法国作家斯科帕（L'abbé Antonio Scoppa, 1763—1817）出版《诗律的真正原则，通过意大利语和法语之间的**比较检验**确定》。斯科帕出生于意大利，早年在罗马接受教育。1801 年来到法国，以其诗歌作品和研究获得声誉。

1817—1852 年，德国地理学家里特（Karl Ritter, 1779—1859）陆续出版《自然和人类历史的地理学：或**总体比较地理学**，作为物质和历史科学研究教学的可靠基础》（allgemeine vergleichende Geographie）。该书共 21 卷，大致分为 6 大部分：1. 非洲（I）1817；2. 东亚（II-VI）1818—1836；3. 西亚（VII-XI）1837—1844；4. 阿拉伯（XII-XIII）1846—1847；5. 西奈半岛（XIV-XVII）1847—1848；6. 小亚细亚（XVIII-XIX）1850—1852，同样体现的是总体观和比较法融为一体。1838年，布莱（Eugène Buret, 1810—1842）和德佐（Edouard Desor, 1811—1882）将部分内容译成法文，题为《总体比较地理学》（*Géographie générale comparée*）出版。

1832 年，法国历史学家菲隆（Charles Auguste Desire Filon, 1800—1875）著有《法国和英国的比较史》，他曾在杜埃（Douai）大学、巴黎高等师范学院担任历史教授。

综上可见，1740 年代到 1830 年代，欧洲众多学科出现"比较热"。从比较文学（1741），比较仪礼、政治和文学（1785）、比较神话与历史（1796），比较革命（1797），比较人类学（1797），比较戏剧（1800），到 19 世纪上半叶的比较哲学（1804）、比较爱情学（1807）、比较文学与绘画（1810）、比较诗律（1811—1814）、总体比较地理学（1817）、比较历史学（1832）等，先后出现了比较论述（1598）、科学比较（1753）、比较调研（1774）、比较观察（1785）、比较综述（1800）、比较检验（1811）、总体比较（1817）等一系列术语，此为法国"比较文学"出现的欧洲学术背景。

五、19 世纪的比较文学和总体文学

在法国，作为课程教材的"比较文学"始见于 1816 年。1804 年，法国古典学者、语言学家诺埃尔（François Joseph Michel Noël, 1756—1841）和修辞学家、文学家拉普拉斯（Guislain François Marie Joseph de La Place, 1757—1823）合编《法国文学和道德教程》。1816 年，修订版题名《**比较文学**，或法国文学和

道德教程》(littérature comparée),包括法国、古典和英国文学作品选读,以期引发学生对作品比较的兴趣。1822 年,增订本题为《文学大观或比较文学教程:法国文学和道德课程研究,或汇集了十七、十八和十九世纪散文和韵文中的最美语篇,适用于所有教育机构男女学生的经典作品》。到 1841 年,该《教程》已刊行二十五版,到 1862 年约有五十个重刊版。在此期间(1808—1827),诺埃尔还出版了古希腊语、古拉丁语、现代拉丁语等系列教程。诺埃尔 1794 年任法国公共教育委员会委员,1802 年任法国公共教育总监,1808 年任法国大学总监。拉普拉斯早期任路易大帝学院教授,1810 年任巴黎学院修辞学讲席教授。他们的教程为法国开设比较文学课程之始,在传播"比较文学"方面产生了持久的广泛影响。1826 年,法国作家和出版商普根斯(Marie Charles Joseph de Pougens, 1755—1833)在"给某夫人关于道德和文学各种主题的出版信函"(*Lettres philosophiques à Madame XXX sur divers sujets de morale et de littérature*)中提到:"我理解的文学教程,也就是比较文学教程"(un cours de littérature comme je l'entends, c'est-à-dire, un cours de littérature comparée)。

1821 年,法国剧作家和语言学家雷努阿尔(François Just Marie Raynouard, 1761—1836)出版《欧洲拉丁人语言与行吟诗人语言的比较语法》(Grammaire comparée)。**诗歌语言的比较研究兼具文学性和语言性,反映了"比较语法"在当时的影响。**

1824 年,荷兰学者克莱克(Willem de Clerq, 1795—1844)撰有外国文学对荷兰文学影响的论著,[1] 韦斯坦因称其为"荷兰比较文学的真正先驱"(Weisstein 1973:243)。布吕奈尔等(1983)提出,克莱克发表了真正意义上的比较文学论著。(葛雷、张连

---

1 韦斯坦因(1973:327)注 [164]: Concerning the history and the present state of Comparative Literature in Holland, see the essays by A. M. M. D. van Eupen ("The Comparative Literature in the Netherlands," *YCGL*, 4 [1955], pp.21-26) and A. van der Lee ("Zur Komparatistik im niederländischen Sprachraum," *Forschungsprobleme* II, pp. 173-177).

奎译 1989：20）经核查，克莱克是诗人和荷兰新教教会复兴组织的领袖，以日记（从 1811 年写到 1844 年）而闻名。1824—1831年任荷兰贸易协会秘书。科斯蒂斯（Brandt Corstius）写有《作为文学史家和比较主义者的威廉·德·克莱克》"（1961）。**据此，"比较文学"似乎肇始于荷兰而非法国。**

1831 年，英国诗人和神学家戴尔（Reverend Thomas Dale, 1797—1870）就任伦敦国王学院**总体文学及科学系**（Department of General Literature and Science）的文学和历史教授。1833 年，苏格兰诗人蒙哥马利（James Montgomery, 1771—1854）出版《关于诗歌和总体文学》，此为 1830—1831 年在皇家学院（Royal Institution）的演讲内容。蒙哥马利把总体文学理解为诗学和美学的总称，意在通过文学理论和文学批评的研究，从多国文学现象中探讨并总结一般性规律。1856 年，比利时作家和记者拉克鲁瓦（Albert Jean Baptiste Marie Lacroix, 1834—1903）在《莎士比亚对法国戏剧影响的历史》中提到"**现代文学总体史**"（eine Universalgeschichte der modernen Literatur）。这些都体现了德国总体文学在当时的影响。

美国学者雷马克（Henry Remak）的《比较文学的定义和功用》（1961），将比较文学定义为两部分：第一部分强调比较文学是超国界的文学研究；第二部分强调文学与其他学科领域之间的关系。（张隆溪 1982: 1, 4）法国学者第根（Paul Van Tieghem, 1871—1948）把"比较文学"规定为两国文学之间的比较研究，而把两国以上的文学研究归入"总体文学"，雷马克认为，这一说法不但武断而且机械，这种刻板的分工既不实际又无必要。（张隆溪 1982: 12-13）19 世纪的广义"比较文学"存在两个源头：一是先起的德国，突显的是总体视野和跨学科研究，一是晚起的法国，突显的是两国文学之间的比较研究。第根之所以要切割这两者，可能想把"比较文学"的兴起定位在法国。

在法国，作为专门学术名称的"比较文学"出现于1930年。1827到1828年，法国文学批评家和修辞学教授维尔曼（Abel François Villemain, 1790—1870）在索邦学院开设"十八世纪法国作家对外国文学和欧洲思想的影响"讲座。1828—1829年出版《法国文学教程：十八世纪法国文学描绘》，使用了"比较描绘"（tableau comparé）、"比较研究"（études comparées）、"比较历史"（histoire comparée）等用语。韦勒克、华伦认为，**维尔曼在1829年模仿居维叶的"比较解剖学"提到"比较文学"**（干永昌编1985：175）。1830年，维尔曼出版《法兰西、意大利、西班牙和英格兰的中世纪文学描绘》。1840年刊行新版《法国文学教程》，包括"中世纪文学描绘"和"十八世纪文学描绘"，在其序言中提及"比较文学研究"（étude de littérature comparée）。维尔曼的研究目标，意在通过比较文学揭示时代、国家和社会特征，以寻找民族特色。**有人称维尔曼为法国"比较文学之父"。**

1830年3月12日，法国语文学家安培（Jean Jacques Ampère, 1800—1864）在《诗歌史：马赛雅典娜学院文学开课演讲》中提出，通过研究南北文学以寻找美的本质，比较研究的范围越广泛，美的本质就越完善。其后举办有关斯堪的纳维亚和早期德国诗歌的讲座，提出研究"所有民族的艺术和文学比较史"（histoire comparative des arts et de la littérature chez tous les peuples），而"文学和艺术哲学"（la philosophie de la littérature et des arts）将从中诞生。1832年，安培任法兰西学院法国文学史教授，在索邦大学开设"比较文学艺术史"。在《中世纪法国文学与外国文学的关系：开课致辞》（Ampère 1833：22-34）中呼吁："先生们，我们正在进行这种比较研究，没有这种研究，文学史则不完整（Nous la ferons, Messieurs, cette étude comparative sans laquelle l'histoire littéraire n'est pas complète）。"其后，相继出版《十二世纪前法国文学史》（1839—1840）、《中世纪法国文学史，与外国文学比较，并介绍法语的形成历史》(1841)、《希腊、罗马和但丁：来自大自然的文学研究》(1848)。**安培强调南北文学研究的总体性，关注文学和语言史之间的联系，其比较文学研究探险了德国传统色彩。**圣伯夫（Sainte-Beuve）称其为**"比较文学中的真正哥伦布"**（*Nouveau lundi*. Paris, 1884: 183—265）。

1835 年，法国文学批评家查斯勒（Euphemon Philarète Chasles, 1798—1873）在巴黎雅典娜学院的就职演说是《与外国文学比较》（*Comparée aux littératures étrangères*）。他谈到，《巴黎评论》（*Revue de Paris*）把这一进程称为**"外国文学比较"**（la littérature étrangère comparée）。查斯勒概括了比较文学的总体思想，主张文学史研究不能割裂与当时哲学和政治思想的联系。比较文学研究"应该坚持论述各种影响和相关联系的相关性"，"我们应该研究思想与思想之间的彼此影响，有哪些内容是给与的，有哪些内容是接受的。我们还应研究每个国家通过连续不断的此类交流而产生的影响，例如长期与世隔绝的北欧精神如何被南方精神逐渐渗透，法国文化对英国人的吸引力以及英国文化对法国人的吸引力等。"（Schulz & Rhein 1973: 20-21）这些论述已经勾勒出后来第根（Paul Van Tieghem）等主张的"影响研究"框架。1841 年起，查斯勒任法兰西学院日耳曼语言文学教授和欧洲现代外国语言文学讲席教授。1847—1876 年发表一系列论著，总称**"比较文学研究"**（Etudes de littérature comparée），包括：《古代研究，前面是关于文学史阶段和各族知识人影响的探索》(1847)、《西班牙和西班牙文学在法国和意大利的影响研究》(1847)、《十九世纪英格兰的文学和道德研究》(1850)、《十九世纪英美文学和习俗研究》(1851)、《莎士比亚、玛丽·斯图尔特和阿雷蒂诺研究，十六世纪的戏剧、礼仪和宗教》(1852)、《时期争议和往昔问题，关于历史、社会生活、文学的思考，1841—1867 年法兰西学院教程》(1867)、《十六世纪法国研究，前面是

1470—1610 年的文学和法语的历史，其后是 1451—1610 年的文学和艺术编年史》（1876）。**维尔曼、安培、查斯勒等人的研究，形成法国比较文学研究的第一个高潮。**

1836 年，比利时安特卫普雅典娜学院教授阿尔文（Auguste Louis-Joseph Gobert Alvin, 1787—1853）出版《比较文学研究》，主要是古典文学与外国文学的比较。1841 年刊行《比较文学研究，用于人文学科的高级教程》。同年，法国学者杜盖斯奈尔（Amédée Duquesnel, 1802—1878）出版《基督教之前的文学史，文学教程》（1836），其后刊行《文学史，比较文学教程》（1841—1845）。

1837—1839 年，英国历史学家海勒姆（Henry Hallam, 1777—1859）出版《十五、十六和十七世纪的欧洲文学引论》，**用历史比较法展示了在漫长时代中相互联系的欧洲各国文学，成为运用总体–比较方法研究文学史的早期英国学者。**海勒姆以其渊博的学识，还讨论了哲学、法律、医学，甚至神学方面的著作。1839 年，法国政治家、诗人和历史学家基内（Jean Louis Edgar Quinet, 1803—1875）在里昂大学主讲"各国文学比较"专题，出版《阿勒芒和意大利：哲学和诗歌》。1841—1852 年、1870—1875 年，基内担任法兰西学院的南欧语言和文学讲席教授。

1843 年，西班牙裔法国文学家毕布斯克（Adolphe-Louis de Puibusque, 1801—1863）出版《西班牙和法兰西文学比较史》。**通常认为，他首先使用"文学比较史"**（Histoire comparée de la littérature）**这一表述。**

1848 年，英国诗人和文化评论家阿诺德（Matthew Arnold, 1822—1888）在给其妹的信（1895 刊出）中写道："现在已经清楚，虽然任何人都知道在过去的五十年中，我们对比较文学已有所关注，但在某种程度上，英国仍远远落后于欧洲大陆。"（引自 Wellek 1970，见干永昌编 1985:137）**第一次把法语词 littéra-**

ture comparée 译为英语词 comparative literature。1857 年，阿诺德在就任牛津大学诗歌教授的演讲中说："没有孤立的事件，排除与其他事件和其他文献的联系，单篇文献不可能得到充分的理解。"（引自 Bassnett 1993：1）在其《批评文集：系列一》（1865）中，阿诺德表现出对世界主义的热情和对大陆文学的关注。1849 年，德裔法国语言学家本罗（Louis Benloew, 1818—1900）在第戎学院开设比较文学讲座，其开课演讲是《文学比较史导言》（*Introduction à l'histoire comparée des littératures*）。本罗早年求学于柏林、莱比锡和哥廷根大学，后定居于法国。1858 年出版《语言比较科学概论，作为印欧语比较原理的介绍》。

1850—1853 年，瑞士法学家、评论家奥尔南（Joseph Marc Hornung, 1822—1884）在洛桑学院讲授比较文学史。1850 年获日内瓦大学博士学位，1854 年被任命为罗马法、哲学和法律史教授。

1854 年 7 月 6 日，德国古典语文学家豪普特（Moriz Haupt, 1808—1874）在柏林科学院就职演说中提出"文学的平行研究"。

> 把古典语文学和德国文学研究联系起来，……显然可以弥补不足之处。从长期繁荣的传统语文学学科，即德国语文学中能够获得原理和方法。凭借德国古典研究中的对比和类比，可以把希腊人和罗马人的世界看得更清晰、更栩栩如生。**主要通过平行现象的考察**（Chiefly through the scrutiny of parallel phenomena），我力图对史诗的性质及其历史作出解释。（Carrière 1884: v, 引自 Weisstein 1973: 187）

豪普特提倡"比较诗学"，考察史诗在希腊-罗马、法国、德国、斯堪的纳维亚、芬兰、塞尔维亚等处的类似发展情况，开设过"荷马史诗和《尼伯龙根之歌》比较研究"等课程。从豪普特的研究中，可以看出德国比较语言学对文学研究的方法论影响。比较文学的平行研究，即来自比较语言学对平行语言现象的比较研究。

1854 年，德国哲学家、历史学家卡利瑞（Moritz Carrière, 1817—1895）出版《诗歌的本质和形式，对美与艺术哲学的贡献以及文学史解释》。附录中提出"将雅利安语系的印度、波斯、希腊和日耳曼民族中的史诗加以比较描述"（引自 Weisstein 1973: 188），无疑接受了比较语言学的影响。该书修订版题为《诗歌的本质和形式，以及比较文学史的主要特征》（1884），提出德国比较文学史的更系统方法。1859 年，德国语言学史家和梵文学家本费（Theodor Benfey, 1809—1881）刊行梵语文献《五卷书》，在前言中提出，欧洲文学中的大部分故事情节源于印度。这就是 19 世纪下半叶比较文学界广泛认同的题材流传论或借用论。

1861 年，时任教育部长的意大利评论家桑克蒂斯（Francesco de Sanctis, 1817—1883）**在那不勒斯大学设立欧洲第一个比较文学**（Della letteratura comparata）**讲席教授职位**，原定德国作家格奥尔格·海尔韦（Georg Herwegh, 1817—1875）担任但未就职。桑克蒂斯著有《意大利文学史》（1870），1871—1875 年主持该讲座。

1866 年，德国历史学家、文学评论家教授科赫（Max Koch, 1855—1931）在德国布雷斯劳大学开设比较文学（Komparatistik）。

1868 年 9 月 1 日，法国社会批评家、文艺评论家圣伯夫（Charles Augustin Sainte-Beuve, 1804—1869）在《两个世界评论》上发表《法国比较主义的缔造者让·雅克·安培》，**提出比较文学是文学研究的一门新学科**。圣伯夫 1823 年进医学院学习，后弃医从文，著有《十六世纪法国诗歌与法国戏剧的历史与批评描绘》（1828）。圣伯夫 1844 年入选法兰西学术院成员，此后曾在比利时列日（Liège）大学讲授法国文学。1858—1862 年，在法兰西公学院和巴黎高等师范学院讲授拉丁文诗歌。

1865 到 1869 年，俄国比较神话学家阿法纳谢夫（Александр Николаевич Афанасьев, 1826—1871）出版《斯拉夫人对自然的

诗意视图。对斯拉夫传统和信仰的比较研究实践，与其他亲属民族的神话传说的联系》(1865, 1868, 1869)，运用比较语言学和比较神话学方法分析亲属民族的神话。随着地域分化，在漫长历史变迁中传承的神话，其词语逐渐远离原始词根，不断被新用语所替代。1870 年，俄罗斯"历史比较文学批评"（сравнительно-историческое литературоведение）的代表学者亚历山大·维谢洛夫斯基（Александр Николаевич Веселовский, 1838—1906）在莫斯科大学开设**"总体文学"**（всеобщая литература）课程，用历史比较观点研究西欧文学。亚历山大·维谢洛夫斯基 1858 年毕业于莫斯科大学，1859—1869 年在西班牙、德国、捷克和意大利游学。1870—1872 年任莫斯科大学**总体文学系**（кафедра всеобщей литературы）副教授，1872 年起任圣彼得堡大学特聘教授。此后，评论家斯托罗仁科（Николай Ильич Стороженко, 1836—1906）在莫斯科大学，达什凯维奇（Николай Павлович Дашкевич, 1852—1908）在基辅大学，基尔皮奇尼科夫（Александр Иванович Кирпичников, 1845—1903）在敖德萨大学陆续开设总体文学课。1879 年，基尔皮奇尼科夫任哈尔科夫大学**总体文学史系**（кафедра истории всеобщей литературы）教授，参与科尔施（Валентин Фёдорович Корш, 1828—1883）主编《总体文学史》(1880—1892) 的编辑出版工作。[1]

当时的俄罗斯文学研究多受德国影响。亚历山大·维谢洛夫斯基 1862 年在柏林大学研修日耳曼语文学和罗曼语文学，受到民族心理学创始人斯坦塔尔（Heymann Steinthal, 1823—1899）

---

1 《总体文学史》(*Всеобщая история литературы*）第 1 卷第 1 部分古代东方文学（1880），梵语文学由俄罗斯印度学创始人米纳耶夫（И. П. Минаев, 1840—1890）撰写，古埃及和亚述-巴比伦文学由德国历史学家迈耶（Эдуард Мейер, 1855—1930）撰写，中国文学史由汉学家和佛教学家瓦西里耶夫（В. П. Васильев, 1818—1900）撰写，古波斯文学由伊朗语专家阿莱曼（К. Г. Залеман, 1850—1916）撰写。第 1 卷第 2 部分希腊和罗马文学史（1881），希腊文学由科尔施撰写，罗马文学由莫杰斯托夫（В. И. Модестова, 1839—1907）撰写。

的影响。这些影响，尤其是对其《历史诗学》（*Историческая поэтика*）的最初构思起到关键作用。他认为，广义"文学史"是体现于哲学、宗教和诗歌运动中并用语言巩固下来的社会思想史。（吴泽霖 2000：68）亚历山大·维谢洛夫斯基论著丰富，主要论文有《比较神话及其方法》（1873）、《俄罗斯诗性领域的研究》（1879—1883）等。其系列著作有：《诗学》（第一卷 1870—1899，第二卷 1897—1909）；《意大利和文艺复兴时期》（第一卷 1870—1899，第二卷第一部分 1871—1905，第二卷第二部分 1861—1876，第三卷 1893）；《小说和故事》（第一卷第一部分 1921，第二部分 1930）。1887 年，在评论科赫主编的《比较文学史杂志》时，亚历山大·维谢洛夫斯基运用了"比较文艺学"（сравнительное литературоведение）这一术语。

亚历山大的弟弟、莫斯科大学教授阿列克谢·维谢洛夫斯基（Алексей Николаевич Веселовский, 1843—1918），1883 年出版《西方在新俄罗斯文学中的影响力：比较主义》。通过比较诗学（сравнительная поэтика）的方法发现，西欧文学影响促使俄罗斯文学在 18—19 世纪取得很大进步，而成为世界文学的一部分。1897—1881 年，俄罗斯文学史学家、民族志学家佩平（Александр Николаевич Пыпин, 1833—1904）和波兰文学史家斯帕索维奇（Владимир Данилович Спасович, 1829—1906）合著《斯拉夫文学史》，采用比较诗学的方法，论述斯拉夫各族文学的发展历程和相互关系，也就是把总体文学具体化为"总体斯拉夫文学"。

1871 年，丹麦文学评论家、文学史家勃兰兑斯（Georg Brandes, 1842—1927）在哥本哈根大学主讲文学，开课演讲题为《19 世纪文学主流》。经过多年潜心研究，出版巨著《19 世纪文学主流》（1906）。作为一部具有欧洲意义的比较文学史，该书包括《流亡文学》《德国的浪漫派》《法国的反动》《英国的自然主义》《法国浪漫派》和《青年德意志》多卷。勃兰兑斯强调采用自然科学方法，必须学会运用自然科学家和医生那种穿透一切的眼睛，观察不同形式的人类现象及其内在关系。在评议作品时，联系历史传统、社会生活、时代思潮、文化背景、流派传承和作者经历进行综合分析,运用了"平行研究"和"影响研究"方法，体现了德国总体文学史的影响。他认为"文学史是一种研究人的灵魂的心理学，文学史是人的灵魂史"，与德国观点也一脉相承。就在同一年，美国比较文学先驱谢克福德（Charles Chauncey Shackford, 1815—1895）牧师在康奈尔大学开设 "**总体文学或比较文学**"（*General or Comparative Literature*）讲座，（Weisstein 1973: 208）他认为，比较方法能为文学史研究提供捷径，以获得关于文学发展的一般规律。这是美国学者关于总体-比较文学的第一个讲座。

1872 年，法裔瑞士作家莫尼耶（Marc Monnier, 1827—1885）在日内瓦大学讲授"现代比较文学"课程（日内瓦大学，1865 年设立现代比较文学讲席），其后出版《现代文学史，文艺复兴，从但丁到路德》（1884 年）。

1876 年，德国语言学家舍雷尔（Wilhelm Scherer, 1841—1886）刊行《短文集》。他认为，比较诗学就像比较语文学一样，处理三方面的关系：可依靠的相似基本原理、所涉及的交互影响，以及固有的文学因素。比较神话学探讨三方面的主题：雅利安语系内的主题平行性，小说、神话故事中的共同主题，以及没有发生学关系的"非雅利安语系"的平行性。（Scherer 1876: 704）在舍雷尔看来，"比较诗学"不过是基于民俗和神话的主题研究。（Weisstein 1973: 188）舍雷尔的思路与洪堡特在《论人类语言结构的差异》（1827—1829）中提出的语言四种联系或四种比较相似。

1877 年，匈牙利历史学家、语言学家梅尔兹（Hugó Meltzl de Lomnitz, 1846—1908）和布拉萨艾（Sámuel Brassai, 1797—

1897）在克劳森堡（Klaussenburg）创办《比较文学素材》（匈牙利语 *Összehasonlító Irodalomtörténeti Lapokat, 1877—1888*），拉丁文刊名是《比较文学和总体比较文学资源》（*Acta Comparationis Litt. et Fontes Compar. Litt. Universarum*）。编者指出，这是"一本关于歌德的世界文学和高等翻译艺术，同时关于民俗学、比较民歌学和类似的比较人类学、人种学的多语种半月刊"，"从比较文学的立场，任何政治上弱小的国家，也都与任何大国同等重要"。这就意味着"在比较文学中，一种文学的重要性不应建立在对另一种文学的歧视上。不论它们属于欧洲文学，还是非欧洲文学都同等重要"。（Weisstein 1973: 249）梅尔兹出生于特兰西瓦尼亚的萨斯雷根（Szászrégen），其母语是德语，幼年就能讲匈牙利语和罗马尼亚语，后来学习古典语言、斯拉夫语和日耳曼语，曾在克劳森堡、莱比锡和海德堡大学求学。1873 年起，先后任弗朗兹·约瑟夫大学的德法意历史和语言学教授。**该杂志具有德国总体文学特征，包括许多所谓平行研究的内容。**

1886 年，英国爱尔兰学者波斯奈特（Hutcheson Macaulay Posnett, 1855—1927）出版《比较文学》（Comparative Literature），该专著属于"国际科学丛书"第五十四卷。波斯奈特是一位经济学家和律师，时任新西兰奥克兰大学古典文学和英语讲席教授。波斯奈特自称是历史法学家、社会学家梅因（Henry Maine, 1822—1888）的信徒，将其理论和斯宾塞（Herbert Spencer, 1820—1903）的社会达尔文主义结合起来，用于比较文学研究，信奉文学史是社会学的一支。而"比较"的含义就是，时刻不忘社会发展与文学发展的共变关系，即所谓"文学进化论"。波斯奈特从氏族文学、城市文学、国家文学和世界文学等角度出发，对文学与社会的关系加以比较考察。他认为，文学发展的内在和外在特征都是比较文学研究的对象。1901 年，波斯奈特在《比较文学的科学》一文中，重申比较与历史的统一关系。

那么，何为比较文学的方法？在研究文学事实中，引导我们认识**文学科学**（literary science）的方法为何？他不是像至今仍用一个名称的方法。从时间角度，我们称之为"历史的"方法；从其他立场，我们称之为"比较的"方法，大体上，"比较"是更好的名称——因为我们常常看到，在同一时代甚至在同一国度，存在着从最低到最高演化程度的社会和个人生活的类型。（Posnett 1901: 864，引自Weisstein 1973: 225）

显而易见，波斯奈特的所谓"历史–比较文学"与"历史–比较语言学"的理念具有一致性。

1887年，德国布雷斯劳大学教授科赫和历史学家盖格（Ludwig Geiger, 1848—1919）创办《比较文学史杂志》（*Zeitschrift für vergleichende Litteraturgeschichte*. Berlin: A. Haack, 1887—1906）。科赫在发刊词（Zur Einführung, pp. 1-12）中首先总结德国前辈学者（D. G. Morhof, J. G. Herder, G. Forster, F. Schlegel, A. W. Schlegel, J. W. Goethe）的观点，进一步提出比较文学史的研究领域包括：1. 翻译技艺；2. 文学形式和主题的历史以及超民族影响的研究；3. 政治史与文学史之间的联系；4. 文学与造型艺术、文学与哲学之间的联系；5. 民间文学的研究。1901—1907年，科赫又主编《比较文学史研究》（7 Bde.）。科赫认为"寻找若干文学作品中的平行主题，似乎是比较文学史大有前途的任务之一"。（Schulz & Rhein 1973: 76-77）**与法国比较文学相比，德国比较文学的特征是总体文学史（或世界主义）传统下的研究。**

1887—1889年，北美比较文学学派创始人、美国古典学家盖莱（Charles Mills Gayley, 1858—1932）在密歇根大学开办"比较文学批评"（comparative literary criticism）讲习班。1894年7月20日，他致信《日晷》（*The Dial*）杂志讨论比较文学问题，倡仪成立"文学进化学会"（Society of Literary Evolution）。（Weisstein 1973: 208）盖莱1878年毕业于密歇根大学并留校任

教，1881 年到德国研修一年，1889—1932 年任加州大学伯克利分校英语系主任。19 世纪 90 年代，举办比较文学课程"伟大书评"（Great Books）。他提出，文学的自身文献有所不足，比较文学研究要坚持发挥心理学、人类学、语言学、社会科学、宗教和艺术的作用，阐述了美国早期比较文学学派的观点。1893 年出版《英国文学和艺术中的古典神话》，讨论古希腊-罗马神话以及北欧和其他日耳曼神话。1899 年，盖莱与修辞学家斯科特（Fred Newton Scott, 1860—1931）合著《文学批评的方法与素材导论：美学和诗学基础》。盖莱赞同波斯奈特的观点，主张比较文学要揭示文学演化的一般原理，并提倡采用更系统的比较方法。1903 年，意大利学者克罗齐（Benedetto Croce, 1866—1952）提出比较文学是非主题的。盖莱立即发表《何为比较文学？》（1903）反驳克罗齐，并且指出：这门新学科，已经成为在所有文学中进行科学研究的财富。

1890 年，哈佛大学设置美国首任比较文学讲席，马什（Arthur Richmond Marsh, 1861—1937）担任首席教师。1896 年，在波士顿召开"现代语言协会"（Modern Language Association）的会议上，马什提出，比较文学应"研讨……作为整体的文学现象，对其加以比较、分组、归类，还要探索其原因，确定其效果"。马什指出，比较文学的任务是研究"文学渊源""文学发展"和"文学传播"。（Marsh 1896: 167, 引自 Weisstein 1973: 209）马什著有《文学的比较研究》（1896）。

1890—1891 年，法国文学史家布吕纳介（Ferdinand Brunetière, 1849—1906）在巴黎高等师范学院讲授比较文学。在《文学史上的流派演变》（1890）中宣扬"文学进化论"，布吕纳介套用生物进化论和语言有机体学说，认为文学流派也像物种一样，有其产生、成长、演变、衰亡的过程，并在其消解后参与新流派的形成。布吕纳介（1900）认为，比较文学史将更深刻地"了解我们伟大作家的最多的民族特征。我们只是在相对中塑造自己，我们只有在与其他人的比较中定义自己。当我们只了解自己时，我们并不了解自己。"（引自 Bassnett 1993: 24）

1892 年，布吕纳介的学生戴克斯特（Joseph Texte, 1865—1900）在里昂大学开设"文艺复兴以来法国文学对日耳曼文学的影响"。1895 年完成博士论文《让-雅克·卢梭与文学的世界主义》（有人认为此为比较文学专业的第一篇博士论文），1899 年题名《让-雅克·卢梭与文学世界主义的起源》出版，试图证明18 世纪末文学的世界主义及浪漫主义运动是在卢梭思想影响下形成的。1896 年，戴克斯特成为里昂大学文学院第一位比较文学讲席教授，在就职演讲《外国和法国的比较文学研究》中提出，比较文学以摆脱国别文学研究为宗旨。1898 年，出版《欧洲文学研究》，首篇即"文学的比较史"（L'histoire comparée des littératures, pp. 1-23）。有人称其为"第一位现代意义上的比较文学家"。

1896 年，瑞士语言学家、比较文学史家贝兹（Louis-Paul Betz, 1861—1904）发表《比较文学史的性质、功能和意义的批判性观察》。1897 年发表《比较文学目录初稿》（1904 年修订本题名《比较文学：书目提要》）。贝兹原在苏黎世大学学习语言学，1894 年取得博士学位。1902 年成为苏黎世大学副教授兼比较文学主讲，同年出版《近代比较文学史研究》。

1899 年，第一个比较文学系在美国哥伦比亚大学设立（1910 年与英文系合并），由伍德贝利（George Edward Woodberry, 1855—1930）主持，并得到斯平加恩（Joel Elias Spingarn, 1875—1939）等人的协助。同年出版《比较文学丛书》（*Comparative Literature Series*），1912 年更名为《比较英国文学研究》（*Comparative British Literature Studies*）。1900 年起，英国作家、文学史家圣茨伯里（George Edward Bateman Saintsbury,

1845—1933）陆续刊行《欧洲批评与文学审美史：从最早的文本到现在》（1900, 1902, 1904）。

1990 年，在巴黎召开"比较文学国际会议"，第六组的议题是"各国文学比较史"。该会发起者戴克斯特在大会召开之前去世，成立"国际比较文学史学会"的议案未能实现。

六、语言学的比较与对比：文学的关系和平行

一个核心术语就是一段学术史，而要切实理解一个术语必须熟悉其历史语境。

罗马帝国时期（公元前 27—476 年）推崇古典文学，通用拉丁语文。西罗马灭亡后，古典文学淹没于中世纪（5—15 世纪）的漫长"黑暗"之中。彰显人本主义和历史主义的文艺复兴运动（15—16 世纪），主要表现为古希腊-罗马文明的复活，弘扬古典文学研究传统。然而，文艺复兴后期，随着民族意识的觉醒（通过阅读新发现的古罗马作家作品，认识到日耳曼祖先的光荣历史）和寻根情结驱动的语言亲属关系研究，特别是荷兰学派创立的斯基泰语系和比较方法论（贝卡努斯 1569 年首创印欧诸语系家族概念，伯克斯洪 1647—1654 年全面论证斯基泰语系并提出比较方法论），把欧洲民族及其语言视为一个从远古发展而来的语言文化统一体，进一步促使民族文学（罗曼民间文学、日耳曼民间文学、斯堪的纳维亚民间文学）进入关注的视野——**一个"新欧洲"出现在 17—18 世纪欧洲学者的眼前。"新欧洲"总体文学随后应运而生，多民族、多语种、多国家的研究和比较体现着日耳曼语言文学意识的崛起，实际上是对古希腊-罗马文学传统的挑战。**

史实表明，"总体文学史／总体文学"（Daniel Georg Morhof 1682）的概念要比"比较文学"（Noël & Place 1816）的术语早 130 多年。前者的产生处于语言关系比较研究的学术总体观语境，

后者的提出顺应比较解剖学和比较语法的新思潮。无论比较语言学（Boxhorn 1647）的成熟，还是比较解剖学（Grew 1675）的形成都得益于荷兰学术的自由氛围，"比较文学"的第一部论著（Clerq 1824）同样如此。对于 19 世纪上半叶的学者而言，所谓"比较文学"就是运用比较解剖学、比较语法的比较方法，探求不同民族文学现象之间的关系或类型。

瑞士学者贝兹在《文学比较》（Betz 1900—1901）一文中提出，"比较文学"这一术语是按照"比较语言学"的格式仿造的。德国学者艾尔斯特（Ernst Elster, 1860—1940）在《世界文学和文学比较》（1901）中却认为，按照"比较语言学"格式提出"比较文学"建立在虚假前提上，因为比较语言学揭示的是"通过对一种语言的历史孑遗，对那些史前还有非史前情况的比较研究"，以对"个别语系的发展得到充分的检测和恰当的评价"，而比较文学只有在研究"古代民间传统"和"神话、传说、童话、民间故事"案例时才有意义。（Elster 1901: 33-47, 引自 Weisstein 1973: 193）艾尔斯特持此说法，是因为不了解比较语言学（比较语法）的真实史。只要贯通 17—19 世纪欧洲学术史就会认识到，"比较文学"在形成和发展过程中受到其重要影响。

毋庸置疑，德国的新欧洲文学或总体文学（包括 19 世纪德国传统色彩的比较文学）受到比较语言学的影响。其兴起，可以莫霍夫身兼文学史家和语言学家，其著作《条顿语和诗学教程》（1682）为证，赞赏荷兰学派的集大成者"伯克斯洪以其总体历史观负有盛名"（Morhof 1682: 11）。

18 世纪到 19 世纪之交，参与全面创建总体-比较文学史的施莱格尔兄弟都身兼比较语言学家。弗·施莱格尔（1808）从语言家族（印欧语）延伸到亚欧文学，主张这些文学是"一个密切连贯的建筑和构造"，体现的正是学术研究总体观，而用"新的智慧之光"（比较解剖学）揭示其间联系，则赞扬比较方法论。

撰写《新欧洲文化和文学的总体史》的艾希霍恩，也撰有西方第一部《现代语言学史》（1807）。作为古典语文学家，豪普特（1854）提出文学的平行研究（即语言的对应研究）。本费（1859）发现欧洲文学中的大部分故事情节源于印度（主题传播论），无疑来自印欧语比较的灵感（葆朴等认为梵语比欧洲古典语言更为古老）。他还撰有第一部比较语言学史专著《19世纪初以来的德国语言学和东方语文学的历史，以及对早期的回溯》（1869）。至于舍雷尔（1876）认为比较诗学、比较神话学就像比较语言学一样处理三方面的关系，与洪堡特（1822）关于语言关系的比较论述类似。此外，创办《比较文学和总体比较文学资源》（1877）的是匈牙利语言学家梅尔兹和布拉萨艾。主编《比较文学史杂志》的科赫，在发刊词（1887）中强调比较语言学与比较文学史的共同基础。

Friedrich Schlegel war es aber auch, der, nachdem Georg Forster schon 1791 Kalidasa's *Sakontala* aus dem Englischen übersetzt hatte, 1808 durch seine Schrift "über die Sprache und Weisheit der Indier" wie der ***vergleichenden Sprachwissenschaft***, so auch der vergleichenden Litteraturgeschichte eine neue Grundlage gab....Wie für die vergleichende Sprachwissenschaft so wurde auch für die vergleichende Litteraturgeschichte erst durch Erschliefsung des Orientalischen, insbesondere des indischen eine sichere Basis gewonnen. (Koch 1887: 6)

而正是弗里德里希·施莱格尔，在格奥尔格·福斯特从英语转译迦梨陀娑的《沙恭达罗》（1791）之后，他于1808年通过其作品《论印度人的语言和智慧》，既为**比较语言学**，也为比较文学史奠定了新的基础。……与比较语言学的情况一样，也只是拓展到东方文学，特别是印度文学，才为比较文学史获得了可靠的基础。

19世纪初的法国学者提出"比较文学"这一术语，尽管受到居维叶（1800）比较解剖学、德热朗多（1804）比较哲学史的影响，但是法国比较文学的一些早期研究者也身兼语言学家。剧作家和语言学家雷努阿尔著有《欧洲拉丁人语言与行吟诗人语言的比较语法》（1821）。作为"比较文学中的真正哥伦布"，安培身兼语文学家和文学家，所著《中世纪法国文学史，与外国文学比较，介绍法语的形成历史》（1841）与莫霍夫的《条顿语和诗学教程》类似，亦为文学史和语言史的相互观照。德裔法国语言学家本罗主持第戎学院比较文学讲座（1849），著有《语言比较科学概论，作为印欧语比较原理的介绍》（1858）。在文学各派众说纷纭的情况下，法国语言学家利特雷（Émile Littré, 1801—1881）坚决支持"比较"观点。利特雷早年就对比较语言学具有强烈兴趣，并在 1830 年介入比较解剖学的论争。（巴尔登斯贝格 1921，见干永昌 1985: 38）。提出"比较文学"术语仿照"比较语言学"的贝兹，大学专业是语言学。提出"文学进化论"的英国波斯奈特，即使并非语言学家，也坚持历史与比较的统一关系，其"历史-比较文学"与"历史-比较语言学"的理念毫无二致。

从 17 世纪晚期到 19 世纪，"总体-比较文学"或广义"比较文学研究"先后形成三个流派。首先形成是肇始 17 世纪晚期德国的总体文学流派（Morhof 1682），以及 18 世纪 70 年代的新版本"世界文学"（Schlözer 1772）；其次形成的是 19 世纪 30—40年代法国的文学关系流派（Villemain 1828, Ampère 1830, Chasles 1835）；再次形成的是 19 世纪 80 年代英国的文学进化流派（Posnett 1886）。总体文学流派把欧洲文学史视为多民族、多国家、多语种的总体历史系统，蕴含着由各民族语言文化组成的"新欧洲"理念，先后为英国（Montgomery 1833, Hallam 1837—1839）、比利时（Lacroix 1856）、俄罗斯（Афанасьев 1865, Весело́вский 1870, Корш 1880, Пы́пин 1897）、丹麦（Brandes 1871, 1906）、美国（Shackford 1871, Marsh 1896）和匈牙利（Lomnitz 1877）等国的一些学者接受并发展。文学关系流派重点比较两国之间的文学现象，尤其关注法国文学（希腊–罗马文学的传承）对其他民族文学的影响，隐含着拉丁或罗曼文学的主流立场。至于英国的文学进化流派，则受到社会达尔文主义或社会进化论，包括语言有机体学说或语言进化论的影响，其后为法国（Brunetière 1890）、美国（Gayley & Scott 1899）等国的一些学者所接受。大体而言，"总体–比较文学"就是超越民族文学界限的一股浪潮，早期学者的论著已经包含关系研究、平行研究和跨学科研究。

语言比较，存在着同源语言和非同源语言的比较。19 世纪初，德国语言学家已经意识到这两种相互联系而有区别的比较。伐特（1801）提出的"比较语法"：一是亲属语言的比较，以寻找历史共源（相当于关系或影响研究）；一是各种语言的比较，以揭示其结构差异（相当于平行或类型研究）。弗·施莱格尔（1808）不仅阐述了"比较语法"，而且区别了语言结构研究和历史谱系研究。洪堡特（1827—1829）提出的"语言联系的基本定律"（姚小平译 2001：412）或语言的四种联系，实际上包含了四种比较：1. 语言家族内语言的比较，2. 语言区域内语言的比较，3. 语言形式的比较，4. 语言共性的比较。洪堡特（1936）使用过"比较"的双重含义：一是"本质上仅具历史性质的比较语言研究"，一是"解答那些与最富有内在生命力的语言构造有关的问题，以及最重大的语言差异缘何而生的问题"（姚小平译 1999：16-17）。

20 世纪以来，波–俄学者博杜恩（Бодуэн де Куртенэ, 1845—1929）在《斯拉夫语言比较语法》（1902）中提出，最好用一组语言或语言区域的"比较评论"或"语言现象对比"来替代以往的"比较语法"。他提出的三种：非亲属语言比较、区域语言比较、亲属语言比较（Бодуэн 1963 Т. II: 30-32），用现在术语来说，即区分了对比语言学（类型）、区域语言学（接触）和亲属语言学（谱系）的三种比较。丹麦学者叶斯柏森（Otto Jespersen, 1860—1943）在《语法哲学》（1924）中提出建立"新的比较语法""可以充分考虑那些类型和谱系差异极大的语言"（Jespersen 1951: 346-347）。美国学者沃尔夫（Benjamin Lee Whorf, 1897—1941）则明确区分了"比较语言学"（comparative linguistics）和"对比语言学"（contrastive linguistics）这对术语或学科。（Whorf 1941: 250）虽然比较文学界也逐步意识到文学研究中的这种差别，关系研究侧重于相互影响和发展过程中的各种联系，甚至同源关系（主题传播论）；平行研究或类型研究则具有更广阔的学术视野，看上去没有关系的文学现象也能进行对比，但是并未从术语或学科名称上加以区分，从而引发一系列论争。

作为新欧洲文学关系研究，"总体文学"突显的是本体论或总体观（莫霍夫称"总体历史"），"比较文学"突显的是方法论或比较法（维尔曼称"比较描绘""比较历史"）。撇开理论层面的辨析，可以认为，20世纪比较文学界的所谓法国关系学派和美国平行学派（其观点多源自德国学派）之争，其实是罗曼文学和日耳曼文学的主导权之争。罗曼文学（欧洲南方文学代表）自诩古希腊-拉丁文学的传承，因此多关注对其他民族文学的影响。日耳曼学者（欧洲北方文学代表）认为其祖先也有文学，欧洲自古就存在多民族文学，故强调平等对待、平行研究。日耳曼文学的这种意识，正如16—17世纪比较语言学一样，其背景为文艺复兴的人本主义和历史主义，其驱动力则来自日耳曼民族的觉醒和寻根意识。[1]

1　16世纪初，在发现塔西陀（Tacitus, 55—120）和帕特尔库鲁斯（Paterculus, 约公元前19年—公元31年）的论著后，日耳曼人读到阿尔米纽斯（Arminius, 公元前18年—公元21年）率领日耳曼人在条顿堡森林击败罗马三个军团的事迹，对其祖先越发敬重，更加热爱其本族语，并希望进一步深入了解和研究。参见彭梵得（Giuliano Bonfante）《12—18世纪关于欧洲语言亲属关系的观念》（Ideas on the Kinship of the European Languages from 1200 to 1800, *Cahiers d'histoire mondiale: Journal of world history.* vol. 1, Éditions de la Baconnière. Paris. 1953, p. 686）。由此也就不难解释语言历史比较研究的杰出学者几乎都是日耳曼人（荷、比、英、德、瑞典、丹麦等）。

参考文献

巴尔登斯贝格著 1921, 徐鸿译, 1985, 比较文学: 名称与实质 [A], 载干永
　　昌编《比较文学研究译文集》, 上海: 上海译文出版社, 31-49 页。

布吕奈尔、比叔瓦、卢梭著 1983, 葛雷、张连奎译, 1989,《什么是比较文
　　学? 》[M], 北京: 北京大学出版社。

辜正坤, 2007,《中西文化比较导论》[M], 北京: 北京大学出版社, 2017
　　第 8 次印刷。

洪堡特著 1827-1829, 姚小平编译, 2001, 论人类语言结构的差异 [A], 载
　　《洪堡特语言哲学文集》, 长沙: 湖南教育出版社, 226-421 页。

洪堡特著 1836, 姚小平译, 1999, 论人类语言结构的差异及其对人类精神
　　发展的影响》[M], 北京: 商务印书馆。

雷马克著 1961, 张隆溪译, 1982, 比较文学的定义和功用 [R], 载张隆溪
　　选编《比较文学译文集》, 北京: 北京大学出版社, 1-16 页。

李葆嘉, 2010,《哥廷根-魏玛: 揭开 "世界文学" 之谜》, 未刊稿。

李葆嘉、王晓斌、邱雪玫, 2020《尘封的比较语言学史: 终结琼斯神话》[M],
　　北京: 科学出版社。

林玮生, 2014, 比较文学研究的目的论向度分析 [J],《社会科学》(5):
　　185-191。

罗宾斯著 1997, 许德宝等译, 1997,《简明语言学史》(第 4 版) [M], 北
　　京: 中国社会科学出版社。

彭建华, 2016,《当代比较文学》[M], 上海: 三联书店。

邱雪玫、李葆嘉, 2020, 西方 "语言学" 名义考论 [J],《中国外语》(3):
　　45-54。

苏珊·巴斯奈特著 1993, 查明建译, 2015,《比较文学批评导论》[M], 北京:
　　北京大学出版社。

韦勒克著 1970, 黄源深译, 1985, 比较文学的名称与性质 [A], 载干永昌编
　　《比较文学研究译文集》, 上海: 上海译文出版社, 136-159。

韦勒克、华伦著 1962, 周纯译, 1985, 总体文学、比较文学、国别文学 [A],
　　载干永昌编《比较文学研究译文集》, 上海: 上海译文出版社, 175-
　　183 页。

乌尔利希·韦斯坦因著 1973, 刘象愚译, 1987,《比较文学与文学理论》
　　[M], 沈阳: 辽宁人民出版社。

吴泽霖, 2000, 俄苏历史比较文艺学的特征 [J], 《北京师范大学学报》(3): 63-68。

姚小平, 1995, 西方的语言学史学研究 [J], 《外语教学》(2): 1-7+43。

Афанасьев, А. Н (Afanasyev, A. N.). 1865、1868、1869. *Поэтические воззрения славян на природу. Опыт сравнительного изучения славянских преданий и верований, в связи с мифическими сказаниями других родственных народов* [M]. 3 т., М.: Типография Грачева и Комп..

Agricola, R. 1479. *De inventione dialectica libri tres* [M]. 1528. [未署出版地及出版商。]

Alvin, A. L-J. G. 1836. *Études de littérature comparée* [M]. Gand: Dujardin.

Alvin, A. L-J. G. 1841. *Études de littérature comparée, à l'usage du cours supérieur d'humanité* [M]. Anvers: Ancelle.

Ampère, J. J. 1830. *De l'histoire de la poésie: Discours prononcé à l'Athénée de Marseille pour l'ouverture du cours de littérature, le 12 mars 1830* [M]. Feissat éd., Marseille.

Ampère, J. J. 1833 [1832]. De la littérature française dans ses rapports avec les littératures étrangères au Moyen Âge: Discours d'ouverture [J]. *Revue des deux mondes, période initiale*. 2e série, tome 1, 22-34.

Ampère, J. J. 1839-1840. *Histoire littéraire de la France avant le XIIe siècle* [M]. 3 tomes, Paris: L. Hachette.

Ampère, J. J.1841. *Histoire de la littérature française au moyen âge. Comparée aux littératures étrangères. Introduction, Histoire de la Formation de la Langue Française* [M]. 3 tomes, Paris: Tessier.

Ampère, J. J. 1848. *La Grèce, Rome et Dante: études littéraires d'après nature* [M]. Paris: Didier.

Andrews, J. 1785. *A Comparative View of the French and English Nations, in Their Manners, Politics and Literature* [M]. London: T. Longman.

Arnold, M. 1865. *Essays in Criticism (First Series)* [M]. London: Macmillan & Co.

Baer, K. E. 1827. *De ovi mammalium et hominis genesi* [M]. Leipzig: S. L. Vossii.

Baer, K. E. 1828. *Über Entwickelungsgeschichte der Thiere* [M]. 2 Bde., Königsberg: Bornträger.

Banier, A. A. 1711. *La Mythologie et les fables expliquées par l'histoire* [M]. 3 tomes, Paris: Breton.

Bassnett, S. 1993. *Comparative Literature: A Critical Introduction* [M]. Oxford

UK: Blackwell.

Baudouin de Courtenay (Бодуэн де Куртенэ). 1963. Избранные труды по общему языкознанию [M]. Москва: Издательство Академии Наук СССР.

Becanus, J. G. 1569. *Origines Antwerpianaesive Cimmeriorum Becceselana, novem libros complexa, Atuatica, Gigantomachia, Niloscopium, Cronia, Indoscythica, Saxsonica, Gotodanica, Amazonica, Venetica et Hyperborea* [M]. Antwerpen: Christophori Plantini.

Belon, P. *L'Histoire de la nature des oyseaux* [M]. Paris: Corrozet.

Benfey, Th. 1859. *Panchatantra* [M]. Leipzig: F. A. Brockhaus.

Benfey, Th. 1869. *Geschichte der Sprachwissenschaft und Orientalischen Philologie in Deutschland seit dem Anfange des 19. Jahrhunderts mit einem Rückblick auf die früheren Zeiten* [M]. München: Cotta'schen Buchhandlung.

Benloew, L. 1858. *Aperçu général de la science comparative des langues pour servir d'introduction à un traité comparé des langues indo-européenes* [M]. Paris: Durand.

Betz, L-P. 1896. Critical Observations on the Nature, Function and Meaning of Comparative Literary History [A]. In H-J. Schulz & P. H. Rhein eds., *Comparative Literature: The Early Years*. Chapel Hill: U. of North Carolina. 1973. pp. 133-151.

Betz, L-P. 1900−1901. Literatur vergleichung [J]. *Das litterarische Echo* 3, S. 657-665.

Betz, L-P. 1902. *Studien zur vergleichenden Litteraturgeschichte der neueren Zeit* [M]. Frankfurt: Rütten & Loening.

Betz, L-P. 1904. *La Littérature Comparée: Essai Bibliographique* [M]. Strasbourg: K. J. Trübner.

Blainville, H. M. D. 1829. *Cours de physiologie générale et comparée* [M]. Paris: Rouen Frères.

Blainville, H. M. D. 1839−1864. *Ostéographie ou description iconographique comparée du squelette et du système dentaire des mammifères récents et fossiles* [M]. 4 tomes, Paris: G. Baillière.

Bouterwek, F. L. 1801−1819. *Geschichte der neuern Poesie und Beredsam- keit* [M]. 12 Bde., Göttingen.

Boxhorn, M. Z. 1647a. *Bediedinge van de tot noch toe onbekende Afgodinne Nehalennia, over de dusent ende meer Jaren onder het sandt begraven, dan onlancx ontdeckt op het strandt van Walcheren in Zeelandt* [M]. Leyden: Willem Christiaens vander Boxe.

Boxhorn, M. Z. 1647b. *Vraagen voorghestelt ende Opghedraaghen aan de Heer Marcus Zuerius van Boxhorn,over de Bediedinge van de tot noch toe on-bekende Afgodinne Nehalennia, onlangs by Hem uytgegeven* [M]. Leyden: Willem Christiaens vander Boxe.

Boxhorn, M. Z. 1647c. *Antwoord van Marcus Zuerius van Boxhorn, Gegeven op de Vraaghen, hem voorgestelt over de Bediedinge van de Afgodinne Ne-halennia, onlancx uytgegeven. In welcke de ghemeine herkomste van der Griecken, Romeinen, ende Duytschen Tale uyt den Scythen duydelijck bewe-sen, ende verscheiden Oudheden van dese Volckeren grondelijck ontdeckt ende verklaert worden* [M]. Leyden: Willem Christiaens vander Boxe.

Boxhorn, M. Z. 1654. *Originum Gallicarum Liber. In quo veteris & nobilissimæ Gallorum gentis origines, antiquitates, mores, lingua & alia eruuntur & illustrantur: cui accedit antiquae linguae Britannicae lexicon Britannico-Latinum, cum adjectis & insertis ejusdem authoris Agadiis Britannicis sapientiae veterum druidum reliquiis, & aliis antiquitatis Britannicae Gallicaeque nonnullis monumentis* [M]. Amstelodami: Joannem Jansso-nium.

Brandes, G. 1906. *Ur Hovedstrømninger i det 19de Aarhundredes Litteratur* [M]. 6 Flyvninger. København: Gyldendalske.

Brunetière, F. 1890. *L'évolution des genres dans l'histoire de la literature* [M]. Paris: Hachette et cie.

Camper, P. 1778. *On the Points of Similarity between the Human Species, Quadrupeds, Birds, and Fish; with Rules for Drawing,Founded on this Similarity*. Lecture.

Carrière, M. 1854. *Das Wesen und die Formen der Poesie. Ein Beitrag zur Philo-sophie des Schönen und der Kunst. Mit literarhustorischen Erläuterungen* [M]. Leipzig: F. A. Brockhaus. Édition révisée. *Die Poesie, ihr Wesen und ihre Formen mit. Grundzügen der vergleichenden Literaturgeschichte* [M]. Leipzig: F. A. Brockhaus. 1884.

Chasles, E. P. 1847. *Études sur l'antiquité, précédées d'un essai sur les phases de l'histoire littéraire et sur les influences intellectuelles des races* [M]. Paris: Amyot.

Chasles, E. P. 1847. *Études sur l'Espagne et sur les influences de la littérature espagnole en France et en Italie* [M]. Paris: Amyot.

Chasles, E. P. 1850. *Études sur la littérature et les mœurs de l'Angleterre au XIXe siècle* [M]. Paris: Amyot.

Chasles, E. P. 1851. *Études sur la littérature et les mœurs des Anglo-américains au XIXe siècle* [M]. Paris: Amyot.

Chasles, E. P. 1852. *Études sur W. Shakespeare, Marie Stuart et l'Arétin. Le drame, les mœurs et la religion au XVIe siècle* [M]. Paris: Amyot.

Chasles, E. P. 1867. *Questions du temps et problèmes d'autrefois. Pensées sur l'histoire, la vie sociale, la littérature. Cours du collège de France 1841– 1867* [M]. Paris: Baillière.

Chasles, E. P. 1876. *Études sur le seizième siècle en France, précédées d'une Histoire de la littérature et de la langue française de 1470 à 1610, et suivies d'une Chronologie de l'histoire littéraire et de l'histoire des arts de 1451 à 1610* [M]. Paris: Charpentier.

Chateaubriand, F-R. 1797. *l'Essai historique, politique et moral sur les révolutions anciennes et modernes, considérées dans leurs rapports avec la Révolution française* [M]. Londres et Paris: Deboffe et Miere.

Chateaubriand, F-R. 1848–1850. *Mémoires d'Outre-Tombe* [M]. 12 tomes, Paris: Penaud frères.

Corstius, J. C. Brandt 1961. Willem de Clercq als literatuurhistoricus en comparatist [J]. V*erslagen en Mededelingen Koninklijke Vlaamse Academie voor Taal-en Letterkunde*, vol. 4, 481-504.

Coste, J. M. C. V. 1837. *Embryogénie comparée: Cours sur le développement de l'homme et des animaux* [M]. Paris: Amable Costes.

Cuvier, G.1800–1805. *Leçons d'anatomie comparée* [M]. 5 tomes, Paris: Baudouin.

Cuvier, G.1817. *Le Règne animal distribué d'après son organisation, pour servir de base à l'histoire naturelle des animaux et d'introduction à l'anatomie comparée* [M]. 4 tomes, Paris: Déterville.

Dante, A. 1305. *De Vulgari Eloquentia Libri Duoi* [M]. Parisiis: Apud Io. Corbon, 1577.

Degérando, J. M. 1804. *Histoire comparée des systèmes de philosophie, considérés relativement aux principes des connaissances humaines* [M]. Paris:

Henrichs.

Dibdin, Ch. 1800. *A Complete History of the English Stage; Introduced by a Comparative and Comprehensive Review of the Asiatic, the Grecian, the Roman, the Spanish, the Italian, the Portuguese, the German, the French, and Other Theatres, and Involving Biographical Tracts and Anecdotes* [M]. 5 vols., London: The Author.

Duquesnel, A. 1836. *Histoire des Lettres avant le Christianisme. Cours de littérature* [M]. 2 tomes. Paris: Renduel.

Duquesnel, A. 1841−1845. *Histoire des lettres, cours de littérature comparées* [M]. 2 tomes. Paris: Coquebert.

Eichhorn, J. G. 1796−1799. *Allgemeine Geschichte der Kultur und Literatur des neuern Europa* [M]. 2 Bde., Göttingen.

Eichhorn, J. G. 1805−1813. *Geschichte der Literatur von ihrem Anfänge bis auf die neuesten Zeiten* [M]. 6 Bde., Göttingen.

Eichhorn, J. G. 1807. *Geschichte der neuern Sprachenkunde*. Göttingen: Vandenhoeck und Ruprecht.

Elster, E. 1901. Weltliteratur und Literatur vergleichung [J]. *Archiv* 107, 33-47.

Fullbecke, W. 1602. *The Pandectes of the Law of Nations* [M]. Londres: Thomas Wight.

Filon, Ch. A. D. 1832. *Histoire comparée de France et de d'Angleterre* [M]. Paris: L. Hachette.

Gayley, Ch. M. 1893. *The Classic Myths in English Literature and in Art* [M]. Boston: Ginn and Company.

Gayley, Ch. M. & F. N. Scott. 1899. *An Introduction to the Methods and Materials of Literary Criticism, vol. 1: The Bases in Aesthetics and Poetics* [M]. Boston : Ginn & Company.

Gayley, Ch. M. 1903. What is Comporative Literature? [J]. *Atlantic Monthly*, vol. 92, 56-68.

Geiger, L. 1887. Zur Einführung, *Zeitschrift für vergleichende Litteraturgeschichte* [M]. Berlin: A. Haack.

Gelenius, S. 1537. *Lexicum symphonum quo quatuor linguarum Europae familiarium, Graecae scilicet, Latinae, Germanicae ac Sclauinicae concordia consonatiiaq' indicatur* [M]. Basileae: Froben & Episcopius.

Germanistisches Institut der Ruhr-Universität Bochum. 2005. *Studienhilfen Kom-*

paratistik [OL]. http://www.ruhr-uni-bochum.de/komparatistik/downloads/ Studienhilfen.rtf, 15. März.

Grässe, J. G. Th.1837—1857. *Lehrbuch einer allgemeinen Literärgeschichte aller bekannten Völker der Welt: von der ältesten bis auf die neueste Zeit* [M]. 4 Bde., Dresden & Leipzig.

Grässe, J. G. Th. 1844—1850. Handbuch der allgemeinen Litteräturgeschichte aller bekannten Völker der Welt [M]. 4 Bde., Dresden: Arnold.

Grässe, J. G. Th. 1854. *Leitfaden der allgemeinen Literäturgeschichte* [M]. Leipzig: G. Gräbner.

Gregory, J. (Anonymous). 1765. *A Comparative View of the State and Faculties of Man, with those of the Animal World* [M]. London: J. Dodsley. German version, *Vergleichung des Zustandes und der Kräfte des Menschen, mit dem Zustande und den Kräften der Thiere: In auserlesenen Anmerkungen über die Erziehung, die Naturgaben, die Künste und Wissenschaften, und die Religion.* Berlin, 1768. French version, *Parallèle De La Condition Et Des Facultés De L'Homme Avec La Condition Et Les Facultés Des Autres Animaux: Contenant des Observations critiques sur l'usage qu'il fait des facultés qui lui sont propres.* Paris, 1769.

Grew, N. 1675. *The Comparative Anatomy of Trunks, Together with an Account of Their Vegetation Grounded Thereupon* [M]. London: Walter Kettilby.

Grew, N. 1676. *The Comparative Anatomy of the Stomachs and Guts Begun* [M]. London: Tho. Malthu.

Hallam, H. 1837—1839. *Introduction to the Literature of Europe in the Fifteenth, Sixteenth, and Seventeenth Centuries* [M]. 4 vols. Paris: Bad Dry's European Library.

Hartmann, J. D. 1797—1798. *Versuch einer allgemeinen Geschichte der Poesie von den ältesten Zeiten an. Ein Beitrag zur Geschichte der menschlichen Kultur* [M]. 2 Bde., Leipzig: Johann Ambrosius Barth.

Herder, J. G. 1767. *Fragmente über die neuere deutsche Litteratur* [M]. Riga: Hartknoch. In *Herder Werke*. Bd. 19. Hempel, 1879.

Herder, J. G. 1985. *Herders Werke in zehn Bänden* [M]. Hrsg. Martin Bollacher. Bd. I. Frankfurt: Deutscher Klassiker Verlag.

Humboldt, W. 1795. Plan einer vergleichenden Anthropologie [A]. In Wilhelm von Humboldt. *Bildung und Sprache*, besorgt von Clemens Menze, Paderborn: Ferdinand Schöningh, 1974. S. 29-58.

Humboldt, W. 1979. *Wilhelm von Humboldt. Bildung und Sprache* [M]. Clemens Menze ed., Paderborn: Ferdinand Schöningh.

Jespersen, O. 1924. *The Philosophy of Grammar* [M]. London: George Allen & Un Win Ltd. Rpt., 1951.

Jöcher, C. G. 1751. *Allgemeines Gelehrten-Lexicon* [M]. vol. III. Leipzig.

Kate, L. 1723. *Aenleiding tot de Kennisse van het Verhevene Deel der Neder-duitsche Sprake waer in Hare zekerste Grondslag, edelste Kragt, nuttelijkste Onderscheiding, en geregeldste Afleiding overwogen en naegespoort, en tegen het Allervoornaemste der Verouderde en Nog levende Taelverwanten, als't Oude Mæso-Gotthisch, Frank-Duitsch, en Angel-Saxisch, beneffens het Hedendaegsche Hoog-Duitsch en Yslandsch, vergeleken word* [M]. Amsterdam: Rudolph en Gerard Wetstein.

Koch, M. 1887. Zur Einführung [J]. *Zeitschrift für vergleichende Litteratur-geschichte*. Band 1, 1-12, Berlin: A. Haack.

Koch, M. ed., 1901−1907. *Studien Zur Vergleichenden Literaturgeschichte* [M]. 7 Bde., Berlin: A. Duncker.

Koerner, E. F. K. 1978. *Western Histories Linguistic Thought. An Annotated Chronological Bibliography 1822−1976* [M]. Amsterdam: John Benjamins.

Корш, В. Ф. 1880−1892. *Всеобщая история литературы* [M]. С.-Петербург: Издание Карла Риккера.

Kuraish, Judah ibn. 1857 [8~9th C]., *Risalah al-ḥakim* [M]. Bargès & Goldberg, eds., Paris: Taba' fi al-mahrusah Baris.

Lacroix, A. J. B. M. 1856. *Histoire de l'influence de Shakspeare sur le théâtre français jusqu'à nos jours* [M]. Bruxelles: Lesigne.

Lowth, A. M. R. 1753. *De sacra poesi Hebræorum prælectiones academicæ Oxonii Habitæ* [M]. Goettingæ: Joan Christ Dieterich.

Marsh, A. R. 1896. *The Comparative Study of Literature* [M]. Harvard University.

Meres, F. 1598. *A Comparative Discourse of our English poets, with the Greek, Latin, and Italian Poets* [A]. In *Palladis Tamia: Wits Treasury*. London: P. Shor.

Michaud, J. F. ed., 1843. *Biographie universelle ancienne et moderne* [J]. vol. 29. Paris: Michaud frères Desplaces.

Monnier, M. 1884. *Histoire de la littérature moderne, La Renaissance, de Dante à Luther* [M]. Paris: Librairie Firmin-Didot.

Montgomery, J. 1833. *Lectures on Poetry and General Literature* [M]. London: Longman.

Morhofen, D. G. 1682. *Unterricht von der deutschen Sprache und Poesie, deren Uhrsprung, Fortgang und Lehrsätzen: Wobey auch von der reimenden Poeterey der Außländer mit mehren gehandelt wird* [M]. Kiel: Reumann.

Morhofi, D. G. 1688-1692. *Polyhistor, sive de auctorum notitia et rerum commentarii: qvibus praeterea varia ad omnes disciplinas consilia et subsidia proponuntur* [M]. Lübeck: Böckmanni.

Mundt, Th. 1846. *Allgemeine Literäturgeschichte* [M]. Berlin: Simion.

Müller, J. P. 1826. *Zur vergleichenden Physiologie des Gesichtssinns des Menschen und der Thiere* [M]. Leipzig: Cnobloch.

Nasr, A. M. 2011. *Perspectivas Comparatistas y Representación De La Realidad En La Obra De Benito Pérez Galdós y De Yahyà Ḥaqqī, Nazarín y Albusṭayī (El Cartero) Como Prototipos* [D]. Tesis doctoral, Universidad Autónoma De Madrid, Facultad De Filosofía y Letras.

Noël, F. J. M. & G. F. M. J. de La Place. eds., 1804. *Leçons françaises de littérature et de morale*, 2 vols., Paris. Édition révisée. *Cours De Littéra ture Comparée, ou Leçons françaises de littérature et de morale* [M]. Paris: Le Normant.

Noël, F. J. M. & M. J. de La Place. 1816. Mettre à jour. *Muséum Littéraire, Ou Cours De Littérature Comparée. Études et Leçons Françaises de Littérature et de Morale, Ou Recueil, en prose et en vers, des plus beaux Morceaux de notre Langue dans la Littérature des 17, 18 et 19ᵉ siècles; ouvrage classique à l'usage de tous les Établissements d'instruction, de l'un et de l'autre sexe.* Gand: Busscher. 1822.

Posnett, H. M. 1886. *Comparative Literature* [M]. London: Kegan Paul.

Posnett, H. M. 1901. The Science of Comparative Literature [J]. *Contemporary Review* 79: 855-872. Rpt. In H. J. Schulz & P. H. Rhein eds., *Comparative Literature: The Early Years An Anthology of Essays*. Chapel Hill: University of North Carolina Press. 1973, pp. 183-206.

Postel, G. 1538. *De originibus seu de Hebraicae linguae et gentis antiquitate, deque variarum linguarum affinitate* [M]. Parisiis: Dionysium Lescuier.

Puibusque, A-L. 1843. *Histoire comparée de la littérature espagnole et fran-*

çaise [M]. 2 tomes. París: Dentu.

Пыпин, А. Н. (Alexander Nikolayevich Pypin) & В. Д. Спасович (Vladimir Spasovich). 1897−1881. *История славянских литературы* [M]. т. 1-2, С.-Петербург.

Quinet, J. L. E. 1839. *Allemagne et Italie: philosophie et poésie* [M]. Paris & Leipzig: Desforges.

Raynouard, F. J. M. 1821. *Grammaire comparée des langues de l'Europe latine, dans leurs rapports avec la langue des troubadours* [M]. Paris: Didot.

Ritter, K. 1817−1852. *Die Erdkunde im Verhältniß zur Natur und zur Geschichte des Menschen: oder allgemeine vergleichende Geographie, als sichere Grundlage des Studiums und Unterrichts in physikalischen und historischen Wissenschaften* [M]. Berlin: G. Reimer. Trans. French version by Eugène Buret & Edouard Desor. *Géographie générale comparée, ou Étude de la terre dans ses rapports avec la nature et avec l'histoire de l'homme. Pour servir de base à l'étude et à l'enseignment de sciences physiques et historiques.* Belge: Société typographique, 1838.

Rodericus Ximénez de Rada. 1243. *De rebus Hispaniae* [M]. Trans. into Spanish by Juan Fernández Valverde, *Historia de los hechos de España*. Madrid: Alianza, 1989.

Sainte-Beuve, C. A. 1828. *Tableau historique et critique de la poésie française et du théâtre français au XVI* siècle* [M]. 3 tomes, Paris: Gallimard.

Sainte-Beuve, Ch. A. 1868. Jean Jacques Ampère, le fondateur du comparalisme français [J]. *La revue des deux mondes*. 1 septembre.

Saintsbury, George Edward Bateman. 1900, 1902, 1904, *A History of Criticism and Literary Taste in Europe from the Earliest Texts to the Present Day* [M]. 3 vols. New York: Dodd, Mead.

Salmasius, C. 1643. *De Hellenistica commentarius* [M]. Leiden: Length.

Sanctis, F. 1870. *Storia della letteratura italiana* [M]. 2 vols., Napoli: A. Morano.

Sayce, R. A. 1966. *Year Book of Comparative and General Literature XV* [M]. Horst Frenz ed., Bloomington: Indiana University.

Scherr, J. 1851. *Allgemeine Geschichte der Literatur* [M]. Stuttgart: Franckh.

Scherer, W. 1876. *Kleine Schriften* [M]. Leipzig: Teubner.

Schlegel, A. W. 1807. *Comparaison entre la Phèdre de Racine et celle d'Euripide* [M]. Paris: Tourneisen Fils.

Schlegel, A. W. 1809–1811 [1808]. *Vorlesungen über dramatische Kunst und Literatur* [M]. 3 Bde., Heidelberg: Mohr und Zimmer.

Schlegel, A. W. 1847 [1803]. Recension von Bernhardis Sprachlehre [A]. In *ugust Wilhelm Schlegel, Sämtliche Werke*, hrsg. Eduard Böcking, vol. 12, 141-154. Leipzig: Weidmann.

Schlegel, A. W. 1884. *Vorlesungen über Schöne Litteratur und Kunst. Zweitee Teil (1802–1803). Geschichte der klassischen Litteratur* [M]. Stuttgart: G. J. Göschen'sche Verlagshandlung.

Schlegel, F. 1798. *Geschichte der Poesie der Griechen und Römer* [M]. Berlin: Unger.

Schlegel, F. 1808. *Über die Sprache und Weisheit der Indier, Ein Beitrag zur Begründung der Altertumskunde* [M]. Heidelberg: Mohr und Zimmer.

Schlegel, J. E. 1741.Vergleichung Shakespears und Andreas Gryphs [A]. In *Beyträge Zur Critischen Historie Der Deutschen Sprache, Poesie und Beredsamkeit*, hrsg. von einigen Liebhabern der deutschen Litteratur, Bd. 7, Leipzig: Breitkopf, S. 540-572.

Schlözer, A. L. 1773. *Isländische Litteratur und Geschichte* [M]. Göttingen und Gotha.

Schulz, H-J. & P. H. Rhein ed., 1973. *Comparative Literature: The Early Years; An Anthology of Essays* [M]. Chapel Hill: University of North Carolina Press.

Schmid, Ch. H. 1776. Über die Hauptperioden in der Geschichte der Dichtkunst [J]. *Gothaisches Magazin der Künste und Wissenschaften*, Bd. I, S. 21-41; 199-210; 210-224.

Scoppa, L. A. 1811–1814. *Les vrais principes de la versification, développés par un examen comparatif entre la langue italienne et la langue française* [M]. 3 tomes. Paris: Courcier.

Sobry, J-F. 1810. *Poétique des arts, ou Cours de peinture et de littérature comparées* [M]. Paris: Delaunay.

Texte, J. 1898. *Études de littérature européenne* [M]. Paris: A. Colin.

Texte, J. 1895. Jean-Jacques Rousseau et le Cosmopolitisme littéraire [J]. Paris, 1895. *Revue des Deux Mondes*, 4ᵉ période, tome 130, 676-691. *Jean-Jacques Rousseau et les origines du cosmopolitisme littéraire* [M]. Genève: Hachette. 1899. Rpt. Genève: Slatkine 1970.

Tressan, M. 1796. *Mythologie comparée avec l'histoire* [M]. Londres: J. M. Dulonchamp.

Tyson, E. 1699. *Orang-Outang, sive Homo Sylvestris: or, the Anatomy of a Pygmy Compared with that of a Monkey, an Ape, and a Man* [M]. London: Thomas Bennet.

Vater, J. S. 1801. *Versuch einer allgemeinen Sprachlehre: Mit einer Einleitung über den Begriff und Ursprung der Sprache und einem Anhange über die Anwendung der allgemeinen Sprachlehre auf die Grammatik einzelner Sprachen und auf die Pasigraphie* [M]. Halle: Rengerschen Buchhandlung.

Vesalius, A. (Andries van Wesel). 1543. *De humani corporis fabrica* libri septem. [M]. Basileæ: Johannes Oporinus.

Веселовский, Александр Н. (Alexander Veselovsky) 1873. Сравнительная мифология и её метод [J]. *Вестник Европы: журнал*. № 10. С. 637-680.

Веселовский, Александр Н. 1879–1883. Разыскания в области русского духовного стиха. СПб: Тип. Имп. Академии наук.

Веселовский, Александр Н. 1908~1915. *Италия и Возрождение* [M]. Том первый (1870–1899). СПб.: Тип. Имп. Академии наук, 1908. Том второй. Вып. 1 (1871–1905), 1909. Том второй. Вып. 2 (1861–1876), 1909. Том третий (1893). Боккаччо, его среда и сверстники. Том первый. Пг.: Тип. Имп. Академии наук, 1915.

Веселовский, Александр Н. 1913. *Поэтика* [M]. Том первый (1870–1899). Том второй. Вып. 1 (1897–1909). СПб.: Тип. Имп. Академии наук.

Веселовский, Александр Н. 1921–1930. *Роман и повесть* [M]. Том первый, Вып. 1. Славянские сказания о Соломоне и Китоврасе и западные легенды о Морольфе и Мерлине. Пг.: Двенадцатая государственная Тип. 1921. Том первый, Вып. 2. Л.: Изд-во Академии наук СССР, 1930.

Веселовский, Александр Н.. 1940. *Историческая поэтика* [M]. Ред., вступ. ст. и прим. В. М. Жирмунского. Л.: Гослитиздат.

Веселовский, Александр Н.. 1989. *Историческая поэтика* [M]. Москва: Высшая школа.

Веселовский, Алексей Н. (Alexey Veselovsky). 1883. *Западное влияние в русской литературе: Сравн.-ист.* [M]. Москва: тип. Гатцука.

Villemain, A. F. 1828–1829. *Cours de littérature Française: Tableau de la littérature Française au XVIIIᵉ siècle* [M]. 4 tomes. Paris: Didier.

Villemain, A. F. 1830. *Tableau de la littérature au moyen âge en France, en Italie, en Espagne et en Angleterre* [M]. 2 tomes. Paris: Didier.

Villemain, A. F. 1840. *Cours de littérature Française* [M]. 6 tomes. Paris: Didier.

Villers, Ch. F. D. 1807. *Érotique comparée, ou Essai sur la manière essentiellement différente dont les poètes français et allemands traitent l'amour* [M]. Paris: J. Gamber.

Vulcanius of De Smet. 1597. *De literis et lingua Getarum sive Gothorum* [M]. Leyden: Raphelengius.

Warton, Th. 1774—1781.*The History of English Poetry, from the Close of the Eleventh to the Commencement of the Eighteenth Century* [M]. 3 vols., London: Thomas Tegg.

Wachler, J. F. L. 1793—1801.*Versuch einer allgemeinen Geschichte der Literatur* [M]. 4 Bde., Lemgo : Meyer.

Weisstein, U. 1973. *Comparative Literature and Literary Theory: Survey and Introduction* [M]. Bloomington & London: Indiana University Press.

Wellek, R. 1968, The Name and Nature of Comparative Literature [A]. In Stephen G. Nichols & Richard B. Vowles eds., *Comparatists at Work: Studies in Comparative Literature*. Waltham, Mass.: Blaisdell, pp. 3-27. Rpt. in René Wellek, *Discriminations: Further Concepts of Criticism*, New Haven & London: Yale University Press. 1970.

Whorf, B. L. 1941. Languages and Logic [J]. *Technology Review*, vol. 43, 250-252+266+268+272.

附记：本文初稿于 2018 年 12 月，修改于 2019 年 6 月。

现代语言学史论

博杜恩·德·库尔特内（1870）创立应用语言学

提　要：本文提出三个问题：1. 博杜恩关于应用语言学的论述见于何时、何处、何文？ 2. 博杜恩论述的内容为何？ 3. 博杜恩提出的研究范围和当今学者有何异同？通过追溯，答案如下：1. 1870 年 12 月 17 日和 29 日，博杜恩在彼得堡大学语言学课程导论课上阐述了应用语言学，讲稿《关于语言学和语言的若干原则性看法》刊于 1871 年。2. 博杜恩不仅提出了"应用语言学"（与"纯粹语言学"相对）这一术语，而且所论内容包括：语言技艺（语言教学技艺、语言建设技艺、语言研究技艺）、语言资料应用（应用于古代史和文化史、人种学和民族学、人类学和动物学）。3. 博杜恩提出的研究范围和当今学者基本一致，所谓"语言研究技艺"与机器应用语言学相对应。现代语言学的主要观点见于博杜恩的《关于语言学和语言的若干原则性看法》，可以认为，该文就是"现代语言学的宣言书"。

关键词：博杜恩；应用语言学；理论创建；研究内容

　　关于应用语言学理论的最初创建，学术界语焉不详。通常认为：19 世纪初语言理论和应用两方面的研究开始分化；19 世纪叶末博杜恩提出"应用语言学"这个概念；20 世纪 40 到 50 年代，随着语言教育和科技文化的发展，应用语言学才作为一门独立学科建立起来。对于这门当代盛行的学科，有必要清晰梳理其缘起，阐述其最初理论创建，以丰富语言学史，推动应用语言学领域的各项研究。首先来看几部通行的应用语言学教材的相关叙述。

桂诗春编著《应用语言学》（语言学系列教材）：

> **谁先提出"应用语言学"这个词难于稽考。**……一般认为，把应用语言学和语言教学联系起来的这一特定含义，首见于本世纪40年代的美国。早在1946年，美国密执安大学就建立了英语学院；……并出版了著名的《语言学习》（*Language Learning*），其副题就叫《应用语言学杂志》（*Journal of Applied Linguistics*）。
>
> **尽管40年代已经出现了应用语言学的说法，**人们一般把80年代中叶当作应用语言学的发展时期……（桂诗春1988，导言第11页）

作者提及20世纪40年代出现应用语言学的说法，谁先提出这个词难于稽考。根据编著时参考的国外应用语言学论著，如科德《应用语言学导论》（P. Corder: *Introducing Applied Linguistics*, 1973）、艾伦等《爱丁堡应用语言学教程》（J. Allen, et al: *The Edinburgh Course in Applied Linguistics*, 1975）、沃德豪等《应用语言学纵览》（R. Wardhaugh et al: *A Survey of Applied Linguistics*, 1976）、卡普兰《论应用语言学的范围》（R. Kaplan: *On the Scope of Applied Linguistics*, 1980）、西奥等《应用语言学和外语教学》（Theo van Els et al: *Applied Linguistics and the Learning and Teaching of Foreign Languages*, 1984）、威多森《应用语言学探索（二）》（H. Widdowson: *Explorations in Applied Linguistics 2*, 1984），可知这些英美学者不了解"应用语言学"这个术语的提出者及其年代。

刘涌泉、乔毅编著《应用语言学》（现代语言学丛书）：

> 应用语言学这个名称，是波兰语言学家J. N. 博杜恩·德·库尔特内在**19世纪70年代**提出来的。（序言，第III页）
>
> **19世纪下半叶**，博杜恩·德·库尔特内（J. Baudouin de Cour-

tenay, 1845—1929）就提出"应用语言学"这个概念，但没有得到广泛的注意。（刘涌泉等 1991，概说第 2 页）

作者已知博杜恩 19 世纪 70 年代或下半叶提出"应用语言学"（未注出处），但不了解准确年份。

冯志伟著《应用语言学综论》（语言文字应用研究丛书）：

"应用语言学"（Applied Linguistics）这个术语，是首先由波兰语言学家博杜恩（J. Baudouin de Courtenay, 1845—1929）于 **1870 年提出**的，但是这门学科却直到本世纪 40 年代才开始建立起来。（冯志伟 1999，第 1 页）

作者准确指出博杜恩在 1870 年提出这一术语（未注出处）。

于根元主编《应用语言学概论》（应用语言学系列教材）：

1870 年波兰语言学家博杜恩·德·库尔特内提出"应用语言学"这一术语，……到 20 世纪 40—50 年代第二次世界大战后，……对语言在各方面的应用提出诸多课题，于是一门多学科结合的应用语言学才作为独立学科建立起来。（于根元 2003，总序第 1 页）

19 世纪末叶，波兰 J. N. 博杜恩·德·库尔特内提出了应用语言学这个概念。独立的应用语言学学科形成的标志是 1964 年第一届国际应用语言学大会在法国召开和国际应用语言学学会的成立。（于根元 2003，绪论第 6 页）

"1870 年博杜恩提出应用语言学"，可能参考的是冯志伟（1999）；"19 世纪末叶提出"，可能参考的是刘涌泉、乔毅（1991）。

齐沪扬、陈昌来主编《应用语言学纲要》（复旦博学·语言学系列）：

19 世纪后期，1870 年波兰语言学家博杜恩·德·库尔特内提出要区分"纯粹语言学"和"应用语言学"，首次提出"应用语言学"这个术语，**但并没有引起人们的注意**。直到 20 世纪 40 年代，由于外语教学的发展，人们才开始重视应用语言学的研究。**一般认为美国是应用语言学的发源地。**（齐沪扬等 2004，前言第 1 页）

虽然其旨趣在于"吸取当前应用语言学研究的最新成果，系统阐述了应用语言学的产生、发展、性质、学科地位与研究方法"（见该书内容提要），但说法仍是"一般认为美国是应用语言学的发源地"。

面对以上论述或蛛丝马迹，试图提出如下问题：1. 博杜恩关于应用语言学的论述见于何时、何处、何文？ 2. 博杜恩论述的具体内容为何，是仅仅提出"应用语言学"这一术语，还是已经阐述或创建了应用语言学理论？ 3. 博杜恩提出的应用语言学理论（包括研究范围）和当代学者的说法有何异同？现基于博杜恩的《关于语言学和语言的若干原则性看法》（1870），参考克尔纳和斯维迪克（Koerner & Szwedek）主编的《走进波兰语言学史：从早期开端到 20 世纪末》（2001）、伯恩斯和布朗（Berns & Brown）的《应用语言学简明百科全书》（2010），以寻求明确答案。

一、博杜恩关于应用语言学的论述见于何时、何处、何文？

波-俄语言学家博杜恩·德·库尔德内（Бодуэн де Куртенэ，1845—1929），先后取得两个硕士学位（华沙高等学校斯拉夫语言专业 1866，彼得堡大学比较语法专业 1870）和两个博士学位（莱比锡大学比较语法专业 1870、彼得堡大学比较语法专业 1875）。从 1875 年开始，博杜恩先后在喀山大学（1875—1883）、沙俄辖下的爱沙尼亚多帕特大学（Dorpat University, 1883—1893）、奥匈帝国辖下的亚盖隆大学（Jagiellonian University, 1893—1899），以及圣彼得堡大学（St. Petersburg, 1900—1918）任教。1918 年回到独立后的波兰，任华沙大学荣誉教授（1918—1929）。

　　1870 年，博杜恩以编外副教授的资格，在彼得堡大学印欧语比较语法教研室开设语言学课程，12 月 17 日和 29 日，在导论课上阐述了对应用语言学的构想。该讲稿《关于语言学和语言的若干原则性看法》（*Некоторые общие замечания о языковедении и языке*），次年刊于俄罗斯《人民教育部杂志》153 号（*Журнал Министерства Народного Просвещения*, 1871, 153: 279-316）。杨衍春译为《关于语言学和语言的一般性见解》（载博杜恩《普通语言学论文选集》，第 15—36 页，2012）。本文所引博杜恩论述依据俄文，并参考杨衍春汉语译文及英语译文（Koerner & Szwedek 2001）。

二、博杜恩论述的具体内容为何？

　　据我们的阅读理解，《关于语言学和语言的若干原则性看法》包括五部分：第一，语言技艺；第二，语言学研究流派；第三，语言的发展和存在规律；第四，纯粹语言学和应用语言学；第五，关于语言和语言学的定义。有关"应用语言学"的内容，见于第一和第四部分。

　　博杜恩提出：

　　Прежде всего нужно отличить **чистое языковедение**, языковедение само по себе, предметом которого служит сам язык как сумма в известной степени однородных фактов, подходящих в своей общности под категорию так называемых проявлений жизни человечества, –и **языковедение прикладное**, предмет которого составляет применение данных чистого языковедения к вопросам из области других наук. (Бодуэн 1963 Т. I: 62)

　　首先，很有必要区分**纯粹语言学**（чистое языковедение）与**语言学应用**（языковедение прикладное），前者即语言学自身，其主题是把语言自身视为某种同质性事实的概括，归因于所谓人类生活表征范畴的普遍性，后者的主题是把纯粹语言学的资料应用于其他学科领域。

纯粹语言学包括两方面：一是全面分析已有的语言材料；一是研究人类言语的起源和原始构成，分析语言存在的一般心理生理条件。第一方面即"积极语言学"，可分为两部分：分析语言结构和组成；语言分类研究。前一部分即广义语法学，包括语音学、构词学和句法学。

在语音学研究中，博杜恩首次提出语言的静态和动态研究：

Предмет фонетики составляет: а) рассмотрение звуков с чисто физиологической точки зрения, естественные условия их образования, их развития, и их классификация, их разделение… б) роль звуков в механизме языка, …это разбор звуков с морфологической, словообразовательной точки зрения….в) генетическое развитие звуков, их история, …это разбор звуков с точки зрения исторической. Первая физиологическая и вторая морфологическая части фонетики исследуют и разбирают законы и условия жизни звуков состоянии языка **в один данный момент (статика звуков)**. Третья же часть – историческая – законы и условия развития звуков **во времени (динамика звуков)**. (Бодуэн 1963 Т. I: 65-66)

语音学的主题是：（1）从纯粹生理的角度考虑音素及其形成的自然条件，它们的发展、分类和区别……（2）语言机制中的音素作用，……这种音素分析从形态学、构词学角度出发。……（3）音素的产生发展及其历史……这是从历史角度分析语音。语音学的第一部分生理和第二部分形态，是考察和分析某一时刻语言状态的音素规律和存在条件（**音素的静态性**）。第三部分是考察和分析某一时期音素的——历史法则及其演化条件（**音素的动态性**）。

1842 年，德国哲学家孔德（M. X. Comte, 1798—1857）在《实证哲学教程》（*Cours de Philosophie Positive*, Bände 4）中按照物

理学的静力和动力分类，首次将社会学划分为社会静力学和社会
动力学。博杜恩将其引进语言学领域，划分了语言（当时主要针
对语音）的"静态"（статика）和"动态"（динамика）。

在句法学研究中，博杜恩提出了语言研究的"年代原则"
（хронологический принцип）：

Положение 1-е. Данный язык не родился внезапно, а происходил
постепенно в течение многих веков: он представляет результат
своеобразного развития в разные периоды....Такие результаты работы
различных периодов, заметные в данном состоянии известного
объекта, в естественных науках называются слоями: применял это
название к языку, можно говорить о слоях языка, выделение которых
составляет одну из главных задач языковедения.

Положение 2-е. Механизм языка и вообще его строй и состав
в данное время представляют результаты всей предшествовавшей
ему истории, всего предшествовавшего ему развития, и наоборот,
этим механизмом в известное время обусловливается дальнейшее
развитие языка.

Положение 3-е. Крайне неуместно измерять строй языка в
известное время категориями какого-нибудь предшествующего или
последующего времени. Задача исследователя состоит в том, чтобы
подробным рассмотрением языка в отдельные периоды определить
его состояние, сообразное с этими периодами, и только впоследствии
показать, каким образом из такого-то и такого-то строя и состава
предшествующего времени мог развиться такой-то и такой-то строй
и состав времени последующего. (Бодуэн 1963 Т. I: 67-68)

第一，某种语言并非突然产生的，而是经历几个世纪逐渐形成
的——它反映了不同时期特殊发展的结果。……在自然科学中，把
这种层叠性对象中，显而易见的由不同时期造成的结果称为"层
次"——将这一术语用于语言，我们就可以讨论"语言层次"，选择

层次是语言学的主要任务之一。

第二，当时的语言机制，一般而言，其语言结构和组合反映了此前的全部历史发展结果，反之亦然，语言的继续发展取决于已知时期的语言机制。

第三，通过此前或此后时期的某些范畴来衡量某一特定时代的语言结构，是非常不合适的。研究者的任务是通过详细分析某一时期的语言来确定与该时期一致的状况，并且仅在最终揭示，后一时期的某种结构和组成可能由前一时期的某种结构和组成发展而来，等等。

博杜恩的"语言层次"理论受自然科学（主要是地质学）的影响。我们可以将这些依次概括为"层次原则"（层次性）、"历史原则"（连续性）和"特定原则"（当时性）。所谓"特定原则"即"当时态原则"或"静态原则"。语言研究的"年代原则"是划分语言静态和动态的理论基础。

在纯粹语言学之后，博杜恩转而阐述应用语言学：

Что касается прикладного языковедения, то оно состоит:

1) в применении данных из грамматики к вопросам из области мифологии (этимологические мифы), древностей и истории культуры вообще (сравнение слов, важных в культурно-историческом отношении, цвет которого составляет первобытная, или доисторическая, история, воссоздаваемая при помощи языноведения и называемая также лингвистическою палеонтологией), в определении посредством грамматических исследований взаимного влияния народов друг на друга и т. д.;

2) в применении данных из систематики к этнографическим и этнологическим вопросам и к вопросам из истории народов вообще (разделение языков в связи с естественным разделением человечества) и пр.;

3) в применении результатов исследования второго отдела

(о начале языка и т. д.) к вопросам, составляющим предмет антропологии, зоологии к т. п. (причем лингвистина имеет, впрочем, только второстепенную важность). (Бодуэн 1963 T. I: 74)

至于应用语言学，它包括：

（1）将语法资料应用于神话学领域（神话词源）、古代史和一般文化史的问题（比较具有原始或史前色彩的文化和历史方面的重要词语，在语言研究帮助下进行历史重建，这也称为语言古生物学），通过语法研究来确定各民族之间的相互影响等；

（2）将语言分类资料应用于民族志和人种学问题，以及民族史上的一般问题（语言的分区与人类分布的自然区域有联系）和其他问题；

（3）将第二部分（关于语言的起源等）的研究成果，应用于人类学、动物学等学科的问题（尽管语言学在此仅是次要的）。

一方面，博杜恩认为，应用语言学的目标就是要把语言学成果"应用"于解决其他科学的问题；另一方面，博杜恩认识到在实践中应用语言学成果的可能性，但同时强调，这方面的研究并非语言科学的主题，而是语言技艺的任务，由此必须区分**"语言科学"**与**"语言技艺"**。

Различие искусства в обширном смысле слова (следовательно, не только изящного искусства) и науки вообще вполне соответствует различию практики и теории, знания, равно как различию изобретения и открытия. Искусству свойственны технические правила и предписания, науке – обобщения фактов, выводы и научные законы. Искусство представляет две стороны: 1) постоянную практику на основании предания и 2) улучшение средств к осуществлению практических задач этого искусства. (Бодуэн 1963 T. I: 48)

广义的技艺（故不仅指纯艺术）与科学之间的区别，等同于实践与理论之间、知识与发明或发现之间的区别。技艺的特点在于工艺规程，而科学则是事实、结论和科学规律的综合。技艺表现为两方面：1. 基于传统的不断实践；2. 改进完成本领域实际任务的手段。

具体而言，博杜恩把语言技艺分为三类：第一类，把语言学成果应用于日常语言生活；第二类，为建设民族文学语言采取措施；第三类，语言科学的研究技艺。

在第一类中，博杜恩提出人类活动的四个领域，这些领域可以通过语言科学的指导得到改善。

1) Первое из них есть усвоение языка и языков, – начиная с ранних лет в течение всей жизни, – которое отчасти составляет один из вопросов дидактики, отчасти же есть дело совершенно самостоятельного труда, успех которого зависит от больших или меньших способностей и практической ловкости учащегося. ... **Успехи по этой части зависят в высокой степени от применения открытий чистой науки языковедения**, которая, по отношению к родному языку, дает прочные основания к тому, чтобы надлежащим и настоящим современным образом а) способствовать младенцу в его первых попытках говорить на отечественном языке и б) в более позднем, детском и юношеском возрасте приучать и приучаться к свободному и искусному владению тем же отечественным языком; по отношению же к иностранным языкам **практическая польза языковедения состоит в облегчении толкового и сознательного изучения иностранных языков как для того**, чтобы понимать их без всякого затруднения, так и для того, чтоб излагать на них свои мысли совершенно правильно и свободно. Искусство состоит здесь в улучшении средств практического изучения самим же учащимел – в улучшении упражнений или же в улучшении и надлежащем применении приемов преподавания другим чужих языков. По середине между изучением родного языка и изучением языков иностранных стоит изучение языка литературного, объединяющего

весь народ, облегчающего взаимное понимание его членов.

2) Совершенно особыми приемами отличается искусство обучения глухонемых какому-нибудь языку.

3) хороший метод обучения детей (и взрослых) читать и писать на известном языке.

4) орфография, правописание, соответствующее результатам науки. (Бодуэн 1963 Т. I: 48-49)

1. 首先是掌握语言——语言从襁褓始贯穿一生——其中一部分构成教学问题，一部分属于完全独立的自学问题，其成效取决于学习者不同程度的能力和实际上的灵活性。……这一部分的成功，在很大程度上依靠对纯粹语言学所发现科学知识的应用，对母语而言，它为正确的现代教学方式提供强有力的理由：a）帮助婴儿第一次尝试说母语；b）在以后的儿童和青少年时期能够自由而熟练地掌握母语；对外语而言，语言学的实际用途包括促进他们善于并自觉地学习外语，以便毫无困难地理解，并能完全正确和轻松地表达其想法。这里的技艺也包括提高学生自学的实践方法——练习的效果更好或不断改善，并且可以正确地应用于其他外语的教学法之中。在学习母语和学习外语之间，还要学习将整个民族团结在一起的文学语言，加深其成员的相互了解。

2. 教会聋哑人学习语言的技艺，是完全不同的非常特殊的方法。

3. 采用正确的方法，教会儿童（和成人）掌握阅读和写作所熟悉语言的能力。

4. 掌握正确的拼写和拼读，与语言科学取得的成果相一致。

博杜恩提出的针对这些领域的语言运用研究，至今仍然有效。

面对当时语言学界热衷于语言历史比较，博杜恩提醒：

...мы видим, что языковедение вообще мало применимо к жизни: с этой точки зрения в сравнении, например, с физикою, химией, механикой и т. п. Оно является полнейшим ничтожеством. Вследствие того оно принадлежит к наукам, пользующимся весьма малою популярностью, так что можно встретить людей даже очень образованных, но не понимающих или даже вполне отрицающих потребность языковедения. (Бодуэн 1963 T. I: 50)

……我们发现，语言学一般很少运用于生活，从比较的角度来看，例如与物理、化学、力学等相比，语言学显得无足轻重。正因为如此，语言学成了普及程度极低的科学，以致于即使受过良好教育的人们也不了解，甚至完全否认语言学也能满足人们的需求。

语言生活中的语言学需求——可以视为博杜恩区分纯粹和应用，给应用语言学一席地位的原因。

在第二类中，博杜恩既强调建设民族文学语言的重要性，又指出要避免干涉语言的自然发展。

Житейские потребности, стремление к удобству, к упрощению, к облегчению взаимных отношений между людьми, стремление создать общий орган для литературы народа, орган, который вместе с тем соединял бы и в жизни всех современных членов народа, а в литературе каждое поколение с его предками и потомками, – все эти потребности и стремления вызвали появление в каждом литературно объединенном народе одного, в известном смысле условного и образованного языка. Сущность и назначение такого языка имеют необходимым последствием стремление к застою, стремление к тому, чтобы задерживать язык в его естественном течении. Здесь мы встречаем довольно могущественное влияние человеческого сознания на язык.

С другой стороны, сознательное и бессознательное стремление к идеальному, стройному, правильному порождает языковой пуризм, граничащий с педантизмом и заставляющий своих представителей вмешиваться постоянно в естественное развитие языка, класть veto против известных явлений, кажущихся почему-то неправильными, и приказывать, чтобы то-то и то-то в языке приняло

такой-то и такой-то вид. Пекутся известные правила и известные
тоже исключения из этих правил, …Разумеется, что грамматики,
смотрящие на язык с такой точки зрения, не имеют понятия о его
развитии: им неизвестно. (Бодуэн 1963 Т. I: 50)

日常生活的需求，希望方便、简洁，促进人与人之间相互关
系的心愿，创造民族文学共同体的愿望，与此同时，这一共同体将
全民族所有现代成员的生活，通过文学与其祖先和后代联结在一
起——所有这些需求和愿望会导致文学统一的每个民族，形成一种
在某种意义上具有规约性和富有教养的语言。然而，这种语言的本
质和目的必然后果难免墨守成规，试图制约语言的自然发展。在此
我们发现人类意识对语言具有相当强大的影响力。

另一方面，有意或无意地追求不切实际的、不断纠偏的正确性，
由此导致语言纯洁主义。这种几近迂腐的态度致使该民族的代表人
物不断干预语言的自然发展，对某些看似错误的已知现象加以指责，
并规定语言中的某些某些现象必须怎样怎样。既要知道有一定规则，
也要知道这些规则有例外。……当然，从这一立场看待语言的语法，
也无法知道任何发展线索。

博杜恩主张努力建设民族文学语言的共同传统，将整个民族
联结在一起，但是深知，语言的发展有其自然状态和规律，如果
墨守成规会制约语言的发展。这些见解仍然基于语言的静态和动
态观。

在第三类中，博杜恩就语言研究本身提出研究者需要一定的
技艺。

Кроме этих лингвистических искусств из области взаимных
отношений науки и жизни, теории и практики, есть еще искусство
в самой же науке, искусство в ее осуществлении, **одним словом,
техническая сторона науки**. Под эту категорию мы должны
подвести, с одной стороны, практику науки, ее повторение и
распространение, с другой же стороны – ее совершенствование

посредством разных открытий и улучшенного метода с целью ускорить исследование ее вопросов отдельными учеными, облегчить ее усвоение людям, начинающим заниматься.

Главные условия осуществления науки в своем уме следующие: достаточное количество материала и надлежащий научный метод. Достаточным количеством материала можно запастись, только изучая явления, образуя из них научные факты и таким образом определяя предмет исследования…

Рядом с собиранием материала идут научные приемы, научный метод: 1) в исследовании, в выводах из фактов, 2) в представлении результатов науки и в сообщении их другим, в преподавании. (Бодуэн 1963 T. I: 51-52)

除了科学与生活、理论与实践这些相关领域的语言技艺（ лингвистические искусства），科学本身仍然存在技艺，技艺就在其实施之中，**总之，这些属于科学的技术方面**。一方面，我们应当将科学的实践、反复训练和传播推广包括在这一范围内；另一方面，通过发现各种改进措施，以加速个别科学家对其问题的研究，帮助人们吸收研究成果。

在您脑海中实施科学工作的主要条件是：数量足够的材料和适当的科学方法。只有通过研究现象，从中形成科学事实，由此确定研究主题，才能积累数量足够的材料……

在收集材料之后还有科学方法，科学方法包括：1. 研究的方法，从事实中作出结论的方法；2. 在教学中呈现科学成果并与他人交流的方法。

综上，博杜恩基于理论与实践、科学与技艺之间的区别和联系，关注语言生活中的语言学需求，所提出的应用语言学包括语言资料应用和语言技艺两大部分。前者是将语言学研究成果应用于其他学科的相关问题，后者是用语言学研究成果指导语言社会生活（此外还有语言科学研究的技艺）。

1870 年，博杜恩在《关于语言学和语言的若干原则性看法》中担心的是"语言学很少运用于指导语言生活"。而 1904 年，博杜恩在《语言科学》（Языкознание）中已经瞻望：

> Хотя из языкознания извлекалось до сих пор мало практической пользы, но тем не менее мы имеем право предполагать, что в недалеком будущем применение языкознания, как и его основной науки – психологии, сыграет весьма важную роль как в педагогике, так и в разных сферах практической жизни. (Бодуэн 1963 Т. II: 101-102)

> 虽然从语言学研究中取得的实际效益迄今很少，但是我们仍然有理由假定，在不远的未来，语言学的应用会像其主要基础学科心理学一样，将在教育和日常生活的各个领域发挥十分重要的作用。

博杜恩的预见终于在 20 世纪 50 年代以来日益彰显。

三、博杜恩提出的理论和当代学者有何异同？

我们先梳理一下当代学者所认为的应用语言学理论或研究范围。桂诗春认为：

> **应用语言学是一门新兴的边缘语言学科，它的研究对象、范围，它的学科体系都尚未定型……**。我们所见到的国外出版的几本应用语言学教科书各有不同的处理方法，大部卷帙浩繁，难以效法。本书围绕语言本质的八个方面，介绍各个语言学科的基本特点及其新的研究成果，讨论它们对语言教学的启发意义和应用。（桂诗春 1988，序第 1 页）

> 鉴于应用语言学这个词容易引起误解，又有人如斯波尔斯基（B. Spolsky），主张把它改称为教育语言学（educational linguistics）。（桂诗春 1988，导言第 2 页）

作者围绕语言本质的八个方面（生成系统、任意性、有声、约定俗成、传递工具、言语社区、人类独有、共同性），讨论"它们对语言教学的启发意义和应用"，即狭义"应用语言学"领域。

刘涌泉、乔毅认为：

> 根据近年来的发展趋势看，似有必要区分为一般应用语言学和机器应用语言学。前者处理面向人的一些问题，后者处理面向电子计算机的一些问题。……机器应用语言学研究得比较多的问题有：实验语音学、机器翻译、情报检索、语文信息处理、自然语言理解、言语统计等。（刘涌泉等 1991，前言第 III 页）

该书独具特色，主要论述的是机器应用语言学问题。

冯志伟认为：

> 就我国的情况而言，应用语言学似乎可以大致分为以下五个主要的方面：1. 国家的语言规划和语言计划，语言文字的规范化、标准化、现代化；2. 语言学与计算机的结合，如机器翻译、计算机情报检索、汉语言文字的信息处理等；3. 语言学习与语言教学，包括外语教学、汉语教学、对外汉语教学等；4. 语言学与社会学的结合，如社会语言学、文化语言学等；5. 语言学与心理学的结合，如心理语言学、神经语言学等。（冯志伟 1999，序言第 2 页）

> 该书主要论述了四大部分：语言教学、语言规划、自然语言处理、应用语言学的其他领域（社会语言学、心理语言学、人类语言学、地理语言学、神经语言学、病理语言学、语言风格学、实验语音学、儿童语言发展学、人名学、地名学、广播电视语言研究、体态语研究、翻译、速记、语言侦破），第四部分学科林立。齐沪扬等列举的研究领域有增无减，但书中讨论的主要是语言教学、对外汉语教学、语言测试、中文信息处理、语言规划与语言调查、社会语言学、儿童语言发展、地名学和人名学。（齐沪扬等 2004，第 4 页）

于根元提出：

　　应用语言学是一门独立的交叉学科，分广义、狭义两种。……我们取广义的，包括语言应用的各个方面，范围是开放的，具体包括四大部分：一是语言教学，主要研究第二语言教学或外语教学；二是语言规划，主要研究语言地位问题和语言文字规范化、标准化；三是广义的社会语言学，研究语言同社会的关系和语言的社会应用；四是语言本体和本体语言学同现代科技的关系，例如语言信息处理和计算语言学。（于根元2003，总序第3页）

　　该书的特色是阐明应用语言学的研究方法和基本理论，论述"中国的应用语言学"的主要领域。第五章包括：推广普通话、现代汉语规范化、中国的语言教学、计算语言学；第六章包括：新词新语、播音主持语言、法律语言、广告语言、网络语言、语言交际。

　　参照于根元提出的四大部分，博杜恩提出的应用语言学研究范围可大致对应如下。

　　语言技艺部分：

　　（一）将语言学成果用于掌握语言。【语言教学；语言规划】

　　（1）将语言学成果用于指导母语学习、外语学习和标准语学习。包括如何提高外语能力，以及运用适当的外语教学方法。【母语学习、外语学习、标准语学习】

　　（2）采用不同的教学方法教聋哑人学习语言。【特殊语言教学】

　　（3）采用恰当的方法教育儿童（和成人）掌握语言的阅读和写作能力。【语文能力教学】

　　（4）掌握正字法和适用于科研成果的写作规则。【语言规划：语言文字规范化】

　　（二）建设民族文学语言的共同传统。【语言规划：共同语建设】

（三）从事语言科学研究的技艺。【与机器应用语言学问题有关；李葆嘉（2003）提出语言研究科技】

资料应用部分：

（1）将语法学领域的资料应用于神学、古代史和一般文化史的研究。【语言成果和文化历史的关系】

（2）将语言分类学的资料应用于人种学和民族学以及民族史上的一般问题研究。【语言分类和人种民族的关系】

（3）将语言起源等研究用于人类学、动物学等学科的论题。【辅助人类学、动物学的研究】

除了 20 世纪下半叶形成的机器应用语言学，就面向人的一般应用语言学（语言教学、语文建设、语言成果的跨学科使用）而言，博杜恩的应用语言学都已经包括。而博杜恩提出的语言科学研究技艺（当时尚无计算机科学，但是博杜恩在其论文中多次强调语言研究的数学方法、统计方法，倡导语言研究的精密化），言语统计、语料库使用可视为语言研究技艺的现代化。（李葆嘉 2003）

至于社会语言学（博杜恩 1888、1889）、心理语言学（博杜恩 1888、1889、1903）、地理语言学（博杜恩 1930），乃至病理语言学（博杜恩 1885）、儿童语言学（博杜恩 1895，他称之为胚胎语言学）、神经语言学（博杜恩 1870，1885，1889，1890，1903），博杜恩在其论著中皆有论述，但是未将这些囊括进应用语言学。而此类学科是否属于应用语言学值得斟酌。比如，社会语言学把"语言的社会性"引入语言学研究，强调语言是社会的语言，不能离开语言社团和社会背景讨论语言事实，其目标是通过语言的社会性探求语言的演变机制，并非"应用"就能概括其特性。同理，心理语言学、神经语言学、病理语言学、儿童语言学、地理语言学、人类语言学都是独立的语言学分支学科，适宜归属于"交叉语言学/跨学科语言学"学科群。换而言之，**我们**

主张将语言学划分为三个群：理论语言学、应用语言学、跨学科语言学。

四、本哈迪划分的纯粹语言学和应用语言学

刘涌泉等提及："19 世纪初，理论方面的研究和应用方面的研究开始分化，例如，作为应用语言学一个分支的语言教学同当时着重探讨历史问题的语言学分了手"（刘涌泉等 1991，概说第 2 页），齐沪扬等提及："1870 年博杜恩首次提出'应用语言学'这个术语，但并没有引起人们的注意"（齐沪扬等 2004，前言第 1 页）。对此类学术史的问题，不宜照抄旧说，或含糊其辞，而要查考当时的语言学文献，对其状况加以追溯。

实际上，博杜恩（1870）并非将语言学区分为"纯粹"和"应用"两部分的第一人。早在 70 年之前，18 世纪与 19 世纪之交的德国语言学家奥古斯特·弗里德里希·本哈迪（August Friedrich Bernhardi, 1768—1820）已经提出类似区分。其《语法学》（*Sprachlehre*，属于广义语法学，相当于我们所谓的语言学）第一部分刊于 1801 年，副题是"纯粹语法学"（*Reine Sprachlehre*）；第二部分刊于 1803 年，副题是"应用语法学"（*Angewandte Sprachlehre*）。在第一部分《序言》中，本哈迪承认从数学家那里受到启迪，才把语言学划分为纯粹与应用两部分。在德国，"纯粹数学"（*reine Mathematik*）这一术语来自康德（I. Kant, 1724—1804）的《纯粹理性批判》（1781）。康德认为，"纯粹理性"（*reinen Vernunft*）是独立于一切经验之外的理性，纯粹数学是理性的纯粹产物。此后，数学家引入这一术语。1810 年，法国数学家热尔戈纳（J. D. Gergonne, 1771—1859）创办《纯粹与应用数学年刊》（*Annales de mathématiques pures et appliquées*）。

　　作为整体语言学的一部分，本哈迪认为，应用语言学考察在概念和思想领域更有效地运用语言潜力的可能性，比如语言在诗歌和科学中的运用，此外还有考察语言表情声音的音乐功能。由此可见，本哈迪**提出的应用语言学是指语言运用，而非语言教学**。然而，这一区分很快被语言比较的浪潮湮没了。直至 66 年后，博杜恩才重新区分纯粹语言学和应用语言学，有可能受到本哈迪的影响，但没有确证。可以肯定的是，各自为应用语言学确定的任务不同，而博杜恩对应用语言学的论述更接近现代学者对这门学科的理解。

　　博杜恩提出的"应用语言学"，并非没有引起一些学者的注意。20 世纪初，德国印欧语言学家赫尔曼·希尔特（Herman Hirt, 1865—1936）在《印欧人：他们的分布及其故乡和文化》（*Die Indogermanen. Ihre Verbreitung, ihre Urheimat und ihre Kultur*, 1905—1907）中提过德语的"应用语言学"（*angewandte Sprachwissenschaft*）；法国印欧语言学家保罗·雷诺德（Paul Regnaud, 1838—1910）在《拉丁语和希腊语词源词典：基于进化论方法的希腊语与拉丁语关系，印欧应用语言学》（*Dictionnaire étymologique du latin et du grec dans ses rapports avec le latin d'après la méthode évolutionniste, linguistique indo-européenne appliquée*, 1908）中提过法语的"印欧语应用语言学"。与博杜恩一样，其目标是将语言学成果应用于其他学科以及第一、第二语言获得。（Berns & Brown 2010: 6-7）

　　通过追溯，给出的答案是：1. 1870 年 12 月 17 日和 29 日，博杜恩在俄罗斯彼得堡大学印欧语比较语法教研室语言学课程的导论课上，论述了应用语言学，讲稿《关于语言学和语言的若干原则性看法》刊于俄罗斯《人民教育部杂志》1871 年 153 号。2. 博杜恩的论述内容包括两大部分：语言技艺（语言教学技艺、语言建设技艺、语言研究技艺）；语言资料应用（应用于古代史和一般文化史；应用于人种学和民族学；应用于人类学、动物学）。博杜恩并非仅仅提出"应用语言学"（与"纯粹语言学"相对）这一术语，而是创建了应用语言学理论。3. 博杜恩提出的研究范围和当今学者基本一致，所谓"语言研究技艺"与机器应用语言学具有对应关系。**史实表明，应用语言学形成于 1870 年的俄国彼得堡大学，而非 1946 年的美国密执安大学。**

作为创建现代语言学的枢纽人物，从 19 世纪 70 年代起，博杜恩阐明了有关现代语言学的一系列理论观点、研究方法、分支学科（20 世纪中叶才蓬勃发展）。例如：纯粹语言学和应用语言学、语言研究的年代原则、语言的外部和内部、语言的静态和动态（1870），语言的三分法（1870）、二分法（1889），语言的系统性或"系统的系统"（1870，1877，1888），语言联盟理论或接触语言学（1872—1874），语言的省力或经济原则（1876），神经语言学（1870，1885，1889，1890，1903），现代音位学和语音交替理论（1881，1895），病理语言学（1885）、胚胎语言学或幼儿语言学（1885），社会语言学、心理语言学或社会-心理语言学（博杜恩 1888、1889、1903），语言系统的类比联想和邻接联想（1888），进化语言学、生理语音学（实验语音学）、语言的科学方法论（1901）以及对比语言学方法（1902）等。**现代语言学的主要观点见于博杜恩的《关于语言学和语言的若干原则性看法》，可以认为，该文就是"现代语言学的宣言书"。**（李葆嘉、邱雪玫 2013；李葆嘉、叶蓓蕾 2018）

参考文献

冯志伟，1999，《应用语言学综论》[M]，广州：广东教育出版社。

桂诗春，1988，《应用语言学》[M]，长沙：湖南教育出版社。

李葆嘉，2003，论语言科学与语言技术 [J]，《中国语言学报》（11）：162-179。

李葆嘉、邱雪玫，2013，现代语言学理论形成的群体模式考察 [J]，《外语教学与研究》(3): 323-338。

李葆嘉、叶蓓蕾，2018，索绪尔〈教程〉与博杜恩理论的比对》[J]，《南开语言学刊》(2): 132-148。

刘涌泉、乔毅，1991，《应用语言学》[M]，上海：上海外语教育出版社。

齐沪扬、陈昌来主编，2004，《应用语言学纲要》[M]，上海：复旦大学出版社。

博杜恩著1871，杨衍春译2012，关于语言学和语言的一般性见解 [A]，《普通语言学论文选集》(上): 15-36。

于根元主编，2003，《应用语言学概论》[M]，北京：商务印书馆。

Baudouin de Courtenay (Бодуэн де Куртенэ). 1871. "Некоторые общие замечания о языковедении и язык" [J]. *Журнал Министерства Народного Просвещения*, 153: 279-316. In: *Бодуэн де Куртенэ. Избранные труды по общему языкознананию.* Издателъство Академни Наук СССР, Москва. 1963. с. 47-77.

Bernhardi, A. F. 1801, 1803, *Sprachlehre* [M]. Erster Theil. *Reine Sprachlehre*, 1801; Zweiter Theil. *Angewandte Sprachlehre*, 1803. Berlin: Heinrich Frölich.

Berns, M. & K. Brown, 2010, *Concise Encyclopedia of Applied Linguistics* [M]. Kidlington: Elsevier Ltd.

Hirt, H. 1905-1907, *Die Indogermanen. Ihre Verbreitung, ihre Urheimat und ihre Kultur* [M]. Bd. I 1905, Bd. II. 1907. Strassburg: Trübn. Nabu Press, Reprint, 2011.

Koerner, E. F. K. & A. Szwedek. eds., 2001, *Towards a History of Linguistics in Poland: From the Early Beginnings to the End of the Twentieth Century* [M]. Amsterdam: John Benjamins.

Regnaud, P. 1908. *Dictionnaire étymologique du latin et du grec dans ses rapports avec le latin d'après la méthode évolutionniste, linguistique indo-européenne appliquée* [M]. Lyon: A. Rey.

附记：本文初稿于2017年3月，修改于2018年9月。邱雪玫、李葆嘉合作。压缩稿题名为《博杜恩·德·库尔特内（1870）创立应用语言学考论》，刊于《南京师范大学文学院学报》，2019年第2期。

继往开来的西方三代社会语言学

提　要： 本文基于俄法英美德原始文献钩沉，围绕核心概念，首次系统梳理西方三代社会语言学，揭示其学科形成和发展的关键点。社会语言学的兴起受到 19 世纪法国社会学的影响。第一代社会语言学（19 世纪后期）引进社会学概念，提出语言科学是"心理–社会学"或"社会科学"，强调语言是社会事实，社会结构的变化导致语言的变化。第二代社会语言学（20 世纪上半叶）提出"语言社会学""社会语言学"学科名称，出现社区语言调查、城市方言研究，以及与民族学的交叉。第三代社会语言学（20 世纪下半叶），对语言和社会结构的共变展开量化研究，从微观和宏观方面全面探索语言的社会功能。史实显示，法国学者深受布雷阿尔和梅耶的影响，苏联学者发扬博杜恩的学说，英国学者将其视为情境研究的拓展。深受欧洲社会学派、功能学派等影响的瓦恩莱希奠定了美国社会语言学的理论基础，其学生拉波夫和友人费什曼促使其走向前台。

关键词： 社会语言学；博杜恩；梅耶；格拉塞列；道扎特；波利万诺夫；瓦恩莱希

在社会语言学论著中，经常看到与之类似的叙述：

众所周知，"社会语言学"（Social linguistics）是 20 世纪 50 年代由美国语言学家哈佛·柯里[1]（H. Currie）最早提出的。随后，这

1　本文中译为柯理。

一语言学新学科在 60 年代初的美国蓬勃发展起来，……自此，社会
语言学逐渐发展成为一门独立的语言学科。（郭锦桴 2005:125）

一个"众所周知"，致使多少人信以为真。

1991 年，波兰裔语言学史家克纳尔（Ernst Frideryk Konrad
Koerner）在《走进现代社会语言学史》的结语中写道：

> 本世纪初，梅耶（Meillet）受杜尔凯姆社会学的影响，在撰
> 写文章时，并未专门为语言和语言变化研究的新方法命名。而仅仅
> 几年之后，即 1909 年，其同胞拉乌尔·德·拉·格拉塞列（Raoul
> de la Grasserie, 1839—1914）在一篇纲领性文章中讨论了**语言社会
> 学**（sociologie linguistique）。尽管术语**社会语言学**（sociolinguistics）
> 1952 年之前并未出现，但在豪根（Haugen）和瓦恩莱希（Weinreich）
> 1953 年研究中的使用已为时稍晚。由柯理（Haver C. Currie, b.
> 1908）创造并用于纲领性论文中的这一术语，涉及我们称为言语的
> "（社会性）注册"年份（1952）。1956 年，沃利斯（Wallis）采用了
> 这一术语；同年，皮克福德（Pickford）对美国方言学进行"社会学
> 评估"。然而，看来"社会语言学"成为语言研究重要分支领域的公
> 认名称，又经历了将近十年。（Koerner 1991: 65）

1999 年，法国语言学家卡尔维（Louis-Jean Calvet）在《社
会语言学的起源》中列出一份英、法"社会语言学"术语出现的
暂定年份表（参考了 Koerner 1991）。

> Raoul de la Grasserie 1909 (sociologie linguistique), Hodson
> 1939 (sociolinguistics), Nida 1949 (sociolinguistics), Haugen 1951
> (sociolinguistics), Currie 1952 (sociolinguistics), Weinreich 1953
> (sociolinguistic), Pickford 1956 (sociolinguistics), Wallis 1956
> (sociolinguistics), Cohen 1956 (sociologie du langage). (Calvet 1999: 26)

作者盖未逐一核查，故难免出错。奈达（Nida 1949）的书
中是 sociolinguistic（*adj.*），皮克福德（Pickford 1956）的文中并

未出现 sociolinguistics，而仅见于参考文献引柯理（Currie 1952）
论文的题目。暂定年份表中，遗漏了弗斯（Firth 1935）文中
sociological linguistics 出现 2 次，瓦恩莱希（Weinreich 1953）书
中使用 sociolinguistics / sociolinguistic 约 18 次。此外，可能未
谙俄文，克纳尔、卡尔维皆未考察苏联社会语言学（Поливанов
1928, Ларин 1928）的先驱，更未触及博杜尔（Baudouin 1870,
1888）提出语言科学是社会-心理科学。

走进 19 世纪，走进 19 世纪西方语言学研究……

翻开 19 世纪的德法英俄文献，西方语言学研究已经先后受
当时生物学、心理学、社会学的影响，形成了第一代生物语言学
（Humboldt 1820, Becker1827, Bopp1836, Chavée 1849, Schleicher
1863, Müller1861）、第一代心理语言学（Steinthal 1855, Baudouin
1868, 1888, 1889, Hecht 1888）、第一代社会语言学（Baudouin
1870, 1888, 1889, Sayce 1875, Meillet 1905）。**第一代生物语言学
把语言视为有机体，其典型是自然主义语言观；第一代心理语言
学把语言视为心理现象，尤为关注语言演变中的心理类推和联想
机制；第一代社会语言学提出语言科学是社会-心理科学或社会
科学，强调语言是社会事实，社会结构的任何变化都可能成为导
致语言发展条件的变化，预言语言与社会的研究将成为 20 世纪
的重要部门。**

本文力求基于俄法英美德原始文献（1870—1970）的钩沉，
围绕"社会语言学 / 语言社会学"术语的使用年份，通过揭示该
学科形成和发展历程中的一系列理论观点（有类似研究而未用该
术语的学者未涉及），梳理西方三代社会语言学的来龙去脉。需
要说明的是，本研究梳理的是西方（即欧美）社会语言学（借鉴
社会学理论）的形成和发展轨迹，不涉及印度、日本很早就有的
语言和社会论述（最终未成长为专门学科）。**本研究用中国传统
方法（考据—归纳—推阐）研治西方学术史**：所谓考据就是挖掘、

辨析和展示原始文献，"辨章学术，考镜源流"；所谓归纳就是在考据基础上将相关现象分门别类，"共理相贯，杂而不越"；所谓推阐就是在考据—归纳基础上，水到渠成地得出一些相应论断，"千里来龙，结穴于此"。本研究对学科出现的看法秉持"历史地逐步形成观"，历史轨迹符合历史逻辑，而非后人的臆想"逻辑"。19 世纪晚期的探索冠名"第一代社会语言学"，是因为属于该学科的孕育期（已借鉴社会学理论方法，已有类似学科术语或对该学科的定性，已有初步研究和未来期待），而对现代"学科考量"的闭门造车式指标另加辨析。实际上，就历史比较语言学、现代语言学的形成和发展而言，西方学者迄今尚未基于一手文献，深入而系统地考察其轨迹，通行的"教科书式常识"难免误说丛生，以讹传讹，不可奉为信史。

一、第一代社会语言学：19 世纪后期

19 世纪上半叶，欧洲已有学者提及语言与社会的关系。1836 年，德国语言学家洪堡特（Wilhelm von Humboldt, 1767—1835）在《论人类语言结构的差异及其对人类精神发展的影响》中写道：

In der Erscheinung **entwickelt sich jedoch die Sprache nur gesellschaftlich,** und der Mensch versteht sich selbst nur, indem er die Verstehbarkeit seiner Worte an Anderen versuchen geprüft hat. (Humboldt 1836: 53)

然而，从表现形式上看，**语言只能在社会中发展**，并且一个人只有通过测试其他人听得懂他说的话，他才能觉得自己也理解这些话。

Man könnte gegen das hier Gesagte einwenden wollen, dass Kinder jedes Volkes, ehe sie sprechen, unter jedes fremde versetzt, ihr Sprachvermögen an dessen Sprache entwickeln. Diese undäugbare Thatsache,

könnte man sagen, beweist deutlich, dlfs die Spache blofs ein Wiederge-
ben des Gehörten ist und, ohne Rücksicht auf Einheit oder Verschieden-
heit des Wesens, allein vom **gesselligen Umgange** abhängt. (Humboldt
1836: 56-57)

　　有人可能反对这里所说的看法，即每个民族的儿童如果在会说
话之前，生存于另一陌生民族中，那么都可能发展出运用该民族语
言的说话能力。人们会说，这一无可争辩的事实清楚地证明，言语
只不过是对所听过话语的复述，语言仅仅依赖于**社交环境**，而与人
类本质的统一性或表现形式的差异性无关。

　　洪堡特关注不同民族的语言及其结构差异，理解语言和社会
的依存关系。但是，洪堡特的时代还是生物学影响语言学的时代，
社会学（Comte 1839）尚未成为独立学科。因此，不可能从社会
学的角度来研究语言和社会的关系，而是侧重于"民族精神"。

　　1875 年，英国语文学家赛斯（Archibald Henry Sayce, 1846—
1933）在《比较语文学原理》中的论述更加明确。

Language is social, not individual, interpreting the society of the
past, and interpreted by the society of the present. (Sayce 1875: 21)

　　语言是社会的，不是个人的，语言既诠释了过去的社会，同时
又被现在的社会诠释着。

　　**我们在此讨论的西方三代"社会语言学"，是作为学科的语
言学，即吸收社会学理论方法研究语言现象，并且认同语言学是
一门社会科学**。

　　第一代社会语言学的特征是：引进社会学的概念和方法，提
出语言科学是社会-心理学或社会科学，强调语言是社会事实，
社会结构的变化导致语言的变化，并预言语言和社会的研究将成
为重要部门。

（一）社会语言学的先导博杜恩

1. 引进社会学的静态和动态概念

公元前 3 世纪，阿基米德（Archimedes, 公元前 287 年—公元前 212 年）奠定了"物理静力学"的基础。1687 年，牛顿（I. Newton, 1643—1727）奠定了"物理动力学"的基础。1839 年，法国哲学家孔德（M. Auguste Comte, 1798—1857）在《实证哲学教程》第四卷中建立了"社会学"这门学科，并借鉴物理学的分类划分为社会静态学和社会动态学。孔德指出：

Cette différence me semble, dès à présent, assez caractérisée pour me permettre de prévoir que, dans la suite, son développement spontané pourra donner lieu à décomposer habituellement **la physique sociale** en deux sciences principales, sous les noms, par exemple, de **statique sociale** et **dynamique sociale**, aussi essentiellement distinctes l'une de l'autre que le sont aujourd'hui l'anatomie et la physiologie individuelles. (Comte 1839: 318-319)

在此，我觉得这种差异已经足够明显，让我可以预见到，其后的自发性发展可能导致**社会物理学**分化为两大主要科学，例如以**社会静态学**和**社会动态学**的名义，与当今的个体解剖学和生理学本质上截然不同。

1870 年 12 月 17 日和 29 日，在彼得堡大学语言学导论课上，波-俄语言学家博杜恩（Бодуэн де Куртенэ，英文 Baudouin de Courtenay, 1845—1929）引进孔德的社会学理论，首次提出语言的静态和动态研究。该讲稿《关于语言学和语言的若干原则性看法》（Некоторые общие замечания о языковедении и языке），次年刊于《人民教育部杂志》（Журнал Министерства Народного Просвещения, 1871, 153: 279-316）。

Первая физиологическая и вторая морфологическая части фонетики исследуют и разбирают законы и условия жизни звуков состоянии языка **в один данный момент (статика звуков)**. Третья же часть – историческая – законы и условия развития звуков **во времени (динамика звуков)**. (Бодуэн 1963 Т. I: 66)

语音学的第一部分生理和第二部分形态，是考察和分析**某一时刻**语言状态的语音规律和存活条件（**语音静态学**）。第三部分是考察和分析**某一时期**语音的历史法则及其演化条件（**语音动态学**）。

此后，博杜恩在《1876—1877 学 年 度 详 细 教 学 大 纲 》（Подробная программа лекций в 1876–1877 уч. году, 1877）对形态学和句法学也作了同样的区分。在《1877—1878 学年度详细教学大纲》（Подробная программа лекций в 1877–1878 уч. году, 1879）中又提出与静态和动态对应的两种规律。

а) Законы сочетания звуков в один данный момент существования языка, **законы равновесия языка**. б) Законы в развитии языка, **законы исторического движения языка**. Исследованием законов равновесия языка занимается статика, исследованием же законов движения во времени, законов исторического движения языка – динамика. (Бодуэн 1963 Т. I: 110)

（1）**语言的平衡规律**，是语言存在于某一特定时刻的语音组合规律。（2）**语言的历史运动规律**，是语言在发展中的规律。静态关注的是语言平衡规律研究，而关注时间上的运动规律、语言历史运动规律的研究则是——动态。

把社会学的静态和动态研究引进语言研究，也就是认识到语言发展和社会发展的平行关系。社会静力学从社会事实和秩序研究社会各个部分的结构关系以及相互作用；社会动力学从社会变迁的连续阶段和相互关系过程研究社会的发展和进步规律，二者密切联系和相互补充。同样，语言静态学研究语言的平衡规律，语言动态学研究语言的发展规律。

2. 提出搜集社会各阶层语料

在《关于语言学和语言的若干原则性看法》，博杜恩关注社会语言生活的多样性，提出搜集社会各行各业和不同阶层人们的活语言，作为语言研究的第一手资料。

Непосредственно данный материал, живые языки народов во всем их разнообразии....Сюда следует отнести народный язык во всей его полноте, разговорный язык (речь) всех слоев общества данного народа, не только тех, которые ходят в сермягах и зипунах, но и тех, что носят сюртуки, не только язык так называемого простонародья, но и разговорный язык так называемого образованного класса. (Бодуэн 1963 T. I: 62)

第一手资料，各民族多样化的活语言。……这些资料包括整个民族的语言、该民族各行各业的口头语言（言语），不仅包括那些穿着土布和拉链衫的人的语言，而且也包括那些穿着工作制服的人的语言，不仅包括所谓平民百姓的语言，而且包括所谓受过教育人士的语言。

В состав этого рода материала входит язык всех без исключения сословий: мазуриков, уличных мальчишек, торговцев...охотников, мастеровых, рыбаков и т. д., язык разных возрастов (детей, взрослых, стариков и т. п.) и известных состояний человека (сообразно обстоятельствам жизни, например, язык беременных женщин и т. п.); язык личностей, язык индивидуальный, язык семей и т. д.. Кроме того, сюда принадлежат названия местностей, личные имена и т. п.; следы влияния данного языка на иностранные и наоборот...и т. д.. (Бодуэн 1963 T. I: 63)

这类材料包括所有阶层的语言，一无例外：小偷、流浪汉、商人……猎人、工匠及渔民等的语言，不同年龄段的（儿童、成年人、老人等）、处于已知人类状况的（依据生存状态，比如孕妇语言等）

语言，以及个体语言、个性化语言、家庭语言等。除此，还有地
名、人名等也属此类；再如跟踪某种语言对外族语言的影响，反之
亦然……诸如此类。

由此可见，博杜恩的视野面向整个社会语言生活。调查各种
语言社团的语言现象，并加以深入研究，也就展示出丰富多彩的
社会语言学画面。

3. 语言学是心理-社会科学

1888 年，博杜恩在《尼古拉·克鲁舍夫斯基的生平及其科
学著作》（Николай Крушевский, его жизнь и научные труды）中
阐述了语言学和心理学、社会学的关系，不仅认为语言是一种社
会-心理现象，而且强调语言只能存在于社会之中。

Но если вообще узаконить проведение такого различия,
то языкознание, или лингвистика, должно быть причислено к
психическим наукам, или скорее к **психически-социальным** или
психически-общественным. Вся основа языка насквозь психична, и
притом до такой степени, что так называемые звуковые заноны (если
понимать это выражение дословно) являются чистой бессмыслицей
и могут рассматриваться только как временный заместитель
скрывающихся за ними психических занонов. **Существование же
языка возможно только в обществе**. (Бодуэн 1963 Т. I: 168-169)

然而，如果这种区分是合法的，那么语言学则应为心理学的一
门，或者更确切地说，语言是心理-社会的或心理-公众的。语言的
整个基础都是心灵的，在某种程度上，所谓的语音规律（如按字面
意理解）纯粹是废话，只能被视为隐藏在其后的心理规律的临时替
代品。**语言的存在只有在社会中才有可能**。

在《语言科学的任务》（О задачах языкознания, 1889）中，
博杜恩进一步明确语言科学是心理-社会学，并且把心理学、社

会学视为语言学的辅助科学。

Так как основа языка является чисто психической, центрально-мозговой, то, следовательно, **языкознание относится к психологическим наукам**. Но так как язык может реализоваться только в обществе и так как психическое развитие человека вообще возможно только в общении с другими людьми, следовательно, мы имеем право сказать, **что языкознание – наука психологично-социологическая**. Те же, которые считают язык «организмом» и относят языкознание к естественным наукам, заблуждаются.

В связи с тем, что в языке действуют и психические, и общественные факторы, мы должны считать вспомогательными для языкознания науками главным образом психологию, а затем социологию как науку об общении людей в обществе, науку об общественной жизни. (Бодуэн 1963 Т. I: 217)

语言的基础纯粹是心理的即大脑中枢的，因此语言学归结于心理科学。然而，由于语言只能在社会中实现，并且由于个体心智通常只可能在与他人交往中发展，所以我们有理由认为——语言学是心理-社会科学。那些认为语言是"有机体"并将语言学归属于自然科学的人是错误的。

有鉴于心理因素和社会因素在语言中都起作用，因此我们应将心理学视为语言学的首要辅助科学，其次是社会学，它是社会中的人们进行交际的科学，即有关公众生活的科学。

博杜恩在《发音领域中与人类学有关的语言逐渐人性化》（Об одной из сторон постепенного человечения языка в области произношения, в связи с антропологией, 1904）、《作为研究主题的语言的重要性》（Значение языка как предмета изучения, 1906）等著作中进一步论述了语言现象的真正原因要从语言社会中去寻找。

В числе психических целых, рассматриваемых обыкновенно с ложной точки зрения, т. е. вне психики человеческой, находи- тся тоже язык. Между тем настоящей причинной связи явлений языка, как и всех других комплексов представлений **психиче- ски-социального мира**, следует искать, с одной стороны, в индивидуально-психических центрах отдельных людей как членов известным образом оязыковленного общества, с другой же стороны, в **социально-психическом общении** членов языкового общества. (Бодуэн 1963 Т. II: 118)

在心理整体中，常常从错误的角度考虑，即认为人类心智之外还存在语言。同时，语言现象之间联系的真正原因，就像所有其他**心理-社会世界**的表现形式一样。一方面，应在语言社会著名成员的典型个体心理中去寻找，一方面，应在语言社会一般成员的**社会-心理交流**中去寻找。

在《语言科学，或 19 世纪的语言学》(Языкознание, или лингвистика, XIX века, 1901) 中，博杜恩回顾了上世纪语言学成就并瞻望新世纪的进展，预言语言的社会学研究将成为重要部门。

В самом ближайшем будущем, т. е. уже в XX в., языкознанию придется решить следующие задачи:

8. Первым, кардинальным требованием объективного исследования должно быть призвано убеждение в безусловной психичиости (психологичности) и **социальности (социологи- чности)** человеческой речи.

...

15. Языковые обобщения будут охватывать все более широкие круги и все более соединять языкознание с другими науками: с психологией, с антропологией, с **социологией**, с биологией.

Но языкознание может принести пользу в ближайшем будущем, лишь освободившись от обязательного союза с филологией и историей литературы. Прежде всего университетские кафедры языкознания должны стать самостоятельными и объединиться скорее с кафедрами **социологическими** и естественно-научными, чем с филологическими. (Бодуэн 1963 Т. II: 16-18)

在不久的将来，即 20 世纪，语言学必须解决以下问题：

8. 确信人类言语的绝对心理性（心理学）和**社会性**（**社会学**），应是客观研究的第一基本要求。

......

15. 语言的概括性将覆盖越来越广泛的领域，并且语言学与其他学科，如心理学、人类学、**社会学**、生物学之间的联系也将越来越多。

然而，只有摆脱与语文学和文学史的强制性结合，语言学才能在不久的将来受益。首先，大学的语言学系应该独立，并且与**社会学系**和自然科学系结盟，而不是和语文学系。

总体而论，博杜恩强调语言是心理-社会或心理-公众的，语言科学是一门心理-社会科学，并预见到语言的社会学研究将成为重要部门。作为第一代心理语言学创始人斯坦塔尔（Heymann Steinthal, 1823—1899）的学生，博杜恩早在《波兰语变格中类推行为的若干现象》（1868）中，就明确提出心理类推机制对语言变化的影响，而这正是青年语法学派的两大原则之一。[1] 此后，博杜恩又率先接受社会学的影响，将其语言研究置于心理-社会基础之上。当时的语言学正处于从接受心理学影响到接受社会学影响的转变过程中，博杜恩不可能仅仅关注社会学的影响，不过，他所理解的心理已经不是纯粹的个体心理，而是基于公众语言生活的社会心理。

---

1 1866—1868 年，博杜恩到布拉格、耶拿、柏林、莱比锡大学研修。在施莱歇尔（A. Schleicher, 1821—1868）指导下，撰写《波兰语变格中类推行为的若干现象》（Некоторые случаи действия аналогии в польском склонении），并与莱斯金（A. Leskien, 1840—1916）、布鲁格曼（K. Brugmann, 1849—1919）等结识。凭借论证语言的心理类推机制，博杜恩被称为青年语法学派的创始人之一。

作为创立现代语言学理论的枢纽人物，博杜恩是一系列分支学科，如心理-社会语言学（1870, 1888, 1889, 1903）、应用语言学（1870）、现代音位学（1881, 1895）、生理语音学（1901）、病理语言学（1885）、神经语言学（1885, 1889, 1890, 1903）、幼儿语言学（1885）、接触语言学（1872—1874）、对比语言学（1902）以及语言科学方法论（1901）的先驱。

（二）法国社会功能学派的鼻祖布雷阿尔

索绪尔（Ferdinand de Saussure, 1857—1913）的《普通语言学教程》（1916）出版后，梅耶在书评中指出："（《教程》）太强调语言的系统性，以致于忘却了语言中人的存在。"（戚雨村1997：52）近年来，看到布雷阿尔（Michel Jules Alfred Bréal, 1832—1915）的《词语的形式和功能》（1866）才恍然大悟，强调语言中人的存在——梅耶是依据其师的人本主义语言观和心智-功能语言观。布雷阿尔反对忽视功能或意义的研究。批评其师葆朴（Franz Bopp, 1791—1867）及施莱歇尔（August Schleicher, 1821—1868）强调形式研究，把语法学视为地质学，导致语言现象成为丧失人类主体的言语晶体。布雷阿尔提出，应该把古希腊侧重功能、古印度侧重形式的两种思路融合成一种新的历史语法学，"在人类心智中发现语言的演变原因"。（Bréal 1866: 66）

与其学生辈的索绪尔所主张"语言学唯一而真实的对象是就其本身和为其本身而关注的语言"（Saussure 1971[1916]: 317）不同，布雷阿尔倡导研究在人类心智中、在与他人社会关系中的语言，并且所有这些都处于特定的历史场景中。对布雷阿尔而言，正是人类才是语言演变背后的真正力量，而并非作为拟人化生物体的语言本身。

Il ne faut pas que la description du langage humain nous fasse oublier l'homme, qui en est à la fois le principe et la fin, puisque tout, dans le langage, procède de lui et s'adresse à lui. (Bréal 1866: 67)

描述人类语言绝不允许我们遗忘人类，人类既是语言的起因，又是语言的目的。因为语言中的一切，不是来源于人类，就是针对于人类。

因此，布雷阿尔认为语义学是一门心智科学。在任何时候，语言的革新与演变都是人类心智发展的产物，语言形式的改变出于使用目的之不同，以便适用于不同的功能。

其同仁帕利斯（Gaston Paris, 1839—1903）在《评施莱歇尔》中对此有进一步的阐述：

Le développement du langage n'a pas sa cause en lui-même, mais bien dans l'homme, dans les lois physiologiques et psychologiques de la nature humaine; par là il diffère essentiellement du développement des espèces, qui est le résultat exclusif de la rencontre des conditions essentielles de l'espèce avec les conditions extérieures du milieu. (Paris 1868: 242)

语言发展的原因不在于语言本身而在于人类，在于主宰人性的生理和心理规律。这就是语言的发展本质上不同于物种发展的缘故，后者是物种的基本条件与环境的外部条件相互作用的必然结果。

布雷阿尔没有提出共时和历时的区分，但是强调对当时语言的研究。布雷阿尔感兴趣的不是现时的某个词在历史上的意义，而是该词在现在说话者使用中的含义。布雷阿尔指出，虽然只有知道词语使用的历史状况，我们才能理解词语的意义，但是这一历史状况也包括特定时间内的语言状态。词语的意义不是由其历史来源决定，而是由其历史"位置"决定的。由此，语义学的任务从演化研究变为理解研究——对说话人现时理解语义的研究。

由于布雷阿尔的倡导，处于社会中的"语言中的人"成为语言学研究的焦点。**法国社会功能学派的起始，可追溯到布雷阿尔倡导的人本主义语言观、心智-功能语言观。**

1887年，帕利斯在《评达梅斯特尔的〈词语的生命研究〉》中指出：

Le langage est une **fonction sociale**, c'est-à-dire qu'il n'existe pas chez l'individu isolé et ne peut être considéré que comme le produit d'une collaboration dont la forme la plus réduite comprend encore nécessairement deux facteurs, celui qui parle et celui qui écoute, le producteur et le récepteur. (1887: 69)

语言是一种**社会功能**，也就是说它不存在于孤立的个体中，只能被视为合作的产物，其简化形式仍然必须包含两个要素：说话者与听话者，或者生产者与接受者。

帕利斯赞同布雷阿尔的人本主义语言观和语言功能说，反对当时流行的语言有机体学说和自然主义语言观，强调语言的社会功能。

（三）梅耶：语言学是一门社会科学

通常只知梅耶（Antoine Meillet, 1866—1936）是索绪尔的学生，而不了解梅耶更是布雷阿尔的学生，并且长期在布雷阿尔身边工作。布雷阿尔1905年退休后，梅耶接任法兰西学院比较语法教席。1906年2月13日，在比较语法课程的开幕演讲《普通语言学的研究现状》中提出：

Comme l'a très bien dit, dans son *Essai de sémantique*, M. Bréal, la limitation de la liberté qu'a chaque sujet de modifier son langage « tient au besoin d'être compris, c'est-à-dire qu'elle est de même sorte que les autres lois qui régissent **notre vie sociale** »

Dès lors il est probable a *priori* que toute modification de **la structure sociale** se traduira par un changement des conditions dans lesquelles se développe le langage. Le langage est une institution ayant son autonomie; il faut donc en déterminer les conditions générales de développement à un point de vue purement linguistique, et c'est l'objet de la linguistique générale ; il a ses conditions anatomiques, physiologiques et psychiques, et il relève de l'anatomie, de la physiologie et de la psychologie qui l'éclairent à beaucoup d'égards et dont la considération est nécessaire pour établir les lois de la linguistique générale; mais du fait que le langage est une **institution sociale**, il résulte que la linguistique est une **science sociale**, et le seul élément variable auquel on puisse recourir pour rendre compte du changement linguistique est **le changement social** dont les variations du langage ne sont que les conséquences parfois immédiates et directes, et le plus souvent médiates et indirectes. (Meillet 1921: 17)

正如布雷阿尔先生在《语义学探索》中正确地说的那样，每一主体修改其语言的自由局限性"来自需要被理解，也就是说，就像其他法则支配**我们的社会生活**一样。"

因此，**社会结构的任何变化都可能成为导致语言发展条件的变化**。语言是具有自治权的制度；因此，有必要从纯粹语言学的角度来确定发展的一般条件，这是普通语言学的目的。它具有解剖性、生理性和心理性的条件，并且很多方面的研究都属于解剖学、生理学和心理学，需要通过深思熟虑以建立普通语言学的法则。然而，由于语言是一种**社会制度**，因此**语言学是一门社会科学**，并且可以用来解释语言变化的唯一可变因素就是**社会变化**，其中语言的变化仅仅是后果，有时是立即的和直接的，而最经常的是中介的和间接的。

与之同时，即 1905—1906 年，梅耶发表《词语如何改变了意义》（1921 重印）。依据社会学家杜尔凯姆（David Émile

Durkheim, 1858—1917）的定义，梅耶认定语言属于社会事实。

Le langage a pour première condition l'existence des **sociétés humaines** dont il est de son côté l'instrument indispensable et constamment employé; ...le langage est donc éminemment un **fait social**. En effet, il entre exactement dans la définition qu'a proposée Durkheim; une langue existe indépendamment de chacun des individus qui la parlent, et, bien qu'elle n'ait aucune réalité en dehors de la somme de ces individus, elle est cependant, de par sa généralité, extérieure à chacun d'eux; ce qui le montre, c'est qu'il ne dépend d'aucun d'entre eux de la changer et que toute déviation individuelle de l'usage provoque une réaction. (Meillet 1921: 230)

语言的首要条件是人类社会的存在，语言是不可或缺的和不断使用的工具。……因此语言显然属于**社会事实**。实际上，这完全符合杜尔凯姆提出的定义。语言独立存在于每个说话的个人之外，虽然除了这些个人的总和没有任何现实，但是语言的普遍性，对于他们中的每个人都是外在的。这表明语言不依赖于他们中的任何个人而改变，并且任何个体的偏离用法都会引起反映。

杜尔凯姆在《社会学方法论的规则》（1895）中提出，社会学研究对象就是"社会事实"。它有四个特点：外在性、强制性、客观性和普遍性。杜尔凯姆的方法与准则是：1. 把社会事实当作社会学研究的起点，要摆脱一切预断，排除一切已有观点；2. 要从感性材料出发，达到对社会事实的本质认识；3. 要剔除感性材料中的主观成分，寻求价值中立。这些对语言研究皆有指导意义。

梅耶认为，语义变化是社会变化中的正常结果，而社会群体的异质性是导致语义变化的原因。

Et ceci amène naturellement à envisager l'ordre des causes qui forme l'objet principal de la présente étude, la répartition des hommes de même langue en **groupes distincts**: c'est de cette **hétérogénéité** des hommes de même langue que procèdent le plus grand nombre des changements de sens, et sans doute tous ceux qui ne s'expliquent pas par les causes précitées. (Meillet 1921: 243-244)

这自然引导我们去思考构成本研究主要目标的原因的顺序，即同一语言的人们分为**不同的群体**——正是同一语言中人群的这种**异质性**导致意义发生巨大变化，毫无疑问，前述原因不能解释所有这些变化。

梅耶继承了布雷阿尔的思想，但有所差别。布雷阿尔将社会、历史和心理因素统摄于语义演变总体理论，而梅耶则将语义演变理论从属于社会群体理论。梅耶认为语言是社会行为，主张研究作为"社会事实"的语言在社会中起何作用。梅耶的这些观点并非是在 1905—1906 年才形成，此前已经多次宣讲过其社会语言学观点（参见下文"法国道扎特彰显'社会语言学'"）。

1914 年，梅耶的弟子房德里耶斯（Joseph Vendryes, 1875—1960）在《语言——历史语言学概论》（1923 刊行）中，论述了语言是一种社会现象，语言的发展依赖于社会集团的存在。该书第三编的第二章为"词语怎样改变了意义"。布雷阿尔、梅耶和房德里耶斯师生三代都谈及"词语怎样改变了意义"，都强调词语并非独立生存于说话者之外的有机体，是说话者在不同语境和社会群体中的使用而导致词语改变了意义。

20 世纪初，梅耶和格拉蒙（Maurice Grammont, 1866—1946）建立了法国社会学派；房德里耶斯、纪尧姆（Gustave Guillaume, 1883—1960）、柯恩（Marcel Cohen, 1884—1974）、索默费特（Alf Sommerfelt, 1892—1965）等是第二代；本维尼斯特（Émile Benveniste , 1902—1976）、马尔丁内（André Martinet, 1908—1999）等是第三代。他们都深受布雷阿尔的思想，尤其是《语义学探索》（1897）的影响，并且可能还受到博杜恩（多次出席巴黎语言学会会议，梅耶赞赏其研究）的影响。20 世纪 50 年代以来，尽管法国社会学派的研究范围日益扩大，研究方法也更加多样化，但是把语言视为"社会事实"的基本观点一直未变。

1913 年，丹麦学者尼洛普（Kristoffer Nyrop, 1858—1931）在《法语历史语法·第四卷语义学》中对 19 世纪语义学的社会论、心智论、语境论、功能论等进行梳理。受布雷阿尔的影响，尼洛普坚信语言具有心理-社会功能，即处于社会中的人的功能。

L'étude du sens des mots est étroitement liée à celle de l'homme et de la société....Quand il s'agit d'expliquer un fait de langage quelconque, il ne faut pas s'arrêter avant d'avoir trouvé la raison **"sociologique"** — nous donnons à ce terme un sens très large. (Nyrop 1913: 5)

词语意义的研究与人类和社会紧密联系。……在提到解释任何语言事实时，在发现**"社会的"**（我们给这个术语广泛的含义）原因之前，我们不能中止。

Un examen rationnel de l'euphémisme, tel que nous l'avons essayé, est en dernier ressort une étude de démo psychologie et de **sociologie**. (Nyrop 1913: 6).

正如我们尝试的那样，对委婉语的合理考察最终是心理学演示**和社会学的研究**。

尼洛普强调任何语言事实都与人类和社会息息相关，语言研究离不开社会功能的研究。

博杜恩强调语言的社会性，认定语言学是"心理-社会科学"，并预言语言和社会的研究将成为重要部门。梅耶强调语言属于社会事实，认定语言学是"一门社会科学"，社会结构的任何变化都可能成为导致语言变化的条件。这些早期学者的研究可称为"第一代社会语言学"。19 世纪晚期，这一语言学转向的背景就是法国社会学的影响，或者说，第一代社会学催生了第一代社会语言学（其内在驱动力，参见下文"法国道扎特彰显'社会语言学'"）。

二、第二代社会语言学：20 世纪上半叶

第二代社会语言学的特征是：提出"语言社会学""社会语言学"术语或学科，出现了社区语言调查、城市方言研究，以及社会语言学和民族学的结合。

（一）法国格拉塞列（1909）首论"语言社会学"

杜尔凯姆（1895）继承孔德学说，也区分了"社会静态学"和"社会动态学"，其研究影响了 20 世纪初的语言学界。

1908 年，法国学者格拉塞列（Raoul de La Grasserie, 1839—1914）在《语义学的全面探索》中提出语义学三分。

Telle sera la division dominante de notre sujet: *sémantique dynamique, sémantique statique, sémantique comparée*. Nous commencerons par la dynamique, quoique l'ordre logique semble devoir plutôt appeler la statique. C'est parce que, fait singulier, c'est la sémantique dynamique qui a été l'objet de travaux plus nombreux, et qui fut plutôt considérée jusqu'à ce jour comme la sémantique proprement dite....La sémantique statique forme une autre partie plus étendue. (Grasserie 1908: 2)

我们研究的科目可以明确划分为：**动态语义学、静态语义学、比较语义学**。虽然按照逻辑顺序似乎必须先研究静态，但是我们从动态开始。其原因，怪就怪在，动态语义学已经成为更多论著的对象，甚至目前已视为语义学本身。……静态语义学则构成另一个扩大的部分。

作为一名律师，格拉塞列并非专业语言学家，但他对语言学感兴趣，尤其注重语义学研究，受布雷阿尔、查维（Honoré Joseph Chavée, 1815—1877）和奥夫拉克（Abel Hovelacque,

1843—1896）等学者的影响。格拉塞列的语义演变研究涉及语言的社会维度，并强调静态语义学的社会研究法。

1909 年，格拉塞列在德语期刊《社会学月刊》上发表《论语言社会学》，首次使用了"语言社会学"这一术语或为这门学科定名。 在引言中，格拉塞列受社会学的启迪，就社会和语言之间的相互作用概述语言社会学框架。

…en dehors et à côtè de cette sociologie globale et générale, il y en a beaucoup d'autres partiaires et spéciales, et dans lesquelles la société humaine n'est considérée que sous un seul de ses aspects lesquels sont fort nombreux: sociologie religieuse, par exemple, ou politique, ou économique, ou civile, ou criminologique.

D'autre part, le langage est un des phénomènes humains qui ont le plus d'importance, et qui sont les plus propres à dévoiler le caractère ethnique en psychologie, quoiqu'à ce point de vue on l'ait encore peu étudié; c'est lui aussi qui donne, dans une certaine et suivant nous dans une très forte mesure, l'expression de l'état et des idées sociales, si bien qu'il existe à coup sûr, à côté des autres sociologies partiaires, une **sociologie linguistique**. C'est elle que rapidement nous voudrions mettre en lumière dans la présente petite étude.

Nous examinerons successivement les actions et les réactions réciproques de la société et du langage et par conséquent des sciences qui les ont pour objet: la sociologie et la linguistique, et nous esquisserons ainsi **l'ossature d'une sociologie linguistique**. Action et réaction, en effet! Car la langage est à la fois l'expression de l'état sociologique et à son tour un des facteurs de cet état. (Grasserie 1909: 725)

……在这种总体性和一般性的社会学之外，还有许多其他局部的和特殊的社会学，仅从某一方面来考虑人类社会的，包括很多方面：如宗教社会学，或政治社会学、经济社会学、民间社会学以及犯罪社会学。

除此之外，语言是最重要的人类现象之一，最适合揭示民族的心理特性，尽管从这一角度的研究尚未大量展开。同样，语言在一定程度上非常坚定地伴随我们，表达国家和社会的观念。因此，与其他特殊社会学一样，理所当然有一门**语言社会学**。

我们将依次研究社会和语言的相互作用和反作用，并由此考察以其为目标的科学：社会学和语言学，从而概述**语言社会学框架**。作用和反作用，确实如此！语言是社会状态的表现，而语言又是这种状态的因素之一。

格拉塞列把语言社会学视为民族社会学的重要分支，强调语言本质上是社会的，要研究社会学、特殊社会学和语言社会学。

La sociologie linguistique est donc toute une branche importante de la sociologie interethnique par ce fait seul que la conservation, la disparition, la résurrection d'une langue sont d'importants facteurs sociaux et en même temps en ce que ce sont des signes sociaux d'une extrême importance aussi. (Grasserie 1909: 728)

因此，**语言社会学**是民族社会学的重要分支。仅此原因，语言的保护、消亡、复兴都是重要的社会因素，同时语言又是极其重要的社会标志。

C'est donc ainsi que la langue dans l'évolution humaine s'est substituee à la race et en a pris les caractères et les effets, et c'est, par conséquent, l'un des facteurs ethnologiques les plus essentiels. Cela suffit pour fonder **la sociologie linguistique**. (Grasserie 1909: 729)

因此，在人类进化中，语言已经替代并承担了人种的特性和影响，所以语言是最基本的民族要素之一。这已经足以建立**语言社会学**。

Or en tout cela il s'agit au plus haut point de sociologie, puis qu'il s'agit des classes qui en sont un des plus importants facteurs. **Le langage est donc essentiellement sociologique de ce côté encore**, et l'étudier à cet égard est faire étude de sociologie, de sociologie spéciale, de

sociologie linguistique. (Grasserie 1909: 733)

但是在这一切中，社会学处于最高点，那么阶层是最重要的因素之一。因此，**语言本质上是社会的**，在这方面进行研究就是研究社会学、特殊社会学和**语言社会学**。

格拉塞列最后提出，语言社会学不受重视的原因是罕见有身兼语言学家和社会学家于一身的研究者：

Telles seraient, suivant nous, les lignes, principales, les traits les plus apparents de la **sociologie linguistique**, nous avons seulement voulu rendre sensible son existence à peine aperçue, peut-être parce que les linguistes sont rarement des sociologues, et les sociologues rarement des linguistes, peut-être aussi parce que les sciences intermédiaires et mixtes entre deux autres jouissent d'une moins grande faveur! Tout cela forme d'ailleurs des raisons purement subjectives de cette négligence. L'importance de cette branche de la sociologique n'en est pas moins des plus grandes et des plus utiles à signaler. (Grasserie 1909: 744)

根据我们的思考，这些是**语言社会学**的主要思路和最明显特征，仅想它能悄然存在。也许因为语言学家中难得有社会学家，而社会学家中也罕见语言学家，也许还因为两个学科之间的中介和交叉科学很少受到青睐！而这一切构成了对之疏忽的纯粹主观原因。作为社会学一个分支的重要性，仍然缺少大规模且最有效的报道。

该文发表在德国期刊上，在论文末尾，格拉塞列用德文列出下列基本观念，证明语言社会学的必要性（相当于德文提要）。

I. Die Sprache ist eine Nationalfrage und die Nationalfrage ist mit der Sprachfrage verknüpft; daher das Verbot der eigenen Sprache für das Volk, das man entnationalisieren will; es existiert zwischen den Völkern gleicher Sprache oder verwandter Idiome eine große Affinität, im Gegenteil herrscht große Trennung zwischen Völkern gleicher Rasse bei Verschiedenheit der Sprache; II. Die Sprache hat eine große Bedeutung auch innerhalb des gleichen Landes; a) die verschiedene oder auch bloß dialektal verschiedene Sprachen Sprechenden, insofern sie dabei es zu einer Kultur gebracht haben, zeigen die Tendenz zur Autonomie; b) **die verschiedenen sozialen Schichten unterscheiden sich auch nach der Sprache und das gilt von den gebrauchten Wörtern, von der Satzbildung, von Grammatik und der Phonetik**; …VI. Die Sprache zeigt auch die guten und die schlechten sozialen Zustände an, je nachdem sie servilistische oder höfliche Ausdrücke enthält; soziales Leben und Sprache gehen Hand in Hand und beben sich gegenseitig; …VIII. In der Sprache ist der ganze Charakter, das Temperament des Volkes enthalten. (Grasserie 1909: 744-745)

　　1. 语言是一个民族问题，民族问题与语言问题相关。因此，禁止某民族的人们使用其语言，意味着剥脱这些人的公民权；说同一语言或相关方言的民族之间有着极大的亲和力；相反，在语言存在差异的情况下，同一种族的不同民族之间可能存在很大隔阂。2. 在同一国家内，语言也非常重要；1）在人们共同创造的一种文化中，那些说不同语言或说仅为不同语言方言的人们，表现出自治的倾向；**2）不同社会阶层的语言存在差异，体现在词语运用、句子构成以及语法和语音上。**……6. 语言还表明社会状况的好坏，因为它包含卑屈或优雅的表达；社会生活和语言结伴而行，相互震动；……8. 语言具有整体特性，反映人民的气质。

　　此前，格拉塞列刊行《从社会学视角比较宗教》（1899），关注社会学与宗教学的联系。由此进一步关注社会学、民族学与语言学的关系。格拉塞列同时也关注微观社会语言学——不同社会阶层的语言差异，体现在词语运用、句子构成以及语法和语音上。

（二）法国道扎特（**1910, 1912**）彰显"社会语言学"

　　次年，即 1910 年，法国语言学家道扎特（Albert Dauzat, 1877—1955）在《语言的生命》中响应梅耶的倡导，彰显"社会语言学"（linguistique sociale），讨论这一未来学科的前景及其任务。

On ne peut, à l'heure actuelle, qu'esquisser à grands traits la géographie de cette terre presque vierge mais extrêmement fertile, qui promet de riches moissons aux pionniers de demain, lorsqu'elle aura été complètement explorée et scientifiquement mise en valeur. Aujourd'hui, après un siècle de travaux, la phonétique est faite; la sémantique a réuni et classé d'innombrables matériaux et ne demande plus que quelques vigoureux efforts de coordination et de synthèse: **la linguistique sociale** — comme l'a pressenti M. Meillet — sera l'œuvre de demain. Elle jettera un nouveau pont entre la science du langage et les autres sciences de la vie, qui sont toutes solidaires les unes des autres et vivent dans d'étroits rapports d'interdépendance. La phonétique a relié la linguistique à la physique et à la physiologie; la sémantique à la psychologie; désormais, la sociologie entre en scène et affirme à son tour ses relations de parenté. (Dauzat 1910: 162)

目前，人们只能勾勒这片几乎原始但极为肥沃的土地形势，对这片土地进行充分的勘探和科学的耕耘后，它有望为未来的开拓者带来丰收。经过一个世纪的工作，如今语音学已经成熟；语义学已经收集和分类了大量资料，只需进行协调和综合的一些努力：**社会语言学**——正如梅耶所倡导的——将是未来的工作。它将在语言科学和其他生命科学之间架起一座新的桥梁，这些科学紧密联系，相互帮助，依存共生。语音学将语言学与物理学和生理学联系在一起，语义学将语言学与心理学联系在一起，现在社会学开始扮演重要角色了，轮到它与语言学建立亲密关系。

在该书目录第三编"社会现象"（Les Phénomènes Sociaux）第一章"语言的斗争和消亡"（Les luttes et la mort des langues）中，讨论了关于社会语言学的若干问题或研究内容。

La linguistique sociale. — L'évolution des langues: y a-t-il des périodes d'apogée et de décadence ? — Luttes des langues entre elles. Actions violentes (invasions, conquêtes); la langue des vainqueurs l'em porte-t-elle toujours sur celle des vaincus? Trois facteurs en présence; …la réaction de la langue vaincue; la langue et la race; les frontières linguistiques. — Les actions lentes: déplacement des limites linguistiques; les causes déterminantes… (Dauzat 1910: 810)

社会语言学——语言的演变：是否有高涨和衰落的周期？——语言之间的语言竞争。暴力活动（侵略、征服）；征服者的语言是否总是战胜被征服者的语言？涉及三个因素；受挫语言的反作用；语言和种族；语言边界；——缓慢活动：语言边界的移动；决定性的原因……

1912年，道扎特出版《语言哲学》，进一步从语言哲学立场强调语言是一种社会事实，呼吁社会语言学研究。

Comme instrument de la pensée, la linguistique relève de la psychologie; **le langage se rattache à la sociologie en tant que fait social**… (Dauzat 1912: 30)

作为一种思维工具，语言学属于心理学；**作为一种社会事实，语言与社会学有关**……

Venue la dernière au monde longtemps après ses sœurs aînées, phonétique et sémantique, **la linguistique sociale**, qui fait à peine ses premiers pas, sera sans doute, comme l'a pressenti M. Meillet, la science de demain. (Dauzat 1912: 195)

最后来到世界的，在其老姐妹语音和语义之后，**社会语言学**才刚刚迈出第一步。毋庸置疑，正如梅耶先生所倡导的，它是未来的科学。

道扎特早年在巴黎学习法律和语言学。他是法国第一代社会语言学家帕利斯（Gaston Paris, 1839—1903）以及巴黎文学学院法语史教授布吕诺（Ferdinand Brunot, 1860—1938）和方言地理学家吉耶龙 [1]（Jules Gilliéron, 1854—1926）的学生，并且深受法国社会学派领袖梅耶的影响。

在《语言哲学》中，道扎特转录了梅耶的一段话（*Bulletin de la Société de Linguistique,* 1910: 362），揭示了是何原因促使他们日趋全神贯注于考察作为"社会事实"的语言。

Au cours du xixe siècle, et particulièrement depuis 1870 environ, on s'est surtout efforcé de suivre le développement «naturel» du langage, et la linguistique est apparue à beaucoup d'égards comme une science naturelle; M. Bréal a été presque le seul à protester contre cette tendance exclusive. Ce qu'on a surtout mis en évidence, ce sont les innovations spontanées qui ont lieu du fait de la transmission du langage de génération en génération; ces innovations ont lieu en général sans que les sujets en aient conscience, sans intervention de leur volonté, et même malgré leur volonté. Mais on n'explique pas par là la formation des langues communes, **qui sont le produit de situations sociales données et dont on ne peut rendre compte qu'en déterminant les conditions historiques où elles se sont fixées**. (Dauzat 1912: 185)

在 19 世纪，特别是从 70 年代左右开始，人们一窝蜂地追随语言的"自然"发展学说，语言学在许多方面作为自然科学抛头露面。几乎只有布雷阿尔先生一人，反对这一霸道的趋势。我们特别强调的是，语言由于世代相传而形成自发的变革。这些变革通常是在主体意识不到的情况下发生的，是在没有他们的意愿介入，甚至无视其意愿的情况下进行的。然而，这不能解释公众语言的形成，**公众语言是既定社会状况的产物，只能通过确定人们所处的历史条件加以解释**。

1　吉耶龙 1854 年生于瑞士的拉诺伊韦维尔（La Neuveville），1926 年去世于瑞士的利格茨（Ligerz）。吉耶龙从 1883 年到去世，一直在巴黎高等研究应用学院教授方言学，应是瑞士-法国语言学家和方言学家。

这段话有助于后人理解法国社会语言学的缘起。

道扎特的研究特色是贯通社会语言学、方言地理学与普通语言学。在取得博士学位之前，他已对奥弗涅（Auvergne）地区的方言进行了语音和形态调查描写。1906 年发表《论罗曼斯语言及其方言领域的语言学方法》和《巴塞-奥弗涅地区的语音地理学》，试图证明方言地理学与一般语言学之间的关系。1922 年，道扎特出版了西方学术史上的第一部《语言地理学》。

（三）法国柯恩（1912，1956）的语言社会学研究

作为梅耶学术思想的继承人之一，柯恩（Marcel Cohen，1884—1974）20 世纪初就对多语环境及语言实践的复杂性产生了浓厚兴趣，并且形成了一种基于实地考察的研究方法。柯恩深信，采用语言的多样性来解释人类社会对语言的使用，语言事实的复杂性促使其与民族学建立紧密联系。

1908 年，柯恩就发表了《巴黎理工大学的语言》，堪称语言社区调查的最早成果。1912 年出版《阿尔及尔犹太人所说阿拉伯语》，同样是在多语大城市进行语言调查的早期成果。1928 年印行《旅行者指南：语言调查说明》，专门介绍语言调查方法。

柯恩始终坚持语言与社会关系的研究，20 世纪 40 年代以来，先后出版专著《社会和语言研究导论》（1948—1949）、《语言社会学》（1956）。后者包括四章：第一章"作为社会工具的语言"（pp. 41-104），描述语言如何运作，语言的产生及通过书写保存；第二章"语言和社会群体"（pp. 105-224），首先关注语言和社会的同步关系：按年龄和社会群体的语言分类，然后论述歌手、艺术家、作家、教师、电话服务员等的"语言技艺"；第三章"语言的力量"（pp. 227-270），阐明了语言的情感功能以及在宗教、法律、政治、巫术和娱乐活动中的交流功能；第四章"依赖于文明关系的语言"（pp. 271-354），涉及语言和社会的历时关

系，考察了语言的变化、双语、借用等，以及民族语言和通用语言的形成。（Haudricourt 1955—56：493-494）柯恩旨在定义语言的社会本质，使用了现今社会语言学研究中的大量常见术语，论述了社会语言学的若干观点。《语言学、民族学、社会学的批判和教学研究五十年》（1955）更是显示了其贯通语言学、民族学、社会学研究的主张。2009 年，法国《语言与社会》（*Langage et Société,* 2009/2, n 128）发行专刊《马塞尔·柯恩：社会语言学的起源》（*Marcel Cohen: aux origines de la sociolinguistique*），围绕他在 20 世纪法国知识人风貌建构中发挥的作用，特别是其语言社会学视野对语言研究的重大贡献展开讨论。

综上，就术语而言，格拉塞列（1909）使用的是"语言社会学"（sociologie linguistique），道扎特（1910）使用的是"社会语言学"（linguistique sociale），柯恩使用的是"社会和语言研究"（1948）、"语言社会学"（sociologie du langage）（1956）；就内容而言，则殊途同归。

（四）苏联波利万诺夫（1928）论社会语言学

据现有文献检索，苏联语言学家使用术语"社会语言学"始见于 20 世纪 20 年代。

1928 年，波利万诺夫（Евгений Дмитриевич Поливанов, 1891—1938）在《东方大学语言学引论》（Введение в языкознание для востоковедных вузов）中提出"社会语言学""社会方言学"（социологическая диалектология）的研究任务，阐述了社会语言学的方法论。

К тому же, данная книга выходит в момент наиболее резко выраженного перелома направлений в работе русских лингвистов, в период искания новых путей нашей наукой под знаком **«социологического языкознания»**, а потому я, хотя и не имея надобности останавливаться на критическом разборе еще не выкристализовавшихся учений и тем более на теориях, чуждых диалектическому развитию истории, лингвистики (уже потому просто, что они лишены в ней отправного пункта социальной значимости), должен все же изложить **методологию социологи-ческой лингвистики**, как дисциплины ближайшего будущего – в советской и международной науке. (Поливанов 1991: 10-11)

此外，编著这本殚精竭虑的书，正处于俄罗斯语言学家的工作出现最明显转折之时，以及我们的科学以"社会语言学"为标志探索新路径的过程之中，因此，尽管不必专注于对尚未成熟的学说进行批判性分析，尤其是关于历史方言发展的理论，然而语言学（仅因缺乏把社会意义作为出发点），在苏联和国际科学领域——必须阐明作为即将面临的未来学科的**社会语言学方法论**。

Наряду с элементарным пособием по общему языкознанию в нее должен будет войти ряд сведений по отдельным описательным н компаративно-историческим проблемам разных языковых групп Ближнего и Дальнего Востока – и, наконец, ряд положе-ний из теории эволюции языка и прочих главиейших проблем **«социологической лингвистики»** (напр. Учет причииных связей между языком и фактами экономического быта, методология описания языка в содиально-группповом разрезе, **социологическая диалектология** и т. д.). (Поливанов 1991:11)

除了作为一本总体语言学的基本教科书，它将包括中亚和远东不同语群的个别描述和历史比较问题的若干信息——并且，最后是来自语言演化理论和"社会语言学"其他主要问题的若干原则（例如，考虑语言与经济生活事实之间的关系，在群体背景下描述语言的方法及**社会方言学**等）。

同年，波利万诺夫又在《我们语言学思想史的最近十年1917—1927 的特色》（ Специфические особенности последнего десятилетия 1917–1927 в истории нашей лингвистической мысли）中进一步阐述了语言是社会现象，有必要构建语言学的新分支——社会语言学。

Беда в том, что в работах лингвистов предыдущего поколения лингвистика была исключительно или почти исключительно наукой естественно-исторической; было забываемо, **что наука о языке в то же время должна быть наукой социологической**. Вернее, это было забываемо не в теории, а на практике, – ибо, конечно, корифеям нашего языкознания (в дореволюционный период) не приходило в голову отрицать то, что язык, нуждаясь для своего обнаруживания в ряде физических, физиологических и индивидуально-психологических (т. е. в конечном счете опять-таки сводящихся на физиологические) моментов, есть в то же время явление социальное – достояние и орудие борьбы определенного общественного коллектива, объединенного кооперативными потребностями.

В самом процессе творческой работы, которая была направлена именно на физические, физиологические и индивидуально-психологические явления языкового процесса, тогда как социальная его сторона на деле оставлялась почти без внимания. Вот почему революционный сдвиг в сторону марксистской методологии должен осуществляться здесь не в виде похоронного шествия за гробом естественно-исторического языкознания и добытой им конкретной истории языков, **а в построении новых отделов языкознания социологического**, которое сольет в стройное прагматическое целое конкретные факты языковой эволюции с эволюцией (т. е. историей) общественных форм и конкретных общественных организмов. (Поливанов 1968: 51-52)

麻烦的是，在前辈语言学家的工作中，语言学被完全或几乎完全视为一门自然史的科学，与其说，忘记了**语言科学同时也应是社会科学**，不如说，并非在理论上，而是在实践中遗忘了——当然，因为我们语言学的杰出人物（在革命前时期）并没有否认，需要在许多物理的、生理的和个体心理现象（即最终又还原为生理）的瞬间揭示语言知识，同时提醒语言还是社会现象——由合作需要联合起来的特定社会集体的财富和战斗武器。

在创造性工作的特定过程中，专门针对语言过程的物理、生理和个体心理现象，而实际上忽略了其社会方面。这就是为什么不应以自然历史语言学的棺材及其具体语言历史背景的送葬形式，向马克思主义方法论进行革命性转变，而应在**建立崭新的社会学知识部门**时，将语言演化的具体事实与社会形式和特定社会有机体的演变（即历史）融合为一个和谐而实用的具体性整体的原因。

"在革命前时期我们语言学的杰出人物"指的是其导师博杜恩。博杜恩主张语言学的研究对象包括物理的、生理的和心理现象，同时还存在社会现象，但对社会现象尚未展开充分的研究。

1929 年，波利万诺夫在《现代语言学所面临的问题》（Круг очередных проблем современной лингвистики）中，阐述了社会语言学研究的必要性和范围。

В связи с первым случаем (платонического сожаления) мне вспоминается, однако, предсказание одного из моих учителей, который, констатируя факт, что современные ему западноевропейские и русские лингвисты не занимаются **социологической лингвистикой**, предполагал вместе с тем, что следующим диалектическим этапом в развитии нашей науки именно и будет поворот в данном направлении – **к изучению социальной стороны языка**. Прав был он или нет в этом предсказании – это должно показать сегодняшнее поколение лингвистов.

对于第一种情况（柏拉图式的遗憾），我想起我老师的预言。他指出这一事实，当代西欧和俄罗斯语言学家没有从事**社会语言学**研究，同时暗示我们科学发展的下一个辩证阶段将朝着该方向转变——**研究语言的社会方面**。至于这一预言正确与否——应由当代语言学家来证明。

Не нужно, однако, думать, что эти новейшие продукты западноевропейской лингвистической мысли всегда представляют собою нечто действительно новое для советского лингвиста. Проработка общелингвистических вопросов в русской науке во многих отношениях далеко опередила то, что делалось на Западе. И в частности, например, относительно прошумевшей посмертной книги де Соссюра можно уверенно утверждать, что в ней нет никаких новых положений, которые не были бы нам уже известны из учения Бодуэна де Куртенэ. (Поливанов 1968: 183-185)

但是没有必要认为，西欧语言思想的这些最新作品，对于苏联语言学家来说，总是代表真正的新事物。在许多方面，俄罗斯科学中对一般语言问题的研究远远领先于西方国家。特别是，例如，关于已故索绪尔的遗作，人们可以自信地确定，其中没有新的原则，我们早已从博杜恩·德·库尔特内那里得到这些教诲。

波利万诺夫的意思是，虽然一些西欧学者对社会语言学有所涉猎，但是博杜恩的学说领先于这些学者。

在《普通语言学论文集》(Статьи по общему языкознанию, 1968) 附录 "评论 II"(Комментарий II) 中，对波利万诺夫社会语言学理论方法的评价是：

Стр,184. Наиболее значительным исследованием в области социологической лингвистики за последние годы является работа, в значительной степени соответствующая намеченной Поливановым программе точного количественного анализа социального языкового расслоения на определенной территории: W. Labov, *The social stratification of English in New York city*, Washington, 1966....Примерам сочетания социолингвистического исследования с этнографическим может служить работа M. K. Mayers, *The Pocomchi. A sociolinguistic study*, Chicago, 1960 (с применением вычислительной машины для классификации данных). (Поливанов 1968: 343)

184 页：近年来，社会语言学领域的最重要研究，与波利万诺夫对特定地区社会语言分层进行精确定量分析的计划基本一致，如拉波夫的《纽约城市英语的社会分层》（Washington, 1966）……。在社会语言学研究与民族学研究相结合方面的例子，是梅耶斯（M. K. Mayers）的《波康奇语：一项社会语言学研究》（Chicago, 1960）（用计算机进行数据分类）。

博杜恩在彼得堡大学任教期间（1906—1918）培养了一批杰出的语言学家，如谢尔巴（Л. В. Щерба, 1880—1944）、波利万诺夫、雅库宾斯基（Л. П. Якубинский, 1892—1945）、伯恩斯坦（С. И. Бернштейн）、拉林（Б. А. Ларин, 1893—1964）等，形成"彼得堡学派"。1908 年，波利万诺夫考入彼得堡大学的斯拉夫俄语部和东方实践学院日语部。1914 年通过硕士论文答辩，任彼得堡大学编外副教授，1919 年任教授。1921 年调任莫斯科东方劳动者共产主义大学，在此期间研究语言接触和双语现象，著有《语言演变理论》（Теория эволюции языка），现仅存 1923 年用乌兹别克语撰写的、在塔什干印行的部分《语言演变的概念》（Понятие эволюции языка）。波利万诺夫的语言演变理论主要包括：语言演变的原因、演变机制及其特点，以及语言接触、语言继承、方言与标准语等。（参见郅友昌、张晓燕 2005）波利万诺夫参加过"十月革命"。1929 年因反对马尔主义被四处驱逐，1938 年被杀。他通晓 35 种语言，有一百多种论著，其名字却埋没几十年。

（五）苏联拉林（1928）论城市方言学

1928 年，博杜恩的另外一位学生拉林（Борис Алесанрович Ларин, 1893—1964）发表《关于城市语言的特点（研究的出发

点)》，基于城市语言生活论述"社会语言学"（социологической лингвистики ）问题，使用了"城市语言生活"（языкового быта города ）、"城市社团"（ городского коллектива, городском коллективе ）、"城市方言"（ говорам города ）、"城市方言学"（ диалектологии города ）以及与之相对的"乡村方言学"（ диалектологией деревенской ）等术语。[1]

Разработка **«социологической лингвистики»** (или **«лингвистической социологии»**) с недавних только пор ведется во Франции и Германии и почти не начиналась еще у нас. Больше всего **«научных заготовок»** для нее сделано в этнологической диалектологии последнего полустолетия. Литературные языки с этой точки зрения не разрабатывались, хотя в науке о них накоплено попутно много ценных данных именно социологического порядка (например, в работах акад. Шахматова по русскому языку). Мало материалов и почти нет исследований по всем – кроме литературного – **«говорам города»**. Этот последний пробел, мне кажется, более всего и задерживает развертывание стоящих на очереди работ по социологической лингвистике.

"社会学语言学"（或"语言社会学"）的发展直到最近才在法国和德国进行，而我们还没有开始。对其大部分的"科学准备"都是近半个世纪的民族方言学做的。从这一观点出发，文学语言的研究并未得到发展，尽管在其科学的进程中积累了许多在社会学上有价值的数据（例如，沙赫玛托娃院士关于俄语的著作）。除文学上的"**城市方言**"外，几乎没有材料，也几乎没有任何研究。在我看来，最后一个差距，最重要的是延迟了下一本有关社会语言学著作的部署。

Применительно к современным явлениям (оставляя пока в

---

1 以上这些术语截取于作者原文，保持原来的词形（不涉及变格）。

стороне генетические проблемы) центральной темой этогонового направления в языкознании будет **состав и структура языкового быта города**.

关于现代现象（不考虑遗传问题），语言学这一新方向的中心主题将是**城市语言生活的组成和结构**。

Нельзя понять эволюции и судеб литературного языка, пока к этому материалу не применены социологические принципы исследования. Нельзя приступить к социологическому истолкованию литературного языка, пока не изучается его непосредственная лингвистическая среда, т. е. **остальные типы письменного языка и все разновидности разговорной речи городского коллектива**.

在没有将社会学原理应用于研究这些资料之前，也就不可能认识文学语言的演变和命运。在没有对文学语言的直接语言环境，即对**书面语的其他类型和城市社团口语的各种表达方式**研究之前，也就不可能对文学语言作出社会学的说明。

Ведь даже так называемая «литературная» разговорная речь (образованных) обследовалась очень мало, исключительно у языков международных, – почти только для практических целей, иначе говоря – не изучалась, а лишь ненаучно и неполно описывалась. Остальные **«городские говоры»** представлены в беспорядочных коллекциях языковых раритетов и резких отклонений от литературного языка. Между тем это необходимое среднее звено между **диалектологией деревенской** и учением о литературно-книжном языке.

即使如此，甚至所谓"文学"口语（受过教育的），也很少专门用国际化语言来衡量——几乎完全出于实用目的，换而言之——并未对其进行研究，而只是不科学且不完整的描述。幸存的"**城市方言**"以语言珍品的不稳定集合与明显偏离文学语言来表达。同时，这是**乡村方言学**与文学和书面语语言学之间必不可少的中间联系。

Таким образом, ясно, что именно отсутствие в научной традиции **«диалектологии города»** обусловливает и явно ощутимую задержку разработки культурно-исторических вопросов языковедения и отсутствие систематических работ по **социологической лингвистике**.

显而易见，恰恰是科学传统中缺少"**城市方言学**"，才导致语言中的文化-历史问题研究明显迟缓，也造成**社会语言学**的研究不成系统。

Я не буду выяснять здесь причин этого запоздания с **постановкой и разработкой вопроса о «языке города»,** так как это сделано в другой моей статье....Займемся выяснением некоторых особенностей языкового состава и языковых взаимоотношений в **городском коллективе**. (Ларин 1977: 189-190)

我不会在这里寻找延误"**城市语言**"问题规划和发展的原因，正如我在另一篇文章中所做的那样……。而是让我们探讨**城市社团**中语言组成和语言关系的某些特征。

1910 年，拉林进基辅大学历史语文系学习。1916 年秋到彼得格勒大学研修，师从博杜恩和谢尔巴。作为苏联社会语言学的开拓者之一，拉林是城市语言研究的倡导者。拉林在《论城市语言学研究》（1926）中认为："如果用一幅地图来表示语言研究的现状，例如欧洲语言研究现状，那么最引人注目的空白点不是人迹罕至的边鄙，而正是这些大城市。在由多种语言构成的这些富矿中，只有文学语言被人研究过。"（Ларин 1977: 175）长期以来，方言调研偏重于乡村，而忽视了城市语言的调研。"正是由于城市语言研究迄今尚未开展，由此我们对文学语言的历史和修辞所作的解释是不可靠和不充分的。城市的民间口头创作，书面语的非正规形式，城市居民各种社团的口语，都给规范的文学语言及其'高级'形式以直接的重要影响。"（Ларин 1977: 176）。

2002 年，米哈尔钦科（В. И. Михальценко）和克留齐科娃（Т. В. Крюцкова）在《俄罗斯社会语言学》中对之评价：

拉林从 1926 年到 1930 年……把这一问题看作"社会语言学"应该解决的课题（"社会语言学"这一词组，想必此为在世界语言学中**第一次使用**）。(Михальценко, Крюцкова 2002: 117)

当然，拉林该文中出现的"社会语言学"，并非世界语言学中的第一次使用。然而，"城市方言""城市方言学"这些术语，据现有文献检索，有可能是最早使用。20 世纪 60 年代起，苏联学者一般用 социальная лингвистика 或 социолингвистика 表示"社会语言学"这一概念。

（六）英国弗斯（**1935**）等论社会语言学

据现有文献检索，英国语言学家使用术语"社会语言学"始见于 1935 年。

1935 年，英国伦敦学派创始人弗斯（John Rubert Firth, 1890—1960）在《语义学技艺》中写道：

But even when we have arrived at the context of situation, we are not at the end of the "House that Jack Built". The rest of the contextualization process is the province of **sociological linguistics**.

Sociological linguistics is the great field for future research. In this short paper I can only indicate the difficulties and make a few tentative suggestions, first in connection with the very difficult problem of describing and classifying typical contexts of situation within the context of culture, and secondly of describing and classifying types of linguistic function in such contexts of situation. (Firth 1935: 65)

然而，即使我们已经到达情景语境，我们也不会处于"杰克建造的房屋"的尽头。情境化过程的其余部分则是**社会语言学**的领域。

社会语言学是未来研究的重大领域。在这篇简短的论文中，我只能指出其难点并提出一些初步建议，首先涉及的非常困难的问题，即在文化语境中对典型情景语境的描述和分类，其次是在这种情景语境中对语言功能类型的描述和分类。

　　弗斯继承与发展了 19 世纪以来英国语境主义，吸收了马林诺夫斯基（Bronislaw Malinowski, 1884—1942）的 "情景语境" 与 "意义是语境中的功能" 的概念，把语言看成是社会过程，是人类生活的一种方式。在《语义学技艺》中，弗斯概述了 19 世纪德、法、英等国的语义学研究，规划其研究 "语言形式与功能的技艺"。弗斯对语言的社会研究从意义着手，不限于词汇和语法意义，除了语言本身的上下文、语言环境中人们从事的活动之外，整个社会环境、文化、信仰、参加者的身份和历史，以及参加者的关系等，都属于语言环境的一部分。然而，弗斯的一些学生并没有专门从事社会语言学研究。

　　印度语言众多，又受英国管辖多年，语言社会关系复杂。1939 年，剑桥大学社会人类学教授霍德森（Thomas Callan Hodson,1871—1953）在《印度人》上发表《印度的社会语言学》。该文中提到三本著作，一是英国人类语言学家马林诺夫斯基的《原始语言的意义问题》（*The Problem of Meaning in Primitive Languages*. Supplement to Ogden & Richards 1923: 451-510），一是英国人类学家布朗（Alfred Reginald Brown, 1881—1955）的《安达曼岛民：社会人类学研究》（*The Andaman Islanders: A study in social anthropology*. The Cambridge University Press, 1922），还有一本是曾任南非总理的斯穆茨（J. C. Smuts, 1870—1950）的《整体论与进化》（*Holism and Evolution,* London: Macmillan, 1926）。作为英国学者撰写的第一篇社会语言学论文，霍德森的知识背景是人类学。

三、第三代社会语言学：20 世纪下半叶

　　第三代社会语言学的特征是：语言和社会结构共变的量化研

究，全方位探索语言的社会功能，形成社会语言学的微观学派（城市方言学）和宏观学派（语言社会学）。

（一）美国社会语言学的先声

美国语言学先驱辉特尼（William Dwight Whitney, 1827—1894）1850 年去德国学习梵文和比较语文学，1853 年回到耶鲁大学。此后多次重返欧洲访问，对德法语言学研究十分熟悉。一方面，辉特尼批评施莱歇尔的语言有机体学说和缪勒（Friedrich Max Müller, 1823—1900）的自然主义语言观；一方面，辉特尼主张语言是一种社会制度，语言的发展变化基于人类行为法则。

1867 年，辉特尼在《语言与语言研究》中论述了言语和语言的社会性。

Speech is not a personal possession, but a social; it belongs, not to the individual, but to the member of society. (Whitney 1867: 404)

Language...enables men to be, as they are intended to be, social, and not merely gregarious beings. **As it is the product, so it is also the means and instrument, of community**. (Whitney 1867: 440-441)

言语并非个人所有，而是社会的。它属于个人，但对社会成员而言，又不属于个人。

语言……使人们能够按预期方式成为社会生物，而不仅是群居生物。因为语言是社区的产物，所以它也是社区的手段和工具。

辉特尼还认识到基于社区的"语言变体"现象。

While we all speak the English language, the English of no two individuals among us is precisely the same: it is not the same in form; it is not the same in extent; it is not the same in meaning.

It is the sum of the separate languages of all the members of this community. Or...it is their average rather than their sum....**Although**

one language, it includes numerous varieties, of greatly differing kind and degree: individual varieties, class varieties, local varieties. (Whitney 1867: 22)

虽然我们都说英语,但是我们中间没有两个人的英语完全一样:形式不完全一样,水平不完全一样,含义也不完全一样。

英语是该社区所有成员各自语言的总和。或者……它是各自语言的平均值,而不是它们的总和。……尽管是一种语言,但是包含许多变体,不同种类和不同水平的若干变体:个人变体、阶级变体、地方变体。

他指出,一个人可能拥有多种语言变体,以便在不同场合与不同的对象交谈。

The same person may belong to more than one community, using in each a different idiom. For instance: I have, as we may suppose, a kind of home dialect, containing a certain proportion of baby-talk, and a larger of favourite colloquialisms, which would sound a little queerly, if they were not unintelligible, to any one outside of my family circle; as an artisan, pursuing a special branch of manufacture or trade, or as one engaged in a particular profession, or study, or department of art, I am a member of another community, speaking a language to some extent peculiar, and which would be understood neither by my wife and children nor by the majority of speakers of English. (Whitney 1867: 156)

同一个人可能属于多个社区,每个社区都有不同的习语。例如:我可能设想,有一种家庭方言,包含一定比例的儿语,以及大量特别爱用的口语。对于我家庭圈子之外的任何人,听起来有点儿奇怪,即使他们并非不知所云。作为制造或贸易特殊行业的技工,或作为一个特定职业者、研究人员,或在艺术部门工作,我成为另一社区的成员,说的是一种有几分怪异的语言。不但我的妻子和孩子,而且大多数说英语的人都不能理解。

与布雷阿尔一样，辉特尼强调人类意图或意志在语言演变中的重要性，但是并未忽视语言社区的重要性。在其《语言的生命与成长》（1875）中提出，个体给语言带来的每一变化必须受到社区的"批准"，而且只有在适合总体性语言框架的情况下才可能接纳。（Whitney 1875: 150）个体和社会是语言变化中的两大动力，辉特尼分别称作"革新力"与"保守力"。（Whitney 1875: 32）

受当时欧洲语义学、社会学研究的影响，辉特尼提出了**基于"社区"的"语言变体"学说**。然而，在 20 世纪上半叶的美国未能开枝散叶，这不能不说，美国描写主义的一统天下阻碍了语言和社会研究的展开。布龙菲尔德（Leonard Bloomfield, 1887—1949）早年受冯特（Wilhelm Wundt, 1832—1920）的影响，其《语言研究导论》（1914）基于构造心理学；中年受其俄亥俄大学同事魏斯（Albert Paul Weiss, 1879—1931；1916 年由梅耶指导获博士学位）的影响，其《语言论》（1933）转到行为主义心理学，未能从心理学跨进社会学。尽管布龙菲尔德也曾考察过菲律宾的他加禄语、马来-波利尼西亚诸语、印第安的阿尔贡金诸语（Algonquian），但也未从其前辈博厄斯（Franz Boas, 1858—1942）和萨丕尔（Edward Sapir, 1884—1939）的人类语言学跨进社会学。

在此，有必要交代美国先后成立的三个语言学会或学派。1869 年，主要是留德的一批语言学家，以辉特尼为首，在耶鲁成立美国语文学会（The American Philological Association），主要从事比较语法和语言理论研究。1924 年，布龙菲尔德等在纽约成立美国语言学会（Linguistic Society of America），起初包括比较语言学和人类语言学两个学派，后来演变为主张"分布-替换"分析的"布龙菲尔德学派"。[1]1943 年，二战时从欧洲来到美国的一些语言学家成立纽约语言学会（Cerele Linguistique de New York），主要成员有雅柯布逊和马尔丁内等。其中一项任务是"加强新世界和旧世界之间在科学上的联系"，他们坚持社会-功能等多种理论，关注双语研究、语言接触和混合等问题，批评单纯的形式描写。显然，美国社会语言学是从纽约语言学会中成长起来的。

有人认为，美国语言学家第一次使用"社会语言学"见于1949 年。此年，美国翻译学家和语义学家奈达（Eugene. A. Nida, 1914—2011）刊行《形态：词语的描写性分析》，在其讨论"语义分析的三个原则"（6.1 Semantic Principles）时，我们检索到"社会语言环境"这一用语。

Alternants such as shown and showed indicate that there is a meaningful difference between such allomorphs....The contrast in meaning between the allomorphs -en and -ed is primarily one of connotation. The productive suffix -ed, having an expanding distribution, is less acceptable in traditional contexts than the suffix -en. This is a matter of appropriateness and involves the reactions of the speakers and hearers. There is nothing intrinsic about the semantic values; they are dictated simply by the reactions of language users to the **sociolinguistic environment**. (Nida 1949:151-152)

正如交替所示，表明这些语素变体之间存在意义的区别。……语素变体 -en 和 -ed 之间的含义对比主要在某一内涵。能产性后缀 -ed 具有扩展性，在传统环境中不如后缀 -en 那样易接受。这就是得体

1　近来，有人热议"新描写主义"。"描写"是一种基本方法（如何描写可能各有别），作为理论名称不当，如称布龙菲尔德学派的理论为"描写结构主义"（descriptive structuralism）。虽然布龙菲尔德《语言论》（1933）中频繁出现"描写"（descriptive studies / descriptive technique / descriptive data），但其核心概念或描写准则是同样频繁使用的"分布"（distribution）与"替换"（replacement / replace）。据此，似应称"分布-替换主义"。

性问题，涉及说者和听者的反应。语义值没有固有的含义，它们仅由语言使用者对**社会语言环境**（sociolinguistic environment）的反应所决定。

Meaning is definable by **environment**. The significance of this principle is most vividly appreciated by those who have learned a foreign language in a purely monolingual situation. Having been suddenly thrust into a foreign-language community, they have been forced to learn a language by closely observing the **environment** in which certain forms are used. The meaning of every word and phrase had to be learned from its **sociolinguistic setting**. (Nida 1949:152)

含义是由环境限定。那些纯粹在单语情况下学习外语者，最清楚地意识到这一原则的价值。由于突然进入了一个外语社团，他们被迫通过密切观察某些形式使用的**环境**来学习语言。每个单词和短语的含义都不得不从其**社会语言环境**中学到。

在"问题107"（Problem 107）中使用两次"语言环境"后，第三次出现了"社会语言环境"。

We may state that there are three functional types of symbolization: (1) signals for objects (this is in the broadest sense of the term), (2) signals for classes of signals (these are pronouns and other types of substitutes), and (3) signals for relationships between signals. To define the meaning of any of these types of symbols we must refer to the **environment** in which they are employed. In the first instance, we refer to the practical world and to the subjective reactions of speakers to the signals for practical-world objects. In the second two instances, we refer to the **linguistic environment**. There are some slight connotative differences perceptible in these second two types, but they are very minor in comparison with those conveyed by the first type. Subjective reactions are much more evident in matters involving human actions than in features of linguistic relationships. Nevertheless, morphemic differences which are primarily definable by **linguistic environment**, e.g. the difference between I and me, do take on connotative significance in the **sociolinguistic environment** which provides It's I vs. It's me. (Nida 1949:154)

　　我们可以提出符号的三种功能类型：（1）用于对象的符号（从广义上说），（2）用于符号类别的符号（这些是代词和其他类型的替代词），以及（3）表示符号之间关系的符号。要定义这些类型的符号的含义，我们必须参考使用其环境。首先，我们指的是现实世界，是指说话者对现实世界对象的符号的主观反应。在后两类实例中，我们指的是**语言环境**。这后两种类型，可以感觉到一些细微的内涵差异，但与第一种类型所传达的差异相比极其细微。在涉及人类行为的事情上，主观反应比语言关系的特征要明显得多。然而，语素的差异主要是由**语言环境**限定，例如 I（主格）和 me（宾语）之间的差异，在提供 It's I 还是 It's me 的**社会语言环境**中呈现其隐含意义。

　　奈达并未使用"社会语言学"（sociolinguistics），而"社会语言环境"（sociolinguistic environment）全书凡三见，与之意义相近或可交替的有"语言环境"（linguistic environment）和"环境"（environment）。奈达是在德法传统语义学意义上使用该术语。

　　1950 年 12 月 29 日，在美国语言学会年会上，术语"社会语言学"出现在新任主席豪根（Einar Haugen, 1906—1994）的就职演讲《现代语言学的方向》（1951 刊行）中。豪根认为：

The discussion of linguistic research techniques is not a linguistics as we have known it, but rather a metalinguistics. It is merely unfortunate that Trager already has proposed the term metalinguistics for a field which has generally become known as semantics. This usage should be rejected in view of the quite different meaning given the word by the related discipline of logic. If **semantics** should be an undesirable term, there is always '**ethno-linguistics**' or perhaps '**socio-linguistics**'. (Haugen 1951: 212-213)

语言研究技术讨论的不是我们了解的语言学，而是元语言学。遗憾的是，特雷杰将术语"元语言学"用来指通常称为"语义学"的这门学科[1]。有鉴于相关的逻辑学给予该术语完全不同的意义，应该摒弃特雷杰的这种用法。如果"语义学"不合适，那么还有"民族语言学"或"社会语言学"。

豪根在文章后段说：

A linguist must not only be a student of formal linguistic relationships, but also something of a physical scientist on the phonetic side, and something of a sociologist on the semantic side. It has been suggested by Joos that phonetics should be handed over to the physicists and semantics to the sociologists. (Haugen 1951: 221)

一个语言学家必须不仅是研究语言形式关系的学者，而且某种程度上还必须是语音方面的物理学家，以及某种程度上是**语义方面的社会学家**。乔斯曾提出，应该把语音交给物理学家，**把语义交给社会学家**。[2]

由此可见，豪根在此把"社会语言学"看作研究语义的学科（社会语义学），某种程度上可能受到欧洲 19 世纪语义学和美国符号学三分的影响。

（二）美国社会语言学的宣言

1952 年，时任休斯敦大学英语助理教授的柯理（Haver C. Currie, 1908–？）发表《社会语言学预测：言语与社会地位的关系》。文章开宗明义，基于近年来语言学家对英语口语各种特征的社会意义研究，证明这些事实可从其社会意义角度加以考虑，

1　见于特雷杰（George L. Trager, 1906—1992）《语言学的领域 2》（*The Field of Linguistics* 2, Norman, Okla., 1949）。

2　见于 Martin Joos. 1950. Description of language design, *Journal of the Acoustical Society of America* 22, 701-709。

由此预测社会语言学研究将会引起关注。

In recent years linguists have shown a lively interest in the social significance of varying features of spoken English. Upon noting published materials reflecting this interest, the writer entered into a study of which this paper is representative. The study was warranted by the existence of a large body of linguistic facts which could be considered from the viewpoint of their social significance.

The present purpose is to suggest, by the citing of selected and salient studies, that social functions and significations of speech factors offer a prolific field for research. It is the intention in this connection to project, partly by means of identification, a field that may well be given the attentions of consciously directed research. This field is here designated **socio-linguistics**. (Currie 1952: 28)

近年来，语言学家对英语口语各种特征的社会意义表现出浓厚兴趣。在注意到反映这种兴趣的出版资料后，本文作者进行研究并撰成此文。大量语言事实的存在为该研究提供了保证，这些事实可从其社会意义的角度加以考虑。

当前的目的是通过引证一些选定的突出研究，阐明社会功能和言语要素含义为语言学探索提供了广阔领域。就此意图而言，在一定程度上通过身份识别来预测一个很可能会引起有意识定向研究的领域，在此特指**社会语言学**。

文中不但提出，言语类别与社会地位的相关性是社会语言学的独特兴趣所在，而且指出，语言学家提出的与区域性语言战争有关的折衷方案，对社会语言学意义重大。

最后，作者指出，预测社会语言学旨在为研究语言在各方面的社会意义提供新起点，社会语言学要进行开放的研究。可以预期这是一个具有相当自觉意识的研究领域。这一任务要求专业语言学家、社会科学家和言语专家对现在资料进行协调和相互实施。

The present projection of **socio-linguistics** proposes a fresh start toward researches into the social significance of language in all respects. The present projection is with a view to open researches fully subject to the critical examination of intelligent men who are not hampered by any esoteric, obscurant, or surreptitious clique or cult.

Several works have been cited which have reflected this interest on the scholarly level, particularly with respect to speech and social class, regional dialects and social status, and national speech and social status. Specifically, a field for quite conscious study here called *socio-linguistics* has been envisioned, by warrant of work already done and possibilities hardly estimable. The coordination and mutual implement-tation of data presented by professional linguists, social scientists, and speech specialists have been called for. (Currie 1952: 36)

社会语言学的当前预测旨在为研究语言各方面的社会意义提供新起点。目前预测的目的是进行开放研究，完全服从于那些不受深奥、晦涩，或派系、信仰束缚的智者的严格审查。

本文引用了在学术层面反映这种兴趣的几种论著，尤其是关于言语和社会阶层、地区方言和社会地位，以及民族言语和社会地位方面的论述。明确地说，通过已完成工作的证明和几乎无法估计的可能，可以预期一个具有相当自觉意识的研究领域，即在此称为的**社会语言学**。这一任务要求专业语言学家、社会科学家和言语专家对现在资料进行协调和相互实施。

也许是人微言轻，柯理对社会语言学的预测或这份"美国社会语言学的宣言书"发表以后，并未立即引起众多学者的关注，也未见到他本人的进一步研究。

此前，斯里兰卡的皮里斯（Ralph Pieris）曾在《美国社会学评论》上发表《言语和社会：语言的社会学方法》（1951）。该文包括四部分：第一节"言语社区"（Speech-communities）；第二节"语言、精神和人格结构"（Language, ethos, and personality structure ）；第三节 "社会结构、言语方式和思想方式" （ Social structure, speechways, and thoughtways ）；第四节 "言语与社会变革" （ Speechways and social change ）。主要是基于马林诺夫斯基理论，虽然没有用术语 "社会语言学"，但强调 "语言的社会学方法"。

1953 年，美国内布拉斯加大学的社会学家赫兹勒（J. O. Hertzler ）发表《走向语言的社会学》。

Among the social scientists the chief investigators of language have been the ethnologists and social psychologists. In recent decades some of the sociologists have become aware of its significance in human society, though in the main they have merely skirted the edges of a **sociology of language**.

These various analyses differ widely in approach, objective, and content, and are largely confined to certain limited or special aspects of the reciprocal relationship between language and society. They do not envisage the "dimensions" of a **sociology of language** possible with our present knowledge. (Hertzler 1953: 109)

在社会科学家中，语言的主要研究人员是民族学家和社会心理学家。最近几十年中，一些社会学家已经意识到语言在人类社会中的重要性，虽然从根本上说，他们只是避开了**语言的社会学**的边界。

这些不同的分析方法，在方法、目标和内容上差异很大，并且大部分局限于语言和社会之间互反关系的某些有限或特殊方面。他们没有正视适合我们目前知识的**语言的社会学**的 "维度"。

接下来，赫兹勒引用了社会学家巴尔内斯等（Harry Elmer Barnes 等 ）主编的《当代社会学理论》（ 1940 ），该书通过所附参考书目预言语言社会学的前景：

Out of many diverse sources and interests, **sociology of language** is emerging as a specialty with a high potential of generalizability. Because of its many angles and because it seems to be involved in all human actions, it promises to become a center of fructifying observation and analysis. Its frontiers are uneven and wide and largely unexplored. (Barne et al. 1940: 895)

在许多不同的来源和兴趣中，**语言的社会学**正在发展为具有广泛推广潜力的专业。由于其角度众多，而且似乎涉及所有人类行为，因此有望成为富有成果的观察和分析中心。它的边界并不齐整且范围很广，并且基本上尚未开发。

这就是社会学家从社会学视角关注的"语言的社会学"，与语言学家立足于语言学立场的"语言社会学"大同小异。

（三）瓦恩莱希奠定美国社会语言学理论基础

1953 年，乌里尔·瓦恩莱希（Uriel Weinreich, 1926—1967）[1] 出版《语言接触：发现和问题》。全书包括五章，第一章"方法问题"（The Problem of Approach, 1-6）；第二章"冲突的机制和构成因素"（Mechanisms and Structural Causes of Interference, 7-70）；第三章"双语的个人"（The Bilingual Individual, 71-82）；第四章"语言接触的社会–文化场景"（The Socio-Cultural Setting of Language Contact, 83-110）；第五章"研究方法与机遇"（Research Methods and Opportunities, 111-115）。在第三和第四章中论述了社会语言学的方方面面。

首先，术语"社会语言学"（sociolinguistics）在该书中出现了 3 次（Weinreich 1953: 70, 95, 99），现举一例。

Correspondingly, the "new" language is likely to be viewed by members of the older age group as the epitome of fashion. This may

---

1　以往汉译有"尤里埃尔·文莱奇/魏因赖希/瓦恩里希"等。瓦恩莱希是出生于波兰的犹太人，第一语言是大多数中东欧犹太人所用的依地语。其姓名是 אוריאל ווײַנרײַך，转写为拉丁字母是 Uriel Vaynraykh [uriˈɛl ˈvajnrajx]。根据其发音，汉译"乌里尔·瓦恩莱希"为宜。

lead, in turn, to heavy borrowing in the opposite direction designed to make utterances sound more youthful, modern, or elegant....It would be a worthwhile problem in **sociolinguistics** to determine the correlation between obsolescence of a language and the extent of interference in it. (Weinreich 1953: 95)

与之相应，"新派"语言很可能被老年群的人视为时髦的表现。反过来，这可能导致在相反方向上的大量借用，以便使话语听起来更有朝气、时尚或讲究。……在**社会语言学**中，确定一种语言过时与冲突程度之间的相关性将是值得解决的问题。

其次，作为修饰或限定语的"社会语言的/社会语言学的"（sociolinguistic）在该书中出现了15次（Weinreich 1953: 70, 862次, 88, 89, 91, 96, 97, 98, 99, 102, 1032次, 106, 107），今举出数例。

It should be evident even from an informal analysis like the preceding one that socio-cultural factors which can determine personality traits, preferred language habits, and typical speech situations are relevant to the control of interference. To ascertain how the various factors may best be grouped and studied is a formidable **sociolinguistic research problem** in itself. (Weinreich 1953: 86)

即使从上述的非正式分析中也应明白，可以确定个性特征、语言习惯偏好和典型言语情境的社会文化因素与控制冲突有关。如何确定各种因素能够最好地分类和研究，其本身就是一个艰巨的**社会语言学研究问题**。

One important limitation has to be pointed out. To predict typical forms of interference from the **sociolinguistic description** of a bilingual community and a structural description of its languages is the ultimate goal of interference studies. (Weinreich 1953: 86)

必须指出一个重要的限制。从双语社区的**社会语言学描写**及其语言的结构描写来预测典型的冲突形式，才是语言冲突研究的最终目标。

The psychological importance of priority of learning thus has a concomitant on the **sociolinguistic plane**. It is the importance to a language of being represented by a sizable mother-tongue group in a contact situation. (Weinreich 1953: 89)

因此，优先学习的心理重要性在**社会语言学层面**上是伴随性的。对于在接触情况下由相当多的母语群体代表的语言而言，这一点很重要。

There remains a need for precise **sociolinguistic studies** of bilingual urban communities, since it is evident that linguistically unnucleated cities are foci of the most extensive and intimate interlingual contacts, both in the Old World and the New. (Weinreich 1953: 91)

仍然需要对双语城市社区进行精确的**社会语言学研究**，因为很明显，无论旧大陆还是新大陆，语言上无核心的城市都是最广泛和最密切的语际接触之处。

Rural populations sometimes develop a hostile attitude (or at least an ambivalent one) toward their urban centers; the effect of this on language shifts is mentioned in §4.71. Whether anti-urban attitudes can prevent the diffusion of linguistic interference phenomena short of a shift remains to be determined by **empiric sociolinguistic investigation**. (Weinreich 1953: 97)

农村人口有时会对其城市中心产生敌视态度（或至少是矛盾态度）；第 4.71 节中提到这种方式对语言转用的影响。反城市态度能否防止语言冲突现象的扩散而不发生转用，仍然有待**基于经验的社会语言学调研**来确定。

A great deal of material concerning the more and less successful revivals of half- "dead" languages (Hebrew, Irish), though easily available, has not yet been utilized for **sociolinguistic analysis.** (Weinreich 1953: 102)

关于垂死语言（希伯来语、爱尔兰语）成功复活的资料很多，尽管很容易获取，但尚未用于**社会语言学分析**。

But it may be useful to show at least how the framework established in §4.2.4 for the **sociolinguistic study** of interference can be utilized to good advantage for the study of language shifts, too, if common over simplifications are to be avoided. (Weinreich 1953: 107)

但是，如果要避免通常的过于简单化，那么至少应说明第 4.2.4 节中建立的用于冲突研究有效的**社会语言学研究**框架，对语言转换研究可能也是有用的。

表 1 《语言接触：发现和问题》

sociolinguistics / sociolinguistic 用例统计

序号	页码	例 子	例数
1	70	the domain sociolinguistics 社会语言学领域	1
2	95	sociolinguistics 社会语言学	1
3	99	the field of sociolinguistics 社会语言学领域	1
4	70	sociolinguistic factors 社会语言因素	1
5	86	sociolinguistic research problem 社会语言学研究问题	1
6	86	sociolinguistic description 社会语言学描写	1
7	88	sociolinguistic evaluation 社会语言学评估	1
8	89	sociolinguistic plane 社会语言学层面	1
9	91, 96, 99, 103, 107	sociolinguistic studies 社会语言学研究	5
10	97	sociolinguistic investigation 社会语言学调研	1
11	98, 102, 103	sociolinguistic analysis 社会语言学分析	3
12	106	sociolinguistic problem 社会语言学问题	1
	合计		18

可以看出：（1）瓦恩莱希的术语"社会语言学"确定地指称一门学科；（2）瓦恩莱希的论述涉及"社会语言学领域 / 层面 / 问题 / 调研 / 描写 / 分析 / 研究 / 评估"，可以说涉及社会语言学的方方面面。（3）结论就是——**瓦恩莱希为美国社会语言学奠定了理论基础**。

瓦恩莱希的导师马尔丁内（André Martinet, 1908—1999）在

该书《序言》中使用了"社会语言学情景"。

Furthermore, nothing would be gained for the linguist by thus restricting the use of 'bilingualism' if this might induce the language contact specialist to exclude from his field a vast number of **socio-linguistic** situations that deserve careful consideration. (Weinreich 1953: Preface, p. vii)

此外，如果限制"双语"的使用可能导致语言接触专家从其领域中排除大量值得认真考虑的**社会语言情景**，那么语言学家将一无所获。

此前，1952 年，马尔丁内在《赛乌尔·波普的〈方言学：历史概述和语言调查方法〉的启示》中已经提到"社会语言模式、社会语言情景"。

This is only a sampling of all the possible **socio-linguistic patterns** in connection with which the word 'dialect' is actually used....Therefore we may expect to come across **socio-linguistic situations** which we may hesitate to class in one or another of our four categories. (Martinet 1952: 261)

这只是与术语"方言"实际使用有关的、所有可能的**社会语言模式**的一个样本。……因此，我们可以预期偶然遭遇**社会语言情景**，而可能对划分为四个类别中的这个或那个犹豫不决。

瓦恩莱希出生于维尔纽斯（当时属波兰，现属立陶宛），其父麦克斯·瓦恩莱希（Max Weinreich,1894—1969）是依地语（大多数中东欧犹太人所用口语）研究专家。1940 年，瓦恩莱希随父移居美国。在哥伦比亚大学求学期间，师从马尔丁内和雅柯布逊（Roman Jakobson, 1896—1982）[1] 等，深受欧洲社会学派、功

1　马尔丁内二战期间移居美国，1947—1955 年任哥伦比亚大学教授及语言学系主任。雅柯布逊 1941 年移居美国，1943—1949 年任哥伦比亚大学教授。

能学派和方言学派的影响。1951 年获哥伦比亚大学博士学位。1952 年起执教哥伦比亚大学，后任语言学系主任。

瓦恩莱希早年研究双语现象，描述了由双语或多语引发的冲突现象和机制，与之相关的语言结构因素和心理、社会、文化因素。瓦恩莱希的《语言接触：发现与问题》（1963、1964、1966、1967、1968 年再版 5 次）影响深远，这部经典之作是在其硕士及博士生导师马尔丁内教授的指导下完成的。马尔丁内《序言》强调，任何语言群体都不可能独立存在。语言变化无时无处不在，每一语言个体就是语言变异的一个"战场"。因此要认真观察语言接触，找出那些汇聚性原理，并放入一定历史时期验证。瓦恩莱希（1954）还提出了基于方言内部结构考察方言差异的思路，并认为可建立一个"跨方言系统"以描写其异同。20 世纪 60 年代，瓦恩莱希（1966）着重研究语义学，认为语义研究是为了阐明人们理解句子的能力，而这正是 19 世纪下半叶德法语义学的目标。1968 年，瓦恩莱希、拉波夫等合撰的《语言变异理论的经验基础》印行，提出语言变异寓于语言结构的有规则差异之中。

从学缘关系来看，布雷阿尔→梅耶→房德里耶斯→马尔丁内→瓦恩莱希，瓦恩莱希传承了法国社会学派的思想。另一方面，瓦恩莱希也是雅柯布逊（受博杜恩的影响）的学生，即同样受到布拉格功能学派和喀山心理-社会学派的影响。作为语义学家，瓦恩莱希也应了解欧洲语义学的心理-社会功能取向。**由此观之，瓦恩莱希的社会语言学理论植根于欧洲社会-功能语言观。**

瓦恩莱希的《语言接触：发现与问题》出版不久，"乔姆斯基革命"风头正劲，仅偶尔有人提及"社会语言学"。1956 年，皮克福德（Glenna Ruth Pickford, 1912—?）发表《美国语言地理学：社会学评估》，有人（Calvet 1999）误以为他使用了"社会语言学"术语。经核查，正文中没有出现，仅参考文献中列出柯理 1952 年的 *A Projection of Socio-linguistics*。1956 年，沃利斯

（Ethel Wallis）发表《社会语言学与梅斯基特·奥特米转变教育学的关系》，采用了"社会语言学"（sociolinguistics）术语。

（四）拉波夫的社会语言学和费什曼的语言社会学

在柯理对社会语言学预测十年以后，在瓦恩莱希奠定美国社会语言学理论基础九年以后，美国语言研究的钟摆终于转向语言与社会。20世纪70年代，形成了以语言学家拉波夫（William Labov, 生于1927）为代表的微观社会语言学（城市方言学）学派，和以社会心理学家费什曼（Joshua Fishman, 1926—2015）为代表的宏观社会语言学（语言社会学）学派。

1961年，拉波夫进入哥伦比亚大学语言学系，师从瓦恩莱希。1963年，拉波夫完成硕士论文《语音变化的社会动力》，采取调查对比法和统计分析法研究美国马萨葡萄园岛居民的语音差异，揭示社会因素对语音差异及其变异的影响。1964年，拉波夫以对纽约黑人方言量化研究的博士论文获得学位，发表《社会分层的语音关联》。1966年出版《纽约市英语的社会分层》。1972出版《社会语言学模式》[1]和《内城的语言》。

另一方面，1957年，瓦恩莱希在美国哥伦比亚大学讨论会上提及"语言规划"（*Language Planning*）。1959年，豪根发表《现代挪威标准语的规划》。1964年在加州大学洛杉矶分校社会语言学会议上宣读《语言学与语言规划》（1966刊行）。1966年在《语言冲突和语言规划》中概述语言规划的四个方面（规范的选择、规范的编典、功能的实施和功能的完善）。1972年，进而提出"语言生态"（Language ecology）和"生态语言学"（Eco-

---

[1] 此后，拉波夫在《社会语言学模式》（1972）中声明："多年来我一直抵制术语'社会语言学'，因为这意味着可能有并非社会的而成功的语言学理论或实践。"（"I have resisted the term sociolinguistics for many years, since it implies that there can be a successful linguistic theory or practice which is not social." Labov 1972: XIII）。

linguistics），在更广范围内关注人类语言的生存、发展和变化。

微观学派的拉波夫是瓦恩莱希的学生，而宏观学派的费什曼则与瓦恩莱希同龄且很早相识，18 岁时曾合办《依地语青年杂志》（*Yugntruf*, 1944）。费什曼研究依地语则受瓦恩莱希父亲麦克斯的影响。1948 年，费什曼大学毕业后，麦克思介绍他加入依地语研究院（YIVO）。费什曼早年也读于哥伦比亚大学（1948—1953），但所修专业为心理学。获得心理学博士学位后，主要从事教育心理学研究。尽管对语言学感兴趣，但费什曼对语言和社会的研究是在 1960 年到叶史瓦大学工作以后。直到 1963 年在斯坦福大学任研究员期间，他才真正涉足这一领域。1966 年，费什曼出版其第一本语言社会学专著《美国人的语言忠诚》。此后，陆续刊行《语言社会学读本》（1968）、《社会语言学简介》（1970）[1]、《语言社会学的进展》（1971—1972）、《语言社会学：社会语言的跨学科社会科学方法》（1972）、《语言规划的进展》（1974）。1974 年创办《国际语言社会学期刊》（*The International Journal the Sociology of Language*）。1979 年，拉波夫荣任美国语言学会主席，其学术声望及美国社会语言学如日中天。从 1950 年豪根就任美国语言学会主席演说中提及"社会语言学"算起，已经过去整整 30 年。

四、西方社会语言学的来龙去脉

通过对一百年来（1870—1970）俄、法、英、美等原始文献的勾稽，西方三代社会语言学的来龙去脉已大体梳理清楚，其学科形成和发展关键点得以揭示。下面依次列出 1956 年以前"社会语言学 / 语言社会学"术语的出现情况，其中包括社会学家（加 * 号）所用"语言的社会学"2 例。

1　费什曼一般用"语言社会学"，此为他使用"社会语言学"的唯一专著。

表2 "社会语言学/语言社会学"术语出现年代表

序号	学者	年份	术　语
1	波-俄博杜恩	1889	语言科学是心理-社会科学（языкознание-наука психологично- социологическан）
2	法国梅耶	1906	语言学是一门社会科学（la linguistique est une science sociale）
3	法国格拉塞列	1909	语言社会学（sociologie linguistique）
4	法国道扎特	1910	社会语言学（linguistique sociale）
5	苏联波利万诺夫	1928	社会语言学（социологическое языкознание） 社会方言学（социологическая диалектология）
6	苏联拉林	1928	社会语言学（социологическая лингвистика） 语言社会学（лингвистическая социология） 城市方言学（диалектология города）
7	英国弗斯	1935	社会语言学（sociological linguistics）
8	英国霍德森	1939	社会语言学（sociolinguistics）
9	*美国巴尔内斯等	1940	语言的社会学（sociology of language）
10	法国柯恩	1948	社会和语言研究（recherches sur société et langage）
11	美国奈达	1949	社会语言环境（sociolinguistic environment）
12	美国豪根	1950	社会语言学（socio-linguistics，实指社会语义学）
13	斯里兰卡皮里斯	1951	语言的社会学方法（sociological approach to language）
14	美国柯理	1952	社会语言学（socio-linguistics）
15	法国马尔丁内	1952	社会语言模式（socio-linguistic patterns） 社会语言情景（socio-linguistic situations）
16	*美国赫兹勒	1953	语言的社会学（sociology of language）
17	美国瓦恩莱希	1953	社会语言学（sociolinguistics，sociolinguistic）
18	法国柯恩	1956	语言社会学（sociologie du langage）
19	美国沃利斯	1956	社会语言学（sociolinguistics）

尽管洪堡特（Humboldt 1836）早就提及语言与社会的关系，然而，这一表格中没有出现德国学者，因为未见德国学者使用

“社会语言学”术语的早期文献。19世纪中期，斯坦塔尔（Steinthal 1855）创立心理语言学，把语义演变理论定义为解释其心理过程，世纪末的冯特（Wundt 1900）又形成语言心理学，试图通过语义演变研究获得概念变化的心理规律。而建立德国“交际语义学”的魏格纳（Philipp Wegener, 1848—1916），以语言交流情景的四个维度（即时感知、原先的记忆或回忆、说话人的兴趣和目的、特定文化常见语境）研究为特色（Wegener 1885: 21-27），未见吸收法国社会学成果。由此可见，德国学者更为关注的语义演变历史逻辑和心理机制，遮蔽了其语言学进一步走向社会学研究的视野。

史实表明，19世纪社会语言学的兴起，先后受到法国社会学家孔德（1839）和杜尔凯姆的（1895）的重要影响。社会语言学的先导博杜恩（1870, 1888）将社会学的动态和静态概念引进语言研究，提出搜集社会各阶层的语料，主张语言学是心理-社会科学，并预见到语言的社会学研究将成为重要部门。法国社会功能学派的鼻祖布雷阿尔（1866, 1897）倡导的人本主义语言观和心智-功能语言观，推动了语言和社会的结合研究。一方面，形成了以梅耶（1905）为代表的强调语言是社会事实、语言学是一门社会科学的法国社会学派；另一方面，博学的格拉塞列（1909）提出“语言社会学”，睿智的道扎特（1910）讨论“社会语言学”的前景及其任务，成为“社会语言学”形成和发展的关键点。

与法国社会语言学的发展进程深受布雷阿尔、梅耶的影响不同，20世纪30年代崛起的苏联社会语言学（波利万诺夫1928，拉林1928）则发扬博杜恩的学说和预见，进一步提出“社会方言学”“城市方言学”及其研究方法。英国伦敦学派的创始人弗斯（1935）受19世纪下半叶欧洲语义学的影响，提出对“情景语境”的进一步研究属于社会语言学领域。作为美国社会语言学的先声，辉特尼（1867, 1875）提出的基于"社区"的"语言变体"学说并没有开枝散叶，20 世纪上半叶盛行的形式描写阻碍了语言和社会的生动研究。布龙菲尔德（1914, 1933）囿于构造心理学和行为主义心理学，其理论基础停滞在 19 世纪语言学（生物学基础→心理学基础→社会学基础）的第二阶段。随着该学派的消退，转机出现在语义学领域，奈达（1949）在语义分析中认识到社会语言环境的重要性；豪根（著于 1950, 1951 刊行）则提及实指"社会语义学"的"社会语言学"。其后，柯理的《社会语言学预测：言语与社会地位的关系》（1952）成为"美国社会语言学的宣言"。然而人微言轻，并未引起强烈的关注。真正推进美国社会语言学研究、奠定其理论基础的，却是深受西欧社会-功能学说影响的瓦恩莱希（1953, 1968），其学生拉波夫（1963, 1964, 1966, 1968, 1972）终于促使美国社会语言学走上前台。

总而言之，第一代社会语言学（19 世纪后期）的特征是：引进社会学概念和方法，提出语言科学是心理-社会学或社会科学，并预见语言的社会学研究将成为重要部门或未来的学科。第二代社会语言学（20 世纪上半叶）的特征是：提出"语言社会学 / 社会语言学"术语，探讨语言学的社会调研分析方法，出现社区语言调查、城市方言研究，以及社会语言学和民族学的结合。第三代社会语言学（20 世纪下半叶）的特征是：语言和社会结构共变的量化和技术化研究，全方位探索语言的社会功能，形成了社会语言学的微观学派和宏观学派。

本研究以"社会语言学"的形成及发展为案例，旨在澄清生物语言学（形成于 19 世纪 20 年代）、心理语言学（形成于 19 世纪 50 年代）、应用语言学（形成于 1870 年）、对比语言学（形成于 19 世纪初）等，并非 20 世纪下半叶才出现的所谓"新兴学科""交叉学科"或"边缘学科"。如此"新兴学科"是一些美国学者炮制的神话。尽管 20 世纪下半叶，美国语言学走向国际语言学前台，然而，这些"新兴学科"的理论方法植根于 19 世纪的西欧（尤其是德法俄）传统。

参考文献

博杜恩·德·库尔德内著 1868-1930，杨衍春译 2012，《普通语言学论文选集》[M]，桂林：广西师范大学出版社。

蔡富有译，1984，拉林（1893-1964）[J]，《国外语言学》（3）：54-57+53。

郭锦桴，2005，一部具有鲜明中国特色的社会语言学著作——读〈社会语言学概论〉[J]，《语言文字应用》（4）：125-127。

戚雨村，1997，《现代语言学的特点和发展趋势》[M]，上海：上海外语教育出版社。

张兴权，2005，"社会语言学"术语溯源 [J]，《语言科学》（2）：63-66。

赵蓉晖，2003，社会语言学的历史与现状 [J]，《外语研究》（1）：13-19。

郅友昌、张晓燕，2005，波利万诺夫及其语言学理论 [J]，《解放军外国语学院学报》（2）：22-26。

Barnes, H. E. & H. Becker, F. B. Becker (eds.). 1940. *Contemporary Social Theory* [M]. New York: Appleton-Century.

Бодуэн де Куртенэ (Baudouin de Courtenay). 1963. Избранные труды по общему языкознанию [M]. Москва: Издателъство Академни Наук СССР.

Becker, K. F. 1827. *Organism der Sprache als Einleitung zur deutschen Sprachlehre* [M]. Fankrfurt: Reinherz.

Bloomfield, L. 1914. *An Introduction to the Study of Language* [M]. New York: Henry Holt.

Bloomfield, L. 1933. *Language* [M]. New York: Henry Holt.

Bopp, F. 1836. *Vocalismus: oder Sprachvergleichende Kritiken über J. Grimm's deutsche Grammatik und Graff's althochdeutschen Sprachschatz; mit Begründung einer neuen Theorie des Ablauts* [M]. Belin: Ferdinand Dümmler.

Bréal, M. J. A. 1866. De la forme de et la fonction des mots [J]. *Revue des cours littéraires de la France et de l'étranger*. 4ème année, n° 5 (29 déc.), 65-71.

Bréal, M. J. A. 1897. *Essai de Sémantique (science des significations)* [M]. Paris: Hachette.

Calvet, Louis-Jean. 1999. Aux origines de la sociolinguistique la conférence de sociolinguistique de l'UCLA (1964) [J]. *Langage et Société*, n° 88, 25-57.

Chavée, H. 1849. *Lexiologie indoeuropéenne* [M]. Paris: Franck

Chavée, H. 1878. *Idéologie lexiologique des langues indoeuropéennes* [M]. Paris: Maisonneuve.

Currie, H. C. 1952. A Projection of Socio-linguistics: the Relationship of Speech to Social Status [J]. *The Southern Speech Journal*, 18:1, 28-37.

Cohen, M. 1908. Le Langage de l'Ecole Polytechnique [J]. *Mémoires de la Société linguistique de Paris*. t. 15, 170-192.

Cohen, M. 1912. *Le parler arabe des juifs d'Alger* [M]. Paris: Champion.

Cohen, M. 1928. *Instructions pour les Voyageurs; Instructions d'enquête linguistique. Questionnaire linguistique* I and II. [M]. Paris: Institut d'E-thnologie.

Cohen, M. 1948-1949. *Initiation aux recherches sur société et langage* [M]. 2 vols., Paris: CDU.

Cohen, M. 1955. Cinquante années de recherches linguistiques, ethnographiques, sociologiques, critiques et pédagogiques [M]. Paris: Imprimerie nationale.

Cohen, M. 1956. *Pour une sociologie du langage* [M]. Paris: Albin Michel.

Comte, M. A. 1839. *Cours de philosophie positive* [M]. vol. IV, Paris: Bachelier, Imprimeur-Libraire.

Dauzat, A. 1906. *Essai de méthodologie linguistique dans le domaine des langues et des patois romans* [M]. Paris: Champion.

Dauzat, A. 1906. *Géographie phonétique d'une région de la Basse-Auvergne* [M]. Paris: Champion.

Dauzat, A. 1910. *La vie du langage* [M]. Paris: Librairie Armand Colin.

Dauzat, A. 1912. *La philosophie du langage* [M]. Paris: Flammarion.

Dauzat, A. 1922. *La géographie linguistique* [M]. Paris: Flammarion.

Durkheim, D. É. 1895. *Les règles de la méthode sociologique* [M]. Paris: Félix Alcan.

Grasserie, R. de La. 1899. *Des religions comparées au point de vue sociologique* [M]. Paris: V. Giard & E. Briére.

Grasserie, R. de La. 1908. *Essai d'une sémantique intégrale. Tome premier* [M]. Paris: Leroux.

Grasserie, R. de La. 1909. De la sociologie linguistique [J]. *Monatsschrift für Sociologie*, 1, 725-715.

Firth, J. R. 1935. *The Technique of Semantics* [M]. Read at a Meeting of the Philological Society on Friday, 1st February, 1935. Repr. In *Papers in

Linguistics 1934—1951. London: Oxford University Press. 1958.

Fishman, J. 1966. *Language Loyalty in the United States: The Maintenance and Perpetuation of Non-English Mother Tongues by American Ethnic and Religious Groups* [M]. The Hanger: Mouton.

Fishman, J. 1968. *Readings in the Sociology of Language* [M]. The Hague: Mouton.

Fishman, J. 1970. *Sociolinguistics: A Brief Introduction* [M]. Rowley, Mass.: Newbury House.

Fishman, J. 1971—1972. *Advances in the Sociology of Language* [M]. 2 vols., Hague: Mouton.

Fishman, J. 1972. *The Sociology of Language; An Interdisciplinary Social Science Approach to Language in Society* [M]. Rowley, Mass.: Newbury House.

Fishman, J. 1974. *Advances in Language Planning* [M]. Hague: Mouton.

Haudricourt, A. G. 1955—1956. Review. Sixième Section Linguistique par Marcel Cohen [J]. *L'Année sociologique*, Troisième série, vol. 8, Presses Universitaires de France, pp. 493-494.

Haugen, E. 1951. Directions in Modern Linguistics [J]. *Language*, 29: 3, 211-222.

Haugen, E. 1959. Planning for a Standard Language in Modern Norway [J]. *Anthropological Linguistics*, 1: 3, 8-21.

Haugen, E. 1966. Linguistics and Language Planning [A]. In William Bright (ed.), *Sociolinguistics: Proceedings of the UCLA Sociolinguistics Conference*, 1964. Hague: Mouton.

Haugen, E. 1966. *Language Conflict and Language Planning: The Case of Modern Norwegian* [M]. Cambridge, Mass.: Harvard University Press.

Haugen, E. 1972. The Ecology of Language [A]. In Anwar S. Dil (ed.) , *The Ecology of Language: Essays by Einar Haugen*. Stanford: Stanford University Press. pp. 325-339.

Hecht, M. 1888. *Die griechische Bedeutungslehre. Eine Aufgabe der klassischen Philologie* [M]. Leipzig: Teubner.

Hertzler, J. O. 1953. Toward a Sociology of Language [J]. *Social Forces*, 32, 109-119.

Hodson, T. C. 1939. Sociolinguistics in India [J]. *Man in India*, XIX. 94.

Humboldt, W. Von. 1820, Über das vergleichende Sprachstudium in Beziehung auf die verschiedenen Epochen der Sprachentwicklung [A]. In A. Leitzmann, B. Gebhardt, W. Richter (Hrsg.). *Gesammte Schriften Wilhelm von Humboldts in17 Bänden*. Berlin: Behr. Trabant, 1903−1936.

Humboldt, W. Von. 1836. *Über die Verschiedenheit des menschlichen Sprachbaues und ihren Eirifluss auf die geistige Entwickelung des Menschengeschlechts* [M]. Berlin: Königlichen Akademie.

Koerner, K. 1991. Toward a History of Modern Sociolinguistics [J]. *American Speech*, 6: 1, 57-70.

Ларин, Б. А. 1926. О лингвистическом изучении города [A]. *Русскан речь*, вып. 3, Л., 1928, стр. 61-75. In Ларин «История русского языка и общее языкознание». Москва: Просвещение, 1977. стр. 175-188.

Ларин, Б. А. 1928. К лингвистической характеристике города (несколько предпосылок) [J]. *Изв. Гос. пед. ин-та. им. Герцена*. Л., 1, с. 175-185. In Ларин «История русского языка и общее языкознание». Москва: Просвещение, 1977. стр. 189-199.

Labov, W. 1963. The Social Motivation of a Sound Change[J]. *Word* 19, 273-309.

Labov, W. 1964. Phonological Correlates of Social Stratification. In John J. Gumperz, Dell H. Hymes (eds.), *The Ethnography of Communication*. New York: Holt. pp. 164-176.

Labov, W. 1966. *The Social Stratification of English in New York City* [M]. Washington, DC: Center for Applied Linguistics.

Labov, W. 1972. *Sociolinguistic Patterns* [M]. Philadelphia: University of Pennsylvania Press.

Labov, W. 1972. *Language in the Inner City* [M]. Philadelphia: University of Pennsylvania Press.

Martinet, A. 1952. Rev. of La dialectologie: Apercu historique et methodes d'enquetes linguistiques, by Sever Pop [J]. *Word*, 8, 60-262.

Meillet, A. 1905−1906. Comment les mots changent de sens[J]. *L'Année Sociologique*, 9, p. 1-39. Repr. in *Linguistique historique et linguistique générale*. vol. I., Paris: Champion, 1921, pp. 230-271.

Meillet, A. 1906. L'état actuel des études de linguistique générale, Leçon d'ouverture du cours de Grammaire comparée au Collège de France lue le mardi 13 février 1906 [J]. *Revue des Idées*, 3, 296-308. Repr. in *Linguistique historique et linguistique générale*. vol. I, 1-18. Paris: Champion, 1921.

Михальценко, В. И., Т. В. Крюцкова. 2002. Социолингвистика в России [J]. «Вопросы языкознания», No.5, стр. 116-142.

Müller, F. M. 1866. *Lectures on the Science of Language: Delivered at the Royal Institution of Great Britain in April, May, & June 1861*. London: Longmans, Green.

Nida, E. A. 1949. *Morphology: The Descriptive Analysis of Words* (Second and completely new edition) [M]. Michigan: University of Michigan Press.

Nyrop, K. 1913. *Grammaire historique de la langue française*, vol. IV Séman-tique [M]. Copenhagen: Gyldendalske Boghandel Nordisk Forlag.

Paris, G. 1868. Review of Schleicher (1868) [J]. *Revue critique*, 3, 241-244.

Paris, G. 1887. La vie des mots Étudiée dans Leurs significations, par Arsène Dar-mestcter [J]. *Journal des savants*. Paris. Imprimerie Nationale. pp. 65-77.

Pickford, G. R. 1956. American Linguistic Geography: A Sociological Appraisal [J]. *Word*, 12, 211-233.

Pieris, R. 1951. Speech and Society: a Sociological Approach to Language [J]. *American Sociological Review*, 6, 499-505.

Поливанов, Е. Д. 1928. Введение в языкознание для востоковедных вузов [A]. In «Избранные труды по восточному и общему языкознанию», Москва: Наука, 1991.

Поливанов, Е. Д. 1928. Специфические особенности последнего десяти-летия 1917−1927 в истории нашей лингвистической мысли (Вместо предисловия) [A]. In «Ученые записки Института языка и литературы Российской ассоциации научно-исследовательских институтов обще-ственных наук [РАНИОН]», т. III, М., 1928, стр. 3-9. In Полива нов «Статьи по общему языкознанию», Москва: Наука, 1968.

Поливанов, Е. Д. 1929. Круг очередных проблем современной лингвисти- ки [A]. In «Русский язык в советской школе», No.1, стр. 57-62. In «Статьи по общему языкознанию», Москва: Наука, 1968.

Saussure, F. de. 1916. *Cours de Linguistique Générale* [M]. Publié par Charles Bally et Albert Sechehaye. Repr. Paris: Payot, 1971.

Sayce, A. H. 1875. *The Principles of Comparative Philology* [M]. London: Trü bner.

Schleicher, A. 1863. *Die Darwinsche Theorie und die Sprachwissenschaft-offenes Sendschreiben an Herrn Dr. Ernst Haeckel* [M]. Weimar: Böhlau.

Steinthal, H. 1855. *Grammatik, Logik und Psychologie; Ihre Principien und ihr Verhältniss zu einander* [M]. Berlin: Dümmler's Verlagsbuchhandlung.

Vendryes, J. 1923. *Le langage; Introduction linguistique à l'histoire* [M]. Paris: Albin Michel.

Wallis, E. 1956. Sociolinguistics in Relation to Mezquital Otomi Transition Education [A]. In *Estudios anthropologicos en homenaje al doctor Manuel Gamco*. Mexico, DF, Sociedad Mexicana de Anthropologia, pp. 523-535.

Weinreich, U. 1953. *Languages in Contact: Findings and Problems* [M]. Hague: Mouton.

Weinreich, U. 1954. Is a structural dialectology possible? [J]. *Word* 10, 388-400.

Weinreich, U. 1966. Explorations in Semantic Theory [A]. In T. Sebeok (ed.), *Current Trends in Linguistics* 3, pp. 395-477.

Weinreich, U, William Labov, Maivin I. Herzog. 1968. *Empirical Foundations for a Theory of Language Change* [M]. Austin: University of Texas Press.

Wegener, P. 1885. *Untersuchungenüber die Grundfragen des Sprachlebens* [M]. Halle: Niemeyer.

Whitney, W. D. 1867. *Language and the Study of Language: Twelve Lectures on the Principles of Linguistic Science* [M]. New York: Scribner, Armstrong.

Whitney, W. D. 1875. *The Life and Growth of Language: An Outline of Linguistic Science* [M]. New York: Appleton; London: King.

Wundt, W. 1900. *Volkelpsychologie; Eine Untersuchung der Entwicklungs-gesetze von Sprache Mythus und Sute* [M]. Leipzig: Kroner.

附记：本文成稿于 2019 年 11 月，主要内容曾在"第十届全国社会语言学学术研讨会"（2019 年 12 月 21 日）上演讲。全文刊于《中国语言战略》，2020 年第 1 期。近阅俄语资料，始知苏联第一部社会语言学专著是罗莎莉亚·奥西波芙娜·绍尔（Розалии Осиповны Шор, 1894—1939）1926 年出版的《语言与社会》（Язык и общество, Москва: Работник просвещения）。作为该国（也可能是世界上）第一位女性语言学教授，她在俄罗斯和苏联语言学史中占有显著地位。

句子研究的三个平面理论：起源和发展

提　要： 古希腊语法学贯穿着意义和形式相结合的方法，可谓朴素的"两个平面"。维尔（1844）提出"起始-目的"这对概念，为话语平面探索之先导。甲柏连孜（1881, 1891）基于汉语特点，提出"心理主语-心理谓语"，并强调语法结构的逻辑、心理、时空关系。埃尔特（1926）界定了语法、逻辑和心理三种主语。丹内斯（1964）全面论述了句子的语法结构、语义结构和话语组构三个平面。本文进一步梳理了欧洲句法研究三个平面、美国符号学科三分模式、汉语语法研究三个平面的形成线索，并寻绎其相互关系。这一回溯有助于拓展我们的国际视野，提高理论自觉。

关键词： 句法；心理主-谓；三种主语；三个平面；国际视野

20世纪下半叶中国语法学史上的重大事件，就是"汉语语法研究三个平面"理论的问世。80年代初，胡裕树（1981：337）提出："必须区别三种不同的语序：语义的、语用的、语法的。"此后又指出，虚词的作用也有语义的、句法的和语用的区别；必须区分一般主语与话题主语；独立成分和提示成分等都是语用成分（胡附、文炼1982）。1985年，胡裕树、范晓在《试论语法研究中的三个平面》中，论述了句法、语义、语用三个平面的各自研究内容和方法，并且探讨了相互之间的关系。这篇文章的发表，标志着"汉语语法研究三个平面理论"框架的形成。

关于该理论的形成背景，胡裕树（1994）归纳为六点。1.

从《马氏文通》（1899）到《汉语语法论》（1948），都属于西方传统语法理论，其局限主要是过分重视意义而忽视形式。2. 丁声树等（1952—1953，1961）注重结构分析，而结构主义过分重视形式，忽略甚至回避了意义。3. 吕叔湘（1979）把语言单位分为静态和动态两大类，提倡在静态研究的基础上进行动态的研究。4. 20世纪50年代初，就有人提出语法形式和语法意义相结合的观点。5. 20世纪80年代使用的变换分析法可以分化歧义句式，但不能解释造成歧义的原因。语义特征分析方法由此得到广泛运用。6. 无论是层次分析法、变换分析法，还是语义特征分析法，其对象都只是静态的句法结构，几乎没有动态研究的思考，从而由动态的语用因素造成的句法差异无法得到合理解释。

　　以上论述仅立足于以往汉语语法研究的利弊得失，未提及20世纪60年代以来西方语义成分分析、语义句法研究、语用研究、话题研究等对该理论框架形成的影响，更没有提到欧洲学者早已建立的"句法研究三个平面理论"。读史可以知变。从西班牙学者高母羡（Juan Cobo, 1546—1592）撰写《中国语文法》（*Arte de la Lengua China*, 1592）以来，中国语法学逐步成为世界语法学研究的一部分。因此，我们有必要了解西方"句法研究三个平面理论"的形成和发展轨迹，以进一步拓展国际视野，提高理论自觉。

一、古希腊语法学的"两个平面"

　　作为西欧语法学的滥觞，古希腊语法学是东方文明和腓尼基字母传入希腊半岛，古希腊哲人历千年之久孕育出来的一朵奇葩。在古希腊人那里，日常所说的"语句"和理性分析的"逻辑"同为Logos，其最初含义就是"讲话"。公元前6世纪，泰勒斯（Thales，公元前625年—公元前547年）游历巴比伦、埃及等，形成了以自然为对象而探索世界起源和构造的分析式思维方式。在爱奥尼亚学派中，Logos 成为支配宇宙的原则或人类关于宇宙的推理原则。在智者学派中，Logos 是理性论争的话题。分析式思维方式和 Logos 是孕育古希腊语法学的土壤。

（一）名物关系触发哲人的语言研究兴趣

前 5—3 世纪，古希腊哲人就名称和事物之间的关系展开争辩，形成了按事物本质的"自然派"和按人为意愿的"约定派"。赫拉克利特（Heraclitus, 公元前 530 年—公元前 470 年）主张，名称与事物的本质自然结合。德谟克利特（Democritus, 公元前 460 年—公元前 370 年）则认为，名称出于无规可循的约定。在柏拉图（Plato, 公元前 427 年—公元前 347 年）和亚里士多德（Aristotle, 公元前 384 年—公元前 322 年）师生之间，也存在这种对立。柏拉图提出"标签"说，词语可视为贴在事物上的标签；而亚里士多德则提出"意义"说，词语是"有意义的声音"。公元前 3 世纪，斯多噶学派继承了自然派的观点，而亚历山大里亚学派继承了约定派的观点。斯多噶学派主张词与事物之间存在的是感觉的"心理映象"，但词义不等于事物本身。作为亚历山大里亚学派的代表，亚里斯塔库斯（Aristarchus, 公元前 310 年—公元前 230 年）则提出"类比"说。语言用相似的形式指代相似的范畴，不但具有系统和规则，而且受制于一定的规律。在论辩过程中，为了批驳对方，同时支持自己的观点，双方都必须到语言中去寻求相关例证。**毋庸置疑，名物关系的思辨触发了古希腊哲人的语言研究兴趣。**

（二）从话语行为功能到句子内部结构

古希腊公民的一项重要活动就是演讲与论辩，由此造就了公民思维和政府体制的理性和竞争性，以确保社会秩序的稳定和公民个体的独立。公民参加各种社会活动，必须充分使用其话语行文来为自身利益奋斗。公元前 5 世纪，智者学派的普罗塔哥拉斯（Protagoras, 公元前 481 年—公元前 411 年）出于措辞需要，首先区分了动词的时态、归纳了名词的性范畴，并且将句子（Logos）分为请求、提问、回答和命令四种功能。阿尔基达玛（Archidamas, 公元前 476 年—公元前 427 年），则将句子分为肯定、否定、疑问和和陈述四种功能。

如果说这些智者关注的是话语行为功能，那么另一些哲人则关注句子的内部结构。从逻辑分析出发，德谟克里特区分了句子中的"主词"和"谓词"。柏拉图则辨析出句子中的"名词性成分"（onoma）和"动词性成分"（rnema）。主词和谓词的区分、名词性成分和动词性成分的识别，既是西方句子成分研究的发端，也是西方词类划分的萌芽。亚里士多德在词类研究领域前进了一大步。他首先明确了"词"是句子的组构成分，除了名、动两类，另识别了"第三类句法成分"（syndesmoi）即连接词，由此形成了最初的"词类三分法"。依据意义标准，亚里士多德又将这三类词划分为两种：一种是包含意义的名词（无时态）和动词（有时态），一种是不包含意义的连接词。由此可见，意义和形式的相结合研究方法，在亚里士多德的"词类三分法"中已初显端倪。

（三）基于逻辑的语义范畴和句法分析

语言的本质属性是语义性，古希腊哲人关注意义的获得及其性质。苏格拉底（Socrates, 公元前 469 年—公元前 399 年）首先提出，可以通过分析方法获得对意义的认识。柏拉图在《克拉底洛》中研究了意义的性质。依据不同的意义反映事物的不同方面，亚里士多德在《范畴篇》中进一步提出"十范畴理论"。只有实体范畴才可以担任逻辑主词，其他九种范畴：数量、性质、关系、地点、时间、位置、状态、行为、反映都是只能作为逻辑谓词的次要范畴，而任何实体范畴都摆脱不了其约束。既然对任何实体进行描述的语句都由这些次要范畴组成，因此句子的语法必须合乎逻辑。参照现代语义学，这十种范畴相当于十种语义格。**"十范畴"可谓基于逻辑的"句法的语义结构平面"的最初研究**。此外，亚里士多德还根据形态变化提出"句法格"概念，如：与名词主格和动词现在时不同的一些词形变化，就是表示关系、数量和语气等的句法手段。在《论辩篇》中，亚里士多德建立了"四谓词理论"，即谓词对主词的表述包括：定义关系、属性关系、种属关系和种差关系。同时从逻辑角度出发，提出陈述句是句子的基本类型。**这些可谓基于逻辑的"句法的语法结构平面"的最初研究**。

就方法论而言，亚里士多德的主要贡献在于：提出了识别语言单位的多角度标准。既包括结构标准（根据组成部分，辨认不同结构的差别）、语音标准（根据某个语音是否存在，辨认不同的语言单位），也包括形态标准（用形态成分区分语言单位）、语义标准（用概念意义区分语言单位）和句法标准（用主从关系或词序区分语言单位）。由此可见，亚里士多德主张语言的多维研究。

此后，斯多噶学派秉承这一意义和形式的相结合思路，引入一系列新范畴概括词类的形态和特征。在词类三分法基础上，克利西普斯（Chrysippus, 公元前 281 年—公元前 205 年）提出普通名词、专有名词、动词、连词以及成分（冠词、代词）的"词类五分法"，第一层根据形态划分，第二层根据意义划分。他一方面指出"格"是名词的形态范畴，并界定了直接格（主格）、间接格（属格、与格和宾格）和呼格等术语；一方面抽象出动词的时体范畴，并借助名词的格变以区别主动动词（及物）、被动动词和中性动词（不及物）。

（四）语言教学最终催熟古希腊语法学

希腊语的"文法 / 语法"（γραμματική / grámmatiké）一词形成于苏格拉底-柏拉图时期。柏拉图的《泰阿泰德》使用了 γραμματικούς / grammatikoús, γραμματικώς / grammatikós。色诺芬（Xenophon, 公元前 440 年—公元前 355 年）的《回忆苏格拉底》也使用了 γραμματικός。古希腊语的 grámmatiké < grámmatikós"读写者" < grámmat"字母" < gram "书写"。

亚历山大大帝（Alexander, 公元前 356 年—公元前 323 年）的征服将古希腊文明传播到东方和北非。希腊化时期（公元前 323 年—公元前 30 年）的一项主要活动，就是希腊语教学的日益扩大。而希腊语教学需要教科书，从而促使古希腊语法学在亚历山大里亚学派的鼎盛时代最终建立。公元前 2 世纪，亚里士塔尔库斯首创了名词、动词、分词、冠词、代词、前置词、副词、连接词的"词类八分法"。其弟子特拉克斯（Dionisius Thrax, 公元前 170 年—公元前 90 年）将柏拉图以来的语法研究系统化，建构了古希腊语法学体系。在特拉克斯看来，"语法"是"有关诗人和文学家使用语言的实际知识"。作为西方语法学的原典，特拉克斯的《语法技艺》（Téchnē Grámmatiké），其研究对象包括：语音韵律、词语解释、熟语讲解、词源探讨、类比规则和作品评价六个部分。语音韵律以语音为研究对象，词语解释、熟语讲解、词源探讨都以语义为研究对象，文学作品评价涉及篇章分析和作品赏析。其中，只有"类比规则归纳"以形态变化为研究对象。不过，特拉克斯并非仅仅依据形态归纳词类，而是从语义、形态和功能等多角度来定义词类。在他看来，形态范畴和派生范畴只是词的"伴随属性"。

特拉克斯并未构建句法层面的成分分析方法。直到 2 世纪，在狄斯科鲁斯（Apollonius Dyscolus, 80—160）的《论句法》（*Peri Syntakseos*）中才有了专门的论述。首先，倾向于心灵主义的狄斯科鲁斯，区分了词语的形式（schema）和意义（ennoia），并主张根据词汇意义进行词语分类。其次，狄斯科鲁斯首次在名词和动词的相互关系，以及其他词类与名词和动词关系的基础上，初步建立了希腊语的句法体系。虽然他没有明确给出"主语"和"宾语"这样的句法范畴术语，但是暗示了两者的区分。句法关系的描写依据，既包括与动词联系的名词的不同格变，也包括与名词不同格变相关的动词（及物与不及物、主动与被动）的变化形式。同时注重形态变化，如定式动词与名词、代词主格之间的数和人称的一致性。这些研究已经涉及句法成分的组合关系（paralambanesthai，如分词和定式动词的结构、名词和动词的结构）与替换关系（anthypagesthai，某一类词与另一类词的替换），与 20 世纪结构主义的组合关系和聚合关系类似。

综上所述，古希腊语法学始终贯穿着一条意义（语义结构平面）和形式（语法结构平面）相结合的研究思路，可谓朴素的语法研究的"意义和形式的两个平面理论"。

（五）《马氏文通》析句的两套范畴

由此联想到《马氏文通》（1898）对汉语句子采用两套分析范畴：一套是"词"（语义）范畴，一套是"次"（语法）范畴。

词范畴： 起词　语词　止词　表词　司词　加词　转词
次范畴： 主次　宾次　正次　偏次　前次　同次

对"词"的界说，如："凡以言所为语之事物者，曰起词。起者，犹云句读之缘起也。"（马建忠 1983: 56）对"次"的界说，"次者，名 / 代诸字于句读中应处之位也。"（马建忠 1983: 105）"其实，起词之于主次，止词之于宾次，一也"。（马建忠 1983: 14）

通过对《马氏文通》用例的调查，陈保亚（1999）提出，"词"范畴大致相当于语义格，即施事、行为、受事、与事、工具、处所等，而"次"范畴才相当于句法格，即主语、宾语、定语、中心语等。套用现行说法，马建忠在1898年提出了汉语语法分析的两个平面理论。以往学人多加诟病，认为"徒然多立一套名目"，而未解两个平面之深意。（李葆嘉 2008: 153）

二、甲柏连孜的"语法分析三层观"

在句法研究中，有了相对静态的形式（句法）平面和意义（语义）平面，还差一个相对动态的话语（语用）平面。尽管古希腊智者关注话语行为功能并区分了其类型，但是后来的学者多专注于句法（思辨语法、普遍唯理语法）和词源（历史语文学）研究，因此话语功能或语用平面的研究少有问津。

（一）维尔对话语平面的初步探索

直到19世纪中期，德裔法国文献语言学家维尔（Henri Weil, 1818—1909）在《与现代语言比较的古代语言词序：一般语法问题》（1844）中，基于古今语言的词序比较提出，想说一句话的思考过程与所说一句话的句法结构不同。后者是借助形态来表现的，而前者却是通过词序来体现的。维尔试图证明，无论在西欧古代语言还是现代语言中，人们的思考过程和话语表达的词语顺序之间存在平行性，并且进一步提出，每一句话都包含**"说话起始-说话目的"**两部分。（刘润清 1995：145）换而言之，维尔提出了与西欧传统句法结构分析方法不同的话语表达分析理念。

在维尔看来，尽管不同语言的句法结构可能不同，但是就表达思想的词语顺序而言，应该是基本一致的，即"起始"在前而"目的"在后。就所熟悉的西欧语言，维尔指出人们往往用"主语"表示"说话起始"。依据现行术语，也就是维尔认为西欧语言的主语和话题往往重叠。当然维尔不可能没有发现，"话题后置式结构"的话题语会出现在句子后段。他只是指出表达思想的词语顺序在口语中会有变化。比如有时为了表达特殊情感，先说"目的"而后说"起始"。维尔所谓的"表达特殊情感"可能指强调方式，而在语言生活中，先说"目的"而后说"起始"更多的是先想到的是"目的"。"目的"说出去而觉得有所不足，再追补"起始"。维尔所熟悉的语言限于西欧，因此不可能了解到，有些语言中的话说结构就是"说明语＋话题语"。美国语言学家甘德尔（Gundel 1988）调查了三十多种具有代表性的语言，发现这些语言中的话说结构分成两种顺序：一类是"话题语＋说明语"，一类是"说明语＋话题语"。维尔的贡献在于，凭借古今语言的词序比较和日常语感，提出了基于思考过程即说话意图的话语"起始-目的"的分析概念。

（二）甲柏连孜的心理主语-心理谓语

第一位提出"**心理主语**（psychologisches Subject）-**心理谓语**（psychologisches Prädicat）"这对概念以及话语表达"**指称-陈述**"结构的，是德国语言学家甲柏连孜（H. G. von der Gabelentz, 1840—1893）。在三百年（17—19 世纪）西方汉语文法学研究领域中，最具独创性的就是甲柏连孜 1881 年出版的《汉文经纬》（*Chinesische Grammatik, mit Ausschluss des niederen Stils und der heutigen Umgangssprache*）。（李葆嘉 2008: 135）首先，作为莱比锡大学的普通语言学教授，甲柏连孜的理论视野远远超过来华传教士和欧洲本土汉学家。其次，甲柏连孜是第一个彻底摆脱了用拉丁语法框架衡量和解释各种语言的偏见，就汉语特点精细分析汉语文法的西方汉语文法家。再次，甲柏连孜不仅借鉴了前人马若瑟（Prémare, *Notitia Linguae Sinicae*, 1728）、洪堡特

（Humboldt, *Lettre à Monsieur Abel-Rémusat sur la nature des formes grammaticales en général, et sur le génie de la langue Chinoise en particulier*, 1827）、艾约瑟（Edkins, A *Grammar of the Chinese Colloquial Language, Commonly Called Mandarin Dialect*, 1864）以及儒莲（Julien, *Syntaxe nouvelle de la langue chinoise, fondée sur la position des mots*, 1866）的汉语文法学研究成果，而且借鉴了斯坦塔尔（Steinthal）的民族心理学和心理学语言学学说。[1]

　　面对汉语这种不采取形态变化的语言，甲柏连孜深感语法分析的重要视角是心理因素，由此提出"心理主语-心理谓语"这对新概念。[2]《汉文经纬》（1881）有关"心理主语"的章节现列如下：

　　第一卷《通论》第四章"语言结构的基本法则"

　　二、一般性位置规则（Gabelentz 1881: 113-115）

　　254 语法＝句法 255 主语和谓语 256 宾语 257 并列关系 258 定语 259 同位语 260 心理主语

　　第二卷《分析系统》第一章"句子成分和句子之间的相互决定关系"

　　第一节：位置规则

　　五、状语的位置（Gabelentz 1881:160-165）

　　B. 心理主语 385 含义 C. 387—389 谓语的位置

　　第三卷《综合系统》第二章"简单句"

　　二、心理主语、倒装（Gabelentz 1881: 432-437）

　　1163 引言 A. 心理主语 1164—1165 绝对位置 1166"者"和"也" 1167"也者" 1168"则" 1169 甲"之於"乙 1170"之於" 1171"之所" 1172 关系句

1　斯坦塔尔著《语法学、逻辑学和心理学——它们的原理和相互关系》（1855）、《心理学和语言学导论》（1881），并与拉扎鲁斯（M. Lazarus）创办《民族心理学和语言学杂志》（1860—1890）。

2　陈平（2004）提及，甲柏连孜（1901）提出心理主语、心理谓语，开启句子信息结构研究的先河。所引文献 *Die Sprachwissenschaft, Ihre Aufgaben,Methoden und bisherigen Ergebnisse*, 1901。初版 1891 年。

甲柏连孜指出，主语有**语法主语**和**心理主语**之分，二者可能不一致，也可能重合。心理因素对句子的词序发生影响，句首出现的经常是心理主语而不是语法主语。除了语法主语（印欧语为名词主格）之外，其他句子成分，如时间状语、地点状语、语法宾语（印欧语为宾格）、属格名词等，都可担任心理主语。甲柏连孜分析了汉语中的时间、地点、原因、条件等状语担任心理主语的情况。比较以下句子：

（1）今汝曰……
（2）汝今曰……

例（1）说的是"今"之事，首先说的是心理主语"今"，然后才说出语法主语"汝"。例（2）说的是"汝"之事，首先说的是"汝"，然后才是"今曰"，语法主语与心理主语都是"汝"。在例（2）中，副词"今"只是对动词加以限定的时间成分。

甲柏连孜强调，这种表达方式在汉语里十分常见，但是在欧洲语言中也有发现，比如法语：

（3）Votre frère‖, j'ai de ses nouvelles.（您兄弟‖我有关于他的消息）

不论由何种句子成分担任心理主语，其"绝对位置"总是处于句首，而在句中大都可由代词"之、其"或助词"以、与"来代替。如：

（4）五亩之宅‖，树之以桑。（《孟子》）
（5）其所善者‖，吾则行之；其所恶者‖，吾则改之。（《左传》）

例（4）"之"代替"五亩之宅"。例（5）前句"之"代替"其所善者"；后句"之"代替"其所恶者"。

心理主语其后，也有常跟"者、也"的。如：

（6）古者 ‖，民有三疾；今也，或是之亡也。（《论语》）

（7）道也者 ‖，不可须臾离也。（《中庸》）

例（6）的"者"、例（7）的"也者"起提顿作用。

甲柏连孜的这些论述，也就是现在话题研究中常提到的话题特征：（1）话题总是出现在句首；（2）话题控制话题链中同指名词的删除或代词化；（3）话题与句子其他部分之间常有停顿，主语不可以停顿。甲柏连孜进一步提出，句子的结构包括"指称-陈述"两部分。指称部分（话题语）是激发说话人思想的事物即心理主语，而陈述部分（说明语）便是心理谓语。就一句话而言，是什么因素决定了说话人先说出某个词语，再说出另外的词语呢？甲柏连孜认为，说话人指称的部分，是首先刺激他思想的东西，应为心理主语；而说话人继续陈述的部分，便是心理谓语。

甲柏连孜在《语言学的任务、方法以及迄今为止的成就》（1891）中所阐述的语言观及语法观，可以归纳为三点。第一，语言结构的相对观。"不应将拉丁语法的'普罗克鲁斯特之床'强加于异族语言"，（Gabelentz 1891: 91）"每种语言都具有相对的完善性，即根据本民族标准，拥有适用于所有目的的手段"。（Gabelentz 1891: 393）"不论汉语的那种简单的手段和清晰明了、符合推理的方式，还是其他语言以丰富多样的形态手段满足实际需求的方式，都值得称颂"。（Gabelentz 1891: 461）第二，语言结构的句法观。"一种没有构词-形态学，只包括语音学和句法学的语法，不仅是可能的，而且对于孤立结构的语言来说甚至是必要的"。（Gabelentz 1891: 84）[1] 在甲柏连孜看来，汉语的语法几乎等于句法（没有形态词法），研究汉语语法首要分析的对象是句

1 以上引文（Gabelentz 1891: 91, 393, 461, 84），转引自姚小平《〈汉文经纬〉与〈马氏文通〉》（《当代语言学》1999 年第 2 期，第 4 页、第 5 页）。

子。第三，语法结构关系观。**语法体现了逻辑、心理、时空三方面的关系，一种语言用以表现这三种关系的方式构成其语法结构。**

作为语言学史上第一位详尽研究"心理主语–心理谓语"的语言学家，作为汉语语法学史上第一位研究汉语话说结构的西方文法学家，甲柏连孜可谓独具慧眼。堪称三百年来西方汉语文法研究集成之作的《汉文经纬》，在西方语言学界具有深远影响，然而 20 世纪国内汉语语法学界罕有提及，偶尔提及一两句还似有微词（王力 1981：177），尚未认识到甲柏连孜语法理论的重要价值。

（三）保罗的心理主语–谓语和魏格纳的呈示–谓语

姚小平在《语言学与科学的历史姻缘——17—19 世纪科学对语言学的影响（下）》中指出：

> 保罗……又把心理学的观点用到句法分析上，在传统的逻辑范畴之外揭示出句子成分的"心理关系"。在《语言史原理》（1880）的第六章"基本句法关系"中，他区分了"心理主语"和"心理谓语"，辨析了它们与语法主谓语的不同。从心理学角度探讨句子结构，是当时语法研究的一个热点，专门论作很多，或发表在《民族心理学和语言学》等杂志上，或单独成书出版。……甲柏连孜（G. v. der Gabelentz）在《语言学的任务、方法和迄今为止的成就》（1891）第四部分的第三章里，专门讨论了心理主语和谓语，并对拉丁语、法语、德语、汉语等多种语言的句子成分和语序特点作了比较。（姚小平 1999b：19）

我查阅青年语法学派的保罗（Hermann Paul, 1846—1921）的《语言史原理》第 2 版（Halle, 1886）第六章"基本句法关系"（Die syntaktischen grundverhältnisse），其中"主语和谓语，心理

和语法"（Subject und prädicat, psychologisches und grammatisches）
这部分写道：

Jeder satz besteht demnach aus mindestens zwei elementen. Diese elemente verhalten sich zu einander nicht gleich, sondern sind ihrer function nach differenziert. Man bezeichnet sie als subject und prädicat. Diese grammatischen kategorieen beruhen auf einem psychologiachen, einem logischen verbältniss. Zwar müesen wir unterscheiden zwischen psychologischem und grammatischem subject, respective prädicat, da beides nicht immer zusammenfällt, wie wir noch im einzelnen sehen werden. Aber darum ist doch das grammatische verhältniss nur auf grundlage des psychologischen auferbaut.

Das psychologische subject ist die zuerst in dem bewusstsein des sprechenden, denkenden vorhandene vorstellungsmasse, an die sich eine zweite, das psychologische prädicat anschliesst. Das subject ist, mit Steinthal zu reden, das appercipierende, das prädicat das appercipierte. Richtig bezeichent v. d. Gabelentz（Zschr. f. völkerpsychologie 6, 378）die beiden elemente vom standpunkte des hörenden aus. Das psychologische subjeet ist nach ihm das, worüber der sprechende den hörenden denken lassen, worauf er seine aufmerksamkeit hinleiten will, das psychologische prädicat dasjenige, was er darüber denken soll. Doch kann diese art der bestimmung des prädicats leicht zu einer zu beschränkten auffassung verführen, wie sie in unseren grammatiken gang und gäbe ist. Wir müssen daran festhalten, dass es nur darauf ankommt, dass eine vorstellung im bewusstsein an die andere angeknüpft wird. (Paul 1886: 100)

因此，每个句子至少由两个要素组成。这些要素的表现方式各不相同，但根据其功能有所差别。它们被称为主语和谓语，这些语法范畴基于心理和逻辑关系。正如我们将更详细看到的，由于两者并不总是一致，因此我们必须分清心理主语和语法主语（grammatischem subject），以及各自的谓语。这就是为什么语法关系只是建立在心理基础上的原因。

心理主语（psychologische subject）是说话和思考意识中首先想到的语块，随后才是其次的心理谓语（psychologische prädicat）。主语是斯坦塔尔提出的，即统觉，有谓语的统觉。此前，甲柏连孜（《民族心理学杂志》第六卷，378 页）正确地指出，要从听话者的角度来考虑这两个要素。据他的说法，心理主语是说话者使听话者能想到的，他想引起后者注意的要素，而心理谓语则是他可能考虑的要素。无论如何，这种确定谓语的方式很容易使你处于有限的考虑，这在我们的语法中很常见。我们必须坚持这样一个事实，那就是在意识中将一个想法与另一想法联系起来是唯一重要的。

据保罗的夹注，"心理主语"和"心理谓语"的这对范畴是甲柏连孜 1869 年提出的。"Zschr. f. völkerpsychologie 6"，即"Zeitschrift für Völkerpsychologie und Sprachwissenschaft 6, 1869"，从中找到甲柏连孜的《关于比较语法的想法》（*Ideen zu einer vergleichenden Syntax*, S. 374—384）。该文第五部分写道：

Was bezweckt man nun, indem man zu einem Andern etwas spricht? Man will dadurch einen Gedanken in ihm erwecken. Ich glaube, hierzu gehört ein Doppeltes: erstens, daß man des Andern Ausmerksamkeit (sein Denken) auf etwas hinleite, zweitens, daß man ihn über dieses Etwas das und das denken lasse; und ich nenne das, woran, worüber ich den Angeredeten denken lassen will, das psychologische Subject, das, was er darüber denken soll, das psychologische Prädicat. In der Folge wird es sich zeigen, wie verschieden ost diese Kategorieen von ihren grammatischen Seitenstücken sind. Von der Copula sehe ich ab, denn ein selbständiger, von dem Prädicate getrennter Ausdruck derselben gehört nicht zu den sprachlichen Nothwendigkeiten.

Um einen Vorgeschmack für das Folgende zu geben, anzudeuten, wie verschiedene Dinge fähig sind, Subject eines Saßes zu werden, erinnere ich gleich an dieser Stelle an die philippinischen Sprachen.

Diese haben außer der activen Redesweise noch eine dreisache passive, durch welche bald das ursprüngliche Object, bald das Werkzeug, bald der Ort der Handlung zum Subjecte erhoben werden können. (Gabelentz 1869: 378-379)

与其他人交谈的意图是什么？您想唤醒交谈中的一种想法。我认为这有两方面：首先，一个人将另一人的注意力（他的思考）引导到某个事物上；其次，一个人让他或她考虑这个问题。我将自己期望信息接受者加以考虑的东西，称之为心理主语（psychologische Subject），而他应该考虑的东西即心理谓语（psychologische Prädicat）。结果表明，这些范畴与其语法上的分析片段有多么不同。我避免使用系词，因为一个同样的独立表达，却把它从谓语中分出来，在语言学上没有必要。

为了预示以下内容，以说明不同事物如何能够占据主语的位置，我想提醒你想一想菲律宾语。除了主动语态的说话方式之外，还有三种被动语态的方式，通过这些方式可以将原来的宾语、现在的工具、现在的活动场所提升为主语。

由此可见，保罗关于"心理主语"和"心理谓语"的观点来自甲柏连孜。现在可以对甲柏连孜提出和研究"心理主语"和"心理谓语"的轨迹加以梳理——1869年，在《关于比较语法的想法》中提出这对概念；1881年，在《汉文经纬》中对汉语的"心理主语"和"心理谓语"详加研究；1891年，在《语言学的任务、方法和迄今为止的成就》再次讨论"心理主语"和"心理谓语"，并对拉丁语、法语、德语、汉语等语言的句子成分和语序特点进行对比。

钱军在《结构功能语言学》中曾经提及：

马泰修斯学习并且发展了前人和同时代人的功能解释思想。比如主位和述位问题，在马泰修斯之前，维尔（Henri Weil 1844）、维格纳（1885）、伽布兰茨（1891）、保罗（1920）等学者也都注意到

陈述句包含两个基本的内容成分，并且用心理主语和心理谓语两个概念进行描述。（钱军 1998：308）

伽布兰茨即甲柏连孜；维格纳即德国语言学家魏格纳（Philipp Wegener, 1848—1916）。维尔的概念是"说话起始–说话目的"、维格纳的术语是"呈示–谓语"。

　　1885 年，魏格纳在《语言生命的基本问题研究》（*Untersuchungenüber die Grundfragen des Sprachlebens*）中提出"语言是如何运作的""我们是如何理解语言的"等问题。魏格纳把话语的要素切分为两部分："**呈示**"（exposition）[1] 和"**谓语**"（predicate），即相当于如今的术语"话题"和"说明""主位"和"述位"。魏格纳可能直接受到甲柏连孜的影响，也可以通过保罗（1880）的论述受到甲柏连孜的影响。钱军所引"伽布兰茨（1891）"为甲柏连孜的《语言学的任务、方法和迄今为止的成就》，并非甲柏连孜提出其观点的早期论著。钱军所引"保罗（1920）"为德文本《语言史原理》的第 5 版（1975 年重印，1880 年第 1 版、1886 年第 2 版、1898 年第 3 版、1909 年第 4 版、1920 年第 5 版）。由于对甲柏连孜的学说的发展线索以及保罗《语言史原理》的版本不明，排列次序难免不周。这一"呈示"，魏格纳有时称之为"逻辑主语"，为谓语的出场和理解句子的所有内容做铺垫。呈示是给定的，而谓语则是新的内容。魏格纳进一步提出，语言交流的情景（situation）有四个维度：（1）即时感知；（2）原先记忆；（3）说话旨趣；（4）特定文化的常见语境。说话者的呈示，是为了确保听话者能理解说话者谓语中想要传递内容的协调。保持"呈示"与所依赖情景层次之间的适当平衡，有助于听话者理解对方

1　Exposition 的义项：（1）显露；（2）展览、陈列；（3）【戏】阐明情节、人物的提示；（4）【乐】赋格曲的引子、奏鸣曲的呈示部；（5）对事实、想法的陈述。魏格纳采用"呈示"可能来自音乐的启发。奏鸣曲分为三部分：呈示部→展开部→再现部。赋格曲开始时，以单声部形式贯穿全曲的主要音乐素材称为"主题"，与之形成对位关系的称为"对题"。其后，主题及其对题可在不同声部中轮流出现。语句的"呈示–谓语"结构与之类似。

的谓语，即说话者提供的"新信息"。魏格纳还提出，语言理解的情景有四种：（1）关注说者对听者的预期；（2）说者的手势与腔调；（3）呈示与谓语之间的相称关系；（4）形式与功能之间的一致或不一致。谓语作为话语单独使用时，交流情景就作为"呈示"。总体情景能够填补话语的缺失，由此听话者凭借这些因素可以理解"不完善"的话语。

此外，值得关注的还有英国心理学家、语言学家斯托特（George Frederick Stout, 1860—1944）的研究。1891年，他在《思想和语言》（*Thought and Language*）中提出，作为概念相互统觉的框架，句子本身被内嵌于一个更高层次的整体系统话语之中。仅仅是句中的词语不足以产生意义，句子必须融进话语，话语为之提供主题，由此句子才有意义。

> 解释主-谓关系的性质，同时就在解释为何话语（discourse）要分解为各自独立的句子。如果我们从作为表明总话题（general topic）或话语域（universe of discourse）的特定词语主题（the word subject）的通行使用方式开始，此时需要的说明（explanation）就不难找到。在这层意义上，谓语或主语，即整个话语由此得到定义和指明。……承受身体重量保持原状的这只脚相当于主语，为了占据新领地向前迈出的这只脚相当于谓语。（Stout 1891: 191-192）

该论述中已出现：话语、总话题、话语域、特定词语主题、说明等术语。特别是"行走中的双脚"这一比喻，对话题和说明的关系进行了生动的描述。

与魏格纳不同，斯托特使用这些术语不仅是为了分析句子的功能以及界定意义的产生，还界定话语的总体性质。斯托特将话语更多地分析为"意识流"，并且认为，实际会话有时会随意地从一个话题跳跃到另一话题。与魏格纳一样，斯托特把话语中的主-谓关系，看成"问题"（questions）与"答案"（answers）的交互过程。这不但在实际对话中得到证实，甚至"独词句"也可以用这种方法分析。赵元任《汉语口语语法》（1968）曾提到，可以把主语和谓语当作一问一答，主语作为问而谓语作为答。

> 我们得出一个令人惊异然而明明白白的结论：一个整句是一个由两个零句组成的复杂句。（吕叔湘译：51）。

只要把语言视为活生生的交流过程，就可以发现这种"明明白白"。"令人惊异"的感慨，是因为摆脱了结构主义、描写主义的眼光。

（四）汉语话说结构研究的主要轨迹

1. 胡以鲁旅日求学期间，通过日本学者吸收了迦伯林（即甲柏连孜）《汉文经纬》的心理主语学说（胡以鲁 1913：103）[1]。"汉语'心心相传'，固无名学（西方逻辑学）上规定范畴也，兹就心理上见地分类，句子成分为题语（相当于"心理主语"，即话题）、说语（相当于"心理谓语"，即说明）、表语目语、属语"（胡以鲁 1913：64-65）。2. 陈承泽（1922: 11）提出"标语-说明语"框架。3. 洪心衡（1956: 39）提出"主语是说话的话题，谓语是对话题有所表说的"。4. 霍凯特（Hockett 1958: 219）讨论了英语和汉语中的话题现象。5. 受霍凯特的影响，赵元任（Chao Yuen Ren 1968: 248）主张汉语主语-谓语的语法意义是话题-说明。6. 从类型学角度，李纳和汤姆森（Ch. N. Li & Thompson 1976）提出汉语是话题凸显型语言。7. 基于在印尼的汉语教学实践，刘宏谟（1977）提出句子的"引-申"分析法。8. 曹逢甫（1979）提出了汉语的"话题链"理论。9. 徐烈炯、刘丹青（1998）提出汉语有 S、T、V、O 四个基本句法成分。10. 基于"名词牵头说"，邱

1　胡以鲁 1909 年考入东京帝国大学博言科，师从上田万年学习语言学。上田万年（1867—1937）在 1890—1894 年赴德法留学，深受甲柏连孜语言学思想的影响。

雪玫（2013）首次全面建构了话题语-说明语的范畴系统及其匹配关系，基于成批量语料分析了不同语体中话说-结构的出现比例。（邱雪玫、李葆嘉 2013）

三、丹内斯的句法研究三个平面

（一）埃尔特：主语的三种类型

1926 年，捷克语言学家埃尔特（Václav Ertl, 1875—1929）在《葛鲍尔-埃特尔捷克中学和学院教学语法》（第二部分）中，区分了语法主语（传统主语）、逻辑主语（施事）和心理主语（话题）。如：

（1）Robert is loved by all of them.（罗伯特被他们所喜爱）

（2）Robert, they all love him.（罗伯特，他们都喜爱他）

Robert 在例（1）中是语法主语，在例（2）中是心理主语（语法宾语）。

此外，语法主语常常同时也是心理主语，但情况有别。如：

（3） What colour is your suit?（你的衣服是什么颜色？）

　　a. My suit is gray.（我的衣服是灰色的）

　　b. I wear a gray suit.（我穿一身灰色衣服）

　　c. Gray is the colour of my suit.（灰色是我的衣服的颜色）

例（a）中的 My suit（我的衣服）既是语法主语，也是心理主语。例（b）中的 I（我）是语法主语，但不是心理主语。例（c）中的 Gray（灰色）是语法主语，但不是心理主语。

逻辑主语在被动结构中最为明显。如：

（4）The bridge was bulit by <u>some young workers</u>.（这座桥是青年工人建的）

例（4）中的 some young workes 是逻辑主语。而在 It's raining（正在下雨）中，it 是语法主语，但并不能说是逻辑主语或心理主语，因为 it 在此没有实际意义。（刘润清 1995：147-148）

埃尔特虽然区分了三种主语，但是尚未建构三个平面理论。直至 20 世纪 50 年代，西方语言学中才出现了"**语言平面**"（level of language）这一术语。新布拉格学派认为，语言不是一个统一的、封闭的系统，而是一个开放的、不平衡的系统，由许多互相依存的次系统（subsystem）构成。这些次系统，他们通常被称之为"语言平面"，比如音位平面、词素音位平面、词汇平面、句法平面等。（刘润清 1995: 118）

（二）丹内斯：句法研究的三个不同平面

1962 年，乔姆斯基（Avram Noam Chomsky）发表《语言学理论的逻辑基础》，其中存在术语含混。1964 年，捷克语言学家丹内斯（Fontišek Daneš）就此提出批评，发表《句法研究的三个平面》（*A Three-Level Approach to Syntax*）一文。该文分为两大部分：第一部分是"句法研究的三个不同平面"；第二部分是"句法中的核心概念是句子概念"。

作者开门见山：在句法研究中，如果从不同的三个平面来区分其成分和规则，那么许多困惑就能迎刃而解。这三个平面是：

1. 句子的语法结构平面（level of the grammatical structure of sentence）
2. 句子的语义结构平面（level of the semantic structure of sentence）
3. 话语表达的组构平面（level of the organization of utterance）

在探讨三个平面之前，作者先考察了乔姆斯基（Chomsky 1962）对所谓"语法关系"（grammatical relation）这个概念的认识。

乔姆斯基举例：

（1） John is easy to please.
　　　约翰容易满意。
（2） John is eager to please.
　　　约翰渴望满意。

乔姆斯基（Chomsky 1962：518）认为例（1）中的 John 和 please 这两个词之间存在语法关联（grammatically related），John 是 please（使满意）的"直接宾语"，类似于 This pleases John（这 使约翰满意）这句中 John 与 please 之间的关系。乔姆斯基又认 为，例（2）中的 John 和 please 同样存在语法关联，John 是 please 的"逻辑主语"，类似于 John please someone（约翰令人满 意）这句中 John 与 please 之间的关系。

在这些分析中，乔姆斯基所用术语，包括语法关联、直接 宾语、逻辑主语等都是未加澄清的含混概念。尽管乔姆斯基对例 （1）的分析并没错，但乔姆斯基认为 John 和 please 之间在此句 中的关系，与在 This pleases John 这句话中的关系类似。不禁让 人疑惑，为何要把这两个词之间的关系称作"语法关联"呢？它 们之间的关系似乎与所在例句的传统语法特征毫不相关。而在 对例（2）的分析中，乔姆斯基为何又换一种说法，用"逻辑关 系"来描述 John（逻辑主语）和 please 之间的关系呢？显而易见， 与许多学者一样，乔姆斯基没有区分句法中的语义结构和语法结 构两个平面。未经严谨辨析，就把"主语"和"谓语"等术语从 "传统语法"搬用到普遍语法中，导致概念不清。

毫无疑问，为了克服此类概念的模糊不清，丹内斯认为，有 必要前面阐述"句法研究的三个平面"。作者首先考察句子的 语义结构平面。根据作者对句子的定义，词汇的具体意义不能 直接进入句子的语义结构，只有通过语言学意义上的概括化之后，才能进入句子的语义结构。这种概括化的形式：一是抽象词范畴（abstract word-categories），一是范畴之间的关联（relations between these categories）。前者如："生物""个体""品质""活动"等；后者如："活动"是"个体"的特征等。从分析角度来看，句子的语义结构正是建立在上述关系基础之上。这种范畴之间的关联，有时被称之为"逻辑关系"。这些源于自然和社会的关系，对社会人际关系很重要。例如，施事和活动、某种品质或状态的承载，以及某一状况、活动和活动导致的结果，或某一活动涉及的对象等，还有各种依赖于环境的不同限定（时间、地点等）、因果或最终关系、推论关系等。语言学上提出的此类语义关系，在不同语言中所体现的深度和广度不尽相同。总之，这些语义关系与"主语"或"宾语"等传统语法范畴不能混为一谈。

其次，句子的语法结构平面具有相当的自足性和支配性，而并非单方面地依赖于语义内容。因此"主语"等语法范畴并不是建立在语义内容基础上，所涉及的仅是句法。在特定语言系统中，这些语法范畴只是语言功能的承载者。各种语言的语法形式具有多样性，这一事实反映了语法形式的自足性。而处于语法系统之外的语义成分，则似乎更具普遍性，或至少在总体上存在普遍性。认为语法具有自足性和支配性，并不意味着把语法和语义看作两个毫无联系的平面。必须强调，就句子的语法范畴和相配的语义成分而言，两者之间的关系并不固定对应，而是显得若即若离。

处于核心地位的句法关系是依存关系（dependence），这种关系与变元和谓元的关系相对应。而这两者之间的关系，在语义结构平面中最为抽象。依存关系可以采用形态手段，即通过形态的一致性、支配性和附加性来体现；也可以采用词序手段，或其他手段来体现。除了依存关系，还有一种并非属于组合关系的毗邻关系（adjoining）。从形态-句法学的角度来看，句法结构的描写基于词性的层级关系，句子的语法平面的中心概念应是句型。

第三个平面是话语表达的组构平面。简而言之，只有基于该平面，才有可能理解在具体交际活动时，语义结构和语法结构如何起作用，即二者如何即时被激活，话语表达如何把通过思维映射的"超语言现实"（extra-linguistic reality），以适当方式呈现出来。交际活动的条件，一方面，取决于说话者生成话语时所用物质载体的线性组织方式，以及听话者接收话语时所遵循的线性感受方式；另一方面，取决于超语言现实、交际背景和语境，以及说话者对信息和接受者持有的态度。

因此，与另外两个平面表现的抽象性和静态性不同，话语表达组构平面所涉内容，囊括了话语表达过程中的所有环节和各个方面。换而言之，随着交际进程的不断展开，词项逐渐增多，其中的意义关系也就随之发生动态变化，而且其他的所有话语成分（包括语义和语法的）也处于动态变化之中。这种活力可以从语义和形式的张力中涌现出来，也可以产生于随着交际意愿而对话语不断加以调整的线性过程之中。另外，组构话语最小交际单位的所有"超语法手段"都处于话语表达的组构平面上，这些手段包括韵律、语调（如音调、重音）、词序、从句，以及某些词汇手段等。当然，这些手段中的一些也可以在语法结构平面上起作用。

就严格意义而言，话语的交际动态性反映的是从功能视角采取的话语组构原则。这种原则决定，话语中的成分根据其承载的交际动态性程度从低到高相继出现。据此，一句话语通常可分为两部分：承载已知（或既定）信息的话题语、承载未知（或未定）信息的说明语。上述原则同样适用于上下文组构。从功能视角出发，可以发现不同语言采用不同手段。例如，斯拉夫语主要使用词序和语调。话语的系统特征具有特殊意义，以往误认为这些意义属于语法（句法）或文体范围。在话语表达的组构平面上，通过不同的话语组构形式，可以对这些意义加以处理。应当为此建立一套"话语理论"（theory of utterance）。这一理论应当要能与语法意义一起，解释所有的非语法手段、话语组构过程以及上下文。

要把话语表达的组构平面独立出来以分析属于它的所有现象，首先要证明这种独立分析的必要性。通过讨论错综复杂的词序现象，可以清晰地认识到这一必要性。此外，这种独立分析可以揭示并描述广义句法的三个平面之间的相互作用。需要注意的是，在面对任何句法问题或现象时，应该全面分析这三个平面，而结构分析所寻找的就是，每个平面内部的关系以及各个平面之间的相互作用。在捷克语中，如果主语是由具有性或数范畴的几个名词组合而成的复合主语，那么在不同情况下，谓词与之（性和数的）的一致性，通常表现为三种形式或规则：

（1）谓词与第一个名词一致；
（2）谓词与最后一个名词一致；
（3）把复合主语视为一个整体（主语的形式取决于某种语法规则），谓词与之一致。

如果想要为（1）（2）（3）找出分布特征，其中的规则似乎与谓词在话语中相对于主语的位置有关。如果谓词位于主语之前，采用规则（1）。如果谓词位于主语之后，采用规则（2）。规则（3）似乎适用于谓词位于话语的任何位置，但多用于谓词位于主语之后，此时谓词把主语部分视为一个整体。因此，如果要解释上述规则的分布特征，就必须跳出句子的语法结构平面，进入话语表达的组构平面，对话语的动态性组构过程加以分析。

（三）丹内斯：句法中的核心概念是句子

在第二部分，作者首先提出："句子"这个术语出现在所有的句法研究论著中，然而其含义多变、模糊不清，以致于涉及性质迥然不同的各种成分。这种复杂的、不加区分的概念，在讨论中会带来很多困惑，也必然导致不必要的误解。

为了避免发生这种不尽人意的情况，作者提出，就句子的内涵而言，需要辨析三个基本概念：

（1）把"句子"理解为单数，并视为一次独特的讲话事件（speech-event）。

（2）把"句子"看作特定语言中，所有可能不同的最小交际单位（话语）中的一个。

（3）把"句子"看作一种抽象结构或组件，即看作区别性成分的组构模式。这一模式集合，表现为特定语言的全部语法系统中的某个子系统。

可以把上述三个概念，分别称为"表达事件"（utterance-event）、"话语表达"（utterance）和"潜在句型"（underlying sentence pattern）。话语表达中的大多数只反映了一小部分句型，这些话语表达有可能直接称为"句子"。至于那些并不基于潜在句型的话语表达，可以称为"非语法性话语"。

上述三个阶段反映了概括化过程中的三个步骤。第一步，说话人使用中的讲话（speech，即 la parole）。这一表达事件，反映的是通过观察可直接感受的物质世界。第二步，概括化的话语。如果从这种表达事件中剥离所有偶然的、罕见的、个体的成分，抽象出可反映其本质特征并与它当时所表现的语音（或文字）形式相结合的内容，那就得到话语。话语不是具体使用的讲话，但比语法系统中最抽象和最普遍的句型来说，有着自身的丰富性。话语保留了部分上下文和背景因素，含有具体词项和情态成分（这些成分往往借助非语法手段表现，如词项或语调手段）。通过分析话语可以发现两点：首先，在话语中有一些不属于语法结构平面但又具有系统性的组构手段。例如，斯拉夫语的词序，以及用来整合、限定或分割话语的语调，或重音和情态等。因此在处理语法成分的同时，需要借助话语理论来处理与话语组构有关的非语法成分及其规则。其次，还可确认某些语法成分，尽管这些语法成分并不属于句型的构造特点。例如，大多数的形态类别，如语气、时态，或者话语中的语法一致性（并不是基于潜在句型）。第三步，概括化的句型。只有在这一最高阶段，才会出现用于组构话语的特定语法策略即句型。通常来讲，"句型"指一种句法模式，即使它脱离连续的交际框架，或者把它从语境（上下文或背景）中抽离出来，它仍然可以把一个词语序列转变成最小的交际单元（即一段话语）。从能抽取一段词语序列作为话语的这一功能来看，句型具有充分的自足性。同时，这也提示句型是一种特殊的交际模式和话语组配手段。非语法性的话语，即无句型的话语，只有借助背景、上下文语境、口语的语调，以及书面文字手段，才能实现有效的交际功能。

作者最后总结：句型系统及对应规则只能解释句法领域中被称作句法聚合的这一部分，而不可能解释全部句法。目前忽略了许多问题，其中包括转换关系范畴。与横向组合（syntagmatic）和纵向聚合（paradigmatic）关系一样，转换关系在语法系统中占有重要地位。毫无疑问，对句型系统的详细阐述离不开转换。此外，句子语义结构层面上的义模（semantic pattern）十分有用，比如：过程；施事-动作-对象；状态体-状态；个体-特征；个体-类属等。确定这些语义模式与相对应的、所有可能的语法句型之间的关系极其重要，因为语法句型是语义模式的表达形式。

在丹内斯这篇论文的参考文献中，没有看到埃尔特的论著。但是根据学术史的脉络，丹内斯应该知道埃尔特的"主语三分说"。

四、汉语语法研究的三个平面理论

作为中国当代语法学界最具代表性的理论，"汉语语法研究的三个平面"是鉴于汉语语法研究以往得失及当时国际语言学界热点影响而独立提出的。**然而，当查阅到丹内斯的文章，从国际语言学范围来看，三个平面理论也就不能认为是中国学者的首创了。当然，这并不意味着汉语三个平面理论没有自身的发展或特色。**

（一）三个平面理论与国际语言学热点

在 20 世纪 50 年代关于汉语主、宾语的讨论中，岑麟祥（1956：32-36）指出："讨论主、宾语的问题，要把逻辑、语法、修辞加以区别。"其中的逻辑相当于语义，语法相当于句法，修辞相当于语用。尽管当时未能从理论上加以建构，但是国内学者三个平面的思路可以追溯到此。

20 世纪 60 年代中期，国际语言学界出现语义研究转向。在转换生成语法学的第一阶段，乔姆斯基以"句法自立"为标准，主张形式研究。1963 年，卡茨和福德（Katz & Fodor）引进语义成分分析法。1964 年，卡茨和波斯塔尔（Katz & Postal）提出，语法系统中应包括语义部分。60 年代后期，麦克莱（James D. McCawley, 1938—1999）、莱考夫（George Lakoff）、罗斯（John Robert Ross）、波斯塔尔（Paul M. Postal）等提出基于语义的句子生成模式，而菲尔墨（Charles J. Fillmore, 1929—2014）则提出格语法。此外，还有德国学者的深入研究的配价语法。20 世纪 70 年代末，这些语义成分分析法与句法语义学理论陆续引进中国。语义成分分析、语义指向分析、语义角色分析的实践，促使人们认识到汉语语法研究的语义平面的存在及其重要价值。

20世纪70年代以来，另一热点是语用和话题。乔姆斯基（1971）提出分析"预设"和"焦点"等语用因素。韩礼德（M. A. K. Halliday, 1925—2018）把语言的社会交际功能作为研究重点。而汉语"话题"研究成为海外学者（Ch. N. Li & Thompson 1976, Tsao Fengfu 1979）的热点。汉语中的大量话-说结构句子，促使人们从交际语境和功能入手解释，汉语语法研究语用平面由此触发。

（二）平面理论与符号学三分模式

在"汉语语法研究三个平面理论"形成过程中，不排除受到符号学三分的启发。莫里斯（Charles William, 1901—1979）在《符号理论基础》（1938）中提出符号学三分法：语义学（semantics）、语形学（syntactics，或译为语构、语法、句法）、语用学（pragmatics）。这三个分支分别建立在经验主义、形式主义和实用主义三种哲学的基础上。其中，语义学受到英国学者奥格登和瑞恰兹（C. K. Ogden & I. A. Richards）经验主义语义学（1923）的影响；语形学受到维也纳学派成员卡尔纳普（Paul Rudolf Carnap, 1891—1970）逻辑实证主义句法学（1935）的影响，而用术语syntactics（语形学）替换了卡纳普使用的syntax（句法学）；语用学受到美国学者皮尔士（Charles S. Peirce, 1839—1914）实用主义符号学（1905, 1931—1935）的影响，将皮尔士的术语pragmatism（实用主义）改造为pragmatics（语用学）。基于其师米德（George Herbert Mead, 1863—1931）的社会行为主义理论（1934, 1938），莫里斯将这三个分支学科整合成符号学。（张良林 2012）

莫里斯的三分法，同样承袭了皮尔士的思路。皮尔士的符号三元观是：符号由表征项、指称项和解释项构成。**皮尔士的符号学三分法源于欧洲中世纪大学的主课"三才"（语法、逻辑、修**

辞），分别是：1. 思辨语法（grammatica speculative）或理论语法
（pure grammatica），研究对象是表征项的形式、功能及分类；2.
批判逻辑（critical logic），研究对象是指称项的一般条件；3. 理
论修辞（pure rhetoric），研究对象是解释项的条件及获得真知的
方法。依据实用主义原则，符号的意义按照其产生的实效被解释
为解释者的反应。（Peirce, 1931—1935, vol. I: 92）。

1980 年，胡壮麟在《语用学》中介绍了莫里斯的符号学三
分法。其中有两点，尤其值得关注：

（3）在上述三个因素中，有关符号与所指关系的研究是语义学，
有关符号与解释者关系的研究是语用学，有关符号与符号之间关系
的研究是句法学，三者组成符号学的三个分支。……（6）语言学界
对作为一个特殊种类的符号系统——语言，长期存在不同认识。形
式主义者主张语言就是公理系统，经验主义者强调语言符号与所指
客体关系的必然性，实用主义者把语言作为一种社会性的交际活动，
借此社会成员得以更好地满足他们个人的或共同的需要。把语言分
为句法学、语义学和语用学三个部分，其优点是能够统一上述三种
不同观点。（胡壮麟 1980: 1-2）

**胡壮麟明确指出：符号学三分支与语言研究的句法学、语义
学和语用学三部分之间的平行关系**。接着，胡壮麟（1980: 6）进
一步介绍了荷兰语言学家狄克（Dik 1978）把莫里斯三分法运用
到语言研究中，提出了语言的三种功能：语义功能（施动者、目
的、接受者等）、句法功能（主语和宾语）、语用功能（主位和调
尾，主题和中心等）。该文刊于国内了解国际语言学动态的窗口
《国外语言学》，关注语用学的研究者理应读过。

有理由推定，汉语语法研究的三个平面可能受到莫里斯符号
学分支三分法的影响。当然，两者之间存在一些差异。首先，"语
法研究的三个平面"为了给出一个领属语"语法研究"，"句子的
语法结构平面"就不再定名为"语法平面"。因此在符号学中相

配的汉译术语"语义""语形"和"语用"，在三个平面中只能称之为"语义""句法"和"语用"。其次，符号学以语义研究为基点，"语义"居首，"语形""语用"次之；而三个平面以传统句法为出发点，"句法"居首，"语义""语用"次之。此外，如果依据传统语法学的"词法学"和"句法学"二分，那么"语法研究中的三个平面"，其实只是"句法研究的三个平面"（不包括词法研究）。因此，丹内斯的论文题为"句法研究的三个平面"，而中国学者的"语法研究的三个平面"这一提法，其中的"语法"并未涵盖"词法"。

五、关于三个平面与三分模式的形成线索

至此梳理出欧洲句法研究三个平面、美国符号学科三分模式、汉语语法研究三个平面的形成的三条线索，并且寻绎出相互之间存在（实线）或可能存在（虚线）的关系。现图示见下页 。

需要补充说明的是：1. 17 世纪以前欧洲语法学的发展线索是：古希腊语法学（公元前 5 世纪—2 世纪）→拉丁语法学（公元前 2 世纪—公元前 11 世纪）→思辨语法（12—14 世纪）→经验语法（14—16 世纪）→普遍唯理语法（17 世纪）。（详见李葆嘉 2008）2. 马泰休斯（Vilém Mathesius, 1882—1945）的功能句子观（1929）及句子实际切分法（1939），受到维尔（1844）、甲柏连孜（1881, 1891）的影响。丹内斯的三个平面理论可能受到埃尔特主语三分说的影响。3. 马泰休斯把句子切分为"表述起点–表述核心"，布斯特（Boost 1955）提出的"主位–述位"，而韩礼德（Halliday 1967, 1985）把它们分别解释为已知信息和新信息，并进一步阐述了主语指句法主语，施事指逻辑主语，主位指心理主语。4. 莱昂斯（Lyons 1977）区分了逻辑主语、心理主语、语法主语，阐述了逻辑主语即语义平面上的施事；心理主语即语

1. 欧洲句法研究三个平面的形成线索

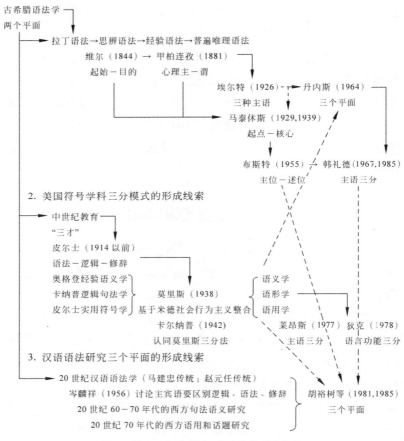

图 2　关于三个平面与三分模式的形成线索

用平面上的话题；语法主语即句法平面上的主格。与韩礼德接受的主要是布拉格学派的影响不同，莱昂斯的主语三分法主要受莫里斯的影响（他认为符号学的三分源于皮尔士，但是第一次明确地加以阐述并使人知晓的是莫里斯）。5. 20世纪汉语语法学的"马建忠传统"指基于普遍唯理主义（以及英美教学语法体系、叶斯柏森三品说）的汉语语法研究方法，"赵元任传统"指基于

结构主义（主要是美国描写主义）的汉语语法研究方法。（李葆
嘉 2008）

　　尽管语言研究平面问题仍然值得继续探讨，对于句法研究的
语音平面姑且勿论（所有的有声语言都有），屈折语有形态变化，
由此无疑存在句法研究的形态平面（语法或句法结构平面，其典
型为主谓结构），而孤立语没有形态变化，是否有必要硬要附加
这样一个平面则令人生疑。实际上，汉语只有语义结构平面（基
于认知图式和建模策略的语义范畴关联）和话说结构平面（基于
概念框架和语用策略的句子成分排序）。（邱雪玫 2013：93-106）
但是，毋庸置疑，以"汉语语法研究的三个平面"理论的建构为
里程碑，汉语语法研究在 20 世纪 80 年代终于迎来了多元互补的
局面。

参考文献

曹逢甫著、谢天蔚译，1979，《主题在汉语中的功能研究：迈向语段分析的
　　第一步》[M]，台北：台北学生书局。北京：语文出版社，1995。
岑麟祥，1956，讨论主语宾语问题的几个原则 [A]，中国语文杂志社编《汉
　　语的主语宾语问题》，北京：中华书局。32-36 页。
陈承泽，1982[1922]，《国文法草创》[M]，北京：商务印书馆重印版。
陈平，2004，汉语双项名词句与话题-陈述结构 [J]，《中国语文》（6）：493-
　　507。
陈保亚，1999，《20 世纪中国语言学方法论》[M]，济南：山东教育出版社。
丁声树等，1961，《现代汉语语法讲话》[M]，北京：商务印书馆。初稿《语
　　法讲话》见《中国语文》1952 年 7 月-1953 年 11 月连载。
范晓、胡裕树，1992，有关语法研究三个平面的问题 [J]，《中国语文》（4）：
　　272-278。
高名凯，1957[1948]，《汉语语法论》[M]，北京：科学出版社重印版。
洪心衡，1956，《汉语语法问题研究》[M]，北京：新知识出版社。
胡附、文炼，1982，句子分析漫谈 [J]，《中国语文》（3）：161-167。
胡以鲁，1912，《国语学草创》[M]，上海：商务印书馆。1923 年再版。
胡裕树主编，1981，《现代汉语》（增订本）[M]，上海：上海教育出版社。

胡裕树，1994，汉语语法研究的回顾与展望 [J]，《复旦学报》（5）：57-65。

胡裕树、范晓，1985，试论语法研究的三个平面 [J]，《新疆师范大学学报》（2）：7-30。

胡壮麟，1980，语用学 [J]，《国外语言学》（3）：1-10。

李葆嘉，2002，论 20 世纪中国转型语法学 [J]，《徐州师范大学学报》（1）：1-8。

李葆嘉，2008，《中国转型语法学》[M]，南京：南京师范大学出版社。

刘宏谟，1983[1977]，《刘氏语通》[M]，成都：川师成大《汉字改革报》编辑部排印。

刘润清，1995，《西方语言学流派》[M]，北京：外语教学与研究出版社。

吕叔湘，1979，《汉语语法分析问题》[M]，北京：商务印书馆。

马建忠，1983 [1898]，《马氏文通》（重印版）[M]，北京：商务印书馆。

钱军，1998，《结构功能语言学》[M]，长春：吉林教育出版社。

邱雪玫，2013，《现代汉语话说结构句法学》[M]，北京：世界图书出版公司。

邱雪玫、李葆嘉，2013，论话说结构的研究沿革 [J]，《南京师大学报》（6）：137-150。

王力，1981，《中国语言学史》[M]。太原：山西人民出版社。

徐烈炯、刘丹青，1998《话题的结构与功能》[M]，上海：上海教育出版社。

姚小平，1999a，《汉文经纬与马氏文通》——《马氏文通》历史功绩重议 [J]，《当代语言学》（2）：1-16。

姚小平，1999b，语言学与科学的历史姻缘——17—19 世纪科学对语言学的影响（下），《福建外语》（1）：10-23。

张良林，2012，《莫里斯符号学思想研究》[D]（导师张杰），南京师范大学外国语言学及应用语言学专业博士学位论文。

赵元任著，1968，吕叔湘译，1979，《汉语口语语法》[M]，北京：商务印书馆。

Boost, K. 1955. *Neue Untersuchungen zum Wesen und zur Struktur des deutschert Satzes. Der Satz als Spannungsfeld* [M]. Berlin: Akademie der Wissenschaften Instituts für deutsche Sprache und Literatur.

Chao, Yuen Ren. 1968. *A Grammar of Spoken Chinese* [M]. Berkeley: University of California Press.

Chomsky, N. 1962. The Logical Basis of Linguistic Theory [A]. *Preprints of Papers for the 9th International Congress of Linguists*. Cambridge, Mass. In H. Lunt (ed.) *Proceedings of the Ninth International Congress of Linguistics*, pp. 914-978. Hague: Mouton.

Chomsky, N. 1971. Deep Structure, Surface Structure and Semantic Interpretation [A]. In D. Steinberg & L. Jakobovits (eds), *Semantics: An Interdisciplinary Reader in Philosophy, Linguistics and Psychology*. New Yok: Cambridge University Press, pp. 183-216.

Daneš, F. 1964. A three-level Approach to Syntax [J]. *Travaux Linguistiques de Prague* 1: 225-240.

Dik, S. C. 1978. *Functional Grammar* [M]. Amsterdam: North-Holland Publishing Co.

Ertl, V. 1926. *Gebauer-Ertl Mluvnice česká pro školy střední a ústavy učitelské. Díl 2* [M]. Praha: Unie.

Gabelentz, G. von der. 1869. Ideen zu einer vergleichenden Syntax [J]. In *Zeitschrift für Völkerpsychologie und Sprachwissenschaft* 6, S. 374-384.

Gabelentz, G. von der. 1881. *Chinesische Grammatik, mit Ausschluss des niederen Stils und der heutigen Umgangssprache* (《汉文经纬》) [M]. Leipzig: Weigel.

Gabelentz, G. von der. 1891. *Die Sprachwissenschaft, Ihre Aufgaben, Methoden und bisherigen Ergebnisse* [M] . Leipzig: Weigel. 2. Aufl. 1901.

Gundel, J. K. 1988. Universals of Topic-comment Structure [A]. In M. Hammond, E. Moravcsik & J. Wirth (ed.) *Studies in Syntactic Typology*. Amsterdam: John Benjamins, pp. 209-239.

Halliday, M. A. K. 1967. *Intonation and Grammar in British English* [M]. Hague: Mounton.

Halliday, M. A. K. 1985. *An Intruduction to Functional Grammar* [M]. London: Edward Arnold.

Hockett, C. F. 1958. *A Course in Modern Linguistics* [M]. New York: Macmillan.

Katz, J. & J. Fodor. 1963. The Structure of a Semantic Theory [J]. *Language* 39: 170-210.

Katz, J. & M. Postal. 1964. *An Integrated Theory of Linguistic Descriptions* [M]. Cambridge: The MIT Press.

Li, Charles N. & S. A. Thompson: Subject and Topic: A New Typology of Language [A]. In Charles N. Li. (ed.) , *Subject and Topic*. New York: Academic Press, 1976. pp. 457-489.

Lyons, J. 1977. *Semantics*. vol. I [M]. Cambridge: Cambridge University Press.

Mathesius, V. 1929. Zur Satzperspektive im modernen Englisch [J]. *Archivfür das Studium der modernen Sprachen und Literaturen* 84: 155, 200-210.

Mathesius, V. 1939. *O tak zvaném aktuálním členění věty* [J]. *SAS*, vol. 5, 171-174.

Morris, C. W. 1938. *Foundations of the Theory of Signs* [M]. Chicago: University of Chicago Press.

Peirce, C. S. 1905. What is pragmatism? [J]. *The Monist* 15, 162-163.

Peirce, C. S. 1931–1935. C. Hartshorne & P. Weiss (eds.), *Collected Papers of Charles Sanders Peirce* [M]. 6 vols. Cambridge Mass.: Harvard Univer- sity Press.

Paul, H. 1880. *Principien der Sprachgeschichte* [M]. Halle: Max Niemeyer . [Zweite auflage, 1886]

Stout, G. F. 1891. Thought and Language [J]. *Mind*, vol.16, 181-197.

Wegener, P. 1885. *Untersuchungen uber die Grundfragen des Sprachlebens* [M]. Halle: Niemeyer.

Weil, H. 1844. *De l'ordre des Mots dans les Langues Anciennes Comparées aux Langues Modernes: question de grammaire générale* [M]. Paris: Juobert. Deuxième édition, Paris: Librairle A. Franck, 1869.

　　附记：本文成稿于 2017 年 7 月，修改于 2018 年 8 月。邱雪玫、李葆嘉合作，刊于《山东外语教学》，2018 年第 6 期。2020 年 7 月，李葆嘉增订。

当代语言学理论：植根于往昔语义学著作之中

提　要：本文首次基于德、法、英、俄诸语数十种早期语言学原著，运用中国传统考据法，追溯当代若干"新理论"的来龙去脉，以推进语言学理论和语言学史的研究。纵观西方语义学史（1825—1940），其旨趣可概括为历史取向、心理取向和语境取向，即19世纪的西方语义学已先后与生物学、心理学和社会学交叉。我们所谓的当代语言学"新理论"——心理性（Steinthal 1855）、主观性（Bréal 1897）、社会性（Sayce 1873, Baudouin 1889, Meillet 1893）、形式和功能（Bréal 1866）、静态和动态（Baudouin 1871, Grasserie 1908）、语境和情境（Smart 1831, Wegener 1885）、隐喻和转喻（Reisig 1825，Smart 1831, Bréal 1897）、意义域或原型理论（Paulhan 1897, Erdmann 1900, Gardiner 1932）等等，皆植根于往昔论著之中。20世纪三大形式主义思潮，导致西方人本主义语言观出现三道裂隙。20世纪70年代，当代西方语言研究才出现与人本主义传统的重新衔接。

关键词：西方语义学；三种取向；三道裂隙；当代理论；衔接

20世纪下半叶，西方的一些语言学家，尤以英美居多，常提出一些"新理论/新观点"，再传入汉语学术界。因未谙真实的西方语言学史（尤其19世纪语义学史），而信以为原创。读史使人明智，使人祛妄，使人贯通。近年来，我们研究 16 世纪以来的比较语言学史，翻译聂利奇（Brigite Nerlich）的《欧洲语义学理论 1830—1930》（1992）、吉拉兹（Dirk Geeraerts）的《欧美词汇语义学理论》（2010），大开眼界。受其启发，遂基于德法英俄诸语的数十种早期语言学原著（1830—1940），运用中国传统考据法，逐一查考近现代和当代西方语言学研究的来龙去脉。所涉外语文献先录原文、再作译述，一是表明亲见，非辗转误用，一是交代言据，非凿空之论。

　　西方近现代语言学研究，植根于文艺复兴运动。这一运动兴起于意大利、法兰西，从南向北延展，促使欧洲学术（历史学、语言学、哲学、古典学、阐释学）中心北移到日耳曼语国家。从 16 世纪中期到 18 世纪中期，欧洲语言学的中心在荷兰（莱顿），18 世纪末始转向德国和法国。**19 世纪的研究存在两条主线：一条是历史语音比较和音变定律研究；一条是历史语义演变类型和规律研究。**两条主线争妍斗艳、相互影响，一起成就了 19 世纪欧洲语言学的辉煌。

　　作为一门独立分支学科，西方语义学的诞生（Reisig 1825）与德国哈雷大学古典学（F. A. Wolf, 1759—1824）、阐释学（F. Schleiermacher, 1768—1834）的氛围有关，与传统的语源学、修辞学与词典编纂紧密联系，其成长得益于哲学（Kant 1781, Tracy 1796, Humboldt 1836）、生物学（Lamarck 1809, Darwin 1859）、心理学（Herbart 1816 , Steinthal 1850, Lazarus1851）、社会学（Comte 1842; Tarde 1880, 1898; Durkheim, 1893）、符号学（Smart 1831, Lady Welby-Gregory 1893, 1911）和人类学（Malinowski 1920）等，而成熟标记是交际语义学（Wegener 1885）的形成。纵观西方语义学史（1825—1940），其旨趣可概括为三种取向：**"历史（逻辑、有机体）取向"** 突显的是积淀下来的语言知识，**"心理（认知、理解）取向"** 突显的是不断变化的语言认知，**"语境**

（**社会、行为）取向**"突显的是交际意图的语言行为。

所谓当代语言学的一系列"新理论/新观点"——心理性（Steinthal 1855，Baudouin 1868, Hecht 1888, Roudet 1921）、 形式和功能（Bréal 1866）、主观性（Bréal 1897）、社会性（Paris 1887; Meillet 1893）、 静态和动态（Baudouin 1871, Paul 1880, Grasserie 1908, Marty 1908）、语境和情境（Stewart 1810, Smart 1831, Wegener 1885, Bréal 1888, Stout 1891, Malinowski 1920, 1923）、隐喻和转喻（Reisig 1825，Smart 1831, Darmesteter 1886, Svedelius 1891, Bréal 1897, Leumann 1927）、意义域或范畴原型理论（Whitney 1875, Stout 1891, Paulhan 1897, Erdmann 1900, Gardiner 1932）……皆尘封在往昔的语义学论著之中。20世纪三大形式主义思潮（Saussure 1916, Bloomfield 1933, Chomsky 1957）导致西方语言学人本主义传统出现三道裂隙，直至20世纪70年代，当代西方语言学才与传统人本主义语言观重新衔接或弥合。**由此可见，当代语言学理论虽有所发展，但鲜有原创。**

一、语言与心理：语言研究的心理转向

1816年，德国哲学家赫尔巴特（Johann Friedrich Herbart, 1776—1841）在《心理学教科书》（*Lehrbuch der Psychologie*）中，首次将"心理学"从哲学中剥离出来，创立了侧重个体心理研究的**表象心理学**。

1851年，德国哲学家拉扎鲁斯（Moritz Lazarus, 1824—1903）基于民族精神本质提出民族心理学（Völkerpsychologie）。1859年与斯坦塔尔（Heymann Steinthal, 1823—1899）创办《民族心理学及语言学杂志》（*Zeitschrift für Völkerpsychologie und Sprachwissenschaft*）。他们提出，历史的主体是大众，大众的"整体精神"通过艺术、宗教、语言、神话与风俗等表现出来，而个

体意识仅是整体精神的产物。由此提出，要把语言学从逻辑学
中解放出来，从心理角度来解释语言现象。（Lazarus & Steinthal
1860）

作为第一代心理语言学的创始人，斯坦塔尔在《语言科学的
现状》（1850）和《致波特教授的公开信》（1852）中强调，"语
言并不属于个人，而是属于民族"。不但在研究个人言语时应依
据个人心理，而且在研究民族语言时更应基于民族心理，以建立
语言类型与民族思维、精神文化类型之间的联系。在《语法、逻
辑和心理：它们的原理和相互关系》（1855）中，斯坦塔尔反驳
了贝克尔（Karl Ferdinand Becker, 1775—1849）《语言有机体：德
语语法引论》（1827）中的观点，深入探讨了历史、心理、民族
和语言的相互关系，建立了基于心理主义的语言学理论，甚至提
出把语言学改建为"民族心理学"。

（一）斯坦塔尔：区分认知的三个层面

斯坦塔尔和拉扎鲁斯的观点是源于赫尔巴特、洪堡特
（Wilhelm von Humboldt, 1767—1835）和黑格尔（Georg Wilhelm
Friedrich Hegel, 1770—1831）的感觉论哲学，以及与语言心理学
的融合物。

斯坦塔尔区分了认知的三个层面：（1）**感觉**（Empfindun-
gen）；（2）**直觉**（Anschauungen），包含知觉和概念；（3）**表象**
（Vorstellungen）。在洪堡特之后，表象通常被视为言语或语言的
媒介。概念被定位在不同层面上，其中一个是逻辑认识论层面。
概念可以用词语来表示，但是与表象一样，概念并非词语本身。
斯坦塔尔指出：

Das Wort bedeutet nun freilich auch noch etwas anderes, was oft
sehr fern von dem etymologischen Sinne liegt, den Begriff; woraus doch

aber eben folgt, daß das Wort nicht der Begriff *ist*, sondern nur den Begriff bedeutet....Gerade weil das Wort bedeutet, ist es nicht das, was es bedeutet. Im Begriffe des Bedeutens selbst liegt, daß das Bedeutende und das Bedeutete voneinander verschieden, und nicht bloß dies, sondern auch, daß das Bedeutete abwesend oder versteckt sei. (Steinthal 1855: 165)

当然词语也意味别的东西，而这些东西往往远离词源义——概念。由此可见，词语并非概念，而只是意味概念。……恰恰因为是词语的意味，所以并非概念的意味。概念的意义自身所蕴含的表征和意味彼此不同，不仅如此，而且意味是不出现或潜在的。

斯坦塔尔从赫尔巴特那里引入的另一个重要概念是"统觉"（Apperception）。据赫尔巴特的定义，统觉是一个过程。表达的集合通过这一过程同化新的语料，或者把较小的成品吸收进更大的系统。斯坦塔尔认为，尽管每个词"仅是一个单独反映的表达"，但是每个表达都可能成为统觉新事物的手段，并且使新事物通过"被统觉"或"使同化"进入表达系统。在此基础上，斯坦塔尔把词典释义的任务明确为记录民族的心理感知，把语义演变原理定义为语义变化的统觉类型。

Die Wörterbücher haben die Aufgabe, zu zeigen, was alles ein Volk durch ein Wort, eine Vorstellung, appercipiert. Dabei versteht es sich von selbst, daß eine Bedeutung, die nicht ursprünglich, sondern selbst erst das Erzeugnis einer Apperception durch die erste Bedeutung ist, von neuem wieder Mittel zur Apperception, d. h. Schöpfung eines andern Begriffes werden kann. Der Wandel der Bedeutungen ist demnach zu bestimmen nach den Kategorien der Apperception. (Steinthal 1977 [1860]: 61)

词典的任务是通过一个词、一个观念，来展示某一民族的所有统觉。不言而喻，该意义并非原初的，但其本身首先是最初含义的统觉产物，然后才能成为创造另一概念的再度统觉手段。因此，意义的变化是根据统觉的类型来确定的。

斯坦塔尔的心理语言学思想孕育了历史比较语言学的青年语法学派，孕育了博杜恩的社会-心理语言学。

（二）赫克特：心理语义学的双重目标

1888 年，德国古典语文学家赫克特（Max Hecht, 1857—1947）在《希腊语语义学：古典文献学对象》中，基于心理研究语义现象，提出语义学的任务。

Die Bedeutungslehre ist ein auf psychologischem Grunde ruhender Zweig der Sprachwissenschaft mit der doppelten Aufgabe, einerseits die Gesetze des Überganges darzulegen, andrerseits den Entwicklungsgang der einzelnen Bedeutungen durch das ganze Zeitalter der Litteratur zu verfolgen und die in demselben obwaltende Gesetzmäßigkeit aufzudekken. (Hecht 1888: 6)

语义学是基于心理学的语言学分支，它负有双重任务：一方面描述意义的转变规律；另一方面，通过文学的整体时代以追溯个别意义的发展历程，并揭示其潜在的规律。

赫克特的心理语义学具有双重目标：第一个是语言学目标，就与转变相关的两个意义之间，寻找概念上的内在联系；第二个是心理学目标，基于心理研究，清晰地描述词语内容的历史。（Hecht 1888: 5）由此，语言学的语义研究方法，可分为词典学方法（解释随时间流逝的语义演变现象）和词源学方法（提供基于心理原理的语义演变规律）。并且语义研究的心理学部分，也可以分为实证心理学和民族心理学。只有语言学和心理学共同合作，语义学才能建立起来。

（三）罗德特：心理语言学包括两种理论

1921 年，法国语言学家罗德特（Léonce Roudet, 1861—1928）

发表《对语义变化的心理分类》。罗德特提出两种联想：一种是基于观念的毗邻性（contiguité）和相似性（ressemblance）；一种是基于表达的组合关系（syntagmatiques）和联想关系（associatifs）。（Roudet 1921: 689）

罗德特认为，人类语言与动物语言的不同之处，主要体现为两点——"语言符号结构的组合性"（les signes qui le composent sont combinables）和"语言符号的扩展性"（les signes du langage sont extensibles）。（Roudet 1921: 676）由此推定——"心理语言学显然必须试图解释词语是如何组合以及如何扩展的，它务必包括句子理论和语义理论。"（la linguistique psychologique doit évidemment chercher à expliquer comment les mots sont combinables et comment ils sont extensibles. Elle doit comprendre une théorie de la phrase et une sémantique. Roudet 1921: 677）当代心理语言学的研究重点，主要是关于句子结构的心理理论，而关于语义的心理理论，即如何获得意义的研究仍然有待探索。

（四）博杜恩：语言学是社会-心理科学

作为斯坦塔尔的追随者，波-俄语言学家博杜恩（Baudouin de Courtenay, 1845—1929）在《波兰语变格中类推行为的若干现象》（1868）中，第一次明确提出心理类推机制对语言变化的影响，而这正是青年语法学派的两大原则之一（另一原则是语音演变规律无例外）。因此，有人把博杜恩称为青年语法学派的创始人之一。博杜恩则认为："如果在一系列问题上他的观点与青年语法学派观点吻合，那么这只能归功于他们语言观形成的共同基础，即斯坦达尔著作的影响。"（Т. С. Шарадзенидзе 1980: 30，转引自杨衍春 2010: 98）

博杜恩接受了斯坦达尔和赫尔巴特的影响，其理论始终贯穿着一条主线：通过心理机制分析，对语言规则、语言功能和语言演变作出解释。在《语言科学的任务》（1889）阐述：

> Так как основа языка является чисто психической, центрально-мозговой, то, следовательно, **языкознание относится к психологическим наукам**. Но так как язык может реализоваться только в обществе и так как психическое развитие человека вообще возможно только в общении с другими людьми, следовательно, мы имеем право сказать, **что языкознание – наука психологично-социологическан**. Те же, которые считают язык «организмом» и относят языкознание к естественным наукам, заблуждаются. (Бодуэн 1963 Т. I: 217)

> 由于语言的基础纯粹是心理的，即大脑中枢的，因此**语言学归结于心理科学**。然而，由于语言只能在社会中实现，并且由于个体心智通常只可能在与他人交往中发展，所以我们有理由认为——**语言学是一门心理的和社会的科学**。那些认为语言是"有机体"并将语言学归属于自然科学的人是错误的。

从心理学到神经学，从社会人到生物体，博杜恩在《关于语言学和语言的若干原则性看法》（1870）中写道：

> я делаю следующее определение языка: Язык есть слышимый результат правильного действия **мускулов и нервов** (Язык есть одна из функций человеческого организма в самом обширном смысле этого слова.) (Бодуэн 1963 Т. I: 78)

> 我对语言做出如下定义——语言是**肌肉和神经**的恰当行为的可听结果（语言是最广泛意义上的人体功能之一）。

在《语言科学的任务》（1889），博杜恩强调生理和大脑组织的研究有利于理解语言心理活动：

> Физиология в соединении с микроскопической анатомией, или гистологией мозга, могла бы помочь понять психическую

суть языка, если бы она могла заменить психологию, если бы она исследовала и систематизировала мозговые ткани, **если бы она могла показать движения и изменения этих тканей, как физические, так и химические**, сопровождающие процесс речи и языкового мышления. Однако до сих пор, как мне известно, ничего не сделано в этой области. Единственным результатом наблюдений естественников является общая локализация языка (собственно говоря, только двигательной, исполнительной языковой работы) в человеческом мозге. Таким языковым органом в мозге людей, работающих главным образом правой рукой, является третий левый височный узел. Но как бы то ни было, этого открытия еще мало для того, чтобы заменить психологию в языкознании анатомией и физиологией. (Бодуэн 1963 Т. I: 217-218)

生理学与微观解剖学或大脑组织学相结合，如果可以取代心理学，如果可以研究并将大脑组织系统化，**如果可以展示这些组织伴随说话和语言思维的物理运动和化学变化**，那么就可能帮助理解语言的精神本质。然而据我所知，到目前为止，在这方面还没有任何进展。自然科学家观察到的唯一结果是人脑中关于语言的一般定位（严格来说，只是执行语言工作的运动）。右利者大脑中的主要语言器官是左侧第三个前额沟回。无论如何，仅凭这种程序的揭示尚不足以用解剖学和生理学取代语言学的心理学。

在《论语言现象的心理基础》（1903）中，博杜恩预言了神经语言学的出现：

Если со временем **и обнаружится связь с динамическими изменениями или химическими изменениями в нейронах (нервных клетках), или связь с изменениями физической энергии** – тем лучше. Тогда результаты обеих сфер исследований будут готовы для объединения их в одну общую научную систему. (Бодуэн 1963 Т. II: 65)

如果不久的将来，能够发现神经元（神经细胞）的动态变化与化学变化，或与物理能量变化之间的联系——那就太好了。到那时，这两个领域的成果将会把它们连接成一个共同的科学体系。

雅柯布逊（Roman Jakobson, 1896—1982）受博杜恩《病理语言学和胚胎语言学》（1885）的影响，1941 年出版了《儿童语言、失语症和一般语音法则》；卢利亚（Александр Романович Лурия, 1902—1977）在《神经语言学的基本问题》中，有三处赞扬博杜恩，"对我们要探讨的问题贡献也很大。"（1976：6, 11）据我们所见，在语言学文献中，博杜恩关于语言学、大脑组织学、生理学和心理学协同研究的论述为最早，并预言大脑神经元的动态变化与化学变化或物理能量的联系如被发现，两个领域的研究成果则会结合成一个共同的科学体系，可谓"神经语言学的先声"。

综上，斯坦塔尔开启了心理语言学学科，其后才形成了心理语言学的第二代（Wundt 1900, Sperber 1923）、第三代（Bühler 1934, Vygotsky 1934），经过 20 世纪 50 年代的第四代再到 90 年代的第五代认知心理语言学。当今心理语言学史研究，并未如此梳理。甚至很多学者都以为，心理语言学是 20 世纪 50 年代才兴起的一门新学科。

而博杜恩则成为现代语言学理论的创始人，是一系列语言学分支学科，如社会-心理语言学（1870, 1888, 1889, 1903）、应用语言学（1870）、现代音位学（1881, 1895）、生理语音学（1901）、病理语言学（1885）、神经语言学（1885, 1889, 1890, 1903）、胚胎语言学（1885）、接触语言学（1872—1874）、对比语言学（1902）、语言科学方法论（1901）的先驱。

二、形式与功能：语言的心智-功能研究

1866 年，法国语言学家布雷阿尔（Michel Alfred Bréal,

1832—1915）在《词语的形式和功能》中指出，一些语言学家偏爱形式或形态，而忽视功能或意义研究，也就无从揭示语言演变的真正原因（Bréal 1866: 65-66）。其师葆朴（Franz Bopp, 1791—1867）以及施莱歇尔（August Schleicher, 1821—1868）的比较语法强调形式研究。把语法学视为地质学，导致语言现象成为丧失人类主体的言语晶体。布雷阿尔提出，语言学史上有两个传统，古希腊侧重功能，古印度侧重形式，这两种思路应融合成一种新的历史语法学，要"在人类心智中发现语言的演变原因"（Bréal 1866: 66）。

布雷阿尔强调，人类心智的发展是语言发展的根源与目的。

Il ne faut pas que la description du langage humain nous fasse oublier l'homme, qui en est à la fois le principe et la fin, puisque tout, dans le langage, procède de lui et s'adresse à lui.（Bréal 1866: 67）

描述人类语言绝不允许我们遗忘人类，人类既是语言的起因又是语言的目的，因为语言中的一切，不是获益于人类，就是言说的人类。

"语言是最古老、最自然和最经久不衰的人类创造物"（Bréal 1866: 71），在任何时候，语言的创新与演变都是人类心智发展的产物，"不仅创造语言需要它，改变语言也需要它"（Bréal 1887: 233）语言形式的改变是由于使用目的的不同，以便适用于不同功能。

因此，语言研究不仅要研究形式，更应注重功能。在功能研究中，人类的心智发展是其核心。与其学生索绪尔（Ferdinand de Saussure, 1857—1913）主张的"语言学唯一而真实的对象是就其本身和为其本身而关注的语言"（*la linguistique a pour unique et véritable objet la langue envisagée en elle-même et pour elle-même*. Saussure 1971 [1916]: 317）截然不同，布雷阿尔倡导研究在人类心智中、在与他人社会关系中的语言，并且这些都处于特定的历史场景之中。

一言以蔽之，布雷阿尔倡导的是人本主义语言观、心智-功能语言观。无论是法国功能学派（布雷阿尔→梅耶→房德里耶斯→马尔丁内），还是英国功能学派（布雷阿尔……→马林诺夫斯基→弗斯→韩礼德），都应追溯到布雷阿尔的倡导。

三、语言主观性：语言的本质所在

1897 年，布雷阿尔出版《语义学探索：意义的科学》（1897）。该著作经久不衰，1899 年再版，1904 年出增订版，1908、1911、1913、1924 年重印，1972、1976、1983、1995，2005、2009 年又重印。该书问世后很快就有了西班牙文译本（Madrid 1899）、英文译本（London 1900），近年来又新增意大利文译本（Napoli 1990）、葡萄牙文译本（Campinas 1992）等。

第二十五章"主观性因素"（L' élément subjectif, p. 254-265），其主要内容包括：如何理解语言的主观性因素（Ce qu'il faut entendre par l'élément subjectif）——主观性因素与言语的联系（Comment il est mêlé au discours）——主观性因素是语言中的最古老部分（L'élément subjectif est la partie la plus ancienne du langage）

布雷阿尔提出：

que le langage soit un drame où les mots figurant comme acteurs et où l'agencement grammatical reproduit les mouvements des personnages, il faut au moins corriger cette comparaison par une circonstance spéciale: l'imprésario intervient fréquemment dans l'action pour y mêler ses réflexions et son sentiment personnel, ...Cette intervention, c'est ce que je propose d'appeler *le côté subjectif du langage*. Ce côté subjectif est représenté: 1. par des mots ou des membres de phrase; 2. par des formes grammaticales; 3. par le plan général de nos langues. (Bréal 1897: 254-255)

语言好比一场戏剧，其中的词语作为演员出场，语法排序再现了角色的运动，至少有必要通过一个专门环节来修正这一比喻：演出主办者经常干预其情节，以便融入其反响及个人感受，……这种干预我建议称为**语言的主观性**。这种主观方面表现为：（1）通过词或短语；（2）通过语法形式；（3）通过我们语言的总体意图。

主观因素是语言中的最古老元素。布雷阿尔认为，表达愿望、发出命令、对所拥有的人或物的指称，这些都是主观因素在语言中的最初应用。主观因素不是语言的附属，不是可有可无的东西，而是语言的本质所在。正是主观因素奠定了语言的基础，其他部分才依次添加其上。**由此可见，近年来流行的新理论——语言的主观性和主观化研究，可以追溯到布雷阿尔。**

沈家煊在《语言的"主观性"和"主观化"》的摘要中写道：

本文综述当前国外关于语言"主观性"（subjectivity）和"主观化"（subjectivisation）的研究情况。"主观性"是指语言的这样一种特性，说话人在说出一段话的同时表明自己对这段话的立场、态度和感情，"主观化"是指语言为表现这种主观性而采用相应的结构形式或经历相应的演变过程。重视这方面的研究跟近来语言学"人文主义"的复苏有关，特别是功能语言学、语用学、"认知语法"的兴起，使长期以来占主导地位的结构语言学和形式语言学所主张的"科学主义"受到挑战。（沈家煊 2001：268）

文中提到：

对语言"主观性"的研究因而至多限于文学研究的范围，而没有进入语言学的领域。连四卷本《语言学国际词典》（Bright 1992）都没有给"主观化"列条。Lyons（1982：103）指出："现代英美语言学家……一直有一种唯理智论的偏见，即认为语言基本上是（即便不完全是）用来表达命题式思维的。"（沈家煊 2001：268）

莱昂斯（John Lyons）《指示语和主观性》中的原文如下：

Modern Anglo-American linguistics, logic, and philosophy of language has been dominated by the intellectualist prejudice that language is, essentially, if not solely, an instrument for the expression of prepositional thought. (Lyons 1982: 103)

现代英美语言学、逻辑学和语言哲学，一直受到知性论者偏见的支配，即认为语言基本上（即使不仅仅）是表达命题式思维的工具。

莱昂斯把主观性定义为"在自然语言的结构和正常运作方式中，说话行为的施事表达自己及其态度和信仰的方式"（...to the way in which natural languages, in their structure and their normal manner of operation, provide for the locutionary agent's expression of himself and of his own attitudes and beliefs. Lyons 1982: 102）

经查考，莱昂斯在《语义学》（1977）中三次提及布雷阿尔（vol. 1: 104, 264; vol. 2: 620），参考文献中列有 Breal, M. 1897. *Essai de Sémantique*. Paris. English translation: *Semantics: Studies in the Science of Meaning*. London, 1900. Republished, New York: Dover, 1964。可见莱昂斯读过布雷阿尔的著作。

我们还可以找到其他线索，莱昂斯在《语义学》中写到：

It is difficult to escape the conclusion that person-deixis in any language that manifests it (and, as far as we know, all natural languages do) is something that cannot be analysed away in terms of anything else. Deixis, in general, sets limits upon the possibility of decontextualization; and person-deixis, like certain kinds of modality, **introduces an ineradicable subjectivity into the semantic structure of natural languages** (cf. Benveniste, 1958a). (Lyons 1977: 646)

很难忽略这一结论：任何语言中的人称指示语表明（据我们所知，所有自然语言皆如此），它是无法用其他任何方法来分析的成分。

一般而言，指示语对去语境化的可能性设定了限制；并且人称指示语，就像某种情态一样，**把一种根深蒂固的主观性引入了自然语言的语义结构。**（参见 Benveniste, 1958a）

The parallelism between parenthetical and performative verbs was noted by Benveniste (1958a), independently of both Austin and Urmson; and Benveniste emphasized their non-descriptive role as markers of subjectivity ("indicateurs de subjectivité"), i.e. as devices whereby the speaker, in making an utterance, simultaneously comments upon that utterance and expresses his attitude to what he is saying. (Lyons 1977: 739)

与奥斯丁和厄姆森的说法皆无关，本维尼斯特（1958a）注意到插说语和行为动词之间的平行性，而且本维尼斯特强调它们作为主观性标记（法语 *indicateurs de subjectivité*）的非描述作用，即作为说者在说话时，同时评论该话语并表达他对所说话态度的手段。

其参考文献中有：Benveniste, E. (1958a). 'De la subjectivité dans le langage' (from Journal de Psychologie). In Benveniste (1966: 258-66)。但在莱昂斯《语义学引论》（1995）第十章 "话语的主观性"（*The subjectivity of utterance*）中，不再提及本维尼斯特的《语言的主观性》。尽管如此，我们还是可以看出，**本维尼斯特的观点来自其老师梅耶的老师布雷阿尔，语言主观性理论的承传线索：布雷阿尔（1897）→本维尼斯特（1958）→莱昂斯（1977, 1995）**。

四、语言与社会：语言是社会事实

（一）语言是社会的、语言是一种社会功能

1875 年，英国语文学家赛斯（Archibald Henry Sayce, 1846—1933）在《比较语文学原理》中提出：

Language is social, not individual, interpreting the society of the past, and interpreted by the society of the present; it starts with the sentence, not with the word; it is the expression of thought. (Sayce 1875: 21)

语言是社会的，不是个人的，语言既诠释了过去的社会，同时又被现在的社会诠释着。语言以句子为启动，并非词语。语言是思想的表达。

1887 年，法国帕利斯（Gaston Paris, 1839—1903）在《评达梅斯泰特尔的〈词语的生命研究〉》中提出：

Le langage est une fonction sociale, c'est-à-dire qu'il n'existe pas chez l'individu isolé et ne peut être considéré que comme le produit d'une collaboration dont la forme la plus réduite comprend encore nécessairement deux facteurs, celui qui parle et celui qui écoute, le producteur et le récepteur. (1887: 69)

语言是一种社会功能，也就是说它不存在于孤立的个体中，只能被视为合作的产物，其简化形式仍然必须包含两个因素：说话者与听话者，或者生产者与接受者。

赛斯的立场是语言学属于历史学科，强调的是语言存在于社会之中。帕利斯反对语言是生物有机体的学说，强调的是语言具有社会功能。

（二）梅耶：语言显然属于社会事实

1906 年，布雷阿尔的学生及其继任者梅耶（Antoine Meillet, 1866—1936）发表《词语如何改变了意义》（1921 年重印）。依据社会学家杜尔凯姆（David Émile Durkheim, 1858—1917）的定义，梅耶认为，语言属于社会事实。

Le langage a pour première condition l'existence des sociétés humaines dont il est de son côté l'instrument indispensable et cons-tamment employé; …le langage est donc éminemment un fait social. En effet, il entre exactement dans la définition qu'a proposée Durkheim; une langue existe indépendamment de chacun des individus qui la parlent, et, bien qu'elle n'ait aucune réalité en dehors de la somme de ces individus, elle est cependant, de par sa généralité, extérieure à chacun d'eux; ce qui le montre, c'est qu'il ne dépend d'aucun d'entre eux de la changer et que toute déviation individuelle de l'usage provoque une réaction; …Les caractères d'extériorité à l'individu et de coercition par lesquels Durkheim définit le fait social apparaissent donc dans le langage avec la dernière évidence. (Meillet 1921: 230)

　　语言的首要条件是人类社会的存在，语言是不可或缺的和不断使用的工具。……因此语言显然属于社会事实。实际上，这完全符合杜尔凯姆提出的定义。语言独立存在于每个说话的个人之外，虽然除了这些个人的总和没有任何现实，但是语言的普遍性，对于他们中的每个人都是外在的。这表明语言不依赖于他们中的任何个人而改变，并且任何个体的偏离用法都会引起反映。……因此，杜尔凯姆定义社会事实的个人外在性和强制性，作为终结性证据出现在语言中。

　　梅耶认为，语义变化是社会变化中的正常结果，社会群体的异质性是导致其变化的原因。

　　Et ceci amène naturellement à envisager l'ordre des causes qui forme l'objet principal de la présente étude, la répartition des hommes de même langue en groupes distincts: c'est de cette hétérogénéité des hommes de même langue que procèdent le plus grand nombre des changements de sens, et sans doute tous ceux qui ne s'expliquent pas par les causes précitées. (Meillet 1921: 243-244)

　　这自然引导我们去考虑构成本研究主要目标的原因规则，即同一语言的人们分为不同群体——正是同一语言中人群的这种异质性导致意义发生若干变化，而用前面提及的原因，对许多问题可能无法解释。

布雷阿尔将社会、历史和心理因素统摄于语义演变总体理论，而梅耶则将语义演变理论从属于社会群体理论，主张研究语言和社会、语言结构和社会结构、语言变化和社会变化的共变模式。

20 世纪初，梅耶建立了法兰西社会学派，其学生和再传弟子，如房德里耶斯（Joseph Vendryes, 1875—1960）、纪尧姆（Gustave Guillaume, 1883—1960）、 科 恩（Marcel Cohen, 1884—1974）、索默费特（Alf Sommerfelt, 1892—1965）、特思尼耶尔（Lucien Tesnière, 1893—1954）、 梭 维 若（Aurélien Sauvageot, 1897—1988）、杜梅齐尔（Georges Dumézil, 1898—1986）、本维尼斯特（Émile Benveniste, 1902—1976）、马尔丁内（André Martinet, 1908—1999）等，继续进行社会引发的语言变化及语言历史比较方面的研究。1953 年，法国词典学家马托莱（George Matoré, 1908—1998）提出了词汇社会学（Lexical Sociology）。

（三）尼洛普：语言的心理-社会功能

1913 年，丹麦学者、罗曼语语言学家尼洛普（Kristoffer Nyrop, 1858—1931）在《法语历史语法》（第四卷）中，对 19 世纪语义学的社会论、心智论、语境论、功能论等观点进行梳理。受布雷阿尔的影响，尼洛普坚信语言具有心理-社会功能，即社会中的人的功能。

L'étude du sens des mots est étroitement liée à celle de l'homme et de la société....Quand il s'agit d'expliquer un fait de langage quelconque, il ne faut pas s'arrêter avant d'avoir trouvé la raison " sociologique" — nous donnons à ce terme un sens très large. (Nyrop 1913: 5)

词语意义的研究与人类和社会紧密联系。……在提到解释任何语言事实时，在发现"社会的"（我们给这个术语十分广泛的含义）原因之前，我们不能中止。

Un examen rationnel de l'euphémisme, tel que nous l'avons essayé,

est en dernier ressort une étude de démopsychologie et de sociologie.
(Nyrop 1913: 6)

对委婉语的合理考察，正如我们尝试的，归根结底是心理学样本和社会学研究。

尼洛普强调任何语言事实都与人和社会息息相关，语言研究离不开心理和社会功能的研究。

以梅耶为代表的法兰西"社会语言学学派"，以及比梅耶更早，博杜恩强调语言的社会性，将社会-心理结合起来研究，可称之为第一代社会语言学。这一转向的学术背景就是法国社会学的影响，或者说第一代社会学催生了第一代社会语言学。20 世纪 60 年代在美国兴起的社会语言学则为第二代，无论是微观研究（研究社会方言和语言变异），还是宏观研究（研究语言在社区组织中的功能），都植根于第一代社会语言学。

五、静态和动态：来自社会学的概念

公元前 3 世纪，阿基米德（Archimedes, 公元前 287 年—公元前 212 年）奠定了"物理静力学"的基础。1687 年，牛顿（Isaac Newton, 1643—1727）奠定了"物理动力学"的基础。1838 年，法国哲学家孔德（M. Auguste Comte, 1798—1857）在《实证哲学教程》（第四卷）中提出"社会学"，并借鉴物理学的分类，将社会学划分为**社会静力学**（Statique sociale）和**社会动力学**（Dynamique sociale）。前者从社会事实和秩序研究社会各个部分的结构关系以及相互作用；后者从社会变迁的连续阶段和相互关系过程研究社会的发展和进步规律，二者密切联系和相互补充。

（一）语言的静态和语言的动态

1871 年，博杜恩在《关于语言学和语言的若干原则性看法》

中引进孔德的理论，首次提出语言的静态（статика，即静力学）和动态（динамика，即动力学）研究。

Предмет фонетики составляет: а) рассмотрение звуков с чисто физиологической точки зрения, естественные условия их образования, их развития, и их классификация, их разделение… б) роль звуков в механизме языка, …это разбор звуков с морфо-логической, словообразовательной точки зрения….в) генетиче- ское развитие звуков, их история, …это разбор звуков с точки зрения исторической. Первая физиологическая и вторая морфологическая части фонетики исследуют и разбирают законы и условия жизни звуков состоянии языка **в один данный момент (статика звуков)**. третья же часть – историческая – законы и условия развития звуков **во времени (динамика звуков)**. (Бодуэн 1963 Т. I: 65-66)

语音学的主题是：（1）从纯粹生理的角度考虑声音，它们形成的自然条件，它们的发展、分类和区别……（2）语言机制中的语音作用，……这种语音分析从形态学、构词学角度出发。……（3）语音的产生发展及其历史……这是从历史角度分析语音。语音学的第一部分生理和第二部分形态，是考察和分析**某一时刻**语言状态的语音规律和存活条件（**语音的静态**）。第三部分是考察和分析**某一时期**语音的——历史——法则及其演化条件（**语音的动态**）。

通过"某一时刻"和"某一时期"分别定义了静态和动态的时间。博杜恩接着提出：

Обыкновенные грамматики разных языков берут только известный момент истории языка и стараются представить его состояние в этот момент. Но истинно научными они могут быть, только рассматривая этот известный момент в связи с полным развитием языка. (Бодуэн 1963 Т. I: 69-70)

不同语言的常见语法学只关注语言史中的某个已知时刻，并试图想象其当时的状态。然而，只有全面考虑与语言完整发展有关的所有已知时刻，它们才可能真正科学化。

也就是说语法学研究也有静态（某个已知时刻）和动态（所有已知时刻）之别。

此后，博杜恩在《适用于一般雅利安语，尤其是斯拉夫语的普通语言学教学大纲》（1876）中重申了语音学的静态和动态研究，在《1876—1877学年度详细教学大纲》（1877）对形态学和句法学也作了同样的区分。

Две части синтаксиса, наподобие фонетики и морфологии: I. Статика: 1) вид выражений и предложений и частей предложений; 2) значение выражений и предложений и частей предложений; II. Динамика: 3) происхождение выражений и предложений и частей предложений. (Бодуэн 1963 Т. I: 100)

语法学的两个部分，如同语音学和形态学的区分：1. 静态：（1）表达式、句子及句子成分的类型；（2）表达式、句子及句子成分的价值；2.（3）动态：表达式、句子及句子成分的起源。

在《1877—1878学年详细教学大纲》（1879）中博杜恩又提出与静态和动态对应的两种规律。

a) Законы сочетания звуков в один данный момент существования языка, законы равновесия языка. б) Законы в развитии языка, законы исторического движения языка. Исследованием законов равновесия языка занимается статика, исследованием же законов движения во времени, законов исторического движения языка-динамика. (Бодуэн 1963 Т. I: 110)

（1）**语言的平衡规律**，是语言存在于某一特定时刻的语音组合规律。（2）**语言的历史运动规律**，是语言在发展中的规律。静态关注的是语言平衡规律研究，而关注时间上的运动规律、语言历史运动规律的研究是——动态。

在《语言现象的的一般性结论》（1897）中，博杜恩进一步从哲学层面阐述二者关系。

Нет неподвижности в языке....В языке, как и вообще в природе, все живет, все движется, все изменяется. Спокойствие, остановка, застой – явление кажущееся; это частный случай движения при условии минимальных изменений. Статика языка есть только частный случай его динамики или скорее кинематики. (Бодуэн 1963 T. I: 349)

在语言中没有静止，……犹如自然界一样，语言中的一切都活跃，一切都移动，一切都变化。平静、静止、停滞——表面上的现象，这是只有细微变化的特殊运动状态。语言的静态不过是其动态，准切地说，是其运动的特定情况。

此为"静态"寓于"动态"的语言观，与此后索绪尔割裂语言的"共时"与"历时"形成明显对比。

不过，博杜恩关于语言研究静态和动态的理念，同时可能受到其师施莱歇尔（August Schleicher, 1821—1868）的影响。施莱歇尔在《欧洲语言的系统概观》（1850）写道：

Es liegt nun aber im Begriff einer systematischen Uebersicht, dass sie nur Coordinirtes enthalte, das Nebeneinander nicht aber das Nacheinander darstelle; denn diess ist ja eben der Unterschied des Systems von der Geschichte, dass Letztere das Nacheinander zum Objecte hat, gleichsam den Gegenstand im Läugendurchschnitte zeigt, während das System nur das nebeneinander Liegende zu ordnen hat; gleichsam den Querdurchschnitt ausführt. (Schleicher 1980[1859]: 37)

但是如今在一项系统调研的观念中，它只包含各种协调（Coordinirtes）的现象，仅仅是并存（Nebeneinander）关系的现象，而不反映继承（Nacheinander）关系。因为这正是系统（Systems）与历史（Geschichte）的区别，后者具有对象的继承性，似乎就像通过养育平均值的方式以显示对象，而系统只需要把各种现象一起加以排列，似乎就像一张横截面。

作为语言自然主义学说的倡导者，施莱歇尔的观点受到当时自然史研究的启迪。

这一观点还可能影响了青年语法学派的保罗（Hermann Paul, 1846—1921）。1880 年，保罗在《语言史原理》第一章"语言发展本质概述"中区分了"历史语法"（historische grammatik）和"描写语法"（descriptive grammatik）（Paul 1886: 21-22）。"历史语法从过去仅为描写的语法中浮现出来"（Die historische grammatik ist aus der älteren bloss descriptiven grammatik hervorgegangen），而"描写语法列出某一时间通常语言组合中的语法形式和关系"（Die descriptive gramniatik verzeichnet, was von grammatischen formen und verhältnissen innerhalb einer Sprachgenossenschaft zu einer gewissen zeit üblich ist）。保罗认为，只有历史研究才能把握语言的生命及其变化，揭示语言活动的因果关系；如果仅停留在对语言"状态"（Zustand，即静态）的描写上，那就称不上科学的研究。

（二）动态语义学和静态语义学

1895 年，杜尔凯姆继承孔德的学说，在《社会学方法的准则》（Les règles de la méthode sociologique）中也区分了**"静态社会学"**和**"动态社会学"**，影响了当时的语言学家。

1908 年，法国学者格拉塞列（Raoul de La Grasserie, 1839—1914）在《语义学的全面探索》中提出语义学三分。

Telle sera la division dominante de notre sujet: *sémantique dynamique, sémantique statique, sémantique comparée*. Nous commencerons par la dynamique, quoique l'ordre logique semble devoir plutôt appeler la statique. C'est parce que, fait singulier, c'est la sémantique dynamique qui a été l'objet de travaux plus nombreux, et qui fut plutôt considérée jusqu'à ce jour comme la sémantique proprement dite. Elle participe de la faveur dont jouit partout l'étude de l'évolution. On y perçoit d'ailleurs, ce qui est fort intéressant, les modifications successives du sens d'un même mot à travers l'histoire, et toute la filiation des idées dans la mentalité y est, par là même, contenue, nous aurons à y étudier successivement la direction du mouvement sémantique, l'extension de ce mouvement, les moyens qu'il emploie. Le chapitre le plus intéressant concernera les facteurs de l'évolution sémantique, ils sont fort nombreux et d'importance inégale, s'enchevêtrant les uns dans les autres, et formant un réseau psychologique fort complexe, nous les avons dégagés des phénomènes eux-mêmes et réunis, en en indiquant l'influence historique. La sémantique statique forme une autre partie plus étendue. (Grasserie 1908: 2)

我们研究的科目明确划分为：**动态语义学、静态语义学、比较语义学**。虽然按照逻辑顺序似乎必须先研究静态，但是我们从动态开始。其原因是，怪就怪在，动态语义学已经成为更多论著的对象，甚至目前已被视为语义学本身。追随进化论的研究，动态语义学已成为无处不在的偏爱。此外，其价值是，在此可以看到同一个词的意义在整个历史上的连续变化，从而包含了心智中所有观念的谱系。我们有必要逐一考察研究语义运动的方向，这一运动的延伸及所用手段。而最令人关注的章节将是语义演变因素，它们如此繁多且重要性不等，彼此交叠而形成非常复杂的心智网络。我们要将从其现象获得的这些因素汇聚一处，以揭示其历史作用。静态语义学则构成了另一个扩大的部分。

格拉塞列认为，静态语义学的研究领域更广阔，包括同音异义、同义词、一词多义和一物多名等现象。

同年，瑞士学者马蒂（Anton Marty, 1847—1914）在《一般语法与哲学的研究基础》中提出语义学的二分：**描写语**

义 学（deskriptive Semasiologie） 和 **遗 传 语 义 学**（genetische Semasiologie），后者相当于历史语义学。在第四章"普遍描写语义学的任务和可能性" §17"语言理论哲学的首要部分是普通语义学"（pp. 51-52）中首先提出"普通语义学"（allgemeine Semasiologie）。接着在 §18"遗传和描写问题的分离"（pp. 52-53）中写道：

Die Semasiologie nun, der hier allein unser näheres Interesse gehört, scheiden wir naturgemäß in einen *deskriptiven* und *genetischen* Teil und es bedarf keiner besonderen Bemerkung mehr, daß die Grundsätze richtiger wissenschaftlicher Methodik fordern, die deskriptiven Fragen im allgemeinen von den genetischen zu trennen und ihre Lösung nur soweit miteinander zu verbinden, als die eine für die andere eine Hilfe und Vorarbeit liefert. In andern Zweigen des Wissens ist eine solche Trennung der *deskriptiven* und *genetischen* Untersuchungen teils bereits durchgedrungen (ich erinnere an die Zweiteilung der Geologie in Geognosie und Geologie im engeren Sinne, der Biologie in Anatomie und Physiologie usw.), teils in der Durchführung begriffen. (Marty 1908: 52)

我们仅对语义学进一步感兴趣，我们自然而然地将其分为**描写部分**和**遗传部分**，并且不需要特别说明这些原则需要适合的科学方法，将描写问题从遗传问题中分离出来，目前只连接其解决方案，以便为对方提供帮助和准备。在其他学科的分支中，描写研究和遗传研究的区分已经部分通过（我想起地质学分为地质构造学和狭义地质学，生物学分为解剖学和生理学等），并且有部分已经在实施之中。

然后，马蒂进一步展开论述：§19"普遍描写意义原则的任务"（pp. 53-60）、§22"普遍语义学领域的研究落后状态"（pp. 67-70）、§29"忽视普遍语义学的可能原因"（pp. 91-93）等。马

蒂早年在巴伐利亚王国（1871 年并入德国）的维尔茨堡大学求学，
1865—1866 年成为德国哲学家布伦塔诺（Franz Brentano, 1838—
1917）的学生。马蒂说明其区分模仿地质学和生物学，但同时有
可能也受到保罗二分的影响。

（三）索绪尔割裂共时态和历时态

索绪尔的"静态"和"动态"划分，其直接影响来自博杜
恩（1871，1876），其间接影响来自保罗（1880），其社会学的
影响来自杜尔凯姆（1895）。是否受到同一语言的学者格拉塞列
（1908）、同一国家的学者马蒂（1908）的影响未知，索绪尔的学
生梅耶曾为马蒂撰写过书评（Reviewed by Meillet, *Bulletin de la
Société de linguistique de Paris*16. lx-lxi, 1909）。

1897 年，索绪尔的札记中才出现"语言状态""历史研究"
等术语。作为历史比较语法的叛逆，索绪尔强调共时研究，甚至
把"共时态"（静态）和"历时态"（动态）割裂开来。

On devait nécessairement réagir contre ces aberrations, et le mot
d'ordre, très juste, de cette réaction, fut: observez ce qui se passe dans
les langues d'aujourd'hui, dans le langage de tous les jours. (Quoted in
Mauro 1997, Appendices: 252)

我们必须做出反应，抵制老学派的邪道，而这种反应的恰当口
号是——观察发生在现今语言中的，即日常语言活动中的状态。

在《普通语言学教程》中强调：

Aussi le linguiste qui veut comprendre cet état doit-il faire table rase
de tout ce qui l'a produit et ignorer la diachronie. Il ne peut entrer dans la
conscience des sujets parlants qu'en supprimant le passé. L'intervention
de l'histoire ne peut que fausser son jugement. (Saussure 1971 [1916]:
117)

因此，想要理解这种状态的语言学家，必须彻底清除产生这种状态的一切，不理会历时分析。他只有排除过去，才能进入谈论主题的意识中去。历史的干预只能扭曲其判断。

由此可见，国际语言学界奉为索绪尔首创的"静态""动态"区分，承袭的是前人或同时代学者的理论。与之相比，其偏执做法就是将二者割裂，以建构其"静态语言学"。

六、语境和情境：语言交流理解和话语行为功能

（一）词语在语境中获得意义

关于词语的理解要依据上下文或语境（context），西方学者从 19 世纪初就有探讨。1810 年，英国学者斯图尔特（Dugald Stewart, 1753—1828）在《论近期语言学思潮的趋势》中，批评图克（John Horne Tooke, 1736—1812）的意义原子论。斯图尔特认为，词语在联系中才能获得意义。

...that our words, when examined separately, are often as completely insignificant as the letters of which they are composed; deriving their meaning solely from the connection, or relation, in which they stand to others. Of this a very obvious example occurs, in the case of terms which have a variety of acceptations, and of which the import, in every particular application, must be collected from the whole sentence of which they form a part. (Stewart 1810: 155-156)

……我们的词语，当分别看待时，往往与组成这些词语的字母一样毫无意义，唯有从它与其他词语保有的关联或关系中才能获得意义。其中一个很明显的例子就是，对于具有多种通用意义的词语，在每次特定应用中，必须从其作为构成部分的整个句子收集信息而导入其特定意义。

1831 年，英国符号学家斯马特（Benjamin Humphrey Smart, 1786—1872）继承斯图尔特的观点，在《符意学纲要》中展开论述：

Still, however, in these higher uses of language, ... there is the same difference between words separately, and the meaning they receive by mutual qualification and restriction; that is to say, in these higher uses of language, as well as in those already remarked upon, the parts that make up the whole expression, are parts of the expression in the same manner as syllables are parts of a word, but are not parts of the one whole meaning in any other way than as the instrumental means for reaching and for communicating that meaning. And suppose the communication cannot be made but by more signs than use will allow to a sentence, — suppose many sentences are required — many sections, chapters, books, — we affirm that, as the communication is not made till all the words, sentences, sections, &c. are enounced, no part is to be considered as having its meaning separately but each word is to its sentence what each syllable is to its word; each sentence to its section, what each word is to its sentence; each section to its chapter what each sentence is to its section, &c. . (Smart 1831: 53-54)

然而，无论如何，在语言的这些高级用法中……，单词之间也各自存在同样的差异，并且它们通过互为条件和限制而获得含义；换而言之，在语言的这些高级用法中，与以上所论一样，组成整个表达式的各部分只是表达式的一部分，就像音节是单词的一部分一样，除了作为达成和传递整体意义的工具之外，它们并非整体意义的一部分。假定交流并未完成，而是要通过比一个句子所用的更多符号交流——假定要有许多句子，若干段落、章节和书籍——我们可以断言，在所有单词、句子、段落等都说出之前，这次交流也就没有完成，没有哪一部分被视为各自拥有其含义，而是每个词属其句子，每个音节属其词语；每个句子属其段落，每个词语属其句子；

每个段落属其章节，每个句子属其段落，等等。

The words of a sentence, understood in their separate capacity, do not constitute the meaning of the whole sentence, (i. e. are not parts of its whole meaning) and therefore, as parts of that sentence, they are not by themselves significant; neither do the sentences of the discourse, understood abstractedly, constitute the meaning of the whole discourse, and therefore, as parts of that discourse, they are not by themselves significant: they are significant only as the instrumental means for getting at the meaning of the whole sentence or the whole discourse. Till that sentence or oration is completed, the WORD is unsaid which represents the speaker's thought. (Smart 1831: 54-55)

一个句子的每个词语，各自分开理解的内容，并不构成整个句子的意义（即词语并非其整体意义的部件），因此，词语作为句子的部件，它们本身并不重要；话语的句子，抽象地理解，二者都不构成整体话语的意义，因此作为话语的部件，句子本身并不重要——其重要性只是作为获得整体句子或整体话语含义的有用手段。直到句子或说话完成，词并未说出代表说话者想法的内容。

斯马特的意思就是，部分由总体确定，词语只有在句子中才有意义，而句子只有在段落中才有意义，而段落只有在文本中才有意义。

当代解析哲学中流行的"意义整体论"可溯源于此。美国哲学家奎因（Willard van Orman Quine, 1908—2000）认为：形式语言的任意符号只有一次性地作为整体，以最终确定方式的解释才有意义，而不是一次一个或一次几个。换而言之，单个句子（或句群）只有通过其所嵌入整体理论中的角色才能证实或证伪。（Quine 1959）奎因甚至否定了翻译的确定性。因为后面的解释总是改变先前的解释，也就永远不知道翻译得是否正确。除非"一次性"全部完成，才能确保语言以同样的方式切分世界。（Quine

1960）此意义整体论，实际上是"全部意义一次性全部呈现的整体论"，由此导致对知识的不可知论。据此，我们同样不能确定奎因意义整体论的含义，因为我们不可能一下子确定奎因全部论著的全部含义。反之，奎因也不可能一下子确定其全部含义，因为他也不可能将其思想观点一次性全部呈现出来。由此可见，绝对的意义整体论可能流于荒谬。

由此可见，虽然词语在语境中获得其具体的确切意义，但是不能否认单独的词语具有相对独立的意义。斯马特的解释是：

In this manner, words, individually, cease to be signs of our perceptions or conceptions, and stand (individually) for what are properly called *notions*, that is, for what the mind *knows*; — *collectively*, that is, in sentences, they can signify any perception by the senses, or conception arising from such perception, any desire, emotion, or passion — in short, any impression which nature would have prompted us to signify by an indivisible sign, if such a sign could have been found: — but individually, (we repeat,) each word belonging to such sentence, or to any sentence, is not the sign of any idea whatever which the mind passively receives, but of an abstraction which reason obtains by acts of comparison and judgment upon its passively-received ideas. (Smart 1831: 10-11)

以这种方式，词语单独地出现，也就不再是我们知觉或概念的符号，而是（单独地）彻底地代表所谓的观念，即心智所知内容；词语共同地出现，即在句子中，它们能表示通过感觉形成的任何知觉，或由这种知觉所产生的概念，以及任何欲望、情感或激情——简而言之，任何印象的性质都会促使我们用不可分割的符号加以表示，即使能发现这样的符号——仅单独出现（我们重复一遍）。归属于这样的句子或任何句子的各个词，都不是心智能顺从接受的观念的符号，然而只有抽象概念的理性意义才是通过对其顺从接受观念的比较和判断而获得的。

斯马特认为，表感官感知的概念，表欲望、情感的词语都是在句中才能表示其意义，仅仅抽象概念的意义才是心智上可以单独获得的。然而，他又提出词语的知识可以不断丰富：

It is by frequently hearing the same word in *context* with others that a full knowledge of its meaning is at length obtained: but this implies that the several occasions on which it is used are observed and compared; it implies, in short, a constant enlargement of our knowledge by the use of language as an instrument to attain it. (Smart 1831:181-182)

正是通过反复听到同一词语与其他词语出现在同一语境中，人们才终于获得了该词语的丰富知识——而这就意味着该词语出现的一些场合都被观察并比较过。简而言之，这就意味着通过使用语言的手段，使我们的知识不断扩大。

既然词语负载的知识可以丰富化，而这种知识正是人们通常理解的词义，因此词义具有相对独立性。

总之，词语在语境（上下文）中获得意义不能夸张化、绝对化。词语的知识包含了词语的意义，词语在语境中具有分布特点，也就是说，词语本身积累的知识和彼此之间的共现，促使词语具有相对的独立意义。况且，人们的话语中还有独词句。

（二）词义在语境中发生变化

1880 年，英国学者赛斯在《语言科学引论》中指出：

We must always keep steadily in view the relativity of ideas and of the words which denote them. The same word may be applied in a variety of senses, the particular sense which it bears being determined by the context. The manifold shades of meaning of which each word is capable, the different associations of ideas which it may excite, give rise to varieties of signification which in course of time develop into distinct species. Hence come the idioms that form the characteristic feature of a dialect or language, and make exact translation into another language so impossible. (1880: 342-343)

我们必须时刻牢记观念与记录其词语的相对性。同一词语可能用来表示多种意思，所负荷的特定意思取决于语境。每个词语的意义能够从多方面想起，可能激发不同观念的联想，而引起意指的多样性，随着时间的流逝而分化成有区别的词语。因此，出现了具有方言或语言特征的不同习语，因此不可能精确地译成另一种语言。

1887 年，布雷阿尔在《词语的历史》中提出，词语在没有语境的情况下是多义的，但在具体话语中却只有一个含义。

Au mot d'*opération*, s'il est prononcé par un chirurgien, nous voyons un patient, une plaie, des instruments pour couper et tailler; supposez un militaire qui parle, nous pensons à des armées en campagne; que ce soit un financier, nous comprenons qu'il s'agit de capitaux en mouvement; un maitre de calcul, il est question d'additions et de soustractions. Chaque science, chaque art, chaque métier, en composant sa terminologie, marque de son empreinte les mots de la langue commune. (Bréal 1887 [1897]: 313)

对于法语词语 opération（操作），如果外科医生说出来，我们会想到患者、伤口、切割和修剪器具；假设士兵在说话，我们会想到野外的军队；要是金融家，我们知道指资本运作；要是计算师，就是加加减减的问题。每门科学、每种艺术、每个职业，都用共同语词汇作为其专业术语。

Comment cette multiplicité des sens ne produit-elle ni obscurité ni confusion? C'est que le mot arrive préparé par ce qui le précède et ce qui l'entoure, commenté par le temps et le lieu, déterminé par les personnages qui sont en scène. Chose remarquable! il n'a qu'un sens, non pas seulement pour celui qui parle, mais encore pour celui qui écoute, car il y a une manière active d'écouter qui accompagne et prévient l'orateur.

(Bréal 1887 [1897]: 314)

这种意义的多样性，为什么既不产生模糊也不产生混淆？这是因为该词出场时，在它之前出现并围绕它的东西已准备好了，其含义通过时间和地点加以描述，并视其舞台上的角色而定。注意！它只有一个含义，不仅适用于说话者，也适用于听话者，因为有一种伴随并提醒说话者的有效监听方式。

1898 年，德国斯托克莱茵（Johann Stöcklein, 生卒未详）在《词义的演变》中提出，词语的意义永远不是固定的。实际上，它只在用法中"固定"，并且这种固定性很容易打碎。

Das Wort ist also nicht einem toten Begriff mit unwandelbaren, festen Grenzen und gleichbleibendem Inhalt identisch, sondern es ist flüssig und beweglich, indem es sich an den jeweiligen Zusammenhang anschmiegt. Und darin liegt der Grund, warum es sich in seiner Bedeutung verändert. (Stöcklein 1898:12)

因此，词语并非一个不可改变、有固定边界和内容稳定的僵硬概念，它是流动的、易变的，因为它依附于相应的语境。而这就是其意义改变的原因。

斯托克莱茵描述了词义在语境中演变的三阶段：1. 最初阶段，该词在特定语境中与某一观念相联系。2. 转变阶段，通过在特定语境中的反复出现，使得新关联的观念与该词密切相关。3. 新义阶段，新的观念变成该词的主要表征，该词新义用于新的组合中。

Nach unseren vorausgegangenen Erörterungen suchen wir die Erklärung im Gebrauch des Wortes in einem bestimmten Zusammenhang. Dieser selbst ergab sich besonders in gewissen Verbindungen, wie: *einen zu Tisch rufen, laden; bei Tisch sein, sitzen; zu Tisch kommen; bei Tisch soll man sich so oder so ver halten* u. ä. Der Zusammenhang muss hier in den ersten Fällen des Gebrauches es gewesen sein, durch den sich an das Wort die Vorstellung des Essens, der Mahlzeit knüpfte, damit man verstanden wurde; z. B. es ist zwölf Uhr, komm zu Tisch (scil, zum Essen)! Durch öftere Wiederholung solchen Gebrauches — und dies ist bei dem speziellen Gerät, wo man die Mahlzeit einnimmt, sehr wohl erklärlich — verband sich die Vorstellung des Essens immer mehr mit dem Worte, so dass dieselbe auch dann dem Worte anhaftete, wenn nicht gerade der Zusammenhang mehr daran erinnerte, wie wir denn thatsächlich jetzt in den genannten Verbindungen auch ohne darauf hinweisenden Zusammen hang das Wort von der Mahlzeit verstehen. Diese Satzverbindungen zeigen uns also den Uebergang des Wortes in die neue Bedeutung. Hatte sich aber einmal in diesen die neue Bedeutung festgesetzt, so lag es nahe, auch in anderen Verbindungen das Wort so zu gebrauchen; die mit demselben sich verknüpfende neue Vorstellung tauchte auch sonst auf, und so drang die neue Bedeutung vor. (Stöcklein 1898: 13-14)

在以上讨论之后，让我们寻找在特定语境中使用该词 Tisch（餐桌）的解释。这种情况尤其出现在某些联系中，例如：叫你到餐桌旁，邀请你；在餐桌边，坐下；来到餐桌旁；在餐桌上应以某种方式用餐等。在起初使用的情况下，必须通过语境将食物、进餐的概念与该词联系起来，以便人们可以理解。比如，"十二点了，到餐桌旁来（即，吃饭啦）！"通过这样频繁反复使用——可以用人们进餐时的特殊设备得到很好解释——食物的概念与该词（餐桌）的联系越来越紧密，以至其概念附在该词上。即使没有任何参照，语境也会更多地提醒我们，当时实际上如何理解处于上述联系中的该词的膳食义。这些句子的关系向我们展示了该词（餐桌）向新意义的转变过程。然而，一旦在这些情况中确立了新意义，在其他情况下也以这种方式使用该词就很自然；与之联系的新概念也可以出现在别处，于是新意义就渗进了该词。

1917 年，瑞典魏兰德尔（Erik Ludvig Wellander, 1884—1977）在《德语意义变化的综合研究》中认为，词语的一般意

义是摆脱了特定差异和变异的抽象化和理想化意义，而特定意
义则包含这些变异和偏离，特定意义依赖于语境。（参见 Nerlich
1992：109）

Die Bedeutung eines Wortes in der gesprochenen Sprache wird
bestimmt durch die Gesamtheit aller Verbindungen, in denen wir es
kennen gelernt haben, ...Diese Verbindungen liefern ebenso viele
Elemente, aus denen sich die Bedeutung des Wortes konstituiert,
Elemente, von denen bald die einen, bald die anderen im Vordergrund des
Bewußtseins stehen, je nachdem der Zusammenhang des Gesprochenen
oder Geschriebenen mehr diese oder jene zu reproduzieren anregt.
(Wellander 1917:10)

　　在口语中，单词的含义取决于我们所用该词碰到过的所有联结
的总和，……这些联结由构成该词意义的许多要素组成，**依据说话
或写作语境对其激活**，有时是这些要素，有时是其他要素出现在意
识的前台。

如果某个词语经常反复使用，该词语出现的语境不仅激活该词语
的某些"特征"，而且可能削弱或增强某些"特征"，从而致使其
意义发生改变。

　　以上表明，20 世纪 20 年代以前的语义学家已知：1. 词语在
没有语境的情况下是多义的，但在不同语境中却获得特定意义。
2. 词语并不是一个不可改变、有固定边界和内容稳定的僵硬概念。
意义在语境中发生变化。3. 词语的一般意义，是摆脱了特定差异
和变异的抽象化和理想化意义，而依赖于语境的特定意义则包含
变异和偏离。

（三）语言交流和语言理解情景

　　1885 年，德国学者魏格纳（Philipp Wegener, 1848—1916）
在《语言生命的基本问题研究》中提出**语言交流情景（situation）**

的四个维度：(1) 即时感知;(2) 原先记忆;(3) 说话旨趣;
(4) 特定文化语境。(Wegener 1885: 21-27) 同时提出**语言理解
情景的四种类型**:(1) 关注说者的预期;(2) 说者的手势情感;
(3) 呈示（Exposition，相当于话题语）与陈述（Aussage，相当
于说明语）的相称;(4) 形式与功能的一致或不一致。单是陈述
作为话语句使用时，交流情景就成为呈示。总体情景能填补话语
句中的不出现成分，听话者凭借当时情景就能听懂"不完善"的
话语。(Nerlich 1992: 85)

　　魏格纳提出，**语言理解需要基于个人经验构建一些基本
关系。**

　　Auch die Verbindungs- und Beziehungsweise des Subjects zum
Verbum und des Verbums zum Object muss der Hörer erst construiren,
die Worte an sich bezeichnen dieselbe nicht... Die richtige Construction
dieser Beziehung ist nur möglich, wenn der Hörende eine Kenntniss
z. B. des Besitzverhältnisses, des Krankheitszustandes, der geistigen
Fähigkeiten eines Menschen gewonnen hat. Also aus der Kenntniss des
realen Verhältnisses, die wir nicht durch die sprachliche Mitteilung,
sondern durch Erfahrung gewonnen haben, ergänzen wir den wenig
besagenden Ausdruck zu seinem vollen Inhalte. (Wegener 1885: 114)

　　主语与动词、动词与宾语的连接和关系，必须首先由听话者构
建，词语本身不指定它……只有当听话者具有相应知识时才能正确
构建这种关系。像物主身份、疾病状态，个人的心智能力已经获得。
因此，我们不是通过言语交流，而是通过经验获得其真实关系的知
识，从而我们能将听到的较少表达补充为完整内容。

　　用现在的术语来说，就是认知图式、经验框架或语义框架。
基于此，对句子的理解依据语境加以推定。

　　Somit bietet die Sprache selbst doch nur ausserordentlich wenig
Angaben über das Verhältniss der Handlungscomponenteu zur Handlung;

und gerade diese Beziehungsweisen bilden einen wesentlichen Teil des Inhaltes der Handlungssätze. Es geht auch hier wie bei den oben behandelten Schlüssen des Hörenden: zunächst verlaufen diese Schlüsse langsam, bis die Gewöhnung sie mechanisiert und bis der Hörende und damit der Sprechende glaubt, die durch Schlüsse gewonnenen Ergänzungen seien in den Sprachworten selbst ausgedrückt, da die mechanisierten Schlussreihen die Schwelle des Bewusstseins nicht mehr überschreiten. (Wegener 1885: 114-115)

因此，语言本身仅提供动作成分与动作之间关系的极少信息；这些关系构成了动作句内容的重要组成部分。在这里，起初这些最终推定是渐渐地获得的，直到习惯性使其机械化。然后，因为机械化的一连串推论已无须跨进意识的门内，所以听话者和说话者都认为，通过推定获得的补充内容是言语中的词语自身所表达的。

词语根据整体语境被赋予意义——就语境或说话者的意图和听话者的理解负载意义。用现代术语来说，语用含义是常规意义的来源。语用优先于语义和句法，意义和语法产生于作为情境行为的交际活动。

英国沃波尔（Hugh R. Walpole, 1905—?）在《语义学：词语及其意义的本质》（1941）中区别了语境的三种类型：

The Context of anything is the field in which it has its place. There are three different sorts of contexts: of words, thoughts, and things; but every context has connections with other sorts. (Walpole 1941: 110)

任何语境都是它（词语）所处的域。有三种不同的语境：**词语的**（words）、**思想的**（thoughts）和**事物的**（things），而每一语境都与其他种类的语境具有关联。

When using language, we never give all the details of the things we are talking about. Our words are dependent for their full effect upon our hearer's knowledge of the context. (Walpole 1941: 118)

在运用语言时，我们从未就正在讨论的事提供所有细节。我们的话语所能达到的充分效果，依赖于听话者的语境知识。

由此可见，19 世纪 80 年代的语义学家已知：语言交流情景的维度，语言理解情景的类型，语言交流和理解需要基于基本图式。20 世纪 40 年代已经区别语境的类型。

（四）言语行为与情景的语境

20 世纪 20 年代，英国马林诺夫斯基（Bronislaw Malinowski, 1884—1942）通过对新几内亚波利尼西亚人的调查，在《原始语言中的意义问题》（1923）、《珊瑚园及其魔力》（1935）中，提出了言语行为、情景的语境，阐述了社会文化功能以及语义学理论。

首先话语（utterance）是人们为交际目的在情境中使用的言语行为（speech-in-action），所谓"言语行为"被理解为实现某种意图的一种人类活动，一种受社会规约支配的行为。

Language, in its primitive function, to be regarded as a ***mode of action***, rather than as a ***countersign of thought***. (Malinowski 1923: 296)

语言在其原始功能中被视为一种行动方式，而不是思想的对应符号。

Then an attempt was made to show that this general conclusion leads us to certain more definite views about the nature of language, in which we conceived human speech as a mode of action, rather than as a countersign of thought. (Malinowski 1923: 326)

然后试图表明这个一般性结论，使我们对语言的本质有了更明确的看法，我们将人类言语视为一种**行动方式**，而不是作为**思想的对立**。

其次，马林诺夫斯基（1923）借用魏格纳（Wegener 1885）的"情景"概念，提出与一般上下文有别的"情景的语境"（context of situation，可简称"情境"），阐明言语行为的特定情景与间接情景。

In each case, therefore, utterance and situation are bound up inextricably with each other and the context of situation is indispensable for the understanding of the words. Exactly as in the reality of spoken or written languages, a word without *linguistic context* is a mere figment and stands for nothing by itself, so in the reality of a spoken living tongue, the utterance has no meaning except in the *context of situation*. (Malinowski 1923: 307)

因此，在每种情况下，话语和情景都无法解脱地缠绕在一起，情景语境对理解言辞不可缺少。正如在口语或书面语的实际情况中，一个没有**语言语境**的词语不过是虚构之物，什么都不代表。以致于在所说的活语言的实际情况中，话语排除了**情景语境**则没有任何意义。

由此，马林诺夫斯基（1920）认为，必须建立一种语义学理论才能使语言研究深入下去。形式标准不能作为语法分析的基础，也不能作为词汇分类的基础。普遍性语义范畴才是"真正的范畴"，它们反映了人类对待生活的实际态度。语义分析要说明文化环境对语义情境的影响。

But the analysis of meaning again led us often to ethnographic descriptions. When defining the meaning and function of several of the formatives, we had to make excursions into ethnography, describe customs, and state social conditions. (Malinowski 1920: 78)

但是意义分析常常把我们再次引向人类文化学描写。在界定一些成分的几个意义和功能时，我们不得不作人类文化学的田野调查，以描写其风俗习惯，并说明其社会状况。

1935 年，马林诺夫斯基再次强调"情景语境"：

The sentence is at times a self-contained linguistic unit, but not even a sentence can be regarded as a full linguistic datum. To us, the real linguistic fact is the full utterance within its context of situation. (Malinowski 1935:11)

即使句子有时是一个自足的语言单位，但一句句子也不能视为完整的语言材料。对我们而言，**真正的语言事实是情景语境中的完整话语。**

既然所有的话语都是情境中的话语，语言学就不应该研究孤立的话语，而应该研究情境中的话语功能。20 世纪 30 年代，马林诺夫斯基接受了社会心理学的观点，认为任何人都逐渐受到社会经历的改造。由此提出，他的文化理论就是把杜尔凯姆的社会学理论变成行为主义心理学理论。

20 世纪上半叶，除了马林诺夫斯基的"社会文化功能"，与之同期，布拉格学派的马泰休斯（Mathesius 1923）提出言语的交际、情感二功能说，其盟友比勒（Bühler 1934）则提出言语的描述、情感、意欲三功能说。**19—20 世纪欧洲功能主义，其形成和发展的轨迹大体是：从布雷阿尔的人本主义语言观、心智-功能语言观，到马林诺夫斯基的社会文化功能，再到弗斯的功能-结构语言学，再到韩礼德的功能语言学。**

七、隐喻和转喻：人类的普遍心智能力

（一）莱斯格：比喻是词义变化的途径

1825 年，语义学的创立者、德国古典学家莱斯格（Christian Karl Reisig, 1792—1829）首先提出修辞手法是词语意义变化的途径，提喻、转喻、隐喻可作为语义学的研究方法。

Die Grundlage der Ideenentwicklung in den Wörtern ist die Gedankenassociation in der Gemeinschaft der Vorstellungen... Es sind gewisse Ideenassociationen unter den menschlichen Vorstellungen vorzüglich gebräuchlich, welche mit gewissen Ausdrücken bezeichnet die Rhetorik sich angeeignet hat, welche aber in gewisser Hinsicht auch in die Bedeutungslehre gehören, nämlich *die Synekdoche, die Metonymie und die Metapher*. So weit diese sogenannten Figuren auf das Ästhetische hinzielen, gebören sie allerdings der Rhetorik an, auch insofern sich Einzelne derselben bedienen; wofern aber in einer besonderen Sprache nach diesen Redefiguren sich ein Redegebrauch gebildet hat, der dem Volk eigen ist, so gehören diese Figuren hierher. (Reisig 1890: 2)

在词语中的观念发展，其基础是该表征共同体中的思维联想。……某些观念的联想是人类表征中最常用的，其中一些表达方式被称为专门的修辞，然而在一定程度上，**提喻、转喻、隐喻**也适合于意义理论研究。如果这些所谓修辞手法关注的是一些审美事物，它们肯定属于修辞学，即使个人使用它们时。但是，如果在某种特定语言中，基于这些修辞手法已经形成惯例，并且该民族也是特定的，那么这些修辞手段就属于语义研究范围。

在 §172—173 中，莱斯格举例分析了最常用的三种修辞在语言运用中引起的语义变化。第一种提喻，从整体中的部分语义出发，或者反过来，从某个特定部分的语义中引发整体的观念。第二种转喻，或者用表原因的词语来表结果，或者用表结果的词语来表原因。不仅通过这种特定的转换才能形成转喻，而且还对语义变化发生了重大影响。第三种隐喻，它为思维的转化提供了基础，一种是通过基于外在事物观念形成的词语来表达，使所描述的事物生动形象；另一种是无法通过外在事物的词语来表达，必须借用其他物体的词语以呈现该事物的形象。

（二）斯马特：转喻是语言的初始本质

1831 年，英国斯马特在《符意学纲要》中指出各种转喻和修辞手段在语言发展中的重要作用：

The expedients which the orator employs, the various *tropes and figures* of which his discourse is made up, are apt to be looked upon as means to dissemble and put a gloss upon, rather than to discover his real sentiments....These expedients are, in fact, essential essential parts of the original structure of language; and however they may sometimes serve the purpose of falsehood, they are on most occasions indispensable to the effective communication of truth. It is only by [these] expedients that mind can unfold itself to mind — language is made up of them: there is no such thing as an express and direct image of thought. (Smart 1831:208-210)

说话者采用的权宜之计，即构成话语的各种转喻和修辞方式，很容易被视为花言巧语的手段，而不愿显露其真实情感。……实际上，这些权宜之计是语言初始结构的基本部分，尽管有时可能被用于虚假意图，但在大部分场合，它们对真实的有效交流不可缺少。只有通过这些权宜之计，心智才能显露其为心智——语言就是由这些构成的：此处不存在诸如思想那样明确而直接的意象之类的东西。

They are the original texture of language, and that from which whatever is now plain at first arose. All words are originally tropes; that is, expressions turned (for such is the meaning of trope) from their first purpose, and extended to others. (Smart 1831: 214)

它们（比喻）是语言的初始本质，并且如今的平常话语正是从其最初引发。所有的词语本来都是转喻；换而言之，转化式表达（这样的转喻义）从其最初的意图，再延伸到其他目的。

（三）达梅斯特尔：比喻的辐射和串联

法国达梅斯特尔（Arsène Darmesteter, 1846—1888）在《作为观念符号的词语的生命》（英文版 1886，法文版 1887）中论证了隐喻和转喻是语义变化的最重要过程（Darmesteter 1887: 62—66），进一步提出语义变化过程的"辐射"和"串联"类型。

首先，语义变化有简单、有复杂，但在语言中更多的是复杂变化。

Nous avons étudié les transformations de sens dans les mots sous leur forme la plus simple. Mais cette simplicité ne se rencontre que rarement dans les langues: le plus souvent elle fait place à des formes beaucoup plus complexes qu'il faut analyser. Elles se ramènent au fond à deux sortes, *le rayonnement et l'enchaînement*, le plus souvent mêlées et confondues. (Darmesteter 1887: 73)

我们已经研究了词语意义转变的最简单形式。但是这种简单性在语言中很少找到：在最通常的情况下，它会让位于必须分析的更复杂形式。它们回落到底部的两种类型，即最经常容易混淆和令人迷惑的辐射和串联。

具体而言，一种是辐射型，一种是串联型。

Le rayonnement se produit quand un objet donne son nom à une série d'autres objets, grâce à un même caractère commun à tous. Le nom rayonne de l'objet primitif à tous les autres. (Darmesteter 1887: 73)

当一个对象将其名称赋予一系列其他对象时就会发生**辐射**，这是由于此类对象存在共有的相同特性。名称从原初对象辐射到所有其他对象。

Dans ***l'enchaînement***, le mot oublie son sens primitif en passant au deuxième objet; puis le nom passe du deuxième objet à un troisième à l'aide d'un caractère nouveau qui s'oublie à son tour, et ainsi de suite. (Darmesteter 1887: 76)

在**串联**中，该词语传给第二个对象时遗忘了其原始义；然后，伴随着新角色的含义被遗忘，该名称又从第二个对象转向第三个对象，依次类推。

莱考夫（George Lakoff）的《女人、火与危险事物：范畴显露的心智》第六章讨论"辐射状范畴"（Lakoff 1987: 91—114）。其中，第二个范畴化原则是连锁性，即复杂范畴表现为连锁结构：中心成员与其他成员关联，而其他成员又与别的成员关联，由此延续不断。例如，女人与太阳关联，太阳与日炙关联，日炙又与毛毛虫关联。通过这种锁链，毛毛虫便与女人属于同一范畴。（Lakoff 1987: 95）很显然，莱考夫的"锁链"等同于达梅斯泰特尔的"串联"。换而言之，**莱考夫提出的辐射和连锁，可以追溯到达梅斯泰特尔关于语义变化过程的两种类型。**

（四）斯维德琉斯：隐喻的六种类型

1890 年，瑞典斯维德琉斯（Carl Svedelius, 1861—1951）刊行的《语义学研究》包括两部分：意义变化的客观或外部原因（causes objectives ou extérieures）；意义变化的主观或内部原因（causes subjectives ou intérieures）。引起意义变化的主观原因主要是隐喻。

Et qui est-ce qui enrichit la langue de cette manière? Une personne quelconque — le plus souvent un inconnu (M. Bréal, 1. c. page 194); dans la société primitive un bel-esprit, un personnage qui, grâce à sa position sociale ou à ses qualités personnelles était d'une certaine importance, quelquefois un poète; dans la société moderne, il faut, en premier lieu, penser à l'influence qu'exerce, à ce sujet, l'esprit humain par la littérature, par les journaux, par le théâtre (voy. M. Paris 1. c. page 71). Chaque changement de sens, dû à une métaphore, a donc son histoire particulière. Si l'on pouvait remonter jusqu'à son début, on trouverait aussi les causes extérieures qui y ont coopéré. (Svedelius 1890: 39-40)

谁以这种方式丰富了语言？任何人——通常并不知道（M. Bréal，1.c. page 194）。在初民社会中存在充满魅力的心灵，有时是凭借其社会地位或个人品质的重要人物，有时是一位诗人；**在现代社会中，首先必须考虑文学、报纸和戏剧在某些主题上对人们的心智所产生的影响。**（voy. M. Paris 1. c. page 71）由于采用隐喻，每个意义的改变都有其特定来历。如果我们可以回到起点，也会找到协同形成的外部原因。

基于前人（M. Egger, A. Darmesteter, M. Bréal, M. Paris）研究，斯维德琉斯梳理了隐喻的主要类别：（1）用来表示头部的隐喻；（2）受益于外部感觉（sens extérieurs）形成思想思维活动的隐喻；（3）来自动物王国（règne animal）的隐喻；（4）来自植物王国（règne végétal）的隐喻；（5）来自职业活动（如战争、狩猎、农业生产等）的隐喻；（6）来自海事词语（vocabulaire maritime）的隐喻。在此过程中，还区分了死喻（Métaphores mortes）和活喻（Métaphores vivantes）。（Svedelius 1890: 40—47）

（五）布雷阿尔：隐喻认知的早期专论

布雷阿尔《语义学探索》（1897: 135—147）的第十二章是"隐喻"（*La métaphore*），包括：隐喻对语言形成的价值（Importance de la métaphore pour la formation du langage）——流行的隐喻（Les métaphores populaires）——隐喻表达的各种来源（Provenances diverses des expressions métaphoriques）——隐喻从一种语言传到另一语言（Elles passent d'une langue à l'autre）。现将布雷阿尔的主要观点提炼出来。

1. 隐喻改变了词义并创造了新表达

la métaphore change le sens des mots, crée des expressions nouvelles de façon subite. La vue instantanée d'une similitude entre deux objets, deux actes, la fait naître. Elle se fait adopter si elle est juste, ou si elle est pittoresque, ou simplement si elle comble une lacune dans le vocabulaire. Mais la métaphore ne reste telle qu'à ses débuts: bientôt l'esprit s'habitue à l'image; son succès même la fait pâlir, elle devient une representation de l'idée à peine plus colorée que le mot propre. (Bréal 1900: 135)

隐喻改变了词语的含义，突然创造了新的表达。它诞生于瞬间一瞥两种对象或行为之间的相似性。如果某个隐喻恰到好处或诗情画意，甚至仅仅填补了词汇空缺，那么就会被采用。但是仅在产生之初就有新颖感，人类心智很快就习惯了该意象，隐喻的成功致使其变得苍白，从而蜕变成一个不比通用词语更有色彩的观念表达。

2. 隐喻表现了人类的普遍心智能力

On a dit que les métaphores d'un peuple en laissent deviner le génie. …mais il faut bien avouer que la plupart ne nous apprennent guère que ce que nous savions déjà; elles nous donnent l'esprit de tout le monde, qui ne varie pas beaucoup d'une nation à l'autre. (Bréal 1900: 135-136)

有人说，隐喻显示了人们的天赋。……但是必须承认，大多数隐喻教给我们的都是已知内容。隐喻表现了人类的普遍心智能力，这在各民族之间大同小异。

3. 隐喻数量庞大得超过了人们预想

On sait combien les anciens se sont donné de peine pour classer les métaphores, pour les étiqueter par genre et par espèce. Ils disent avec raison que le nombre en est immense. Ce nombre est encore plus grand même qu'ils ne supposaient, car ils sont loin de les avoir toutes reconnues. (Bréal 1900: 138)

我们知道古人煞费苦心地对隐喻加以分类，给其格式和类别贴上各种标签。他们不无道理地指出隐喻的数量庞大。而这个数量其实超过其想象，因为他们远未认识到这一切。

4. 所有语言都可建一座隐喻博物馆

Le génie différent des nations perce déjà dans quelques vieilles métaphores. (Bréal 1900: 140)…Quelquefois toute une perspective historique se découvre à nous dans une métaphore. (141)…Toutes les langues pourraient ainsi constituer leur musée des métaphores.… Beaucoup d'usages abolis se perpétuent dans une locution devenue banale. (141-142) …Il y a une satisfaction que le langage réserve à l'observateur, satisfaction d'autant plus vive qu'elle aura été moins cherchée: c'est de sentir, en parlant, quelque métaphore dont la valeur n'avait pas été comprise jusque-là, s'ouvrir et s'illuminer subitement. Nous constatons alors un secret accord entre notre propre pensée et le vieil héritage de la parole. (142)

不同的民族特质可以通过一些古老的隐喻显示出来。……有时，一个隐喻会向我们透露整个历史的视角。……因此，所有语言都可能建立一座隐喻博物馆。……许多废除的用法，却在司空见惯的表达中延续下来……语言的储备令观察者满意，满意度越高越不会去刨根问底——只有在说话时感觉到是隐喻，其价值到那时才被理解，秘密突然揭开、豁然开朗。从而我们在思想与古老语言遗产之间，建立起一种神秘的和谐。

5. 隐喻词成为常用名称

Telle image éclose dans quelque tête bien faite devient, en se répandant, propriété commune. Elle cesse alors d'être une image et devient appellation courante. Entre les tropes du langage et les métaphores des poètes il y a la même différence qu'entre un produit d'usage commun et une conquête récente de la science. L'écrivain évite les figures devenues banales: il aime mieux en créer de nouvelles. Ainsi se transforme le langage. C'est ce qu'ont parfois oublié nos étymologistes, toujours prêts à supposer une prétendue racine verbale, comme si l'imagination avait jamais été à court pour transporter un mot tout fait d'un ordre d'idées dans un autre. (Bréal 1900: 143)

（隐喻）这种意象，从一些优雅的大脑中孵化出来，通过四处传播而成为共同财富。作为一种意象最终消解了，而成为常用名称。日常语言的比喻与诗人的隐喻之间的差别，就像常用产品和科学近期战利品之间的差异一样。作家避免陈词滥调的修辞——他更喜欢创造新的表达。语言就是这样发生了变革。我们的词源学家有时会忘记这点，他们总是倾向于假定一个所谓的动词语根，好像人们的想象力绝不会将表达某个观念的词语转移到另一观念上去。

6. 来自不同感官沟通的特殊隐喻

Une espèce particulière de métaphore, extrêmement fréquente dans toutes les langues, vient de la communication entre les organes de nos sens, qui nous permet de transporter à l'ouïe des sensations éprouvées par la vue, ou au goût les idées que nous devons au toucher. Nous parlons *d'une voix chaude, d'un chant large, d'un reproche amer, d'un ennui noir*, avec la certitude d'être compris de tout le monde. La critique moderne, qui use et abuse de ce genre de transposition, ne fait que développer ce qui se trouve en germe dans le langage le plus simple. Un son grave, une note aiguë ont commencé par être des images. (Bréal 1900: 144)

所有语言中都有一种特殊的隐喻极其常见，它来自我们感觉器官之间的沟通。这使我们能将视觉或味觉感知的观念，传递到我们的触觉领域。我们所说的"温暖的声音""宽广的歌声""痛苦的责备""黑色的烦恼"，确信每人都能理解。虽然这种转换在现代会话中大量使用和滥用，但是它从最单纯的语言萌芽中发展而来。最初的意象可能来自低沉的声音、尖锐的声音。

7. 识别最古老的隐喻很难

Il est difficile de reconnaître les métaphores les plus anciennes. L'état de choses qui les avait suggérées ayant disparu, l'on reste en présence d'une racine à signification incolore. C'est ce qui nous explique comment les grammairiens indous, en dressant leurs listes, ont pu inscrire tant de racines signifiant «penser, savoir, sentir». S'il nous était possible de remonter plus haut dans le passé de l'humanité, nous trouverions sans doute, tout comme dans les langues que nous connaissons mieux, la métaphore partout présente. (Bréal 1900: 145)

最古老的隐喻很难识别。暗示其事物的状态早已销声匿迹，人们面对的只是一个意图已褪色的词根。这向我们解释了印度语法学家编撰词表时，为何会记录那么多的表示"思考、认识、感受"含义的词根。倘若我们有可能进一步回到人类往昔，我们可能发觉，就像我们所熟悉的语言一样，隐喻无处不在。

8. 隐喻的发明、传播、借用和改编

Les métaphores ne restent pas enchaînées à la langue où elles ont pris naissance. Quand elles sont justes et frappantes, elles voyagent d'idiome à idiome et deviennent le patrimoine du genre humain. Il y a donc pour l'historien à faire une distinction entre les images qui, étant parfaitement simples, ont dû être trouvées en mille lieux d'une façon indépendante, et celles qui, inventées une fois en une certaine langue, ont été ensuite transmises, empruntées et adaptées.…Le difficile est de reconnaître chaque fois s'il y a emprunt et quel est l'emprunteur. Chez les vieilles nations de l'Europe il existe un fonds commun de métaphores qui tient à une certaine unité de culture. (Bréal 1900: 146)

隐喻并没有束缚在发明它们的语言中。当它们恰到好处和赏心悦目时，它们会从一方土语旅行到另一方土语，而成为人类的遗产。因此，历史学家必须在这些意象之间进行区分，一些意象非常简单，一定是在许多地方各自出现，而一些意象曾是某种特定语言的发明，然后被传播、借用和改编。……人们所面临的挑战是如何识别这些隐喻是否都有借出，并且由谁借进。在欧洲的古老民族中，存在一个源于特定文化统一体的隐喻共同基础。

9. 隐喻的再度隐喻化使用

La loi des métaphores est la même que pour tous les signes. Une métaphore étant devenue le nom de l'objet peut de nouveau, partant de cette seconde étape, être employée métaphoriquement, et ainsi de suite. C'est ce qui fait que pour les philologues les langues modernes sont d'une étude plus compliquée que les anciennes. Mais pour l'enfant qui apprend à les parler la complication n'existe pas: le dernier sens, le plus éloigné de l'origine, est souvent le premier qu'il apprend. Ce qu'on appelle l'argot ou le slang se compose en grande partie de métaphores plus ou moins vaguement indiquées: cependant c'est une langue qui s'apprend aussi vite que les autres. (Bréal 1900:147)

隐喻的法则与所有符号的法则一样。已经成为某个对象名称的隐喻，能从第二阶段开始再度隐喻化使用，依此类推。由此导致，语文学家认为现代语言比古代语言更为复杂难解。但对学习说话的儿童而言，并不存在这样的复杂性——最后的意义，即与原始义最远的，通常是儿童最先习得的。所谓行话或俚语主要是由不同程度的隐喻或隐晦表达组成，但是能像其他语言一样很快掌握。

毫无疑问，该章是一份语言隐喻研究或认知语言学的早期文献，当代隐喻认知研究的一些观点都可以追溯到此。

八、意义域理论：范畴原型理论的来源

（一）辉特尼：意义涵盖的是一片领域

1867 年，美国学者辉特尼（William Dwight Whitney, 1827—1894）在《语言与语言研究》中写道：

This elasticity of verbal significance, this indefinite contractibility and extensibility of the meaning of words, is capable of the most varied illustrations. (Whitney 1867:105)

口语意义的这种弹性，词语含义的这种无限可压缩性和可扩展性，能够表达最大多样化的实例。

We do not and cannot always precisely communicate what we are conscious of having in our minds, and, of what we call our expression, a part consists merely in so disposing a *framework of words* that those who hear us are enabled to infer much more than we really express, and much more definitely than we express it. (Whitney 1867: 412)

我们并非总能精确地传达我们心中所意识到的，而且我们所谓

的表达，仅仅是组成**词语框架**排列中的一部分，而听话者能从我们的实际表达中揣测更多，而且肯定比我们表达的内容要更多。

1875 年，在《语言的生命与成长》进一步提出：

How great, in the first place, is the sum of enrichment of language by this means, may be seen by observing the variety of meanings belonging to our words. If each of them were like a scientific term, limited to a definite class of strictly similar things, the number which the cultivated speaker now uses would be very far from answering his purposes. But it is the customary office of a word to cover, not a point, but a territory, *and a territory that is irregular, heterogeneous, and variable*. (Whitney 1875:110)

首先，通过观察我们的词汇所具有的各种意义，可以看出语言的丰富总和是多么恢弘。如果词汇中的每个都像科学术语那样，仅限于严格相似物的清晰分类，那么有教养的说话者现在使用的词汇数量将远远达不到目的。但是一个词的习惯职能，所涵盖的并非某个点，**而是一片领域，一片不规则的、多样化的和可变化的领域。**

人们根据交际语境而重新界定词语领域，这是在语言中发生的无声无息变化。

（二）斯托特：关于通用意义的虚构

1891 年，英国心理学家和语言学家斯托特（George Frederick Stout, 1860—1944）受保罗（Paul 1886）所提出的"通常意义""偶发意义"二分的启发，在《思想和语言》中发展了语义变化的语境理论。一方面，斯托特对"偶发意义"这样解释：

Each expressive sign has power to objectify its associate system only in so far as this system is capable of being incorporated in the conceptual whole which is in process of construction. Hence, the signification of words varies according to the context in which they appear. (Stout 1891:194)

每个表达性符号，只有其关联系统能够融入正在建构过程中的概念整体之中，才有能力使这一系统具体化。因此，词语的意义会随其出现的语境而改变。

词语的偶发意义（在通常意义的限制内）不仅依赖于斯托特称为的"上下文"（co-text），还依赖于"环境"（circumstances），或魏格纳所说的"情景"（situation），即偶发意义"取决于话语域"（Stout 1891: 195）。

另一方面，斯托特则对"通用意义"提出质疑：

The usual signification is, in a certain sense, a fiction, …It is, perhaps, not necessary, that there should be an identical element of meaning pervading all the applications of a word.

The "usual" or "general" signification is not in itself one of the significations borne by a word. It is a condition which circumscribes within more or less vague and shifting limits the divergence of occasional meanings. (Stout 1891: 194)

在某种意义上，通用意义只是一个虚构。……在一个词语的全部用法中要有一个无所不在的相同的意义要素，也许就没必要。

"通用的"或"一般的"意义，并非一个词语本身承受的意义。它只是在不同程度的含糊和改变范围之内，限制偶发意义歧义的一个条件。

斯托特提出的通用意义是虚构的、一个词语没有无所不在的相同的意义要素，冲击了传统概念的所谓"本质"。

（三）波朗：动态的意义和稳定的意指

1897 年，法国哲学家波朗（Frédéric Paulhan, 1856—1931）

在《心理双关语》中指出：

Le mot par lui-même ne saurait avoir une *signification* précise, il faul savoir par ailleurs ce que nous voulons lui faire dire: les mots qui l'accompagnent, une phrase, un chapitre ou même un livre entier peuvent seuls indiquer, parmi toutes ses *acceptions* possibles, celle qu'il convient de lui attribuer en un cas donné. (Paulhan 1897: 898)

词语本身不可能有一个确切的**意义**，而我们要用它说什么也必定能懂——伴随它的其他词语，一句，一章甚至整本书，都能从其所有可能的**含义**中单独地指出，在特定情况下它应属何意。

在《词语意义为何》（1928）中，波朗进一步区分了意义（sens）和意指（signification）。前者指词语的模糊、变化和复杂含义；后者指词语的普遍而抽象的核心含义。（Paulhan 1928: 293—294，314）

俄罗斯心理学家维果斯基（Лев Семёнович Выго́тский，1896—1934）在《思维和语言》（1934）中采纳了波朗的这一思想。

Смысл слова, как показал Полан, представляет собой совокупность всех психологических фактов, возникающих в нашем сознании благодаря слову. Смысл слова, таким образом, оказывается всегда динамическим, текучим, сложным образованием, которое имеет несколько зон различной устойчивости. Значение есть только одна из зон того смысла, который приобретает слово в контексте какой-либо речи, и притом зона наиболее устойчивая, унифицированная и точная. Как известно, слово в различном контексте легко изменяет свой смысл. Значение, напротив, есть тот неподвижный и неизменный пункт, который остается устойчивым при всех изменениях смысла слова в различном контексте....Слово, взятое в отдельности в лексиконе, имеет только одно значение. Но это **значение** есть не более как потенция, реализующаяся в живой речи, в которой это **значение** является только камнем в здании **смысла**. (Выготский 1999[1934] : 322-323)

　　正如波朗所言，词语的**意义**是该词在我们意识中产生的所有心理事实的集合。因此，该词的**意义**总是一个动态的、流动的复杂形式，其中有几个不同的可持续区域。**意指**只是该词在所有说话的语境中获得的意义区域之一，并且该区域是最稳定的、一致的和明确的。如你所知，不同语境中的单词很容易改变其**意义**。与之相反，**意指**是固定和不变的位点，它对一个词的**意义**在不同语境中的所有变化保持稳定。……在词典中分离列出的单词，只有一个**意指**。但该**意指**不过是真实话语中所实现的一个效能，这种**意指**在**意义**大厦中仅为一块石头。

　　Смысл слова, говорит Полан, есть явление сложное, подвижное, постоянно изменяющееся в известной мере сообразно отдельным сознаниям и для одного и того же сознания в соответствии с обстоятельствами. В этом отношении **смысл** слова неисчерпаем. Слово приобретает свой **смысл** только во фразе, но сама фраза приобретает смысл только в контексте абзаца, абзац – в контексте книги, книга – в тексте всего творчества автора. (Выго́тский 1999[1934] : 323)

　　波朗说，词语的意义是一个复杂的可变现象，在某种程度上根据个人思想和随着与情境保持一致的感知不断变化。在这方面，该词的意义几乎取之不尽。单词只从短语中获得其意义，而短语只从所在段落的上下文中获得意义，段落从该书的上下文中获得意义，而该书从作者的整体作品的文本中获得意义。

　　以上论述表明，20 世纪 30 年代以前的语义学家早已知道：1. 词语的职能涵盖的是一片不规则的、多样化的和可变化的领域。2. 词语的意思是该词在我们意识中产生的所有心理事实的集合，它是动态的、流动的复杂形式，其中有几个不同的可持续区域。

3. 词语的"意思"指词语的模糊、变化和复杂意义；"意指"指词语的普遍而抽象的核心意义。也就是说，已经意识到词语的意义域、稳定区域和动态区域、核心意义和模糊意义。

（四）埃德曼：关于词义的中心和边界

1900 年，德国语义学家埃德曼（Karl Otto Erdmann, 1858—1931）在《词语的意义》中，提出表征自身意义具有易混淆的多重性观点，即"词语表征尤其具有多义性"。一词多义是词语的基本特点，但并不影响人们对词语的理解。

Die Wortbedeutungen bedingen sich gegenseitig und schränken einander ein. Und es ist ebenso richtig zu sagen, daß der Sinn der gebrauchten einzelnen Ausdrücke vom Sinn des ganzen Satzes abhängig sei, wie daß der Sinn des Satzes von der Bedeutung der gebrauchten Worte abhänge. (Erdmann 1910: 43-44)

词语的意义既相互适应又相互界定。所用各个词语的意义依赖于整个句子的意义，这是完全正确的。反之，就句子的意义而论，则依赖于其使用的词语意义。

埃德曼区分了语言中的模糊"词语"和逻辑上的完美"概念"：

Denn welche Theorien über Wesen, Bedeutung und Entstehung der Begriffe man auch verteten mag: vom Standpunkt der Logik wird man immer fordern müssen, dass sie eine unzweideutige, klare Grenze aufwesen, dass sie einen betstimmten Inhalt und Umfang haben. Und Begriffe dieser Art werden durch Worte nicht ohne weiteres bezeichnet. *Worte sind vielmehr im allgemeinen Zeichen für ziemlich unbestimmte Komplexe von Vorstellungen, die in mehr oder minder loser Weise zusammenhängen.* (Erdmann 1910: 4)

然而，无论人们秉持何种关于概念的本质、意义和起源的理论，从逻辑角度，总是要求词语必须显示毫不含混的清晰边界，要求对其范围和内容加以明确规定。但是，凭借词语不能容易地表明此类概念。反之，**词语通常是相当笼统的表征复合体的符号，这些表征在不同程度上松散地联系在一起**。

Die Grenzen der Wortbedeutungen sind verwaschen, verschwommen, zerflieβend. Treffender aber noch wird meines Erachtens der Sachverhalt gekennzeichnet, wenn man überhaupt nicht von Grenzlinien des Umfangs redet, sondern...von einem *Grenzgebiet, das einen Kern einschließt.* Veranschaulicht man sich gewöhnlich den Umfang eines logisch vollkommenen Begriffs durch eine scharfe Kreislinie, wie sie annähernd ein gutgespitzter Bleistift erzeugt, so kann man sich die Abgrenzung eines Wortumfanges durch einen mehr oder minder breiten, in sich zurücklaufenden Streifen versinnlichen, wie ihn ein in Farbe getauchter Pinsel auf einer Fläche hinterläßt. (Erdmann 1910: 4-5)

词义的边界就像被冲蚀的、模糊的、潮解的状态。而在我看来，如果不谈论一个词的范围边界，而是……讨论**包含一个中心的边界区域**，则词义的真相会描述得更充分。通常人们能用削尖的铅笔画一个边界截然的圆圈，形象地展示一个逻辑上完美的概念的范围，然而如果人们想通过划一道从宽到窄的条纹去描绘一个词语内容的边界，就如同一把蘸满油漆的刷子在物体表面留下的痕迹。

埃德曼分析词义的主要术语有："不同程度地松散联系""边界模糊""中心""边界区域"等。

埃德曼还试图提出词义特征网络理论，他认识到一个词的意义是基于一些词义特征的交叉。

Bemerkt muß hierbei aber werden, daß selten wirklich nur ein einzelnes Merkmal maßgebend ist, daß vielmehr grade das Auftreten verschiedener sich *kreuzender Merkmale* den Wortsinn schwanken macht. (Erdmann 1910: 11)

但是必须注意到，只有一个特征具有决定性的情况实际上罕见，相反，各种**交叉特征**的出现使得该词的字面意义形成波动。

由此进一步提出词义限制的线型网络图示化。

läßt sich die Begrenzung einer Wortbedeutung bildlich nur durch ein Netz von Linien darstellen: auf dem *Grenzgebiete*, das als *Hauptgrenze* den *Kern* einschließt, verlaufen mehr oder minder zahlreiche *Unter grenzen*, die zum Theil ebenfalls *Grenzgebiete* aufweisen, auf denen wieder Untergrenzen zweiter Ordnung sich befinden. Häufig setzt sich dieser Gliederungsvorgang noch weiter fort, so daß sich Untergrenzen dritter und höherer Ordnung nachweisen lassen. Indem aber alle diese Grenzen Sonderbedeutungen einschließen, die in der Regel durch ein und dasselbe Wort bezeichnet werden, entsteht jene Vieldeutigkeit, von der wir reden. (Erdmann 1910: 8)

单词含义的限制只能通过线型网络图示化——在该边界范围内，既包括作为**核心的**主要边界，也存在不同程度的下位边界，在一部分边界范围内可以再次设置下位第二级的界限。通常情况下，该分类过程甚至可以进一步继续，从而发现更下位的第三级和更高级的界限。但是由于所有这些限制所包括的特殊含义通常用同一个词指定，我们所说的模糊性就产生了。

一个词的意义不会一成不变，从而词义特征网络会重新编织。

（五）加德纳：意义域理论的建构

柏拉图（Platon, 公元前 427 年—公元前 347 年）在《理想国》（*The Republic*）中提出，自然界中的有形事物是流动的，而构成这些有形事物的客观"形式"或"理念"（dea, eidos）却是永恒的。当我们说到"马"时，只是指具体的某匹马。"马"的含义独立于各种马，在时空中并不存在。人们对于流动的事物只有"看法"，而运用理智了解才能获得"理念"。柏拉图对"理念"的规定是：如有多个事物具有一项属性即共相，那么这些事物都分享该共相的一部分。

柏拉图关于概念的这一观点，在19世纪就遭遇挑战。1932年，英国学者加德纳（Alan Henderson Gardiner, 1879—1963）在《言语与语言的理论》中，以英语的词horse（马）为例展开阐述。

We can perhaps best picture to ourselves the meaning of a word such as horse by considering it as a territory or area over which the various possibilities of correct application are mapped out. Conse- quently, I shall often make use of the expression '**area of meaning**'. (Gardiner 1932: 36)

或许，我们描绘像horse（马）之类词含义的最好方式，可以视为一片领地或区域，将其合适使用的各种可能性用示意图绘制出来。

词义可以从主观和客观两方面来分析。horse（马）的主观义包括实体性等，而客观义则包括各种可能的事物意味或使用实例。例如：this brown cab-horse（这匹棕色的出租马车的马），that grey race-horse（那匹灰色的比赛的马），the nursery rocking-horse（幼儿园的摇摆木马），the horse of Troy（特洛伊木马），horse as a kind of meat（作为肉类食物的马），the gymnasium horse（健身房鞍马），the towel-horse（毛巾马架）等。

由此可见，"马"就是一个意义域，各种适合运用的可能性都映射其上。

But within the legitimate range of the word-meaning horse the various things meant will be ***differently grouped***, some rather near the ***border line***, and others distinctly ***central***. An eminent physiologist told me that the mention of the word horse always conjured up for him the image of a prancing white steed. At all events such an image shows that, for that particular *sujet parlant*, prancing white horses were right in the centre of the word-meaning horse. (Gardiner 1932: 37)

但在horse词义的合适范围内，各种事物意味着将**有区别地分**

组，一些相当靠近**边界线**，而其余的则明显处于**中心**。一位著名的生理学家告诉我，每当提到 horse 这个词，脑海里总会浮现一匹奔腾白马的意象。无论如何，这一意象表明，就特定的说话主体（法 *sujet parlant*）而言，奔腾的白马总是处在 horse 词义中心。

对大多数人而言，处于中心的是作为动物的活马。根据这一"中心"，其他用法不同程度上显得有些奇特，或通过隐喻化导致语义偏离。

Doubtless for most of us live horses of one kind and another are pretty central. A slight strain is felt when horse is applied to toy horses, a greater strain when it is applied to the gymnasium horse, and a still greater *strain* when it is applied to a towel-horse. In terms of our map, these applications grow increasingly *peripheral*. (Gardiner 1932: 37)

毫无疑问，对大多数人而言，这种或那种类型的活马都明显处在中心。当 horse 用于指玩具木马时，会感到轻微的**偏离**；用于指健身鞍马时，感觉偏离更大了；而用于指毛巾马架时，偏离越发大了。依据我们的示意图，这些用法越来越**外围化**。

加德纳的主要结论是：

The only real difficulty about viewing words as class-names is that we usually think of classes as assemblages of individual things which are all alike in some particular. But the meaning of words often covers applications between which *it is impossible to discover any point of resemblance*. (Gardiner 1932: 43)

将词语视为类名的唯一真正困境在于，我们通常将类别视为个别事物的集合，这些事物在某些特定情况下是相似的。但是词语的意义通常包含各种用法，**这些用法之间无法找到任何相似点。**

The considerations set forth in the last paragraph make it evident that the meaning of a word is not identical with an 'idea' in the Platonic sense. At first sight it might seem plausible to describe the mechanism

of speech as 'the indication of things by the names of ideas'; ...
Looking closer, we see that *word-meanings possess nothing of that
self-consistency and homogeneity which are characteristic of 'ideas'*.
(Gardiner 1932: 44)

　　最后一段中提出的思考表明，一个词的含义与柏拉图式意义上
的"理念"不同。初看起来，将言语机制描述为"事物的指示依据
理念的名称"似乎是合理的；……但通过仔细观察，我们注意到词
语的意义根本没有这种自身一致或同质"理念"的特性。

　　也就是说，词语没有柏拉图式的"理念"，只有"意义域"
或适用性。就 horse 这个词而言，已经表明了 cows（奶牛）不在
其意义域的示意图上。加德纳的分析术语包括：**意义域**（area of
meaning）、**有区别地分组**（differently grouped）、**中心**（centre）、
边界线（border line）、**偏离**（strain）、**外围化**（peripheral）。显
而易见，如今的"原型理论"与之似曾相识。

　　当代认知科学家，通常把"原型理论"追溯到维特根斯坦（L.
Wittgenstein, 1889—1951）的"家族相似性"。有关论述见于维
特根斯坦的《哲学研究》（*Philosophische Untersuchungen / Philo-
sophical Investigations*. 1986 [1953]: 31—36），该书始撰于 1936
年，完成于 1945 年，无疑在斯托特、埃德曼、加德纳之后。斯
托特是 20 世纪最有影响力的英国心理学家、格式塔心理学的先
驱，以批评传统关联主义理论而著称。埃德曼是德国语义学家。
加德纳是英国著名古埃及学家、语言学家、文献学家。作为长期
在英国从事学术活动的德国学者，维特根斯坦似乎不可能不了解
这些学者。而维特根斯坦以 game 为例提出的"家族相似性"说
法，与加德纳以 horse 为例提出的"意义域"理论实在太相似了。
**至于当代认知心理学家、认知语言学家的原型理论（实际上为"核
型"），自然也就应当追溯到这些早期探索，而并非原创或首创的
新理论。这些当代认知心理学家、认知语言学家，如果没有看过**

这些前辈的论著，则为所见不广，如果看过这些前辈的论著，则为隐而不彰，总归为学人所不取。

九、当代语言学与传统人本主义语言观的衔接

回溯 20 世纪的西方语言学研究，由于受数理逻辑思潮，如弗雷格（G. Frege, 1848—1925）、罗素（B. Russell, 1872—1970）等人的影响，某些研究脱离西欧传统人本主义语言观成为所谓"主流"，从而导致 20 世纪西方语言学出现"三道裂隙"。第一道是形式结构主义，索绪尔（1916）强调："语言是形式而非实体"（*La langue est une forme et non une substance*. Saussure 1971: 169）。第二道是描写分布主义，布龙菲尔德（1933）认为："由于我们无从界定大多数意义并显示其稳定性，我们必须把语言的明确性和稳固性作为语言学研究的前提"（Since we have no way defining most meanings and of demonstrating their constancy, we have to take the specific and stable character of language as a presupposition of linguistic study. Bloomfield 1973: 114），而海里斯（Zellig S. Harris, 1909—1992）在结构分析中则绝对排斥语义（*Methods in Structural Linguistics*, 1951）。第三道是形式生成主义，乔姆斯基（1957）主张："语法是自治的且独立于意义"（grammar is autonomous and independent of meaning. Chomsky 2002: *17*）。

尽管如此，布拉格学派（Mathesius 1923, Trubetskoi 1939）坚持功能理论，伦敦学派（Firth 1930, 1935, 1937）坚持功能-结构理论，人本主义语言观仍在延续。此外，普通语义学（Korzybski 1933, Chase 1938）、功能-结构社会学（Davis 1936）、翻译文化学（Nida 1945, 1951）和认知人类学（Conklin 1954, 1955）推进了语义分析和认知分析。20 世纪 50 年代以来，新一代的心理语言学（Carroll 1953, Osgood & Seboek 1954）、社会语

言学（Currie 1952, Hymes 1964, Bright 1966, Labov 1966）、功能
语言学（Martinet 1962, 1975; Halliday 1973, 1976）以及生成语义
学（Lakoff & Ross 1967, Mocawley 1974）、认知语言学（Berlin
& Kay 1969, Langacker 1976, Lakoff & Johnson 1980, Haiman 1980,
Lakoff 1987, Lakoff & Johnson 1999），在新的背景下陆续兴起。

吉拉兹（Dirk Geeraerts）在《认知语法和词汇语义学史》
（1988）中引用了埃德曼的论述，以之作为当代原型范畴理论和
语义变化研究，与 19 世纪末到 20 世纪初语义学存在相似之处的
证明。在《欧美词汇语义学理论》（2010）中进一步提出，在一
定程度上，当今认知语义学是向传统语义学研究的回归。

> 历史语文语义学家埃德曼对词语边界模糊性的描写，似乎是原
> 型效应的最初描述。……认知语义学中阐述的隐喻和转喻性质及其
> 类型，在更早期的历时语义学文献中几乎可以逐词逐句地看到。（李
> 译本 2013: 312）

总而言之，三大形式主义思潮导致的裂隙，在 20 世纪 60 年
代以后逐渐出现弥合，即与传统的人本主义语言观重新衔接，以
致于 19 世纪到 20 世纪 30 年代的一系列理论和观点，竟以"新
理论 / 新观点"的方式在当代复活。所谓当代语言学的三大流派：
形式主义、功能主义、认知主义，后两者都是传统人本主义语言
观的延续或复活。

毋庸置疑，学无止境。学术视野的浅近和知识结构的狭窄，
可能致使我们对问题形成不自觉的误判、轻信或盲从。由此可见，
与其奢谈"新理论"，不如多翻阅一些前贤研究；与其撰写"新
论著"，不如多译介几本往昔论著。

参考文献

吉拉兹著2010，李葆嘉、司联合、李炯英译，2013，《欧美词汇语义学理论》[M]，北京：世界图书出版公司。

莱考夫著1987，李葆嘉、章婷、邱雪玫译，2017，《女人、火与危险事物：范畴显示的心智》[M]，北京：世界图书出版公司。

沈家煊，2001，语言的"主观性"和"主观化"[J]，《外语教学与研究》（4）：268-275。

泰尼埃尔（即特思尼耶尔）著1959，胡明扬、方德义选评，1999，《结构句法基础》，载胡明扬主编《西方语言学名著选读》（第二版），北京：中国人民大学出版社，211-234页。

杨衍春，2010，《博杜恩·德·库尔德内语言学理论研究》[M]，上海：复旦大学出版社。

姚小平，1994，施莱歇尔语言理论重评[J]，《现代外语》（1）：15-18。

Bloomfield, L. 1933. *Language.* New York: Henry Holt. Rpt. London: Allex & Unwin Ltd. 1973.

Baudouin de Courtenay (Бодуэн де Куртенэ). 1963. Избранные труды по общему языкознанию. Издателбтво Академии Наук СССР, Москва.

Bréal, M. J. A. 1863. Hercules et Cacus, études de mythologie comparée [A]. *Mélanges de mythologie et de linguistique.* pp. 1-162. Paris: Hachette. 1877.

Bréal, M. J. A. 1866. De la forme de et la fonction des mots [J]. *Revue des cours littéraires de la France et de l'étranger.* 4ème année, n° 5 (29 déc.), 65-71.

Bréal, M. J. A. 1887. L'histoire des mots [J] . *Revue des deux mondes* 82: 4, 187-212. New shorter version in Bréal 1897. pp. 305-339.

Bréal, M. J. A. 1897. *Essai de Sémantique (science des significations)* [M]. Paris: Hachette.

Bréal, M. J. A. 1900. *Semantics: Studies in the Science of Meaning* [M]. Translate by Mrs Henry Cust, London.

Chomsky, N. 1957. *Syntactic Structures* [M]. Berlin / New York: *Mouton* de Gruyter. 2002.

Darmesteter, A. 1887. *La vie des mots étudiée dans Leurs significations* [M]. Paris: Delagrave.

Erdmann, K. O. 1900. *Die Bedeutung des Wortes. Aufsätze aus dem Grenzgebiet der Sprachpsychologie und Logik* [M]. Leipzig: Haessel.

Gardiner, A. H. 1932. *The Theory of Speech and Language* [M]. Oxford: Clarendon Press.

Grasserie, R. 1908. *Essai d'une sémantique intégrale* [M]. Tome premier. Paris: Leroux.

Geeraerts, D. 1988. Cognitive Grammar and the History of Lexical Semantics [A]. In Brygida Rudzka-Ostyn ed., *Topics in Cognitive Linguistics*. Amsterdam: John Benjamins. pp. 647-677.

Geeraerts, D. 2010. *Theories of Lexical Semantics* [M]. Oxford: Oxford University Press.

Harris, Z. S. 1951. *Methods in Structural Linguistics*. Chicago: University of Chicago Press.

Hecht, M. 1888. *Die griechische Bedeutungslehre. Eine Aufgabe der klassischen Philologie* [M]. Leipzig: Teubner.

Lakoff, G. 1987. *Women, Fire and Dangerous Things: What Categories Reveal about the Mind* [M]. Chicago: The University of Chicago Press.

Lazarus M. & H. Steinthal. 1860. Einleitende Gedanken über Völkerpsychologie, als Einla-dung zu einer Zeitschrift für Völkerpsychologie und Sprachwissenschaft[J]. *Zeitschrift für Völkerpsy-chologie und Sprachwissenschaft*, vol. 1.

Littré, E. 1888. *Comment les mots changent de sens* [M]. Avec un avant-propos et des notes par Michel Bréal. Paris: Delagrave.

Лурия, А. Р. 1976. *Основные проблемы нейролингвистики*. М.: Книжный дом. 2009.

Lyons, J. 1977. *Semantics* [M]. Cambridge: Cambridge University Press.

Lyons, J. 1982. Deixis and subjectivity: *Loquor, ergo sum*? [A] In R. J. Jarvella & W. Klein eds., *Speech, Place, and Action: Studies in Deixis and Related topics*. Chichester and New York: John Wiley & Sons. pp. 101-124.

Lyons, J. 1995. *Linguistic Semantics: An Introduction* [M]. Cambridge: Cambridge University Press.

Malinowski, B. 1923. The problem of meaning in primitive languages [A]. Supplement to C. K. Ogden & I. A. Richard. *The Meaning of Meaning*. pp. 296-336. London: Routledge & Kegan Paul.

Malinowski, B. 1935. *Coral Gardens and Their Magic. A study of the methods of tilling the soil and of agricultural rites in the Trobriand islands. vol. II: The*

Language of Magic and Gardening [M]. London: Allen & Unwin.

Marty, A. 1908. *Untersuchungen zur Grundlegung der allgemeinen Grammatik und Sprachphilosophie* [M]. Erster Band. Halle a. S. Verlag von Max Niemeyer.

Mauro, T. 1967. *Ferdinand de Saussure, Cours de linguistique générale, Édition critique par Tullio de Mauro* [M]. dans les ateliers de Normandie Roto Impression s.a., Imprimé en France. 1997.

Meillet, A. 1905/6. Comment les mots changent de sens [J]. *Année Sociologique 9*, 1-39. Repr. in: *Linguistique historique et linguistique générale*. vol. I. Paris: Champion, 1921: 231-271.

Nerlich, B. 1992. *Semantic Theories in Europe, 1830—1930 From Etymology to Contextuality* [M]. Amsterdam: John Benjamins.

Nyrop, K. 1913. *Grammaire historique de la langue française*, vol. IV Séman-tique [M]. Copenhagen: Gyldendalske Boghandel Nordisk Forlag.

Paris, G. 1887. La vie des mots Étudiée dans Leurs significations, par Arsène Darmestcter [J]. *Journal des savants*. Paris. Imprimerie Nationale. 65-77.

Paul, H. 1880. *Prinzipien der Sprachgeschichte*[M]. Halle: Niemeyer. 2nd rev. ed., 1886.

Paulhan, F. 1897. *Psychologie du calembour* [J]. *Revue des deux mondes* 1: 42, 862-903.

Paulhan, F. 1928. Qu'est-ce que le sens des mots? [J]. *JPs* 25, 289-329.

Quine, W. V. O. 1959. *Methods of Logic*. Rev. ed. New York: Holt, Rinehart, and Winston.

Quine, W. V. O. 1960. *Word and Object*. Cambridge, Mass.: MIT Press.

Reisig, C. K. 1890 [1825]. *Vorlesungen über lateinische Sprachwissenschaft. Zweiter Bd. Lateinische Semasiologie oder Bedeutungslehre* [M]. Neu bear-beitet v. Ferdinand Heerdegen. Berlin: Calvary.

Roudet, L. 1921. Sur la classification psychologique des changements sémantiques [J]. *JPs* 18: 676-692.

Saussure, F. 1916. *Cours de Linguistique Générale* [M]. Publié par Charles Bally et Albert Sechehaye. Reprinted Payot, Paris. 1971.

Sayce, A. H. 1875. *The Principles of Comparative Philology*. London: Trübner.

Sayce, A. H. 1880. *Introduction to the Science of Language*. vol. I. London: Kegan Paul.

Schleicher, A. 1983 [1850]. *Die Sprachen Europas in systematischer Übersicht. Linguistische Untersuchungen* [M]. Bonn: H. B. König. New Edition with an introductory article by Konrad Koerner. In E. F. Konrad Koerner (General Editor). *Amsterdam Studies in the Theory and History of Linguistic Science. I. Amsterdam Classics in Linguistics*. vol. 4. Amsterdam: John Benjamins.

Smart, B. H. 1831. *An Outline of Sematology: Or an Essay towards Estab- lishing a New Theory of Grammar, Logic and Rhetoric* [M]. London: Richardson.

Steinthal, H. 1850. *Der heutige Zustand der Sprachwissenschaft* [A]. In Hey- mann Steinthal. 1970. *Kleine sprachtheoretische Schriften*, hrsg. von W. Bumann, Hildesheim / New York. S. 114-138.

Steinthal, H. 1852. *Offenes Sendschreiben an Herrn Professor Pott* [A]. In Heymann Steinthal. 1970. *Kleine sprachtheoretische Schriften*, hrsg. von W. Bumann, Hildesheim / New York. S. 139-164.

Steinthal, H. 1855. *Grammatik, Logik und Psychologie; Ihre PrinZipien und ihr Verhältnis zueinander* [M]. Ferd. Dümmler's Verlagsbuchhandlung.

Steinthal, H. 1860. Ueber den Wandel der Laute und des Begriffe [J]. *ZfVPs* 1, 416-432. Reprinted in Christmann, ed. 1977, pp. 50-64.

Steinthal, H. 1871. *Einleitung in die Psychology und Sprachwissenschaft* [M]. Berlin: Ferd. Dümmler's Verlagsbuchhandlung.

Stewart, D. 1810. On the Tendency of Some Late Philological Speculations [A]. *Philosophical Essays*. Edinburgh: Creech.

Stout, G. F. 1891. Thought and Language [J]. *Mind* 16: 181-197.

Stöcklein, J. 1898. *Bedeutungswandel der Wörter; Seine Entstehung und Entwicklung* [M]. München: Lindaursche Buchhandlung.

Svedelius, C. 1891. *Etude sur la sémantique* [M]. Upsala: Josephsons Antik- variat.

Выготский, Лев Семёнович. 1999 [1934]. Мышление и Речь [M]. Пятое издание, Издательство Лабиринт, Москва.

Walpole, H. R. 1941. *Semantics. The Nature of Words and Their Meaning* [M]. New York: Norton.

Wegener, P. 1885. *Untersuchungenüber die Grundfragen des Sprachlebens* [M]. Halle a.d.S.; Niemeyer.

Wellander, E. L. 1917−1921. *Studien zum Bedeutungswandel im Deutschen* [M]. 3 Teile. Uppsala. 1.Teil, Berlings Boktryckeri; 2−3.Teil, Lundequistska

Bokhandeln.

Whitney, W. D. 1867. *Language and the Study of Language: Twelve lectures on the principles of linguistic science* [M]. New York: Scribner, Armstong.

Whitney, W. D. 1875. *The Life and Growth of Language: An Outline of Linguistic Science* [M]. New York: Appleton; London: King.

Wittgenstein, L. 1953. *Philosophical Investigatio ns* (Translated by G. E. M. Anscombe), *Philosophische Untersuchungen* [M], Third edition of English and German text with index, Basil Blackwell Ltd. 1986.

附记：本文成稿于 2018 年 6 月，修改于 2019 年 11 月。主要内容曾在英汉语比较研究会和新疆大学外国语学院举办的"第二期'一带一路'英汉语言、文化、翻译跨学科研习班"（2017 年 7 月 20 日）、暨南大学文学院"人文社会科学前沿讲座"（2018 年 11 月 8 日）、陕西师范大学文学院"长安学术讲座"（2019 年 3 月 12 日）上演讲。简稿题名《当代语言学理论的追溯》，刊于《华东师范大学学报》2021 年第 6 期。

家族相似性理论的语义学研究来源

提　要： 维特根斯坦讨论"家族相似性"没有区分"语言学的词语"和"逻辑学的概念"。称棋类、牌类、球类等活动为 game，此为历史认知语言学问题，其引申线索可追溯为：现代英语 *game* "游戏" > 中古英语 *gamen* "狩猎、体育、棋类比赛" > 古萨克逊语 *gamen* "娱乐，嬉戏、消遣" > 哥特语 *gaman* "参与、共享" > 原始日耳曼语 **ga-mann* "人们一起"。在维特根斯坦（1936—1937）和奥斯汀（1940）以及罗斯（1973, 1975）之前，19 世纪初到 20 世纪 30 年代的许多语义学家已经发表了一系列与家族相似性理论、原核意义理论以及原型范畴理论相关的精辟论述。达梅斯特尔（1887）论述了新词义产生的"辐射"和"串联"过程；埃德曼（1900）区分了词义的"中心"和"边界"；加德纳（1932）建立了意义域（中心、边界、分组、偏离、外围化）理论。就此而言，是语言学研究启迪了语言哲学及认知心理学的研究。

关键词： 家族相似性；原核意义；原型范畴；语义学；意义域

　　通常认为，哲学家维特根斯坦（Wittgenstein 1936—1945）首创家族相似性理论，即范畴成员不必具有该范畴的所有属性，而是 AB、BC、CD 式的相似关系，且范畴的边界是模糊的。在此基础上，当代认知心理学家罗斯（Rosch 1973, 1975）建立了原型范畴理论。本研究首先基于文本，解读维特根斯坦的"家族相似性理论", 通过追溯 game 的语义引申线索, 揭示其指称对象都具有基本共同点。"家族相似性" 看到的仅为错综复杂表象, 而未思考蕴藏于词语使用中的引申历史或认知过程。然后论述奥斯汀(1940)的原核意义理论。通过查考语义学论著, 揭示 19 世纪初到 20 世纪 30 年代, 英德法俄等国的语义学家已有一系列与"家族相似性理论""原核意义理论""原型范畴理论"密切相关的精辟见解, 尤其是埃德曼(1900)提出的词语意义"中心"和"边界"说, 加德纳(1932)建立的"意义域"(中心、边界、分组、偏离、外围化)理论。就此而论, 所谓家族相似性理论、原核意义理论(语言哲学家所言)和范畴原型理论(认知心理学家所言)皆非原创。

一、维特根斯坦的家族相似性解析

首先依据《哲学研究》(*Philosophical Investigations*, 1953; Basil Blackwell Ltd. 1986)的英文版(并参照德文版)重新汉译[1], 以解读维特根斯坦的相关文本。他在 66—76 节中写道:

66. Consider for example the proceedings that we call "games". I mean board-games, card-games, ball-games, Olympic games, and so on. What is common to them all ? — Don't say: "there **must** be something common, or they would not be caller 'games' " — but **look and see** whether there is anything common to all. — For if you look at them you will not see something that is common to **all**, but similarities, relationships, and a whole series of them at that. To repeat: don't think, but look! — Look for example at board-games, with their multifarious relationships. Now pass to card-games; here you find many correspondences with the first group, but many common features drop

---

1　旁参陈嘉映译本 2001: 48—51; 涂纪亮译本 2003: 40—52。

out, and others appear. When we pass next to ball-games, much that is common is retained, but much is lost. — Are they all 'amusing'? Compare chess with noughts and crosses. Or is there always winning and losing, or competition between players? Think of patience. In all games there is winning and losing; but when a child throws his ball at the wall and catches it again, this feature has disappeared. Look at the parts by skill and luck; and at the difference between skill in chess and skill in tennis. Think now of games like ring-a-ring-a-roses; here is the element of amusement, but how many other characteristic features have disappeared! And we can go through the many, many other groups of games in the same way; can see how similarities crop up and disappear.

And the result of this examination is: we see a complicated network of similarities overlapping and criss-crossing: sometimes overall similarities, sometimes similarities of detail. (Wittgenstein 1986: 31-32)

66. 例如，考虑一下这种我们称为"游戏"（英 games；德 Spiele[1]）的活动。我是说棋类游戏、牌类游戏、球类游戏、奥林匹克运动等。它们的<u>共同点</u>（common）都是什么？——不要说："它们**一定有一些共同点，否则它们不会叫'游戏'**"——而要**注目并观察**（look and see）它们是否都有任何共同点——因为假如你看了这些游戏，你看不到**所有**游戏有任何共同点，除了相似之处，相互联系以及它们就是这样一个总体系列之外。再说一遍：**不要去想，而要去看**！——比如棋类游戏，看到的是它们各式各样的关系。【评：强调感官的观察，而排斥心理的思考。而对词义，特别是对活动类的词义并非仅靠注视】[2] 现在转到牌类游戏，你在这里可以找到很多与第一类游戏的<u>对应之处</u>（correspondences），但是很多<u>共同特性</u>（common features）消失了，而出现了其他特性。【评：未指出哪些不见了，又

---

1 德语的"游戏"Spiele，与英译相对如下：(1) game：Spiele（游戏），Wild（狩猎游戏），Wildbret（鹿肉，狩猎目标）；(2) play：Spiel（玩），Spielraum（移动→旅行），Schauspiel（戏剧）；(3) Match：Spiel（比赛），Kampf（战斗），Wettkampf（竞争）；(4) Gamble：Spiel（游戏），Risiko（冒险）。

2 【 】内的文字是李葆嘉的评析。

出现了哪些】当我们转到球类游戏时，许多共同点还在，但也失去了许多。【评：同样没有分析】——所有的游戏都是"**娱乐性**"的吗？【评："娱乐性"并非其基本共同点】比较一下国际象棋和画圈打叉游戏。或者，在游戏者之间总有输赢和竞争吗？想一想接龙[1]。虽然在所有游戏中有输赢，但当儿童对着墙扔球接球玩时，这个特性已消失了。【评：比赛才有输赢，非比赛游戏无输赢】看看需要技巧和运气的部分游戏；再看看下棋技巧和打网球技巧之间的不同。【评：具体技巧不同，但都属技巧类】现在想一想像跳圈圈[2]这种游戏；这里有娱乐成分，但也有许多其他特性不见了！【评：哪些特点？】我们还可以用同样方式仔细考察许多其他种类的游戏，能看到其中的相似之处（similarities）是怎样突然出现和消失了。【评：仍未具体分析】

这种考察【评：凭视觉感官印象，而不是具体分析】的结果是：我们看到一个重叠交叉相似点的复杂网络；有时从总体上相似（similarities），有时在细节上相似。【评：无具体分析】

67. I can think of no better expression to characterize these similarities than "family resemblances"; for the various resemblances between members of a family: build, features, colour of eyes, gait, temperament, etc. etc. overlap and criss-cross in the same way. — And I shall says: 'games' form a family.

And for instance the kinds of number form a family in the same way. Why do we call something a 'number'? Well, perhaps because it has a-direct-relationship with several things that have hitherto been called number, and this can be said to give it an indirect relationship to other things we call the same name. (Wittgenstein 1986: 32)

67. 我想不出比"家族相似性"（英 family resemblances；德 Familienähnlichkeiten）能更好地表达这些相似性特征的说法；因为一个家族成员之间的各式各样相似点：体形、容貌、目色、步态、

1　英文 patience；德文 Patiencen（接龙）。
2　英文 ring-a-ring-a-roses；德文 Reigenspiele（舞蹈游戏）。

性情等，也以同样方式重叠和交叉。——我要说的是：各种"游戏"形成了一个家族。【评：没有列出各种"游戏"之间的相似性】

例如，各种各样的数字也以同样方式形成一个家族。我们为什么称某种东西为"数"？好的，也许因为它与迄今称为"数"的许多东西有一种——直接的——关系，并且可以说，它与我们称为同样名称的其他事物具有间接的关系。

68. "All right: the concept of number is defined for you as the logical sum of these individual interrelated concepts: cardinal numbers, rational numbers, real numbers, etc.; and in the same way the concept of a game as the logical sum of a corresponding set of sub-concepts." — It need not be so. For I *can* give the concept 'number' rigid limits in this way, that is, use the word "numbers" for a rigidly limited concept, but I can also ues it so that the extension of the concept is *not* closed by a frontier. And this is how we do ues the word "game". For how is the concept of a game bounded? What still counts as a game and what no longer does? Can you give the boundary? No. you can *draw* one; for none has so far been drawn. (But that never troubled you before when you used the word "game".) (Wittgenstein 1986: 32-33)

68. "好吧，你把数的概念定义为这些相互关联的个别概念的逻辑总和：包括基数、有理数、实数等；以同样方式，也可以把游戏的概念定义为一组相应的下位概念的逻辑总和。"【评：此处用逻辑学话语】——但未必如此。因为我**可以**用这种方式给"数"概念以严格的范围，也就是说，把"数"这个词作为一个严格限定的概念，但是我也能这样使用它，即不划一条边界（frontier）去封闭这个概念的外延。【评：为概念的外延划出严格界线，这是逻辑学研究；词语的范围不用边界封闭，这是日常语言现象】而这正是我们怎样使用"游戏"该词的方式。至于怎样才是有界（bounded）的游戏概念呢？什么仍算游戏，而什么不再算呢？你能给定这个界限（boundary）吗？不能。【评：基于逻辑学立场，可为"游戏"概念划界】你可以划出一条；而迄今无人划过（但在你以往使用词语"游戏"时，从

未感到困惑)。【评：维特根斯坦在词语和概念、日常语言和逻辑研究之间跳来跳去】

69. How should we explain to someone what a game is? I imagine that we should describe **games** to him, and we might add: "This **and similar things** are called 'games' ". And do we know any more about it ourselves? Is it only other people whom we cannot tell exactly what a game is? — But this is not ignorance. We do not know the boundaries because none have been drawn. To repeat, we can draw a boundary — for a special purpose. Does it take that to make the concept usable ? Not at all (Expect for that special purpose.) No more than it took the definition: 1 pace = 75 cm. to make the measure of length 'one pace' usable. And if you want to say "But still, before that it wasn't an exact measure", then I reply: very well, it was an inexact one. — Though you still owe me a definition of exactness. (Wittgenstein 1986: 33)

69. 我们应该怎样向某人解释何为游戏呢？我想，我们会向他描述一些**游戏活动**【评：词解的描述法】，并且我们可能加上一句："**这和诸如此类的活动**就叫作'游戏'。"【评：词解的指示法及列举法】难道我们自己对此还能够知道得更多吗？仅仅是我们无法确切地告诉别人何为游戏吗？【评：日常语言的解释就是如此】——但这并非出于我们的无知。我们不知道这些边界（boundaries），是由于无人划出过。再说一遍，我们可以划一条边界——为了特定目的。只有这样才使这个概念合用吗？根本不是。【评：混淆日常词语和逻辑概念】就像没给出"一步 =75 厘米"的定义，长度测量的"一步"仍然能是合用的。如果你要说："但对之界定之前，它至少不是一个精确的测度"，那我回答：好的，尽管它是一个不精确的长度单位。——但是你还是没把精确的定义告诉我。【评："一步"本是约量词，而并非确量词。除非人为规定，"步"才变成确量词】

71. One might say that the concept 'game' is a concept with blurred edges. — "But is a blurred concept a concept at all?" — Is an indistinct photograph a picture of a person at all? Is it even always an advantage to

replace an indistinct picture by a sharp one? Isn't the indistinct one often exactly what we need？(Wittgenstein 1986: 34)

71. 人们可能说"游戏"概念是一个边缘模糊的概念。【评：作为日常词语，"游戏"的边缘是模糊的，无须划定；作为逻辑概念，"游戏"的边界可以划定，使之明确】——"但模糊的概念终归是概念？"——模糊的照片是某人的肖像吗？用一张清晰的照片去替换一张模糊的，总会好一些吗？而模糊的照片，不正是我们时常要用的吗？【评：维特根斯坦要表达的是：我们需要模糊的概念】

75. What does it mean to know what a game is? What does it mean, to know it and not be able to say it? Is this knowledge somehow equivalent to an unformulated definition? So that if it were formulated I should be able to recognize it as the expression of my knowledge? Isn't my knowledge, my concept of a game, completely expessed in the explanations that I could give? That is, in my describing examples of various kinds of game; showing how all sorts of other games can be constructed on the analogy of these; saying that I should scarcely include this or this among games; and so on.[1] (Wittgenstein 1986: 35)

75. 何为意味着知道什么是游戏？何为意味着知道却不能说清？该知识以某种方式相当于一个未系统阐释的定义吗？因此，假如对之阐述，我就应认为以它作为我这方面知识的表达吗？我的知识，我关于游戏的概念，在我能给出的解释中不是完整的表达吗？【评：潜在的知识并非全部投射在某个词汇的解释上】换而言之，我描述了各种游戏的例子，展示了如何以类似方式设计其他游戏，包括几乎不能再称为游戏的活动以及其他的话我都说了。【评：语言是示意的地图，而不是实际上的山川河流】

76. If someone were to draw a sharp boundary I could not acknowledge it as the one that I too always wanted to draw, or had drawn

---

1　此句德文：Nämlich darin, dassich Beispiele von Spielen verschiedener Art beschreibe; zeige,wie man nach Analogic dieser auf alle möglichen Arten andere Spiele construieren kann; sage, dass ich das wohl kaum mehr ein Spiel nennen würde; und dergleichen mehr.

in my mind. For I did not want to draw one at all. His concept can then be said to be not the same as mine, but akin to it. The kinship is that of two pictures, one of which consists of colour patches with vague contours, and the other of patches similarly shaped and distributed, but with clear contours. The kinship is just as undeniable as the difference. (Wittgenstein 1986: 36)

76. 假如某人划出一条清晰的边界，我也不能承认它就是我也总想划定的，或在我心里已划定的。【评：边界的划定本来就有一定的人工干预性，而词义的理解基于个体经验】因为我根本就不想为之划界。接着我可以说明，他划定范围的概念不同于我的概念，但与之是<u>类似的</u>（akin）。这种<u>亲缘关系</u>（kinship）好比两张图画之间的亲缘关系，一张由轮廓模糊的色斑组成，【评：日常词语】而另一张形状和布局类似，却由轮廓清晰的色块组成。【评：逻辑概念】它们之间的这种亲缘关系，正像其差别一样不容否认。【评：总体上，维特根斯坦在日常词语和逻辑概念之间游走】

维特根斯坦论述的要点是：1. 你看不出所有游戏有什么共同点，你只会看到这些活动之间的相似点及其亲缘关系。**即：游戏活动没有共同点，只有相似点及其亲缘关系**。2. A类游戏的成员之间有各式各样的亲缘关系。转到B类游戏上，可找到很多和A类游戏的相应之处，但很多相似点消失了，而出现了其他的相似点。再转到C类游戏，有些共同点还在，但许多共同点却没了。**即：游戏活动之间是 AB、BC、CD 式的相似关系，一些共同点递减，同时出现另一些共同点**。这种情况达梅斯泰特尔（Darmesteter 1886）称为"串联"，莱考夫（Lakoff 1987）称为"连锁"。3. "家族相似性"即家族成员之间的各式各样相似点，以"一些相似点不见、又出现其他相似点"的方式重叠交叉组成网络。**即：各种"游戏"形成一个家族或网络**。4. 我们使用"游戏"一词，没有划一条边界去封闭该概念的外延。**即："游戏"一词的范围并非封闭的**。5. "游戏"概念是一个边缘模糊的概念。

维特根斯坦的论述可概括为：各种**游戏活动**只有相似点；**"游戏"**一词的各种用法形成一个家族；**"游戏"**概念是一个边缘模糊的概念。然而，我们在此首先必须明确区分：**游戏活动是人类行为，"游戏"一词是语言单位，"游戏"概念是逻辑单位**。对于这些，维特根斯坦一直混用。

二、如何分析语言学问题的"游戏"

维特根斯坦为什么一再强调"注目并观察；不要去想，而要去看！"？是因为柏拉图（Platon, 公元前 427 年—公元前 347 年）认为，我们对那些变化的流动事物只有见解，唯一能够真正了解的，只有运用理智来了解的"理念"。康德（Immanuel Kant, 1724—1804）阐明，见解是对个别事物的想象，而概念是对多个事物所具共同点的想象。尽管维特根斯坦一会儿用"词"，一会儿用"概念"，我们仍然可以厘清：（1）作为词语，"游戏"的这些活动只有亲缘关系，为什么只有相似点的这些活动都叫"游戏"？（2）作为概念，"游戏"的范围并未划出一条边界封闭起来，而是一个边缘模糊的概念。

我们认为：第一个问题是语言学问题（日常使用的词语，无须定义，只有释义）；第二个问题是逻辑学问题（加以定义的概念，需要划定外延）。维特根斯坦没有区分"语言学的词语"和"逻辑学的概念"。前者是日常语言中的自然单位，使用者是日常语言人（没有受过逻辑学训练的人；当然，受过逻辑学训练的人也同样使用日常语言）。后者是逻辑学家研究的对象，是根据逻辑要求以分析思维、辩论的表达单位（具有一定程度的人为规范化）。维特根斯坦具有双重身份，他是日常人（使用日常语言），又是逻辑人（使用逻辑方法）。前期维特根斯坦（1912—1921）是逻辑经验主义者，在《逻辑哲学论》（1914~1921）中试图识别语言和现实之间的关系，并通过清晰地说出"逻辑上完美的语言条件"来定义哲学的界限。后期维特根斯坦已不再强调科学和逻辑，他认为，通过日常分析，特别是日常语言分析可以校正我们的思想。因此，维特根斯坦的纠结在于——使用逻辑方法分析自然语言产生的龃龉——词语为什么没有传统概念理论所认为的清晰度，由此决意向经典范畴理论（每个范畴成员身份都取决于一套充分必要条件；范畴内所有成员地位是平等的；范畴的边缘是清晰的）挑战。

作为语言学问题，"游戏"是一个统称（某类活动），棋类、牌类、球类、运动类游戏都是具体的活动。维特根斯坦的疑问——这些具体活动为什么会统称某类活动呢？这并非哲学问题，而是一个历史语言学问题，或历史上的词语使用及其意义引申问题。要解决这个问题，就要追溯该词的词源及其历史语义的引申线索，但是维特根斯坦并没有这么去做。

首先，英语有两个 game，其中一个与腿部有关。参照《在线词源词典》（https://www.etymonline.com/），其历史语义梳理如下（＜表来自）：

现代英语 game (adj.)"跛脚的"（1787）＜ gambol (n.)"嬉闹"（1590）＜中古英语 gambolde"嬉闹跳跃"（1510）/ gambon"火腿"/ gammon"腌猪后腿"/ gammerel"小腿"/ gamble"腿"＜ gambol (v.)"嬉闹跳跃"（1580）＜中古法语 gambade /gambader"马跳跃"（15 世纪）＜后期拉丁语 gamba/gambad"马腿或马蹄"＜哥特语 hamfs"斩断的、使残的、跛足的"＜希腊语 kampe（关节）"弯曲"。

这些词语的形成具有语义引申性及其年代层次性，用平面的逻辑概念思维方式不合适。通过名物化、状态化、动作化、修饰化等途径实现语义表达之间的转化，表现为语义变化的层层"辐射"过程。既然这些不属于传统逻辑研究对象，自然也就不具有经典范畴理论的属性——范畴成员身份都取决于一套充分必要条

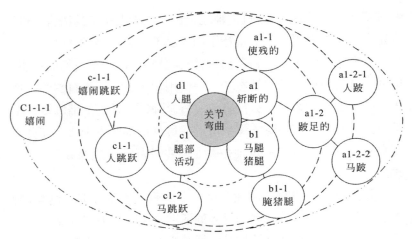

图 3　从 kampe（关节弯曲）到 game（跛脚的）语义引申图示

件；范畴内所有成员地位是平等的；范畴的边缘是清晰的。如果要说这些词组成一个范畴，那么也并非传统经典范畴，而是一个意义域（有中心和边缘成员）或者"语义族"。总之，对此类词语进行研究，要采用的是词汇语义学方法，而不是逻辑概念方法。

另外一个是与娱乐有关的 game。据英语《在线词源词典》，其多义状况如下：

game (n.)

见于约 1200 年，源自中古英语的 gamen "娱乐，有趣；游戏，消遣" ＜共同日耳曼语（同源词：古撒克逊语 gaman, 古高地德语 gaman "运动，嬉戏"，丹麦语 gamen, 瑞典语 gamman "嬉戏"，古弗里斯兰语 game "欢乐"，古北欧语 gaman "游戏，运动；快乐，消遣"），据说与哥特语 gaman "参与、共享"相同 ＜原始日耳曼语＊ga- "表集体前缀" ＋＊mann "人"，含义是 "人们相互"。

其含义 "按规则参加以获胜或占优势的对抗"的 game，最初用于 1200 年（体育竞赛、国际象棋、双陆棋）。尤其是 "狩猎、捕鱼、用鹰行猎或打鸟的运动"，这种 "捕捉野生动物的运动"（约 1300 年）

成为公平竞赛中的游戏，也称 gamey "勇敢的"。其义 "赢得比赛所需积分" 始于 1830 年。

game (v.)

中古英语 gamen "娱乐、运动、开玩笑、嘲笑"，来自古英语 gamenian "玩耍、开玩笑、嘲笑"。从 1400 年左右，该词很少见于中古英语记录，而现代用于 "在游戏中玩耍"（1520 年代）的 game 可能是来自名词的一种新形式。

game (adj. 2)

"准备行动、毫无畏惧、完全胜任"，其字面义可能是 "斗志昂扬的公鸡"，见于 1725 年，来自 game-cock "为争斗饲养的鸟"（1670 年代），来自 "娱乐、消遣" 意义上的 game（n.）。

先将这些义项按年代梳理如下（＜表来自）：

game（n.）"赢得比赛积分"（1830）
＜"在游戏中玩耍"（1520 年代）
＜"狩猎运动竞赛"（约 1300）
＜"按规则参加体育、棋类竞赛"（1200）
＜"娱乐、消遣"（约 1200）
＜古英语 gamen "娱乐，有趣；游戏，消遣"（450—1100）
＜哥特语 gaman "参与、共享"（6 世纪前）
＜原始日耳曼语 * gamann "人们相互"（2 世纪前）

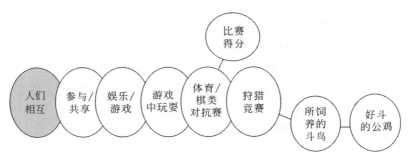

图 4　从 *gamann（相互）到 game（赢分）语义演变图示

由此推定，其语义演变线索大致如下（＞表演变为）：

*gamann "人们相互"（原始日耳曼语）＞ gaman "参与、共享"（哥特语）＞ gamen "娱乐，游戏，消遣"（撒克逊语）＞＜中古英语 game "娱乐、消遣"（约 1200）＞ game "体育、棋类对抗赛"（1200）＞ game "狩猎竞赛"（1300）＞ "在游戏中玩耍"（1520）＞ game "比赛赢得积分"（1830）

其中的语义转化表现为 "串联"（达梅斯特尔）或 "连锁"（莱考夫）过程。

其次，梳理现代英语词典中关于 game 的一般释义。

《21 世纪大英汉词典》：**game (n.)**（1）游戏，运动；玩耍，娱乐；戏嬉；玩笑。（2）体育、棋类等比赛。（3）比赛中的一局、一场；（4）获胜所需得分，比赛积分、比分。（5）获胜。（6）体育用品，比赛器具，棋牌类器具。（7）比赛规则；比赛方式或技巧；竞技状态。（8）需技能、勇气、耐力的类似竞赛；竞争。（9）勇气，斗争精神；忍耐力。（10）策略；花招；阴谋。（11）[总]野兽、野禽等猎物，猎获物；野味。（12）目的物；追求物；攻击或嘲弄对象。（13）[口]职业；尤指冒风险的行当。（14）[废]狩猎。（15）（被饲养天鹅）一群。（16）the game [俚]卖淫、做贼。（李华驹 2002：957）

Game（活动）的语义特征分析：
0. 人们相互［活动］［相互性］
1. 共享［活动］［相互性］［愉悦］
2. 一般的娱乐、游戏［活动］［相互性］［愉悦］［放松/宣泄］
3. 体育、棋类对抗赛［活动］［相互性］［愉悦］［比赛］［体育］［棋类］［技能/智力］
4. 狩猎游戏［活动］［相互性］［愉悦］［比赛］［狩猎］［技能/勇气］

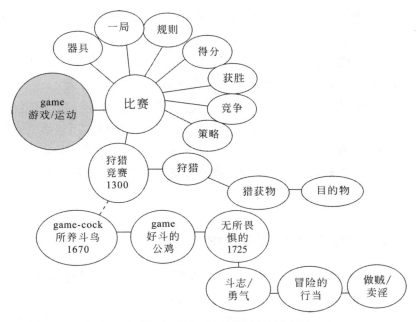

图 5　英语 game（n.）词汇语义的网络图示

由此可见，［活动］［相互性］［愉悦］是其核心意义或基本要素，也就是这些游戏活动的共同点。

历史上不同时期出现的义项，除了早期的 *gamann "人们相互"（原始日耳曼语）和 gaman "参与、共享"（哥特语）已经消亡，从古英语以来出现的引申义基本上都保留在现代英语中。从现代英语看来的"由重叠交叉组成的复杂网络"，其实可条分缕析、纲举目张。而作为原始日耳曼语和哥特语的"人们相互""参与、共享"，仍潜藏在现代英语 game 的众多义项中。

通过该词的历史考察可以发现，所有的游戏都具有基本"共同点"，尽管娱乐、竞争、勇气、智力、技巧、运气这些要素在不同游戏中所起的作用不同。然而，如果没有某个（或某些）必要的共同点，也就失去了自然语言中的词义引申基础。"游戏"

这个词的基本特点是：（1）一种多人（包括假想的、替代的）参与的相互性活动；（2）会产生娱乐感；（3）有相应的道具和程式；（4）需要相应的技能、智力和勇气。一般的游戏活动可分为三类：宣泄性的（玩闹）、休闲性的（放松）和竞争性的（比赛）。

而作为逻辑学问题，"游戏"这个概念是一个上位概念，包括棋类、牌类、球类游戏等下位概念，这些下位概念还包括更下位概念。作为概念（要求定义内涵和外延），逻辑学家完全可以给"游戏"概念的范围划出一条封闭的界线。因为逻辑本来就有人为性——智者的人为。

三、奥斯汀的原核意义理论

莱考夫（1987）曾提出："1. 人们通常认为，维特根斯坦最早提出家族相似性、中心性和梯度性这些观点。2. 作为先驱之一，奥斯汀关于某一词语的多种意义之间存在联系的观点无疑是词典学和历史语义学早期观点的结晶。同时他提出了这些多种意义之间具有家族相似性的当代一词多义观。"（李译本 2017：14）

作为日常语言哲学牛津学派的主要代表，奥斯汀（John Langshaw Austin, 1911—1960）在《词语的意义》（*The Meaning of a Word*, 著于 1940, 1961 刊行）中提出："我们为什么用同样的名称来叫不同（种类）的事物？"与维特根斯坦不同的是，奥斯汀将这种分析扩展到对词语本身的研究，也就是试图回到"语言学问题"。按照莱考夫的术语，奥斯汀的分析涉及三种情况。

第一种情况是转喻。奥斯汀的例子是：

The adjective 'healthy': when I talk of a healthy body, and again of a healthy complexion, of healthy exercise: the word is *not* just being used *equivocally*...There is what we may call a *primary nuclear sense* of 'ealthy' the sense in which 'healthy' is used of a healthy body: I call this ***nuclear*** because it is 'obtained as a part' in the other two senses which may be set out as 'productive of healthy bodies' and 'resulting from a healthy body'....Now are we content to say that the exercise, the complexion, and the body are all called 'healthy' because they are similar? Such a remark can-not fail to be misleading. Why make it? (Austin 1961: 7l)

形容词 "健康" (healthy)：当我谈到健康的身体，又谈到健康的肤色、健康的运动时，这个词并**不只是**含糊的使用……这里有我们可以称为 "健康" 的**原核意义**。在该意义中，"健康" 用于指健康的身体——我称此为**原核**，因为它在另外两个意义中 "作为部分被包含"。这另外两个意义可以分别视为 "身体健康产生的" 和 "促使身体健康的" ……我们满意于把运动、肤色以及身体都说成 "健康"，是因为它们相似吗？这种说法不可能不使人误入歧途。为什么会这样呢？

奥斯汀的原核意义与当代语言学家所称的中心意义类似。莱考夫认为，这种 "作为部分被包容" 的关系，即相当于转喻中的部分代整体。因而，奥斯汀的例子就可用下列方式理解：

B 型的运动形成了 A 型的身体。

C 型的肤色起因于 A 型的身体。

"健康" 这个词叫作 A。

就命名而言，A 可以代表 B 【转喻】。

就命名而言，A 可以代表 C 【转喻】。

这样，"健康" 这个词就具有 A、B、C 三种意义，由此构成一个范畴，其中的成员以上述方式彼此相关。A 是该范畴中的中心成员（奥斯汀的原核义），B 和 C 是引申义。（李译本 2017：19）

奥斯汀指出，分析一词多义的前提，对说话者而言，就是这些意义已经形成一个集合——这个集合如此自然，以致于不得不由分析家来辨析。显而易见，把多种意义联系起来的机制具有心理基础，并非某个精明的分析家随意思考的结果。奥斯汀一直试图解释，人们为什么会自然而然地运用同样的词语表达不同的意义，并且暗示这些机制就是词语的使用法则，为通过同一词语将各种意义结合成组提供了"充分理由"。按照莱考夫的说法，这一机制就是"转喻"。

第二种情况是"隐喻"，亚里士多德（Aristotle）称之为"类比"。奥斯汀的例子是：

When $A:B::X:Y$, then A and X are often called by the same name, e.g., the foot of a mountain and the foot of a list. Here there is a good reason for calling the things both "feet" but are we to say they are "similar"? Not in any ordinary sense. We may say that the relations in which they stand to B and Y are similar relations. Well and good: but A and X are not the relations in which they stand. (Austin 1961: 7l-72)

当 A：B :: X：Y 时，那么 A 和 X 通常用同样的名字来称呼。例如：the foot of a mountain（一座山的脚）和 the foot of a list（一份名单的脚）。在这里，有充分的理由把这两种事物都称为 foot（脚），但是我们能说它们是"相似的"吗？就一般意义而言并非。我们可以说，A 和 X 之间持有的关系与 B 和 Y 的关系相似。这样也行，但是 A 和 X 不是 B 和 Y 之间持有的那种关系。

莱考夫认为奥斯汀在此讲得不明确。似乎接下去要讲的是，以隐喻方式将人体投射到 mountain（山）和 list（名单）上。如对奥斯汀的分析加以扩展，并将其转成当代术语就可得出：

A 是人体的最下面部分。
X 是山体的最下面部分。
X'是名单的最下面部分。
人体投射到那座山体上，就是 A 投射到 X 上。【隐喻】
人体投射到那份名单上，就是 A 投射到 X'上。【隐喻】
foot 这个词原来指称 A。

A、X 和 X' 构成一个范畴, A 是中心成员, X 和 X' 是非中心成员, 通过隐喻与 A 相联系。(李译本 2017: 20)

在汉语中表示山的最下面用"脚/足"(古代汉语"麓", 本义生长于山脚的林木, 转指山脚), 而表示名单(文章、书籍、画卷等)的最后面部分则用"末尾"。末, 木上的顶端、尽头; 尾, 动物的尾巴。有"文末""文尾"之说法。文章注解, 当页下面注称"脚注", 文章最后注称"尾注"。

第三种情况是连锁。奥斯汀指出:

Another case is where I call *B* by the same name as *A*, because it resembles *A*, *C* by the same name because it resembles *B*, *D*...and so on. But ultimately *A* and, say *D* do not resemble each other in any recognizable sense at all. This is a very common case: and the dangers are obvious when we search for something 'identical' in all of them! (Austin 1961: 72)

另一种情况, 用与 A 相同的名称来叫 B, 因为它与 A 类似, 也用相同的名称叫 C, 因为它类似于 B, 还用来叫 D……诸如此类。但是最终, 就可辨认的意义而言, A 与 D 彼此毫无类似之处。这种情况非常普遍, 当我们寻找它们全都具有的某些"全同之处"时, 其困境显而易见。

Take a word like 'fascist': this originally connotes a great many characteristics at once: say, *x, y,* and *z*. Now we will use 'fascist' subsequently of things which possess only *One* of these striking characteristics. So that things called 'fascist' in these senses, which we may call 'incomplete' senses, need not be similar at all to each other. (Austin 1961: 72)

以 fascist(法西斯主义者)这样的词为例, 起初同时包含很多特征, 比如: 特征 x, y 和 z。既然我们后来用 fascist 来描述仅具这些显著特征之一的事物, 那么, 在此意义上称 fascist 的那些事物, 我们可以称为"不周全"含义, 彼此之间不必完全相似。

据莱考夫的解释，此处的 A 是原核义，B、C、D 是引申义且构成连锁。莱考夫进而断言"当代学者运用核型理论进行的这些语义分析，与奥斯汀的思路十分接近。"（李译本 2017：21）据我们所见资料，当代学者运用核型理论进行的这些语义分析，以及奥斯汀的语义分析思路，皆植根于 19 世纪的语义学论著之中。

四、此前语义学家与之相关的观点

20 世纪 70 年代，美国心理学家罗斯等（Rosch 1973, 1975; Rosch & Mervis 1975）在家族相似性理论基础上提出原型范畴理论。罗施早年在美国俄勒冈州波特兰市东南部的里德学院（Reed College）学习，本科哲学论文是研究维特根斯坦哲学的，1975 年与默维斯合作发表了《家族相似性：范畴的内部结构研究》。1988 年，吉拉兹（Dirk Geeraerts）在《认知语法和词汇语义学史》中引用了埃德曼的论述，以之作为当代原型范畴理论和语义变化研究，与 19 世纪末到 20 世纪初的语义学之间存在相似之处的证明。此后又有评价："历史语文语义学家埃德曼对词语边界模糊性的描写，似乎是原型效应的最初描述。"（Geeraerts 2010: 277）

通过西方语义学史梳理，可以看到在维特根斯坦（1936—1937）和奥斯汀（1940）及罗施（1973）之前，19 世纪初到 20 世纪 30 年代的许多语义学家已经发表了一系列与家族相似性、原核意义、原型范畴理论关系密切的精辟论述。

（一）早期语义学家的见解

关于词语使用和意义的理解要依据上下文或语境，西方学者从 19 世纪初就有探讨。1810 年，英国斯图尔特（Dugald Stewart, 1753—1828）在《论近期语言学思潮的趋势》中指出：

我们的词语，当分别看待时，往往与组成这些词语的字母一样毫无意义，唯有从它与其他词语保有的关联或关系中才能获得意义。其中一个很明显的例子就是，对于具有多种通用意义的词语，在每次特定应用中，必须从其作为构成部分的整个句子收集信息而导入其特定意义。（Stewart 1810: 208-09）

1831 年，英国斯马特（Benjamin Humphrey Smart, 1786—1872）在《符意学纲要》中进一步强调，词语只有在句子中才有意义，句子只有在段落中才有意义，段落只有在文本中才有意义。（Smart 1831: 54—55）

正是通过反复听到同一词语与其他词语出现在同一语境中，人们才终于获得了该词语的丰富知识——而这就意味着该词语出现的一些场合都被观察并比较过。简而言之，这就意味着通过使用语言的手段，使我们的知识不断扩大。（Smart 1831:181-182）

斯马特指出修辞手段和转喻在语言发展中的作用：

说话者采用的权宜之计，即构成话语的各种转喻和修辞方式……实际上，这些权宜之计是语言初始结构的基本部分，尽管有时可能被用于虚假意图，但在大部分场合，它们对真实的有效交流不可缺少。只有通过这些权宜之计，心智才能显露其为心智——语言就是由这些构成的：此处不存在诸如思想那样明确而直接的意象之类的东西。（Smart 1831:208-210）

它们（比喻）是语言的初始本质，并且如今的平常话语正是从其最初引发。所有的词语本来都是转喻；换而言之，转化式表达（这样的转喻义）从其最初的意图，再延伸到其他目的。（Smart 1831: 214）

1875 年，英国赛斯（Archibald Henry Sayce, 1846—1933）在《比较语文学原理》中指出：

我们必须时刻牢记观念与记录其词语的相对性。同一词语可能用来表示多种意思，所负荷的特定意思取决于语境。每个词语的意义能够从多方面想起，可能激发不同观念的联想，而引起意指的多样性，随着时间的流逝而分化成有区别的词语。（Sayce 1880: 342-343）

1875 年，美国辉特尼（William Dwight Whitney, 1827—1894）在《语言的生命与成长》认为，言语行为改变旧材料，不仅不会损害所用词语的意义，反而与意义的本质完全一致，因为"**词语的习惯用法范围，涵盖的不是一个点，而是一片领域，一片没有规则的、多样化的多变领域。**"（Whitney 1875:110）人们必须根据交际语境而重新界定词语涵盖的范围，这是一种无声无息地在语言中发生的变化。

19 世纪的德国语义学研究通常有两大取向：（1）逻辑-分类取向；（2）心理-解释取向。前者希望找到能把词语齐整划分的一般类型或语义演变定律；后者不仅要发现语义演变类型，更要寻找语义演变原理。心理-解释取向的代表有斯坦塔尔（Heymann Steinthal, 1823—1899）、拉扎鲁斯（Moritz Lazarus, 1824—1903）、盖革（Lazarus Geiger, 1829—1870）、托布勒（Ludwig Tobler, 1827—1895）、赫克特（Max Hecht, 1857—1947）、冯特（Wilhelm Wundt, 1832—1920）、罗森斯泰因（Alfred Rosenstein, 1857—1928）和海伊（Oskar Hey, 1866—1911）等。这种语义演变的研究方法，增强了对引起词义演变的上下文和语境因素的考察。

1887 年，法国达梅斯泰特尔（Arsène Darmesteter, 1846—1888）在《作为观念符号的词语的生命》中指出，隐喻和转喻是语义变化的最重要过程（Darmesteter 1887: 62ff），通常包括辐射和串联两种类型。

当一个对象将其名称赋予一系列其他对象时就会发生**辐射**，这是由于此类对象存在共有的相同特性。名称从原初对象辐射到所有其他对象。（Darmesteter 1887: 73）

在**串联**中，该词语传给第二个对象时遗忘了其原始义；然后，伴随着新角色的含义被遗忘，该名称又从第二个对象转向第三个对象，依次类推。（Darmesteter 1887: 76）

这些演变原因基于个体"心理行为"。由于对这些随意的自发现象的描述难有科学性，达梅斯特尔只想研究被大众认可的即集体性的一面。（Darmesteter 1887: 89）

1887 年，法国布雷阿尔（Michel Jules Alfred Bréal, 1832—1915）在《词语的历史》（收入 Bréal. *Essai de Sémantique*, 1897）中提出，词语在没有语境的情况下是多义的，但在具体话语中却只有一个含义。

每门科学、每种艺术、每个职业，都用共同语词汇作为其专业术语。这种意义的多样性，为什么既不产生模糊也不产生混淆？这是因为该词的出场，它之前和围绕它的东西已经准备好了，由时间和地点评议，由其舞台角色决定。注意！它只有一个含义，不仅适用于说话者，也适用于听话者，因为有一种伴随并提醒说话者的有效监听方式。（Bréal 1897 [1887]: 313-314）

1898 年，德国斯托克莱茵（Johann Stöcklein, 生卒未详）在《词意的演变》（*Bedeutungswandel der Wörter*）中，描述了词义在语境中演变的三阶段：1. 最初阶段，该词在特定语境中与某一观念相联系。2. 转变阶段，通过在特定语境中的反复出现，使得新关联的观念与该词密切相关。3. 新义阶段，新的观念变成该词的主要表征，该词的新义用于新的组合中。（Stöcklein 1898: 14）斯托克莱茵认为：

因此，词语并非一个不可改变、有固定边界和内容稳定的僵硬概念，它是流动的、易变的，因为它依附于相应的语境。而这就是其意义改变的原因。（Stöcklein 1898:12）

实际上，词语的意义只在用法中"固定"，并且很容易动摇。

1897 年，法国波朗（Frédéric Paulhan, 1856—1931）在《心理双关语》中指出：

> 词语本身不可能有一个确切的**意义**，而我们要用它说什么也必定能懂——伴随它的其他词语，一句，一章甚至整本书，都能从其所有可能的**含义**中单独地指出，在特定情况下它应属何意。（Paulhan 1897: 898）

在《词语意义为何》（1928）中，波朗进一步区分了意思（sens）和意指（signification）。**"意思"是模糊的、变化的和复杂的；而"意指"代表词语所包含的普遍而抽象的核心意义**。（Paulhan 1928: 293-294）

俄罗斯心理学家维果斯基（Лев Семёнович Выготский, 1896—1934）在《思维和语言》（1934）中采纳了波朗的这一思想。

> 正如波朗所言，词语的**意义**是该词在我们意识中产生的所有心理事实的集合。因此，该词的**意义**总是一个动态的、流动的复杂形式，其中有几个不同的可持续区域。**意指**只是该词在所有说话的语境中获得的意义区域之一，并且该区域是最稳定的、一致的和明确的。如你所知，不同语境中的单词很容易改变其**意义**。与之相反，**意指**是固定和不变的位点，它对一个词的**意义**在不同语境中的所有变化保持稳定。……在词典中分离列出的单词，只有一个**意指**。但该**意指**不过是真实话语中所实现的一个效能，这种**意指**在**意义**大厦中仅为一块石头。波朗说，词语的意义是一个复杂的可变现象，在某种程度上根据个人思想并随着与情境保持一致的感知不断变化。……单词只从短语中获得其意义，而短语只从所在段落的上下文中获得意义，段落从该书的上下文中获得意义，而该书从作者的整体作品的文本中获得意义。（Выготский 1999 [1934] : 322-323）

1917 年,瑞典魏兰德尔（Erik Wellander, 1884—1977）在《德语意义变化的综合研究》中提出，**词语的一般抽象意义是摆脱了特定差异和变异的抽象化和理想化意义，而特定意义则包含变异和偏离**，对特定意义的理解，依赖于语境的激活。

在口语中，单词的含义取决于我们所用该词碰到过的所有联结的总和，……这些联结由构成该词意义的许多要素组成，**依据说话或写作语境对其激活**，有时是这些要素，有时是其他要素出现在意识的前台。(Wellander 1917:10)

根据这一观点,词语被说出和被听到的语境,总是激活其"词汇"意义的联想因素。魏兰德尔以之作为解释"词汇"意义形成和新义发展的背景。

Bei wiederholtem Gebrauch desselben Wortes verknüpft sich in der Seele des Individuums das Wort immer wieder mit den gleichen Vorstellungen, die jedesmal die individuelle Bedeutung bilden. Diese individuellen Bedeutungen sind nicht ganz identisch miteinander; sehr weit können sie aber auch nicht auseinanderfallen, wenn die neuerzeugten Vorstellungen imstande sein sollen, sich mit den älteren zu assoziieren, die früher im Bewußtsein waren. Wächst der Unterschied über ein gewisses Maß hinaus, so treten die älteren Vorstellungen gar nicht ins Bewutsein, geschweige denn, daß sie sich mit den neu hinzugekommenen assoziieren ... . In solchem Falle wird das Wort nicht mehr als dasselbe empfunden, sondern wird als ein ganz anderes, neues Wort aufgefaßt, mit einer besonderen Bedeutung. (Wellander 1917: 14)

如果反复使用同一词语，在个体心灵中与相同表征一次次关联，这些个别意义彼此之间完全相同。如果新产生的表征，能与之前意识中的原有表征相关联，那么它们不可能差异很大。但是如果差异**不断增大并超过一定限度，那么原有表征不再被想起，甚至它与新产生的表征之间的关联已很薄弱……。在这种情况下，该词语不再**

与原词语相同，而被视为拥有特定意义的新词语。

也就是说，如果某个词语经常反复使用，其出现语境不仅激活该词语的某些"特征"，还有可能削弱或增强某些"特征"，从而致使其意义发生变化。

以上论述表明，在 20 世纪 30 年代以前，语义学家早已知道：（1）词语在没有语境的情况下是多义的，但在不同社会语境中却获得了不同的限定意义。（2）意义在语境中发生变化。每个词语可能激发不同概念的联想而引发意义的多样性，由此随着时间的流逝而分化成不同的意义。（3）隐喻和转喻是语义变化的最重要过程，新词义的产生表现为"辐射"和"串联"进程。（4）词语并不是一个有固定限制和稳定内容的僵硬概念，它是流动的、易变的，针对不同的情境随机应变。词语的习惯用法范围涵盖的不是一个点，而是一片领域。（5）词语的一般抽象意义是摆脱了特定性的差异和变异的理想化意义，而特定意义则包含这些变异和偏离。（6）词语的"意思"是词语在我们意识中引起的所有心理事件的总和。"意指"是意思区域中最稳定和最精确的区域，代表词语的普遍而抽象的核心意义。词语在不同语境中改变其意思，而意指在其演变过程中保持稳定。

以上这些从语言学（参照心理学、话语情景等）立场的分析，其深刻性远超维特根斯坦和奥斯汀的分析。与其像维特根斯坦那样冥思苦想，还不如看看前辈语言学家的脚踏实地的研究。

（二）斯托特（1891）的通用意义虚构论

1891 年，英国心理学家和语言学家斯托特（George Frederick Stout, 1860—1944）受保罗（Paul 1880, 1886）"通常意义""偶发意义"二分的启发，在《思想和语言》中发展了"话语域"中的语义变化理论。一方面，斯托特对"偶发意义"这样解释：

每个表达性符号，只有其关联系统能够融入正在建构过程中的概念整体之中，才有能力使这一系统具体化。因此，词语的意义会随其出现的语境而改变。（Stout 1891:194）

某一词语的偶发意义的变化（在通常意义设定的限制内）不仅依赖于斯托特称之为的"上下文"（co-text），而且还依赖于"环境"（circumstances），或魏格纳（Philipp Wegener, 1848—1916）所说的情景（situation）。也就是说，偶发意义"取决于话语域"（Stout 1891: 195）。

另一方面，斯托特对"通用意义"提出质疑：

在某种意义上，通用意义只是一个虚构。……在一个词语的全部用法中要有一个无所不在的相同的意义要素，也许就没必要。……"通用的"或"一般的"意义，并非一个词语本身承受的意义。它只是在不同程度的含糊和改变范围之内，限制偶发意义歧义的一个条件。（Stout 1891: 194）

斯托特关于"通用意义虚构"说，冲击了柏拉图以来关于传统概念的所谓"本质"。

（三）埃德曼（1900）的中心-边界理论

1900 年，德国语义学家埃德曼（Karl Otto Erdmann, 1858—1931）在《词语的意义》中，提出"表象"自身意义具有易混淆的多重性，进一步区分了：1. 语法形式的多义性；2. 相关词（需要借助上下文理解）的多义性；3. 术语自身的多义性。（Erdmann 1900: 1—2）埃德曼对词义上下文理论的阐述是：

词语的意义既相互适应又相互界定。所用各个词语的意义依赖于整个句子的意义，这是完全正确的。反之，就句子的意义而论，则依赖于其使用的词语意义。（Erdmann 1910: 43-44）

埃德曼的主要贡献，在于区分了自然语言的"词义"和逻辑上完美的"概念"，强调词义是包含一个中心及边界模糊的区域。

然而，无论人们秉持何种关于概念的本质、意义和起源的理论，从逻辑角度，总是要求词语必须显示毫不含混的清晰边界，要求对其范围和内容加以明确规定。但是，凭借词语不能容易地表明此类概念。**反之，词语通常是相当笼统的表征复合体的符号，这些表征在不同程度上松散地联系在一起。……词义的边界就像被冲蚀的、模糊的、潮解的状态。**而在我看来，如果不谈论一个词的范围边界，而是……讨论**包含一个中心的边界区域**，则词义的真相会描述得更充分。通常人们能用削尖的铅笔画一个边界截然的圆圈，形象地展示一个逻辑上完美的概念的范围，然而如果人们想通过划一道从宽到窄的条纹去描绘一个词语内容的边界，就如同一把蘸满油漆的刷子在物体表面留下的痕迹。（Erdmann 1910 [1900]: 4-5）

埃德曼分析词义的主要术语有："在不同程度上松散地联系""界限模糊""中心""边界区域"。大体而言，埃德曼提出了一个语义网络理论。**词义的界限是一张线条型的网络**（Erdmann 1910 [1900]: 8），**一个词的意义是基于某种特征的交叉**（Erdmann 1910 [1900]: 32）。而一个词的意义永远不是完全固定或一成不变的，词义的特征网络总会重新编织。词义特征的说明是可以延伸的，不仅依据外部世界，而且参考语言使用者的当时想法。

（四）加德纳（1932）的意义域理论

柏拉图在《理想国》中写道，自然界中有形的东西是流动的，但是构成这些有形物质的客观"形式"或"理念"却是永恒不变的。柏拉图的"理念"术语 ιδέα（idea）和 είδος（eidos），均来自动词 ιδέιν（idein，看），本义指"看到的形状"，转义为心灵所见。当我们说到"马"时,不是指任何一匹马,而是指一种马。"马"的含义独立于各种马,不存在于时空中,因此是永恒的。但是某一匹特定的存在于感官中的马,却是流动的。对那些流动的事物,对它们只有看到,而唯一能够真正了解的,只有运用我们的理智来了解的"理念"。柏拉图对"理念"的规定是:如多个事物具有某属性,那么该属性就是这些事物的共相,单个事物皆分享该共相的一部分。

一些德国语义学家认为,意义不是附属于词语的那种柏拉图式的"理念",而是一个适用性的范围。1932 年,英国语义学家加德纳(Alan Henderson. Gardiner, 1879—1963)在《言语与语言的理论》中,以英语的词 horse(马)为例展开详细阐述:

也许,我们最好把像 horse(马)这样的词语,就我们使用的意义,描绘成所设想的一个领域或区域,在此示意图上,将适合运用的各种可能性都标志出来。因此,我会经常使用"**意义域**"这样的表述。(Gardiner 1932: 36)

词义可用主观或客观的两种方法来分析。horse 的主观义可能包括实体性等,而客观义则包括各种可能的事物意味或用例。例如: this brown cab-horse(这匹棕色的出租马车的马), that grey race-horse(那匹灰色的比赛的马), the nursery rocking-horse(幼儿园的摇摆木马), the horse of Troy(特洛伊木马), horse as a kind of meat(作为肉类食物的马), the gymnasium horse(健身房鞍马), the towel-horse(毛巾马架)等。由此可见,"马"就是一个意义域,各种正确使用的可能性都可映射其上。

但在 horse 词义的合适范围内,各种事物意味将**有区别地分组**,一些相当靠近**边界线**,而其余的则明显处于**中心**。一位著名的生理学家告诉我,每当提到 horse 这个词,脑海里总会浮现一匹奔腾白马的意象。无论如何,这一意象表明,就特定的说话主体(法 *sujet par-*

lant）而言，奔腾的白马总是处在 horse 词义中心。(Gardiner 1932: 37)

对大多数人而言，处于词义中心区域的是作为动物的活马。据此，其他用法多少有些怪异，即通过隐喻而形成不同程度的语义偏离。

毫无疑问，对大多数人而言，这种或那种类型的活马都明显处在中心。当 horse 用于指玩具木马时，会感到轻微的**偏离**；用于指健身鞍马时，感觉偏离更大了；而用于指毛巾马架时，偏离越发大了。依据我们的示意图，这些用法越来越**外围化**。(Gardiner 1932: 37)

加德纳的结论就是：

将词语视为类名的唯一真正困境在于，我们通常将类别视为个别事物的集合，这些事物在某些特定情况下是相似的。但是词语的意义通常包含各种用法，**这些用法之间无法找到任何相似点**。……初看起来，将言语机制描述为"事物的指示依据理念的名称"似乎是合理的；……但通过仔细观察，我们注意到词语的意义根本没有这种自身一致或同质"理念"的特性。(Gardiner 1932: 43-44)

加德纳用词语的"意义域"或适用性取代了概念的柏拉图"理念"。加德纳的"意义域"理论，包括了"有区别地分组""中心""边界线""偏离""外围化"这些关键术语，其丰富胜过其后的家族相似性理论，而如今的原型范畴理论与之似曾相识。 1936 年，维特根斯坦的《哲学研究》开始写作（家族相似性的 66—76 小节，写于 1936 年 11 月—1937 年 3 月 ），全稿成于 1945 年，刊于 1953 年。奥斯汀的《词语的意义》写于 1940 年，刊于 1961 年。**尽管维特根斯坦以 game 为例提出家族相似性，但是与加德纳以 horse 为例论述意义域理论的过程太相似了。而**奥斯汀的一词多义观、原核意义理论，同样与斯托特、埃德曼、加德纳的观点一脉相承。至于罗斯在家族相似性理论基础上提出的原型范畴理论，可以说就是加德纳意义域理论在 1970 年代的新版。

斯托特是英国 20 世纪初期最有影响力的心理学家，以批评传统关联主义而著称，并被视为格式塔心理学先驱。斯托特早年在剑桥大学学习心理学，毕业后在剑桥大学圣约翰学院工作。1892 年担任《心灵》杂志主编，出版《分析心理学》（1896）和《心理学手册》（1898—1899），其中阐述了格式塔心理学的原则。1903—1936 年，任圣·安德鲁（St. Andrew）大学的逻辑学和哲学教授。加德纳是英国著名古埃及学家、语言学家、文献学家。早年在卡尔特修道院和牛津大学皇后学院接受教育，后到柏林大学攻读古埃及学。

虽然西方学者引用前人观点不注明出处的情况常见，但是仍然逃不出学术史的梳理。至于维特根斯坦们是否看过斯托特、埃德曼、加德纳的论著不得而知。如假定他们不知，则表明语言哲学家、认识心理学家不阅读相关的语言学著作；如假定他们知道，则表明语言哲学家、认识心理学家未注明相关的语言学成果。无论怎样，但有一点是明确的——他们的观点或理论并非首创。

综上所述，从学术史立场来看，就家族相似性理论、原核意义理论及原型范畴理论而言，并非语言哲学、认知心理学研究推动了语言学研究，而是语言学研究推动了语言哲学、认知心理学研究。

参考文献

李葆嘉，2013，词汇语义学史论的壮丽风景 [J]，《江苏大学学报》（1）：1–14。
李华驹，2002，《21 世纪大英汉词典》[Z]，北京：中国人民大学出版社。
莱考夫著 1987，李葆嘉、章婷、邱雪玫译，2017，《女人、火与危险事物：范畴显示的心智》[M]，北京：世界图书出版公司。
维特根斯坦著 1953，陈嘉映译，2001，《哲学研究》[M]，上海：上海人民出版社。涂纪亮译，2003，《维特根斯坦全集 8·哲学研究》[M]，石家庄：

河北教育出版社。

Austin, J. L. 1961. The Meaning of a Word [A]. In *Philosophical Papers*. Oxford: Oxford University Press.

Bréal, M. J. A. 1887. L'histoire des mots [J] . *Revue des deux mondes* 82: 4, 187-212. New shorter version in Bréal 1897. *Essai de Sémantique (science des significations)* [M]. Paris: Hachette. pp. 305-339.

Darmesteter, A. 1887. *La vie des mots étudiée dans Leurs significations* [M]. Paris: Delagrave.

Erdmann, K. O. 1910 [1900]. *Die Bedeutung des Wortes. Aufsätze aus dem Grenzgebiet der Sprachpsychologie und Logik* [M]. Leipzig: Haessel. (2nd. 1910, Aufl. Leipzig: Avenarius. 3rd ed. 1922. 4th ed. 1925)

Gardiner, A. H. 1932. *The Theory of Speech and Language* [M]. Oxford: Clarendon Press. (2nd 1951., repr., 1963)

Geeraerts, D. 1988. Cognitive Grammar and the History of Lexical Semantics [A]. In Brygida Rudzka-Ostyn ed., *Topics in Cognitive Linguistics*. Amsterdam: John Benjamins. pp. 647-677.

Geeraerts, D. 2010. *Theories of Lexical Semantics* [M]. Oxford: Oxford University Press.

Lakoff, G. 1987. *Women, Fire and Dangerous Things: What Categories Reveal about the Mind* [M]. Chicago: The University of Chicago Press.

Nerlich, B. 1992. *Semantic Theories in Europe, 1830—1930 From Etymology to Contextuality* [M]. Amsterdam: John Benjamins.

Paulhan, F. 1897. *Psychologie du calembour* [J]. *Revue des deux mondes* 1: 42, 862-903.

Paulhan, F. 1928. Qu'est-ce que le sens des mots? [J]. *JPs* 25, 289-329.

Rosch, E. 1973. Natural Categories [J]. *Cognitive Psychology* 4, 328-350.

Rosch, E. 1975. Cognitive Representations of Semantic Categories [J]. *Journal of Experimental Psychology: General* 104: 192-233.

Rosch, E. & Capolyn B. Mervis 1975. Family Resemblances: Studies in the Internal Structure of Categories [J]. *Cognitive Psychology* 7, 573-605.

Sayce, A. H. 1875. The Principles of Comparative Philology [M]. London: Trübner.

Smart, B. H. 1831. *An Outline of Sematology: Or an Essay towards Establishing a New Theory of Grammar, Logic and Rhetoric* [M]. London: Richardson.

Stewart, D. 1810. On the Tendency of Some Late Philological Speculations [A].

Philosophical Essays. Edinburgh: Creech.

Stout, G. F. 1891. Thought and Language [J]. *Mind* 16: 181-197.

Stöcklein, J. 1898. *Bedeutungswandel der Wörter; Seine Entstehung und Entwicklung* [M]. München: Lindaursche Buchhandlung.

Выготский, Лев Семёнович. 1999 [1934]. *Мышление и Речь* [M]. Москва: Пятое издание, Издательство Лабиринт.

Wellander, E. L.1917−1921. *Studien zum Bedeutungswandel im Deutschen* [M]. 3 Teile. Uppsala. 1.Teil, Berlings Boktryckeri; 2−3. Teil, Lundequistska Bokhandeln.

Whitney, W. D. 1875. *The Life and Growth of Language: An Outline of Linguistic Science* [M]. New York: Appleton; London: King.

Wittgenstein, L. 1953. *Philosophical Investigations* (Translated by G. E. M. Anscombe), *Philosophische Untersuchungen*, Third edition of English and German text with index, Basil Blackwell Ltd. 1986.

附记：本文成稿于 2019 年 6 月。题名为《论家族相似性、原核意义论、原型范畴理论的语义学来源》，刊于《北华大学学报》，2021 年第 2 期。

评英国学者的语义学简史研究

提　要： 20 世纪 50—70 年代，英国的几位学者发展了语义学理论。乌尔曼在《语义学：意义科学导论》(1962) 中描述了西方语义学简史，然而这一"以史为鉴"的学风却未能延续，其后的英国语义学家或不置一词，或偶有提及而误说丛生，由此导致中国语言学界迄今仍有以讹传讹。有鉴于此，乌尔曼书中的"语义学简史"这部分值得述评，帕尔默、莱昂斯等人的讹误及其误导有必要澄清。

关键词： 英国；乌尔曼；语义学简史；帕尔默等；澄清误说

一、乌尔曼的语义学史简介

尽管形式结构主义和美国描写主义排斥语义研究，但在 20 世纪 50 年代到 70 年代，语义学理论在英国仍然有所发展。在弗斯（John Rupert Firth, 1890—1960）之后，基于功能主义研治语义学的乌尔曼 [1]，先后出版《词语及其运用》(*Word and Their Use*, 1951)、《语义学原理：意义的语言学方法》(*The Principles of Semantics: A Linguistic Approach to Meaning*, 1957)、《法语语义学概论》(*Précis de Sémantique Française*, 1952)、《语义学：意义科学导论》(*Semantics: An Introduction to the Science of Meaning*,

---

1　乌尔曼（Stephen Ullmann, 1914—1976）是匈牙利裔英国语义学家、罗曼语文学家。1914 年生于奥匈帝国的布达佩斯，1936 年获布达佩斯大学语文学博士学位。后到英国格拉斯哥大学深造，1939 年在该校罗曼语文学和普通语言学系任教。1953—1968 年，主持利兹大学罗曼语语文学教研室。1968 年起任牛津大学教授。

1962）和《意义与风格》(*Meaning and Style*, 1973）等著作。

在《语义学：意义科学导论》"绪论"（Ullmann 1962: 1-10）中，乌尔曼描述了西方语义学简史。其要点是：（1）古希腊学者已涉及语义研究的基本问题。（2）19 世纪上半叶，比较语文学和浪漫主义推动了语义研究。莱斯格（Christian Karl Reisig, 1792—1829）提出 Semasiologie（语义学）。（3）19 世纪的最后二十年，影响最大的是保罗（Hermann Paul, 1846—1921）的《语言史原理》(1880)、达梅斯泰特尔（Arsène Darmesteter, 1846—1888）的《基于意义的词语生命研究》(1887)，及布雷阿尔（Michel Alfred Bréal, 1832—1915）的《语义学探索》(1897)。（4）20 世纪的前三十年，西方学者广泛运用哲学、心理学、社会学、文化史等成果来解释语义学问题，特里尔（Jost Trier, 1894—1970）提出语义场理论。（5）20 世纪初，风格学对语义学研究产生了深刻影响。而乌尔曼本人，继承德法语义学传统，并基于结构-功能主义进行语义研究，推动了语义学研究的发展。

20 世纪 60—70 年代，莱昂斯（John Lyons, 1932—2020）的《结构语义学》(1963) 和《语义学》(1977)、利奇（Geoffrey Leech, 1936—2014）的《语义学：意义的研究》(1974)、帕尔默（Frank Robert Palmer, 1922—2019）的《语义学新论》(1976) 陆续出版，这些论著主要秉承弗斯的传统，也不同程度上受到乌尔曼论著的影响。然而，遗憾的是，这些作者对语义学史或全不涉及，或偶有提及而讹误丛生。换而言之，乌尔曼"以史为鉴、继往开来"的学风未能延续下来。

直到 1992 年，聂利奇（Brigite Nerlich）出版的《欧洲语义学理论 1830—1930：从语源论到语境性》，才全面梳理了西方语义学这一百年的丰硕成果。聂利奇在其《导论》"语义学史文献综述"中提及，"乌尔曼的语义学史简介仍然值得一读"（Nerlich 1992: 4），不过并没有加以评介。作为 20 世纪 90 年代以前英国学者关于语义学史阐述的唯一的一份文献——乌尔曼《语义学：意义科学导论》中的"语义学简史"值得重温与检讨。尤其需要正视的是，长期以来，中国学界对西方语义学史的点滴介绍，多来自帕尔默、莱昂斯等人的零散论述。因此，有必要对其误说正本清源。

本文述评的是 1980 年代之前"英国学者的语义学简史研究"，不包括聂利奇（1992）的研究。[1] 本文首先呈示并评价乌尔曼《语义学：意义科学导论》"绪论"中描述的西方语义学简史，其次再对其后几位英国学者的语义学史误说加以辨析。

二、古代学者对意义问题的研究

乌尔曼（Ullmann 1962: 1-2）认为，西方语言学的两个主要分支词源学和语义学都与词语相关。在早期希腊哲学中已经看到对词源的揣测。[2] 罗马时期，瓦罗（Marcus Terentius Varro, 公元前 116 年—公元前 27 年）的《拉丁语研究》（*De Lingua Latina*）将语源学作为语言研究的三分支之一。尽管 19 世纪之前的词源学方法并不科学，但在语言研究中一直处于核心地位，直到晚近才意识到需要创建独立的语义学。然而，这并不意味着古人对意义问题漠不关心。现代语义学的大多数主要议题，在希腊和拉丁学者的论述中皆已提及，他们感兴趣的主要是反映大众心理变化的意义变化。

希腊历史学家修西得底斯（Thucydides, 公元前 460 年—公元前 400 年），依据伯罗奔尼撒战争（公元前 431 年—公元前

1　聂利奇（1992）的专著已翻译出版（李葆嘉、刘慧、殷红译，《欧洲语义学理论 1830—1930：从语源论到语境性》，北京：世界图书出版公司，2020），李葆嘉所撰译序《学然后知不足 知不足而再学》对其已有述评。

2　特拉克斯（Dionysius Thrax, 公元前 170 年—公元前 90 年）的《语法技艺》（Téchnē Grámmatiké）包括：语音韵律、解释词语、讲解熟语、探讨词源、归纳类比规则和评价作品，其词语、熟语属于语义研究。

404 年）期间的记载，发现一些道德性词语的含义发生了变化并
呈贬值趋势。

词语与其事物联系的一般通用意义，会随着人们认为的适合度
而改变。"大胆妄为"渐渐被认为是对某集团的有担当忠诚，"谨慎
多思"被认为是懦弱的表现，"温和"被认为是对缺乏男子汉气概的
掩饰，而"事事聪明"则被看成一事无成。（Ullmann 1962: 1）

在罗马历史学家萨勒斯特（Sallust, 公元前 86 年—公元前 34
年）的《与喀提林的战争》（*War with Catiline*）中也写道：

但是，我们早就失去了世上事物的真正名称，正是因为浪费他
人的物品被称作"慷慨大方"，做错事的鲁莽被称作"勇气"，共和
却成了"极权"。（Ullmann 1962: 1）

在我们时代也有类似例子。如"民主"一词的变化，以及奥威尔
式（Orwellian）[1] 双关语的语义噩梦——"和平"指的是战争，"热
爱"指的是憎恨。

罗马政治家西塞罗（Cicero, 公元前 106 年—公元前 43 年）
在《论义务》（*De Officiis*）中写道，委婉语经过一段时间就会失
去价值，逐渐直接用于那些本想掩饰的令人不快情况。

我还发现——原来被恰当地称为"与之交战敌人"（perduellis）
的人，现在却被称作"客人"（hostis），通过柔化表达以减轻实际上
的凶恶。对我们祖先而言，"客人"是指我们现在所称的"陌生来人"
（peregrinus）……对战场上兵戎相见的人，用如此温和的名字来称呼，
这需要超越一般的仁慈？然而，赋予该词的严格含义已随时光流逝；
因为"客人"失去了"陌生来人"的含义，而获得了"全副武装的

1　奥威尔（George Orwell, 1903—1950），英国记者、作家和评论家。少年时期求学于伊顿公学。
后被派到缅甸任警察，却站在苦役犯一边。20 世纪 30 年代参加西班牙内战，因属托洛茨基
派而遭排挤，回国后被划入左派，流亡法国。二战中在英国广播公司（BBC）从事反法西
斯宣传工作。以其敏锐的洞察力和犀利的文笔记录时代，被称为"一代人的冷静良知"。

敌人"的专门内涵。(Ullmann 1962: 2)

罗马诗人贺拉斯(Horace, 公元前 65 年—公元前 8 年)用公式归纳了词语的波动变化,反映人们对用词准确性,持有相当宽容的态度。

东罗马帝国的普洛克鲁斯(Proclus, 410—485)不但列出了词义变化的大量现象,并且划分了一些基本类型,如文化变迁的影响、隐喻以及词义的扩大和缩小等。这些至今依然是解释词义变化的常见原因。

【评注】乌尔曼的这段论述未注明文献出处。普洛克鲁斯出生于君士坦丁堡,其父是拜占庭帝国法律高官。他在亚历山大城研究修辞学、哲学和数学。我们未查到他研究词义的论著。

古人的兴趣更多关注词语在言语中的表达。希腊哲学家德谟克利特(Democritus, 公元前 460 年—公元前 370 年)已区分一词多义和多词同义类型。亚里士多德(Aristotle, 公元前 384 年—公元前 322 年)将词定义为言语中的最小意义单位,并识别了词语的隐喻。而罗马修辞学家昆体良(Marcus Fabius Quintilianus, 35—96),不仅认识到隐喻在修辞中的重要作用,还将之引入语义变化研究。

三、创立语义学学科的动力

乌尔曼(Ullmann 1962: 3-4)提出,希腊-罗马学者关于词语及其用法的观点对后世的语义研究产生了强烈影响,但是创立语义学的动力却另有来由。语义学出现于 19 世纪上半叶,有两个因素起着决定作用。一个是比较语文学,更宽泛地说,就是现代意义上的科学语言学的影响。

【评注】莱斯格 1825 年首创语义学这门学科,是基于德国古典学和阐释学的学术氛围,以及词典学、修辞学和同义词研究的影响。当然,比较语文学在语义学的发展过程中起着促进作用。

　　"语言学"这一术语，1826 年见于法语（la linguistique），11年后见于英语（linguisitic，起初没有 s）。虽然当时的研究集中于语音变化，但是语义探索很快变得非常必要。

　　【评注】乌尔曼的出处：见 *New English Dictionary* 以及 Bloch-Wartburg's *French etymological dictionary* (3rd ed., Paris, 1960). Cf. J. Perrot, *La Linguistique* (Paris, 1957, p.14, n. i.)。1826年晚了，linguistique 在 1812 年已见于法语文献。而 Linguistik，1777 年见于奥地利学者丹尼斯（Micheal Denis, 1729—1800）的《书目志引言》(*Einleitung in die Bücherkunde*, 1777: I. 206, 274; 1778: II. 16, 366. Wien: Joh. Thomas Edl.）[1]。"语言学"从德语传入法语的线索：奥地利学者丹尼尔 1777 → 德国语言学家伐特 1808《民族志和语言学总体档案》(J. S. Vater. Allgemeines Archiv für Ethnographie und Linguistik）→ 法国语言学家亨利 1812《法兰西语言史》(A. G. Henry. Histoire de la langue Française, Paris: Leblanc）→ 民族学家巴尔比 1826《全球民族志地图集导论》(A. Balbi. *Introduction à l'Atlas Ethnographique du Globe*, Paris: Rey & Gravier）→四位大学教授 1827《法语经典词典》(Par Quatre Professeurs de L'université. *Dictionnaire Classique de la Langue Française*, Paris: Baudouin Frères）。

　　创立语义学的另一个因素是文学浪漫主义运动的影响。浪漫主义者对古体词到外来词，包括乡村土语和社会俚语都抱有极大热情，尤其着迷于词语的奇妙而神秘潜能。例如，英国诗人华兹华斯（W. Wordsworth, 1770—1850）的诗句：

Visionary power Attends / the motions of the viewless winds, / Embodied in the mystery of words. (Ullmann 1962: 4)
　　梦幻的力量陪伴／无形无影的风运动，／体现为词语之谜。

1　在文中出现一次的论著并附注外文书名的，不再列入参考文献。

再如，英国诗人雪莱（P. B. Shelley, 1792—1822）在《解放了的普罗米修斯》中写道：

Words are like a cloud of winged snakes. (Ullmann 1962: 4)
词语就像一大群插上双翼的蛇。

然而，语言也是一首《永恒的俄耳普斯[1]抒情之歌》：

which rules with Daedal harmony a throng / of thoughts and forms, which else senseless and shapeless were. (Ullmann 1962: 4)
规则伴随千变万化的和谐纷至沓来 / 思想和形式，毫无其他意义和定形。

法国诗人雨果（V. Hugo, 1802—1885）在其《冥想》中，竟用一系列词语描绘的意象把全诗推向高潮：

Il est vie, esprit, germe, ouragan, vertu, feu; Car le mot, c'est le Verbe, et le Verbe, c'est Dieu. (Ullmann 1962: 4)
这是生命，精神，胚芽，飓风，美德，火焰；因为这个词就是动词，这个动词就是上帝。

使用词语的这些奇异特征，促使浪漫主义作家希望语文学家能够给予他们一些启发。诺迪埃[2]成为当时使用语言的主要权威。

然而，人们觉得需要一个专门学科研究词语意义。1832 年，法国文学家巴尔扎克（H. de Balzac, 1799—1850）在哲理小说《路易·朗贝尔》（*Louis Lambert*）[3]开始的几页中写道：

What a fine book one could write by relating the life and adventures

---

1 俄耳普斯（Orphic）是希腊神话中的歌手，他的琴是抒情的象征。

2 诺迪埃（Charles Nodier, 1780—1844）法国著名作家。1824 年任阿塞纳尔图书馆馆长，1833 年当选为法兰西学院院士。在其阿塞纳尔客厅中，聚集了雨果、缪塞和圣伯夫等后来成为法国浪漫主义运动中心人物的青年。

3 巴尔扎克通过一个对瑞典哲学家伊曼纽尔感兴趣的小男孩，发表了自己对生活和哲学的看法。

of a word! It has no doubt received various impressions from the events in which it has been used; it has evoked different ideas in different places...All words are impressed with a living power which they derive from the mind and which they return to it through the mysteries of a miraculous action and reaction between speech and thought....By their very appearance, words reawaken in our minds the creatures whose garments they are...**But this subject would perhaps require an entire science to itself!**

倘若能把词语的生命与其历险联系起来，写出这样的书该多美妙啊！毋庸置疑，词语从其曾经效力的事件中会形成各种感受，词语从不同的方面可激发不同观念……所有的词语都会给人留下难以磨灭的印象，词语的生命活力源自人的心灵深处，并通过言语与思维之间不可思议的奇妙作用与反作用，回流到心灵之中……词语通过其特定外形，唤起我们心灵中的创造物，它们不仅仅是事物的外衣……然而，**这一主题可能需要一个属于自己的完整学科！**（Ullmann 1962: 4）

可以说，这段描述反映了西欧语义学形成的时代氛围。据说引发了法国语言学家的共鸣，并博得著名画家德拉克洛瓦（E. Delacroix, 1798—1863）的赞赏。其实，在巴尔扎克所言之前，研究词语的新学科已经在德国出现。

1825 年，德国古典学者莱斯格在哈雷大学讲授拉丁语言学时，提出把"语义学"（semasiologie），即研究意义的科学，作为语法学的三个主要部分之一。他将语义学视为一门历史学科，旨在建立"支配语义发展的原理"。他对语义变化的分类显示，"对语义学的研究主题还不甚明朗"。然而，就确定该学科在语言研究中的独立地位而言，莱斯格走出了决定性的一步。

【评注】乌尔曼奢谈的浪漫主义氛围，与德国莱斯格创立语义学没有关系。莱斯格在哈雷大学首创语义学学科，主要基于当时德国的古典学和阐释学氛围，以及前几个世纪的词典学、修辞学和同义词研究的影响。1783—1807 年，现代古典学鼻祖沃尔夫（Friedrich August Wolf, 1759—1824）在哈雷大学担任教授；1804—1807 年，西方诠释学之父施莱尔马赫（Friedrich Schleiermacher, 1768—1834）在哈雷大学担任教授。正是哈雷大学的这种氛围促使其成为“语义学”的摇篮。据莱斯格的《语义学即意义科学》，该学科有三个直接源头：1. 意大利语文学家福尔切里尼（Egidio Forcellini, 1688—1768）在《拉丁语词汇全书》（*Totius Latinitatis lexicon*, 1771）中的词语研究；2. 德国文学史家莫霍夫（Daniel Georg Morhof, 1639—1691）的修辞学研究；3. 意大利学者瓦拉（Laurentius Valla, 1405—1457）《优雅的拉丁语》（*Elegantiae Linguae Latinae*, 1471），以及德国学者辛古拉留斯（Hieronymus Cingularius, 1465—1558）《同义词杂录》（*Synonymorum Collectanea*, 1522）、苟克冷纽斯（Rudolph Goclenius, 1547—1628）《拉丁语考察》（*Observationes linguae latinae*, 1598）中的同义词研究。此外，莱斯格还提及本哈迪（August Ferdinand Bernhardi, 1769—1820）的《语言学》（*Sprachlehre*, Berlin, Berlin: Heinrich Frölich, 1801, 1803）。莱斯格提出了恢弘的语义学研究计划，既具有哲学−历史取向以及心理取向的萌芽，也包括词汇语义、句子语义和文体语义变化。据乌尔曼的“对语义学的研究主题还不甚明朗”，可以推定，他没有看过莱斯格的《语义学即意义科学》。

四、语义学发展的前两个阶段

乌尔曼（Ullmann 1962: 5-6）认为，语义学的发展可分为三个阶段。第一阶段大约延续了半个世纪（从 19 世纪 20 年代到 70 年代），可称为语义学的“地下阶段”（underground period）。莱斯格的创见得到德国同行的欢迎。但是新思想的传播一开始范围有限。最早的两部语义学论著，一部是莱斯格的，一部是其弟子哈泽（Friedrich Haase, 1808—1867）的，都是在其身后出版的。这说明当时对语义问题的兴趣还不广泛。因此毫不奇怪，几十年后，当法国布雷阿尔（Bréal 1883）开始沿着同样路线研究时，给人的印象是他正在开创一个新学科，这个学科甚至连名称都还没有。

【评注】史实表明，语义学不存在"地下阶段"。19 世纪上半叶处于逐步传播阶段。在英国，斯马特（Benjamin Humphrey Smart, 1786—1872）发展了洛克（John Locke, 1632—1704）的符意学，提出英国传统的"意义语境论"（Smart 1831）。在法国，查维（Honoré Joseph Chavée, 1815—1877）已着手观念学（即词汇语义学）研究（Chavée 1849）。在美国，吉布斯（Josiah Willard Gibbs, 1790—1861）已尝试德国式语义学研究（Gibbs 1847）。而 19 世纪下半叶的法国学者，有意或无意回避了德国的早期语义学研究。不过，布雷阿尔在《语义学探索》（1900: 187）中还是引用了莱斯格的观点。19 世纪下半叶的西欧语义学家分为两种：一种尽量列出所知语义学研究的前辈和同行，一种是从自己开始，对前人闭口不提。像后者这种学风，在当今西方学界仍然普遍存在。

乌尔曼认为，语义学历史的第二阶段始于 19 世纪 80 年代早期，也持续了近半个世纪（从 19 世纪 80 年代到 20 世纪 30 年代）。这一时期始于布雷阿尔 1883 年在古典学研究期刊上发表的一篇文章。他勾画了这门"新"学科的计划，同时确定了一个至今最为著名的术语（la SÉMANTIQUE）。

L'étude où nous invitons le lecteur à nous suivre est d'espèce si nouvelle qu'elle n'a même pas encore reçu de nom. En effet, c'est sur le corps et sur la forme des mots que la plupart des linguistes ont exercé leur sagacité: les lois qui président à la transformation des sens, au choix d'expressions nouvelles, à la naissance et à la mort des locutions, ont été

laissées dans l'ombre ou n'ont été indiquées qu'en passant. Comme cette
étude, aussi bien que la phonétique et la morphologie, mérite d'avoir son
nom, nous l'appellerons la SÉMANTIQUE (du verbe[*sêmainô*]) c'est-à-
dire la science des significations. (Bréal 1883:132)

我邀请听众跟随我讲述的主题如此之新，以致于竟然还没有名
称。实际上，大多数语言学家只关注词语的形式，对支配意义演化、
选择新的表达式以及词组产生和消亡的规律，以往一直抛在脑后或
仅仅偶尔提及。既然这一主题，就像语音学或形态学一样，值得有
其名称，那么我称之为**语义学**（la SÉMANTIQUE，源于拉丁语动词
sêmainô "符号表示、意味"），即意义的科学。

乌尔曼认为，从这段清楚看出，与莱斯格一样，布雷阿尔将
语义学视为纯粹的历史研究。该取向一直成为贯穿第二阶段主题
的特征——大多数语义学家认为，他们的主要任务就是研究意义
变化以探索其原因，并根据逻辑的、心理的或其他条件加以分类，
如果可能，制定普遍"定律"和基于此的演变趋势。

【评注】布雷阿尔的《语言的心智规律：语义学简述》是一
次演讲，文稿刊于《法国希腊研究鼓励协会年鉴》。乌尔曼不仅
没有细看布雷阿尔的《语义学探索》，而且这篇演讲可能也没有
细看全文。布雷阿尔并不主张纯粹的历史研究，而是主张"词源
义的遗忘"，主张研究历史发展中的"现在状态"。其 la SÉMAN-
TIQUE 凸显的就是心理取向研究，演讲题目"语言的心智规律"
可为明证。

乌尔曼（Ullmann 1962: 7）认为，19 世纪的最后 20 年是语
义学的加速发展时期。这一时期最有影响的论著，就是德国保罗
的《语言史原理》（1880）。在法国有两部重要著作：一是达梅斯
泰特尔的《基于意义的词语生命研究》（1887），一是布雷阿尔的
《语义学探索》（1897）。

【评注】保罗的书，据第二版（1886）译成英文版 *Principles*

of the History of Language（Translated by H. A. Strong），1890 年出版。达梅斯特尔的专著，在刊行法文版《基于意义的词语生命研究》（1887）前一年，先出版了英文版《作为观念符号的词语的生命》（1886）。1900 年，韦尔比夫人（Lady Welby-Gregory, 1837—1912）的女儿亨利·卡斯特夫人（Mrs Henry Cust, 1867—1955）翻译的布雷阿尔《语义学探索》在伦敦刊行，英译本书名为 *Semantics: Studies in the Science of Meaning*。

值得注意的是，在当时，有语言学意识并精通语言的诗人，如瓦勒利 27 岁（此说有误——译注）就读过布雷阿尔的这本书，并在《法兰西信使》（*Mercure de France*, 1898）上发表了热情洋溢的书评。

【评注】瓦勒利（Paul Valéry, 1871—1945）是法国象征派大师，法兰西学院院士。他的诗往往以象征的意境表达生与死、灵与肉、永恒与变幻等哲理性主题，被誉为"20 世纪法国最伟大的诗人"。在大学时代便突现诗歌天赋，当时就有报纸预言"他的名字将为人们传颂"。布雷阿尔的《语义学探索》刊于 1897 年，瓦勒利在次年发表书评，应为 27 岁。

在 20 世纪的前 30 年，语义学家逐渐从修辞学的过时范畴中摆脱出来，而将眼光投向其毗邻学科——哲学、心理学、社会学和文化史，以便充分理解语义变化过程。丹麦学者尼洛普（Kristoffer Nyrop, 1858—1931）出版的《法语的历史语法》（*Grammaire historique de la langue française, vol. IV Sémantique*. Copenhagen: Gyldendalske Boghandel, 1913）中，第四卷专门探讨语义学。然而这一尝试不太成熟，当时的语义学还没有确定语言的区别性特征是必要的研究方法。这一时期成就最大的，是瑞典学者斯特恩（Gustaf Stern, 1882—1948）的专著《意义与意义变化，尤以英语为例》（*Meaning and Change of Meaning, with special reference to the English language*. Göteborg: Elanders Boktryckeri Aktiebolag,

1931）。他不但提出了实证性的语义变化分类，而且尝试将语义学与其他领域，包括失语症、其他语障研究的最新进展结合起来。

【评注】语义学在 19 世纪中期以来就开始与心理学、社会学相结合。德国心理语言学家斯坦塔尔（Heymann Steinthal, 1823—1899）将"统觉"引入语义演变研究（Steinthal 1860）；赫克特（Max Hecht, 1857—1947）则提出语义演变的两种心理机制（Hecht 1888）；施密特（K. Schmidt, 1859—1944）强调只有基于词源义的遗忘才能理解语义演变的原因（Schmidt 1894）。在法国，帕里斯（Gaston Paris, 1839—1903）提出语言具有社会功能，只能视为合作的产物（Paris 1887）；梅耶（Paul Antoine Meillet, 1866—1936）提出语义学研究的重要内容，不在于表达意义的个体努力，而在于塑造语言系统或语言结构的社会倾向（Meillet 1893）。

五、语义学发展的新纪元

乌尔曼（Ullmann 1962: 7-8）认为，语义学历史的第三阶段始于 20 世纪 30 年代。特里尔的《智力意义域的德语词汇：语言场的历史》（1931）问世，开启了语义学的新纪元。要理解这一新阶段，有必要提及自 20 世纪初普通语言学界发生的根本变化。这一语言学思想上的"哥白尼式革命"，来自于索绪尔（Ferdinand de Saussure, 1857—1913）在日内瓦大学的讲稿，即其身后出版的《普通语言学教程》（1916）。书中有许多大胆的原创观念，其中尤其有两点对语言研究理论和实践带来革命性变化。首先，索绪尔打破了 19 世纪语言研究的历史取向，坚持认为存在两种完全不同但同样合理的研究方法：一种是描写的或共时的，即记录现时状态，而忽略其历史状态；一种是历史的或历时的，即追溯各种要素的演化历史。这两种方法可以互补，但绝不能混淆。

【评注】索绪尔采取的 PK 式二选一，割裂了语言的共时和历时研究。而语言的"共时"和"历时"或"静态"和"动态"，并非索绪尔原创。1871 年，波-俄语言学家博杜恩（Бодуэн де Куртенэ, 1845—1929）在《对语言学和语言的若干原则性看法》中，首次提出语言的静态（статика）和动态（динамика）研究。（Бодуэн 1963 T. I: 65-66）1880 年，保罗在《语言史原理》中区分了"历史语法"和"描写语法"。他认为只有历史研究才能把握语言的生命及其变化，揭示语言活动的因果关系；反之，如果仅停留在描写"状态"上则称不上科学的语言研究。1908 年，瑞士语言哲学家、心理学家马蒂（Anton Marty, 1847—1914）在《一般语法与哲学的研究基础》中提出语义学的二分法：描写语义学（deskriptive Semasiologie）和遗传语义学（genetische Semasi-ologie）。1908 年，法国学者格拉塞列（Guérin de La Grasserie, 1839—1914）在《语义学的全面探索》中提出三分法：动态语义学（sémantique dynamique）、静态语义学（sémantique statique）和比较语义学（sémantique comparée）。

乌尔曼认为，若要同时追求两者，正如索绪尔的学生所言，就意味着根据不同时期的照片来画一幅肖像，将婴儿的嘴与成人的胡子和老人的皱纹结合在一起。

【评注】实际情况正好相反，如果给一个老人（现时语言）画像，在其肖像中，可以看出儿童和成年时期（现时语言的早期来源和历史过程）的痕迹。

其次，索绪尔将语言看作有机整体或格式塔结构，各种要素相互依存，而从整体系统中获得意义。这一相互依存要素构成的整体系统观，就是"结构语言学"的来源。受索绪尔的影响，许多结构主义学派——日内瓦学派、布拉格学派、哥本哈根学派、伦敦学派等随之产生，虽然他们之间存在巨大差异，但是都赞同这一基本原则。欧洲结构主义得到布龙菲尔德创立的美国语言学派的有力支持，从不同前提出发得出了相似的结论。

【评注】布拉格学派不同意共时与历时截然区分的观点，主张"功能–结构"观；马泰休斯（Vilém Mathesius, 1882—1945）的句子切分观主要受维尔和甲柏连孜的影响，特鲁别茨科伊（Nikola Trubetzkoy, 1890—1938）和雅柯布逊（Roman Jakobson, 1896—1982）多受博杜恩的影响。特鲁别茨科伊在给雅可布逊的信中说："为了获得灵感，我重读了索绪尔，但这第二次阅读没有给我留下什么深刻印象。书中有价值之处相当少，大多是旧垃圾。而有价值之处则太抽象，没有细节阐释。"[1] 哥本哈根学派主要受特怀海德（Alfred North Whitehead, 1861—1947）和罗素（Bertrand Russell, 1872—1970）符号逻辑学的影响，叶尔姆斯列夫（Louis Hjelmslev, 1899—1965）说："很难说，索绪尔的观点是如何在思想中具体形成的，而我个人的理论和方法，许多年以前在我接触索绪尔的观点之前就已经形成。"[2] 伦敦学派强烈反对索绪尔的形式结构主义，主张"结构语言学"或"结构–功能语言学"，多受马林诺夫斯基（Bronislaw Malinowski, 1884—1942）的功能学说影响。描写主义有着美国人类语言学的成长背景和分析原则，信奉的是"分布主义"，多接受博厄斯（Franz Boas, 1858—1942）和萨丕尔（Edward Sapir, 1884—1939）的学说。（李葆嘉、邱雪玫 2013）

乌尔曼认为，特利尔对德语"知识"名词的研究，首次将索绪尔的原则运用到语义学研究。特利尔的主要理论即"语义场理论"，其论著（1931）发表后立刻引起反响。然而其主要思想的传播，因二次大战而搁置，直到 1950 年，新的语义学才进一步发展起来。在索绪尔理论的背景下，当代语义学主流在两个重要方面不同于旧学派：一是新的语义学摒弃了以前单方面的历史定

1　转引自屠友祥《索绪尔手稿检索》（上海人民出版社，2011 年）第 1 页。原文出处：Trubetskoy, N. S. 2001. *Studies in General Linguistics and Language Structure*, Ed.by A. Liberman. Translated by M.Taylor and A. Liberman. Durham and London: Duke University Press.

2　转引自冯志伟《现代语言学流派》，第 73 页，陕西人民出版社 1987。

位；二是继续关注语义变化研究，但重点已转向描写语义学。

【评注】特利尔在《智力意义域的德语词汇：语言场的历史》
（1931）、《语言场的老模式和新模式》（1968）中都提及索绪尔的
《普通语言学教程》：

我早就听说过索绪尔的《普通语言学教程》，这本书对我很重要。
多亏了它，我才能清楚地理解了语言要素之间的相互依存观点。但
是索绪尔反对将语言的共时和历时研究联系在一起的做法，**我不能
苟同**。我必须努力避开这个观点，考虑到历史名称的起源，以及我
对意义相关的复合词、对历史同义词研究的追溯，**我无法同意他的
观点**。（Trier 1968：15）

因为场理论研究的基础是相互依存观，所以**其研究方法和结构
主义有关，但是与那种不考虑意义的、极端的结构主义没有关系**。
这种结构主义只执着于所谓精确性，而场理论针对的就是语言意义。
（Trier 1968：18）

而索绪尔的观点就是不考虑内涵的、极端的结构主义。最关键
的是，语义场理论的首创者并非特里尔。1924 年，德国学者伊普森
（Gunther Ipsen, 1899—1984）发表《古代东方与印度日耳曼人》，在
讨论"东西方语言交会中的迁徙词痕迹"时，为了将母语固有词与
历史上通过接触而获得的外来迁徙词相区别，伊普森提出了语义场
理论及马赛克模式。

尽管这些词继续向四面八方引申，但却牢固地植根于**整体词
汇**（gesamten Wortchatz）之中，由此这一古老的财产类型可从三
方面把握。首先，它始终具有完整的单词等值对应式，即使**原始词**
（Urwörter）已经丢失，通常也可凭借内部原因证明该词在过去上存
在过。……其次，在一种语言中，**母语词**（Eigenwörter）绝不会七
零八落，而是按照**意群**（Bedeutungsgruppen）成组。这种意群并非
语源的词族，至少不是按设想出来的某个"根词"而排列的一组词。
在这样的意群中，某个词的具体含义与其他一些词的内涵存在联系。
但是这种联系并非意味这些词就在某条联想线索上逐一排开，而是
把整个意群规定为一个反映自身结构的**"语义场"**（Bedeutungsfeld）。

处于语义场内的成员排列有序，如同**马赛克**（Mosaik）一样。各个词之间都界限清晰，但每一界限之间都能互相配合，并在更高层次上形成意义统一体，而不会因松散的抽象化而散架。第三，在一定程度上，词的形式（Wortformen）就是词的身体，作为形式世界（词源）的一部分而隶属于共同词汇。这可以通过两种途径实现：一是它们可以映射出语言的基础成分和词语构成清单；一是它们本身也开始发芽，开枝散叶，造出新生词、派生词和复合词。（Ipsen 1924: 224—225）

伊普森语义场理论的要点是：（1）在一种语言系统中，母语词有序排列于意群之中。（2）处于意群中的词，凭借含义之间的联系而组成一个反映自身结构的"语义场"。（3）语义场内部的成员排列有序。（4）低层次的语义场在更高的意义层次上形成集合。

我们不禁要追问——伊普森为何能够提出语义场理论？ 1922年，伊普森以其《格式塔理解：桑德四边形问题的讨论》（*Über Gestaltauffassung. Erörterung des Sanderschen Parallelgramms*）获得莱比锡大学心理学博士学位。作为莱比锡大学格式塔心理学的代表人物，其导师克鲁格（Felix Krueger, 1874—1948）认为：意识先具有完形性，在完形性感知基础上再区分各部分。伊普森运用这一理论观察语言，建立了"语义场"理论。根据学术背景，语义场理论的创立和发展者，除了伊普森、特里尔，还有魏斯格贝尔（Weisgerber 1929）、波尔齐希（Porzig 1934），他们都是新洪堡特主义的代表人物。语义场理论是新洪堡特主义和格式塔理论的结晶，而非索绪尔"结构主义"的产物。（孙晓霞、李葆嘉 2014）

乌尔曼（Ullmann 1962: 9-10）认为，近几年的研究大量集中在词汇内部结构。在其他方面，新语义学与传统方法也存在显著差异。自风格学这门新学科[1] 20世纪初诞生以来，就对语义学研究产生了深刻影响。新语义学的另一特征就是，将兴趣从普遍

1　瑞士语言学家巴利（Ch. Bally, 1865—1947）著有《风格的准确性》（*Précis de stylistique*. Genève: Eggimann, 1905）、《法语的风格规约》（*Traité de stylistique française*. Genève: Georg, 1909）等，乌尔曼的后期研究深受其影响。

原则转向特定语言研究。对某些习语特有的语义特征研究较多；完全基于语义的语言新分类法也开始形成。现代语义学的特征还表现为，对语言与思维的关系非常关注。语言影响思维，语言决定思维，并引导思维沿着特定的方向发展。这些思想在"语义场"理论中已经非常突出，从最近出版的沃尔夫（Benjamin Lee Whorf, 1897—1941）[1] 论著中得到了新的动力。我们还看到，数学甚至电子技术在语义学中的应用。尽管这些方法具有局限性，但是可能比以往更加精确地解决某些重要问题。即使语言学家无法搞懂其中的具体操作细节，但是不可能对其结果不感兴趣。语言学与哲学的关系最近也已发生显著变化。哲学语义学成为符号逻辑（符号理论）的一个分支。迄今语言学与哲学语义学之间的联系尚处于初步。但毫无疑问，哲学家与语言学家可以相互帮助，而且还面临许多共同问题，即使处理问题的角度有所不同。

六、误说对中国学界的误导

在英国，乌尔曼"以史为鉴、继往开来"的学风没有延续下来。20 世纪 60—70 年代的几位英国语义学家的论著对语义学史或全不涉及，或偶有提及而错误丛生，并且由此误导中国语言学界，乃至今日仍然以讹传讹。

（一）利奇未谙早期语义学史研究

1974 年，利奇出版《语义学：意义的研究》（1981 年增订本），委婉地说，不涉及语义学史追溯；严格地说，缺乏语义学史知识。序言中说："语义学在二十世纪三十年代和四十年代由于

1　1956 年，卡罗尔（John. B.Carroll）编辑出版《语言、思维和现实：沃尔夫选集》（*Language, Thought and Reality: Selected Writings of Benjamin Lee Whorf*, Cambridge and New York: The Technology Press of the Massachusetts Institute of Technology）。

'普通语义学'这一流派的发展而流行一时。"（李瑞华等译 1987：4）正文开头说："1923 年 C. K. Ogden 和 I. A. Richards 出版了也许是有关语义学的一部最有名的著作。"（李瑞华等译 1987：1）李瑞华等翻译的利奇《语义学》（1987）出版后，有书评《推荐一部富有创见的语义学书——浅评杰·利奇的语义学》提到：

> 语义学，这门富有研究意义的学科，虽然有其近百年的历史，但在最初较长一段时间并未引起人们的重视。后来随着对语言学研究的步步深入，以及其他学科诸如符号学、信息论等的相继发展，语义学遂成了语言研究的焦点。（沐莘 1988：80）

英国学者的语义学著作，只有利奇的《语义学》有全译本。利奇的这几句话，西方语义学史就被砍去 100 年历史，在一些中国学者中造成了负面影响。

（二）帕尔默对语义学术语的误说

1976 年，帕尔默刊行《语义学新论》。在其引言 "1.1 谈谈两个术语" 中提到 sémantique 和 semantics。

The term *semantics* is a recent addition to the English language. (For a detailed account of its history see Read 1948.) Although there is one occurrence of *semantick* in the phrase *semantick philosophy* to mean 'divination' in the seventeenth century, *semantics* does not occur until it was introduced in a paper read to the American Philological Association in 1894 entitled 'Reflected meanings: a point in semantics'. The French term *sémantique* had been coined from the Greek ***in the previous*** year by M. Bréal. (Palmer, 1976: 1)

semantics（语义学）这一术语是晚近才进入英语的（参见 Read 1948，对该词历史的梳理）。虽然 *semantick*（意义）曾见于 17 世

纪含有"占卜"意味的惯用语 *semantick philosophy*（意义哲理）中，但是英语中原来并没有 *semantics* 一词。直至 1894 年，在美国语文学会上宣读的一篇题为《映射的意义：语义学的作用》的论文才将其引进。法语的这一术语 sémantique（语义学），是布雷阿尔在上一年（1893 年——译注）基于希腊语新造的。

遗憾的是，帕尔默提到的三点：（1）美国 1894 年引进 semantics；（2）布雷阿尔 1893 年新造 sémantique；（3）sémantique 基于希腊语新造——都是误说。

现将史实梳理如下：1879 年，布雷阿尔在给意大利语言学家古贝尔纳蒂斯（Angelo de Gubernatis, 1840—1913）的信中已用 sémantique。1883 年，在《语言的心智规律：语义学简述》中首次公开使用 sémantique，并交代："la SÉMANTIQUE，源于拉丁语动词 *sêmainô*"。1893 年，美国学者威廉斯（Miss Edith Williams）翻译布雷阿尔的《论词源学研究的原则》，首次用英语 semantics 对译 sémantique。1894 年 12 月 27 日，兰曼（Charles Rockwell Lanman, 1850—1941）在美国语文学会上宣读《映射的意义：语义学的作用》，再次用到 semantics。1900 年，亨利·卡斯特夫人（Mrs Henry Cust, 1867—1955）将布雷阿尔的《语义学探索》译成英文在伦敦刊行。（详见刘慧、李葆嘉 2015）。

帕尔默《语义学新论》的部分章节有中译本。周绍珩译述的《语义学·第一部分 研究语言意义的科学）》（1984），对帕尔默此节的后两句译述是：

1893 年，法国人 M. Bréal 借用希腊语词根，新创了 sémantique（语义学）。1894 年，美国语文学会一篇题为 Reflected meanings — a point in semantics（联想意义——语义学中的一个问题）的学术报告，首次引进了这个术语。（周绍珩译述 1984: 1）

这段译述有三个问题：（1）sémantique 基于希腊语新造属以

讹传讹；（2）译述中的"1893 年"，是据帕尔默"in the previous year"之误而推算的；（3）美国语文学会的报告人兰曼依然空缺。只能推定，译述者未能查考到相关背景。其后，中国语言学界流传的布雷阿尔"1893 年"提出语义学，如贾彦德（1986：4）、汪榕培（2000：F13）等，皆沿袭"帕尔默误说-周绍珩译述"之误。

帕尔默的这一误说，也见于石安石的《语义论》（1993）：

> 一般认为，语义学的建立以法国学者米歇尔·布勒阿尔（Michel Bréal）1897 年 7 月出版他的《语义学探索》（*Essai de Sémantique*）一书为标记。据考证，法语术语 la sémantique，1890 年以前已从希腊语借来，很快传播到其他语言，到英语中成了 semantics。①（石安石 1993：3）

布勒阿尔即布雷阿尔，作者注①："见 J. Whatmough 1963 年为布勒阿尔的书 Dover 版写的序言，p. xv."。据此，石安石可以了解到 la sémantique 出现于 1890 年以前。但是，由于未见布雷阿尔《语言的心智规律：语义学简述》（1883），也就不知具体年份。此外，"sémantique 从希腊语借来"同样以讹传讹。

石安石还提到：

> 英国学者厄尔曼（Stepuen Ullmann）的几部专著代表本世纪中叶西欧学者研究语义的成果。主要有 1951 年的《词和它的运用》（*Word and Their Use*），1957 年的《语义学原理》（*The Principles of Semantics*）；后者 1962 年扩充为《语义学》（*Semantics*）出版。（石安石 1993：6）

遗憾的是，石安石没有查阅乌尔曼的《语义学：意义科学导论》，否则就会看到乌尔曼对布雷阿尔（1883）的介绍，以及莱斯格（1825）首先提出语义学这门新学科了。

（三）莱昂斯对语义场术语的误说

作为多产的英国语义学家，莱昂斯的《结构语义学》（1963）不涉及语义学史研究。《语义学》（1977）第一章介绍了一些基本概念与术语，也不涉及语义学史。而在《语义学》第一卷第八章"语义场"中，莱昂斯提到，特里尔用的是"词语场"（Wortfeld）和"概念场"（Sinnfeld），而"语义场"（Bedeutungsfeld）是伊普森等人使用的术语。

> 特里尔本人，在不同著作以及同一著作中的不同部分，所用术语并不一致，而他使用的这些术语含义并不总是清楚。……特别是"域"（Bezirk）与"场"（Feld）是否同义不明确，如果存在"词语场"（Wortfeld），那么怎样与"概念场"（Sinnfeld）加以区别。特里尔本人则避开伊普森、乔勒斯和波尔齐希使用的术语"语义场"（Bedeutungsfeld）。（Lyons 1977: 250—251）

首先，早年特里尔（1931）接受了伊普森（1924）的语义场理论及其马赛克模式。晚年特里尔在《语言场的老模式和新模式》（1968）中回顾了这一往事。

> Ich suchte nach einer kurzen handlichen Benennung dessen, was mir vorschwebte. Da bot sich mir der von Günther Ipsen 1924 gebrauchte Ausdruck Feld (er sagt Bedeutungsfeld) an. Ipsen sah es mit seinem Feld auf eine besondere Frage, nämlich auf das Verhältnis von Erbgut und Wandergut im Wortschatz ab, ein Gesichtspunkt, der nicht im Mittelpunkt meines eigenen Strebens stand. Auch war Ipsens Feldbegriif imwesentlichen statisch. Dennoch war mir sein Ausdruck Feld eine große Hilfe, ja er wirkte auf mich wie eine plötzliche Erleuchtung. (Trier 1968: 14)

> 我试图为脑海中浮现的事物找到一个简便名称，于是我想到伊普森（1924）用过的"场"（feld）。其术语是"语义场"（Bedeutungsfeld），

这个名称是针对特定问题——词汇中的母语"传承词"和外来"迁徙词"存在什么关系？虽然这不是我所追溯的中心论点，并且伊普森的场概念本质上是静态的，但是他的这一表达仍然给我提供了很大帮助，如同醍醐灌顶。（Trier 1968: 14）

其次，特里尔使用的术语主要是"语言场"（Sprachlichen Feld），而不是"词语场"（Wortfeld）和"概念场"（Sinnfeld）。请见其论著的标题：

（1）1931. *Der deutsche Wortschatz im Sinnbezirk des Verstandes: Die Geschichte eines **sprachlichen Feldes***. Heidelberg: Carl Winter.

（2）1932. **Sprachliche Felder**. *Zeitschrift für deutsche Bildung*. Bd. 8: 417-427.

（3）1934. Das **sprachlichen Feld**: eine Auseinandersetzung. *Neue Jahrbücher für Wissenschaft und Jugendbildung*, Bd.10: 428-449.

（4）1968. Altes und Neues vom **sprachlichen Feld**. *Duden-Beiträge zu Fragen der Rechtschreibung, der Grammatik und des Stils* 34.

特里尔行文中出现过 Wortfeld（Trier 1931: 31）。不过，在特里尔看来，"语言场"是指整个语言系统，而"词语场"仅指相关的一组词语，众多"词语场"才组成某语言的"语言场"。至于 Sinnfeld（概念场），在其论著中未见，但特里尔用过 Sinnbezirk（意义域／概念域）（Trier 1931: 1）。很遗憾，莱昂斯既不了解语义场理论的创立过程及其学术背景，也没有查阅过特里尔的论著。

（四）罗宾斯对布雷阿尔研究倾向的误说

作为莱昂斯的导师，罗宾斯（Robert Henry Robins, 1921—

2000）的《语言学简史》（初版1967）并非一部完整的语言学简史，因为语义学史不在其语言学史研究的视野之内。

不过，在批评新语法学派历史主义倾向时，罗宾斯提到：

> H. Paul's *Principles of the history of language* (1880) exemplifies this (chapter 4), and more strikingly so does M. Bréal's *Essai de sémantique* (1897), although he may claim credit in history for introducing into linguistics the now universally used term 'semantics' (sémantique).

> 保罗的《语言史原理》（1880，第四章）就是如此例证，而布雷阿尔《语义学探索》（1897）的做法更为明显，尽管他可以凭借把如今广泛使用的术语"语义学"（sémantique）引入语言学而载入史册。（Robins 2001: 209）

上文已提及布雷阿尔的《语义学探索》并非历史主义倾向。该书三大部分：第一部分语言的心智规律（Les lois intellectuelles du langage），1—8章；第二部分词义如何界定（Comment s'est fixé le sens des mots），9—18章；第三部分句法如何组构（Comment s'est formée la syntaxe），19—26章。布雷阿尔在"本书旨趣"（Purpose of the Book）中，一再强调其语义研究是"心智取向"。

> Through all the centuries humanity has deposited in Language the acquisitions of material and moral life. But it must be approached from the side on which it appeals to the ***mind***.

> 虽然许多世纪以来，人类在语言中已经储存了物质和道德生活的若干收获，但是必须要从诉诸**心智**的方面来着手处理。

> Leaving aside the phonetic changes which belong to physiological grammar, I propose to study the ***intellectual causes*** which have influenced the transformation of our languages.

> 把属于生理语法的语音变化搁置一边，我建议研究影响我们语言变革的**心智原因**。

I am sure that I see more clearly today into the development of language than I did thirty years ago. My progress has lain in setting aside all secondary causes, and in appealing directly to the only true causes, which are *human intelligence and will*.

我以为，对于语言的发展过程，如今比三十年前理解得更清晰了。我研究的进步就在于，把所有次要原因撇在一边，而直接诉诸唯一的真正原因——**人类智慧和意志**。

I have designedly drawn my examples from the most generally known languages: it will be as easy to increase the number, as to produce others from less widely explored regions. Since the laws which I have tried to indicate are chiefly of the *psychological order*, I do not doubt that they will hold good outside the Indo-European family. (Bréal 1900: 1, 6, 8)

我特意从一般最熟知的语言中找出例子——就其他较少广泛探究的领域而论，要增加例子的数量很容易。既然我试图提出的定律主要是**心理规则**，所以我毫不怀疑，它们在印欧语系之外也行之有效。

与罗宾斯的臆断有别，帕尔默认识到该书主要不是谈论意义的发展演变：

1897 年，布雷阿尔的《语义学探索》（Essai de Sémantique）在巴黎出版，1900 年这本书的英译本问世，……鉴于这本书把语义学看作研究意义的"科学"，**而且主要不是谈论意义的发展演变**，所以是论述我们今天所理解的语义学的最早著作之一。（Palmer 1976: 1）

就罗宾斯的这一误说而言，只能推定他没有看过《语义学探索》。而认为布雷阿尔具有历史倾向的，却是乌尔曼在《语义学：意义科学导论》"绪论"中所言：

It is clear from this passage that Bréal, like Reisig before him, *regarded semantics as a purely historical study*. (Ullmann 1962: 6)

从这段清楚看出，与其之前的莱斯格一样，布雷阿尔将语义学视为纯粹的历史研究。

罗宾斯的误解有可能来自乌尔曼，尽管罗宾斯未把《语义学：意义科学导论》列为《语言学简史》的参考文献。由此进一步想到，之所以《语言学简史》不涉及语义学史，可能是因为他看到乌尔曼的这份"语义学简史"，以为语义学研究谈不上有"史"。

（五）新一代对语义学史不置一词

接下来，英国的新一代语义学家，如肯普森（Ruth M. Kempson）[1] 的《语义理论》（*Semantic Theory*. Cambridge University Press, 1977）、克鲁斯（David Alan Cruse）[2] 的《词汇语义学》（*Lexical Semantics*. Cambridge University Press, 1986），还有爱尔兰的萨伊德（John I. Saeed）[3] 的《语义学》（*Semantics*. Wiley-Blackwell, 1997），更对语义学史不置一词。仿佛语义学没有学术史。

忽视学术史所导致的荒唐，也就是宣称："十九世纪末到二十世纪前期，语义学还谈不上是个学科"。请见吴一安为萨伊德《语义学》撰写的导读：

语义研究最早并非起始于语言学，而是哲学，可以说没有语言哲学就没有语义学 [？]。语言学范畴内的语义学是个年轻的学科领域，十九世纪末到二十世纪前期，语义学还谈不上是个学科 [？]，*Semantics* 一词并不常见，偶尔出现在学术著作中，其含义多为词义的历史变迁，直到 [？] C. K. Ogden 和 I. A. Richards 1923 年，

1　肯普森先后任伦敦大学亚非学院语音和语言学系教授、国王学院教授，曾任英国语言学会会长。
2　克鲁斯曾任曼彻斯特大学普通语言学系高级讲师，讲授语义学、语用学和心理语言学。
3　萨伊德是爱尔兰都柏林三一学院教授。

发表了著名的 *The meaning of meaning* 一书，语言学范畴里的语义学才开始发展，逐渐形成一个学科领域。（吴一安 1997：F16）

　　莱斯格 1825 年开创"语义学"，而"语言哲学"20 世纪 20 年代才出现。19 世纪到 20 世纪之交，语义学在欧洲的流行，可以布雷阿尔的《语义学探索》为标志。奥格登和理查兹的《意义之意义》（*The Meaning of Meaning*）显然太晚了，而且并非语言学的语义学研究。遗憾的是，一些学者只知语义学旁系（奥格登和理查兹的符意学）的英国孙子，而不知语义学的法国父亲和德国祖父。不难看出，还是利奇《语义学》中相关误说的误导。

　　如果不了解学术史，也就不可能对其从事的领域真正热爱，也就不可能清楚地知道其研究是否超越前人。史实表明，19 世纪的欧洲语言学有两条发展主线：一是历史语音比较与音变定律研究；一是历史语义演变类型及其心理、社会、语境机制研究。从莱斯格首创这门新学科，语义学的童年与语源学、修辞学、词典编纂紧密联系，其成长得益于哲学、生物学、心理学、社会学和人类学，而成熟期标记是理解语义学和交际语义学。所谓若干现代语言学的"新理论"——功能、心理、社会、语境、话语行为、认知隐喻、核型、主观性……，皆植根于早期语义学论著之中。

七、余论

　　总体而言，乌尔曼的"语义学研究简史"可作参考，然存在瑕疵。（1）有些重要论述未注明出处，如普洛克鲁斯的语义演变类型研究。（2）有些名著读得不细，对作者的观点有误解，如布雷阿尔的历史主义。（3）有些资料没有看到，如对静态研究和动态研究的区分，误以为索绪尔首创。（4）有些重要理论没有专门梳理，如语义场理论。

　　有趣的是，作为英国大学教授，乌尔曼主要介绍的德法语义学史，却没有追溯英国的早期语义学研究。下面列出乌尔曼《语义学原理》和《语义学：意义科学导论》中的相关文献（重复的删除），从中可略见一斑。

J. R. Firth, *The Tongues of Men*. London, 1937. —Structural Linguistics. *Transactions of the Philological Society*, 1955. — *Papers in Linguistics, 1934–1951*. London / New York / Toronto, 1957.

Sir A. Gardine, De Saussure's analysis of the *Signe Linguistique*. *ActaLinguistica* iv, 1944. —*The Theory of Speech and Language*. 2nd ed., Oxford, 1951. —*The Theory of Proper Names*. 2nd ed., London-New York-Toronto, 1954.

C. K. Ogden & I. A. Richards, *The Meaning of Meaning*. 4th ed., London, 1936.

既没有弗斯最重要的论文《语义学技艺》（*The Technique of Semantics*, 1935），也没有加德纳（Alan Henderson Gardiner, 1879—1963）的重要专著《词语与句子的定义》（*The Definition of the Word and the Sentence*, 1921—1922）、《语言学理论》（*Discussion on Linguistic Theory*, 1934），更没有提到斯马特（Benjamin Humphrey Smart, 1786—1872）、特伦奇（Richard Chenevix Trench, 1807—1886）、赛斯（Archibald Henry Sayce, 1846—1933）、斯托特（George Frederick Stout, 1860—1944）、韦尔比夫人（Lady Welby-Gregory, 1837—1912）和马林诺夫斯基（Bronislaw Malinowski, 1884—1942）这些英国前辈的语义学研究。

我孤陋寡闻，没有听说哪个语言学家是乌尔曼的学生。与之不同，弗斯培养了一批优秀的学生，其学缘关系有迹可循。

伦敦学派的创始人弗斯（1890—1960），师承马林诺夫斯基。1913 年获利兹大学历史专业硕士学位。1920—1928 年在印度旁遮普大学任英语教授。1928—1938 年在伦敦大学语音学系任高级讲师。1937 年在印度研究吉拉特语和泰卢固语。1941 年任伦敦大学亚非学院语音学系主任。1944 年伦敦大学设立普通语言学教席，弗斯成为英国第一位普通语言学教授，直至 1956 年退休。20 世纪 40—60 年代，弗斯是英国语言学界的中心人物，但其意见与欧美各派相左。其后继者罗宾斯、韩礼德（M. A. K. Halliday, 1925—2018）、赫德森（Richard Anthony Hudson, 1939—2013）等使弗斯和伦敦学派声誉鹊起。

1935 年，弗斯在《语义学技艺》中概述了德法和英国的 19 世纪语义学，试图摆脱历史语义学，开始规划其"语言形式与功能的技艺"。这一技艺并非静态的或共时的，而是基于情景的语境。弗斯强烈批评索绪尔的形式结构主义，发展了马林诺夫斯基的人类学语义学（anthropological semantics），并成为符号人类学（semiotic anthropology）研究的先驱。语义学主要选择三种方法：语言的语义学、逻辑语义学和普通语义学，其他方法是哲学语义学和心理语义学。弗斯在伦敦大学任教 20 多年，培育出了一批学生，影响了一代英国语言学家。

罗宾斯（1921—2000），弗斯的同事和学生，英国科学院院士。童年时代即学习法语、拉丁语和古希腊语。1940 年在牛津大学新学院古典学专业学习，1942—1945 为英国空军担任日语教师，1948 年完成学业。1948—1955 年，在伦敦大学亚非学院语音和语言学系任讲师。在弗斯的指导下，罗宾斯 1951 年调查了加利福尼亚州北部的印第安尤洛克语（Yurok）。1955—1965 年任普通语言学讲师，1968 年获伦敦大学文学博士学位。1966—1986 年任普通语言学教授。1970—1985 年任系主任，1984—1986 年任亚非学院文学院院长。任英国语文学会秘书 18 年（1961—1988），任主席 4 年（1988—1992）。

帕尔默（1922—2019），弗斯的同事，英国科学院院士。1932 年起，早年求学于布里斯托尔文法学院、牛津大学新学院。1950—1960 年任伦敦大学亚非学院教授。弗斯鼓励其弟子及同事从事亚非洲语言研究，帕尔默研究的是埃塞俄比亚语言。1960
年任班戈尔大学学院语言学教授，1965—1987 年任雷丁大学
教授。

莱昂斯（1932—2020），罗宾斯的学生。1943—1950 年在剑
桥大学基督学院学习。1956 年成为剑桥大学博士生，其导师是
艾伦（W. Sidney Allen，1901—1986）。次年任伦敦大学亚非学院
讲师。1958 年转伦敦大学东方和非洲研究学院，受到罗宾斯的
指导，1961 年获得博士学位。1961—1964 年回剑桥大学基督学
院任教。1964—1984 年任爱丁堡大学和苏塞克斯大学语言学教
授。1985 年任剑桥大学三一学院教授。1995—2000 年任院长。

利奇（1936—2014），英国科学院院士。在伦敦大学亚非学
院获得学士(1959)和博士学位(1968)。博士论文是关于英语地点、
时间和情态的语义研究，题名《针对英语的语义描述》（*Towards
a Semantic Description of English*, 1969）刊行。受到伦道夫·夸
克（Randolph Quirk, 1920—2017）和韩礼德的影响。1969 年调
往兰开斯特大学，1974—2001 年任英语语言学教授。对语义学
的兴趣延续到 1980 年。

我们再检索一下莱昂斯等人参考乌尔曼论著的情况，以说明
他们不同程度上受到乌尔曼的影响。

莱昂斯《结构语义学》（1963）: Ullmann 1957. *The Principle of
Semantics*, 2nd Edition ;《语义学》（1977）: —1957. *The Principles
of Semantics*, 2nd edition. —1962. *Semantics*. Oxford: Blackwell & New
York. —1972. Semantics, In T. A. Sebeok ed., *Current Trends in Linguistics*,
vol. 9. — 1973. Meaning and Style.

利奇《语义学:意义的研究》（1974）:Ullmann, 1957. *Principles
of Semantics*, 2nd edition. —1962. *Semantics: an Introduction to the
Science of Meaning.*

帕尔默《语义学新纲要》（1976）: Ullmann, 1962. *Semantics:*

an Introduction to the Science of Meaning.

　　大体而言，20 世纪 50—70 年代的英国语义学研究，早期以乌尔曼为代表（秉承德法传统，基于结构-功能立场），晚期以莱昂斯为代表（趋向于与美国语义学研究合流）。前者注重欧洲传统语义学史，而后者对语义学史几乎不屑一顾。20 世纪 80 年代以来，中国学者主要从后者那里接受的语义学理论，同是也就难免受其语义学史零星论述的误导。我们应当走出这一误区。

参考文献

贾彦德，1986，《语义学导论》[M]，北京：北京大学出版社。

利奇著 1974，李瑞华、王彤福、杨自俭、穆国豪译，1987，《语义学》[M]，上海：上海外语教育出版社。

李葆嘉、刘慧，2014，从莱斯格到布雷阿尔：十九世纪西方语义学史钩沉 [J]，《外语教学与研究》（4）：483-496。

李葆嘉、刘慧，2016，论西方语义学史研究 [J]，《南京师范大学文学院学报》（1）：145-156。

李葆嘉、邱雪玫，2013，现代语言学理论形成的群体模式考察 [J]，《外语教学与研究》（3）：323-338。

刘慧、李葆嘉，2015，布雷阿尔之谜：澄清语义学史上的一些讹误 [J]，《山东外语教学》（3）：8-19。

沐苹，1988，推荐一部富有创见的语义学书——浅评杰·利奇的〈语义学〉[J]，《上海外国语学院学报》（1）：80+65。

帕尔默著 1976，周绍珩译述，1984，语义学·第一部分 研究语言意义的科学 [J]，《国外语言学》（1）。

石安石，1993，《语义论》[M]，北京：商务印书馆。

孙晓霞、李葆嘉，2014，心智语义场理论的形成过程及其学术背景 [J]，外语学刊（2）：35-44。

汪榕培，2000，《语义学引论》导读 [A]，载 J. Lyons《语义学引论》，北京：外语教学与研究出版社，F13-30。

吴一安，1997，《语义学》导读 [A]，载 John I. Saeed《语义学》，北京：外语教学与研究出版社，F16-44。

Бодуэн де Куртенэ (Baudouin de Courtenay). 1871. Некоторые общие замечания о языковедении и языке [J]. «Журнал Министерства Народного Просве-щения», 153. С. Г. Бархударов (ответственный: редактор). «Избранные труды по общему языкознанию». Издателъство Акаде-мии Наук СССР, Москва.Т. I, 1963.

Bréal, M. 1883. Les lois intellectuelles du langage: fregment de sémantique [J]. *Annuaire de l'Association pour l'encouragement des études grecques en France*, vol. 17: 132-142, Paris: Hachette.

Bréal, M. 1893. On the Canons of Etymological Investigation [J]. Translated by Miss Edith Williams. *Transactions of the American Philological Association*, vol. 24: 17-28.

Bréal, M. 1897. *Essai de sémantique (Science des significations)* [M]. Paris: Hachette. English version. *Semantics: Studies in the Science of Meaning* [M]. Trans. by Mrs. Henry Cust. London: William Heinemann. 1900.

Chavée, H. 1849. *Lexiologie indoeuropéenne* [M]. Paris: Franck.

Darmesteter, A. 1886. *The Life of Words as Symbols of Ideas* [M]. London: Kegan Paul.

Darmesteter, A. 1887. *La vie des mots étudiée dans Leurs significations* [M]. Paris: Delagrave.

Firth, J. R. 1935. The Technique of Semantics [J]. *Transactions of the Philological Society for 1934*: 36-72. (Repr. in Firth 1957: 7-33).

Gibbs, J. W. 1857 [Written 1847]. On Cardinal Ideas in Language [A]. *Philological Studies: with English Illustrations*. New Haven: Durrie and Peck. 1857. pp. 17-20.

Hecht, M. 1888. *Die griechische Bedeutungslehre. Eine Aufgabe der klassis-chen Philologie*. [M]. Leipzig: Teubner.

Ipsen, G. 1924. Der alte Orient und die Indogermanen [A]. In J. Friedrich & J. B. Hofmann et al. (ed.). *Stand und Aufgaben der Sprachwissenschaft-Festschrift für Wilhelm Streitberg*. Heidelberg: Winter.

La Grasserie, G. de, 1908. *Essai d'une sémantique intégrale* [M]. 1 Tome premier. Paris: Leroux.

Lanman, C. R. Reflected Meanings: A Point in Semantics [J]. *Transactions of the American Philological Association*, 1895. vol. 26, Appendix.

Leech, G. 1974. *Semantics: The Study of Meaning* [M]. Harmondsworth: Penguin.

Lyons, J. 1963. *Structural Semantics* [M]. Oxford: Basil Blackwell.

Lyons, J. 1977. *Semantics* [M]. Cambridge: Cambridge University Press.

Marty, A. 1908. *Untersuchungen zur Grundlegung der allgemeinen Grammatik und Sprachphilosophie* [M]. Bd. I. Halle a.d.S.: Niemeyer. [Reviewed by Meillet in BSLP16. lx-lxi.]

Meillet, A. 1893. Les lois du langage. I. Lois phonétiques. II. L'analogie. [J]. *Revue internationale de sociologie*, 1, 2.

Nerlich, B. 1992. *Semantic Theories in Europe, 1830–1930: From Etymology to Contextuality* [M]. Amsterdam: John Benjamins.

Palmer, F. R. 1976. *Semantics: A New Outline* [M]. Cambridge: Cambridg University Press.

Paris, G. 1887. La vie des mots Étudiée dans Leurs significations, par Arsène Darmestcter [J]. *Journal des savants*, février, mars, avril.

Paul, H. 1880. *Principien der Sprachgeschichte* [M]. Halle a.d.S.; Niemeyer. [2nd rev. ed., 1886; 3rd rev. ed., 1898; 4th rev. ed., 1909; 5th ed., 1920- Reviewed by Tobler 1881; reviewed by Wegener 1882.]

Porzig, W. 1934. Wesenhafte Bedeutungsbeziehungen [J]. *Beiträge zur Geschichte der deutschen Sprache und Literatur*, 58.

Reisig, C. K. 1839 [Written 1825]. *Professor K. Reisig's Vorlesungen über die lateinische Sprachwissenschaft (abgehalten ab 1825)* [M]. Hrsg. mit Anmerkungen v. Fiedrich Haase. Leipzig; Lehnhold.

Reisig, C. K. 1972 [Written 1825]. *Semasiologie order Bedeutungslehre* [M]. Laszlo Antal. (ed.), *Aspekte der Semantik, Zu iher Theorie und Geschuchte 1662–1970*. Frankfurt: Athenäum Verlag Gmb.

Robins, R. H. 2001. [1st printed 1967]. *A Short History of Linguistics* [M]. Bloomington & London: Indiana University; 北京: 外语教学与研究出版社。

Schmidt, K. 1894. *Die Gründe des Bedeutungswandels; Ein semasiologischer Versuch* [M]. Berlin: Hayn's Erben.

Smart, B. H. 1831. *An Outline of Sematology: Or an Essay towards Establishing a New Theory of Grammar, Logic and Rhetoric* [M]. London: Richardson.

Steinthal, H. 1860. Assimilation und Attraktion, psychologisch beleuchtet [J]. *Zeitschrift für Völkerpsychologie und Sprachwissenschaft*, 1.

Trier, J. 1931. *Der deutsche Wortschatz im Sinnbezirk des Verstandes: Die Geschichte eines sprachlichen Feldes, Bd I: Von den Anfängen bis zum*

Beginn des 13. Jahrhunderts [M]. Heidelberg: Winter.

Trier, J. 1968. Altes und Neues vom sprachlichen Feld [A]. *Duden-Beiträge zu Fragen der Rechtschreibung, der Grammatik und des Stils* 34.

Ullmann, S. 1957. *The Principles of Semantics: A Linguistic Approach to Meaning* [M]. Oxford and Glasgow: Blackwell and Jackson.

Ullmann, S. 1962. *Semantics: An Introduction to the Science of Meaning* [M]. Oxford: Blackwell.

Weisgerber, L. 1927. Die Bedeutungslehreein Irrweg der Sprachwissenschaft? [J]. *Germanisch-Romanische Monatsschrift*, 15.

附记：本文成稿于 2016 年 10 月，修改于 2019 年 6 月。殷红伶、李葆嘉合作，简稿刊于《外语学刊》，2021 年第 2 期。

至简美国语言学史

提　要： 史明则理明，理明则术无不明。拙论素来奉行"溯源沿流、知人论学"。任何学术思想，皆为个人非凡创造。唯有探究个人创造的内驱力或持久而稳定的冲动，方能从根本上说明——为何某一时空某一人群中的某些个人，能够创造某种理论（反之，为何某一时空中的其他个人，未能创造某种理论）。本文梳理美国语言学史线索，重在呈示发挥引领作用的七位犹太裔，以揭示犹太人对20世纪美国学术思想的影响力。

关键词： 语言学史；美国；犹太；学术思想；影响力

长期读书作文，会有若干无意记忆。时有串珠蝉联，令人豁然开朗。2019年11月，撰写《继往开来的西方三代社会语言学》，在"第三代社会语言学：20世纪下半叶"中，涉及多位犹太裔美国学者，心中不免一惊——莫非犹太人已掌控美国语言学界（以及国际语言学界，甚至……）！

前些日子（2020年6月）忙里偷闲，草成"引领20世纪美国语言学的四位犹太人"。小文发群聊，承蒙同仁关注，且石锋、陈忠敏等教授建议再补充几位。于是，择其大略，会聚文献，接头续尾，敷衍成文。大道至简，故题名"至简美国语言学史"。

一、18—19 世纪美国语言学的三位先驱

1. 美国第一位印第安语学家和比较语言学家爱德华兹

爱德华兹（Jonathan Edwards, 1745—1801）出生于马萨诸塞州的北安普敦（Northampton）。1751 年，全家搬到斯托克布里奇（Stockbridge）。

他于 1765 年毕业于基督教教会曙光长老会创办的新泽西学院（College of New Jersey，1896 年改名"普林斯顿大学"），其后在康涅狄格州的伯利恒（Bethlehem）跟随美国早期宗教领袖贝拉米（Joseph Bellamy, 1719—1790）学习神学。1767—1769 年，任新泽西学院助教。1769—1799 年，在纽黑文（New Haven）、科尔布鲁克（Colebrook）任牧师。1799 年移居纽约州的斯克内克塔迪（Schenectady），任联合学院（Union College）院长。其父是奴隶主，但爱德华兹支持废除奴隶贸易和奴隶制。

爱德华兹在斯托克布里奇长大，那里的美洲印第安人多数说莫希干语（Mohican），他从小就精通这种语言。1755 年，其父派他到伊诺奎斯（Orohoquaga）的易洛魁人（Iroquois）定居点生活，由此他又掌握了易洛魁语（Iroquoian）和其他阿尔冈琴诸语（Algonquian）的知识。

1787 年，爱德华兹刊行《莫希干印第安语考察：揭示该语言在北美的地域范围，追溯其语法的天然特性，并指出其独特性，以及与希伯来语之间的一些类比实例》（*Observations on the Language of the Muhhekaneew Indians, in Which the Extent of that Language in North America is Shewn, its Genius is Grammatically*

Traced, Some of its Peculiarities, and Some Instances of Analogy between that and the Hebrew are Pointed out. New Haven: Josiah Meigs）[1]。他记录了莫希干语的基本词汇和语法规则,对比莫希干语和英语之间的明显差异,甚至还寻找莫希干语和希伯来语之间的可类比现象。他反对这样的误解,即美洲原住民语言没有明显的词性。他写道:"有人说,除了实体名词和动词之外,原住民语言中没有任何词类。就我所了解的语言知识,对莫希干人以及其他印第安部落而言,这些印象都并非事实。莫希干语中有在其他语言可以找到的八种词类,尽管介词很少使用。"虽然莫希干语没有形容词,但是使用中性动词表达事物的性质。此外,莫希干人也通过添加语素表达复数形式("男孩"单数 penumpaufoo,复数 penumpaufoouk)。在这本书中,他列举了 60 个词项以及一些短语和语法特征,论证了阿尔冈琴诸语之间的亲缘关系,并且指出北美东北部阿尔冈琴语与其邻近易洛魁语之间的区别。爱德华兹的研究,不仅是对北美印第安语最早的描写研究,还开启了北美语言关系的比较研究。

2. 美国第一位新语文学家吉布斯

吉布斯（Josiah Willard Gibbs Sr., 1790—1861 ）出生于马萨诸塞州萨勒姆（Salem ）的一个具有悠久学术传统的家族。其祖先西蒙·威拉德（Simon Willard, 1605—1676 ）少校,1634 年从英格兰肯特郡移民到北美新英格兰,最初定居于马萨诸塞州的剑桥,次年建立康科德（Concord ）。西蒙之子塞缪尔·威拉德（Samuel Willard, 1640—1707 ）曾任哈佛学院

1　此类论著不列于参考文献,而以夹注形式出现,便于对照。

代理校长。吉布斯 1809 年毕业于耶鲁大学，1811—1815 年在该校担任助教。其后前往马萨诸塞州安多弗（Andover），在美国《圣经》学家斯图亚特（Moses Stuart, 1780—1852）的指导下，从事希伯来语和《圣经》研究。1824 年返回耶鲁大学，先后担任神学研究所讲师、神学院宗教文学系教授。吉布斯是基督教公理教会的受命教长和教士，然而他很少登坛布道。他越来越关注语言学研究，主要受英国语法学家哈里斯（James Harris, 1709—1780）、德国东方学家格塞纽（Wilhelm Gesenius, 1786—1842）和语言学家贝克尔（Karl Ferdinand Becker, 1775—1849）的影响。

1857 年，吉布斯刊行《语文学研究：以英语为例》（*Philological Studies: with English Illustrations*. New Haven: Durrie & Peck），共收录论文 83 篇。我将这些论文组成八个部分。第一部分概论：1. 论英语的科学研究；2—3. 新语文学；4. 心智世界的语言或褪色的隐喻；5. 论语言中的基本观念；6. 语言的发展。第二部分句式：7. 句式的自然发展与分类；8. 句式的自然发展与术语；9. 源于句式的词类发展；10. 三种句法组合（上）；11. 三种句法组合（下）；12. 格林的句式分析。第三部分实词和格变：13. 实词和形式词；14. 动词及其类别；15. 实体名词及其类别；16. 英语的形容词；17. 相关形容词的词表；18. 充分发展的形容词；19. 同格的实体名词；20. 英语的定语性属格；21. 非同格的定语性实体名词；22. 语法中的格术语起源；23. 英语中的致使关系；24. 充分发展的致使关系。第四部分形式词和非谓分词：25. 介词；26. 副词；27. 副词的起源与构造；28. 关于分词的学说；29. 英语中加 ing 的分词；30. 动名词；31. 拉丁语的绝对离格；32. 英语中的不定式模式；33. 非谓动词，或用 to 的不定式；34. 宾格、不定式或非谓动词；35. 加 ing 的实体名词；36. 英语 ing 形式的起源；37. 句法规则；38. 协调与一致；39. 支配或控制；40. 词语搭配。第五部分复合句：41. 复合句式；42. 主从关系句式；43. 实体名词句式；44. 定语句式；45. 状语句式；46. 状语句式的类别；47. 条件句式；48. 协调的复合句式或协调性；49. 系词复合句式或系词的组合；50. 转折复合句式或转折的组合；51. 因果复合句式或因果的组合；52. 时间的表达；53. 句式的缩减；54. 连词和连接性；55. 关于连词的说明；56. 特殊连词；57. 复合句式配置。第六部分语气：58. 语气；59. 肯定与否定的小品词；60. 助动词；61. 疑问语气；62. 祈使语气。第七部分修辞和语义：63. 散文的语音和谐；64. 修辞格；65. 转义：提喻法；66. 转义：转喻法；67. 转义：隐喻法；68. 转义：拟声法或拟人法；69. 逻辑思维的其他格；70. 逻辑形式格；71. 重叠格；72. 语音相似格；73. 双关语；74. 多义双关；75. 情感格；76. 修辞手法；77. 论辩格；78. 英语熟语；79. 同义词；80. 英文标点符号。第八部分语言教学：81. 捍卫语言的真实性；82. 辅导英语语法的方法；83. 句子的逻辑分析。

也许，这部书是美国最早的英语研究和教学的系统专著或教科书。换而言之，吉布斯是美国 19 世纪最重要的英语语文教育家。

3. 美国第一位具有国际影响的语言学家辉特尼

作为著名东方学家、比较语法学家和普通语言学家，辉特尼（William Dwight Whitney, 1827—1894）出生于马萨诸塞州的北安普顿，其父来自新英格兰的德怀特家族（Dwight family）。1842 年，辉特尼进入威廉姆斯学院（Williams College）学习。1845 年毕业后，在北安普顿银行工作了几年。1849 年，随其兄乔西亚·辉特尼（Josiah Whitney）到苏必利尔湖地区调查地质。1849 年，辉特尼师从耶鲁大学索尔兹伯里（Edward Elbridge Salisbury, 1814—1901）学习梵文，也是其第一个

梵文学生。索尔兹伯里是当时美国唯一的梵文教授，1838 年曾在德国柏林师从葆朴（Franz Bopp, 1791—1867）。

1850—1853 年，辉特尼在德国柏林大学和图宾根大学，跟随韦伯（Albrecht Weber, 1825—1901）、葆朴和罗特（Rudolf von Roth, 1821—1895）学习梵文和比较语法。返美后在耶鲁大学讲授梵文、德语和法语。1854 年成为梵文教授，1869 年任比较语法教授，并曾在谢菲尔德科学院（Sheffield Scientific School）讲授现代语言学。1869 年，以留德学者为主，在耶鲁成立美国语文学会（American Philological Association），辉特尼任主席。1884 年，辉特尼任美国东方学会会长。1889—1891 年，辉特尼主编《世纪词典和百科全书》（*Century Dictionary and Cyclopedia.* New York: The Century Co., 1889—1891）。

辉特尼主要从事梵语、比较语法和语言理论研究。其语言学理论的代表作是：《语言与语言研究：语言科学原理讲座十二次》（*Language and the Study of Language: Twelve Lectures on the Principles of Linguistic Science.* New York: Scribner, Armstong, 1867)、《语言的生命与成长：语言科学纲要》（*The Life and Growth of Language*: *An Outline of Linguistic Science.* New York: Appleton; London: King, 1875）。后者 1875 年同时刊行法文本（*La Vie du Langage,* Librairie Germer Baillière），其后出版德文（1876）、意大利文（1876）、丹麦文（1879）和瑞典文（1880）等版本。辉特尼关于"语言是一种社会制度"的观点，在当时欧洲语言学界（尤其是德法语义学界）产生了显著影响。至于索绪尔（Ferdinand de Saussure, 1857—1913）讲授普通语言学课程时，引用辉特尼关于语言符号的观点，则见于《普通语言学教程》（*Cours de Linguistique Générale,* 1916）。

曾经师从辉特尼的著名学者有：兰曼（Charles Rockwell Lanman, 1850—1941）、莫里斯·布龙菲尔德（Maurice Bloomfield,

1855—1928，犹太裔）和厄特尔（Hanns Oertel, 1868—1952）等。

二、引领 20 世纪美国语言学的七位犹太人

1. 美国人类语言学的创立者：博厄斯

博厄斯（Franz Boas, 1858—1942）出生于德国北莱茵威斯特法伦州的明登市（Minden）。其双亲与大多数德籍犹太人一样，依循启蒙时代的价值观，已经同化于现代德国社会。博厄斯虽然批驳"反犹太主义"，并且拒绝改信基督教，但他认为自己是德国人。其传记作者科尔（Douglas Cole）写道："他是一个'族群定义上'的德国人，在美国坚持并提倡德国文化与价值观"（*Franz Boas: The Early Years, 1858–1906.* Washington: Douglas and MacIntyre, 1999, p.280）。

博厄斯在明登市文科中学期间，对博物学饶有兴趣。高中毕业后，到海德堡大学、波恩大学学习数学和物理学。后转基尔大学，师从物理学家卡思登（Gustav Karsten, 1820—1900），1881 年获物理学博士学位。在海德堡修习费舍尔（Kuno Fischer, 1824—1907）的美学，在波恩修习埃德曼（Benno Erdmann, 1851—1921）的哲学课程时，他对康德学派思想的兴趣，促使他转向"精神物理学"，即关注物理学中的心理和认识论问题。

1883 年，博厄斯前往巴芬岛从事地理学研究，探讨自然环境对因纽特人迁徙的影响。1885 年，博厄斯到柏林皇家民族学博物馆工作，与体质人类学家菲尔绍（Rudolf Ludwig Karl Virchow, 1821—1902）和民族学家阿道夫·巴斯蒂安（Adolf Bastian, 1826—1905）同事，由此对美洲原居民开始产生兴趣。

1887 年，博厄斯在纽约获得《科学》杂志助理编辑一职，由此定居美国。1887 年任史密森尼博物馆馆长。1888 年任美国克拉克大学人类学讲师。1893 年任芝加哥"哥伦布纪念博览会"人类学首席助理。1896 年任哥伦比亚大学体质人类学讲师，1899 年升任人类学教授。

作为"美国人类学之父"，博厄斯在哥伦比亚大学执教 40 多年，开创了美国人类学的四大分支：体质人类学、语言人类学、考古人类学、文化人类学。博厄斯著有《美洲印第安人语言手册》（Handbook of American Indian Languages. *Bureau of American Ethnology Bulletin*, vol. 40: 1, p.1-1069, 1911）、《原始人的心智》（*The Mind of Primitive Man: A Course of Lectures Delivered Before the Lowell Institute*. Boston, Mass., and the National University of Mexico, 1910–1911）、《原始艺术》（*Primitive Art*. H. Aschehoug & Company, Harvard University Press, 1927）、《种族、语言和文化》（*Race, Languag and Culture*. New York: Macmillan, 1940）等。

曾经师从博厄斯的著名学者有：克罗伯（A. L. Kroeber, 1876—1960）、萨丕尔（Edward Sapir, 1884—1939，犹太裔）、本尼迪克特（Ruth Benedict, 1887—1948）、赫斯顿（Zora Neale Hurston, 1891—1960）、弗雷尔（Gilberto Freyre, 1900—1987）、米德（Margaret Mead, 1901—1978）以及格林伯格（Joseph Harold Greenberg, 1915—2001）等。

2. 美国描写语言学的创立者：伦纳德·布龙菲尔德

伦纳德·布龙菲尔德（Leonard Bloomfield, 1887—1949）出生于美国芝加哥。其祖父出生于奥地利西里西亚别尔斯科（Bielsko, 后属波兰）的犹太家庭，其父辈 1867 年迁到美国。其叔父莫里斯·布龙菲尔德（Maurice Bloomfield, 1855—1928）是著名梵文学家和语言学家。莫里斯在耶鲁大学师从辉特尼，1879 年到柏林大学和莱比锡大学留学。1881 年回国后，任约翰·霍

普金斯大学副教授，此后升任梵语和比较语法教授。其侄伦纳德
从事语言学研究，应受其影响。

伦纳德·布龙菲尔德 1903 年进入哈佛学院。1906 年毕业
后到威斯康星大学攻读研究生，师从日耳曼语文学家普鲁可希
（Edward Prokosch, 1876—1938）。1908 年转芝加哥大学，师从日
耳曼语文学家伍德（Frances Asbury Wood, 1859—1948）和巴克
（Carl Darling Buck, 1886—1955）。1909 年，布龙菲尔德取得博士
学位，伍德教授是其博士论文《日耳曼语次要元音交替的语义分
化》（A Semasiologic Differentiation in Germanic Secondary Ablaut）
的导师。

1909—1910 年，布龙菲尔德在
辛辛那提（Cincinnati）大学任德语讲
师。1910—1913 年，在伊利诺伊大学
阿巴纳-香槟分校（University of Illinois
at Urbana-Champaign）任德语讲师，
1913—1921 年任比较语言学和德语助理
教授。作为升任助理教授的条件之一，
布龙菲尔德在 1913—1914 年前往德国
莱比锡大学和哥廷根大学进修，联系
导师是莱斯金（August Leskien, 1840—1916）和布鲁格曼（Karl
Brugmann, 1849—1919）。1914 年，布龙菲尔德出版《语言研究
导论》（Introduction to the Study of Language. New York: Henry）。

1921—1927 年，布龙菲尔德任俄亥俄州大学德语与语言学
教授。受其同事行为心理学家韦斯（Albert P. Weiss, 1879—1931,
法国语言学家梅耶的博士）的影响，他撇开语言中的内省心理或
人文内容，把语言学设想为一门完全独立的科学。1924 年，布
龙菲尔德和博林（George M. Bolling, 1875—1952）、斯特蒂文特
（Edgar H. Sturtevant, 1875—1952）等联名倡议在纽约成立美国语

言学会（Linguistic Society of America），次年创办会刊《语言》。作为美国的第二个语言学会，起初包括比较语言学（继承了辉特尼的传统）和人类语言学（接受了萨丕尔的思想）两派，但后来逐渐演变为主张"分布-替换"描写的"布龙菲尔德学派"。

1925年夏，时任加拿大地质调查局维多利亚博物馆人类学部主任的萨皮尔，安排布龙菲尔德作为助理民族学者，对北美印第安的克莱恩斯克里语（Clains Cree）进行田野调研。其导师伍德1927年退休后，布龙菲尔德前往芝加哥大学继任日耳曼语文学教授。1933年，布龙菲尔德最有影响力的著作《语言论》（*Language*. New York: Henry）出版。1940—1949年，转任耶鲁大学语言学教授。

曾经师从布龙菲尔德的著名学者有：哈里斯（Zellig Sabbettai Harris, 1909—1992，出生于俄罗斯的犹太裔）、霍凯特（Charles Hockett, 1916—2000）等。

3. 结构-功能主义的倡导及传播者：雅柯布逊

雅柯布逊（Roman Jakobson, 俄语 Роман Осипович Якобсон, 1896—1982）出生于莫斯科一个富裕而有知识的犹太家庭。早年的雅柯布逊在拉扎列夫（Lazarev）东方语言学院学习，后转莫斯科大学历史语文学系。尽管还是学生，但他是莫斯科语言学界的活跃分子。据其回忆，学生时期的他，受到俄罗斯未来主义文学家和语言思想家赫列勃尼科夫（Velimir Khlebnikov, 1885—1922）的巨大影响。1918年，雅柯布逊获莫斯科大学硕士学位。

雅柯布逊曾经是布尔什维克革命的热情支持者，但理想很快幻灭。1920年他前往布拉格，任苏联外交使团成员，次年定居捷克。1926年，查尔斯大学教

授马泰休斯（Vilém Mathesius, 1882—1945）创立布拉格语言学会，雅柯布逊与特鲁贝兹科伊（Nikolai Trubetzkoy, 1890—1938）、穆卡洛夫斯基（Jan Mukařovský, 1891—1975）都是学会的创始成员。1930 年，雅柯布逊获查尔斯大学博士学位，1933 年任马萨里克（Masaryk）大学教授。为逃避对犹太人的迫害，1939 年 3 月，他前往丹麦，在那里与叶尔姆斯列夫（Louis Hjelmslev, 1899—1965）等有联系。1939 年 9 月逃往挪威。1940 年越境到达瑞典，在卡罗林斯卡（Karolinska）医学院继续从事失语症和语言能力的研究。当担心瑞典可能被德国占领时，1941 年，他与汉堡大学前校长卡西尔（Ernst Cassirer, 1899—1945）一起乘货船，漂洋过海逃到美国。

在纽约，雅柯布逊在新学院（The New School）任教。与法国人类学家斯特劳斯（Claude Lévi-Strauss, 1908—2009）合作，结识了博厄斯、伦纳德·布龙菲尔德等。1943—1949 年，雅柯布逊任哥伦比亚大学教授。1943 年，以雅柯布逊和法国语言学家马尔丁内（André Martinet, 1908—1999）为主要成员，与二战期间赴美的一些欧洲语言学家组成纽约语言学圈（Cercle Linguistique de New York）——美国的第三个语言学会。其任务之一就是"加强新世界和旧世界之间在科学上的联系"，他们坚持社会-功能等多种理论，关注双语研究、语言接触和混合等问题，批评布龙菲尔德学派的形式描写主义。1949 年，雅柯布逊转任哈佛大学教授，直到 1967 年退休。在最后十年中（1972—1982），雅柯布逊担任麻省理工学院荣誉教授。1975 年，雅柯布逊皈依东正教。

雅柯布逊是 20 世纪最具影响力的语言学家之一。他与特鲁贝茨科伊长期合作，继承波兰-俄罗斯语言学家博杜恩（Baudouin de Courtenay, 1845—1929）的语音学说（Baudouin 1881, 1885），创立了现代语音学。雅柯布逊将类似原理和方法扩展到语法、形态和语义等方面，为斯拉夫语言学做出了贡献。"结构主义"（Strukturalismus）这一术语，是他在《浪漫的泛斯拉夫主义——新斯拉夫研究》（Romantické všeslovanství — nová slavistika. *Čin.* vol. 1: 1, 1929, pp. 10-12）一文中提出的——"如果我们想要囊括当前表现形式多样化的各科学主导思想，再也找不到比'结构主义'更贴切的术语了。"通过对斯特劳斯和罗兰·巴特（Roland Barthes, 1915—1980）等人的影响，雅柯布逊是将结构分析应用于其他学科的关键人物。20 世纪 70 年代以来，结构主义的影响有所下降，但通过海姆斯（Dell Hymes, 1927—2009）的人类学和西尔弗斯坦（Michael Silverstein, 生于 1945）的文化符号学，雅柯布逊的著作仍受关注。雅柯布逊关于潜在语言普遍性（underlying linguistic universals）的概念及区别特征理论，影响了乔姆斯基。

受博杜恩病理语言学和幼儿语言学（Baudouin 1885）研究的影响，雅柯布逊在 20 世纪 30 年代就从事儿童语言和失语症研究，1941 年出版《儿童语言，失语症和语音的普遍性》（*Child Language, Aphasia and Phonological Universals*. Uppsala, Sweden: Almqvist & Wiksell）。1951 年刊行《语言的声音形态》（*The Sound Shape of Language*. Reprint, with Linda R. Waugh, Bloomington: Indiana University Press, 1979）。雅柯布逊与声学家范特（C. Gunnar M. Fant, 1919—2009）和哈勒合著的《语音分析初探：区别特征及其相关性》（*Preliminaries to Speech Analysis: The Distinctive Features and Their Correlates*. Cambridge, MA: The MIT Press, 1961），详细阐述了结构语音学理论。雅柯布逊的结构-功能思想来自博杜恩的社会-心理语言学理论，换而言之，是俄罗斯喀山学派、彼得堡学派、莫斯科学派的发扬光大。

曾经师从雅柯布逊的著名学者有：哈勒（Morris Halle, 1923—2018, 出生于拉脱维亚的犹太裔，1940 年移民美国）、沃夫（Linda R. Waugh, 生于 1942）等。

4. 美国语言遗传学和类型学的创立者：格林伯格

格林伯格（Joseph Harold Greenberg, 1915—2001）生于美国
纽约市布鲁克林，其父亲是波兰犹太人，
母亲是德国犹太人。他从小酷爱音乐和
语言，懂得希伯来语、依地语、德语等。
高中毕业后决定从事学术事业，进入哥
伦比亚大学，学习希腊语、拉丁语、阿
拉伯语，还自修阿卡德语和各种斯拉夫
语。在大四期间，他选修了博厄斯的美
洲印第安语课程。1936 年，在博厄斯
和本尼迪克特的推荐下，他被博厄斯的

学生、芝加哥西北大学教授赫斯科维茨（Melville J. Herskovits,
1895—1963）录取为研究生。此后，格林伯格到尼日利亚调研豪
萨族群，学会了豪萨语。1940 年获人类学博士学位，其论文主
题是伊斯兰教对豪萨族群的影响。此后到耶鲁大学做博士后研究。
他曾拜访过布龙菲尔德，布龙菲尔德向他介绍逻辑实证主义，为
此他阅读了怀海特（A. N. Whitehead）和罗素（B. Russell）合著
的《数学原理》（*Principia Mathematica*）。

1940 年，格林伯格加入美国通讯部队，被派往北非和意大
利（学会意大利语）。战后，1946 年，格林伯格到明尼苏达大学
任教。1948 年任哥伦比亚大学人类学教师。在纽约期间，他结
识了雅柯布逊和马尔丁内，结构主义和功能主义对其研究产生了
重要影响。1950—1954 年，他担任纽约语言圈杂志《词》（*Word*）
的编辑工作。1962 年，格林伯格转任斯坦福大学人类学教授。
1965 年，格林伯格任非洲研究协会主席。1971—1974 年任斯坦
福大学人类学系主任，创办斯坦福大学语言学系。1976 年，格
林伯格任美国语言学会主席，他是第一个入选美国国家科学院的

语言学家。

20 世纪 50 年代，格林伯格开始研究覆盖广袤地域的语言关系。1954 年提出"聚集比较法"（mass comparison），同时分析许多语言中的一系列单词，1987 年改称"多边比较法"（multilateral comparison）。他认为，多边比较法并非反对传统比较法，而是与之相辅相成，这是语言关系研究必要的第一步。在语言遗传学领域，格林伯格提出了一系列新的见解。1963 年，格林伯格将非洲诸语分成四大语系。1971 年，格林伯格提出印度太平洋超级语系。1987 年，同意爱斯基摩-阿留申语和纳-丹内语（Na-Dené）不同，但建议所有其他美洲原住民语言都属于一个单一的语言大家庭，既美洲印第安语。2000 年，格林伯格提出，欧亚大陆北部几乎所有的语系都属于一个更高层的欧亚超级语系。唯一的例外是叶尼塞语，它与丹内-高加索语系有关。而瓦伊达（Edward J. Vajda, 生于 1958）将叶尼塞语与纳-丹内语联系成叶尼塞-丹内语系。格林伯格基本上同意诺斯特拉假说，但强调北部"上层"（欧亚语）和南部"上层"（主要是亚非语和达罗毗荼语）之间的内部深层划分，但邦哈德（Allan R. Bomhard, 生于 1943）认为，欧亚语是诺斯特拉语的一个分支，其他分支包括亚非语、伊拉莫-达罗毗荼语（Elamo-Dravidian）和卡尔特维里语（Kartvelian）。

格林伯格著有《非洲语言分类研究》（*Studies in African Linguistic Classification*. New Haven: Compass Publishing Co., 1955）《非洲语言》（*The Languages of Africa*. Bloomington: Indiana University Press, 1963）、《人类语言学导论》（*Anthropological Linguistics: An Introduction*. New York: Random House, 1968）、《印度-太平洋语系假说》（The Indo-Pacific Hypothesis. In Thomas F. Sebeok ed., *Current Trends in Linguistics, vol. 8: Linguistics in Oceania*, The Hague: Mouton, 1971, pp. 807-871）、《美洲语言》（*Language in the Americas*. Stanford: Stanford University Press, 1987)、《印欧语系及其最近亲属 : 欧亚语系 》(*Indo-European and Its Closest Relatives: The Eurasiatic Language Family*. vol. 1: Grammar. vol. 2: Lexicon. Stanford: Stanford University Press, 2000, 2002)。

 2005 年，克罗夫特（William H. Croft）编辑出版的格林伯格《遗传语言学: 理论与方法探索》(*Genetic Linguistics: Essays on Theory and Method*. Oxford: Oxford University Press, 2005)，收录其重要论文 20 篇。第一部分: 分类、分组和子组（Classification, Grouping and Subgrouping）1. 历史语言学和无文字语言(Historical Linguistics and Unwritten Languages, 1953)，2. 语言之间的遗传关系（Genetic Relationship Among Languages, 1957)，3. 语言子组问题（The Problem of Linguistic Subgroupings, 1957)，4. 中南美语言的总体分类（The General Classification of Central and South American Languages, 1960)，5. 语言分类的方法（The Methodology of Language Classification, 1963)；第二部分: 分类、语音对应和重 建（Classification, Sound Correspondences and Reconstruction) 6. 遗传语言学分类原则（The Principles of Genetic Linguistic Classification, 1987)，7. 关于语言学和生物学的合并和分裂（On Lumping and Splitting in Linguistics and Biology, 1999)，8. 遗传语言学的证明观念（The Concept of Proof in Genetic Linguistics, 2000)，9. 评弗拉基米尔·奥廖尔和奥尔加·斯塔尔波娃的《闪-含语系词源词典: 为重建提供的原料》(Review of Vladimir E. Orel & Olga V. Stolbova, Hamito-Semitic Etymological Dictionary: Materials for a Reconstruction, 1996)，10. 原始语言的变异: 历史语言学和社会语言学的关联（Proto-linguistic Variation: A Link Between Historical Linguistics and Sociolinguistics, 1989)，11. 语言分类的印欧语系实践和美洲印第安语原理（Indo-European Practice and American Indianist Theory in Linguistic Classification, 1990)；

第三部分：印度-太平洋语系、印第安语系、欧亚大陆语系（Indo-Pacific, Amerind, Eurasiatic）12. 印度洋-太平洋语系假说（The Indo-Pacific Hypothesis, 1971），13.《美洲印第安诸语分类：回应坎贝尔》（Classification of American Indian Languages: A Reply to Campbell, 1989），14. 为印第安语辩护（In Defense of Amerind, 1996），15. 阿尔泰语是否存在？（Does Altaic Exist? 1997），16. 欧亚语系与诺斯特拉语系的会聚（The Convergence of Eurasiatic and Nostratic, 1998）；第四部分：遗传语言学和人类史（Genetic Linguistics and Human History）17. 语言类型学和历史：评约翰娜·尼科尔斯的《时空种的语言多样性》（Linguistic Typology and History: Review of Johanna Nichols, Linguistic Diversity in Space and Time, 1993），18.《有混合语言吗》（Are There Mixed Languages, 1999），19. 语言和考古学：评科林·伦弗鲁的《考古学和语言：印欧裔起源之谜》和梅利特·茹伦的《世界语言指南》卷一分类（Language and Archaeology: Review of Colin Renfrew, Archaeology and Language: The Puzzle of Indo-European Origins and Merritt Ruhlen, A Guide to the World's Languages, vol. 1: Classification, 1988），20. 白令陆桥和新世界起源：语言证据（Beringia and New World Origins: The Linguistic Evidence, 1996）。

面对众多语言，格林伯格试图发现人类语言的普遍结构，与乔姆斯基的观点不同，格林伯格的学说是基于功能主义的语言类型学。1952 年，格林伯格发表的《语言类型学的性质与用途》（*The Nature and Uses of Linguistics Typologies*. IJAL, vol. 23. pp. 68-77），成为现代语言类型学出现的标志。1963 年，格林伯格发表《一些与有意义要素顺序有关的语法普遍性》（Some Universals of Grammar with Particular Reference to the Order of Meaningful Elements. In Greenberg ed., *Universals of Language.*

Cambridge: MIT Press, pp. 40-70），在德-奥学者施密特（Wilhelm Schmidt, 1868—1954）《世界的语系及其区域》（*Die Sprachfamilien und Sprachkreise der Erde*. Heidelbegr: Carl Winter, 1926）的基础上列出 45 条普遍性。关于语言类型学，格林伯格主要有两大理论贡献：一是提出计算语言形态类型的"综合程度指数"；一是提出"蕴涵共性"理论。1974 年出版《语言类型学：历史与分析综述》（*Language Typology: A Historical and Analytic Overview*. The Hague, Mouton）；1978 年主编四卷本《人类语言的普遍性》（*Universals of Human Language*. vol. 1: Method and Theory, vol. 2: Phonology, vol. 3: Word Structure, vol. 4: Syntax. Stanford: Stanford University Press）。

1970 年，在第四届史密森尼学会年会（*Linguistics in the 1970s*. Fourth Annual Smithsonian Symposium，Co-sponsored by the Linguistic Society of America, Center for Applied Linguistics, and the Smithsonian Institution, Washington, D. C.）上，格林伯格发表题名《语言学是一门领先科学》的论文（*Linguistics as a Pilot Science*. In E. Hamp ed., *Themes in Linguistics: The 1970s*, The Hague: Mouton, Greene, 1973, pp. 45-60）。此前,雅克布逊曾说过："人类学家和心理学家都公认，在关于人的学科中，语言学是最先进、最准确的科学"。

曾经师从格林伯格的著名学者有：格雷斯（George W. Grace, 1921—2015）、茹伦（Merritt Ruhlen, 生于 1944）、本德森（John D. Bengtson, 生于 1948）等。

5. 美国社会语言学的创立者：瓦恩莱希

瓦恩莱希（Uriel Weinreich, 依地语：אוריאל װײנרײך Uriel Vaynraykh [uriˈɛlˈvajnrajx], 1926—1967）出生于波兰的维尔诺（今立陶宛维尔纽斯），其父麦克斯·瓦恩莱希（Max Weinreich, 1894—1969）来自拉脱维亚的库兰德，是一位著名的依地语专家。

其母来自一个颇有名望的维尔诺犹太人家庭。瓦恩莱希家的第一语言是中东欧犹太人常用的依地语。1940 年，瓦恩莱希全家避难美国。

瓦恩莱希在哥伦比亚大学求学期间，师从法国功能语言学家马尔丁内（二战期间避难美国，1947—1955 年任哥伦比亚大学教授及语言学系主任）和雅柯布逊（1943—1949 年任哥伦比亚大学教授），深受欧洲社会学派、功能学派和方言学派的影响。1951 年，瓦恩莱希获哥伦比亚大学博士学位。1952 年起执教哥伦比亚大学，后任语言学系主任。1953 年刊行《语言接触：发现和问题》（ *Languages in Contact: Findings and Problems*. New York: Linguistic Circle of New York. Reprint, The Hague: Mouton, 1963 ）。该书包括五章：第一章"方法问题"；第二章"冲突的机制和构成因素"；第三章"双语的个人"；第四章"语言接触的社会–文化场景"；第五章"研究方法与机遇"。在第三章和第四章中论述了社会语言学的方方面面，奠定了美国社会语言学的理论基础。

20 世纪 70 年代，美国语言学界形成了以拉波夫（William Labov, 生于 1927，犹太人）为代表的微观社会语言学（城市方言学）学派，以费什曼（Joshua Fishman,1926—2015，犹太人）为代表的宏观社会语言学（语言社会学）学派。拉波夫是瓦恩莱希的学生，而费什曼与瓦恩莱希在少年时代就是好友。瓦恩莱希和费什曼，18 岁时曾合办《依地语青年杂志》（ *Yugntruf*, 1944 ）。

1979 年，拉波夫担任美国语言学会主席，美国社会语言学如日中天。拉波夫的三卷本巨著《语言变化原理》（ *Principles of Linguistic Change*, vol. I Internal Factors, 1994; vol. II Social Factors, 2001; vol. III Cognitive and Cultural factors. Oxford: Wiley-

Blackwell, 2010），其扉页题记——献给乌里尔·瓦恩莱希。

6. 美国转换语法学的创立者：乔姆斯基

乔姆斯基（Avram Noam Chomsky，生于 1927）出生于宾夕法尼亚州费城。其父威廉·乔姆斯基（William Chomsky, 1896—1977）是一位希伯来语学者，1913 年逃离俄罗斯治下的乌克兰，来到美国。其母艾尔西·乔姆斯基·西蒙诺夫斯基（Elsie Chomsky Simonofsky）是白俄罗斯人，但生长在美国。他们住在分裂为"依地区"和"希伯来区"的犹太人聚居地，乔姆斯基家庭认同后者，并用"纯粹的希伯来文化和文学"教导小乔姆斯基。乔姆斯基小时候就面临着费城德国社区的"反犹太主义"，而定期讨论犹太复国主义理论。

1945 年，乔姆斯基从费城中心高中毕业，就读于宾夕法尼亚大学，师从"后布龙菲尔德学派"的首领哈里斯以及哲学家切奇曼（C. West Churchman, 1913—2004）和古德曼（Henry Nelson Goodman, 1906—1998）。1947 年，哈里斯引导乔姆斯基进入语言学专业。正像美国社会语言学的瓦恩莱希、费什曼、拉波夫一样，布龙菲尔德、哈里斯、乔姆斯基也都是犹太裔。

乔姆斯基采用了哈里斯的变换分析法，1951 年在宾夕法尼亚大学完成硕士论文《现代希伯来语的音位学》（*Morphophonemics of Modern Hebrew*）。次年发表《句法分析系统》（Systems of Syntactic Analysis, *Journal of Symbolic Logic*,18, pp. 242-256）。1955 年提交博士论文《转换分析》（*Conversion Analysis*），获宾夕法尼亚大学哲学博士学位。这一期间乔姆斯基结识了雅柯布逊，其学生哈勒在麻省理工学院担任语言学教授，雅柯布逊推荐乔姆斯基担任麻省理工学院助理教授。接下来的几年，乔姆斯基主要从事机译研究。1957 年，在博士论文基础上撰写的《句法结构》（*Syntactic Structures*, The Hague: Mouton）出版，乔姆斯基反对布龙菲尔德-哈里斯的研究倾向，提出转换生成语法理论。1957 年乔姆斯基升任麻省理工学院副教授，并被哥伦比亚大学聘为客座教授。据说，1957 年之前，乔姆斯基曾将《句法结构》（或博士论文《转换分析》）的内容投稿到《词》（*Word*）编辑部。由两位编委审稿，瓦恩里希提出有条件的刊用，而马尔丁内则主张退稿。1958—1959 年，乔姆斯基兼普林斯顿高级研究所国家科学基金会研究员。1959 年，对新行为主义代表人物斯金纳（B. F. Skinner, 1904—1990）《言语行为》（*Verbal Behavior*, New York: Appleton Century Crofts, 1957）加以评论，反对将语言视为学习行为的观点。1961 年，乔姆斯基升任麻省理工学院现代语言和语言学系（后改名语言学与哲学系）教授。

乔姆斯基继续发表其语言学论著，包括《语言理论的当前问题》（*Current Issues in Linguistic Theory*. The Hague: Mouton, 1964）、《句法理论》（*Aspects of Theory of Syntax*. Cambridge, Mass.: MIT. Press, 1965）,《生成语法理论》（Topics in the Theory of Generative Grammar. *Current Trends in Linguistics*, vol. 3, pp. 1-60, The Hague: Mouton, 1966）和《笛卡尔语言学：理性主义思想史的一章》（*Cartesian Linguistics. A Chapter in the History of Rationalist Thought*. New York and London: Harper & Row, 1966）、《语言与心智》（*Language and Mind*. New York: Harper and Row, 1968）、《语言映射》（*Reflections on Language*. New York: Random House, 1975）、《管辖与约束讲座》（*Lectures on Government and Binding*. Foris Publications, 1981）、《最简方案》（*The Minimalist Program*. Cambridge, Mass.: MIT. Press, 1995）。2017 年，乔姆斯基在亚利桑那大学教授短期政治课程，后聘为语言学系兼职教授。

20 世纪 60 年代以来，有人仿库恩（Thomas Kunn, 1922—

1996）书名《科学结构的革命》（*The Structure of Scientific Revo-lutions*, 1962），而将乔姆斯基的语言学思想称为"乔姆斯基革命"（R. Sklar 1968, J. Lyons 1970, J. R. Searle 1972, N. Smith & D. Wilson 1979），但是，语言学家对其理论贬褒不一。

乔姆斯基认为语言结构的基本原理在人脑中被生物学预设，因此是遗传的。无论社会文化差异如何，所有人都具有相同的潜在语言结构。因此，语言是人类物种的一种独特的进化。20 世纪 60 年代以来，乔姆斯基一直认为语法知识是天生的，其论据是儿童所接受的语言刺激与他们获得的丰富语言能力之间存在巨大差距。乔姆斯基认为人类有一种先天语言能力或语言习得装置，语言学家的任务之一就是确定该装置是什么，以及对人类可能的语言范畴施加何种限制。由这些约束产生的普遍特征构成所谓"普遍语法"。20 世纪 90 年代初，媒体曾报导 KE 家族患病成员的所谓"语法特异障碍"。这些报导源自《自然》的一则短讯（M. Gopnik. Feature-blind Grammar and Dysphasia. *Nature* 1990 (6268): 715）："该家族患病成员不能判断、理解和运用语法（"语法表征盲"缺陷），此缺陷在患者自发性言语、书写和复述中都有表现，而根源可能在于潜在的语法程序发生错误，且表现出单基因遗传模式"。一些专家高呼发现了"语法基因"，似乎"普遍语法"这一概念已获得生物学实证。基因学家费希尔（Fisher 2006: 288）对此进行了驳斥。（1）FOXP2 基因并非人类特有，在哺乳动物世系中以高度保守形式存在。（2）FOXP2 的功能不仅体现在中枢神经系统发育，而且体现在胚胎发育过程中，对心肺肠的发育也发挥重要调控作用。（3）在人类和啮齿类动物的早期发育中，FOXP2 在多个脑区广泛表达并一直持续到成年期。人类的 FOXP2 不仅影响传统认为的与语言相关的皮层区域，也影响其他皮层区域的发育和功能。（李慧 2013）根据李葆嘉团队对幼儿语言成长的跟踪研究，幼儿要用两三年时间，在其建构认知经验框架的基础上，通过反复努力才能掌握其所习语言的核心系统。（李葆嘉、王彤等 2018）可以推定，人类有促使语言器官（基于一般发音器官）和语言能力（基于一般认知能力）发育的基因，但是不可能有所谓独立的"普遍语法基因"。20 世纪 90 年代初，当语言学家转向语法"最简主义"时，管辖和约束理论成为乔姆斯基的主要研究框架，其最简方案要求最优化的最简原则和参数理论。为了将语言简化为使用尽可能少的能力将意义和声音联系起来的系统，乔姆斯基转而强调大脑神经回路的可塑性。

乔姆斯基的主要技术理念，来自从数理逻辑发展而来的形式语言。1936 年，波兰裔美国数学逻辑学家波斯特（Emil Leon Post, 1897—1954）在《有限组合过程——公式化 1》（*Finite Combinatory Processes — Formulation* 1. The Journal or Symbolic Logic, vol. 1: 3, 1936, pp. 103-105）中提出"波斯特生成系统"，即根据符号串替代规则建立的"波斯特机"计算模型，该模型中的每条规则称为生成式。这一形式语言数学理论被用于描述算法，等同于数理逻辑和图灵机理论（或递归函数）中的验证理论。波斯特理论既是乔姆斯基语言形式理论的直接灵感，也是其理论的数学基石。

作为犹太人，乔姆斯基从小就关注社会问题，由此形成关注战争、政治和大众传媒的习惯。作为美国激进派的代表人物，乔姆斯基自称无政府主义者或自由社会主义者。然而，也正因为有美国式的言论自由，才有乔姆斯基式的激进分子。实际上，乔姆斯基并未在非美国式制度下生活过。颇为有趣的是，社会问题上有意义的激进观点（亲身能力），竟与语言学上无意义的形式句法（离身结构）集于乔姆斯基一身。（李葆嘉 2018）

7. 美国认知语言学的主要创立者：莱考夫

莱考夫（George Lakoff，生于 1941）出生于美国新泽西州东北部的海港贝永（Bayonne）。莱考夫曾经写道：对于那些视宗教为生活重要方面的人来说，我经常被人问起我的信仰。我常常这样说："很抱歉，我是犹太人，而不是你应首选的基督徒，但是你认为基督就能像我这样为疯癫的犹太老女士工作，还能有比上帝都难以做到而我能帮助你的感觉更好吗？"（George Lakoff, January 27, 2016, Liberal or Conservative — Different Brains or Different Opinions?）

莱考夫早年在麻省理工学院主修数学与文学，毕业后到印第安纳大学做文学研究生并自修语言学。1965 年转哈佛大学研究和任教。1966 年获印第安纳大学语言学博士学位，其导师是古典与语言学教授豪斯霍尔德（Fred Householder, 1913—1994）。1969—1971 年，莱考夫任职于密西根大学。1971—1972 年任职于斯坦福大学行为科学研究中心。1972 年起任加利福尼亚大学伯克利分校语言学系教授，直到 2016 年退休。曾任国际认知语言学协会主席。

20 世纪 60 年代后期，莱考夫、麦考莱、罗斯等一起提出生成语义学。莱考夫在一次采访中回忆："在那时，我试图用形式逻辑整合乔姆斯基的转换语法。我帮助制订了乔姆斯基早期语法理论的许多细节。据我所知，乔姆斯基当时声称，而且至今仍然如此——语法不依赖于意义、上下文、背景知识、记忆、认知处理，交流意图以及身体的各方面……。在改进其早期理论的细节中，我发现了很多案例，控制短语和语素出现于句法中的规则是语义、上下文和其他因素。我在 1963 年提出另一种理论，并在 60 年代与"哈伊"罗斯（"Haj" Ross, 生于 1938）和麦考莱（Jim McCawley, 1942—1997）等杰出的合作者共同发展了这一理论。"（John Brockman (03/09/99), Edge.org, "Philosophy In The Flesh" — A Talk With George Lakoff）莱考夫批评乔姆斯基关于语法与语义各自独立的主张，但被乔姆斯基拒绝。乔姆斯基认为莱考夫"对所讨论的论著实际上并不理解"，双方的分歧导致所谓的"语言学之战"（Linguistics Wars）。

20 世纪 70 年代中期，从生成语义学中发展出认知语言学。莱考夫首先对隐喻在人类认知上的作用做出阐释，并对隐喻在语言上产生的影响进行研究。在西方传统学术中，隐喻被视为一种语言结构，而莱考夫的主要观点是，隐喻是一种主要的概念性建构，实际上是思想发展的核心。莱考夫（包括合作）的代表性著作有《我们赖以生存的隐喻》（*Metaphors We Live By*, with Mark Johnson. University of Chicago Press, 1980）、《女人、火与危险事物：范畴显露的心智》（*Women, Fire and Dangerous Things: What Categories Reveal about the Mind*. University of Chicago Press, 1987）、《肉身哲学：亲身心智及其向西方思想的挑战》（*Philosophy in the Flesh: The Embodied Mind and its Challenges to Western Thought*, with Mark Johnson. Basic Books, 1999）、《数学从何而来：亲身心智如何使数学成为现实》（*Where Mathematics Comes From: How the Embodied Mind Brings Mathematics into Being*, with Rafael Núñez. Basic Books, 2000）、《大脑的概念：感觉运动系统在概念知识中的作用》（*The Brain's Concept: The Role of the Sensory-Motor System in Conceptual Knowledge*, with Vittorio Gallese, and Università di Parma. University of California, Berkeley, 2005）。

三、面向 21 世纪的计算语言学首倡者：海斯

最后我们要提到的，是已经发生重要作用，并在 21 世纪作用越来越明显的一门对文科学者有难度的语言学科——计算语言学。这是建立在新工具、新理论、新方法基础上，对语言进行数据–模型化处理，面向人工智能的一门语言学。**"计算语言学"**（Computational Linguistics）这一学科名称，是由机器翻译和计算语言学协会创始人之一，语言学家、计算机科学家和社会科学家海斯（David Glenn Hays, 1928—1995）提出的。他著有该学科的第一本《计算语言学导论》（*Introduction to Computational Linguistics*. New York: American Elsevier, 1967），遗憾的是没有中文译本。或者说，长期以来，中国学界似乎就不知道有这么一本书,不知道"计算语言学"这一学科名称的出处。

海斯出生于美国田纳西州的孟菲斯（Memphis）。海斯于 1951 年毕业于哈佛大学，接着攻读研究生，1956 年获哈佛大学社会学系博士学位。1954—1955 年，获得斯坦福大学行为科学高级研究中心研究员职务，并于 1955 年到圣塔莫尼卡的兰德公司工作。1969 年，他到纽约州立大学布法罗分校任职，为之创办语言学系，担任语言学、计算机科学及信息与图书馆学教授，直到 1980 年退休。此后定居纽约，从事文化发展和艺术的研究。他是《社会与进化系统杂志》的编委会成员。从 1989 年开始，他成为一位广播电视教育的在线教师。

1955—1968 年，海斯担任兰德公司计算语言学的项目负责

人。主要致力于机译研究，将俄语技术文献译成英语。1957 年撰写有关计算机辅助语言处理的文章，提出"计算语言学"这一术语。兰德系统的句法部分基于法国语言学家特思尼耶尔（Lucien Tesnière, 1893—1954）的依存语法。海斯比其他人更清楚，语言处理的实现应该包括通过一般算法将理论上目的明确的语法应用于特定文本。海斯也是语料库语言学的先驱，他指导建设了一百万词俄语文本的标注语料库。

在布法罗分校任职期间，海斯对语言和认知，从根本上是对人类文化演化产生了更广泛的兴趣。他提出一种抽象概念的方法，其抽象含义藏在故事中。他的一些研究生，如菲利普（Brian Phillips）、怀特（Mary White）和本宗（William Benzon）都运用了这一想法。1982 年，海斯出版《认知结构》（*Cognitive Structures.* New Haven：HRAF Press），以鲍尔斯（William T. Powers, 1926—2013）的控制论为基础，提出认知和行为研究的新理论。他的最后一项主要工作，是对人类学家和考古学家在文化复杂性方面所做的经验性工作进行批判性回顾和综合。在其去世后刊行《无文字世界的文化演进测定》（*The Measurement of Cultural Evolution in the Non-Literate World.* New York: Metagram Press, 1998）。

海斯著有一系列关于计算语言学的论著：《高相关度的俄语单词匹配》（*Pairs of Russian Words with High Correlation. Santa Monica.* Calif.: Rand Corp., 1957）、《机译研究中的自动计算机》（*Automatic Computers in Machine-Translation Research.* Santa Monica, Calif. : Rand Corp., 1958）、《社会学的语言数据自动处理》（*Automatic Language-Data Processing in Sociology.* Santa Monica, Calif., Rand Corp., 1959）、《内容自动分析：转换目录的某些条目》（*Automatic Content Analysis: Some Entries for a Transformation Catalog.* Santa Monica, Calif., Rand Corp., 1960）、《兰德计算语言学出版物说明资料》（*Annotated Bibliography of Rand Publications in Computational Linguistics*. Santa Monica, Calif., Rand Corp., 1965)、《自动语言处理读本》(*Readings in Automatic Language Processing*. New York, American Elsevier, 1966)、《计算语言学：兰德公司的研究进展》(*Computational Linguistics: Research in Progress at the Rand Corporation*. Santa Monica, Calif. : Rand Corp., 1966)、《获得、归档和交换》(*Acquisition, Archiving and Interchange*. Santa Monica, Calif. : Rand Corp., 1966)、《内容分析理论的语言学基础》(*Linguistic Foundations for a Theory of Content Analysis*. Santa Monica, Calif. : Rand Corp., 1967)、《人文科学数据管理》(*Data Management in the Humanities*. Santa Monica, Calif.: Rand Corp., 1968)。

多年来，海斯在计算语言学专业组织中发挥了尤其重要的作用。1962 年，他倡导成立机器翻译和计算语言学协会（Association for Machine Translation and Computational Linguistics, 后改为 Association for Computational Linguistics)，并担任第二任主席（1964)。1965 年，在纽约成立国际计算语言学委员会（International Committee on Computational Linguistics)，作为主要创始人担任第一任主席（1965—1969)。1974 年，创办《美国计算语言学杂志》(*American Journal of Computational Linguistics,* 后改为 International Journal of Computational Linguistics)，他也是第一任主编（1974—1978)。

本文到此戛然而止。如果有读者期望给一个总括，那就是——天赋、虔诚和自由。然而，本文的启迪并不在于此！也许，几十年后才能验证……

参考文献

莱考夫著 1987，李葆嘉、章婷、邱雪玫译，2017，《女人、火与危险事物：范畴显示的心智》，北京：世界图书出版公司。

莱考夫、约翰逊著 1999, 李葆嘉、孙晓霞、司联合、殷红伶、刘林译, 2018,《肉身哲学: 亲身心智及其向西方思想的挑战》, 北京: 世界图书出版公司。

李葆嘉, 2001, 论语言科学与语言技术 [J], (1) 中国语言学会第十一届年会论文, 扬州大学; (2)《中国语言学报》总 11 期, 商务印书馆 2003 年, 162-179 页。

李葆嘉, 2008,《中国转型语法学: 基于欧美模板与汉语类型的沉思》[M], 南京: 南京师范大学出版社。

李葆嘉, 2020, 继往开来的西方三代社会语言学 [J],《中国语言战略》(1): 1-39。

李葆嘉、王彤等, 2018,《幼儿语言的成长: 常用词汇语义系统建构》(2021 年待刊), 北京: 科学出版社。

李葆嘉、王晓斌、邱雪玫, 2020,《尘封的比较语言学史: 终结琼斯神话》[M], 北京: 科学出版社。

李葆嘉、叶蓓蕾, 2018, 索绪尔《教程》与博杜恩理论的比对 [J],《南开语言学刊》(2): 132-148。

李慧, 2013, 后基因组时代的生物语言学研究 [J],《外语学刊》(1): 8-15。

Fisher, S. E. 2006. Tangled Webs: Tracing the Connections between Genes and Cognition [J]. *Cognition* 101: 2, 270-297.

From Wikipedia, the free encyclopedia: Jonathan Edwards, Josiah Willard Gibbs, William Dwight Whitney, Franz Boas, Maurice Bloomfield, Leonard Bloomfield, Roman Jakobson, Uriel Weinreich, Avram Noam Chomsky, Joseph Harold Greenberg, George Lakoff, David Glenn Hays.

附记: 本文草于 2020 年 7 月 8 日—12 日。发表于比特人文, 2020 年 7 月 13 日。

西方中国语言学史论

西方汉语文法学史鸟瞰

提　要：本文基于 60 多种西方汉语文法论著检录，揭示近代西方学者研习汉语历程的轨迹。总体而论，17 世纪多明我学派是基于"拉丁语眼光"的汉语文法学，或拉丁文法的比附研究；18 世纪罗曼学派是基于"西方文法框架＋汉语虚字和语义句法"的汉语文法学，或中西方法结合研究；19 世纪日耳曼学派是基于"语言类型学视野"的汉语文法学，或理论和方法创新的研究。据此审视三百年西方汉语文法学的来龙去脉，可为进一步探讨世界文化交流史、世界语言学史、西方人研习汉语史及汉语国际教育提供路引。

关键词：西方；汉语文法学；三百年；轨迹；三代

每种语言属于各自民族或国家，而对其学习和研究却是世界性的。15 世纪末，随着新航路的开辟，全球化的帷幕徐徐开启。欧洲人文主义者相信，古希腊文化和东方文化中包含中世纪欧洲缺乏的人文性，主张用"复古"和"外求"的方式寻求新识。来到远东的传教士关注并珍视中国语言文化，而来自中国的新知，正是欧洲学者修正全球知识体系的重要来源。从 16 世纪末到 19 世纪末，西方汉语文法学逐步形成。最早运用拉丁文法框架分析汉语的是多明我会士。此后，一些未到过中国的欧洲学者（各自身兼文学、东方学、历史学、考古学、哲学、植物学、医学等不同专长），尤其是罗曼语学者，借助多种途径了解中文知识并撰写论著，欧洲本土汉语文法学应运而生。在西方汉语文法学大发展的 19 世纪,日耳曼语学者走到前台。**所谓"西方汉语文法学",即这一时期西方学者为西方人学习中国语言文化研究的文法知识系统。**

　　作为西方文法学的原典,古希腊学者特拉克斯(Dionisius Thrax, 公元前 170 年—公元前 90 年)在《读写技艺》或《文法技艺》(*Téchnē Grámmatiké*)中,将 *Grámmatiké* 定义为"有关诗人和文学家使用语言的实际知识",该书包括六部分:语音韵律、解释词语、讲解熟语、探讨词源、形态归纳类比规则、评价文学作品。中国传统小学包括文字、音韵、训诂以及虚字、辞章。可见二者的研究范围相当接近,明显区别就是:希腊语有形态研究,而汉语有虚字研究,而这一区别植根于各自语言结构类型。古希腊文法学范式在欧洲流传下来。多明我文法学派的蓝本是西班牙文法学家内布利贾(Antonio de Nebrija, 1441—1522)的《拉丁文基础》(*Introductiones Latinae*, 1481),包括形态、句法、正字法、韵律、修辞、词表六部分。直到 19 世纪,西方的 grammatica 仍然等同于"文法学/语言学"=文字+语音+词语+词源(形态词类)+句法+用法。这就是近代西方汉语文法学要比 20 世纪"语法"(词法+句法)丰富多彩的历史语境。

　　对于西方汉语文法学论著,无论世界文化交流史,还是西方人早期汉语学习史、汉语国际教育研究,尤其是语言学史,都有深入研究之必要。虽然各自旨趣和方法不尽相同,但是资料和成果可以共享。就语言学史而言,旨在梳理三百年西方汉语文法学的来龙去脉,其方法是中国传统的"考据—归纳—推阐",其目标是编撰"西方汉语文法学史论"。在这三百年中,涌现出一批批不同语种行文的汉语文法学论著,散落各处,知晓不易,寻求更难。从 2000 年以来,共寻得原著 60 余种。基于原著梳理和前人研究,我在 2008 年提出"西方汉语文法学三代说":第一代多明我汉语文法学为主流(17 世纪)、第二代罗曼汉语文法学为主流(18世纪)、第三代日耳曼汉语文法学为主流(19世纪)。所谓"三代"并非周遍性概念，而是突显性概念，意在建构一个可操作框架。本文就其代表性著作加以讨论，以展示三百年西方汉语文法学史概貌。

一、17世纪：多明我汉语文法学研究

不仅语言结构的差异，可能形成不同研究范式，而且由于学习汉语的情况与教学方式的差别，也可能形成研习汉语的不同流派。早期耶稣会士（以意大利人为主）注重语音记录符号（主要向当地人学习汉语），制定汉语罗马字；多明我会士（以西班牙人为主）则注重话语结构理解（主要通过课程教学），着重研究文法，由此形成了研习汉语的"耶稣会语音学派"和"多明我文法学派"。

（一）耶稣会语音学派与多明我文法学派

1577年，耶稣会士范礼安（Alessandro Valignano, 1539—1606）抵达澳门，组织传教士向当地人学习中国语文。1579年和1582年，罗明坚（Michele Ruggieri, 1543—1607）与利玛窦（Matteo Ricci, 1552—1610）相继来华，在澳门学习官话和汉字。1583年在肇庆编撰《宾主问答释疑》，供会士学习汉语会话。1585到1588年编纂《葡-中词典》。1626年，金尼阁（Nicols Trigult, 1577—1628）刊行《西儒耳目资》，第一编是总论《译引首谱》，第二编是从罗马字查汉字的《列音韵谱》，第三编是从汉字查罗马字的《列边正谱》，无疑是"耶稣会语音学派"研习汉语的集成之作。

与之不同，"多明我文法学派"肇始于马尼拉。1588年，西班牙多明我会士高母羡（Juan Cobo, 1546—1592，音译柯伯）到达马尼拉，很快学会了中国语和常用汉字，通过翻译《明心宝鉴》研习书面语。[1] 高母羡不但是中文典籍西译的第一人，而且博览古书，并用文言撰写《辩正教真传实录》。作为西方汉语文法学的开拓者，高母羡撰有《中语文法》(*Arte de la Lengua China*, 1592)、《中文词汇》(*Arte y Vocabulario de la Lengua China*)和《汉字技艺》(*Arte de la Letras China*)。对于《中文词汇》(即词典)，高母羡有所说明：

> 汉字数量庞大到无法数清，但日常使用并不那么难。即使如此，也不能减少词汇数量。我们编写这本词汇就是为了让后人不像我们，在开始学习时遇到如此巨大困难。(转引自周旋 2019: 49)

雷马萨尔 (A. de Remesal, 1575—1627) 引用马尼拉方济各会士蒙蒂利亚 (F. Montilla) 的话说：

> 高母羡认为中国书写是一门艺术，中文至少包含六万汉字……于是他将汉字分为四类：极常见字、常见字、特殊用字、生僻字。因为用的、看的、听到的每个词都有对应的汉字，于是蒯梯夫–艾卡德 (Quétif-Echard) 就把该书题名为《中文词汇》(*Vocabularium Sinese*)。在许多类似的作品中，此为敢于进行此项工作的第一部。(转引自周旋 2019: 49)

遗憾的是高母羡遇难早逝，其《中语文法》等书稿失传。

如今看到的保存下来的最早文法书，是可能成稿于 1620 年的《漳州话文法》(*Arte de la Lengua Chio Chiu*)。1967 年，龙彼得 (Piet van der Loon) 在大英博物馆寻出《西班牙手稿》(*Spanish Manuscript*)，内有《漳州话文法》残本 (共 46 页)。此后，贝

1　中文名高母羡，见于《辩正教真传实录》(1593)。吴晓芳教授赐教，漳州音："高"为 ko 阴平，"母"为 bo 上声，"羡"为 suan 阳去。约 1589 年，高母羡把范立本辑录的《明心宝鉴》译为西班牙文，书名音译 *Beng Sim Po Cam* 及书中音译词皆反映漳州话文读音，故他学会的中国语指漳州话。

罗贝（Alain Peyraube）在巴塞罗那大学图书馆发现的《漳州话文法》（*Arle de la lengua Chio Chiu*），封面题有"中语文法"（*Grammatica China*）。两个抄本应来自同一书稿，而巴塞藏本（共 64 页）更完整而清晰。韩可龙（Henning Klöter）在《生意人的语言：十七世纪传教资料中的白话文》（2011）中把该抄本译为英语。该书稿在介绍年月日表示法时，有一词条 Bang^4 leg^3 sy^3 chap^3 pe^5 ni^1（万历四十八年），据此推测约成稿于 1620 年。巴塞藏本封面题有："为多明我会雷

巴塞罗那大学图书馆藏 *Arle de la lengua Chio Chiu*（《漳州话文法》）封面

迪·费约奥神父所用"（para el uso de fr. Raydo Feyjoó de la orden de Pred.es），末尾有签名"曼沙诺"（Mançano）。今考，曼沙诺（Fray Melchior De Mançano）1606 年抵达马尼拉，1617 年任八连区主教。1621 年任西班牙马德里省检察官，后任新塞戈维亚主教，约 1630 年去世于意大利。贝罗贝曾推测曼沙诺是该书作者，而韩可龙则提出，曼沙诺可能在该书抄好后签名，而非作者。

　　如果考虑到当时背景，那么《漳州话文法》抄本未署作者，也许因书稿成于众手（从高母羡《中语文法》沿袭而来，转抄或增订者众多）。作为基于某一祖本的多次传抄增订，似乎不便署某人所作（抄写人可能署名）。在高母羡之后来到马尼拉或中国福建的传教士，不可能不参考高母羡文法的再传抄本，而去独立编写一本。因为这不符合早期传教士团队意识以及研习中国语的传统。

　　巴塞藏本的"引言"（西班牙文）如下：

La lengua comun del Reïno de china es la lengua mandarina corre
por todo el rreino y en la provincia de chincheo do ay particular lengua
todos los que saven letra entienden la lengua mandarina [en] la provincia
de chiõ chiu ay particular leng[ua] que es la que aqui se abla pero a se de
advertir que en esta provinçia ay çinco lenguas algo difirentes como lo
son portugueza valençiana aragonesa cas teilana ett. La mas comunes la
de chiõ chiu y la que mas a qui se abla [por] lo qual el arte y bocabulario
iran en esta lengua que es mejor que no açer chan purro de todas eo mo
quien ubiese de aprender leng[ua]+ toledana que [no un chan] purro de
portugues espanol ect. a. (Klöter 2011: 176)

中华王国的通用语是全国流行的官话（la lengua mandarina），
而在漳州府（la provincia de chincheo）还有特殊的当地方言。所有
读书人都懂漳州府的官话及当地话。这里记录的是其中之一，但应
注意到该府有五种略有不同的方言[1]，其区别如同葡萄牙语、瓦伦西
亚语、阿拉贡语、卡斯蒂利亚语[2]等。最常见的是在当地广泛使用的
漳州话。因此本文法和话语针对此，这要比将这些方言全混在一起
更好。正如我们西班牙人应该学习托莱多话[3],而不应混杂葡萄牙语、
西班牙语等。

接下来是"第一章：汉语字汇的发音方式"：

La mayor dificultad que tiene la lengua china es saver la pronun
çiar y en esto consiste saver esta lengua un mismo bocabulo china tiene
deuenças sinificaciones y solo se distingue por el diuerso modo de
pronunçiar alto o baxo con asperaçion on sin ella gan goso ett. Lo qual

---

1　漳州府方言主要有府城、龙海、东山及漳平等腔调。洪惟仁（2014）分为漳南腔、漳北腔、
　　漳东腔等。
2　卡斯蒂利亚语（casteilana）分布于西班牙的西部，是现代西班牙语的前身。1925年出版的
　　《西班牙语词典》，才改称西班牙语（Lengua española）。
3　托莱多（Toledo）是西班牙古城，位于马德里以南70公里处。5世纪，西哥特聚居在西斯
　　帕尼亚（Hispania,西班牙前身）的中心地带,国王阿达那希尔多（Atanagildo）定都于托莱多。
　　1561年，卡斯蒂利亚王国菲利普二世才将王宫迁移到马德里，但托莱多的宗教地位依然
　　如故。

todo se uera por los exenplos siguien{tes} quien no saue pronunçiar la o
no le entenderan o lenten deran muy poco y con dificultad. Para la sauer
pronunçiar se ponen l[os regl] as siguentes sacados de los bocabularios
chinas los qu[al]es señalan çinco tonadas diferentes altas o baxas. Las
qua les a[qui] señ lan por estas çinco ui[rgu]las: 1. / , 2. –, 3. \ , 4. ∨, 5. ∧.
(Klöter 2011: 176)

中国语（la lengua china）最大的困难是要知道如何发音，必须
明白相同的中文音节只能通过不同的发音方式来区分不同含义：高
调或低调、送气或不送气、发鼻音或不发等，所有这些都见于以下
示例。一个不知这些发音差别的人，要么听不懂他们说的话，要么
觉得有些难。为了明白他们如何发音，我们采用《中文词表》中的
规则。在此用五种线条：1. / 2. – 3. \ 4. ∨ 5. ∧，表明有高有低的五
种声调。

la primera es mas alta que todos la segunda mas baxa y ban por su
orden baxando entender se a oiendo pronunç[iar] a un china los exenplos
siguientes en cada una destas tonadas hallo ocho tonadas diferentes. la
primera es quando el bocablo se pronunçia sinplemente y se señala con
sola uirula como se uera en el exenplo siguiente.

chún　尊

chūn　船　na[ve]

chùn　准

chŭn　俊　hombre de b[ue]n talle y hermoso

chūn　恦　quando（Klöter 2011: 178）

第一个声调比其他声调都高，第二个最低，按规则下降。要明
白这些，就要听清楚以下汉字的发音，我发现每个音节有八种不同
的音调。一个单字的简单发音是第一声，用线条标记，如下例所示。

chún　尊

chūn　船　船

chùn　准

chŭn　俊　长相漂亮的男人

chûn 惷 在……时候

可见作者很了解漳州府的语言状况。以上内容，与徐方济《漳州话文法》十分近似。

作为多明我教会在远东宣教的引导者，黎玉范（Juan Bautista de Morales, 1597—1664，音译莫拉雷斯）1618 年来到马尼拉，很快学会漳州话。1633 年来到福建，在福安地区学会官话。约 1635 年撰有《官话文法》(Arte de la Lengua Mandarina)。万济国撰写《官话文法》时引用过其资料。（白珊 2000，姚小平、马又清译 2003：33—34）

1634 年，多明我会士徐方济（Pater Francisco Diaz, 1606—1646，音译迪亚兹）到达台湾，1635 年抵达福建东北沿海一带，在黎玉范指导下传教。返回菲律宾马尼拉期间，写成《漳州话文法》(Arte de la Lengua Chiõ-chiu, 1641)，万济国曾提及该书。（González 1955: 156）1730 年，德国学者巴耶尔（Gottlieb Siegfried Bayer 或 Theophili Sigefridi Bayeri, 1694—1738）编印《中文博览》，将徐方济的西班牙文《漳州话文法》译编为拉丁文《漳州府通行的中语文法》(Grammatica Linguae Sinicae popularis in provincial Chin Cheu;《博览》封面所列小标题为 Grammaticam linguae Chincheo)。现将该书中的"引言"（拉丁文）录出：

Lingua quae toto imperio Sinico inter eruditos viget, illa est, quam Europaei Mandarinicam appellant. In prouincia *Chin cheu* vero peculiaris popularium lingua est, ab illa haud paullo diuersa. Huius linguae quinque admodum dialecti obseruantur, ita inter se discrepantes, vt Lusitanica, Casiliana, Valenciana, Arragoniana et ceterae in Hispania. Vulgarissima autem lingua est, quae suo nomine *Chin cheu* dicitur, idcirco grammaticam hac dialecto damus. Id rectius factum iudicamus, quam si omnes illas dialectos in nostris praeceptionibus misceremus. (Bayeri 1730, vol. I: 137)

通行于整个中华帝国的语言是官员的话，也就是欧洲人所称的"曼德林"。漳州府同样通行官话，但有当地人的特殊语言。这种语言有五种方言，并不完全一致，就如葡萄牙语、卡斯蒂利亚语、瓦伦西亚语、阿拉贡语和西班牙其他妇女说的话一样。最常见的语言称之为漳州话，由此描述这种方言的文法。我们推测前人曾经做过，如果不是该方言的情况，我加以综合说明。

接下来"第一章 发音"，开始的内容如下：

拉丁文：Voces omnes in hac lingua quasdam modulationes habent, quae certis signis notantur a Missionariis, quoties Sinicas voces Latinis litteris scribunt, aut loquendi illa lingua praecepta edunt.

I. Primus modus haec signa habet:

/、— 、\ 、∨ 、∧

Vox eadem secundum diuersos hos tonos enunciata, diuersa plane signisicat, vt

chun, venerari, cum primo tono

chun, nauigium, cum secundo

chun, permittere, cum tertio

chun, formosus, pulcher, cum quarto

chun, adfirmandi particula, cum quinto tono. (Bayeri 1730, vol. I: 138)

在该语言中占一定比例并且他们常说的一些字词，是传教士记录的，用几个标号，和拉丁字母写下汉字的语音，研习他们时常书写、谈论的汉字，或语言中关于饮食的训言。

I. 这些标准中的基本模式：

/、— 、\ 、∨ 、∧

在不同的表达中，同样的声音有不同的声调，其含义完全不同，如：

尊，虔敬，第一声

船，独特的船，第二声

准，许可，第三声

俊，英俊、好看，第四声

恾，断言的小品词，第五声。

通过初步对照，巴塞藏本与徐方济的《漳州话文法》体例、行文和内容皆类似。总体相似度有多高，留待全面对比后才有结果，也才能对两者关系作出推定。

此外，徐方济还编有《卡斯蒂利亚语解释的中文词典》。巴耶尔将其译编为《拉丁文解释的中文词典》（*Lexicon Sinicum Latine explicatum*, Bayeri 1730），分为 18 部分，合计 2252 个词条。现核查柏林皇家图书馆所藏稿本，共 292 页，每页 12 个词条，合计 3504 个。其中，"Cham 漳"下的解释是：Una çuidad que se llama *cham cheu* de donde son las Sangleyos de Manila (Diaz 1640: 64)，其含义是"马尼拉生意人居住的城市叫漳州"。

（二）拉丁传统和汉语结构的龃龉

多明我会士的早期汉语文法学作品通常传抄流行，唯有万济国（François Varo, 1627—1687，音译瓦罗）的《官话文法》（*Arte de la Lengua Mandarina*），由其学生石铎球（Pedro de la Piñuela, 1650—1704）1703 年在广州杨仁里圣方济各大教堂印行。万济国 1649 年抵达厦门，在福安、福州等地宣教 38 年，直至病逝。他在马尼拉跟随黎玉范学过一年汉语，但对官话的精通应在福建。《官话文法》约从 1667 年始撰，1682 年完成西班牙稿，1684 年完成拉丁文稿。

万济国所描写的官话即南京话。尽管远在福建，但他知道南京省的居民官话说得好。

And in order to do this well, one must understand the way in which such words are pronounced by the Chinese. Not just any Chinese, but only those who have the natural gift of speaking the Mandarin language well, such as those natives of the Province of Nân kīng 南京, and of other provinces where the Mandarin tongue spoken well. For there are certain [regions], such as that of Fŏ kién 福建, where they pronounce is and speak with many imperfections, confusing the *h* with the *f*. And those of other provinces have other defects; and, even if a Chinese is a learned man or degree holder, this does not mean that he would necessarily speak Mandarin well, because there are many such who speak it badly. Therefore one should concentrate only on the *cabecillas* and glossaries based on the speech of Nân kīng or Pě kīng 北京. (Varo 2000[1703]: 31)

并非任何中国人的发音都标准，而只有那些天生官话说得好的人才如此，例如南京省[1]的当地人，以及其他省份官话讲得好的人。某些省份，比如福建，这里人的发音和说话有许多偏差，混淆了 *h* 与 *f* 的发音。其他省份也各有瑕疵。即使是饱学之士或取得功名的中国读书人，也不等于他的官话就一定说得好，有很多读书人说得很差。因此我们应仅专心于学习部首（*cabecillas*）[2]，以及依据南京话或北京话所编词表。

《官话文法》共十六章，其中有十章讨论词类。万济国将汉语字词分为名词、代词、动词、形容词、数词、副词、介词、连词、叹词和小品词十类，在拉丁文法八大词类之外增加了形容词、数词和小品词，而舍弃了分词。此外，在讨论中还涉及到汉语的动名词、行业名、指小词、否定词、疑问词、条件词、计物

---

1 即清代江南省（南直隶），范围包括今苏皖沪一带。
2 依据英译本（Varo 2000），cabeçillas 见于 p. 27、31、131。p. 27 英译注 ③：This term is clearly a diminutive *of cabeza* "head" and occurs in the next section in a very similar context, i.e., "*cabeçillas* and glossaries". It seems to denote a word-list or similar lexicographical tool. 英译者猜想 cabeçillas 指词表或类似的词典。今考，西班牙语 cabecillas 含义 "首领"，此处指汉字 "部首"。今核，Varo, F. *Arte de la Lengua Mandarina*, Impreso en Cantón año de 1703. (1) p.6, o bien sea por **cabecillas**, o por vocabulario（借助部首或词表）; (2) p. 8, Y assi solo se dene atender à las **cabecillas**, y vocabularies echos segini se habla en Nân k ī ng, o Pě kīng（因此你应仅专心于学习部首，以及依据南京话或北京话所编词表）; (3) p. 58, y otros muchoe qe se encontraran en las **cabecillas**（以及在部首中的许多其他字）。

小词、序数词等特殊词类，实际上为十八类。其中值得注意的是
计物小词（numerales），行文中称"计数事物的小词"，也就是"量
词"（准确的术语是"类别词"）。还有小品词（particulas，本义微粒），
成员较为混杂。虽然万济国所确定的这类小品词不同于汉语的虚
字，但是他认为，西方人必须通过这些小品词来掌握汉语。《官
话文法》只有一章专门讨论主动句和被动句。在其他章节中有时
涉及汉语的句式，并专门讨论了介宾结构。

利用已知框架去描述新识语言最自然不过。一方面，万济国
基于其前辈黎玉范和徐方济的描述；一方面参考内布利贾的《拉
丁文基础》。中国人用西方框架研究汉语称为"模仿"，西方人用
拉丁框架研究汉语不妨称为"比附"。在《官话文法》中，这种
比附主要表现为：（1）给汉语名（代）词确定单数和复数，并给
出主格、属格、与格、宾格、呼格、离格，还讨论了名词的性范
畴。（2）将汉语名词和形容词合称"静词"，讨论形容词的级范畴。
（3）为汉语动词确定时体、态、式（陈述、疑问、祈愿、虚拟）
等，还讨论动词的不定式。然而，万济国并非没有注意到汉语的
特点。

In this language all the nouns are indeclinable and invariable in
their cases. They can only be differentiated by certain particles which are
anteposed, or by what precedes or follows them. But it should be noted
that, just as each one of these syllables, in its particular tone, does not by
itself carry any meaning, yet it is capable of having many [meanings].
For [the word], when positioned in the sentence and spoken in a certain
manner, or [used] in conjunction with other [words], in the end does
receive a specific meaning, thus avoiding any equivocation it might have
had, had it appeared alone. The same sort of difficulty and equivocation
(in class or type), which is found in these syllables as regards their
meaning, is that each one of them has almost the same declensions, or

part [of speech] of the eight general [parts of speech] which make up Latin [grammar], for to one and the same syllable can be attributed the meanings of a noun, a verb, an adverb, etc. This is why no syllable by itself can be fully considered as a real case, or as truly a part of speech. By putting certain terms side by side with others, and using them according to their [syntactic] positions, the cases of the declensions can be understood [in terms of] our eight parts of speech, which are nouns, pronouns, verbs, participles, prepositions, adverbs, interjections, and conjunctions. (Varo 2000 [1703]: 53-55)

在该语言中，所有名词在使用情况下皆无词形变化且固定不变。它们仅用特定的前置小品词区分意义，或通过前后的字词限定意义。但应注意，词情况就像这些单音节字的每个都有其特定声调一样，尽管声调不负载任何意义，但却能表明许多意义。由于字处于句中并以一定方式表述，或者与其他字结合使用而终归会获得具体意义，因此避免了独自出现时可能引起的含糊。同样的困惑和含糊（在词类或类别上），也见于这些单音节字的有关意义，即它们中每个字的变格几乎一样，或者说属于拉丁文法八大词类中的同类，因为同一个单音节字能有名词、动词、副词等词类的意义。这就是为什么没有单音节字自身能够充分被认为是一个真正的格，或真正属于某一词类的原因。只有通过把某一词语与其他词语并排放置，并按照其位置使用它们，才能根据我们的八大词类理解变格的情况，这八大词类是名词、代词、动词、分词、介词、副词、感叹词和连接词。

这些论述以拉丁文法为参照，可视同汉语"字无定类，依句辨品"的观点，也可看作汉语实字"多功能性"的表述。怎样评价并不重要，关键在于，既然认识到汉语字词没有形态变化，为何还要用格范畴讲解汉语名词？究其原因，一是尽管汉语名词没有语形格，但与其他词语组合时并非不形成语义关系，即隐含了语义格；二是西方学者研究汉语文法的目的在于帮助西人掌握汉语，基于已知语法比附未知语言。这种描写模式有助于洋人掌握汉语，却无助于解释汉语自身特性。

　　另外，还有几本早期著作的书名：（1）黎尼妈（Domingo de Nieva, 1563—1606）的《中语文法》（*Arte de la lengua china*）；（2）李科罗（Victorio Riccio, 1621—1685）的《漳州话文法》（*Arte de la lengua chin chea*）；（3）马尔库斯（Francisco Márquez, ? —1706）的《西班牙语–汉语厦门话文法》（*Gramática española-china del dialecto de Amoy*）；（4）克鲁兹（Juan de la Cruz, 1645—1721）的《官话文法》（*Arte de la lengua mandarina*）。黎尼妈1587年来到马尼拉。李科罗是黎玉范的追随者，1654年从马尼拉来到厦门。前两本书早于万济国，后两本书应晚于万济国。

（三）多明我文法学派的基本特点

　　据冈萨雷斯（González-Lluhera 1926）记载，多明我会士所撰182篇语言学论文中，半数以上讨论的是汉语；所编76本文法手册中，涉及32种不同的语言和方言。多明我文法学形成的直接动因，就是需要教材。[1]16世纪末就在马尼拉通过课程教学传习汉语，并在1604年建立了测定传教士汉语水平的考试制度。（Cummisn 1997: 83；白珊著2000，姚小平、马又清译2003: 32）与之有别，进入大陆的耶稣会士或向当地人学习，或传教士之间相互传授，更注重汉语的罗马字记音和双语词典编撰。直到17世纪中期，耶稣会才有意大利籍传教士卫匡国（Martinus Martint, 1614—1661）编撰的《中语文法》（*Grammatica Sinica*）。[2]卫匡国1643年来华，传教士潘国光（Francesco Brancati, 1607—

1　柯蔚南《英译出版前言》（South Coblin 1999，姚小平、马又清译2003: F7）使用了"多明我语法研究"这一表述。白珊《导论》（S. Breitenbach 2000，姚小平、马又清译2003: F30）有"5. 多明我传教士创始的语法研究"。

2　该书抄本名称有异，如格拉斯哥藏本 C 书名是 *Grammatica Linguae Sinensis*，康贝雷藏本 F 和威吉瓦诺藏本 G 的书名都是 *Grammatica Linguae Sinensis*。因此该书名宜译为"中国语文法"或"中语文法"。

1671）曾指导他研读文言。1652 年返欧途中，被荷兰人扣押于巴达维亚八个月，在此期间完成《中语文法》。1653 年途经德国、尼德兰等地，介绍中国语言文化。卫匡国采用了徐方济《卡斯蒂利亚语解释的中文词典》的内容，应了解徐方济的《漳州话文法》，卫匡国的《中语文法》可谓多明我文法学的耶稣会版本。

多明我学派的文法著作，其书名显示从"中语"（实指漳州话）→"官话"→"漳州话"→"官话"的变化。未到过中国的高母羡，其书名 *Arte de la Lengua China*。其后，在福建传教的黎玉范学会了官话，其书名 *Arte de la Lengua Mandarina*。而后，在福建传教的徐方济，其书名 *Arte de la Lengua Chio-chiu*。万济国的书名与其师黎玉范的同名，但明确为南京官话。书名中的 arte（西班牙语"技艺"）< 多纳图斯 *Ars Grammatica* 中的 ars（拉丁语"技艺"）< 特拉克斯 *Téchnē Grámmatiké* 中的 Téchnē（希腊语"技艺"），三者一脉相承。洋溢着人文气息的 arte，将文法研究视为借助分析技巧完成的一件艺术品，体现了多明我学派的人文主义 + 实用语法观。

以"拉丁眼光"看汉语事实，一方面带来了研究汉语的一种分析方法，一方面难免扭曲了汉语的特性。与二语习得中的"母语干扰"类比，可称为二语研究中的"母语干扰"。由此决定了多明我学派的主要特点：（1）应用目的。编者着眼于对汉语使用技艺的掌握来分析汉语。（2）内容四分。通常包括语音、文字、词汇和语法例说。（3）比附方法。以拉丁文法为参照系，突出表现为词类划分和语法范畴研究。（4）局部调整。根据语言事实局部调整语法框架，这一策略源自拉丁语借用希腊语文法的研究传统。普里西安（Priscian, 512—560）在特拉克斯和狄斯科鲁斯（Apollonius Dyscolus, 80—160）的框架内研究拉丁语法，取消了与拉丁语词类没有对应的希腊语冠词，而从副词中分出了叹词，仍然维持着词类八分法。而万济国的汉语词类划分，既保持拉丁文法的八大词类，又增加形容词、数词和小品词等，舍弃了分词。这些观点方法就是西方汉语文法学"元理论"，以显性和隐性力量制约着此后的西方汉语文法学研究。

二、18 世纪：罗曼汉语文法学研究

1700 年元旦，法国凡尔赛宫举办了"中华之王"舞会。对东方文化充满兴趣的"太阳王"路易十四（Louis XIV, 1638—1715），坐着一顶中式轿子来到会场，为法国迎来"中国世纪"。18 世纪的西方汉语文法学跨入罗曼式研究阶段，其代表作是黄嘉略《中语文法》（1716）、傅尔蒙《中国文典》（1728）和马若瑟《中文札记》（1728）。

黄嘉略在《致奥尔良公爵信函》中写道：

黄嘉略《致奥尔良公爵信函》（1716年冬月）

远臣几历九万里航海西来，荷蒙先帝荣赐译言之职。远臣日夜勤劳，以思报答，兹者修成通**中语**一书兼夫小录，以佐西方志士学习**中土言语**、风俗、礼统者也。（转引自许明龙 2004：135）

据此，当时的中国语称"中语"，而不是"华语""汉语"等。

（一）中法联袂的《中语文法》

1711 年，旅居巴黎的中国学者黄嘉略（Arcade Hoang, 1678—1716；福建莆田人，中文名日升，嘉略是其教名音译）奉

法国学术总监比尼昂（J. P. Bignon, 1670—1743）之命编撰一部中语文法书。

黄嘉略并未接受过西方文法学的正规教育。1713 年，比尼昂安排弗雷莱（Nicolas Fréret, 1688—1749）协助。弗雷莱一边向黄嘉略学习中文，一边将法文知识传授于他。第一步启发黄嘉略思考法语规则，认识语言的逻辑性；第二步让黄嘉略依据法语表达找出汉语的对应，辨析差别。这也就是为之添置一副"西洋镜"，掌握对比方法的过程。黄嘉略告知弗雷莱，汉语文法书不仅要列出规则，而且要增加大量例句、礼貌用语以及交际实例，务必贯彻通过阅读体会汉语文法的学习原则。通过互教互学，他们分别撰写各自稿本。

与万济国一样，黄嘉略的描述对象也是当时官话即南京话。通过黄嘉略的介绍，弗雷莱了解到南京官话、南方官话和北京话。

> 这里所说的汉语就是传教士所说的官话。官话并不是官员的专用语，而是人们普遍使用的语言。北方人从农夫到官员大多讲官话，南方六省被北方人占领后，南方人也开始讲官话。但由于受到土话影响，南方官话不纯，实际上是一种混合语。官话的中心是南京，北京朝廷里满人虽然逐渐习惯说北京话，但文人总认为北京话粗俗成分较多，对之评价不高。（转引自许明龙 2004: 233）

在与黄嘉略的接触和学习过程中，弗雷莱对汉语文法的基本认识是：

> 汉语文法由两部分构成，一是发音方法，二是表述方法即词序。……我们通过词的形态变化来表示时、数、态等，但是汉语没有任何词形变化，唯一的办法就是通过添加字词表示这些含义。词序在汉语中非常重要，往往对句子的意义起决定性作用。但是词序不一定与表达对象的事理顺序完全相同。（转引自许明龙 2004: 254）

关于文法的定义，黄嘉略在《中语文法》中这样阐述：

> 文法并非他物，只是说话或与他人交流情感和思想的技艺，而交流的手段应是彼此理解的符号。……文法仅仅是对语言的现状以及符号与符号所表示事物之间关系的认识，因此也就是对作为符号的语音以及符号所表示事物的认识。文法的这两个对象也就是本书论述的对象。（转引自许明龙 2004：140）

以上定义和阐释符合人类语言的一般结构法则。

1716 年 10 月，在黄嘉略去世的前几天，《中语文法》最终完成。但如今看到的，只是一些目录和部分草稿。作者在自述中说：

> 本书分为两个部分。第一部分以尽可能好的方式论述汉语语法。……第二部分如同一篇文章，引导读者去认识有关中国的各种事物。第二部分中还有一些语法的补充讲解，供有志于深入钻研汉语者使用。（转引自许明龙 2004：137）

第一部分又分为两部分。一部分是汉语言文字知识：论汉语文法、汉语词汇、汉字起源、官话与方言；另一部分是汉语言文字应用：礼仪用语、社交商贸会话、商品知识、信函诉状等。第二部分总名"中华帝国简述"。保存在法国国立图书馆的黄嘉略遗稿，共有 200 余页，其中专门论述汉语语法的有 18 页，与巴黎天文台图书馆所藏弗雷莱卷宗内的两份文稿大同小异。黄嘉略和弗雷莱的各自执笔稿中，标题和章节目录不尽相同。黄嘉略的标题是 *Grammaire chinoise*，弗雷莱的标题是 *Essay d'une la langue chinoise*。语音部分有些差别，弗雷莱执笔稿只有元音和辅音，黄嘉略执笔稿还有相拼音节及声调。黄嘉略语法部分的章节目录比较清楚，而弗雷莱语法部分的章节目录只是一些要点。综合两个目录可以看出，汉语词类划分有名词、动词（含自反动词、助动词）、代名词、副词（含地点、数量副词）、连词和小品词，黄嘉略还谈到叹词。与万济国的《官话文法》相比，数词和量词没有单独列出。语法范畴部分讨论了名词的数性格，动词的时态和语气。

据黄嘉略的《中语文法》遗稿，可将其文法研究归纳为两大方面。一方面，基于法汉比较，指出汉语语法中"没有"或"不分"的现象，比如：(1)汉语没有词尾变化和动词变位，不分名词和动词；(2)既没有数、性范畴，也没有时态和语气范畴；(3)甚至没有欧洲语言这样的句子结构方式。另一方面，基于法汉比较，介绍了汉语的一些特点，比如：(1)汉语句法主要借助小品词和词序，汉语字词的语法作用取决于句中位置和发音。(2)名词的数表示法：本身反映多数事物的字词无须标记；普通名词添加"许多、几个"等；人称代词添加"们、辈"。(3)名词的格表示法：所有格通常用"的""之"，与格通常用"与"但可省略。(4)动词的时态和语气表示法：汉语动词只有原形，都可作不定式，需要通过小品词或短语表时态。(5)汉语的比较级用"比"表示。而在弗雷莱的眼中，汉语研究与其说是一门语言学，不如说是一门哲学。他试图用某种哲学方法来揭示汉语的奥秘，也想用基本符号组成复杂符号的模型来寻找破译汉语之道。

（二）备受指责的《中国文典》

作为黄嘉略的后期合作者，傅尔蒙（Étienne Fourmont，1683—1745）不但以法国汉学界鼻祖蜚声于世，同时又背负着"多方剽窃"的污名。傅尔蒙 1711 年起就审读过黄嘉略的初稿，1715 年担任指导并参与合作。在黄嘉略病逝 12 年后，傅尔蒙完成法文本《中国文典》(*Grammatica Sinicae*, 1728)。此后，又将此书改写为拉丁文本：先后付梓《中文考索》(*Meditationes Sinicae*, 1737)和《中国官话》(*Linguae Sinarum Mandarinicae hieroglyphicae grammatica duplex*, 1742)。在肯定傅尔蒙成就的同时，有人不无揶揄地说，他为我们复活了因黄先生故去而湮没的知识。但据傅尔蒙所言，呈上的书稿《中语文法》是傅尔蒙执笔修改的。他对弗雷莱传授给黄嘉略的文法观念很不满意，并且认为黄嘉略文稿中没有汉字（用罗马字记音），不适合西方人学习。在傅尔蒙看来，只有学会汉字，法国学者才能阅读藏于皇家图书馆等处的中文书，即使不前往中国也能研究汉学。换而言之，这部《中语文法》的编撰目的，在于为法国本土学者研究中国文化提供工具。

在 19 世纪初，傅尔蒙又受到雷慕沙（Jean Pierre Abel Rémusat, 1788—1832）的抨击。作为法国新汉学的领袖，雷慕沙不仅批评《中文考索》晦涩而空泛，而且指控《中国官话》剽窃了万济国的内容。雷慕沙认为，两书的"相似之处不仅是章节标题，还包括例句和章节安排。……简而言之，傅尔蒙的书无非就是万济国官话文法的拉丁译本。"（转引自许明龙 2004：254）此后，考狄（Henri Cordier, 1849—1925）还指控傅尔蒙剽窃了马若瑟的《中文札记》。1729 年 9 月，傅尔蒙收到来自广州的马若瑟信函，告知将其书稿寄往法国，请傅尔蒙审阅并帮助出版。1730 年 1 月书稿寄达，比尼昂委派傅尔蒙审核。傅尔蒙在报告中说明，自己曾于 1725 年致信马若瑟告知准备先编中文字典，后来改变计划，在 18 个月内完成《中国文典》。马若瑟的《中文札记》没有向法国读者介绍汉字知识，而是用大量篇幅解释。傅尔蒙的结论是，与其说这部书稿是传授文法，不如说是解释虚词，没有出版价值。

不难看出，傅尔蒙的《中文考索》《中国官话》浸透着其刻苦研究，但是同样难以否认基于黄嘉略的书稿（作为合作者）、吸收马若瑟的研究（作为审阅者）、参阅万济国的论著（作为读者），因此难免被指责为"剽窃"。归根结底，由于研究对象相同、研究方法雷同和资料来源相似，西方汉语文法学著作的章节结构、基本观点和大量例句难免同出一辙。即使是抨击傅尔蒙的雷慕沙，其学生内曼（Karl Friedrich Neumann, 1793—1870）对其著作《汉文启蒙》（1821）同样抱有微辞，认为与马若瑟的《中文札记》如出一辙。作为一部适用于西方的汉语文法学教材，傅尔蒙的《中国官话》贯彻了基于"字本位"原理。以汉字作为条目排序，在注音和释义的基础上将词汇和语法知识融为一体，并通过举例说明字在词、词组、句子中的意义。当时的西方文法研究成果，在书中得以充分体现。傅尔蒙由此宣称："在汉语文法和教学方面，我比任何一个中国状元都强。"

作为法国第一代汉学家，弗雷莱和傅尔蒙成就的最大价值，就是促使欧洲汉学从传教士汉学阶段进入欧洲本土汉学阶段。从此，欧洲学者对汉语言文字的研究，不再是来华传教士的专利。而在这一过程中，作为18世纪初在法国传播中国语言文化的使者，黄嘉略无疑具有重要贡献。

（三）沉睡百年的《中文札记》

西方学者在对汉语进行比附式研究的过程中，逐步明白汉语与欧语的结构差异，了解到中国的传统虚字研究，同时意识到学习中国语言与学习中国文化密切相关。马若瑟（Joseph Mariede Prémare, 1666—1735，音译普雷马赫）的《中文札记》（*Notitia Linguae Sinicae*）正是基于这一认知。然而，其书稿从广州寄到巴黎（1730），再到100年后刊于马六甲（1831），其间经历了漫长而曲折的道路。1725年，马若瑟在《科学和艺文史论丛》（*Mémoires pour l'Histoire des Sciences & des beaux-Arts*）上看到傅尔蒙的《论中国文学》摘要，并与其通信讨论中国语文。作为笔友，傅尔蒙不但没有帮助马若瑟出版书稿，反而说不是一本真正的汉语文法书，以致于在巴黎皇家图书馆沉睡百年，直至19世纪10年代被雷慕沙唤醒。雷慕沙1815年1月在法兰西学院开设汉语课，用的就是《中文札记》抄本。在《汉文启蒙》前言中，雷慕沙高度评价了马若瑟的成就，但又重复了傅尔蒙不宜出版的看法。到了 1831 年，《中文札记》才由马礼逊筹款在马六甲英华书院出版。1847 年，美国传教士裨雅各（James Granger Bridgman, 1820—1850）将其译成英文版刊于广州。该书获得许多人的推崇，马若瑟在汉学史上的地位由此确立。

马若瑟的汉学造诣精深，《中文札记》序言介绍了中国典籍和读书方法、汉语字典和汉字构造以及音韵知识等。第一编是汉语口语语法研究，重点在虚字；第二编是书面语和文言，包括词法、句法和修辞。穷三十年心力研究中国语言文化的马若瑟，回顾了他通过《四书》学习汉语言文字的过程：首先抄录整部《四书》，努力牢记每个汉字的偏旁意义。而当时的许多传教士到中国就找一本汉-欧对照词典，然后花时间抄写。

与黄嘉略不谋而合，马若瑟认为，学习中文不应沿袭西方凭借语法规则的方法，而应通过大量实例的中国传统。

It seems impossible to find any better method of teaching Chinese than by examples. Let no one then be surprised that so many are presented. The route is made short by adducing examples, which by precepts would be comparatively long and tedious. (Prémare 1847: 83)

似乎没有比通过实例更好的中文教学方法。举出如此多的例子不足为奇。通过列举实例可以缩短途径，而拘守根据规则的道路将相当漫长而乏味。

《中文札记》引例多达一万三千余条，这也正是受到傅尔蒙、雷慕沙批评的原因。远在巴黎的傅尔蒙、雷慕沙们难免坐井观天，与长期生活在中国的马若瑟不可同日而语。西方人如果要真正学会汉语，非马若瑟之道不达。

马若瑟充分利用了传统虚字研究成果，用大量篇幅讨论了117 个常用虚字。

The Chinese grammarians divide the characters which constitute the
language into two classes, called *hü tsz'* 虚字, and *shih tsz'* 实字, i. e.
(literally) vacant or empty and solid characters. Those which are not
essential in composition are called empty, though no character can
strictly be so called since it necessarily has some significance. The solid
characters are those which are essential to language, and are subdivided
into *hwoh tsz'* 活字, and *sz' tsz'* 死字, living and dead characters, i.e.
verbs and nouns. (Prémare 1847: 27)

　　中国文法学家把组成语言的字分为两类，虚字和实字，即（字
面义是）空虚或无意义的字和表实体的字。不属基本成分的那些称
为虚字，虽然严格地说，任何字都不能这么认为，因为它必定具有
重要意义。……实字对语言必不可少，可再分为活字和死字，灵活
的字和死板的字，即动词和名词。

　　正是通过马若瑟的介绍，汉语字词的虚实学说才传入欧洲，
而黄嘉略却未提及。《中文札记》没有设置句法章节，而是采用
语义语法分析法。就汉语的"把"，基于语义引申和功能变化描
述其用法和句式。第一类强调与手有关的动作，有较多动词义；
第二类指向动作处置对象，介引功能增强；第三类与"视为、当作"
形成呼应，表示看法。第四类是类别词，表手持之物。第五类是
其他用法（把柄、把戏、年把、百把等）。这样的解释更切合外
国人学习汉语。（Prémare 1847: 44-48）

　　马若瑟强调汉语语法与西方语法的明显差异，提醒不要采用
西方语法术语分析汉语。

But after all it seems to me highly impertinent to think of adapting
all the terms in use among our grammarians to the language of this
people. Far preferable will it be to lay aside the artificial conceits and
idle technicalities of grammar, and by various select examples lead the
inexperienced student by a more rapid and less tedious course to the

fundamental principles and philosophic practice of the Chinese tongue. (Prémare 1847:36)

但在我看来，将我们语法学家所用的全部术语套用于该民族的语言显得十分粗鲁。更可取的是将人为想象和无用的语法放在一边，从而通过所选择的各种例子，以更快捷而不乏味的课程，引导毫无经验的学生掌握中国语的基本原则和符合哲理的实践。

I am far from thinking to reduce the Chinese language to a conformity with the technicalities of foreign tongues. On the contrary it is my ardent desire if possible, to induce the missionaries early to commence the practice of analysing their thoughts, to divest them entirely of their vernacular idiom, and clothe them in pure Chinese. (Prémare 1847:178)

我绝不想采用外语的专门术语简单化地分析中国语。相反，如果可能，我迫切希望引导传教士彻底地从其本国语中解脱出来，尽早养成分析中国人想法的习惯，再让这些想法穿上纯粹中文的服装。

然而，拉丁文法是他们描述语言结构的唯一框架，难以完全摆脱。马若瑟意识到这一尴尬，当列出汉语的名、代、动、形、副等词类后，随即又指出这些分类在汉语中没有多大价值。

三、19 世纪：日耳曼汉语文法学研究

19 世纪是西方汉语文法学大发展的时代，后起的英美德学者的日耳曼汉语文法学渐成主流。

（一）英吉利汉语文法学研究

1. 新教传教士的文法研究

英国马礼逊（Robert Morrison, 1782—1834）《通用汉言之法》（著于 1811, 1815 刊行）和马士曼（Joshua Marshman, 1768—

1837)《中国言法》（1814）的出版，标志着英国汉语文法学研究传统的肇始。作为来华传播基督新教的第一位传教士，马礼逊的"通用汉言"即官话。

The Provincial dialect is called *pě hwá* 白話; *toû hwá* 土話, and *tuû tän* 土談 in contradistinction from the proper and general language of the Empire, called *Kwān-hwá* 官話, 'public officer's speech or language'. In Europe, it is called, from the Portugueze, the 'Mandarin tongue'.

The Chinese define the phrase *Kwān-hwá* thus, 各 Every 省 province 公 universally 通 throughout 用 use 之 the 言 yin 语 yu 声 tone and 音 pronunciation 为 are 正 right, i.e. 'The proper and general language of the empire.' (Morrison 1815: 259)

各省地方话称白话（pě hwá）、土话（toû hwá），与土谈（toû tán）形成对照的是帝国正式的通用语言，称为官话（kwān hwá），"官员说的话或语言"。在欧洲，其名称来自葡萄牙语的"Mandarin tongue"（官员口语）。

中国人定义的习语"官话"如此，各省公通用之言语声音为正。即"帝国的正式和通用语言"。

马礼逊的所谓"言之法"即 grammar。对多明我学派的 arte 马礼逊有新解，所谓 art 为"实用文法"，grammar 还必须有 science 成分。（何群雄著 2000，阮星、郑梦娟译 2010：127）马礼逊虽然这样区分，但其《通用汉言之法》以实用为旨趣，包括正字法（语音和文字）、形态学（词类）、句法学和诗律学。除了总体特征和基础知识，全书主体讨论汉语词类：包括名词、形容词、数词、代名词、动词、副词、介词、连词和感叹词九大类。马礼逊基于英语语法框架研究汉语，《通用汉言之法》与马礼逊为华英书院编写的英文教科书《英国文语凡例传》（1823）的体系大致相同。（何群雄著 2000，阮星、郑梦娟译 2008：67）

马士曼《中国言法》（1814）分为三卷。第一卷"中国文字"，即其《中文之钥》（1813）的内容。第二卷"语音技能"，与其博士论文《论中国语的文字和语音：包括基本汉字表和汉语音节表》（1809）有关。第三卷"言法基础"，可归纳为四方面。（1）实词。1. 名词（主格、宾格、属格、与格、呼格、具格、夺格、位格）；2. 形容词（比较、比较级、最高级）；3. 数词；4. 序数词；5. 代词（人称、关系、疑问、指示、个体、不定、集合、表尊卑代词）；6. 动词（主动、被动、不及物、原因、反身、相互、复合、非人称动词）。（2）语气和时态。语气包括：陈述、命令、可能、祈使、假设、不定语气等。时态包括：不定过去时、确定现在时、过去完成时、过去时、将来时等。（3）虚词。7. 副词（表类同、表数量和次序、表数量与比较、表时间和地点、表怀疑和疑问、表否定）；8. 介词（前置、后置）；9. 连词（并列、顺承、转折）；10. 叹词。（4）构词法。马士曼提到"整个汉语句法取决于词序"，但没有专门讨论汉语句法。

　　"二马"言法在传教士中广为流行，艾约瑟（Joseph Edkins，1823—1905）就是在其帮助下学习汉语的。但他认为，这些书未充分揭示汉语文法内涵，也没有注意吸收前人成果。艾约瑟提出，文法学家的任务是找出该语言的规则，并用自然而简洁的方式将这些语法规则排列出来。所撰《汉语官话口语文法》（1857，1864）具有三方面特色。第一，分为语音、词类和句法，成三足鼎立格局。第二，词类划分和研究更细。一方面接受了传统的虚实、死活之分，一方面将汉语字词分为十类：名词、辅助名词（类别词）、形容词、代词、动词、前置和后置词、副词、助词（语气词）、连词（列、转折、选择、原因、推断、目的、致使、假设）、感叹词以及小品词。第三，归纳了汉语词序规则和句子类别。词序规则：1. 形容词在所修饰的名词之前，有时加"的"；2. 及物动词在宾语之前；3. 有两个宾语时，节奏决定其位置，最常见的是动＋间宾＋直宾；4. 副词在所修饰的形容词和动词之前；5. 前置词在所修饰名词之前，后置词在所属名词之后。艾约瑟又提出"转类说"，应根据词在句中位置决定其词类。句子类别：单句、从句（状语、关系、目的、说明、比较、相似、条件等）、并列句。

2. 从南京话向北京话转变

长期以来，明清来华传教士所习中国语为官话，即"地道的中国话"（利玛窦）或"纯正的南京话"（金尼阁）。"中国话、官话、南京话"是同义语。从 19 世纪 40 年代起，西方人学习和研究的汉语开始逐步从南京话向北京话转变。[1]

1815 年，马礼逊在《汉英字典·导言》中已经提出：

What is called the Mandarin Dialect, or 官話 Kwan hwa, is spoken generally in 江南 Keang-nan, and 河南 Ho-nam, Provinces, in both of which, the Court once resided; hence the Dialects of those places gained the ascendancy over the other Provincial Dialects, on the common principle of the Court Dialect becoming, amongst People of education, the standard Dialect. A Tartar-Chinese Dialect is now gradually gaining ground, and if the Dynasty continues long, will finally prevail. (Morrison 1815: x)

江南省和河南省广泛说的话称曼德林，即官话。因为两地都曾建都，从而此处语言赢得主导地位，高于其他各省语言。不但成为朝廷语言的共同准则，而且是读书人的科举语言。满人汉语（Tartar-Chinese Dialect）如今正在逐渐扩大地盘，如果这个朝代长久持续，其语言终将流行。

1834 年，裨治文（Elijah Coleman Bridgman, 1801—1861）在《中国语言》中这样介绍官话：

In the northern provinces of the empire, the pure Chinese,

---

1 陈辉（2010）首先注意到该问题并加以研究。

commonly called the Mandarin Dialect, prevails extensively. It is not to be understood, however, that there are no local words and phrases even in those places. On the north of China, in districts bordering on Tartary, a modification of the language occasioned by the domination of the Mantchous is apparent. And doubtless some thing of the same kind of influence may he exerted along all the frontiers of the empire. In Chekeang and Keangnan, the difference between the pure Chinese, (which is there spoken by a very considerable part of the people) and the local dialects is very striking. In Fuhkeen and the eastern part of this province, the difference is still more remarkable; to an individual who was only acquainted with the standard language, the dialect of Fuhkeen, as it is usually spoken, would be utterly unintelligible. In the southwestern provinces of the empire there is less deviation from the pure Chinese. The dialect spoken in this city bears considerable resemblance to that which prevails in the public courts; and a person who has a knowledge of the one with a little attention to the subject, will soon be able to understand much of the other. (Bridgman 1834: 3)

在帝国的北方省份，广泛通行的正音汉语，通常称为官话。然而，即使在这些地区，如果不用当地话也听不懂。在中国北方与鞑靼毗邻的地区，满人的统治引发的语言变化很明显。毫无疑问，此种影响遍及帝国的边境地区。在浙江省和江南省，正音汉语（那里相当多的人所说的话）与当地土话的差别显著。在福建省及其东部地区这种差别更为引人注目。对于一个只会说标准汉语的人而言，对当地常说的福建土话完全不知所云。在帝国的西南省份，说的是差别不大的正音汉语。这些城市所说的话与官府的通行语很相似。一个人如果懂其中的一种，只要稍微留意交谈的主题，马上就能大致听懂另一种。

1840 年，罗伯聃（Robert Thom, 1807—1846）等在《意拾蒙引》前言中，对官话有详细的阐述。

The 言語 *yèn yū*, or Spoken Language. This is otherwise expressed by 說法 *shwō-fǎ*, or 口說 *kow-shwō* — terms used (in contradistinction to those employed above when speaking of the *wǎn-tszè*) to denote, that it is intended exclusively to be spoken, and not written. The *yèn yū* subdivides itself into two great branches — which are — vizt.

I. The 官話 *Kwan-hwa*, or Mandarin Language. This is again subdivided into —

1st. The 北官話 *pïh Kwan-hwa*, otherwise called the 京話 *King-hwa*, or the 京腔 *King-keang* : being in short the language of Peking City. This idiom abounds with low slang, — and when the court was formerly held at Nanking — was considered as much a vulgar *patois*, as the Language of Canton City is at this present day. But the Emperors of the present Dynasty having always resided at Peking, and they all speaking with the northern accent — the young men who wish to get themselves forward nowadays endeavour to speak as much à la Peking as possible; — for say they — "It is thus that the Imperial mouth itself speaks; and is it possible that the Holy Emperor can be wrong?" (This is an argument that to Chinese will be found hardy enough to controvert). Moreover, as the Peking people seldom engage in Trade — but chiefly follow the Mandarins over the whole Empire, they are to be found every-where; — so also in all the Public Offices nothing but their language is spoken, — and when the common people hear the sound of it — they immediately make way, — judging that the speaker must be some government employe or other, — persons of whom they stand in great awe.

2ndly. The 南官話 *Nan Kwan-hwa*, otherwise called the 正音 *ching yin* "true pronunciation," and the 通行的话 *tung-hing-leïh-hwa*, or language of universal circulation. This is properly speaking the Mandarin Language or that of Nanking City. We are aware that the Peking people apply nowadays the term *ching-yin* to their idiom exclusively, but there must be some mistake here ; — for, as they want the 入聲 *jǔh shing* or short abrupt tone — they cannot of course pronounce correctly. The claims of the Northerns and Southerns of this country to preeminence for good speaking — may remind the reader of the Italian saying — "Lingua Toscana in bocca Romana." The Nanking language is spoken on the stage — and abounds less or more in all their 小說 *scaou shwö* or Novels. (Thom & Mun Mooy Seen-shang 1840: vii)

"言语"，或者口语。另外的表述是"说法"，或者"口说"——这些术语（与前文所提的文字形成对比）通常的含义是，它是专门用于说的而不是写的。言语细分为两大分支。

I. 官话或曼德林语。再细分为：

第一，"北官话"，也称"京话"或"京腔"，简而言之即北京城里的话。这种充满粗俗的土话——在以前京城还在南京时——被认为是极其低俗的方言，就犹如现今的广东话。然而当朝皇帝一直住在北京。他们说话都带北方口音——那些不敢落伍于时代的年轻人尽可能仿效京腔。依他们的话说："那是皇帝嘴里说的话，圣上会错吗？"（这是一个中国人几乎无法辩驳的理由）。此外，由于北京人很少经商——而主要听从帝国官吏的差使，这些官吏到处可见——各地官府也都打官腔，不用说自己的口音说话——当平民百姓听到其腔调——立即会让路——判断说话者是否为官府人员——要对这些人表示敬畏。

第二，"南官话"另称"正音"和"通行的话"。确切地说，是官话或南京城里话。我们意识到，如今北京人将"正音"这个术语用来专指其方言，但肯定有些不对——比如，就像他们想发入声（*jǔh shing*）或"短促声"——他们当然无法正确地发音。要求这个国家的北方人和南方人都能说一口好官话——可能会使读者想起意大利谚语："土生罗马人口中的托斯卡纳话[1]"。南京话在戏台上说唱——并不同程度地见于所有小说。

1　意大利的标准语是托斯卡纳话，而并非罗马话。托斯卡纳（Toscana）是意大利文艺复兴的发源地，佛罗伦萨、锡耶那、比萨都在该地区。

在罗伯聃看来，南京话才是纯正的官话、正音和通语，翻译《意拾蒙引》（1840）时用的南京官话。但此后在与清朝官员交往中，罗伯聃意识到北京话更实用，由此编写《汉语会话，或官话作品，尤其是北京话撮要》（1846）。密迪乐（Thomas Taylor Meadows, 1815—1868，音译麦笃思）在《关于中国政府和人民以及中国语言的札记》（1847）第四篇中，专门讨论"关于满人所说的汉语口语，包括皇室和王室，以及普通的北京本地人"。他指出，"通常所谓'北京话'，实际上是该国的标准口语，在中国的地位如同伦敦英语，是受教育阶层所说的语言。"（Meadows 1847: 41）

此后，艾约瑟（Joseph Edkins, 1823—1905）的《汉语官话口语文法》（1857）仍以南京官话为主，但同时兼顾与北京话和其他方言的比较。在其修订本（1864）中扩大了"官话"（原专指南京话）的含义，划分了南京官话、北京官话及西部官话。虽然南京官话的使用范围更广，但要想说帝国朝廷话的人必须学习北京话即"清话"（ching hwa）。

1. The native name of the pronunciation used at court, and in public offices is kwan hwa, or mandarin dialect. This dialect is in its essential features, the common language of the people in the provinces north of the Yangtsi-kiang, in Si-c'hwen, Yun-nan, Kwei-cheu, and in parts of Hu-nan and Kwang-si. At least, there is sufficient similarity in the sounds employed through this wide extent of country, embracing two-thirds of China, to warrant their being called by a common name.

1. 朝廷和官府人员口音的本国语名称是"官话"，或"曼德林话"。就其基本特征，该方言是扬子江以北各省，生活在四川、云南、贵州以及湖南和广西部分地区人们的共同语。至少，在覆盖中国三分之二疆域的广大地区，所发语音具有足够的相似性，足以保证以通用名称来称呼这些方言。

2. It is usual for the people, while including the dialects of so wide a territory under the designation *kwan hwa*, to distinguish them by locals names; e.g. *Shantung-kwan hwa, the mandarin spoken in Shantung* ; but it is still correct to recognize the dialects of the provinces mentioned as genuine mandarin, allowance being made for some admixture of *hiang tan*, or provincialisms.

2. 人们通常将如此众多的方言囊括在官话的名义之内，用当地的地名加以区分。比如，山东官话是山东省说的官话。但是，承认提到的各省方言是实际上的官话，而允许杂有乡谈或各省方音的混合语仍然是正确的。

3. Nanking Mandarin. — The pronunciation of these regions readily separates into three systems; that of Nanking, of Peking with the northern provinces, and of the western provinces. In the first of the systems, the words are distributed into five classes, with a tone proper to each.

3. 南京官话——这些地区的发音很容易分为三个系统：南京音系、北京与北部省份音系，以及西部省份音系。在第一个音系中字词分为五类，每类都有特定声调。

4. Peking Mandarin. — In the Peking dialect, ching hwa, the words of fourth tone-class are all distributed among the other four classes, with no rule but custom to determine into which they have wandered. The short vowels common to this class, are all lengthened so as to admit of their being pronounced with the long vowel tones.

4. 北京官话。——在北京方言即"清话"中,单字的第四声（平上去入的"入"——译注）全分布在其他四声（阴阳上去——译注）中，没有规则，只能根据习惯来确定派入何种声调。此类短元音的共同点是全部加长，而使它们发成长元音。

6. Western Mandarin. — Through political and temporary arrangements, the Peking dialect as that of the capital is the standard of *Kwanhwa*, but true philology must embrace in its researches the whole territory, where in its essential characteristics, the same spoken language

prevails. Accordingly a third mandarin system must here be introduced. The Nanking and Peking dialects are at least as wide apart, as that of Sï-c'hwen is from either of them. In fact, the three are varieties of the same great dialect.

6. 西部官话——凭借政治和当时的局势，作为京城话的北京话成为官话的标准，但真正的语言学在其整个研究领域中，必须纳入该语言所流行相同口语的本质特性。于是在此必须介绍第三种官话系统。四川方言与南京方言和北京方言两者之间的距离至少一样远。实际上，这三者都是同一大方言的变体。

8. Standard of Mandarin. — Foreigners in writing Chinese sounds, have usually adopted a mixture of the Nanking and Peking pronunciation as a standard, and where it varies from the orthography of the national dictionaries, as given in initials and finals, the latter has been sometimes followed.

The Peking dialect must be studied by those who would speak the language of the imperial court, and what is, when purified of its local-isms, the accredited *kwan hwa* of the empire. It has not been selected as the only standard of spelling in the present instance, because it is too far removed from the analogies of the dialects in the southern half of the country. While many details respecting it will be found here, the form of the sounds hitherto adopted by foreigners on the principle of compromise, will not be abandoned. The Peking dialect is more fashionable, but that of Nanking is more widely understood, and is better suited by its central situation to the scope of this work, which aims to collect and compare the characteristics of many dialects. (Edkins 1864: 7-10)

8. 官话的标准。——记录汉语语音的外国人，通常采用南京和北京发音的混合物作为标准，而与国家所颁行字典的反切有所不同，正如记录的声母和韵母那样，有时会遵循后者。

北京话必须由那些会说帝国朝廷语言的人来研究，经过其地方土话的纯净化，它是公认的帝国官话。当前还没有被选为唯一的拼写标准，因为它与该国南部一半的方言类推性差距太大。尽管在此可以找到许多有关它的细节，但根据折衷原则，外国人迄今采用的语音形式不会废弃。北京方言更为时尚，而南京方言更为广泛理解，并且因其中心位置更适合本书的范围，旨在收集和比较许多方言的特征。

北京话赢得正统地位的关键是19世纪中期大量满人换用汉语。满人换用汉语经历了五个阶段。（1）满汉语言接触阶段。明初，女真人不仅南下辽东，而且纷纷入关。永乐皇帝在开原城设置安乐、自在二州以安置。为了实边固守，明朝曾迁北京和江淮齐鲁之民入居辽北。（2）满主汉辅阶段。后金扩大汉军，促使满汉交叉学习语言。皇太极鼓励满人"通汉书，习典故，为国宣力"，出现女真化汉语。（3）满汉双语阶段。清军入关（1644）后，开始满汉双语双文制，公文"清将则清语读之，汉人则汉语读之"。（4）汉主满辅阶段。至康、雍、乾（1662—1795）三代，逐渐形成汉语为主、满语为辅。（5）通用汉语阶段。嘉、道（1796—1850）年间，满人逐步换用汉语。不但关内满人改用汉语，关外辽沈的土人皆用汉语。（赵杰1996）与之相应，1864年外国公使馆获准驻京，洋人则从南京话转习北京话。西方汉语文法学的研究对象也就从南京话转向北京话。

3. 公使馆汉语的文法研究

19世纪下半叶，英国驻华公使威妥玛（T. F. Wade, 1818—1895）编撰的《语言自迩集》（1867第一版），是当时最有影响的北京话教材。1847年，他就留意汉语罗马字拼音系统，但"那时无人记录北京话，拼音方法都说记录的是南方官话"。（Wade 1886 vol. I: xvi）1855年，他在广州找到一份比较接近北京话的罗马字拼音表，将其增益为《寻津录》（1859）刊行，此后着手主编北京话教材，许多西方汉学家对之不以为然。在《语言自迩集》出版后，讥刺其为"公使馆汉语"。

在中国生活几十年的威妥玛，所认识到的汉语基本特点是：

The foreign linguist tells us that Grammar, as the Science of Words, is divisible into Etymology and Syntax, and that etymology again subdivides itself into the laws of Inflexion and of Derivation. The Chinese language yields but a qualified submission to this decree. In the sense of derivation its etymology has something in common with that of other tongues ; in the sense of inflexion it has no etymology. (Wade 1886, vol. I: xxi)

外国语言学家告诉我们，作为言语科学的语法，可分为词法和句法两部分，而词法又再分为屈折规则和派生规则。汉语服从这一法则，但仅有限度地服从。在派生意义上，其词法与其他语言有某些共同之处，而没有屈折意义上的词法。

面对无屈折变化的汉语，威妥玛阐述了汉语字词的多功能性（versatility）。[1]

As to the other branch of etymology, namely, inflexion, it cannot, I repeat, be allowed to have a place in Chinese grammar at all; and the versatility, if it be lawful to call it so, of the Chinese word, the capacity common to so many words (especially to those that we are wont to call nouns and verbs), for grammatical services so widely differing, is such that any attempt to divide the language authoritatively into the categories known to us as Parts of Speech would be futile. Still, our parts of speech must of course have their equivalents in Chinese, whether we are able to categorise them as parts of speech or not; nor could Chinese be a language unless it possessed within itself the means of producing most of the results effected in all other tongues by inflexion. It does not break off portions of its words or incorporate in them fragments of words, extant or obsolete, for the purpose of indicating the conditions we describe

---

1　张卫东（2003）首先注意到该问题并加以研究。

by the terms Case, Number, Mood, Tense, Voice, or the like; but it achieves nearly as much as these modifications can effect by a syntactic disposition of words, all extant, and almost all universally retaining their power to employ themselves integrally and independently elsewhere. (Wade 1886, vol. I: xxii)

至于词法的另一分支，也就是屈折变化，我再重复一遍，它根本不可能在汉语文法中占有一席之地。如果许可这样称呼，汉语字词的多功能性，如此之多的词语（尤其是这些，我们习惯于称呼的名词和动词）都有这一能力。因为语法服务的范围差异如此之大，以致于把汉语的词武断地划分到我们称为**词类**的已知范畴中去的任何尝试，都将徒劳无功。无论我们能否对汉语的词类加以分类，然而，我们的词类当然有与汉语的对应物。除非汉语本身拥有所有其他语言中通过屈折而产生的大多数效果的手段，否则汉语也不可能成其为语言。为了这一目的，以表明我们通过用格、数、语气、时态、语态或诸如此类术语描述的各种情况，汉语不会拆开其字词的各部分，也不会在其中包含现存或过时的字词碎片。但是通过对字词的句法处置而产生的效果，差不多达到了所有这些现存的修饰，并且几乎所有的字词都普遍保留了它们在别处的整体或独立运用的能力。

"汉语字词的多功能性"实际上是用西式语形词类框范汉语语义词类而造成的误解。换而言之，汉语只有语义词类，根本没有语形语法的刚性制约。

基于以上认识，威妥玛对汉语文法研究的感受是：

It occurred to me, nevertheless, shortly after I had put my hand to the elementary course now published, that if this were accompanied by a collection of examples that should give some notion, as I have said above, of the contrasts and analogies of the two languages, it might avail to remove some of the stumbling-blocks common to beginners in either, without committing them to the bondage of rules fashioned too strictly after our European pattern; and taking the simplest school grammar I could find, I went through its etymology with the able teacher before mentioned, translating the examples to him *vivâ voce*, and expounding to the best of my ability the rules and definitions these examples were intended to illustrate. Our embarrassment was a grammatical nomenclature, for as China does not as yet possess the science of grammar, she is of course very ill found in its terminology; and the reader will see to what straits the would-be grammarian is reduced in describing, for instance, the Case of the noun. (Wade 1886, vol. I: xxii-xxiii)

但在我着手编撰现已出版的这部基础教材时不久，我曾想到，如果教材附有应能提供一些概念的一系列实例，就像我上面说的，两种语言的对照和类比，可能有助于搬开初学者学习其中任一语言时通常碰到的一些绊脚石，而又不使他们受到按我们欧洲模式形成的过分严格规则的束缚。并且采用我可能发现的最简学校文法，我与前面提到的有能力老师一起研究了其词法学（etymology）[1]，将这些例子译成初学者口语上所用的，并且尽我所能阐述这些例子打算说明的规则和定义。我们的窘境是没有一套文法学术语，因为中国迄今没有文法科学，当然很难找到术语。而读者会注意到，作为语法学家在描述诸如名词的格时就会陷入何种困境。

尽管如此，威妥玛还是摆脱不了模仿英语词法系统划分汉语词类的做法，第八章文法（即词法）中的章节安排即沿袭马礼逊的体例。只是增加了冠词，在代词小类中分出物主代词，讨论了动词的时态、语态和语气，以及副词的表时间、处所、数量、程度等用法。继万济国等之后，威妥玛也设立了数名词（即类别词），其定义为"加于名词之前作为陪衬和表同一类别的名词"，并且列出 65 个常用数名词。

1　etymology 本意"语源学 / 词源学"。通过追溯确定词或形素的成分（在此意义上为"形态学"），从而涉及词的形态变化与词类（在此意义上为"词法学"）。西方汉语文法学中的 etymology 仅针对汉语词类，故宜译"词法学"。

（二）美利坚汉语文法学研究

1. 中文撰写的西方汉语文法学

美国学者编撰的第一本汉语教材，是美国汉学之父卫三畏（Samuel Wells Williams,1812—1884）的《拾级大成》（1842），全书以汉字、对话、阅读、翻译等训练为主，将文法贯穿其中。然而更值得关注的是，美国传教士高第丕（Tarleton Perry Crawford,1821—1902）和中国学者张儒珍（浙江镇海人,1811—1888）[1]合编的《文学书官话》（*Mandarin Grammar*, 1869），**这是第一本用中文行文的西方汉语文法学著作**。作者将英文 Grammar 译为"文学"，所谓"文学书/官话"，即"官话/文法书"。

《文学书官话·序》开篇明义：

> 文学一书，原系讲明**话字之用法**。西方诸国，各有此书，是文学书之由来也久矣。……要之莫不各赖以各处之文学，以推求乎话之定理，详察乎字之定用，使之不涉于骑墙两可也。余于是书诵习日久，略觉默识心通，因用中华文字土音辑成一卷，亦以文学书名，盖理有可以相通耳。书内俗言俚语，究不嫌于卑近；意明词达，亦甚易于参观。其上下之章句，或条分缕析，或绳贯珠联，要皆简而能赅，纯而不杂，可为迷路之指南焉。故无论设教者、读书者、传道者、通言者，皆宜于是书潜心默会，触类旁通，玩索而有得焉。以免夫启口支离之弊、行文差谬之失，而得乎话字之真旨也已。（高第丕 张儒珍 1869：1）

作为研究对象，"话"指的是句子或口语，"字"指的是字词或书

---

1 王瑶《〈文学书官话〉（Mandarin Grammar）研究》（2021）：顾廷龙主编《清代朱卷集成》（第 275 册，95—108 页）：张儒珍，字俊士，号珽修。浙江宁波府镇海县副贡生。光绪乙酉（1885）科钦赐第一名恩榜。据张延俊《〈文学书官话〉作者张儒珍生平事迹考》（《长安学术》，第十二辑）：宣统己酉重修《清泉张氏宗谱》（宁波天一阁藏）第五册第八卷第 51 页记载：张儒珍生于嘉庆十六年辛未（1811），卒于光绪十四年戊子（1888）。

面语，"文学"即"话字之用法"。其旨趣"推求乎话之定理，详察乎字之定用"，其目的"以免夫启口支离之弊、行文差谬之失，而得乎话字之真旨也"。

该书共分为二十一章。第一章"论音母"，第二章"论字"。从第三章到第十七章，讲述汉语词类15种。从第十八章到第十九章，强调汉语各类词的词性可互转，即汉语字词的功能研究。第二十章是"句连读"，分单句、双句和合句三种，介绍了直说、使令、问语、叹息等语气，以及设若、转折、推及、志向、比量等句式。第二十一章"论话色"，讨论修辞。

《文学书官话》的特点之一，是根据语义和功能划分汉语词类：1. 名头（名词）、2. 替名（人称代词）、3. 指名（指示代词）、4. 形容言（形容词）、5. 数目言（数词）、6. 分品言（类别词）、7. 加重言（程度副词）、8. 靠托言（动词）、9. 帮助言（助动词）、10. 随从言(介词/副词)、11. 折服言(否定词)、12. 接连言(连词)、13. 示处言（方位词）、14. 问语言（疑问词）、15. 语助言（助词和叹词）。此词类划分，比《马氏文通》的划分合理。《文学书官话》的特点之二，是采用"纲-目分析法"。以纲字（名头）为中心构成的成分叫"纲读"（主语/话题）；以目字（靠托言）为中心构成的成分叫"读"(谓语/说明)。称时间为"余读"，称条件为"枢读"，称工具为"用目读"，称目的为"扣目读"。此前，威妥玛有"句子纲目"说："对句子的构成来说，必不可少的是它包含'纲'（一个主题）和'目'（一个述语）。所说的人、事物、事务、情况是主题；主题的要求，如对或错、存在或不在、主动或被动，由述语构成。"（Wade 1886 vol. I: 104）这一方法与话题-说明分析法的旨趣近同。《文学书官话》东传日本后，引发了19世纪晚期的东洋汉语文法学研究。

2. 文璧的北方白话文法研究

美国基督教长老会传教士文璧（Jasper Scudder Mcilvaine, 1844—1881）1867 年来华。在北京三年后，1871 年到济南府宣教。其后，用三年时间写成《中国北方白话文法研究》（1880）。[1] 该书吸收了马若瑟、马礼逊、艾约瑟、儒莲和威妥玛等人的成果。第一章到第二十一章，讨论词类（14 种）和句法（包括数词和辅助名词结构、定语、同位语、时态、语气及其他句法规则）；第二十二章讨论节律范畴；第二十三章讨论书面语体。《前言》中指出，汉语组词成句不通过屈折变化，而是依靠"逻辑顺序"。文璧对汉语特点的描述是：

And so in their speech, intonated monosyllables are dexterously and vigorously employed — clauses are subordinated or coordinated, pre-fixed or appended in such clear logical sequence, that the polysyllables, inflexions and many conjunctions of Western languages seem in compari-son clumsy and absurd. That there are rules and principles governing this language is self-evident, otherwise no two Chinamen could understand each other. (Mcilvaine 1880, Preface: 1)

在其言语中，带有声调的单音节字被生动而灵活地运用——在从属、并列、前置以及后置的子句中，逻辑顺序如此清晰。相比之下，西语中的多音节词、屈折变化和许多连词，显得那么失当和可笑。不言而喻，汉语还受到一些规律和准则的支配，否则两个中国人之间则无法互相理解。

由于汉语不用形态变化，因此汉语字词存在大量的兼类现象。

Yet with reference to the language itself, many words have a truly radical power, being used in different parts of speech as — the connection

---

[1] 韩国学者孟柱亿（2004）首先注意到该书并加以研究。

may require, but without change of form. This feature of the language may be illustrated from the English, since the words form, hope, run, light, love and a multitude of others may be used both as verbs and as nouns, and some also as adjectives. So in Chinese, many words range through these three parts of speech. But the liability to interchange is even greater in Chinese. Adjectives blend with adverbs, verbs with conjunctions and prepositions. The power and plasticity resulting from this feature of the language is very great, and no serious embarrassment will be found arising from it. (Mcilvaine 1880, chapter I.: 2)

然而依据汉语本身，很多词都具有真正旺盛的功能，由于组合的需要而用为不同的词类，但形式无须改变。汉语的这种特点可以在英语中找到例子，如 form、hope、run、light、love 等一批单词，既可用作动词，又可用为名词，有的甚至还可以用作形容词。汉语中有很多词兼有这三种词性。然而在汉语中，词类交叉倾向更普遍，形容词和副词相混，动词、连词和介词相兼。此种能力和塑性来自该语言的优越特性，使用中并未碰到严重困扰。

即使大量兼类，但是汉语字词仍然存在分类。文璧也引进了中国传统中的虚实、死活范畴。

As to classification of words, the Chinese make a distinction between the 實字, i.e. the real words, and the 虚字, the unreal. The former are the substantial words of the language, which denote real things and ideas; the latter are the subordinate words used to indicate the relations of their stronger associates. The latter class is not limited to mere particles used for grammatical inflection or for rhythm. It includes also some prepositions and conjunctions with demonstrative adjectives and adverbs of degree. We cannot accept the distinction as marked out in all these details. Yet it is not to be ignored, since it attests the superior importance of one class of words, and common characteristics pervading that class, and warns us not to mingle together words from the two classes, as our Western grammar would do.

A second valuable distinction made by native scholors, is the division of real words into 活字 and 死字, i.e. the *living* and the *dead*, or in general verbs and nouns.

Verbs, nouns and particles are therefore the three great groups of words as distinguished by the Chinese. My own studies have led me to fall in, in the main, with this general division. I make therefore first, a group of Substantives, including nouns, pronouns, demonstratives, numerals and locatives; second, a group of Predicates, including adjectives, verbs and adverbs; third, a group of Particles, including prepositions, conjunctions, interjections and terminals. (Mcilvaine 1880, chapter I: 2-3)

在词的分类方面,中国人区分了实字(实在义的词)和虚字(非实在义的词)。前者是语言中表示实在事物和观念的词,后者是用来表示更强大同伴之间关系的附属词。后者不限于用在文法变化或节律上的小品词。它也包括一些介词,以及伴随指示性形容词和程度副词的连词。我们不能接受实虚区分中标出的所有细节。但不容忽视,因为它证明了其中一类词的优越性,以及这类词普遍具有的共同特征,并告诫我们不要像我们西方语法那样混淆这两大类词。

第二个有价值的区分是本土学者提出的,把实词分为"活字"和"死字",即活的和死的,或通常的动词和名词。

动词、名词和小品词是中国人划分的三大词类。我在研究中基本接受了这一总体上的划分。因而我所做的,首先是划出的是体词类,包括名词、代词、指代词、数词和处所词;其次是谓词类,包括形容词、动词和副词;最后是小品词,包括介词、连词、感叹词和句末助词。

文璧汉语词类划分的独特之处就在于采用二级划分法:上位分类接受汉语传统字词概念,下位分类采用西洋语法的词类框架。

作者将词法与句法混合,为的是使学习者能学以致用。如名词部分，将双字组的结构法分为三类。第一类"一字表义"：带后缀（身子）、重叠式（哥哥）和前后字同义（朋友）等；第二类"两字表义"：前后字互补（兵马）、前字表领属或修饰（主人、德行）、前字表性质（先生）、后字是小品词"的 / 者"（看门的）等。第三类"不能拆开"：疙瘩等。

《中国北方白话文法研究》的方法论特色是英汉对比。（1）英汉语言的不同之处。英语有屈折变化而汉语无，英语有形容词词尾和副词词尾。汉语"的"相当于英语属格标志，汉语"在"相当于英语的几个前置词。汉语句子可以几个动词连用，英语句子只有一个主要动词。汉语句子可省略宾语，而英语则不能。英语疑问词移至句首，而汉语疑问词处于原位。（2）英汉语言的相同之处。汉语的"这、那"与英语的指示词一样，既可作修饰语又可单独指称。汉语有些句子的主语与英语一样，可位于动词后面（即"施事宾语"）。（3）英汉语言的同中有异。英语的 form, hope , run 等存在兼类，但汉语的兼类现象更普遍。汉英语言中的人称代词后跟反身代词都可作同位语，但在汉语中更普遍。此为 19 世纪兴起的对比语言学方法，在西方汉语文法学研究中的使用。

西方汉语文法学的通病就是，即使认识到汉语不用形态变化，却仍然套用形态语言规则，《中国北方白话文法研究》也难以幸免。然而，就该书阐述汉语结构类型特点、展开英汉语法对比、重视汉语结构节律的特色，可谓西方学者研究北方白话文法之先导。

（三）德意志汉语文法学研究

17 世纪后期，德国学者缪勒（Andreas Müller, 1630—1694）的《中文之钥方案》（*Propositio super Clave sua Sinica*，著于 1674）提出以部首作为学习中文捷径，所制汉字木活字 3287 个，体现了西方学者研习中文的顽强精神。门采尔（Christian

Mentzel, 1622—1701）参考卫匡国抄本，也撰有《中文之钥》（*Clavis Sinica*, 1679）。此后巴耶尔编撰的《中文博览》（1730）展示 17 世纪的汉语文法学成果，进一步激起欧洲汉学浪潮。19 世纪法国汉学进入学院式阶段。1815 年，法国新汉学领袖雷慕沙就任法兰西皇家学院设置的西方汉学史上的第一个汉学讲座教授。1833 年，其弟子儒莲（Stanislas Julien, 1797—1873）继任，所撰《汉文指南·基于字词位置的新汉文句法》（1869）体现了句法研究新方向。1843 年，儒莲的学生巴赞（Antoine Pierre Louis Bazin, 1799—1863）担任法国东方现代语言学院的首任汉学讲座教授，所撰《官话文法，或汉语口语的一般原则》（1856）侧重于口语分析。经过师生三代努力，法国学院式汉语文法学在 19 世纪上半叶达到鼎盛。这些成就推动了语言结构类型学视野中的汉语文法学研究。

1. 语言结构类型学中的汉语特性

语言类型学的故乡在德国。作为对雷慕沙汉语文法研究的反响，洪堡特（W. von Humbaldt, 1767—1835）的《论汉语的语法结构》（1826）、《致雷慕沙的信：论一般语法形式的属性与汉语精神的特性》（1827）试图揭示汉语的结构特点。[1] 与雷慕沙基于汉语教学不同，洪堡特的着眼点是语言结构研究。他认为汉语是典型的孤立语，不存在语形词类的划分。

Die Chinesische Sprache braucht alle Wörter in dem Zustand, indem dieselben, abgesehen von jeder grammatischen Beziehung, nur den Begriff ihrer Bedeutung ausdrücken, sie stehen, auch in der Redeverbindung, alle, gleich den Sanskritischen Wurzelwörtern, *in statu absoluto*.

Die Chinesische Sprache kennt, grammatisch zu reden, kein

---

1 姚小平（2001）首先译介洪堡特的这两篇论文。

flectirtes Verbum, sie hat eigentlich gar kein Verbum, als grammatische Form, sondern nur Ausdrücke von Verbal-Begriffen, und diese stehen beständig in der unbestimmten Form des Infinitivs, einern wahren Mittelzilstande zwischen Verbum und Substantivum. (Humbaldt 1906 [1826]: 313-314)

汉语中所有的词需要处于这种状态，排除任何的语法关系，它们仅表达其含义的概念，而且在言语连接中，它们也都像梵语词根一样处于纯粹状态。

汉语知道按照语法来说话，但是没有屈折变化的动词，它实际上根本没有作为一种语法形式的动词，而仅有动作概念的表达。并且这些词一直以不定式的含糊形式出现，即实际上处于动词和名词之间的一种中间状态。

由于不存在形态变化，因此汉语的语法结构主要依据词序，即体现为限定（支配）和指向（修饰）的决定作用。

Genau genommen, zeigt die Wonstellung im Chinesischen bloss an, welches Won das andre bestimmt. Dies wird von zwei vers chiedenen Seiten aus betrachtet, von der Beschränkung des Umfangs eines Begriffs durch einen andren, und von der Richtung eines Begriffs auf einen andren. Die Wöner nun, welche andere beschränkend bestimmen, gehen den letzteren vor, die Wöner, auf welche andere gerichtet sind, folgen diesen nach. Auf diesen beiden Grundgesetzen der Construction beruht die ganze Chinesische Grammatik. Es steht also, nach unsrer Art zu reden, das Adverbium vor dem Nomen oder Verbum, das Adjectivum nach dem Adverbium, aber vor dem Substantivum, das Subject, welchen Redetheil es ausmachen möge, vor dem Verbum, das Verbum vor dem Worte, welches dasselbe, als seinen Gegenstand, regiert.

In der Grammatik jeder Sprache giebt es einen ausdrücklich bezeichneten und einen stillschweigend hinzugedachten Theil. In der Chinesischen steht der erstere in einem unendlich kleinen Verhältnis gegen den letzteren.

In jeder Sprache muss der Zusammenhang der Rede der Grammatik zu Hülfe kommen. In der Chinesischen ist er die Grundlage des Verstälndnisses, und die Construction kann oft nur von ihm abgeleitet werden. Das Verbum selbst ist nur am Verbalbegrifi kenntlich. (Humbaldt 1906 [1826]: 319)

严格地说，汉语中的词语位置只是显示哪个主导者决定其他词语。这可以从两个不同的角度来看，或者从一个词的范围由另一个词限定的角度，或者从一个词的含义指向另一个词的角度。限定其他词的主导者先于被限定的后者出场，被其他词指向的主导者则跟随其后。全部汉语语法就是基于这两条基本的结构法则。因此，以我们的方式来说，就是副词在名词或动词之前，形容词在副词之后，但在实体名词之前；无论由什么词类充当主语，按其规则都在动词之前；而受前面动词支配的某个词则作为其宾语。

在每一种语言的语法中，都有明确标定的部分和隐含的可联想部分。而在汉语中，前一部分与后一部分相比实在微不足道。

在每一种语言中，语法都必须借助于话语的上下文。而在汉语中，上下文是理解的基础，并且结构通常只能来自理解。动词本身只有借助动作概念才能识别。

汉语的支配结构是 SVO、修饰结构是 AN 或 AV。洪堡特进一步强调汉语只有句法部分，如果基于西语语法则会曲解汉语句子结构。

Je crois pouvoir réduire la différence qui existe entre la langue chinoise et les autres langues au seul point fondamental que, pour indiquer la liaison des mots dans ses phrases, elle ne fait point usage des catégories grammaticales, et ne fonde point sa grammaire sur la classification des mots, mais fixe d'une autre manière les rapports des élémens du langage dans l'enchaînement de la pensée. Les grammaires des autres langues ont une partie étymologique et une partie syntactique;

la grammaire chinoise ne connaît que cette dernière.

De là découlent les lois et les particularités de la phraséologie chinoise, et dès qu'on se place sur le terrain des catégories grammaticales, on altère le caractère original des phrases chinoises. (Humbaldt 1827: 2-3)

我相信，我可以将汉语和其他语言之间的差异归结于唯一的根本要点，即在表明其句中的词语连接时，汉语不使用语法范畴，其语法并非基于词语的分类，而是以另一种方式，即把语言要素之间的关系固定在思维的链条中。其他语言的语法都有词法部分和句法部分，而汉语语法仅仅运用后者。

由此便决定了汉语措辞的规则和特性，任何人一旦立足于欧洲语言的语法范畴，他就会改变汉语句子的本来特性。

洪堡特论述汉语特点的主要观点有：（1）任何语言都有语法，其区别首先在于显性和隐性，汉语语法主要是隐性的。（2）与以拉丁语为代表的欧洲古典语言相比，汉语语法的最大不同之处，并不是建立在词类范畴划分基础之上。（3）既然没有形态标记和词法范畴，汉语的名词和动词也就不存在明确界限。（4）汉语有句法规则，主要手段是词序、功能词和语境，对其理解更多的是依靠词汇意义、语境意义和固定格式。（详见姚小平 2001：60-62）尽管洪堡特不可能完全摆脱欧语优越感，但是其汉语观无疑开启了基于语言结构类型对汉语语法的认识。

与之同时，硕特（Wilhelm Guilielmus Schott, 1802—1889）1826 年完成博士论文《中国语的特性》（De indole linguae Sinicae）。此后，斯坦塔尔（Heymann Steinthal, 1823—1899）在《反映语言观念进化的语言分类》（1850）、《语言结构主要类型的特征》（1860）中，继续思考如何"建立合理的普通语言哲学，以从中发现汉语的重要性"，提出"汉语的使用手段和实现效果之间的反差，在人类语言历史中是一个独特现象"。（Steinthal 1860: 137）1852—1855 年，斯坦塔尔曾前往巴黎向儒莲和巴赞学习汉语，因此他对中国语言文化的认识比洪堡特更具体。

2. 语言类型学视野中的集成之作

在西方汉语文法学领域，真正具有独创性的是甲柏连孜（G. von der Gabelentz, 1840—1893）。在三百年西方汉语文法学史上，对汉语文法加以系统研究的学者中，甲柏连孜是唯一的一位普通语言学家，其理论视野远远超过一般传教士和汉学家。甲柏连孜不仅借鉴了前人成果，而且充分利用了 19 世纪的语言类型学和心理语言学成果。除了堪称三百年西方汉语文法研究集成的《汉文经纬》（1881）[1]，甲柏连孜还著有普通语言学专著《语言学的任务、方法及以往成果》（1891）。

《汉文经纬》分为三篇：第一篇"导论和概说"，第二篇"分析系统"，第三篇"综合系统"。第二篇开始就强调要关注汉语的特点。

Diese vorläufige Ausschau erschien nothwendig. Die Sprache will organisch, aus sich heraus begriffen und dargestellt sein. Weil ihr Organismus so grundverschieden von demjenigen unserer Sprachen ist, muss die Anordnung ihrer Grammatik weit von der uns geläufigen abweichen. Dies aber kann den Neuling verwirren und befremden, wenn er nicht den Zusammenhang des Ganzen überblickt. (Gabelentz 1881: 121-122)

该语言将以有机方式从其自身来理解和描述。由于其有机构成与我们语言在本质上迥异，因此其语法规则也必然与我们所熟悉的大不相同。然而，如果初学者不领会整体上下文，可能会感到困惑和使之疏远。

1　姚小平（1999）首先向国内学界介绍《汉文经纬》。

甲柏连孜的文法学理论可概括为三个观点。

第一，语言结构的相对观。不同结构类型的语言，分析语言的方式和规则不同。

Es ist eine sehr verbreitete Ansicht, Chinesisch sei eine sogenannte Wurzelsprache, seine Wörter haben ausser jenen Lautveränderungen, welche die Zeit mit sich bringt, nie einen Wandel erlitten, sie seien noch Wurzeln, allenfalls verstümmelte, verschliffene Wurzeln. So hat man in dieser Sprache ein wohlerhaltenes Bild der ältesten menschlichen Rede überhaupt zu finden gemeint und darnach ihr bei der Classification der Sprachen ihren Platz zugewiesen. (Gabelentz 1891: 90)

人们普遍认为汉语是所谓的词根语，除了时间带来的语音变化，其词从未经历过变化，它们仍然是词根，至多是受损的准词根。研究此语言意味着找到一张保存完好的人类最古老语言的图片，然后在语言分类为其确定位置。

Jetzt dürfte es einleuchten, dass und warum sich weitere gemein gültige Vorschriften über die Einrichtung eines analytischen Systemes nicht geben lassen. Jede Form des menschlichen Sprachbaues verlangt eine besondere Form und Ordnung der analytischen Grammatik, und so ist es höchstens zu hoffen, dass man dereinst für jeden Sprachtypus einen besonderen Rahmen erfinden werde. (Gabelentz 1891: 92)

现在应该清楚，为什么没有其他普遍适用的法则来建立分析系统。人类语言结构的每种形式都需要一种分析语法的特有方式和规则，因此最好是希望有一天人们会为每种语言类型发明一种特殊的框架。

第二，语言结构的句法观。19世纪中叶始，西方语法研究的重心向句法转移，甲柏连孜认为汉语语法主要是句法学。

… das heisst als einer **isolirenden**. Und eine solche ist sie im Sinne des sie redenden Volkes: ob ein Substantivum in diesem oder jenem

Numerus oder Casus, ob ein Verbum in diesem oder jenem Genus, Tempus oder Modus angewendet sei u. s. w. — immer bleibt das Wort unverändert. Ja noch mehr: ein Wort mag jetzt als Substantivum, jetzt als Adjectivum, Adverb oder Verbum gebraucht werden, ohne eine Formveränderung zu erfahren. (Gabelentz 1891: 112)

……作为孤立语。人们所说的含义是这样的：无论名词是否表达数或者格，还是动词是否表达这样或那样的性、时态或语态等——该词的形式始终保持不变。甚至在更多情况下：一个词既可以用作名词，也可以用作形容词、副词或动词，而无需改变词的形式。

Alle diese Sprachen sind **isolirend**, d. h. sie pflegen die grammatischen Beziehungen der Wörter wesentlich durch äusserliche Mittel—Wortstellung, Hilfswörter—nicht durch Veränderungen in oder an dem Worte zum Ausdrucke zu bringen. (Gabelentz 1891: 4)

所有这些语言都是孤立型，这就意味着，它们倾向于使用词语来表达的语法关系，本质上是通过外部手段——词序、辅助词——来表达，而不是通过词的内部或表面变化。

Die chinesische Grammatik ist, abgesehen von der Lautund Schriftlehre, lediglich Syntax, und will als solche begriffen sein. Begriffen, nicht nur angelernt. Denn diese Syntax ist in allen wesentlichen Stücken nichts weiter, als die logisch folgerichtige Entwickelung einiger weniger Grundgesetze, welche in ihrem Zusammen wirken sozusagen das Lebensprincip des Sprachorganismus bilden. Aus ihnen ist logisch zu deduciren, und die Erfahrung lehrt, dass ein solches Schlussfolgern, einsichtig gehandhabt, viel Einlernen von Einzelnheiten zu ersetzen vermag. (Gabelentz 1891: 19)

除了语音和写作理论，中文语法仅仅是句法学，就其本身应可理解。意识到这些特点，不仅仅用于学习中文，而是因为属于必不可少的句法，不过是一些基本法则在逻辑上的协调发展。可以说，这些基本法则的相互作用形成了该语言有机体的生命原理。从中得出如此判断是合乎逻辑的，并且经验告诉我们，明智地对待这一判断可以省掉许多细节学习。

第三，句法分析的心理观。受当时欧洲心理学研究的影响，甲柏连孜提出，语法中体现了逻辑、心理、时空三种关系。

Sprache ist gegliederter Ausdruck des Gedankens, und Gedanke ist Verbindung von Begriffen. Die menschliche Sprache will aber nicht nur die zu verbindenden Begriffe und die Art ihrer logischen Beziehungen ausdrücken, sondern auch das Verhältniss des Redenden zur Rede; ich will nicht nur etwas aussprechen, sondern auch mich aussprechen, und so tritt zum logischen Factor, diesen vielfältig durchdringend, ein psychologischer. Ein dritter Factor kann hinzukommen: die räumlichen und zeitlichen Anschauungsformen. Die innere Sprachform ist in ihrem grammatischen Theile nichts weiter, als die Auffassung dieser drei Beziehungsarten: **der logischen, der psychologischen und der räumlichzeitlichen**. Die Art und Weise, wie diese drei zum Ausdrucke gebracht werden, nennen wir den Sprachbau. Grammatik nun ist die Lehre vom Sprachbaue, mithin von der Sprachform, der äusseren, das heisst der Ausdrucksform für jene Beziehungen, und also mittelbar insoweit zugleich der inneren Form, das heisst der dem Sprachbaue zu Grunde liegenden Weltanschauung. Jene äussere Sprachform, und mithin auch die innere, ist eine analytische, das heisst der Gedanke wird in seine Bestandteile zerlegt und in diesem zerlegten Zustande zum Ausdrucke gebracht. Der Analyse entspricht als (synthetisches) Ergebniss ein organisch gegliederter Körper, das heisst ein Satz oder ein Satzwort, worinnen das Ganze und die Theile zu einander in Wechselwirkung stehen. Sprachbau ist zunächst Satzbau, und dann natürlich wieder zuhöchst Satzbau. (Gabelentz 1891: 82-83)

语言是思想的清晰表达，思想是概念的组合。人类语言不仅要表达关联的概念及其逻辑关系，而且要表达说话者与言语的关系。我不仅想说出什么，而且我也要说出自己的意思，因此有逻辑因素，从很多方面来看，还有心理因素。可以添加的第三个因素是：看法的时空形式。内部语言形式的语法部分，不过是对这三种关系的理解：**逻辑、心理和时空关系**。我们称这三种是表达语言结构的方式。既然语法是关于语言结构的学说，因此是语言的外部形式，也就是这些关系的表达形式，从而是间接的内部形式，即语言结构所基于的世界观。这种语言的外在形式，也是语言的内在形式，一种分析性形式。这意味着思想被分解为各个组成部分，并以这种分解状态来表达。该分析作为一个（合成）结果对应于一个有机结构的主体，也就是说，一个句子或一个短语，其中整体和各个部分相互沟通。语言结构首先是句子结构，然后当然可以是庞大的句子结构。

甲柏连孜的汉语文法学研究具有四个特色：（1）区分了词的基本意义和词的组合功能；（2）研究了汉语虚词的句法-逻辑功能和心理-修辞功能；（3）区分了汉语的概念格；（4）研究了汉语的"心理主语"和"心理谓语"。

在词类问题上，甲柏连孜认为要区分词的两方面。一方面是，"它们的基本含义，即词所描绘的个体或种类，特征、数量、活动或状态等。由此产生词的类别，如名词、形容词、动词等"，（Gabelentz 1881: 113）换而言之，从语形词类（形态型语言的）的划分转到语义词类（语义型语言的）的归纳。另一方面是，"词在句子中的各自功能"，"汉语中的绝大多数词并非一直都属于某个特定词类，而是取决于句子的上下文，即根据词序和虚词来确定某个词在该句中属于某类"。（Gabelentz 1881: 828）甲柏连孜主张，汉语词类的划分，"一方面基于一般逻辑，一方面基于文法规则。每一方面的规则都可能有例外：它们可能彼此交叉，而以逻辑上的考虑做决定"。（Gabelentz 1881: 828）如有例外或交叉应以逻辑上（语义上）的考虑为准，进一步暗示了汉语词类的本质是语义词类。

甲柏连孜认为，汉语句法的一般规则是：主语在动词之前；宾语在动词后面；限定词在被限定词之前。甲柏连孜沿袭了以往学者提出的，决定语法关系的主要手段是词序和虚字，并用近三分之一的篇幅讨论虚词。《汉文经纬》把虚字称为助词（hulfsworter）或小品词（partikeln）。助词一方面具有逻辑功能，即表示句子成分之间的语法–逻辑关系，一方面又具有心理–修辞功能，即表示说者的态度、意愿。此外，还区分出一类表情态功能的尾助（final partikeln）。甲柏连孜熟悉汉语虚字研究的一系列术语，如：指物之辞、有所指之辞、起语辞、接语辞、语端辞、发语辞、叹辞、疑辞、疑怪辞、歇语辞、决辞等。如此注重汉语虚字的用法研究，无疑源于马若瑟传统。

无论是甲柏连孜以前的西方汉语文法学家，还是从马建忠开始的早期中国语法学家，关于拉丁语的"格"与汉语的关系一直是个难题。甲柏连孜专门探讨了汉语的"格概念"。

Kennt sie solche, so kann sie dieselben zunächst nicht anders als durch die Mittel der Wort stellung zum Ausdrucke bringen, welche ja in den Partikeln nur eine weitere Entwickelung erfahren. (Gabelentz 1881:156)

如果汉语区分此类概念，那么首先只能通过词序手段表达，而凭借助词才能进一步明确此类概念。

由此，甲柏连孜区分了古代汉语的五种概念格：主格、表格（不受动词支配，处于句子后段）、宾格、属格、状格（处于形容词或动词之前，起说明、限定作用）。甲柏连孜的高明之处，就是从概念即语义入手，借助词序和助词来明确。在屈折结构中，语义格关系用形态变化来表示；在孤立结构中，语义格关系用词序或介词来表示。直到 1968 年，菲尔墨（Charles J. Fillmore, 1929—2014）提出"语义格"[1]，这一普遍性语言范畴才为学界

---

1 The Case for Case. In E. Bach & R. T. Harms (eds.), *Universals in Linguistic Theory*. p. 1-88. New York: Holt, Rinehart & Winston. 1968.

认同。

汉语"心理主语–心理谓语"(即"话题语–说明语")研究是《汉文经纬》中的新课题。说话人所指称的部分是刺激他思想的事物即心理主语,而所陈述的部分便是心理谓语。首先,甲柏连孜指出主语有语法主语和心理主语之分,二者可能重合,也可能不一致。除了语法主语(印欧语为名词主格)之外,其他句子成分如时间状语、地点状语、语法宾语(印欧语为名词宾格)、属格名词等也都可担任心理主语。其次,甲柏连孜分析了时间、地点、原因、条件等状语担任心理主语的情况。再次,甲柏连孜探讨了心理主语的"绝对位置",不论由何种句子成分担任,其位置总处于句首。心理主语提到句法结构之前,会在句中用指示词来复指。甲柏连孜研究的心理主语问题,也就是 20 世纪汉语语法学争论不休的外位成分、存现主语、话题主语等问题。

在普通语言学和语言哲学方面,洪堡特和斯坦塔尔的汉语观对甲柏连孜产生了很大影响,将洪堡特的一些语言学预设以及抽象描述落实为具体深入的研究。甲柏连孜也受到传教士和汉学家,诸如法国学者马若瑟、雷慕沙、儒莲、硕特,以及奥地利学者恩德利谢尔(Stephan Ladislaus Endlicher, 1804—1849)等的影响。甲柏连孜认为,除了硕特以外,大部分汉学家或多或少都从欧洲文法的观点和划分标准去看汉语。经过三百年的历程,西方汉语文法学研究终于从欧洲文法框架的束缚中走出来,建立了基于语言结构类型学、面对汉语特点的西方汉语文法学理论方法。

四、西方汉语文法学:特点及创获

(一)西方汉语文法学的基本特点

据初步研究,西方汉语文法学论著总体上具有五个基本特点。

第一，**目标的实用性**。传教士多关注实用的记录和理解，以应掌握汉语之急需。无论汉语教学课本，还是中国语文论著，其编撰目标大体一致：重在帮助欧人了解、学习和掌握汉语言文字，或学会官话在中国从事宣教和商贸，或掌握文言以研究中国文化和历史。尽管这些急需涉及汉语文法，但以揭示汉语自身特点为目标的专著仍凤毛麟角。换而言之，应用性与学术性之间的矛盾导致早期汉语文法学研究步履蹒跚，直至 19 世纪才有根本突破。

第二，**文法的综合性**。西方传统文法学包括语音、词汇、形态、句法等，因此西方学者描述的汉语文法也包括语音、词汇、虚字及句法等。专门描写汉语句法的论著很少，可以儒莲、巴赞和甲柏连孜为代表。由于汉字类型与西方文字不同，因此学习汉语务必增加汉字知识（常用字、写法、部首、字体、字典）。一些论著还包括文学作品，甚至涉及历史文化常识。不过并未溢出西方原典语法学的范围。除此之外，明清时期通用官话和文言，因此西方汉语文法也就需要兼顾二者，尽管大部分论著以官话文法研究为主。

第三，**体例的教材性**。注重汉语文法的教学方法，积累了汉语教材编写的丰富经验。特别是 19 世纪末的葡萄牙传教士伯多禄（Pedro N. da Silva, 1842—1912），在《中文实用文法》（1886）、《中文书写语及口语指南》（1901—1903）中：（1）提出总体培训目标：能说广东话，可用官话交谈；可读写商业文件及信函；掌握汉语文法概要、拼音知识，学会 2500 个汉字。（2）制定分级培训方案：包括分级教材和分期进度。（3）明确不同阶段重点：初学主要是识字，最高阶段是语言运用。（4）拟定汉语教学系统：语音、语法、词汇各成系统，不同年级有所侧重但贯通一体。（5）注意基本功底培养：做到文言与口语结合、广东话与官话结合。（6）结合社会要求实施：中小学以培训商业人才为主，专修以培养外交、传译人员为主。（7）依据教学基本原则：注意循序渐进、反复练习等，区分语法的一般规律和特殊现象，重视标准例句和公文程式教学。(Silva 1886, 1901—1903)

第四，方法的比附性。一方面，西方学者研究汉语文法，通常只能借助西方框架；另一方面，西方学者多为掌握汉语而分析汉语，并非为研究汉语而描写汉语。比附研究法的背后，是欧洲学者的拉丁文法典范论、普遍唯理语法观等。一些西方学者甚至认为汉语没有语法。尽管如此，清醒的研究者还是感受到西方框架和汉语结构的龃龉，一些睿智的学者确有真知灼见。

第五，内容的互文性。论著内容雷同或引发剽窃之争。法国语言学家、文艺批评家克里斯蒂娃(Julia Kristeva)曾提出"互文性"（ Intertexuality ）这一概念，[1] 强调任何一个文本都是不自足的，其意义是在与其他文本的交互参照中产生的，因此不同程度地以各种可辨认形式包含着先前和周围文本的内容。在西方汉语文法学文本中，这种互文性可具体化为三种类型。第一种是论著之间存在作者认可的传承关系。比如巴耶尔的《中文博览》译编徐方济的《漳州话文法》和改编卫匡国的《中语文法》，雷慕沙的《汉文启蒙》参照马若瑟的《中文札记》。第二种是有意识地掩盖其合作或传承关系而引发"剽窃"之争。比如傅尔蒙的《中国文典》与黄嘉略、万济国和马若瑟著作之间的关系。第三种是存在某种联系而引发的是否存在"抄袭"之争，比如马士曼的《中国言法》和马礼逊的《通用汉言之法》。究其原因，由于西方学者基于同一语系的语感及其应用目标，采用同一语法框架、同一研究方法处置同一种语言，况且其使用的汉语资料来源类似（大多数是来华传教士搜集和提供的），因此，这些论著出现雷同实属必然。除非提出新的理论框架和研究方法，像甲柏连孜等那样才有明显

1　Kristeva, J. Σημειωτική: Recherches pour une sémanalyse, Paris: Edition du Seuil, 1969.

突破。

（二）西方汉语文法学的主要创获

根据溯源沿流式鸟瞰，三百年西方汉语文法学的主要创获（此处限于"语法"），可初步归纳为六个方面二十要点。

第一，汉语的结构类型 （1）**汉语没有形态变化**。万济国（1682）提出汉语名词皆无词尾变化。马若瑟（1728）提出汉语名词没有数性格的变化。威妥玛（1867）提出汉语的某些派生规则与其他语言的相似，但是没有形态变化。（2）**孤立语没有构形学**。甲柏连孜（1881）提出孤立结构语言没有构形学，只有包括语音学和句法学的文法。（3）**汉语语法意义通过添加字词表达**。万济国（1682）提出汉语名词的语法范畴，通过前置小品词或与之组合的前后字词加以区分。弗雷莱（1714）提出汉语的唯一方式就是通过添加字词表示语法意义。（4）**汉语语法手段主要是虚字和词序**。弗雷莱（1714）提出汉语文法由发音方法和表述方法构成，词序往往对句义起决定作用。马若瑟（1728）强调词序在汉语表达中的基本作用，充分利用汉语虚字研究成果。马士曼（1814）提出整个汉语语法取决于词序。

第二，汉语的词类系统 （5）**划分了汉语词类系统**。万济国（1682）将汉语字词划分为十类，另有八种特殊词类。高第丕与张儒珍（1869）根据语义和功能分为15类。（6）**将汉语"量词"独立成类**。万济国（1682）分出"计物小词"。马若瑟（1728）讨论汉语类别词的特殊性。威妥玛（1867）讨论了"数名词"。高第丕与张儒珍（1869）设立"分品言"。（7）**提出汉语词类二级划分法**。文璧（1880）主张先依据传统汉语研究成果，划分为体词、谓词和小品词三大类，再按西方词类框架划分次类。（8）**提出汉语实词无语形词类说**。洪堡特（1827）认为汉语的字词都是直接表达概念,而不显示语法关系。汉语没有屈折性动词,只有动作性概念的表达。

第三,汉语的字词功能 (9)**汉语实字具有多功能性**。威妥玛(1867)提出汉语字词具有多功能性。文璧(1880)提出汉语很多字词都具有灵活性,基于组合需要而担任不同词类功能。(10)**汉语虚字具有多重功能**。甲柏连孜(1881)提出虚字既有语法–逻辑功能,又有心理–修辞功能。

第四,汉语的句法规则 (11)**汉语语法只有句法部分**。洪堡特(1826)提出其他语言的语法有词法和句法两个部分,而汉语只有句法部分。儒莲(1866)采用基于字词位置研究汉语句法结构。(12)**提出汉语句法的规则**。雷慕沙(1822)总结了七条基本规则。洪堡特(1827)提出两条基本规则。甲柏连孜(1881)提出汉语句法的词序规则。(13)**提出话题–说明分析法**。威妥玛(1867)提出"句子纲目"说。高第丕与张儒珍(1869)提出汉语句子分析的"纲读""目读""余读"等术语。甲柏连孜(1881)提出心理主语–心理谓语说。

第五,汉语的研究框架 (14)**揭示西方框架和汉语事实的矛盾**。马若瑟(1728)提出不能采用外语术语分析中国语。洪堡特(1826)提出一旦采用西方语法范畴,就会扭曲汉语句子结构的本质。威妥玛(1867)指出描述汉语名词格时会陷入困境。甲柏连孜(1881)提出人类语言结构的每种形式都需要一种分析语法的特有方式和规则。(15)**基于字本位描写汉语**。傅尔蒙(1742)采用"字本位",将字词和语法知识融为一体。雷慕沙(1822)继承此法。(16)**提出汉语文法学研究理论**。甲柏连孜(1881)提出语言结构的相对观、语言结构的句法观、句法分析的心理观。

第六,汉语的语义语法 (17)**汉语词类划分以语义规则为准**。甲柏连孜(1881)认为必须区分词的基本意义和句中功能,汉语词类划分应以逻辑规则为准。(18)**汉语组词成句根据语义**

关系。洪堡特（1826、1827）认为汉语组词造句时并不利用语法范畴，而是在思想中就把语言要素的关系确定下来。文璧（1880）认为汉语词语组合成句依靠逻辑关系。（19）**提出汉语名词的概念格理论**。甲柏连孜（1881）区分了汉语名词的五种概念格。（20）**基于语义研究汉语句式**。马若瑟（1728）基于语义引申逐一描写"把"字句等。

（三）西方学者对汉语特性的认识

西方学者对汉语特性的认识是逐步的。基于其母语类型，一些西方学者曾陷入迷惘，以致于觉得"汉语没有语法"。然而，另一些学者却提出基于汉语事实的看法。早在 17 世纪，万济国就注意到汉语的结构特点："在该语言中，所有名词在使用情况下皆无词形变化并固定不变。它们仅用特定的前置小品词区分意义，或通过前后的字词限定意义。"（Varo 2000: 53）在 18 世纪，马若瑟写道，"我迫切希望引导传教士彻底地从其本国语中解脱出来，尽早开始养成分析中国人想法的习惯，再让这些想法穿上纯粹中文的服装。"（Prémare 1847: 178）19 世纪的日耳曼学者进一步阐明汉语特性。除了洪堡特（1826）、硕特（1826）等，英美学者也有论述。19 世纪 30 到 40 年代，《中国丛报》（*The Chinese Repository*）发表中国语言研究专论数十篇，主要包括：对汉语语法论著的述评、关于中国语文的特点、关于汉语语法的研究。

1834 年，美国传教士裨治文阐明，与其他任何语言一样，汉语有其构成规则及特色。

The great number of homophonous characters, which, though differing wholly from each other in their meaning and form, require to be expressed by precisely the same English orthography, is a serious impediment in speaking the language. This difficulty is in part removed by joining together two words, which have the same meaning but different sounds, to express a single idea or object. (Bridgman 1834: 5)

大量的同音字，尽管在含义和字形上完全不同，但要用完全相同的英语拼字法来表达，在说该语言时是个严重的障碍。通过将两个含义相同但发音不同的词结合在一起表达概念或对象，可以部分消除此困难。

The grammatical structure of this language is very simple. It is not trammeled with the forms and accidents of etymology; and the number, case, mood, tense, &c., are expressed by particles without any change in the noun or verb....but the grammatical distinctions or relations are indicated solely by the position of the several parts of the sentence or paragraph. This sometimes renders the meaning of a passage or phrase vague and obscure. (Bridgman 1834: 6)

这种语言的语法结构非常简便，不受词法学的形态和临时标记束缚；数、格、语态、时态等，都通过小品词表示，无须名词或动词发生任何变化。……而语法上的区别或联系仅由句子或段落中的几个部分的位置来表明，这样有时会使段落或短语的含义模糊不清。

The syntax of the language is very peculiar, and unlike that of the alphabetic languages of the West. The facility with which a character may be changed in its meaning from a noun to a verb, or to an adverb, &c., often occasions the foreigner much difficulty in as certaining the meaning of the text. (Bridgman 1834: 6)

这种语言的句法非常特殊，不同于西方的字母语言。其灵巧性在于，字能从名词变为动词或副词等而改变其义，这常使外国人很难弄清楚文本的含义。

There is yet another distinguishing mark of this language, which is rarely to be met with in that of any other nation. Set phrases, not unlike our law terms, which are often repeated and always in the same sense, abound in the writings of the Chinese. In fact, their books are filled with apothegms, which are wrought into composition according to the pleasure of the writer. (Bridgman 1834: 6)

这种语言还有另一个显著特征，在任何其他国家很少遇见。与我们法律用语那样的固定词组，经常反复出现且总是含义相同，在其中文作品中比比皆是。实际上，他们书中充满了根据作者喜好琢磨出来的成语典故。

1838 年，德籍传教士郭士立（Karl Friedlich Gutzlaff, 或 Charles Gutzlaff, 1803—1851）批评："欧洲学者的一个重大弊端在于，他们总是给中文披上西方的外衣，……谈论什么单数、复数、现在、过去和将来时态"，将西语规则加在中文之上，结果写出了很多对西方人"通俗易懂"而中国人却难以理解的作品。（Gutzlaff, 1838: 224-226）

1839 年，英国传教士戴尔（Samuel Dyer, 1804—1843）的论述相当精到：

It has often been said that "the Chinese language has no grammar:" if by this is meant that the different parts of speech are not distinguished by inflections, as in most other languages, the observation is so far correct: but yet all the parts of speech are capable of being definitely expressed, either by the use of auxiliaries, or by the position which each occupies in the sentence, and there is a certain grammatical construction of sentences, to violate which is to violate the syntax of the language. The unique feature of the language seems to be, that the same word may often be a noun, a verb, an adverb, & c., without the slightest change in the formation of that identical word so that a word, taken abstractedly, cannot be said to be a noun, a verb, &.c., but place it in a connected form, and its meaning becomes as definite as words in any other language. (Dyer 1839: 347-348)

人们常说"汉语没有语法"，如果这意味着话语的不同部分不能像其他多数语言以屈折变化来区分，那么这种观察到目前还算正确。

但是汉语的所有部分都能通过使用辅助词，或通过各自的句中处位置清楚地表达出来，并且肯定存在句子的特定语法结构，违背此也就违背了汉语句法。该语言的独特性似乎是，同样的词通常可以是名词、动词、副词和其他词等，而同一个词在形式上没有丝毫变化，因此凭空提出一个词，不能说它是名词，动词和其他词等，但将其置于连接形式中，其含义变得与其他任何语言中的词一样明确。

换而言之，只有将屈折变化作为语法的唯一或首要特征，才会觉得"汉语没有语法"。裨治文（1840）也反对"汉语没有语法"。在任何语言中都可以发现其"规则体系"，即"语言法则"。中文和"任何其他语言一样，在构成和使用中有其基本规则。中国人可以在任何时间和场合，以口语或书面形式清晰准确地描述事物的样式，表达所有的行为与观念。"（Bridgman 1840: 329）

综上所论，三百年西方汉语文法学，其开创是高母羡的《中语文法》，其集成是甲柏连孜的《汉文经纬》。17世纪多明我汉语文法学，以佚名《漳州话文法》（Anonymous，约1620年）、徐方济《漳州话文法》（Diaz 1641）、万济国《官话文法》（Varo 1682）为代表。18世纪罗曼汉语文法学，以黄嘉略《中语文法》（Arcade Hoang 1716）、马若瑟《中文札记》（Prémare 1728）、傅尔蒙《中国官话》（Fourmont 1742）为代表；19世纪罗曼新学派以雷慕沙《汉文启蒙》（Rémusat 1822）和儒莲《汉文指南》（Julien 1869）为代表。19世纪日耳曼汉语文法学，以洪堡特《论汉语的语法结构》（Humbaldt 1826）、硕特《中国语的特性》（Schott 1826）、高第丕和张儒珍《文学书官话》（1869）、甲柏连孜《汉文经纬》（Gabelentz 1881）为代表。

三百年西方汉语文法学，显示出以拉丁文法比附汉语→吸收中国传统文法学成果→基于汉语特性研究汉语的轨迹。多明我学派的思想基础是以复古-外求寻求新知的大公主义，罗曼学派的思想基础是崇尚中国文化和普遍唯理主义，日耳曼学派的思想基础是语言结构类型学。三代汉语文法学分别体现了——多明我会士为寻求新知而研习汉语的务实精神，罗曼学者为了解中国文化而研习汉语的浪漫色彩，日耳曼学者为探求语言类型而研习汉语的思辨风格。

尽管西方汉语文法学研究中存在若干比附，甚至扭曲，然而20世纪中国转型语法学遇到的种种疑难杂症，西方学者都已逐一遭遇，在其探索中不乏真知灼见。遗憾的是，从小受法国教会学校教育并留法的马建忠（1845—1900）接触的是普遍唯理主义和第二代西方汉语文法学理论。[1] 尽管20世纪初，胡以鲁（1888—1917）[2] 曾强调汉语不同于印欧语，呼吁汉语语法研究"不必悬印度日耳曼语法之一格而强我以从之"（胡以鲁1923：101），然而基于汉语类型的汉语语法体系长期未见。直到近年来，中国学者才重视语言结构类型学理论。[3] 如果（历史没有如果），19与20世纪之交的中国学者能够多了解一些西方汉语文法学研究（上文六个方面二十要点），能够翻译其中的几部经典（尤其是德国学者的论著），以第三代西方汉语文法学理论为起点，20世纪的中国转型语法学也许会是另一种风貌。

参考文献

白珊著2000，姚小平、马又清译，2003，导论·弗朗西斯科·瓦罗的《中国官话语法》（广州，1703）——生平、历史和语法传统 [A]，载《华

1　详见李葆嘉：《中国转型语法学——基于欧美模板与汉语类型的沉思》，2008年，第158—159页。

2　胡以鲁1909年考入东京帝国大学博言科，师从上田万年学习语言学。上田万年（1867—1937）在1890~1894年赴德法留学，深受甲柏连孜语言学思想的影响。

3　近年来中国学者运用的语言类型学理论方法来自美国格林伯格（Greenberg, J. H. *Some Universals of Grammar with Particular Reference to the Order of Meaningful Elements*, 1963），侧重于基于对比的"个性及其蕴涵共性"研究。本文在此阐述的是基于语言结构类型学视野，所提出的针对汉语文法研究的理论。19世纪，洪堡特（Humboldt 1820, 1836）、硕特（Schott 1826）和斯坦塔尔（Steinthal 1850, 1860）的类型学眼光已投向汉语特性及其语法分析。甲柏连孜（Gabelentz 1881, 1891）立足于汉语类型特征阐明汉语词类和句法分析原理，已与欧洲传统语法分道扬镳。

语官话语法》，北京：外语教学与研究出版社，19–65 页。

陈辉，2010，19 世纪东西洋士人所记录的汉语官话 [J]，《浙江大学学报》
　　（6）：105–113。

高第丕（Tarleton Perry Crawford）、张儒珍，1869，《文学书官话》*Mandarin Grammar* [M]. 同治八年登州府. 又，美国高第丕、清国张儒珍同著，
　　日本金谷昭训点《大清文典》，明治十年（1877）九月新刻。

洪堡特著，姚小平编译，2001，《洪堡特语言哲学文集》[C]，长沙：湖南教
　　育出版社。

洪惟仁，2014，16、17 世纪之间吕宋的漳州方言 [A]，《历史地理》（第三十
　　辑），上海：上海人民出版社，215–238 页。

何群雄著，2000，阮星、郑梦娟译，2008，19 世纪基督教新教传教士的汉
　　语语法学研究——以马礼逊、马士曼为例 [J]，《国际汉语教学动态与
　　研究》（3）：66–75。

何群雄著，2000，阮星、郑梦娟译，2010，19 世纪基督教新教传教士的汉
　　语语法学研究——以艾约瑟为例 [J]，《长江学术》（1）：124–131。

胡以鲁，1913，《国语学草创》[M]，上海：商务印书馆。

黄兴涛，2006，《文学书官话》与《文法初阶》[J]，《文史知识》（4）：61–
　　69。

李葆嘉，2002，明清西洋传教士官话课本音系研究 [A]，国际明清学术研讨
　　会论文（香港大学，12 月）。载《明清学术研究》，北京：中国社会科
　　学出版社，2009。

李葆嘉，2008，《中国转型语法学：基于欧美模板与汉语类型的沉思》[M]，
　　南京：南京师范大学出版社。

李雪涛，2015，作为直毛种语言之一的汉语——人种语言学家弗里德里希•穆
　　勒对汉语的认识 [J]，《文化杂志》（94），澳门特别行政区政府文化局
　　出版，109–130 页。

孟柱亿，2004，《中国北方口语语法研究》在语法学上的意义 [J]，《汉语学习》
　　（6）：71–77。

瓦罗著 1703，W. South Coblin & Joseph A. Levi 英译 2000，姚小平、马又清
　　汉译，2003，《华语官话语法》[M]，北京：外语教学与研究出版社。

威妥玛著 1886，张卫东译，2002，《语言自迩集——19 世纪中期的北京话》
　　[M]，北京：北京大学出版社。

卫匡国著，1652，意大利文翻译白佐良，中文翻译白桦，2011，《中国文法》
　　[M]，上海：华东师范大学出版社。

王瑶，2021，《文学书官话》（Mandarin Grammar）研究 [D]（导师李葆嘉教授），南京师范大学语言学及应用语言学专业硕士论文。

吴义雄，2008，中国丛报与中国语言文字研究 [J]，《社会科学研究》（4）：137-144。

许明龙，2004，《黄嘉略与早期法国汉学》[M]，北京：中华书局。

姚小平，1999，《汉文经纬》与《马氏文通》[J]，《当代语言学》（2）：1-16。

姚小平，2001，《17—19世纪德国语言学与中国语言学》[M]，北京：外语和教学研究出版社。

张西平、李真、王艳、陈怡等编著，2003，《西方人早期汉语学习史调查》[M]，北京：中国大百科全书出版社。

赵杰，1996，《满族话与北京话》[M]，沈阳：辽宁民族出版社。

周旋，2019，《辩正教真传实录》初探 [D]（导师张西平教授），北京外国语大学国际中国文化研究院比较文学与跨文化研究（国际中国文化研究方向）专业硕士论文。

张卫东，2003，论威妥玛的"汉语词的多功能性（the versatility）" [J]，《国外汉语教学动态》（4）：14-21。

Anonymous. About 1620. *Arte de la Lengua Chiō Chiu* [M]. Transcript. In: *Spanish Manuscript*, British Museum, Add. 25317, and Biblioteca de la Universidad de Barcelona, MS. 1027.

Bayer, G. S. (Theophili Sigefridi Bayeri). 1730. *Museum Sinicum in quo Sinicae linguae et litteraturae ratio explicatur* [M]. Petropoli: Typographia Academiae Imperatoriae.

Bazin, A. P. L. 1845. *Mémoire sur les principes généraux du chinois vulgaire* [M]. Paris: Chez Benjamin Duprat.

Bazin, A. P. L. 1856. *Grammaire mandarine, ou principes généraux de la langue chinoise parlée* [M]. Paris: Auguste Durand Libraire.

Бичурин, Н. Я. (Bichurin, N. Ya.) 1830. Основные правила китайской грамматики [M]. Санкт-Петербург.

Бичурин, Н. Я. 1835. Хань-вынь ци-мынь, Китайская грамматика《汉文启蒙》[M]. Хяагта.

Bridgman, E. C. 1834. The Chinese Language: its Antiquity, Extensive Use, and Dialects [J]. *The Chinese Repository*. vol. 3, 1-14. Tokyo: Maruzen Co., Repr. in Japan.

Bridgman, E. C. 1840. Chinese Grammar: Introductory remarks respecting the principles and rules on which it is constructed [J]. *The Chinese Repository*. Vol. 9, No. 6. Canton: Printed for the Proprietors. pp. 329-333.

Chen, Matthew Y. 2003. Unsung Trailblazers of China-West Cultural Encounter [J]. *Ex/Change* (Hong Kong), vol. 8, 4-12.

Couvreur, S. 1886. *Langue Mandarine; Guide de la Conversation Français-Anglais-Chinois, Contenant un Vocabulaire et des Dialogues et Familiers* 《官话》 [M]. 直隶河间府 .Ho Kien Fou dans le Tcheu Li, Imprimerie de la mission catholique.

Cummisn, J. S. 1997. *Jesuit and Friar in the Spanish Expansion to the East* [M]. London: Variorum Reprints.

Diaz, P. F. 1640. *Vocabulario de letra China con la explicacion Castellana hecho con granpropriedad y abundancia de palabras por el Padre Don Francisco Diaz de la Orden de Predicadores ministro incansable en esto Reyno de China* [M]. Handschriften. Staatsbibliothek zu Berlin Preußischer Kulturbesitz.

Diaz, P. F. About 1641. *Arte de la Lengua Chiõ-chiu*, or *Grammatica Linguae Sinicae popularis in provincial Chin Ceu* [M]. In Bayer 1730, vol. I, 135-167.

Dyer, S. (By Anglo-Sinicus). 1839. Remarks on the Grammatical Construction of the Chinese Language; Particles Generic and Euphonic; Formation of Nouns; Easy Flow of Expression; in the Use of Verbs; & c. [J]. *The Chinese Repository*, Vol. 8, 347-359.

Edkins, J. 1857. *A Grammar of the Chinese Colloquial Language, Commonly Called Mandarin Dialect* [M]. London Missionary Society. 2nd edition, Shanghai: Presbyterian Mission Press, 1864.

Endlicher, S. L. 1844. *Anfangsgründe der chinesischen Grammatik* [M]. Wien: Carl Gerold.

Fourmont, É. 1737. *Meditationes Sinicae* [M]. Paris: M. le Pere.

Fourmont, É. 1742. *Linguae Sinarum Mandarinicae hieroglyphicae grammatica duplex* 《中国官话》 [M]. Paris: H. L. Guerin.

Gabelentz, G. von der. 1878. Beitrag zur Geschichte der chinesischen Grammatiken und zur Lahre der grammatischen Behandlung der Sprache [J]. *Zeitschrift der Deutschen Morgenländischen Gesellschaft*, Bd. 32, S. 601-603,

Gabelentz, G. von der. 1881. *Chinesische Grammatik. Mit Ausschluss des niederen Stiles und der heutigen Umgangssprache, or Grammatik der*

Chinesischen Schriftsprache《汉文经纬》[M]. Leipzig: Weigel Verlag.

Gabelentz, G. von der. 1883. *Anfangsgründe der chinesischen Grammatik, mit Übungsstücken* [M]. Leipzig: Weigel Verlag.

Gabelentz, G. von der. 1884. Zur grammatischen Beurteilung des Chinesischen [J]. *Internationale Zeitschrift fuer allgemeine Sprachwissenschaft*, Bd.1, S. 272-280.

Gabelentz, G. von der. 1887. Zur chinesischen Sprache und zur allgemeinen Grammatik [J], *Internationale Zeitschrift fuer allgemeine Sprachwissenschaft*, Bd. 3, S. 93-109.

Gabelentz, G. von der. 1891. *Die Sprachwissenschaft, ihre Aufgaben, Methoden und bisherigen Ergebnisse* [M]. Leipzig: Weigel Nachfolger.

Giles, H. A. 1872. *Chinese without a Teacher, Being a Collection of East and Use Sentences in the Mandarin Dialect, with a Vocabulary*《汉言无师自明》[M]. Shanghai: Kelly and Walsh Limited.

González, José María. 1955. Apuntes acerca da la filologia misional dominicana de Oriente [J]. *Espana Misionera* 12 : 46, pp. 143-179.

González-Lluhera. Ig. [sic], 1926. Preface to Gramática de la lengua castellana, by Antonio de Nebrija, 1492 Salamanca. In González-Lluhera ed. *Antonio de Nebrija, Gramática de la lengua castellana (Salamanca, 1492): muestra de la istoria de las antiguedades de España, reglas de orthographia en la lengua castellana* [M]. Oxford: Oxford University Press.

Gutzlaff, C. 1838. Remarks of the Chinese Language [J]. *China Mission Advocate*, Vol. 1, 224-226.

Gutzlaff, C. (Philo-Sinensis). 1842. *Notices of Chinese Grammar* [M]. Batavia: The Mission Press.

Humbaldt, W. 1826. Über den grammatischen Bau der chinesischen Sprache [A]. In *Wilhelm von Humboldt Werke*, hrsg. von Albert Leitzmann. Band 5, 1823−1826, Berlin: B. Behr's Verlag, 1906.

Humbaldt, W. 1827. *Lettre à Monsieur Abel-Rémusat sur la nature des formes grammaticales en général et sur le génie de la langue Chinoise en particulier* [M]. Paris: A la Librairie Orientale de Dondey-Dupré Père et Fils, De la Société Asiatique de Paris.

Julien, S. 1842. *Exercices pratiques d'analyse de syntaxe et de lexigraphie chinoise* [M]. Paris: Paul Renouard Druck

Julien, S. 1869-1870. *Syntaxe nouvelle de la langue chinoise fondée sur la position des mots, suivie de deux traités sur les particules et les principaux termes de grammaire, d'une table des idiotismes, de fables, de légendes et d'apologues, traduits mot à mot*《汉文指南》[M]. Paris: Librairie de Maisonneuve.

Klöter, H. (韩可龙). 2011. *The Language of Sanleys: A Chinese Vernacular in Missionary Sources of the Seventeenth Century* [M]. Leiden: Koninklijke Brill。

Marshman, J. 1814. *Elements of Chinese Grammar*《中国言法》[M]. Seramport: Mission Press.

Marshman, J. 1809. *Dissertation on the Characters and Sounds of the Chinese Language: Including Tables of the Elementary Characters, and of the Chinese Monosyllables* [M]. India: Serampore.

Martint, M. 1652. *Grammatica Sinica, or Quon hoa cv kin kiai kiven chi ye. Sinicae Linguae Accvrata Explicatio seu Grammaticae Sinicae Liber Primvs, De Lingua Sinica* [M]. In Bayer 1730, vol. I, 1-72.

Mcilvaine, J. S. 1880. *Grammatical Studies in the Colloquial Language of Nothern China, Especially Designed for the Use of Missionaries* [M]. Shanghai: American Presbyterian Mission Press.

Meadows, T. T. 1847. *Desultory Notes on the Government and People of China, and on the Chinese Language* [M]. London: Wm. H. Allen.

Morrison, R. 1815 [1811]. *A Grammar of the Chinese Language*《通用汉言之法》[M]. Serampore: Mission Press.

Morrison, R. 1815-1823. *A Dictionary of the Chinese Language* [M]. Macao: Honorable East India Company's Press.

Morrison, R. 1816. *Dialogues and Detached Sentences in the Chinese Language* [M]. Macao: East India Company's Press.

Morrison, R. 1823. *A Grammar of the English Language. for the use of the Anglo-Chinese College*《英国文语凡例传》[M]. Macao: East India Company's Press.

Müller, A. 1674. *Propositio super Clave sua Sinica, or Andreae Mulleri propositionem clavis Sinicae* [M]. In Bayer 1730, vol. I, 182-186.

Prémare, J. M. 1728. *Notitia Linguae Sinicae* [M]. Malacca: Anglo-Chinese College, 1831.

Prémare, J. M. 1847. *The Notitia Linguæ Sinicæ of Prémare* [M]. Trans. into

English by J. G. Bridgman. Canton: The Office of the Chinese Repository.

Remesal, A. de. 1619. *Historia de la Provincia de S. Vicente de Chyapa y Guatemala de la Orden de nuestro glorioso padre Santo Domingo* [M]. Madrid.

Rémusat, J. P. A. 1811. *Essai sur la langue et la littérature chinoises*《汉文简要》 [M]. Paris: Treuttel und Wurtz Verlag.

Rémusat, J. P. A. 1821. *Éléments de la grammaire chinoise, ou principes généraux du Kou-wen, ou style antique, et du Kouan-hoa, c'est-à-dire de la langue commune généralement usitée dans l'Empire chinois*《汉文启蒙》 [M]. Paris: Imprimerie Royale.

Schott, W. G. 1826. *De indole linguae Sinicae* [M]. Halae: Typis Friderici Ruffii.

Schott, W. G. 1857. *Chinesische Sprachlehre. Zum Gebrauche bei Vorlesungen und zur Selbstunterweisung* [M]. Berlin: Dümmler's Verlagsbuchhandlung.

Silva, P. N. da. 1886. *Gramática Prática da Língua Chinesa* [M]. Macao: Typographia Mercantil.

Silva, P. N. da. 1901–1903. *Manual da Lingua Sínica Escripta e Fallada* [M]. Macao: Typographia Mercantil.

Steinthal, H. 1850. *Die Klassifikation der Sprachen dargestellt als die Entwicklung der Sprachidee* [M]. Berlin: F. Dümmler.

Steinthal, H.1860. *Charakteristik der hauptsächlichen Typen des menschlichen sprachbaues* [M]. Berlin: F. Dümmler.

Summers, J. 1863. *A Handbook of the Chinese language, Parts I and II, Grammar and Chrestomathy* [M]. Oxford: University of Oxford.

Thom, R. 1846. *The Chinese Speaker or Extracts from Works Written in the Mandarin Language, as Spoken at Peking, Compiled for the use of students*《正音撮要》 [M]. Ningpo: Presbyterian Mission Press.

Thom, R. & Mun Mooy Seen-shang. 1840. *Esop's Fables Written in Chinese by the Learned Mun Mooy Seen-Shang, and Compiled in Their Present Form*《意拾喻言》 [M]. Canton: The Canton Press office.

Varo, F. 1682. *Arte de la Lengua Mandarina* [M]. Impreso en Cantón año de 1703.

Varo, F. 2000. *Francisco Varo's Grammar of the Mandarin Language (1703): An English Translation of 'Arte De LA Lengua Mandarina'* [M]. Trans. into English by W. South Coblin & Joseph A. Levi. Amsterdam: John Benjamins.

Wade, T. F. 1859. *Hsin Ching Lu, Book of Experiment, Being the First of a Series of*

Contributions to the Study of Chinese《寻津录》[M]. Hong Kong: Office of China Mail.

Wade, T. F. 1867. A *Progressive Course Designed to Assist the Student of Colloquial Chinese as Spoken in the Capital the Metropolitan Department*《语言自迩集》[M]. 4. vols., 1st edition, Londonn: Trübner. 2nd edition, 3. vols., Shanghai: Statistical Department of the Inspectorate General of Customs, 1886.

Watters, T. 1889. *Essays on the Chinese Language* [M]. Shanghai: Presbyterian Mission Press.

Williams, S. W. 1842. *Easy Lessons in Chinese: or Progressive Exercises to Facilitate the Study of that Language, Especially Adapted to the Canton Dialect*《拾级大成》[M]. Macao: The Office of the Chinese Repository.

附记：本文初稿（6 万字）撰于 2006 年，收入李葆嘉《中国转型语法学——基于欧美模板与汉语类型的沉思》（南京师范大学出版社，2008）第一章"泰西眼光：多明我传统和西洋汉语文法学的三变"。2019 年增订为《西洋汉语文法学史论》（15 万字）。承蒙胡范铸教授约稿，遂剪裁为 5 万字，再缩减为 3 万字（将外语引文全部删去，并对汉译引文有所删节），题名《西洋汉语文法学三百年鸟瞰》刊于《华东师范大学学报》2020 年第 3 期，人大复印资料《语言文字学》（2020 年第 9 期）转载。主要内容曾在复旦大学国际文化交流学院主办的"第三届汉语跨文化传播研讨会"（2019 年 11 月 23 日）上报告，并在深圳大学国际交流学院（2019 年 11 月 2 日）、广州大学国际教育学院（2019 年 11 月 4 日）、哈尔滨师范大学文学院（2019 年 12 月 13 日）、黑龙江大学俄罗斯语言文学与文化研究中心（2019 年 12 月 14 日）、闽南师范大学闽南文化研究院（2019 年 12 月 19 日）、厦门大学海外教育学院（2019 年 12 月 23 日）等高校演讲。

西方汉语古音学史发凡

提　要： 19 世纪，西方学者基于中国韵图韵书、梵汉对音、汉语方言和域外汉字译音，采用比较和构拟方法研究中国古音，甚至也了解清儒在分析诗韵和谐声方面的成果，但晚清学人不谙外文，未能注意西方先驱的工作。直到 20 世纪 20 年代以来，中国新一代学者把目光投向西方汉学界，适逢瑞典高本汉脱颖而出，于是围绕其中国音韵学研究，纷纷加以译介、模仿或争辩。20 世纪下半叶，对高本汉等人论著译介仍在持续。世纪之交，当代西方学者的中国古音研究论著成为关注热点和新的译介或争辩对象。作为近现代中国语言学史的一部分，西方汉语古音研究史值得探讨。

关键词： 西方学者；汉语古音；19 世纪；20 世纪；研究史

近 20 年，从事"西方五百年语言学史重建""西方汉语文法学史"探索，有时会联想到"西方汉语古音研究史"和"西方汉语亲缘关系研究史"，后两者或有所交叉，但各有侧重，故分别梳理。2014 年 11 月 22—23 日，出席"纪念周法高先生百年冥诞国际学术研讨会"（台湾东海大学），我提交的论文《洪钟大吕遗响千古：周法高先生〈中国语言学的过去、现在和未来〉》中，有一节是"西方汉语古音研究史"。2018 年 5 月 4 日—6 日，出席"中国音韵学会成立大会暨学术研讨会"（山东大学文学院），曾宣读该文内容。2020 年初，进一步修补，遂成此稿。

张世禄在《中国音韵学史》（1936）第九章"近代中国音韵

学所受西洋文化之影响"揭出：

> 如马士曼（Marshman）首指出梵文字母和三十六字母的关系，又发现暹罗、缅甸、西藏等语和汉语之间的音韵相近。……艾约瑟（Joseph Edkins）创始中国语言史的研究，证明中国古音里有破裂的浊音声母，还有收尾的辅音。……武尔披齐利（Z. Volpicelli）据盖尔氏大字典里十二种方言的材料，做一番统计，以拟定古音的音值……商克（S. H. Schaank）[1] 也根据《等韵切音指南》来拟测中国古音，而所用的方法较前几家为有科学的条理……这些人的研究，实在是开近今马伯乐（H. Maspero）和高本汉（B. Karlgren）两人的先路的。（张世禄 1984：351）

周法高在《论中国语言学的过去、现在和未来》（1966）中引述：

> 在历史音韵学方面，马士曼著有《论汉语的文字与声音》（*Dissertationon on the Characters and Sounds of the Chinese Language*，1809）；武尔披齐利（Z. Volpicelli）著有《中国音韵学》（*Chinese Phonology*，1896）；商克（S. H. Schaank）著有《古代汉语发音学》（*Ancient Chinese Phonetics*，载《通报》1900），较前人的成绩为佳；马伯乐（Henri Maspero）著有《安南语音史研究》（*Etudes sur la Phonétique Histoirique de la Langue Annamite*，载《河内远东法文学校学报》BEFEO，1912），对《切韵》音的构拟更有所贡献。（周法高 1980：15）

迄今出版的"中国语言学史"专书，除了对高本汉最为熟悉，对其余学者的研究很少涉及，尚未展开一定程度的译介。

1　荷兰学者商克（Simon Hartwich Schaank, 1861—1935），一译沙昂克。

一、19 世纪西方学者对汉语古音的探索

西方比较语言学在 17 世纪（荷兰伯克斯洪 1647 年创立历史比较语言学的本体论和方法论，凯特 1723 年发现日耳曼音变定律）已经成熟，到 19 世纪初期成为显学。来到东方的这些西方学者虽然并非专门的比较语言学家，但当时学术思潮的耳濡目染，导致他们自然而然地采用历史比较法探讨中国古音。

1809 年，在印度宣教的英国新教（浸信会）传教士马士曼（Joshua Marshman, 1768—1837）刊行博士论文《论中国语的文字和语音：包括基本汉字表和汉语音节表》（*Dissertation on the Characters and Sounds of the Chinese Language: Including Tables of the Elementary Characters, and of the Chinese Monosyllables*, Serampore India）[1]，指出梵文字母和中国三十六字母的关系，以及暹罗（泰）语、缅语、藏语等和汉语的语音相近之处，并依据《字母切韵要法》(《康熙字典》所附) 揣测中国古音。马士曼 1799 年抵达印度赛兰坡宣教和办学，1805 年随亚美尼亚人拉沙（Joannes Lassar, 1781—1835，出生于澳门）研习中国语言文字。**马士曼的中国古音研究，启迪了 19 世纪中期来华的英国传教士。**

1848 年，英国新教（伦敦会）传教士艾约瑟（Joseph Edkins, 1823—1905）来华，任伦敦会驻沪代理，协助麦都思（Walter Henry Medhurst, 1796—1857）的墨海书馆，1856 年继任监理。1853 年，艾约瑟刊行《上海土话文法》(*A Grammar of Colloquial Chinese, as Exhibited in the Shanghai Dialect*. London Missionary Society; 2nd ed., Shanghai: Presbyterian Mission Press, 1868），直译《汉言口语文法，以上海话为例》。在该书中论证，

1　此类论著不列于参考文献，而夹注形式出现以便于对照。

中国古音有破裂的浊音声母与收尾辅音。1857 年，在《汉语官话 口 语 文 法 》（*A Grammar of the Chinese Colloquial Language, Commonly Called Mandarin Dialect*, London Missionary Society. 2nd ed., Shanghai: Presbyterian Mission Press, 1864）参证《李氏音鉴》《五方元音》等书，考证声类、韵部和入声的演变，拟定中国古音。1871 年，艾约瑟在《中国在语文学中的位置：试图揭开欧洲和东亚语言具有共同来源》（*China's Place in Philology, An Attempt to Show That the Languages of Europe and Asia Have a Common Origin*. London: Trübner & Co.）中提出，汉语也经历了与印欧语类似的历史音变。第一阶段，声母基本上都是浊辅音；第二阶段，部分浊辅音变成清辅音；第三阶段，入声逐渐消失。通过研究音变过程，给出声母变化规则。如：g、d、b、z 最为古老，后来变成 k、t、p、s，而 f、h 是最后产生的。并参证域外译音，如日语汉字，汉语的 h 常读作 k，f 常读作 b。又如汉语借词"佛"旧读 but，来自梵文 Buddha 的音译。依此规则，"分"古读 bun，"复"古读 bok，"誊"古读 deng、"缠"古读 dan，"学"当读 gak，"硬"当读 ngang。艾约瑟试图根据这些规则将现今汉字音还原成古音，与梵文词语比较。

1874 年，艾约瑟发表《书写技艺发明时期的中国语言状况》（*The State of the Chinese Language at the Time of the Invention of Writing*. Transaction of the 2nd Congress of Orientalists, London, pp. 98-119）。1876 年，艾约瑟在《中国文字研究导论》（*Introduction to the Study of the Chinese Characters*, London: Trübner）中进一步阐述汉语古音的构拟方法。通过利用声旁、古诗押韵、传统韵书、佛教文献中的音译梵语、域外语言（日语、朝鲜语、交趾语）和蒙古语的汉字译音，以及汉语方言等各类材料，可以重建中国古音（Edkins 1876: 166）。1886 年，又发表《中国古音的最新研究》（Recent Researches upon the Ancient Chinese Sounds. *The*

China Review, vol. 22: 3, 1886）。**艾约瑟已经列出研究中国古音的所有材料种类，并且初步确立了古音构拟法**。尽管其具体论断难免臆断之处，但高本汉（Bernhard Karlgren, 1889—1978）推崇艾约瑟是西方对汉语古音进行科学研究的最早学者。

　　根据目前所见资料，艾约瑟（Eskins 1874, 1876）可能最早注意到"汉语古有复辅音"的迹象。林语堂在《古有复辅音说》[1] 中认为，"按古有复辅音说，英国支那学家 Eskins 已经说过。"（林语堂 1933：2）龚煌城在《上古汉语与原始汉藏语带 r 与 l 复声母的构拟》[2] 这样论述，艾约瑟注意到"京"与"凉"的谐声现象，"在常见的同一谐声系列中，出现 k 与 l 的情况特别显著。"接着说："很难相信，l 不是由 k 经过某种途径变来的。"（Edkins 1876: 190）艾约瑟提出三种变化可能：第一种，l 被插进 k，然后 k 消失；第二种，k 先变成 ni 或 ng，然后变成 l；第三种，y 被插进 g 后，变成 dj 或 d，然后 d 变成 l。艾约瑟认为第三种最好。（龚煌城 2002：183）**艾约瑟虽然并未断言汉语古有复辅音，但西方学者关注该专题即从此始。**

　　1861 年，法国汉学家、法兰西学院教授儒莲（Stanislas Julien, 1797—1873）发表《中国文献所见梵文名词的破译和转写方法》（*Méthode pour déchiffrer et transcrire les noms sanscrits qui se rencontrent dans les livres chinois*, Paris: Imprimerie impériale），在写作过程当中，他未知有《翻译名义集》此类词典。儒莲研究玄奘译经，尽管用今形今音对比，**但采用梵-汉对音方法盖始于此。**

　　1881 年，甲柏连孜（G. von der Gabelentz, 1840—1893）出版《汉文经纬》（*Chinesische Grammatik. Mit Ausschluss des*

1　该文原刊于《晨报·六周年记念增刊》，1924 年。收入林语堂《语言学论丛》，上海：开明书店，1933 年。

2　该文原刊于《台大文史哲学报》54:1—46, 2001 年。收入龚煌城《汉藏语比较研究论文集》，台北："中研院"语言学研究所 2002 年，第 183—211 页。又，龚煌城《汉藏语研究论文集》，北京：北京大学出版社，2004 年。

niederen Stiles und der heutigen Umgangssprache, or Grammatik der Chinesischen Schriftsprache. Leipzig: Weigel Verlag ），在讨论汉字谐声时也注意到汉语古有复辅音现象。甲柏连孜说："例如，以'监'为声符的字，除了读为 kiem, hiem 等音以外，也有读为 lam 音的；同样，'格'除了读为 kok, hok 之外，也常常读为 lok，'果'有 ko, ho, lo 等音，'久'有 kieu, lieu 等音。"并且说，"这些现象大部分都难以解释，而进一步的观察，则是属于音韵史研究的任务。"稍后谈到音韵史和语源语言问题时，他增加了"立""京"以及"兼"的例子，便在附注中说："像这些例子，特别是最后一个，使人立刻想到罗曼斯语言类似的声母变化：拉丁语 clamare，意大利语 chiamare，西班牙语 llamar，葡萄牙语 chamar（即 kl, ky, ly, š）——所不同的是，在那里牵涉到多种语言，在我们的情形，则只涉及一个语言的单一方言的语音变化。"从这句话来判断，其意似乎认为，读为 kiem"兼"与读为 liem"廉"的字都来自 *kliem，它们是属于"一个语言的单一方言的语音变化"，而拉丁语的 clamare 则是不同的罗曼斯语言中发展为不同的音。（龚煌城 2002：183—184）[1] 此后，梅祖麟在《康拉迪（1864—1925）与汉藏语系的建立》[2] 中论述，甲柏连孜在《汉文经纬》（1881）中认为，"拟测原始汉藏语固然是其终极目标，然以目前而论，只要能确认在汉藏诸姊妹语言中何者是近似祖语，而可以扮演如同梵文在印欧语比较研究中的角色便已足够。"他认为藏文最有资格，然后举数目字"八"和"百"为例。"这里可以看到 4 种不同的辅音：b, bh 或 p；r 或 rh；g 与 y，还有后起的 č 与 ts-，而藏文 brgyad '8' 和 brgya '100' 则是四音俱全。"

---

1 龚煌城、梅祖麟的引文皆来自 Gabelentz, G. von der. 1881. *Chinesische Grammatik*, vierte, unveränderte, Auflage. Reprint 1960, Halle (Saale): Veb Max Niemeyer Verlag 52f 页。

2 同上。

（Gabelentz 1881: 233）[1]（梅祖麟 2010：3）**显而易见，甲柏连孜虽然也未断言汉语古有复辅音，但是为汉语古有复辅音提供了亲缘语言比较的研究思路。**

1890 年，奥地利汉学家、维也纳大学教授瞿乃德（Franz Kühnert, 1852—1918）发表《中国古音音值考》（Zur Kenntnis der älteren Lautwerthe des Chines, *Journal Academie der Wissenschaften Phil. Hist.*, Bd. 122），就《康熙字典》的注解分析这些所附韵图。瞿乃德提出的舌上和舌头之别，正齿和齿头之别是由于"软化"的假说，被商克采纳并传给高本汉。19 世纪末，瞿乃德先后在南京和北京生活，学习中国语文，以研究南京土白而知名。著有《上海土白语音考》（*Ueber einige Lautcomplexe des Shanghai-Dialektes*, 1888）、《中国语的韵律》（*Ueber den Rhythmus im Chinesischen*, 1896）和《南京土白音节或正音词汇集》（*Syllabar des Nankingdialektes oder der correkten Aussprache sammt Vocabular Zum Studium der hochchinesischen Umgangssprache*, 1898）等。

1892 年，英国汉学家翟理斯（Herbert Allen Giles, 1845—1935）的《华英字典》（*A Chinese English Dictionary*, London: B. Quaritch; Shanghai: Kelly & Walsh）出版，书中列出汉学家庄延龄（Edward Harper Parker, 1849—1926）调研整理的九种汉语方言和三种域外译音资料。英国外交官庄延龄 1871 年来华，先后任职于天津、汉口、广州、福州、温州、上海等地。所撰汉语方言论文大都刊于《中国评论》（*China Review*）:《汉口话》（The Hankow Dialect, 1875, vol. 3: 5）;《客家话字音表》（Syllabary of the Hakka Language or Dialect, 1880, vol. 8: 4）;《广州话字音表》（Canton Syllabary, 1880, vol. 8: 6）;《福州话字音表》（Foochow Syllabary, 1880, vol. 9: 2）;《川东话》（The Dialect of Eastem Sz

---

1 梅祖麟《康拉迪（1864—1925）与汉藏语系的建立》,《汉藏语学报》, 2010 年第 4 期, 第 1—19 页。

Ch'uan, 1882, vol. 11: 2);《扬州话》(The Dialect of Yangchow, 1883, vol. 12: 1);《温州话》(The Wenchow Dialect, 1883, vol. 12: 3，1884, vol. 12: 5);《宁波话》(The Ningpo Dialect, 1884, vol. 13: 3);《中国语、高丽语和日语》(Chinese, Corean and Japanese, 1885, vol. 14: 4)。

翟理斯在《华英字典》(第一版)"前言"中交代:

> 汉字各种方音的罗马字注音是由庄延龄完成的，包括广东话、客家话、福州话、宁波话、北京话、中原话（Middle China）、扬州话、四川话等方言，也包括高丽语、日语和安南语的译音，每种方音将会用其名称的首字母表示。(Giles 1892: 5)

为说明各种方言材料,庄延龄为该字典撰写了《语言学随记》(*Philological Essay*)，在《华英字典》第二版（1912）中被翟理斯恶意删除。毫无疑问，庄延龄的方言和译音成果为汉语音韵学研究提供了系统资料。

1896 年，意大利驻香港领事馆官员武尔披齐利（Franz Kühnert Zenone Volpicelli, 1856—1932）发表《中国音韵学：试图寻出古代语音和重获中国遗失的韵母》(*Chinese Phonology, an Attempt to Discover the Sounds of the Ancient Language and to Recover the Lost Rhymes of China*, Shanghai: China Gazette Office)。他根据《华英字典》中庄延龄记录的汉语方言和域外译音材料,拟定汉语古音音值，确定中古等韵四等的主元音。用多种方言参测汉语古音盖由此始。

1897、1898 年，荷兰汉学家商克（Simon Hartwich Schaank, 1861—1935）发表《古代汉语语音学》(*Ancient Chinese Phonetics*, T'ong Pao, vol. 8, 1897: 362-377, 457-486; vol. 9, 1898: 28-57)，据《康熙字典》所附《等韵切音指南》拟测汉语古音。对古音构拟具有重要贡献：介绍了瞿乃德的声母 j 化的观念，提出古双唇

音在三等合口变为唇齿音；发现三、四等有 i 介音。这些见解影响了马伯乐（Henri Maspero, 1883—1945）和高本汉。商克是荷属东印度公司职员。1882 年被派往苏门答腊，向当地客家人学习汉语。后返回荷兰，师从莱顿大学教授施古德（G. Schlegel, 1840—1903）。1885 年被派往西婆罗洲（West Borneo），在此完成《陆丰客家方言》（*Het-Loeh foeng Dialect*, Leiden: Brill, 1897）。

　　1896 年，德国语言学家康拉迪（August Conrady, 1864—1925，中文名孔好古）在《印度支那语系中使动名谓式之构词法及其与声调别义之关系：印度支那语系特别是藏语、缅语、泰语和汉语的比较语法研究》（*Eine indochinesische Causativ-Denominativ-Bildung und ihr Zusammenhang mit den Tonaccenten: Ein Beitrag zur vergleichenden Grammatik der indochinesischen Sprachen, insonderheit des Tibetischen, Barmanischen, Siamesischen und Chinesischen.* Leipzig: Otto Harrassowitz）提出"印度支那语系"（indochinesischen）。梅祖麟（2010）中提出，甲柏连孜比较的是藏文和按照宋代韵图构拟的汉语中古音。"八"和"百"这两个字的比较字表说明藏文 brgyad "8" 和 brgya "100" 这两个字是诸多汉藏语中复辅音保存最完全的。康拉迪（1896）更进一步引征艾约瑟（Edkins 1874）的文章，来说明汉语谐声字来母和舌根音声母互谐是来自上古复声母 *gr-。（梅祖麟 2010：5）由此可见，**康拉迪（1896）明确提出汉语古音有复辅音声母说**。

　　1896 年，日本学者高楠顺次郎（1866—1945）发表《史前中国人种的起源以及最初根源地》（歴史以前の支那人種及びその大初同住の根源地，《史学杂志》第九篇第二号），论及历史上的汉人与西藏人同种同言，存在"复子音"声母。他引证德国语言学家谈到语言分类法时，主张汉语与藏语的来源相关，在复子音声母形式上尤其如此。[1]1900 年 9 月，高楠顺次郎进牛津大学，师从缪勒（Friedrich Max Müller, 1823—1900）研究印度学。1894 年毕业。次年进柏林大学，跟胡特（Georg Huth, 1867—1906）学习藏文、蒙古文和乌拉尔-阿尔泰语。又到基尔大学，跟奥定贝格（Hermann Oldenberg, 1854—1920）、多伊森（Paul Jakob Deussen, 1845—1919）等学习印度《奥义书》和吠陀哲学。1896 年进莱比锡大学学习语言学（当跟从康拉迪）、哲学史等。1897 年 1 月回到日本，任教于东京帝国大学，受到上田万年的提携。高楠顺次郎的古汉语复辅音说当受康拉迪的影响。

1908 年，日本语言学家後藤朝太郎（1881—1945）发表《〈说文〉所反映的音韵现象》（《史学杂志》第十九篇，收入《文字の研究》，东京成美堂 1910），假定汉字"筆（笔）"的古音为 plat（後藤朝太郎 1910：1109）。该文引用了甲伯连孜（後藤朝太郎 1910：1108）、高楠顺次郎（後藤朝太郎 1910：1129）的观点。後藤朝太郎 1904 年考入东京帝国大学文科大学言语学科，从上田万年教授专攻中国语学。1907 年毕业后，进入东京大学大学院学习，1910 年毕业。此后，历任日本文部省、中国台湾总督府、朝鲜总督府嘱托（特别研究员），兼任日本大学教授和东京帝国大学讲师。

1924 年，林语堂发表《古有复辅音说》（《晨报六周年记念增刊》）。**无论日本学者，还是中国学者，其汉语古音有复辅音声母说皆可以溯源康拉迪（Conrady 1896）< 甲柏连孜（Gabelentz 1881）< 艾约瑟（Eskins 1874, 1876）。**

二、对早期西方学者汉语古音研究的述评

自 20 世纪 30 年代到 50 年代，罗常培（1899—1958）撰写

1　参见李无未《後藤朝太郎（1910）汉语复辅音、入声地理分布说及音韵目录》，南京大学汉语史研究所编《汉语史研究的材料、方法与学术史观国际学术研讨会（第二届）论文集》，2020 年 11 月 21 日，第 210—224 页。

了一系列述评西方学者研究汉语语音的文章。其中，刊行的《耶稣会士在音韵学上的贡献》（1930）、《耶稣会士在音韵学上的贡献补》（1951），主要讨论汉语罗马字，与中国古音研究没有直接关系。

据唐作藩、杨耐思（2009：107—110）介绍，罗常培 1934—1937 年期间，曾在北京大学开课"域外中国声韵论著评述"（讲义未正式发表）。2008 年出版的《罗常培文集》第六卷收录了"域外中国声韵论著述评"，其中第二章"高本汉和马伯乐的前驱"，包括：第六节"艾约瑟和查尔默"；第七节"武尔披齐利的中国音韵学"；第八节"商克的《中国古代语音学》"；第九节"伯希和对于中国音韵学研究的启示"。罗常培的主要评价提炼如下。

艾约瑟在《官话文法》（*A Grammar of the Chinese Colloquial Language, Commonly Called Mandarin Dialect*, 2nd ed., 1864）中能够参证《李氏音鉴》《五方元音》等书去做追本穷源的研究，对于声类、韵部和入声的演变等都考证得很详细。为广韵音系拟定了读法，并且假定了一套"古音系"。（罗常培 2008：442，445）

英国汉学家查尔默（John Chalmers, 1825—1899，中文名湛约翰）在《汉语中的声尾》（Final Consonants in Chinese, *China Review*, vol. 15: 2, 1886）中用日语译音来比证汉语入声的声尾。此前庄延龄已经指出日本话也有声尾，与在广州话、客家话里发现的相当（Chinese, Corean and Japanese, *China Review*, vol. 14: 4, 1885）。（罗常培 2008：447）查尔默 1852 年加入伦敦会，6 月到香港主理英华书院。1859 年赴广州设立会堂，居十余年，1897年返回香港。还著有《英粤字典》《中国文字之结构》《康熙字典撮要》等。

武尔披齐利（1896）继续前人未竟之业，融合《等韵切音指南》和现代方言来研究汉语古元音系统。他把九种汉语方言和三种域外译音加以排比，再通过筛选和统计来拟定中古汉语音值。

高本汉的评论是：武尔披齐利"以为必须探讨中国全部方言才能找到古音的门径，并不是随便挑几个零碎的读音就可以成功的。这个意见用不着说完全对，不过他实现这个观念却是用的不幸的算学方法，这个方法就是商克曾经毫不留情地用来批评他的，所以他的结果不免错误。不过他对这方面的努力是值得我们承认的。"（*Études sur la phonologie chinoise*, p. 8）（罗常培 2008：451，462）

商克（1897，1898）依据瞿乃德的思路，从《等韵切音指南》的记号入手来理解韵图。在声母部分有两点独见：一是提出"软化"的观念，二是推阐唇音的分化条件。商克赞成艾约瑟的说法。艾约瑟认为："平上去入四个名称，大约是纪元前五百年当着这个语言只有四个声调的时候所定的。当初选用这四个字的缘故，是因为每个名称自己就可以显出它所代表的调类的。"（Edkins: Mandarin Grammar, p. 33）（罗常培 2008：465，473，475，481）

法国汉学家伯希和（Paul Pelliot, 1878—1945）对中国音韵学没有专书和专篇，可他在一些文章里流露了一些可贵的意见。他为译写外国专名的古汉语对音，曾经首先给汉语古音列出一个暂时构拟的系统。这个系统的大纲散见于《中国发现的摩尼教经典》（Un traité manichéen retrouvé en Chine, *Journal Asiatique*, 1911, 1913）和《那先比丘经的专名》（Les noms Propres du Milindapañha, *Journal Asiatique*, 1914）等文章中。伯希和的主要目的在辨识古代译音，所以不免有不一致之处。（罗常培 2008：488，489，495）

罗常培的总评是：

本章所介绍的五位西洋研究中国音韵学的先进，虽然造诣的深浅，贡献的多少，各有不同，可是每个人都给研究这门学问的继起者播下了相当的种子。在他们的几种论著里，关于《切韵》系声母的考订，介音和韵尾的拟测，大体上已经立下了规模，所差的不过是细目的修正；唯有韵母的主要元音问题却还留在那里没能解决。至于艾约瑟和伯希和所提出的各种材料当时虽然还没能充分利用，可是后来的聪敏继承者只要照着他们所指示途径，踏实地走一回，再增加一些他们所没提到的材料，就可以有很好的贡献。我常说一切的进化都是"渐"的而不是"顿"的，我们固然要承认高本汉和马伯乐的伟大成绩，同时也不要埋没了这几位拓荒的前驱者！（罗常培 2008：495）

毋庸置疑，罗常培的"域外中国声韵论著述评"，首先对 19 世纪西方汉语古音研究史进行了明确的梳理。

1992 年，加拿大学者蒲立本（Edwin George Pulleyblank, 1922—2013）著有 *European Studies on Chinese Phonology: The First Phase*。2003 年，张洁将此译为中文《欧洲的汉语音韵学研究：第一阶段》发表。

蒲立本对儒莲的评价是：

儒莲从汉语佛典载录的梵文词语转写中，对汉语语音史产生了兴趣。然而，正如他在《中国文献所见梵文名词的破译和转写方法》引言中所说，他处理问题的方法严格以实证为根据。儒莲考察了从汉语佛经注释和字典中专门获取的大量转写材料，以及借助汉语注释而得以识别的梵语原文，从而推出一些有关拼音规律的笼统规则，借此转写其他未识别的材料。在早期佛教的智慧字母（arapacana）和晚期标准的天城体（devanagari）中发现的梵文字母材料，对他帮助很大。令人惊讶的是，针对汉语罗马字注音及其梵文读音之间的明显不一致现象，他竟全然未曾推测原因，既不认为是由于其间汉语语音产生变化，也没有意识到这些转写材料存在不同时间层次。他甚至尚未注意到入声字以塞音收尾的情况，而这对于那些了解广东话或福建话，以及熟悉日语、越语和高丽语汉字音的同时代人来说，却是显而易见的知识。（张洁译 2003：173）[1]

蒲立本对艾约瑟的评价是:

1853 年和 1857 年,他先后出版《上海土话文法》和《汉语官话口语文法》两部著作。在《汉语官话口语文法》中,……该书第一部分"论语音"用很长篇幅讨论汉语语音史,这段论述在四十年后仍被高本汉的前辈武尔披齐利和商克作为权威论断所引述。除见诸报刊的大量短文,艾约瑟还为卫三畏《汉英韵府》(*Syllabic Dictionary of the Chinese Language*, 1874)的引言撰写过"古音"一节,并在该字典的每个音节上标注了古音。(张洁译 2003: 173)

艾约瑟对汉语在几个世纪中所发生的变化有很多正确的观察,但是他没有进行任何系统的构拟。与这项工作最接近的,是他给《康熙字典》前所附、与韵图相关的来自"梵文字母"的三十六字母拟定如下音值……(张洁译 2003: 174)

显然,艾约瑟不仅了解通过韵书、韵图与现代方言的比较研究,可以重建我们现在所谓的中古汉语,而且他也知道清儒在分析古代诗韵和文字谐声偏旁方面所做的工作。他指出,段玉裁古无去声之说,其根据是古诗中去声字常与入声字通押。他还谈到钱大昕轻唇音来自古代重唇音之说,以及很多舌上音(ch)声母的字早期都是舌头音(t)。(1864: 92)(张洁译 2003: 175)

蒲立本进一步描述了这些学者之间的争议及承传关系。虽然武尔披齐利(1896)对瞿乃德(1890)持批评态度,但是瞿乃德提出的舌上和舌头之别,以及正齿和齿头之别是由于"软化"或"喻化"的假说,却被商克(1897、1898)采纳并传给了高本汉。商克还接受了瞿乃德主张的唇音、软颚音、喉音和来母也应分为喻化和非喻化两类。尽管高本汉对正齿和舌上声母的解释作了修正,但三等韵中其他声母的"喻化"仍然保留。武尔披齐利以儒莲(1861)的梵文字母转写材料为基础,提出把艾约瑟和瞿乃德所拟的舌上和正齿音由颚音改为齿上音,遭到商克的反对。此后,高本汉基于反切得出正齿分为齿上和颚音的结论,但他仍把舌上视为颚音，否定了武尔披齐利的修正。

　　商克试图进一步分析《康熙字典》所附韵图，其中最有意义的是对韵图四个"等"（Divisions）的分析。《康熙字典》中的新韵图（《字母切韵要法》，反映当时读音）也有可用现代官话介音来构拟的四等，商克据此推出：一等无介音，二等 i-j，三等 u-w，四等 y-ч。并且指出，《康熙字典》中的旧韵图（《等韵切音指南》，保留宋元特点）的开口一等和二等对应于新韵图中没有介音的一等，旧韵图中的三等和四等对应于新韵图中有介音的二等，而合口则多了圆唇特征。至于旧韵图中一、二等之间和三、四等之间的区别，他假定颚音的舌上音占据了二、三等的位置，而舌头音（齿塞）则占据了同列中的一、四等位置，正齿音和齿头音（齿擦）也有着同样的关系。他的总结依据的是瞿乃德的说法：对所有声母而言，二、三等的区别不在于介音、元音的不同，而在于声母是否颚化。伯希和（1911, 1913）对早期梵汉译音资料的研究和马伯乐（1912）对汉越语的研究，都采用了商克的四等解释。高本汉早期研究部分采纳商克的解释，后来虽然有所改变，然而，他所坚持的三等喻化说，还是商克从瞿乃德那里继承的观点之一。

三、20 世纪上半叶的西方汉语古音学论著译介

　　尽管西方学者已经知道通过韵书、韵图与汉语方言（域外译音）的比较研究，可以重建中国古音，甚至也了解清儒在分析诗韵和谐声方面所做的工作，比如钱大昕的古无轻唇说、古无舌上说，以及段玉裁的古无去声说，但是，晚清中国学者并没有关注西方学者的中国古音研究。其原因可能在于，西方汉学家能够阅读中国文献，而晚清中国学者无法阅读外文论著。直到 20 世纪 20—30 年代，民国学者才对西方学者的中国古音研究有所关注。

　　1923 年，俄国男爵、时任北京大学教授的钢和泰（Alexander

von Stael-Holstein, 1877—1937）著、胡适译《音译梵书与中国古音》（*The Phonetic Trans-cription of Sanskrit Works and Ancient Chinese Pronunciation*），北京大学《国学季刊》第 1 卷第 1 号。

1923 年，瑞典珂罗倔伦（即高本汉）著、徐炳昶译《对于"死""时""主""书"诸字内韵母之研究》（《中国音韵学研究》中讨论舌尖元音的内容），北京大学《国学季刊》第 1 卷第 3 号。

1923 年，珂罗倔伦著、林语堂译《答马斯贝啰（Maspero）论切韵之音》（即《中古汉语古音构拟》），北京大学《国学季刊》第 1 卷第 3 号。

1922—1923 年，林语堂（1895—1976）跟随莱比锡大学教授康拉迪（August Conrady, 1864—1926）攻读历史语文学，其博士论文是《中国古代音韵研究》（Yy-t'ang Lin, *Zur alt chinesis-chen Lautlehre*. Leipzig, 1923）。康拉迪的鉴定是："基于林语堂在行文中，这里指论文中的德语错误以及各种疏漏，林的论文只能给 2 分"，2.0 =laudabilis（可以）。林语堂的《语言学论丛》（上海开明书店，1933）中，收有《珂罗倔伦考订切韵韵母隋读表》。

1927—1928 年，德国西门华德（Walter Simon, 1893—1981）发表《论上古汉语韵尾辅音的构拟》（Zur Rekonstruktion der altchinesischen Endkonsonanten, *Mitteilungen des Seminars für Orientalische Sprachen an der Friedrich-Wilhelms-Universität zu Berlin*, vol. 30: 1, pp. 147-167, 1927; 31: 1, pp. 175-204, 1928）；1929 年发表《藏–汉词音比较尝试》（Tibetisch-chinesische Wortgleichungen, ein Versuch. *Mitteilungen des Seminars für Orientalische Sprachen an der Friedrich-Wilhelms-Universität zu Berlin,* vol. 32: 1, pp. 157-228），1930 年刊单行本（Berlin: W. de Gruyter & Co.）。此为大规模系统比较汉藏词汇的首部著作，未见汉译。

1927 年，高本汉著、赵元任译《高本汉的谐声说》，清华研究院《国学论丛》1927 年第 1 卷第 2 号。

1929 年，高本汉著、冯承钧译《原始中国语为变化语说》，上海《东方杂志》第 26 卷第 5 号。

1929 年，满田新造著、朱芳圃译《评珂罗倔伦 Karlgren 中国古韵研究之根本思想》，《国立中山大学语言历史学研究所周刊》第 6 集第 67—68 期合刊。

1929 年，朱芳圃《珂罗倔伦谐声原则与中国学者研究古声母之结论》，上海《东方杂志》第 26 卷第 21 号。

1930 年，高本汉著、赵元任译《上古中国音当中的几个问题》，《历史语言研究所集刊》第 1 本第 3 分。

1930 年，王静如《跋高本汉的上古中国音当中的几个问题并论冬蒸两部》，《历史语言研究所集刊》第 1 本第 3 分。

1930 年，高本汉著、王静如译《中国古音（切韵）之系统及其演变（附国音古音比较）》，《历史语言研究所集刊》第 2 本第 2 分。

1930 年，张世禄《高本汉的中国语言学说》，《暨南大学文学院集刊》第 1 集。

1931 年，高本汉著、张世禄译《中国语与中国文》，上海：商务印书馆。

1931 年，高本汉著、潘尊行译《语言学与古中国》，《国立中山大学文史研究所辑刊》第 1 卷第 1 册。

1931 年，罗常培《切韵鱼虞之音值及其所据方音考——高本汉切韵音读商榷之一》，《历史语言研究所集刊》第 2 本第 3 分。

1932 年，陈定民《读高本汉之中国语与中国文》，《中法大学月刊》第 1 卷第 5 期。

1932 年，Ye-ching Ku（葛毅卿）On the Consonantal Value of 喻—Class Words. *T'oung Pao*, vol. 29, pp. 100-103。

1933 年，张世禄译《高本汉中文解析字典序》，《中国语文学丛刊》创刊号。

1934 年，高本汉著、贺昌群译《中国语言学研究》，上海：商务印书馆。

1934 年，高本汉著、唐虞译《藏语和汉语》(Tibetan and Chinese. *T'oung Pao*, vol. 28, pp. 25-70)，《中法大学月刊》第 4 卷第 4 期。

1935 年，高本汉著、赵元任译《高本汉方音字典序》，北京大学《国学季刊》第 5 卷第 1 号。

1935 年，罗莘田（罗常培）《高本汉的中国音韵论著提要》，天津《益世报·读书周刊（6）》，7 月 11 日，第 11 版。

1935 年，高本汉著《中国语音学研究之弁言与通论·中国方音字典之通论》，北平：辅仁大学。

1936 年，高本汉著、赵元任译《高本汉中国音韵学研究译本序》，天津《益世报·读书周刊（67、75）》，9 月 24 日，第 12 版。

1937 年，张世禄《高本汉与中国语文》，《语文》第 1 卷第 5 期。

1937 年，高本汉著、张世禄译《汉语词类》，上海：商务印书馆。

1937 年，高本汉著、朱炳荪译《论周颂的韵》，北平燕京大学《文学年报》第 3 期。

1938 年，董同龢《与高本汉先生商榷"自由押韵"说兼论上古楚方音特色》，《历史语言研究所集刊》第 7 本第 4 分。

1939 年，高本汉著、张世禄译《老子韵考》(*The Poetical Parts in Lao-Tsi*, 1932)，《说文月刊》第 1 卷第 1、2、3 期。

1939 年，高本汉著、张世禄译《诗经研究》，《说文月刊》第 1 卷第 5、6 期合刊。

1939 年，高本汉著、汪浚译《中国语文研究》，《新科学》

第 1 卷第 2 期。

1940 年，高本汉著、赵元任、李方桂、罗常培合译《中国音韵学研究》，上海：商务印书馆。

1941 年，高本汉著、赵萝蕤译《高本汉所拟上古音二十六部（录自《中国文法》)》，《清华学报》第 13 卷第 2 期。

1941 年，魏建功《〈中国音韵学研究〉（高本汉原著）——一部影响现代中国语文学的著作的译本读后记》，重庆《图书月刊》第 1 卷第 6 期。

1941 年，罗常培《介绍高本汉的〈中国音韵学研究〉》，重庆《图书月刊》第 1 卷第 7—8 期合刊。

1942 年，周法高《图书评介：读高本汉〈中国音韵学研究〉》，《读书通讯》第 53 期。

1943 年，董同龢《书评：〈汉文典〉（高本汉著)》，国立北平图书馆《图书季刊》第 4 卷第 3—4 期合刊。

1946 年，陆志韦《书评：〈中国音韵学研究〉》（高本汉著，赵元任、罗常培、李方桂合译，民国二十九年商务出版）》，《燕京学报》第 30 期。

20 世纪 20 年代以来，中国新一代学者把目光投向西方，适逢高本汉脱颖而出，于是便成了介绍、模仿和争辩的主要对象。高本汉 1912 年 9 月—1914 年 4 月在巴黎法兰西研究院师事沙畹（E. Chavannes, 1865—1918），1915 年 5 月 20 日获文学硕士学位。次日在其母校瑞典乌普萨拉大学获博士学位，学位论文是《中国音韵学研究》（*Études sur la phonologie chinoise*）的前半部分（pp. 1-388）。其后陆续完成全书，并相继刊发于其导师伦德尔（J. A. Lundell, 1851—1940）主编的《东方研究集刊》（*Archives D' Études Orientales*, Upsala: K. W. Appelberg, 1915, 1916, 1919, 1926）。

四、20 世纪下半叶的西方汉语古音学论著译介

1954—1955 年，高本汉著、贺昌群译《中国语言学研究》，上海：东方书店再版；增订本，上海：新知识出版社，1957。

1957 年，黄淬伯《论〈切韵〉音系并批评高本汉的论点》，《南京大学学报》第 2 期。

1958 年，葛毅卿《批判高本汉氏著作中的形而上学思想方法》，《江海学刊》第 2 期。

1959 年，苏联龙果夫（А. А. Драгунов, 1900—1955）著、唐虞译《八思巴字与古官话》（《苏联科学院通报》, 1930），北京：科学出版社。

1959 年，罗常培《论龙果夫的〈八思巴字与古官话〉》，《中国语文》第 12 期。

1961 年，何观萌执笔《关于高本汉的〈切韵〉构拟学说》，《北京大学学报》第 2 期。

1962 年，葛毅卿《评高本汉所拟齐、先、萧、青、添及支、仙、宵、清、盐的韵值体系》，《南师学报》第 1 期。

1963 年，葛毅卿《评高本汉所拟阳、唐、蒸、登的韵值》，《南师学报》第 1 期。

1968 年，高本汉著（《远东博物馆馆刊》, 1954 年第 22 期）、张洪年译《中国音韵学大纲》，香港中文大学研究院中国语言文学会。

1970 年，B. Karlgren 著、陈新雄译《高本汉之诗经韵读及其拟音》，载 B. Karlgren 著，陈新雄译《汉学论文集》，台北：惊声文物供应社。

1986 年，潘文国《评高本汉为〈广韵〉拟音的基础四等洪细说》，上海市语文学会编《语文论丛》第 3 辑。

1986 年，苏联雅洪托夫（Сергей Евгеньевич Яхонтов, 1926—2018）著，胡双宝、唐作藩选编《汉语史论集》，北京：北京大学出版社。收有陈重业等译：《上古汉语的韵母系统》（1959）、《上古汉语的复辅音声母》（1960）、《上古汉语的唇化元音》（1960）、《上古汉语的起首辅音 L 和 R》（1975）、《上古汉语的起首辅音 W》（1977）、《上古汉语的韵母 ER》（1977）、《十一世纪的北京语音》（1980）。

1986 年，法国欧德利古尔（即奥德里古尔）著、冯蒸译《越南语声调的起源》（De l'origine des tons en Vietnamien, *Journal Asiatique*, vol. 242: 1, pp. 69-82, 1954），载中国社会科学院民族研究所语言室编《民族语文研究情报资料集》第 7 集。奥德里古尔（André-Georges Haudricourt, 1911—1996，自名"好得里古儿"）还著有《怎样构拟上古汉语》（Comment recostruire le chinois acrhaïque. *Word*, vol. 10, pp. 351-364, 1954），利用越南语中的汉语借词考察汉语声调的起源。1972 年，出版《历时音韵学问题》（*Poblème de Phonologie diachronique*. Pairs）。

1987 年，高本汉著、聂鸿音译《中上古汉语音韵纲要》（*Compendium of Phonetics in Ancient and Archaic Chinese*, Stockholm: Museum of Far Eastern Antiquities, 1954），济南：齐鲁书社。

1988 年，潘悟云《高本汉以后汉语音韵学的进展》，《温州师范学院学报》第 2 期。

1988 年，罗元诰《高本汉知照两组音值拟测述评》，《江西大学学报》第 3 期。

1995 年，李葆嘉《高本汉直线型研究模式述论：汉语史研究理论模式论之一》，《江苏教育学院学报》第 3 期。

1995 年，李维琦《〈中国音韵学研究〉述评》，长沙：岳麓书社。

1997 年，高本汉著、潘悟云等译《修订汉文典》（*Grammata*

Serica, Stockholm: Museum of Far Eastern Antiquities, 1957），上海：上海辞书出版社。

1999 年，蒲立本著，潘悟云、徐文堪译《上古汉语的辅音系统》（The Consonantal System of Old Chinese. *Asia Major*, vol. 9, pp. 58-144, 206-265, 1962），北京：中华书局。

关于 20 世纪下半叶海外学者研究中国古音的情况，可参见：殷方（冯蒸）《1965—1979 年国外汉语音韵学研究述评》（载《汉字汉语学术研讨会论文集》，长春：吉林教育出版社，1991）；李葆嘉、冯蒸《海外的中国古音研究》（《学术研究》，1995 年第 1 期）。李葆嘉《当代中国音韵学》（广州：广东教育出版社，1998）第十一章从五个方面阐述：1. 汉语语音史研究的理论模式；2. 北美汉学家的中国古音研究；3. 日本汉学家的中国古音研究；4. 欧洲汉学家的中国古音研究；5. 海外汉学家中国古音的研究风格。

五、新世纪以来的西方汉语古音学论著译介

2000 年，吴世畯《高本汉"GSR"谐声说商榷》，台湾《声韵论丛》第 9 辑。

2001 年，杨剑桥《评高本汉的〈汉文典〉》，《辞书研究》第 3 期。

2002 年，李开、肇路《高本汉和他的汉学名著〈中国音韵学研究〉》，《南京社会科学》第 10 期。

2002 年，潘文国《汉语音韵研究中难以回避的论争——再论高本汉体系及〈切韵〉性质诸问题》，《古汉语研究》第 4 期。

2003 年，葛毅卿遗著、李葆嘉理校《隋唐音研究》，南京：南京师范大学出版社。

2003 年，李葆嘉《全面修订〈中国音韵学研究〉的力作——葛毅卿遗著〈隋唐音研究〉导读》，载葛毅卿遗著、李葆嘉理校《隋唐音研究》，南京：南京师范大学出版社。

2004 年，冯蒸《高本汉、董同龢、王力、李方桂拟测汉语中古和上古元音系统方法管窥：元音类型说》,《首都师范大学学报》第 5 期。

2004 年，法国沙加尔（Laurent Sagart）著、龚群虎译《上古汉语的词根》(*The Roots of Old Chinese*. Amsterdam: John Benjamins, 1999），上海：上海教育出版社。

2005 年，法国马伯乐著、聂鸿音译《唐代长安方言考》,北京：中华书局。马伯乐的《唐代长安方言考》(*Le dialecte de Tch'ang-ngan sous les T'ang*, BEFEO, vol. 20, pp. 1-124, 1920），主要根据不空（705—774）的陀罗尼梵汉对音、日本汉音、越南汉字音和汉藏对音《千字文》等，构拟唐代长安音系。

2007 年，万毅《高本汉早期学术行历与〈中国音韵学研究〉的撰作》,《中山大学学报》第 1 期。

2008 年，李无未、秦曰龙《高本汉"二手材料"构拟〈广韵〉之检讨》,《吉林大学社会科学学报》第 1 期。

2010 年，俄罗斯斯塔罗斯金（Сергей Анатолбвич Старостин, 1953—2005）[1]著，林海鹰、王冲译，郑张尚芳、冯蒸审校《古代汉语音系的构拟》(Реконструкция древнекитайской фолологической системы. М.: Наука, 1989），上海：上海教育出版社。又，斯塔罗思京著，张兴亚译，唐作藩审定《古汉语音系的构拟》,北京：北京大学出版社，2012 年。

2010 年，潘悟云主编《境外汉语音韵学论文选》,上海：上海教育出版社。收有：蒲立本《如何构拟上古汉语》(1992）、罗杰瑞《早期汉语的咽化》(1994）、许思莱《上古汉语的韵尾 -1》(1974）、白一平《关于上古音的四个假设》(1994）等。

2006 年，美国马里兰大学教授林德威（David Prager Branner）编辑出版《汉语韵图：语言哲理和历史比较音韵学》

1　斯塔罗斯金（亦译斯塔罗思京）是雅洪托夫的学生，雅洪托夫是龙果夫的学生。

（*The Chinese Rime Tables: Linguistic Philosophy and Historical-comparative Phonology*. Amsterdam & Philadelphia: John Benjamins），该论文集所收为美国明尼苏达大学 "基于韵图语言哲理的新见解"（New Views on the Linguistic Philosophy Underlying the Rime Tables, 1998）学术研讨会的论文。2011 年，郑伟撰有《书评：The Chinese Rime Tables: Linguistic Philosophy and Historical-comparative Phonology》（《东方语言学》，2011 年第 1 期）。该论文集，除了林德威的《引言：何为韵图及其含义？》（*Introduction: What Are Rime Tables and What Do They Mean?*），正文分为三个部分。第一部分 "韵图和重构"（Rime Tables and Reconstruction），包括：陈以信（Abraham Chan）的《四等的原则》（*On the Principle of the Four Grades*）；李文超（Wen-Chao Li）的《四等：从汉-阿尔泰语接触角度的解释》（*The Four Grades: An Interpretation from the Perspective of Sino-Altaic Language Contact*）；林安庆（An-king Lim）的《古代突厥语辅音和中古汉语音系尖声母的元音等第》（*On Old Turkic Consonantism and Vocalic Divisions[1] of Acute Consonants in Medieval Hàn Phonology*）；许思莱（Axel Schuessler）的《〈切韵〉系统的 "等" 与元音变化》（*The Qièyùn System 'Divisions' as the Result of Vowel Warping*）。第二部分 "韵图文本史和语音重构"（*The History of Rime Table Texts and Reconstruction*），包括：柯蔚南（W. South Coblin）《守温残卷思考》（*Reflections On The Shǒuwén Fragments*）；柯蔚南《张麟之序〈韵镜〉》（*Zhāng Línzhī on the Yùnjìng*）；林德威《西蒙·商克和西方传统汉语音韵学的观念演变》（*Simon Schaank and the Evolution of Western Beliefs AboutTraditional Chinese Phonology*）。第三部

1　商克（1897、1898）把汉语韵图中的 "等"（等第）译为 Divisions（分格；分类；分部），该术语被高本汉等采纳而在西方汉学界流传。中国学者在翻译用外文撰写的汉语音韵学论文时，把 Divisions 译为 "分部" 不妥。

分"用于描写工具的韵图"（Rime Tables as Descriptive Tools），包括：史皓元（R. V. Simmons）《韵书分析怎样导致我们误入迷途》（*How Rime Book Based Analyses Can Lead Us Astray*）；罗杰瑞（J. Norman）《现代汉语和古代韵图》（*Modern Chinese and the Rime Tables*）；史皓元《方言通音的实践——赵元任的田调方法论》（*Common Dialect Phonology in Practice — Y. R. Chao's Field Methodology*）；林德威《汉语音系的综合性》（*Some Composile Phonological Systems in Chinese*）；罗杰瑞《汉语方言通音》（*Common Dialect Chinese*）。

2020 年，白一平（William H. Baxter）和沙加尔合著，来国龙、郑伟、王弘治译《上古汉语新构拟》（*Old Chinese: A New Reconstruction.* Oxford University Press, 2014），上海：上海教育出版社。另有向筱路等合译《上古汉语的新构拟》（未知是否出版）。此前已有书评或商榷论文：马坤《历史比较下的上古汉语构拟——白一平-沙加尔（2014）体系述评》（《中国语文》，2017 年第 4 期）、向筱路《白一平、沙加尔〈上古汉语：构拟新论〉若干例证商榷——兼谈对西方学术评价的反思》（《西域历史语言研究集刊》，2018 年第十辑）、齐晓燕《从先秦韵文看白一平-沙加尔对歌月元三部的再分部及构拟》（《语言研究》，2018 年第 4 期）等。

另外，李开的《试论俄籍汉语古音学家斯塔罗思京的古音学》（《语言科学》，2017 年第 3 期），基于张兴亚所译《古汉语音系的构拟》，对斯塔罗思京的古音构拟做了详尽述评和分析。上古汉语晚期声母的构拟从原始闽语声母切入，上古汉语早期声母的构拟以谐声系统为依据，消解了复声母。以上古用韵为据，分古韵 57 部，将上古语音变化分为六个时期。

冯蒸的《关于郑张尚芳、白一平-沙加尔和斯塔罗斯金三家上古音体系中的所谓"一部多元音"问题》（《南阳师范学院学报》，2017 年第 4 期）认为，表面上看，李方桂、王力体系和郑张、白-沙、斯塔罗斯金体系之间的构拟分歧出于对《诗经》韵部性质的不同理解，但溯其本源，实出于上古至中古演变中对重韵现象的处理。郑张、白-沙和斯塔罗斯金三家的上古韵类拟音，可以看成古韵 58 部，即"一部一主元音"。

参考文献

冯蒸，2002，二十世纪汉语音韵学研究的七十五项新发现与新进展，《语言文字学论坛》第一辑，北京：中国社会科学出版社，272-303 页。

李葆嘉，2014，2015，洪钟大吕 遗响千古：周法高先生《中国语言学的过去、现在和未来》[J]，台湾《东海中文学报》，2014（29）：1-29；2015（30）：61-84。

李无未，2020，后藤朝太郎（1910）汉语复辅音、入声地理分布说及音韵目录，南京大学汉语史研究所《汉语史研究的材料、方法与学术史观国际学术研讨会（第二届）论文集》，2020 年 11 月 21 日，210-224 页。

罗常培，2008，《罗常培文集》（王均主编），济南：山东教育出版社。

马军，2009，中国学术界译介瑞典汉学家高本汉（Bemhard Karlgren）篇目汇编，《传统中国研究集刊》（1）：412-425。

唐作藩、杨耐思，2009，罗常培先生在汉语音韵学上的贡献，《社会科学管理和评论》（2）：107-110。

王国强，2008，庄延龄与翟理斯《华英字典》之关系，《辞书研究》（1）：125-129。

张世禄，1936，《中国音韵学史》，上海：商务印书馆；影印本，上海：上海书店，1984。

周法高 1966《论中国语言学的过去、现在和未来》，香港：香港中文大学出版社；收入周法高《论中国语言学》，香港：香港中文大学出版社，1980 年，1-20 页。

Branner, D. P. 1997. Notes on the Beginnings of Systematic Dialect Description and Comparison in Chinese, *Historiographia Linguistica* 24: 3., 235-266。

Branner, D. P. 2006. ed., *The Chinese Rime Tables: Linguistic Philosophy and Historical-comparative Phonology*, Amsterdam & Philadelphia: John Benjamins.

Chalmers, J. 1886. Final Consonants in Chinese, *China Review*, vol. 15: 2.

Edkins, J. 1853. A *Grammar of Colloquial Chinese, as Exhibited in the Shanghai Dialect*. London Missionary Society; 2nd ed., Shanghai: Presbyterian Mission Press, 1868.

Edkins, J. 1857. *A Grammar of the Chinese Colloquial Language, Commonly Called Mandarin Dialect,* London Missionary Society. 2nd ed., Shanghai: Presbyterian Mission Press, 1864.

Edkins, J. 1871. *China's Place in Philology, An Attempt to Show That the Languages of Europe and Asia Have a Common Origin.* London: Trübner.

Edkins, J. 1876. *Introduction to the Study of the Chinese Characters,* London: Trübner.

Edkins, J. 1886. Recent Researches upon the Ancient Chinese Sounds. *The China Review,* vol. 22: 3.

Giles, H. A. 1892. A *Chinese Englishy Dictionary.* London: B. Quaritch; Shanghai: Kelly & Walsh.

Julien, S. 1861. *Méthode pour déchiffrer et transcrire les noms sanscrits qui se rencontrent dans les livres chinois.* Paris: Imprimerie impériale.

Karlgren, B. 1915. *Études sur la phonologie chinoise.* Uppsala: K.W. Appelberg.

Kühnert, F. 1890. Zur Kenntnis der älteren Lautwerthe des Chinesischen, *Sitzungsberichte der Kaisel. Akademie der Wissen schaften in Wien, phil. hist.* Klasse, 122.

Marshman, J. 1809. *Dissertation on the Characters and Sounds of the Chinese Language: Including Tables of the Elementary Characters, and of the Chinese Monosyllables.* Serampore India.

Maspero, H.1912. Études sur la phonétique historique de la langue annamite: les initiales, *Bulletin de l' École Française d'Extrème-Orient,* vol. 12, pp. 1-126.

Parker, E. H. 1885. Chinese, Corean and Japanese, vol. 14: 4.

Pulleyblank, E. G. 1992. *European Studies on Chinese Phonology: The First Phase,* To Appear in the Proceedings of the International Symposium on the History European Sinology, Taipei. 张洁译 2003《欧洲的汉语音韵学研究：第一阶段》,《国际汉学》第 2 期，郑州：大象出版社，172-192 页。

Schaank, S. H. 1897, 1898. *Ancient Chinese Phonetics,* T'ong Pao, vol. 8, 1897: 362-377, 457-486; vol. 9, 1898: 28-57.

Volpicelli, F. K. Z. 1896. *Chinese Phonology, an Attempt to Discover the Sounds of the Ancient Language and to Recover the Lost Rhymes of China,* Shanghai: China Gazette Office.

附记：本文初稿于 2014 年 10 月，修改于 2018 年 4 月，增订于 2020 年 2 月。主要内容曾在台湾东海大学中文系主办的"纪念周法高先生百年冥诞国际学术研讨会"（2014 年 11 月 22 日）、山东大学文学院承办的"中国音韵学会成立大会暨学术研讨会"（2018 年 5 月 5 日）上演讲。

西方汉语亲缘关系学史发凡

提　要： 16 世纪，西方传教士来到东亚，在菲律宾马尼拉和中国东南沿海一带宣教，学习和研究中国语言文字，并把这些知识传播到欧洲。17 世纪，已有西方学者猜测汉语来源，定为人类"始源语"。18 世纪，主要通过中国与古埃及语言文字的比较，推测两者存在联系。19 世纪，基于多种语言调查，才对东亚语言关系展开一系列探索，先后提出"印度-支那语言"（Leyden 1806，Brown 1837，Schott1856）、"藏-缅语"（Logan 1852）、"藏缅语系"（Smith-Forbes 1878，Avery 1885），以及包括藏-缅语族和汉-泰语族的"印度-支那语系"（Kuhn 1883，Conrady 1896）等假说。20 世纪，首次使用"汉-藏语系"这一术语（Przyluski 1924），但强调汉泰语和南岛语的发生学关系更密切（Wulff 1934）。此后，汉语在超级语系中的位置日益得到关注。作为近现代中国语言学史和世界历史比较语言学史的一部分，西方的汉语亲缘关系研究史值得探讨。

关键词： 西方学者；汉语；东亚-南洋；亲缘关系；超级语系

17 世纪下半叶，随着中国语言和文字的知识传到西欧，一些学者开始关注中国语或汉语的历史来源。18—19 世纪，越来越多的学者对此产生兴趣，东亚-南洋地区语言的调研也逐步展开，由此提出关于该区域语言关系的一系列学说或观点。在 20 世纪，语言关系的研究视野越发扩展，华夏汉语在超级语系中的位置成为热点之一。然迄今为止，对于西方学者几个世纪以来所从事汉语亲缘关系研究的来龙去脉，未见有详尽专论。即使学力深厚的前辈，在其专题研究中有所提及，但也资料不足（难知、难找、难懂），所见有限，三言两语，而且可能有不妥之处。[1]

我对汉语亲缘关系研究领域的兴趣始于读研期间。1985 年夏，在中央民族大学参加"民族语言讲习班"期间，购得中国社会科学院民族研究所语言室印行的《汉藏语系语言学论文选译》（1980）和白保罗的《汉藏语言概论》（乐赛月、罗美珍译，1984），认真研读后又不断扩展阅读。1990 年，基于历史比较语言学、历史文献学、民族学等资料，斗胆提出"原始华夏语混成发生论"，更为关注这方面的文献。1996 年到 2005 年，翻译王士元先生主编的《汉语的祖先》，进一步丰富了这方面的知识。此后，在指导李艳博士学位论文《当代历时比较语言学的理论与方法》的过程中不断吸收新知，合译德里姆（2005）、沙加尔（2004）的论文。2014 年 11 月 22—23 日，出席台湾东海大学"纪念周法高先生百年冥诞国际学术研讨会"，我提交的论文《洪钟大吕 遗响千古：周法高先生〈中国语言学的过去、现在和未来〉》中，有一节是"西方学者关于中国语亲属关系的历史比较研究"。2018 年以来，又陆续看到一些以前未知的文献。

治史的基础工作是编撰书目，首先是难知、难找，其次才是难读、难懂、难理、难通。也许，我已没有精力完成此浩大的工程了，而我能做的也就是提出一个路引。对这一专题的详细研究，也只有期待有兴趣、有精力的后来者了。

1　如，龚煌城《从汉藏语的比较看上古汉语若干声母的拟测》（《西藏研究论文集》3: 1—18，1990；收入龚煌城《汉藏语比较研究论文集》，台北："中研院"语言学研究所 2002，第 31—47 页）、《上古汉语与原始汉藏语带 r 与 l 复声母的构拟》（《台大文史哲学报》54: 1—46，2001；收入龚煌城《汉藏语比较研究论文集》，第 183—211 页），以及梅祖麟《康拉迪（1864—1925）与汉藏语系的建立》（《汉藏语学报》，2010 年第 4 期，第 1—19 页）。

一、17 世纪：巴别塔变乱之前的始源语

16 世纪下半叶到 17 世纪上半叶，西方传教士来到东亚，在菲律宾马尼拉和中国东南沿海一带宣教，学习和研究中国语言文字，并且把这些知识传播到欧洲。17 世纪下半叶，关于中国语文的独特性引起欧洲学人的关注。作为百科全书式学者，德国耶稣会士基歇尔（Athanasius Kircher, 1602—1680）并没有到过中国，却在《埃及的俄狄浦斯》（*Oedipus Aegyptiacus*, 1652）中推测中国人的语言来自古埃及的祭司。1667 年，基歇尔刊行拉丁文版《中国图说》（*China Monumentis qua Sacris qua profanis, Nec non variis Naturae & Artis Spectaculis, Aliarumque rerum memorabilium Argumentis illustrata*, Amsterdam）[1]，1668 年出荷兰文译本，1670 年出法文译本。在法文本后，附有一份最早的《法汉词典》（*The Dictionnaire Chinois et Français*），有人认为这是波兰裔耶稣会士卜弥格（Michel Boym, 1612—1659）所编。卜弥格 1645 年来华，先后在海南岛和广西传教。他曾对《大秦景教流行中国碑》的碑文用拉丁文注音释义。

与此同时，一些寻找人类始源语的学者盯上了中国语。1669 年，英国建筑师约翰·韦伯（John Webb, 1611—1672）刊行《历史探索：试论中华帝国的语言是原始语的可能性》（*An Historical Essay. Endeavoring a Probability that the Language of the Empire of China is the Primitive Language*, London: Nath. Brook），1678 年重印时，书名丰富化为《古老的中国，或历史探索：试论中华帝国的语言是巴别塔语言变乱前通行于全世界的原始语的可能性，附中国风俗习惯介绍及咨询古今作者》（*The Antiquity of China, or an Historical Essay. Endeavouring a Probability that the Language*

---

1 此类论著不列于参考文献，而夹注形式出现以便于对照。

*of the Empire of China is the Primitive Language Spoken through the
Whole World before the Confusion of Babel wherein the Customs and
Manners of the Chineans are Presented, and Ancient and Modern Au-
thors Consulted with.* London: Obadiah Blagrave, 1678）。韦伯在呈
给英王查理二世（Charles II, 1630—1685）的献辞中说："《圣经》
说，在巴别塔变乱以前，整个地球只用一种语言——历史显示，
中国在巴别塔之乱以前、地球上还用一种语言时，就已经有人居
住。"中国人并未卷入巴别塔之乱，因此中国语就是《圣经》上
所说的"始源语"。

韦伯试图驳斥长期流行的看法——古希伯来语是人类的始源
语，并将比较语言学先驱贝卡努斯（Johannes Goropius Becanus,
1518—1572）提出的"荷兰语假说"（1569）奚落一番。韦伯认为：

我们认为，亚当在伊甸园里说的是荷兰语显然太荒唐，同样，
我们也认为，希伯来人除了其口传史，再无别的基础支持其语言的
始源性。……我们为何就不能考虑中国人呢？因为我们可以看出，
他们在远古时就迁徙到中国，如果不是挪亚的儿子，也是闪（挪亚
之子）的一些子孙，他们在宁录迁到示拿及巴别塔语言变乱之前已
经迁到中国。从移民伊始、民族形成之初直到如今，他们的语言始
终自成一体，长期保持不变。面对那些本来可能对其语言不利的任
何征服，中国人从未屈服过，反而壮大了其语言。他们的法律一直
禁止外贸和通商，他们的国土总是禁止外人进入。除了仅有的使节
往来，从不允许外人踏入其帝国。即使本国人，没有皇帝的特许也
不得出国游历。他们始终如此谨慎戒备，当然更不容其语言、习俗
的衰落蜕变。考虑到上述因素，加上中国人口庞大、不计其数，并
能长久保持和平（虽然世界上几乎每个国家，都或多或少被踩躏和
征服过），科学技艺持续繁荣。我们完全可以断定，中华帝国的语言
就是大洪水之前通行于全世界的原始语，它决不会因为与不同语言
国家的商业和往来而分裂为几种语言，或一种语言的几种方言，因

为他们从不与任何国家通商和往来。他们也一直不为世界的我们这边（也很少为其近邻）所知，直到约150年前，葡萄牙人和西班牙人才发现了他们。（Webb 1669: 44）

我……认为，中华帝国的语言（比希伯来语）要远为古老得多，它和世界本身及人类一样古老。（Webb 1669: 162）

显然，韦伯以当时明清帝国的闭关锁国，臆造了一个封闭的中国生存空间（根本不了解汉唐）。1677年，英国学者黑尔（Sir Matthew Hale, 1609—1676）在《根据自然之光思考和验证人类的远古起源》（*The Primitive Origination of Mankind, Considered and Examined According to the Light of Nature*, London: W. Shrowsbery）中批评韦伯的说法完全建立在臆断之上。作为早期业余汉学家，韦伯从传教士记录的中国语文和历史知识中断章取义，再加以随意发挥，所讨论的并非历史比较语言学问题，而是有关《圣经》中的传说史问题，其目的在于反驳希伯来语是始源语的流行说法。中国语是始源语的说法，隐含着中国语是远古时期从西方迁来的，似乎可认为，韦伯是第一个通过长篇大论试图确定中国语在世界语言中所处位置的西方学者。

二、18世纪：汉语与远距离语言的关系

西方学者对汉语亲缘关系的研究，据所见文献，可以追溯到17世纪末。1692年，荷兰学者威特森（Nicolaas Witsen，1641—1717）刊行《鞑靼的北部和东部》（*Noord en Oost Tartarye: Ofte Bondig Ontwerp Van eenig dier Landen en Volken, Welke voormaels bekent zijn geweest. Beneffens verscheide tot noch toe onbekende, en meest nooit voorheen beschreve Tartersche en Nabuurige Gewesten, Landstreeken, Steden, Rivieren, en Plaetzen, in de Noorder en Oosterlykste Gedeelten Van Asia En Europa Verdeelt in twee Stukken,*

Met der zelviger Land-kaerten: mitsgaders, onderscheide Afbeeldingen van Steden, Drachten, enz. Zedert naeuwkeurig onderzoek van veele Jaren, door eigen ondervondinge ontworpen, beschreven, geteekent, en in 't licht gegeven. Amsterdam: François Halma）， 该书第一次大规模地描述北亚、远东和中亚语言文化，首次提出亚洲语言的多源发生论。所搜集的材料，包括汉语词表、藏语词表（首次在西方公布）、朝鲜语词表、蒙古语词表等。

1717 年，瑞典学者老鲁德贝克（Olof Rudbeck, the Elder, 1630—1702）发表《哥特语的使用示例，找出并说明圣经的模糊之处：与哥特语类比的是汉语》（*Specimen Usus linguae Gothicae, in Eruendis Atque illustrandis Obscurissimis Quibusvis Sacrae Scripturae locis: addita analogia linguae gothicae cum sinica, nec non finnonicae cum ungarica.* Uppsala: Joh. Henr. Werner）， 提出汉语与哥特语之间存在相似性（即汉语–日耳曼语言同源说）。

1730 年，德裔瑞典学者斯塔伦贝格（Philip Johan Tabbert von Strahlenberg, 1676—1747）出版《欧洲和亚洲的北部和东部》（*Das Nord und Östliche Theil von Europea und Asia, in so weit das gantze Russische Reich mit Siberien und grossen Tatarey in sich begreiffet, in einer Historisch-Geographischen Beschreibung der alten und neueren Zeiten, und vielen andern unbekannten Nachrichten vorgestellet, nebst einer noch niemahls and Licht gegebenen Tabula Polyglotta von zwei und dreyßiglei Arten Tatarischer Völcker Sprachen und einem Kalmuckischen Vocabulario.* Stockholm: Verlegung des Autoris）。斯塔伦贝格秉承威特森的思路，通过实际调查，首次提出"鞑靼语系"（阿尔泰语系），划分为乌戈尔、突厥–鞑靼、萨莫耶德、蒙古–满洲、通古斯、黑海–里海六个语族。

1755 年，俄国学者罗蒙诺索夫（Михаил Васильевич Ломоносов, 1711—1765）出版《俄语语法》（Российская грамматика. Санкт-Петербург: Императорской Академии Наук ）。 在第一部分"人类语言总论"中，比较了斯拉夫语、波罗的海语、伊朗语、芬兰语以及汉语等。

1759 年，法国东方学家德经（Joseph de Guignes, 1721—1800）出版《试证中国人是古埃及移民》（*Mémoire dans lequel on prouve que les Chinois sont une colonie égyptienne.* Paris: Desaint & Saillant），通过中国语言文字与古埃及语言文字的比较，推测两者之间存在联系。

1786 年、1790 年、1791 年，英国东方学家威廉·琼斯（William Jones, 1746—1794）先后发表《三周年演讲：关于印度人》（*The Third Anniversary Discourse, on the Hindus,* delivered 2d February, 1786. In Jones 1807, vol. III: 24-46）、《七周年演讲：关于中国人》（*The Seventh Anniversary Discourse, on the Chinese,* delivered 25th February, 1790. In Jones 1807, vol. III: 137-161）、《八周年演讲：关于亚洲的边民、山民和岛民》（*The Eighth Anniversary Discourse, on the Borderers, Mountaineers, and Islanders of Asia,* delivered 24th February, 1791. In Jones 1807, vol. III: 162-184）。琼斯捕风捉影，推测中国人是摩奴的后裔，中国人和印度人起源于同一人群，也就是中国语和印度语存在联系。并且认为，藏语来自印度语言，但藏语的语音结构受到汉语的影响。

三、19 世纪：汉语所属语系问题的探索

1800—1805 年，西班牙学者赫尔伐斯（Lorenzo Hervás y Panduro, 1735—1809）刊行《已知各民族语言目录编号：以及各种语言和方言的分类》（*Catálogo de las lenguas de las naciones conocidas, y numeracion, division, y clases de estas segun la diversidad de sus idiomas y dialectos.* vols. 1-6. Madrid: Ranz），识

别了汉语与其他印支语的亲属关系，同时提出汉语、藏语与匈牙利语、拉普语、芬兰语之间存在亲属关系（即汉藏语–乌拉尔语同源说）。

1806 年，德国学者阿德隆（Johann Christoph Adelung, 1732—1806）出版《语言大全或普通语言学》第一卷（*Mithridates oder allgemeine Sprachenkunde mit dem Vater unser als Sprachprobe in bey nahe fünfhundert Sprachen und Mundarten*. vol. I. Berlin: Vossische Buchhandlung），提出欧亚大陆所有不属于印欧–闪含语言的众多语言组成"聚合性家族"（Atactic family）。

1806 年，英国东方学家莱顿（John Casper Leyden, 1775—1811）在给理查森（Lt. Col. Richardson）中校的信中，讨论了关于印度–支那民族语言、文献及历史和比较工作的研究计划，随后写成《关于印度–支那民族的语言、文献、历史和文物调查计划》（*Plan for the Investigation of the Language, literature, History and Antiquities of the Indo-Chinese Nations*. 69-page manuscript held by the British Library, ADD. MSS 26, 564）。1808 年发表修订稿《论印度–支那民族的语言和文献》（On the Languages and Literature of the Indo-Chinese Nations, *Asiatic Researches*, Vol. X: 158-289），提出了几乎包括欧亚–大洋洲所有古老语言在内的"印度–支那语言"，其中已涉及孟–高棉语、台–卡岱语、藏缅语等。讨论的语言包括马来语、他加禄语、缅甸语、越南语、泰语、汉语官话和广东话等，这些都是他在马来半岛西岸卑南市（Penang）搜集的资料。莱顿指出汉语、缅甸语、泰语的词汇和词序有类似之处，并附有一份包括缅甸语、越南语、泰语、广东话的词语（160 个）比较表。

1814 年，英国汉学家马士曼（Joshua Marshman, 1768—1837）刊行《中国言法》（*Elements of Chinese Grammar*. Serampore: London Mission Press），通过和希伯来语的比较，否定了琼斯对

汉语和梵语之间存在联系的臆测。

1820 年，法国汉学家雷慕沙（Jean Pierre Abel Rémusat，1788—1832）刊行《鞑靼语系研究》（Rémusat, Abel. 1820. *Recherches sur les Languages Tartars*. Paris: L'imprimerie Royale）。鞑靼语系相当于后世所谓的"阿尔泰语系"。雷慕沙在对满语、蒙语、回语（维吾尔语）与藏语的文法与文字异同研究中，提到许多后世公认的汉藏同源词，如"日、月、水、父、母、心、名"等。

1823 年，德国汉学家克拉普罗特（Heinrich Julius Klaproth，1783—1835，中文名柯恒儒）出版《亚洲语言通晓》（*Asia Poly glotta*. Paris: B. A. Shubart）和《亚洲语言通晓：语言地图集》（*Asia Polyglotta: Sprachatlas*. Paris: A. Schubart），主张亚洲语言的多源说或多语系说。他提**出由藏语、缅语、汉语以及被证明与这三种语言存在起源关系的语言组成一个独立的语系**，并把如今所知的台语语族 [1] 或卡-岱语族，以及南亚语系的一些成员排斥在这一语系之外。然而，他并未为这些不同的语系逐一命名。此前，克拉普罗特在《关于台湾当地人的语言》（Sur la langue des indigènes de l'Île de Taiwan, *Journal Asiatique*, 1822，I: 193-202）中，首次指出台湾高山族的语言属于南岛语的一支，与马来语和马达加斯加语之间存在同源关系。并且赞同威特森（Witsen 1692）和施特伦贝格（Strahlenberg 1730）的观点，认为突厥语、蒙古语和通古斯语之间具有发生学关系，但是坚持朝鲜语和日语属于其他的亚洲语群。

1837 年，美国学者布朗（Nathan Brown，1807—1886）发表《印度-中国语言比较》（Comparison of Indo-Chinese Languages, *Journal of the Asiatic Society of Bengal* 6. pp. 1023-1038）。他提出的"印度-中国语言"，除了汉藏语、南亚语，还包括南岛语和日语。

1　台语包括中国境内的壮语、布依语、傣语以及毗邻国家的泰语、老挝语、掸语、岱依语、侬语、坎梯语、阿含语等。

1842 年，法国东方学家鲍狄埃（Guillaume Pauthier, 1801—1873，中文名"叟铁"）出版《中国与埃及：论中国象形文字和埃及象形文字的起源及其相似构造》（*Sinico-Aegyptiaca, Essai sur l'Origine et la Formation Similair des Ecritures Figuratives Chinoise et Egyptienne: compose principalement d'apres les ecrivains indigenes; traduits pour la premiere fois dans une langue europeenne.* Paris: Firmin Didot freres），将汉字和古埃及象形文字联系起来解释中国上古史。1868 年，又发表《古代中国的历史和文明》（Mémoires sur l'antiquité de l'historie et de la civilisation chinoise. *Journal Asiatique,* Ser. 6T. 12, pp. 362-366），试图将汉字与两河流域的楔形文字联系起来，以证明中国具有悠久的历史。这些研究包含了汉语与古埃及语、苏美尔语存在关系的推测。

1852 年，英国东方学家洛根（James Richardson Logan, 1819—1869）发表《印度-太平洋岛屿的人类文化学》（*Ethnology of the Indo-Pacific islands*, Journal of the Indian Archipelago and Eastern Asia, VI: 57-82, 653-688）。**依据克拉普罗特确定的范围，洛根首次使用了"藏-缅语"（Tibeto-Burman languages）这一术语。**1858 年，在《西喜马拉雅语或阿萨姆、缅甸和勃固的藏语部落》（The West-Himalaic or Tibetan tribes of Asam, Burma and Pegu. *Journal of the Indian Archipelago and Eastern Asia (Singapore)*, New Series II (I): 68-114）中，洛根增加了克伦语（Karen）和其他具有联系的语言。作为马克斯·缪勒（Müller 1854）所提"图兰语系"的追随者，洛根把藏缅语处理为图兰语系的一部分。

1853 年，英国东方学家霍奇森（Brian Houghton Hodgson, 1800—1894）发表《论印度-中国边境的居民，以及与喜马拉雅人和藏人的关系》（On the Indo-Chinese Borderers, and their connexion with the Himálayans and Tibetans. *Journal of the Asiatic*

Society of Bengal 22: 1, pp. 1-25）。霍奇森 1818 年到印度，1820 年到尼泊尔。追随克拉普罗特的思路，他搜集了喜马拉雅和东北印度的大量语言资料，注意到这些语言与藏语和缅甸语之间有起源关系。同一期杂志，霍奇森还发表了《论蒙古语与高加索语的亲缘关系》(On the Mongolian Affinities of the Caucasians. *Journal of the Asiatic Society of Bengal* 22: 1, pp. 26-76)，**首次提出蒙古语、汉藏语与高加索语存在亲属关系**。1896 年，霍奇森发表《藏缅语言学概述》(Outlines of Tibeto-Burman linguistic palæontology. *Journal of the Royal Asiatic Society*, pp. 23-55)。

　　1850 年，美国博物学家、在缅甸的传教士梅森（Francis Mason, 1799—1874）发表《缅甸的天然产物，或有关丹那沙林省和缅甸王国的动物、植物、矿物》(*The natural products of Burmah, or notes on the fauna, flora and minerals of the Tenasserim provinces, and the Burman empire*. Moulmein: American Mission Press)，1860 年出修订本《缅甸的居民和天然物产，或有关丹那沙林、勃固和缅甸的族群、动物、植物和矿物》(*Burmah, Its people and Natural Productions, or Notes on the Nations, Fauna, Flora and Minerals of Tenasserim, Pegu and Burmah*. Rangoon: Thomas Stowe Ranney)，描述了缅甸境内的主要语言。1854 年，发表《得楞语》(The Talaing language, *Journal of the American Oriental Society*, 1854, IV: 277-289)。缅族人称孟族（Mons）为"得楞族"（Talaing），因为孟族人来自印度东海岸的得楞伽那（Talingana），他们早期吸收的是印度文化。在这些论著中，梅森揭出蒙达语和孟-高棉语之间存在发生学关系，并且**提出了孟-高棉-仡佬语系或南亚语系**。

　　1851 年，俄罗斯语言学家和藏学家谢弗纳（Franz Anton Schiefner, 1817—1879，出生在讲德语的家庭）发表《藏族研究通报：历史科学类研讨》(*Tibetische Studien Bulletin des Séances de la Classe des Sciences Historiques.* Philologiques et Politiques de l'Académie Impériale des Sciences, 212-222, 259-272, 292-304, 333-334, 337-352），指出藏文和汉文之间有不少同源词。

1854年，德裔英国学者马克斯·缪勒（Friedrich Max Müller, 1823—1900）出版《论图兰语系的分类》（*Letter to Cheualler Bunsen on the Classification of the Turanian Languages.* London: A. & G. A. Spottiswoode, 1854: 218），把藏缅语分为喜马拉雅语支和佬黑语支（Lohitic），涉及的语言有藏语、缅语、景颇语、库基钦语（Kuki-Chin）、那嘎语（Naga）和北阿萨姆方言。1855年，缪勒刊行《东方竞争中的语言地位，对闪米特、雅利安和图兰三个语言家族的俯瞰》（*Languages of the Seat of War in the East, with a Survey of the Three Families of Language, Semitic, Arian, and Turanian.* London: Williams & Norgate），正式提出"图兰语系"（Turanian）。"图兰"（Turan）一词源自古波斯语توران，是对中亚（包括南西伯利亚）游牧民族的泛称。除开闪米特语、雅利安语和汉语，图兰语系包括其他的所有欧亚语。缪勒将其分为两大语族：北方语族包括通古斯语支、蒙古语支、鞑靼语支和芬兰语支；南方语族包括暹罗语支、马来语支、博特亚语支（Bhotlya）[1]和泰米尔语支。其中，博特亚语支又分为恒河支和佬黑支。

1856年，德国汉学家硕特（Wilhelm Schott, 1802—1889）发表《关于所谓的印度-支那语系，尤其是暹罗语》（Über die sogenannten indo-chinesischen Sprachen insonderheit das Siamesische. *Abhandlungen der Königlichen Akademie der Wissenschaften zu Berlin aus dem Jahre 1856*, Philosophisch-historische Klasse, pp. 161-179）。作为亚洲多源论假说的追随者，硕特反对图兰语系和印度-支那语系假说。在伦敦皇家亚洲语言协会保存

---

1 尼泊尔北部高山区的主要居民博特亚人（Bhotia）和雪巴人（Sherpa），都属于蒙古利亚人种。

的一封信中，他力劝霍奇森放弃缪勒的图兰语系假说。在柏林皇家学会的一份会议记录（1856）中，硕特批评"印度-支那语系"，因为东南亚最有名的三种语言：缅甸语、越南语和泰语，居然分属三个不同语族。硕特用"暹罗语系"（Siam-sprachen）来称呼台语或卡-岱语。

1856 年，法国亚述学家和比较语言学家奥珀特（Jules Oppert, 1825—1905）发表《亚述和巴比伦王朝年表》（Chronologie des Assyriens et des Babyloniens. Fulgence Fresnel. ed., *Expedition Scientifique en Mesopotamiet*, publiée par Jules Oppert），推测汉字和迦勒基（Chaldia）文字之间存在关联。

1857 年，美国教授哈尔德曼（S. S. Haldeman, 1812—1880）发表《论汉语和印欧语言的关系》（*On the Relations Between Chinese and the Indo-European Languages*, Cambridge: Allen and Farnham）。

1860 年，德国文化人类学家巴斯提安（Adolf Bastian, 1826—1905）出版《历史中的人》（*Der Mensch in der Geschichte*, 3 Vols., Leipzig）。1866—1871 年刊行《东亚民族》（*Die Völker des östlichen Asien*, Studien und Reisen. 6 vols. Leipzig），探讨过汉语和印欧语之间的关系。

1860 年，德国考古学家莱普修斯（Carl Richard Lepsius, 1810—1884）发表《关于某些亚洲语言，即汉语和藏语的转写和语音联系》（Über die Umschrift und Lautverhältnisse einiger hinter asiatischer Sprachen, namentlich der Chinesischen und der Tibetischen. *Abhandlungen der Königlichen Akademie der Wissenschaften zu Berlin*, pp. 449-496），坚持汉语声调是音位性声调。通过藏语、汉语南方方言与北方方言的比较，他发现导致"汉语音素衰减"的原因，在于韵尾辅音脱落以及词首辅音区别性特征的丧失。因此，莱普修斯既反对类型学家所宣扬的语言进化论，又

反对单源论者提出的与汉语不相符合的单独起源论。就历史语音而言，与其说古代汉语是一种"原始语言"，不如说是一种更进化了的语言，其表面的"衰减性"其实是彻底演化的结果，以致于和最接近的亲属语言之间的起源关系也变得模糊不清。尽管汉语在历史上的某一阶段曾经存在形态变化，但是历时演变不仅磨灭了根词的语音差别，而且也使区别这些词语的细微屈折要素部分或全部脱落。

1866 年，英国汉学家湛约翰（John Chalmers, 1825—1899，音译查尔默）发表《中国人的起源，试图从宗教、迷信、艺术、语言和传统等方面追溯中国人与西方民族的联系》（*The Origin of the Chinese, an Attempt to Trace the Connection of the Chinese with the Western Nations in their Religion, Superstitions, Arts, Languages, and Traditions.* Hong Kong: De Sonza & Co. ）。受缪勒跨语系比较主张的影响，湛约翰**最早将汉语和多种语言（包括梵文、希伯来语）进行大规模比较**，不仅声称发现了汉语和雅利安语的密切关系，而且列出了 300 多个在音义上与暹罗语、藏语、希伯来语及印欧语相近的汉字。（Chalmers 1866: 36-37, 43-55）

1869 年，德国语言学家本费（Theodor Benfey, 1809—1881）出版《19 世纪初以来的德国语言学和东方语文学的历史，以及对早期的回溯》（*Geschichte der Sprachwissenschaft und Orientalischen Philologie in Deutschland seit dem Anfange des 19. Jahrhunderts mit einem Rückblick auf die früheren Zeiten.* München: Cotta'schen Buchhandlung）。在第十七章"单音节语言"（XVII. Die einsilbigen Sprachen, pp. 760-768）中，包括：中国语（Chinesisch, pp. 763-764）、缅甸语（Hinterindische Sprachen, pp. 765-766）、藏语（Tibetisch, pp. 766-768）。

1869 年，英国埃及学家古德温（Chades Wycliffe Goodwin, 1817—1878）发表《象形文字：中国和埃及》（Hieroglyphics,

Chinese and Egyptian, *Notes and Queries on China and Japan*, vol. 3），将汉字和埃及象形文字联系起来。

1871 年，英国汉学家艾约瑟（Joseph Edkins, 1823—1905）发表《语文学中的中国位置：试图揭开欧洲和东亚语言具有共同来源》(*China's Place in Philology, An Attempt to Show That the Languages of Europe and Asia Have a Common Origin.* London: Trübner & Co.）。依据《圣经》关于人类曾有共同语言和祖先的记载，试图论证古代汉语和西方语言存在联系。艾约瑟根据声母音变规则，将现今汉语的读音还原成古音再与欧语比较，举出 160 多组汉字读音和英语单词的共同词根，并且认为这种关系也出现在汉语和其他语言之间。同年又发表《汉语和希伯来语的联系》(Connection of Chinese and Hebrew. *The Chinese Recorder and Missionary Journal*, Vol. III）。他相信一种语言越古老，包含的人类原初语言信息就越多。他认为印欧语、闪米特语、汉语都是从人类原初语言直接分化。如果能找到单音节词根的加长变化规则，就能将希伯来语还原成单音节词根，然后再与汉语比较。在总结了 18 项音变规则后，他推断上古希伯来语本无前缀，与汉语比较时要去掉前缀啮音。（Edkins 1871: 203-205）此后，艾约瑟又撰写了 7 篇文章，对每条规则加以论证。艾约瑟将人类语言划分为六大语系：汉语语系、闪米特语系、喜马拉雅语系、图兰语系（来自 Müller 1854）、马来-波利尼西亚语系和印欧语系。艾约瑟将汉语作为一个独立语系，并用喜马拉雅语系取代了莱顿（Leyden 1808）提出的印度-支那语系。1874 年，艾约瑟发表《书写技艺发明时期的中国语言状况》(*The State of the Chinese Language at the Time of the Invention of Writing.* Transaction of the 2nd Congress of Orientalists, London, pp. 98-119）。1876 年，艾约瑟在《中国文字研究导论》(*Introduction to the Study of the Chinese Characters*, London: Trübner）中进一步阐述汉语古音的构拟方法。1886 年，又发表《中国古音的最新研究》（Recent Researches upon the Ancient Chinese Sounds. *The China Review*, vol. 22: 3）高本汉推崇艾约瑟是对汉语古音进行科学研究的最早西方学者。

1871 年，奥西恩（Ossian，生平未详）发表《汉语和凯尔特语之间的关系》（Connection between the Gaelic and Chinese, *The Chinese Recorder and Missionary Journal*, vol. IV, 179-192; 242-245）。他提出，人类语言千差万别但都可追溯到共同祖先。不少语言看似关系疏远，但是存在人们未能留意到的联系。在阐述汉语同凯尔特语关系时，奥西恩采用了艾约瑟的词根比较法，甚至用汉语读音去逆推古代凯尔特语的词语发音。

1872 年，荷兰汉学家施古德（Gustave Schiegel, 1840—1903）发表《汉语–雅利安语，或对中国语和雅利安诸语原始词根的研究》（*Sinico-Aryaca, ou, Recherches sur les racines primitives dans les langues Chinoises et Aryennes*. Batavia: Bruining & Wijt），提出"汉藏–印欧语言同源论"。施古德批判艾约瑟对德国印欧语言学家的研究未予足够重视，且对其他东方语言牵涉过多。其实，施古德也广泛征引马来语、暹罗语和高山族南岛语等，他对上古汉语的构拟主要参照厦门话和广东话。

1872 年，英国领事官瓦特斯（Thomas Watters, 1840—1901，又译华特斯）发表《语文学中的中国位置——评艾约瑟的近著》（China's Place in Philology — A Review of Mr. Edkins Last Work. *The China Review*, vol. 1, No. 1），认为东亚语言研究相对薄弱，现有材料不足以支撑艾约瑟的假说，况且将来是否可能确证存在原始语尚存疑问。艾约瑟的论证是从主观假设出发，在论述某些观点时又依赖《圣经》。瓦特斯认为，西方世界同中国在语言文字、政治制度和生活方式上相差甚远，属于两个截然不同的体系。（Tao 道—An Essay on a Word. *The China Review*, vol. IV, 1871. p. 2）瓦特斯批判艾约瑟的体系是梦想，却赞赏施古德的研究是汉语和雅利安语比较的首次科学尝试。(Joseph Edkins. Recent Researches upon the Ancient Chinese Sounds. *The China Review*, vol. 22, No. 3, 1886)此外，瓦特斯著有《汉语论集》(*Essays on Chinese Language*. Shanghai: Presbyterian Mission Press, 1889)。他指出，形态上的划分导致对语言的历史和特征的严重误解。能让我们对汉语进行恰当评判的必要信息并非随手可得，也不可能通过与其他语言的比较对汉语的等级和价值作出最终论断。(Watters 1889: 15, 19)

1872 年，德国汉学家欧德理 (Ernst John Eitel, 1838—1908)发表《诗经》(The She-King, *The China Review*, vol. 1, No. 1, 1872)，批评艾约瑟妄图成为汉语研究领域的穆勒，但穆勒只将其研究限于雅利安语范围内。而艾约瑟则毫无顾忌地在汉语、希伯来语及梵文之间随意比较，试图在雅利安语和图兰语之上重建无人知晓的所谓共同始源语。艾约瑟认为汉语是人类现存语言中最接近始源的语言，而欧德理则认为汉语是在孔子前几百年才完善的，远非艾约瑟想象的那么古老。

1873 年，英国汉学家金斯密 (Thomas William Kingsimill, 1837—1910)发表《中国人的雅利安起源》(The Aryan Origin of the Chinese. *The China Review*, Vol. 2, No. 1)，将艾约瑟的比较法推广到历史研究中，指出中国的宗教、文明、政治制度乃至相当一部分语言都来自雅利安传统，但在雅利安人进入中国之后的 3000 年间，其体质特征因与本土居民融合而消失。此前，金斯密认为，"周" Djow 与 "昼" 同音，源于梵文 Dyu，Dyu 是梵文 Dyaus ("明亮天空") 的原型。周朝取代殷商就是雅利安人关于昼夜更替的一个神话。(The Mythical Origin of the Chow or Djow Dynasty, as set forth in the Shoo-King. *Journal of the North China Branch of the Royal Asiatic Society*, New Series Vol. VII, 1871 &1872)此外，金斯密还撰有《中国和印度神话》(Chinese and

Hindoo Mythology. *The China Review*, 1873, Vol. 2: 3)。

1873 年，德国汉学家花之安（Ernst Faber, 1839—1899，音译福柏）发表《汉语和埃及语的相似性》（Similarity Between the Chinese and Egyptian. *The China Review*, Vol. 2, No. 3）。此外，同一年还发表《中国音乐理论》（The Chinese Theory of Music. The China Review, Vol. 1, No. 5, ），在比较了中国和古埃及音乐之后，推测中国音乐也有可能源自西方。他认为，虽然不能断言中国文明源于埃及，不过两者之间必定存在联系。

1873 年，德国籍伦敦会传教士、汉学家欧德理（Ernst J. Eitle, 1837—1908）发表《业余汉学》（Amateur Sinology, *The China Review*, Vol. 2, No. 1），批判业余汉学家用简单方法处理复杂问题，混同假定结论和理性论证。甚至将中国古史人物的名字说成来自雅利安，还将汉语和梵文扯上关系。1879 年，欧德理发表《孔夫子之前的中国治学》（Chinese Philosophy before Confucius, *The China Review*, Vol. 7, No. 6），却认为中国上古宗教的有神论与雅利安文明之间有明显关联。

1874 年，法国学者罗尼（Léon de Rosny, 1837—1914）发表《关于古代汉语的重建》（*Sur la Reconstruction de la langue Chinoise Archaïque*. Transaction of the 2nd International Congress of Orientalists. London），强调东亚语言的历史比较研究必须从汉语古音重建开始。

1875 年，美国基督教长老会传教士文璧（Jasper Scudder McIlvaine, 1844—1881）发表《圣经研究 II：古实民族文化学》（Biblical Researches II, Cushite Ethnology. *The Chinese Recorder*, Vol. VI, pp. 428-437），赞同艾约瑟的观点，认为汉语和希伯来语之间存在关联。

1877、1878 年，英国驻印度法官库斯特（Robert Needham Cust, 1821—1909）先后出版《印度–中国半岛和印度群岛的语言》(*Languages of the Indo-Chinese Peninsula and the Indian Archipelago*, London: Trübner for the Philological Society)、《东印度的现代语言概说》(*A Sketch of the Modern Languages of East India*. London: Trübner and Company)。库斯特追随克拉普罗特学说，认为"藏缅语系"包括克伦语，与壮侗语和孟–安南语族相区别。

1878 年，英国学者斯密斯–福布斯（Charles James Forbes Smith-Forbes, 1834—1879 ）发表《论藏缅语系》(On Tibeto-Burman languages. *Journal of the Royal Asiatic Society of Great Britain and Ireland*, New Series, X: 210-227)，**正式提出"藏缅语系"这一术语**，为这些语言所组成的庞大语系给出一个方便名称。1881 年，斯密斯–福布斯出版《更远印度的语言比较语法》(*Comparative Grammar of the Languages of Further India: A Fragment and Other Essays*, London: W. H. Allen & Co.)。

1878 年，金斯密发表《历史黎明时期的民族学速写》(Ethnological Sketches from the Dawn of History. *The China Review*, Vol. 7, No. 2)。他认为，与雅利安人的一支进入印度的情况一样，周人也是雅利安人的一支，东迁是因为受到北方突厥的压迫。武王灭商后，允许微子继续祭祀商的先祖，这种做法在雅利安传统中非常普遍。数月后发表"补充"《历史黎明时期的民族学速写，接 111 页》(Ethnological Sketches from the Dawn of History, Continued from page 111. *The China Review*, Vol. 7, No. 3)，随着时间流逝，周人的语言渐渐失去词尾变化，到周朝末年已和本土居民的语言融为一体。

1878 年，德国汉学家甲柏连孜（G. von der Gabelentz, 1840—1893 ）在国际东方学家第四届会议上宣读《关于证明所谓印度支那语言之间存在谱系亲缘关系的可能性》(*Sur la possibilité de prouver l'existence d'une affinité généalogique entre les langues dites indochinoises*. Atti del IV congr. internaz. degli. Oriental. 1878, II [Florenz, 1881])。

1879 年，英国圣经学者波斯卡文（W. St. Chad Boscawen, 1854—1913）发表《巴比伦尼亚的史前文明》(The Pre-historical Civilization of Babylonia, *Journal of the Anthropological Institute of Great Britain and Ireland*, vol. 8, pp. 23-24)，将楔形文字与古汉字、古埃及象形文进行比较，将人类文明的源头追溯到巴比伦。

1881 年，德国汉学家葛禄博（Wilhelm Grube, 1855—1908）出版《汉语的历史地位》(*Die Sprachgeschichtliche Stellung des Chinesischen*. Leipzig: T. O. Weigel)，讨论汉藏语言的系属问题。依据古汉语与其他藏缅语，如雷布查语、库基–钦语和藏语的词汇比较，葛禄博得出与莱普修斯相同的结论。

1882 年，德裔瑞士学者、古缅甸研究专家福希哈默尔（Emile Forchhammer, 1851—1890）发表《印度–支那语系》(Indo-Chinese languages, *Indian Antiquary*, XI: 177-189)，把南亚语（Austroasiatic languages）从印度支那语系中排除出去。这一做法在 20 世纪上半叶才得到普遍认可，直到 1954 年才被完全接受。

1882 年，奥地利语言学家费利德利希·穆勒（Friedrich Müller, 1834—1898）出版《语言学纲要》(*Grundriss der Sprachwissens-chaft*)第二卷的《直毛人种的语言》(*Die Sprachen der schlich-thaarigen Rassen*, Wien: Alfred Hölder)，副题"马来亚种语言及高地亚细亚（蒙古利亚）种语言"(*Die Sprachen der malaischen und der hochasiatischen [mongolischen] Rasse*)。该卷包括两大部分：

D. 马来亚种语言：I. 波利尼西亚语；II. 美拉尼西亚语；III. 马来语。

E. 高地亚细亚种（蒙古利亚）语言

（1）多音节语言：I. 萨莫耶德语；II. 乌拉尔各族语言；III. 阿尔

泰各族语言；IV. 日本语；V. 朝鲜语

（2）单音节语言：I. 西藏语；II. 缅甸语；III. 暹罗语；IV. 卡西语[1]；V. 安南语；VI. 汉语。

马伯乐（1911）引用过穆勒的《暹罗语的语音系统》（Das Lautsystem der siamesischen Sprache, *Wiener Zeitschrift für die Kunde des Morgenlandes*, 1893, vol. 7, pp. 71-76）。

1883 年，德国语言学家库恩（Ernst Kuhn, 1846—1920）出版《关于跨恒河流域民族的起源和语言》（*Über Herkunft und Sprache der trans-gangetischen Völker. Festrede zur Vorfeier des Allerhöchsten Geburts-und Namensfestes Seiner Majestät des Königs Ludwig II., gehalten in der öffentlichen Sitzung der Königlichen Akademie der Wissenschaften zu Mün chen am 25. Juli 1881.* München: Verlag der Königlichen Bayerischen Akademie. 1883）。他把南亚语从印度-支那语系中离析出来，其他的语言组成"主要语族"（Hauptgruppen）。其中一支包括安南语、柬埔寨语和勃固语等，另一支包括藏语、缅甸语、暹罗语和汉语等，还将克伦语和喜马拉雅诸语也纳入其中。1889 年，库恩发表《论印度支那语言学》（Beiträge zur Sprachenkunde Hinterindiens. *Sitzungsberichte der Königlichen Bayerischen Akademie der Wissenschaften, Philoso-phisch-Philologische und Historische Klasse, Sitzung vom 2 März 1889*, II: 189-236），提出印度-支那语系包括两个语族：藏-缅语族、汉-暹语族。

1883 年，美国汉学家纪好弼（Rosewell H. Graves, 1833—1912）发表《汉语中的雅利安语词根》（Aryan Roots in Chinese. *The China Review*, Vol. 12, No. 2），比较汉语和雅利安语词根。他认为，广东话的发音比北方话更接近雅利安语的词根发音。与其

1　卡西语（Khasi）是印度梅加拉亚邦主要语言之一，属南亚语系卡西语族，与扪达语族（Munda）语言关系较近。

他雅利安语的词根相比，汉语和梵文的词根更相似。

1884 年，英国汉学家庄延龄（Edward Harper Parker，1849—1926）发表《中国语言》(The Chinese Language. *The China Review*, Vol. 15)，否定艾约瑟的研究方法。他指出，唯一可以确定中国语在语文学上地位的是语音基础，即汉语各方言的比较研究。虽然可能举出一些汉语字词和印欧语词根音义相近，但并不表明可能找出大量对应。关键在于要证实这两个不同的语系是否遵循同一音变规则。然后才能据此还原古代发音，观察两者之间是否具有同源关系。

1885 年，美国语言学家艾弗里（John Avery，1837—1887）发表《藏缅语系》(The Tibeto-Burman Group of Languages. *Transactions of the American Philological Association*, vol. 16, Appendix, pp. 17-19)，提出汉语不属于藏缅语系，而缅甸克伦方言的地位未定，因为其兼有孤立与黏着的特征。

1887 年，法–英学者拉古贝利（Terrien de Lacouperie, 1845—1894）发表《汉人之前的中国境内语言》(*The Languages of China Before the Chinese*. London: David Nutt)，讨论汉藏语问题。他研究过彝语、纳西语、藏语、泰语、掸语、孟语等，发现黎语和高山族南岛语有发生学关系。1888 年，又出版《古巴比伦文字及其在中国的衍生》(*The Old Babylonian Characters and Their Chinese Derivates*. London: Trübner)。

1893 年，德国汉学家弗兰克（Otto Franke, 1863—1946）发表《中国和比较语言学》(China and Comparative Philology. *The China Review*, Vol. 20, No. 5)。弗兰克认为，只有同语系的语言才能比较。即使艾约瑟的假说成立，汉语中也只有那些假定在中国人和雅利安人分离前就已存在的词汇，才能与雅利安语进行比较。汉语属于何种语系尚无定论，而多数汉学家只是把汉语和西语的相似之处罗列出来。中西语言比较研究的最大问题就是，用于比较的语言都不是各自所属语系的最初形式，将汉语同雅利安语联系起来的做法毫无价值。艾约瑟的比较主要依据《旧约》人类曾有共同语言的假设，而科学研究不能诉诸宗教权威。对于艾约瑟的词根还原法，弗兰克认为，即使还原出来的古老词根都是单音节的，也不能证明存在一种语言只有词根。（Franke 1893: 310-327）

1896年，英国语言学家霍顿（Bernard Houghton, 1865—1959）发表《藏缅语古生物学概述》（Outlines of Tibeto-Burman Linguistic Paleontology. *Journal of the Royal Asiatic Society of Great Britain and Ireland*, Jan., 1896, pp. 23-55），在缅甸研究语言时，他赞同克拉普罗特把汉语当作藏缅语系的一员。他发现藏缅语系中的语音演化，导致许多词根的面貌发生改变，尤其是在声调语言中"出现的大批音素衰减"。因此貌似相同的虚假同源，不应与真正的共同藏缅语根词混淆。在演化相对缓慢的缅甸语中，也存在音素衰减的情况。在大批音素极端衰减的情况下，比如在汉语与斯高克伦语（Sgaw-Karen）中，音节末尾的塞音乃至鼻音都脱落了。这种语言即使进行古音重建，也仅能达到与现代缅甸语相似的阶段。

1896年，德国语言学家康拉迪（August Conrady, 1864—1925，中文名孔好古）在《印支语系中使动名谓式之构词法及其与声调别义之关系：印支语系特别是藏语、缅语、泰语和汉语的比较语法研究》（*Eine indochinesische Causativ-Denominativ-Bildung und ihr Zusammenhang mit den Tonaccenten: Ein Beitrag zur vergleichenden Grammatik der indochinesischen Sprachen, insonderheit des Tibetischen, Barmanischen, Siamesischen und Chinesischen*. Leipzig: Otto Harrassowitz）中正式提出"印度支那语系"（indochinesischen），这一语系包括库恩提出的藏-缅（Tibeto-Burman）和汉-暹（Chinese-Siamese）两个分支，即印

支语系的西支是藏-缅语群，东支是汉-泰语群，而孤立结构的东支是从黏着结构的西支演变而来。康拉迪对卡伦语的归属仍有疑问，同时把越南语排除在汉泰语群之外。在该书中，康拉迪的贡献是呈示了汉藏语历史比较的具体方法。康拉迪的研究受到一些学者的影响，在其序言中（Conrady 1896: xiv）提到罗尼及艾约瑟的研究，强调汉语最古语形构拟的重要性，认为只有基于语言的最早阶段才能进行比较。他称赞甲柏连孜、葛禄博及库恩等以藏语为基础进行汉藏比较是方法论上的巨大进步，认为藏文之于印支语言，犹如梵文与希腊文之于印欧语。"实际上，我们必须以仍然保存词头的语言作为比较研究的基础，因为上面所得结论（从汉语谐声字的来母与舌根音声母互谐，经与藏文比较而只能得出来自复辅音 *gr- 的结论——引注）要求须从词头研究出发，而保存词头的语言即为藏语。"（Conrady 1896: xv；参见龚煌城 2002：31[1]）康拉迪在序言中（Conrady 1896: xv）还引证了甲柏连孜的《关于证明所谓印度支那语言之间存在谱系亲缘关系的可能性》（1878）。对于其莱比锡大学前任甲柏连孜提出的问题，康拉迪的办法就是用形态比较法来证明藏-缅语和汉-泰语存在亲属关系。此后，康拉迪发表《澳斯特利语和印支语之间的独特联系》（Eine merkwürdige Beziehung zwischen den austrischen und den indochinesischen Sprachen. In *Aufsätze zur Kulturund Sprachgeschichte vornehmlich des Orients: Ernst Kuhn zum 70. Geburtstage am 7. Februar 1916 gewidmet von Freunden und Schülern*. München: Verlag von M. & H. Marcus. 1916, S. 475-504）、《新发现的澳斯特利语-印支语的对应关系》（Neue austrisch-indochinesische Parallelen. *Hirth anniversary volume* [Asia Major introductory vol.], 1923, S. 23-66），提出汉-泰语与澳斯特利语（即南岛语）之间存在发生学

1　龚煌城《从汉藏语的比较看上古汉语若干声母的拟测》，载龚煌城《汉藏语比较研究论文集》，台北："中研院"语言学研究所 2002 年，第 31—47 页。

关系。

1896 年，英国东方学家鲍尔（Charles James Ball, 1851—1924）发表《汉语和阿卡德语的亲和力》（The Akkadian Affinities of Chinese. *Transactions of the Ninth Congress of Orientalists*, §viii., China, Central Asia, and the East）；1913 年，出版《汉语与苏美尔语》（*Chinese and Sumerians*. Oxford University Press, London: Humphrey Milford），试图从比较语言学角度论证汉语和苏美尔语楔形文字的同源关系，即文明的同源性。

1896—1897 年，德国汉学家穆麟德（Paul Georg von Möllendorf, 1847—1901，音译莫伦道夫）发表《比较语言学的局限》（On The Limitations of Comparative Philology. *Journal of the North China Branch of the Royal Asiatic Society*, New Series Vol. 31, 1896-1897），批判艾约瑟的词根比较法忽略了不同语言的语法差异。没有一种原始语言没有语法，语法是在各个语种形成时发展起来的。不同语言中的相同发音可以表达不同的意思。词语含义也会随着时间的推移发生变化，因此不能仅从语音上推断亲缘关系。文明发达的民族，其词汇会流向落后的民族。如果说人类所有语言都源于同一母语，则相似之处不应只表现在语音上，也会反映在表达方式上。倘若语言和种群分化时，语法尚未形成，探索这样一个遥远的先祖则毫无意义。比较不同语系的语言将会遇到无法克服的困难，比较语言学只能限定在同一语系范围内。（Möllendorf 1896: 81-101）

四、20 世纪：汉语在超级语系中的位置

1904 年，爱尔兰语言学家格里尔森（George Abraham Grierson, 1851—1941）发表《孟高棉语和泰-汉语语系（包括卡西语和泰语）》（*Mōn-Khmēr and Siamese-Chinese Families (Including*

Khassi & Tai). Calcutta: Superintendent of Government Printing)。
1909 年发表《藏缅语族：藏语、喜马拉雅语和北阿萨姆语群》
(*Tibeto-Burman Family: Tibetan Dialects, the Himalayan Dialects
and the North Assam Group*. Calcutta: Superintendent of Government
Printing)，批评印度–中国语系和图兰语系的观点，反过来却主
要利用持有该观点者的资料，把汉语和泰语（或卡–岱语）组成
与 "藏缅语" 有别的 "泰汉语"。

1909 年，德国语言学家芬克（Franz Nikolans Finck, 1867—
1910）出版《全球语言家族》(*Die Sprachstamme des Erdkreises*.
Leipzig: B.G. Teubner)，再次建议把卡伦语作为汉–暹语族的第三
个语支。

1911 年，法国语言学家马伯乐（Henri Maspero, 1882—1945）
发表《论泰语的语音系统》(Contribution à l'étude du système
phonétique des langues Thai. *Bulletin de l' École Française d'Extrême-
Orient*, vol. 11, pp. 153-169)，沿袭了东支 "汉–暹语族" 与西支 "藏–
缅语族" 的说法。

1916 年，芬兰语言学家唐纳（Karl Reinhold Donner, 1888—
1935）发表《叶尼塞–奥斯恰克语的起源问题》(Berträge zur
Frage nach dem Ursprung der Jenissei-Ostjaken. *Journal de la Société
Finno-Ougrienne*, vol. 37, pp.1-21)，论及叶尼塞语与汉藏语、高
加索语之间的联系。

1916 年，德裔美国汉学家劳费尔（Berthold Laufer, 1874—
1934）发表《西夏语：印度支那语言学的一项研究》(The Si-hia
Language, a Study in Indo-Chinese Philology. *T'oung Pao*, vol. 17.
pp. 1-126)。

1924 年，法国东方学家普祖鲁斯基（Jean Przyluski, 1885—
944）发表《汉–藏语系》(le sino-tibétain. A. Meillet & M. S.
R. Cohen. eds., *Les Langues du Monde*. Paris: Librairie Ancienne

Champion, pp. 361-384），**首次使用"汉-藏语系"这一术语**。基于康拉迪的藏-缅和汉-台（Sino-Daic）两个分支，普祖鲁斯基把苗瑶语归入台-卡岱语。1931 年，普祖鲁斯基和卢斯（J. Przyluski & G. H. Luce）发表《汉-藏语系的数词"100"》（The Number "a hundred" in Sino-Tibetan. *Bulletin of the School of Oriental and African Studies*, vol. 3, pp. 667-668. University of London），首次把法语的 sino-tibétain 译为英语的 Sino-Tibetan，新的名称由此逐渐流行开来。

1925 年，美国语言学家萨丕尔（Edward Sapir, 1884—1939）发表《纳-德内语系的初步报告》（The Na-Dené Languages, A Preliminary Report. *American Anthropologist*, vol. 17, pp. 554-558）和《汉语和印第安语的相似性》（The Similarity of Chinese and Indian Languages. *Science-Supplement*. vol. 62, p.7），提供了汉语和印第安语在语音、词汇、语法结构上的相似证据。《纳-德内语系的初步报告》写于 1915 年，此后在信件里提到有大量证据表明纳-德内语系与汉藏语系之间存在发生学关系。这一假说，后人称为"汉-德内语系假说"（Sino-Dene）。

1928 年，林语堂翻译的戴密微（Paul Demieville, 1894—1979）《印度支那语言书目》，刊于《东方杂志》第 25 卷 6 号。收入林语堂《语言学论丛》（上海开明书店，1933）。

1930 年，苏联葩戊洛戊司基（巴甫洛夫斯基）的译文《中国语言与印度欧罗巴语言史前时代之宗族关系及亚细亚欧罗巴语言之同始祖问题》（译者佚名），刊于《东北大学周刊》第 94 期。

1934 年，丹麦语言学家吴克德（Kurt Wulff, 1881—1939）发表《汉语和泰语：比较语言学研究》（Chinesisch und Tai: Sprach-vergleichende Untersuchungen. *Det Kongelige Danske Videnskabernes Selskab, Historisk-filologiske Meddelelser*, vol. 20: III. Køben-havn: Levin & Munksgaard），提出澳斯特利语（南亚语和南岛

语）和汉-藏语（汉泰语和藏缅语）之间具有发生学关系。吴克德把汉-藏语中存在差别的西支和东支，分别称之为"藏缅语系"和"泰汉语系"，并且认为汉泰语和南岛语的关系更为密切。

1939—1941 年，美国语言学家谢飞（Robert Shafer, 1893—1973）完成《汉藏语言学》（*Sino-Tibetan*）初稿。以早期传教士和殖民地官员编写的词典和研究为基础，首次对藏缅语言进行系统研究。谢飞试图把壮侗语从印度-支那语系中排除出去，但马伯乐却建议他把壮侗语继续留在汉藏语系内。（Shafer 1955）此后，白保罗参加"克罗贝的伯克莱计划"，在 1942 年把壮侗语或卡-岱语从汉藏语系中排除出去。接着，谢飞宣布不再纠缠于"藏缅语系"和"汉泰语系"之间的歧异，其汉藏语系包括汉语语族、博多语族、缅甸语族、巴里语族（Baric）和卡伦语族五个分支。1966—1674 年出版四卷本《汉藏语导论》（*Introductionto Sino-Tibetan*. Parts I 1966, Parts II 1967, Parts III 1968, Parts IV 1674, Wiesbaden: Otto Harrassowitz）。

1941 年，美国语言学家白保罗（Paul King Benedict, 1912—1997）完成《汉藏语概论》（*Sino-Tibetan: A Conspectus*）初稿，同样以早期传教士和殖民地官员编写的词典和研究为基础。白保罗将台语排除出去，返回克拉普罗特的藏缅语系假说，只是将汉语从"藏缅语"中剥离出来。被截肢的"藏缅语族"，与汉语语族并列于同一顶节点之下。1972 年，马提索夫（James Alan Matisoff）编注的《汉藏语概论》（*Sino-Tibetan: A Conspectus*. New York: Cambridge University Press）出版，该书将克钦语（Kachin），而不是克伦语（Karen）视为藏缅语的辐射中心。白保罗并且提出，汉藏语的成分只构成汉语的表层，而底层另有不同来源，即周朝人所操的某种汉藏语融合到商朝人所操的非汉藏语言之中。

1952 年，美国语言学家斯瓦迪思（Morris Swadesh, 1909—1967）发表《史前民族接触的语言年代学》(*Lexicostatistic Dating of Prehistoric Ethnic Contacts*. Proceedings American Philosophical Society, vol. 96, pp. 452-463)，重提纳–德内语系[1]与汉藏语系之间存在发生学关系。

1952、1955、1957 年，美国谢飞先后发表《阿萨巴斯卡语和汉–藏语》(*Athapaskan and Sino-Tibetan*. International Journal of American Linguistics, 1952, vol. 18, pp.12-19)、《汉藏语的分类》(Classification of the Sino-Tibetan languages. *Word, Journal of the Linguistic Circle of New York*, 1955, vol. 11, pp. 94-111)和《关于"阿萨巴斯卡语和汉–藏语"的说明》(*Note on Athapaskan and Sino-Tibetan*. International Journal of American Linguistics, 1957, vol. 23, pp. 116-117)，重提纳–德内语系与汉藏语系之间存在发生学关系。

1963、1965 年，谢飞先后发表《欧亚语》(*Eurasial*. Orbis, vol. 12, pp.19-44)和《欧亚语言学的超级语系》(*The Eurasial Linguistic Superfamily*. Anthropos, vol. 60, pp. 445-468)，重提欧亚超级语系。

1966 年，加拿大语言学家蒲立本（Edwin George Pulleyblank, 1922—2013）发表《汉藏语和印欧语》(*Chinese and Indo-Europeans*. Journal of the Royal Asiatic Society, April, p. 9-39)，1983 年发表《上古时期的华夏及其毗邻民族》(The Chinese and their Neighbours in Prehistoric and Early Historic Times. In D. N. Keightley ed., *The Origins of Chinese Civilization*, pp. 411-466. Berkeley: University of California Press)。蒲立本主张夏人是远古汉语族，商人与南亚语系关系密切，周人之先世是藏缅语族。1975 年发

---

1 纳–德内语系（Na-Dené languages），是北美原住民的三大语系之一，主要分布于加拿大西部（包括西北、育空及其邻近地域）和美国西北部（阿拉斯加、俄勒冈西南部和加利福尼亚北部）。纳–德内语系包含了原阿萨巴斯卡（Athapaskan）语系的诸语言（如纳瓦霍语）、埃雅克语（Eyak）、特林吉特语（Tlingit）。

表《欧亚大陆东-西的史前联系》(Prehistoric East-West Contacts Across Eurasia. *Pacific Affairs*, vol. 47: 4, pp. 500-508)。蒲立本认为，在新石器时代晚期和文字诞生之初，原始汉语和原始印欧语之间已存在联系，并提出公元 2000 年前，印欧人在向西迁移时也有一部分东进。他们是否到达中国北部，暂时无从考察，但相对于二里头文化而言，商代文明表现出的飞跃性进步似乎表明其诱因很可能是外来的。(Pulleyblank 1975: 500-508)

1972 年，法国语言学家奥德里古尔（André-Georges Haudri-court, 1911—1996，亦译欧德利古尔，自名 "好得里古儿"），发表《南岛系诸语的新分类法》(Une nouvelle classfication des langues austroniésiennes. *Journal de la Société des Océanostes*, vol. 28, pp. 231-237, Pairs)。

1978 年，马提索夫（James Alan Matisoff）发表《藏缅语的变异语义学：语言比较的 "有机" 方法》(Variational Semantics in Tibeto-Burman: The 'Organic' Approach to Linguistic Comparison. *Occasional Papers of the Wolfenden Society on Tibeto-Burman Linguistics*, vol. 6. Philadelphia: Institute for the Study of Human Issues)。1992 年发表《词源之钥》(A key etymology. *Linguistics of the Tibeto-Burman Area*, vol. 15: 1, pp. 139-143)。2000 年发表《关于 "汉博语" 和其他新亚组的症状》(On 'Sino-Bodic' and other symptoms of neosubgroupitis. *Bulletin of the School of Oriental and African Studies*, vol. 63: 3 , pp. 356-369)。2003 年出版《原始藏缅语手册：汉藏缅语重建的系统与哲理》(*Handbook of Proto-Tibe-to-Burman: System and Philosophy of Sino-Tibeto-Burman Recons-truction*. Berkeley: University of California Press)。

1980 年，美国语言学家包拟古（Nicholas Cleaveland Bodman, 1913—1997）发表《原始汉语与汉藏语：建立两者之间关系的若干证据》(Proto-Chinese and Sino-Tibetan: Data towards establishing the nature of the relationship. In Frans van Coetsem & Linda R. Waugh, eds., *Contributions to Historical Linguistics: Issues and Materials*. Leiden: E. J. Brill, pp. 34-199)。

1984 年，俄 国 语 言 学 家 斯 塔 罗 斯 金（Sergei A. Starostin, 1953—2005）发表《论汉藏语、叶尼塞语和北高加索语言之间遗传关系的假说》（Гипотеза о генетических связях сино-ти-бетских языков с енисейскими и северокавказскими языками.Vardu, I. F., *Лингвистическая реконструкция и древнейщая история Востока*. Москва: Академия наук, Институт востоковедения. cc. 19-38)。1991 年刊出白一平（William H. Baxter）翻译的英文版 On the Hypothesis of a Genetic Connection between the Sino-Tibetan Languages and the Yeniseian and North-Caucasian Languages (In V. V. Shevoroshkin ed., *Dene-Sino-Caucasian Languages: materials from the First International Interdisciplinary Symposium on Language and Prehistory*. Ann Harbor: Bochum, Brockmeyer. pp. 12-41)。

1990 年，法国语言学家沙加尔（Laurent Sagart）发表《汉语和南岛语的同源联系》（*Chinese and Austronesian are Genetically Related*. Paper presented at the 23rd International Conference on Sino-Tibetan Languages and Linguistics, Arlington, Texas ），论证汉语和南岛语同源说。1994 年发表《汉–南语系的原始南岛语和古汉语证据》（Proto-Austronesian and Old Chinese Evidence for Sino-Austronesian. *Oceanic Linguistics*, Vol. 33: 2, pp. 271-308)，提出汉语、南岛语、藏缅语、南亚语同源说。

1998 年,荷兰语言学家德利姆（George van Driem）发表《新石器时代的古藏缅语迁徙》（Neolithic correlates of ancient Tibeto-Burman migrations. R. Blench & M. Spriggs eds., *Archaeology and Language II*. London: Routledge. pp. 67-102)。

五、21 世纪初: 值得关注的几项新进展

2001 年, 德利姆出版巨著《喜马拉雅诸语: 大喜马拉雅地区的民族语言手册, 包括语言共栖理论介绍》(*Languages of the Himalayas: An Ethnolinguistic Handbook of the Greater Himalayan Region, containing an Introduction to the Symbiotic Theory of Language*, 2 vols., Leiden: Brill)。2002 年发表《藏缅语发生学及史前史: 语言、物质文化和基因》(Tibeto-Burman phylogeny and prehistory: Languages, material culture and genes. P. Bellwood & C. Renfrew eds., *Examing the Farming / Language Dispersal Hypothesis*. Cambridge: McDonald Institute for Archaeological Research, pp. 233-249)。2005 年发表《汉–南语系与汉–高语系、汉–博语族与汉–藏语系以及尚未完全证明的藏缅语系假说》(Sino-Austronesian VS. Sino-Caucasian, Sino-Bodic VS. Sino-Tibetan, and Tibeto-Burman as Default Theory. Prasada, Yogendra, Bhattarai, Govinda, Lohani, Ram Raj, Prasain, Balaram & Parajuli Krihna eds., *Contemporary Issues in Nepalese Linguistics*, pp. 285-338)。德利姆主张 "汉–博语系" 假说。根据谢飞的假说, 在任何模式中, 博多语族[1] 只能属于准语系, 既不能说成汉–博语系, 又不说成截肢的藏缅语系。汉–博语系假说可以追溯到克拉普罗特(Klaproth 1823)的研究, 他最先注意到与缅甸语相比, 藏语的起源更接近汉语。西门华德(Walter Simon 1929)、谢飞(1955, 1966, 1967, 1968, 1974)、包拟古(Bodman 1980)和德利姆(Driem 1998), 都提出过支持汉–博语系假说的证据。德利姆的汉–博语系假说, 沿用谢飞的观点, 即所谓亲缘关系是在汉语语族和整体的博多语族之间, 而并非存在于汉语与博多语两种语言之间。汉语与藏族的这些语言, 在不同历史阶段

1　博多语(Bodo, Boro)分布在印度阿萨姆邦, 属传统的汉藏语系博多–噶罗语支, 特别接近中国境内的景颇语。此处的 "博多语族" 相当于藏语语群(不包括缅语)。

存在复杂的借用关系，以致于迄今未能明确识别其借词层面。帅德乐（Starosta 2005）接受汉-博语系假说，并将其整合在东亚语系发生史中。马提索夫（Matisoff 2000）担心，汉-博语系的证据可能"颠覆关于汉藏/汉缅语系的观点"，即 1968 年从白保罗那里接受的被截肢的"藏缅语系"假说。

2005 年，澳大利亚语言学家帅德乐（Stanley Starosta, 1939—2002）发表《原始东亚人与东亚、东南亚、太平洋语言的起源和传播》（Proto-East-Asian and the origin and dispersal of the languages of East and Southeast Asia and the Pacific. L. Sagart, R. Blench & A. Sanchez-Mazas eds., *The Peopling of East Asia: Putting Together Archaeology, Linguistics and Genetics*, London: Routledge Curzon, pp. 182-197），提出包括卡岱语、南岛语、藏缅语、苗瑶语和南亚语的东亚远古超大语系。

尤其值得提及的是，中国学者高晶一（Gao Jing Yi）**最新论证的汉语-乌拉尔语同源假说。**高晶一在爱沙利亚塔尔图大学爱沙尼亚及芬兰-乌戈尔语言学专业学习期间，2004 年发表《芬兰语-汉语比较》（Finnic-Sinic Comparison. *Fenno-Ugristica* vol. 26, pp. 54-109）。2005 年出版《芬兰语、匈牙利语、汉语和藏语的斯瓦迪斯百词表比较》（*Comparison of Swadesh 100 Words in Finnic, Hungarian, Sinic and Tibetan*. Tallinn: Estonian Language Foundation），基于分子生物学推测 NO 组父系（Y 染色体单倍群 NO）、N 组父系（Y 染色体单倍群 N）来自远东，乌拉尔民族的父系特征是 N 组，首次提出与汉语-乌拉尔语存在同源关系。2008 年出版《汉语与北欧语言：汉语与乌拉尔语言及印欧语言同源探究》（北京：中国社会科学出版社），探究汉语与乌拉尔语及印欧语同源论。冯燕有书评《评高晶一所著〈汉宋（乌拉尔语系语言）语系绪论〉》（《汉字文化》2008 年第 1 期，第 57—59 页）。2019 年 11 月 26 日，高晶一报告《汉语与乌拉尔语言共同语源及其等韵对应规律》（上海财经大学国际文化交流学院）。考古遗传学显示，红山考古文化的创造者由 N 组父系和 O3 组父系合成，为汉语与乌拉尔语言共同语源假说提供了支持。

六、1980 年以来：西方论著的部分译介

1980 年，中国社会科学院民族研究所语言室编译《汉藏语系语言学论文选译》，北京：中国社会科学院民族研究所语言室印行。收有：谢飞（Robert Shafer）著、高尔锵译《汉藏语系语言的分类》，本尼迪克特（Paul K. Benedict）著、罗美珍译《台语、加岱语和印度尼西亚语——东南亚的一个新的联盟》，伊万诺娃（Е. В. Иванова）著、许浩福译《论台语及其在发生学分类法中的地位》，唐纳（G. B. Downer）著、贺嘉善译《瑶语勉方言中汉语借词的层次》。

1984 年，白保罗著，马提索夫编注，乐赛月、罗美珍译《汉藏语言概论》（*Sino-Tibetan: A Conspectus*. New York: Cambridge University Press, 1972），北京：中国社会科学院民族研究所语言室印行。

1984 年，徐通锵整理《美国语言学家谈历史语言学·马提索夫教授谈历史语言学和汉藏系语言的研究》，《语言学论丛》第 13 辑，北京：商务印书馆。

1984 年，奥德里古尔著、王小米译《海南岛几种语言的声调》（*La tonoloige des langues de Hai-nan*），《民族语文》第 4 期。

1986 年，雅洪托夫（Сергей Евгéньевич Яхонтов, 1926—2018）著、郭力译《语言年代学和汉藏语系诸语言》（1964），载胡双宝、唐作藩选编《汉语史论集》，北京：北京大学出版社。

1992 年，邢公畹《关于汉语南岛语的发生学关系问题——L. 沙加尔〈汉语南岛语同源论〉述评补正》《汉语南岛语声母的对

应——L. 沙加尔〈汉语南岛语同源论〉述评补正》《汉语南岛语声母及韵尾辅音的对应——L. 沙加尔〈汉语南岛语同源论〉述评补正》,《民族语文》第 3、第 4、第 5 期。

1995 年,沙加尔著,郑张尚芳、曾晓渝译《论汉语南岛语的亲属关系》,载石锋主编《汉语研究在海外》,北京:北京语言学院出版社。

1995 年,包拟古著,潘悟云、冯蒸译、白一平校《原始汉语与汉藏语》(*Proto-Chinese and Sino-Tibetan*),北京:中华书局。包括《藏文的 sdud（衣褶）与汉语的"卒"及 st- 假说》《汉藏语中带 s- 的复辅音声母在汉语中的某些反映形式》《原始汉语与汉藏语:建立两者之间关系的若干证据》《上古汉语中具有 1 和 r 介音的证据及相关诸问题》。

1998 年,蒲立本著,游汝杰译《上古时代的华夏人和邻族》(*The Chinese and their Neighbours in Prehistoric and Early Historic Times*, 1983),载王小盾编《扬州大学中国文化研究所集刊》(第一辑),南京:江苏古籍出版社。

2005 年,王士元主编,李葆嘉主译《汉语的祖先》(The Ancestry of the Chinese Language, *Journal of Chinese Linguistics*, Monograph No. 8. 1995),北京:中华书局。西方学者论著包括:白一平《亲缘性强于偶然性:古汉语与藏缅语的概率比较》、蒲立本《汉语的历史和史前关系》、沙加尔《关于汉语祖先的若干评论》、斯塔罗斯金《上古汉语词汇:历史的透视》、白乐思《一位南岛语言学家眼中的汉语-南岛语系》、米恰姆《史前语言的"深层重建"和转向中心区域》、蒲立本《蒲立本的评论》、沙加尔《沙加尔的评论》、帅德乐《汉语-南岛语的连接:南岛语形态学方面的审察》、斯塔罗斯金《斯塔罗斯金的评论——回应沙加尔《关于汉语祖先的若干评论》。

2010 年,潘悟云主编《境外汉语音韵学论文选》,上海:上海教育出版社。收有：包拟古《汉藏语中带 s- 的复辅音声母在汉语中的某些反映形式》（1973）、沙加尔《汉藏南岛语系——对汉藏语和南岛语关系的补充解释》（2005）、奥德里古尔《越南语声调的起源》（1954）等。

2015 年，德利姆著，李葆嘉、李艳译《汉-南语系与汉-高语系、汉-博语族与汉-藏语系以及尚未完全证明的藏缅语系假说》（2005），载《语言研究集刊》第八辑，南京：江苏教育出版社。

近年来，李葆嘉、李艳就超级语系的研究加以介绍和展开探索。主要论著有：李葆嘉《从同源性到亲缘度：历史比较语言学的重大转折》（载王士元主编、李葆嘉主译《汉语的祖先》，北京：中华书局，2005）、《亲缘比较语言学：超级语系建构中的华夏汉语位置》（华中科技大学语言研究所、台湾政治大学中文系讲座，2008；载潘悟云、沈钟伟主编《研究之乐：庆祝王士元先生七十五寿辰学术论文集》，上海：上海教育出版社 2010）、《亲缘比较语言学的新视野》（载李艳《超级语系：历史比较语言学的新理论》，北京：中国社会科学出版社，2012）、《走向亲缘比较语言学》（载李艳《历史比较语言学理论：从同源论到亲缘度》，北京：中国社会科学出版社，2020）。李艳《超级语系：历史比较语言学的新理论》（北京：中国社会科学出版社，2012）、《历史比较语言学理论：从同源论到亲缘度》（北京：中国社会科学出版社，2020）。李艳、李葆嘉《沙加尔汉-南语系假说的三阶段》（《南京社会科学》2008 年第 4 期）、《汉-蕃语族：德里姆的假说及其证据》（《外语学刊》2009 年第 3 期）、《汉藏-高加索超级语系：斯塔罗斯金的论证》（《陕西师范大学学报》2011 年第 6 期）、《吐火罗语在证明汉语-印欧语关系中的作用》（《语言科学》2011 年第 6 期）、《欧亚超级语系假说：格林伯格的论证》（《南京师范大学文学院学报》2012 年第 2 期）等。

七、结语：请关注东亚远祖丹尼索瓦人

根据近几年的考古人类学及其基因研究成果，李葆嘉（2018）提出"东亚人祖先及其祖语假说"：1. 天祖：在东亚生活了 20 多万年（公元前 30 万年—公元前 10 万年前）的丹尼索瓦人（Denisovans）；2. 高祖：距今 10 万年前从南方进入东亚的第一批现代智人；3. 曾祖：距今 5 万年前从南方进入东亚的第二批现代智人；4. 祖父：距今 12000—4000 年从西北进入东亚的旧石器晚期—新石器—青铜时期的人群（距今约 6500 年山东蓬莱大黑山北庄遗址考古文化，距今 4000 年陕西神木石峁古城遗址考古文化，距今 3000 年新疆罗布泊小河墓地考古文化，皆有斯基泰或高加索文化要素）。大体而言，现代东亚人的语言是曾祖和祖父的遗产。

请关注东亚最底层的远祖丹尼索瓦人。现代人类走出非洲之时，欧亚大陆有早期人类活动。一支是尼安德特人（Homo neanderthalensis），主要分布于欧亚大陆西部；一支是从原始尼安德特人中分化出来的丹尼索瓦人（Denisovans），主要分布于欧亚大陆东部。2008 年，科学家在西伯利亚南部阿尔泰山脉的一个山洞里发现了 9 万年前的小女孩遗骸（指骨），起了一个富有寓意的名字"丹尼"。经基因分析，她是拥有丹尼索瓦人父亲与尼安德特人母亲的混血后代。此项研究被《科学》列入 2012 年度十大科学突破之一。（百度百科·丹尼索瓦人）据中国科学院网站（http://www.cas.cn /cm/201905/t20190505_4690826.shtml）报道："青藏高原首次发现 16 万年前丹尼索瓦人化石"（2019–05–05，来源：中国新闻网孙自法），但这并非中国境内首次发现丹尼索瓦人化石。中国境内以前发现的辽宁金牛山人、陕西大荔人、广东马坝人、山西许家窑人，可能都是丹尼索瓦人，只是没有进行基因检测。尼安德特人和丹尼索瓦人曾经和人类祖先智人共同生活。虽然尼安德特人和丹尼索瓦人先后灭绝，但通过与智人杂交，

他们的基因得以流传下来。

可以追溯的大体图景是：30 万年前，丹尼索瓦人从原始尼安德特人中分化出来。28 万年前到达辽宁金牛山，20 万年前到达陕西大荔，成为东北亚地区的居民。之后在东亚大地上反复迁徙。13 万年前的广东马坝，10 万年的山西阳高和河北阳原交界的许家窑，都留下了他们的文化。他们可能和第一批走出非洲的"长者智人"有过接触。5 万年前第二批现代智人来到东亚，迫使丹尼索瓦人向北迁徙，2—3 万年前最终消亡在西伯利亚一带。非洲之外的现代人，基本都带有 1%—5% 的尼安德特人基因。东亚地区的现代人群还带有丹尼索瓦人的微量基因，现代美拉尼西亚居民带有 1.9%—3.4% 的丹尼索瓦人基因。经基因检测，李葆嘉带有 2.237% 的丹尼索瓦人基因。其父系 Y 单倍群是 O2a2b1a1a1，从东北非出发，经阿拉伯半岛→西亚→南亚→中南半岛，再北上到冀北、东北；其母系 MT 单倍群是 D4b2b2，从东北非出发，经阿拉伯半岛→黑海-里海草原→中亚两河流域→西域，再东迁到冀北。

东亚语言的亲缘关系结论，最终需要比较语言学、考古文化学和基因人类学的相互验证！

参考文献

岑麒祥，1958，《语言学史概要》[M]，北京：科学出版社，1964 年第二次印刷。

陈喆，2008，伦敦会传教士艾约瑟的中西语言比较研究及其影响 [J]，《学术研究》(8)：119, 124+160。

陈喆，2011，从东方学到汉学——艾约瑟的比较语言学与汉语研究 [J]，《广东社会科学》(4)：148-160。

德里姆著 2005，李葆嘉、李艳译，2015，汉-南语系与汉-高语系、汉-博语族与汉-藏语系以及尚未证明的藏缅语系假说 [A]，《语言研究集刊》(8)，南京：江苏教育出版社。351-383 页。

何莫邪著，陈怡译，2005，中国文字系世界原初文字？——19 世纪及此前的西方汉字及汉语研究 [J]，《国际汉学》（2）：131-163。

江荻，2000，20世纪的历史语言学 [J]，《中国社会科学》（4）：155-166。

康德拉绍夫著，1979，杨余森译、祝肇安校，1985，语言学说史 [M]，武汉：
　　武汉大学出版社。

李葆嘉，1990，试论原始华夏语的历史背景（提纲）[J]，武汉《语言学通讯》
　　（1-2合刊），3-4页。

李葆嘉，1993，华夏汉语三元混成发生论 [A]，（1）第三届全国文化语言
　　学研讨会论文（黑龙江大学，1994年1月），载戴昭铭主编《建设中
　　国文化语言学》，哈尔滨：黑龙江大学北方论丛编辑部，1994年，57-
　　68页。

李葆嘉，1995，论华夏汉语混成发生的考古文化与历史传说背景 [J]，《东
　　南文化》（2）：38-45。

李葆嘉，1996，中国语的历史和历史的中国语——7000年中国语史宏观通
　　论 [J]，日本《中国语研究》（38）：1-18。

李葆嘉，1998，《混成与推移：中国语言的文化历史阐释》[M]，台湾：文史
　　哲出版社。

李葆嘉，2003，《中国语言文化史》[M]，南京：江苏教育出版社。

李葆嘉，2005，从同源论到亲缘度：历史比较语言学的重大转折——汉语
　　的祖先译序 [A]，载王士元主编、李葆嘉主译《汉语的祖先》，北京：
　　中华书局。1-102页。

李葆嘉，2008，亲缘比较语言学：超级语系建构中的华夏汉语位置 [A]，（1）
　　华中科技大学语言研究所讲座，2008年10月；（2）台湾政治大学中
　　文系讲座，2008年11月；（3）潘悟云、沈钟伟主编《研究之乐：庆祝
　　王士元先生七十五寿辰学术论文集》，上海：上海教育出版社2010年。
　　164-193页。

李葆嘉，2012，亲缘比较语言学的新视野 [A]，载李艳著《超级语系：历史
　　比较语言学的新理论》，北京：中国社会科学出版社。1-8页。

李葆嘉，2013，近现代欧美语言学史的三张图 [R]，第五届当代语言学国际
　　圆桌会议，南京师范大学2013年10月17-20日。

李葆嘉，2014、2015，洪钟大吕 遗响千古：周法高先生《中国语言学的过去、
　　现在和未来》[J]，台湾《东海中文学报》，2014（29）：1-29；2015
　　（30）：61-84。

李葆嘉，2020，走向亲缘比较语言学 [A]，载李艳著《历史比较语言学理论：
　　从同源论到亲缘度》，北京：中国社会科学出版社。1-19页。

李葆嘉、孙晓霞,2018,爱丁堡之谜——进化的适应性改变 [A],载张玉来主编《汉语史与汉藏语研究》(4),北京:中国社会科学出版社。1-28 页。

李葆嘉、王晓斌、邱雪玫,2020,《尘封的比较语言学史:终结琼斯神话》[M],北京:科学出版社。

李雪涛,2015,作为直毛种语言之一的汉语——人种语言学家弗里德里希·穆勒对汉语的认识 [J],《文化杂志》(94),澳门特别行政区政府文化局出版,109-130 页。

林枫敨,1943,《语言学史》[M],上海:世界书局。

罗宾斯著,1979,上海外国语学院外国语言文学研究所译,1987,《语言学简史(第二版)》[M],合肥:安徽教育出版社。

裴特生著 1924,钱晋华译,1958《十九世纪欧洲语言学史》[M],北京:科学出版社。重排版 2009,北京:世界图书出版公司。

王士元主编,李葆嘉 2005 主译,《汉语的祖先》[M],北京:中华书局2005 年。

威廉·汤姆逊著 1902,黄振华译,1960,《十九世纪末以前的语言学史》[M],北京:科学出版社。

徐志民,1990,《欧美语言学简史》[M],上海:学林出版社;修订版 2005;重排版 2013,上海:复旦大学出版社。

姚小平,2011,《西方语言学史》[M],北京:外语教学与研究出版社。

游汝杰,1996,中国语言系属研究述评 [J],《云梦学刊》(2):67-75。

附记:本文初稿于 2014 年 10 月,修改于 2018 年 4 月,增订于 2020年 3 月。主要内容曾在台湾东海大学中文系主办的"纪念周法高先生百年冥诞国际学术研讨会"(2014 年 11 月 22 日)、山东大学文学院承办的"中国音韵学会成立大会暨学术研讨会"(2018 年 5 月 5 日)以及南京大学汉语史研究所主办的"第二届汉语史研究的材料、方法与学术史观国际学术研讨会"(2020 年 11 月 21 日)上演讲。

English Abstract

Comparative Methodology and Cultural Overall View

Where does the "Comparison" Come from in Comparative Linguistics?

Abstract: The earliest comparative study of language kinship relations appeared in the 8th-9th century. In the year of 1574, Bertram used the terminology of "*comparatio grammaticae*" firstly when investigating the relationship between Hebrew and Aramaic. In the year of 1640, Boxhorn clarified the scientific comparative methodology when he demonstrated Scythian (Indo-European) language family. In 1720, Kate discovered Germanic phonetic law with comparative approach. Scholars who labelled the research of language relations as "comparative" at the beginning of 19th century included "vergleichende Sprachlehre (comparative language teaching)" by Vater (1801), "vergleichende Grammatik" (comparative grammar) by A. Schlegel (1803), "vergleichende Sprachenkunde" (comparative language studies) by F. Adelung (1818). In 1849, Müller used the terminology of "comparative philology" in English. Until 1924, Jespersen used the terminology of "comparative and historical linguistics", which has developed into "historical-comparative linguistics" nowadays.

Keywords: linguistics kinship; comparative methodology; comparative grammar; comparative philology; comparative linguistics

The Origin of Universal Grammar, Contrastive Linguistics and Linguistic Typology

Abstract: Universal grammar breeds comparative grammar, which represents contrastive linguistics, rather than language kinship comparison in another sense, and comparative grammar enriches universal grammar in turn. In the year of 1574, Bertram proposed the terminology of *"comparatio grammaticae"* firstly, referring to language kinship comparison. It's acknowledged that Shebellan (1774) was the pioneer concerning "universal grammar and comparative grammar" study. In the 19th century, Vater (1801) advocated "comparative studies of languages"; the Schlegel brothers (1808, 1818) proposed "the types of language structure"; Humboldt (1810, 1820, 1836) promoted "comparative studies of languages" or "general comparative grammar" in another word. In the 20th century, Baudouin (1902) proposed three types of language comparison; Jespersen (1924) intended to establish a new comparative grammar. It was not until 1941 when Wolf clearly distinguished "comparative linguistics" from "contrastive linguistics." Having gone through the stages of discussing language structures types in the perspective of universal grammar, comparing similarities and differences of languages in applied linguistics field, and investigating language logic based on cultural relativity, contrastive linguistics has been established various fields. The study of linguistic typology broke away from its host subject in the early 20th century, and has formed a modern linguistic typology since the 1950s.

Keywords: universal grammar; comparative grammar; comparative language research; contrastive linguistics; linguistic typology

Göttingen-Weimar: Uncovering the Mystery of "World Literature"

Abstract: At the turning point of the 18th and 19th century, German

Göttingen-Weimar scholars went beyond narrow national literature vision. By first-hand literature, this paper makes a critical state-of-art of the terminology of "world literature", its origin and transmission route: Schlözer 1773 → Wieland 1790 → Forster 1791 → Herder 1796 → Schlegel 1803 → Goethe 1827. Based on this route, "world literature" can be summarized as: 1) *Weltlitteratur* / *Literatur aller Welt*, literature around the world or worldwide literary complex; 2) *Weltlitteratur*, the finest literature in metropolitan cities; 3) *Kosmopolitismus* / *Weltliteratur*, the literature with international value. The Göttingen scholars proposed that "world literature" spreaded by Weimar scholars was related to the concept of "general literature" raised by Morhof (1682) in the late 17th century. Tracing back further, the "general view" in European academic research comes from the sight of language family relation research of Dutch school in the 16th and 17th century.

Keywords: world literature; Schlözer; Göttingen and Weimar; general literature; general view

The Spread of Comparative Methods and the Trajectory of "New European" General-Comparative Literature

Abstract: In 1574, the Swiss scholar Bertram had used the term "comparative grammar". In the 1740s, the Dutch school of Boxhorn (1647) created the ontology and methodology of linguistic kinship research, the general view and comparative method of academic research. In this context, Germany has formed "general literature" (Morhof 1682) and "world literature" (Schlözer 1772). Under the influence of comparative anatomy and comparative grammar, a series of disciplines have been termed "comparative" one after another. In the 1920s and 1930s, the subject name "Comparative Literature" (Noël 1816, Clerq 1824, Villemain 1830) appeared. As the "New European" literary relationship study, "general literature" and "World Literature" highlights the ontology or the overall view, while "comparative literature" highlights the methodology or comparative method. The so-called relationship school and parallel school controversy in the 20th century is actually the battle for the dominance of Romance and Germanic literature.

Keywords: comparative grammar; New Europe; general literature; World Literature; comparative anatomy; comparative literature

On the History of Modern Linguistics

Baudouin de Courtenay (1870) Established Applied Linguistics

Abstract: This paper asks three questions: 1) When and where did Baudouin's argument on applied linguistics appear ? 2) What is the content of Baudouin's idea? 3) How the research scope proposed by Baudouin is identical to or distinguished from the one proposed by contemporary researchers? By tracing the study history, we got the answers to the above inquiries as follows. 1) Based on the applied linguistics lectures at the Introduction to Linguistics Course delivered at the University of Petersburg between December 17 and 29 in the year of 1870, his script titled as "Некоторые общие замечания о языковедении и языке" (*Some General Remarks on Linguistics and Language*) was published in 1871. 2) Baudouin proposed not only the terminology of "applied linguistics" (as opposed to "pure linguistics"), but also argued its scope deals with language arts (language teaching arts, language infrastructure arts, language research arts), and linguistic data application (applying to ancient and cultural history, ethnology and ethnography, anthropology and zoology). 3) The scope of research proposed by Baudouin is basically consistent with that of contemporary scholars. The so-called "language research skills" has a corresponding relationship with machine-applied linguistics. The main viewpoints of modern linguistics can be found in Baudouin's "Некоторые общие замечания о языковедении и языке", which can be regarded as "the manifesto of modern linguistics".

Keywords: Baudouin; applied linguistics; theoretical creation; research scope

Three Sucessive Generations of Sociolinguistics in the West

Abstract: Based on the first-hand documents of Russian, French, British, American and German literature, this paper combs three generations of Western sociolinguistics by focusing on key concepts. It reveals crucial points concerning this discipline's establishment and development. Sociolinguistics' upsurge was influenced by French sociology in the 19th century. The first generation of sociolinguistics (in the late 19th century) introduced the concept of sociology, proposing that linguistics is *"психологично-социологическан"* or *"science sociale"*. This concept emphasized that language is a fact in the society, the change of whose structure resulted in the change of language. The second generation of sociolinguistics (at the first half of the 20th century) proposed the terminologies of *"sociologie linguistique"* and *"linguistique sociale"* branch. Community linguistic survey, urban dialect study, and the intersection between sociolingusitcs and ethnology came into being. The third generation of sociolinguistics (at the second half of the 20th century) carried out quantitative studies on the co-variation of language and social structure, comprehensively investigating the social functions of language from micro and macro perspectives. Historical facts show that French scholars were deeply influenced by Bréal as well as Meillet, Soviet scholars promoted Boudouin's theory, and British scholars regarded sociolingusitics as an extension of context study. Influenced by European sociological and functional schools, Weinreich laid the theoretical foundation of American sociolinguistics. Lavov, the student of Winreich, and Fishman , Winreich's friend developed it to the fore.

Keywords: sociolinguistics; Boudouin; Meillet; Grasserie; Dauzat; Polivanov; Weinreich

The Theory of Three-Level Approach to Sentence: Its Origin and Development

Abstract: In Ancient Greek, the method of combing meaning and form ran through the whole process of grammar studies, and may be simplified as "two-level" approach. As a precursor exploring the level of utterance organization, Weil (1844) put forward a conceptual pair "start-purpose". Based on features of Chinese, Gabelentz (1881, 1891) designed another conceptual pair "psychological subject-psychological predicate", and emphasized three structure aspects of grammar, i.e. logical, psychological and spatial-temporal relations. Ertl (1926) identified three types of subjects, including syntactic, logical and psychological subjects. Daneš (1964) analyzed three-level in detail — the grammatical structure, the semantic structure of sentence and the organization of utterance. We further sorted out the formation clues of the three-level syntactic study in Europe, the trichotomy of semiotics in America, and the three-level Chinese grammar researches, attempting to find out the relationship between them. This review helps to broaden our international vision and enhance our theoretical consciousness.

Keywords: sentence; start-purpose; psychological subject-predicate; three types of subject; three level

Contemporary Linguistic Theory: Rooted in Erstwhile Semantic Works

Abstract: Western semantics history (1825~1940) could be summarized as historical orientation, psychological orientation and contextual orientation. In other words, Western semantics of the 19th century has been overlapped with biology, psychology and sociology successively. All of "new theories" in modern times we are worshipping, including psychological (Steinthal 1855), subjective (Bréal 1897), social (Sayce

1873, Baudouin 1889, Meillet 1893), formal and functional (Bréal 1866), static and dynamic (Baudouin 1871, Grasserie 1908), context and situation (Smart 1831, Wegener 1885), metaphor and metonymy (Reisig 1825, Smart 1831, Bréal 1897), meaning domain or prototype theory (Paulhan 1897, Erdmann 1900, Gardiner 1932), rooted in previous masterpieces. Three trends of formalism of the 20th century (Saussure 1916, Bloomfield 1933, Chomsky 1957) created three cracks in western humanistic view of language. Not until the 1970s did a reconnection with humanistic tradition in contemporary western linguistic research emerge. Based on dozens of previous original works of German, French, English and Russian languages, this paper traces the origins of these "new theories". Instead of talking of "new theories" purely, it is better to study the research of predecessors; Instead of composing "new work", it is better to translate a few previous works.

Keywords: Western semantics; three orientations; three cracks; contemporary theory; rejoin

The Semantic Research Source of Family Resemblance Theory

Abstract: Wittgenstein discusses "family resemblances" without distinguishing between "linguistic words" and "logic concepts". Chess, cards, balls and other activities are named as "game". This is a historical cognitive linguistics issue, whose clues can be traced back as follows: Modern Eng. *game* > Middle Eng. *gamen* "hunting, sports, chess competition" > Saxon *gamen* "sport, merriment, amusement" > Gothic *gaman* "participation, communion" > Proto-Germanic **ga-mann* "people together". Before Wittgenstein (1936~1937) , Austin (1940) and Rosch (1973, 1975), many semanticians from the early 19th century to the 1930s had published a series of more accurate arguments related to "family resemblances", "nuclear meaning" or "porototype categories". Darmesteter (1887) discusses the "radiation" and "series" processes of new meanings; Erdmann (1900) distinguishes between "center" and "boundary" of the meaning of the word; Gardiner (1932) established the "area of meaning" theory. In this regard, it is linguistic research that inspired the study of language philosophy and cognitive psychology.

Keywords: family resemblances; primary nuclear sense; porototype categories; semantics; area of meaning

On the Semantics Brief History Research of British Scholars

Abstract: From the 1950s to 1970s, some British scholars developed semantic theory. Ullmann sketched a brief history of Western semantics in Semantics: An Introduction to the Science of Meaning (1962), but the style of "taking history as a mirror" has not been inherited. The subsequent British semanticists did not deal with it at all, or did it wrongly, resulting in Chinese linguists, misunderstanding. In view of this, Uleman's "Short Semantics History" is worthy of review as the only literature on the history of semantics before the 1990s in British academic circles. It is more necessary to clarify Palmer (1976), Lyons (1977) and others' misunderstanding to promote the study of Western semantic history.

Keywords: British; Ullmann; semantics history; Palmer et al; clarification

A Brief History of American Linguistics

Abstract: Once the academic history is clear, the academic theory becomes clear. If the academic theory is clear, there is anything academically unclear. My writings have always pursued the principle of "Tracing the source and following the flow; Knowing the person and commenting on his research then". Any academic thought is an extraordinary personal creation. Only by exploring the internal drive or the persistent and stable impulse of individual, can we fundamentally explain why in a certain time and space, and in a certain group of people, some individual can create a certain theory (Conversely, why other individuals in a certain time and space failed to create a certain theory). This article combs through clues to American linguistics history, and focuses on presenting the seven Jews who played the leading role, revealing the influence of Jews on American academic thoughts in the 20th century.

Keywords: linguistic history; America; Jews; academic thoughts; influence

On the History of Western Chinese Linguistics

A Panorama of Chinese Grammar Study in Western Scholars

Abstract: This article reveals the trajectories of Western scholars' study of Chinese language based on the records of more than 60 Western Chinese grammar works (1590–1900). Generally speaking, the 17th-century Dominican School studied Chinese grammar based on "Latine vision", or a imitate-comparative study of Latin grammar; the 18th-century Romance School studied Chinese grammar based on "Western grammar frame + Chinese empty characters (虚字) and semantic syntax", or a combination of Chinese and Western methods; the 19th-century Germanic School studied Chinese grammar based on "linguistic typology perspective", or a innovation of theory and method. Based on these results, we can examining the ins and outs of Western Chinese grammar for over three hundred years, so that can provide a way for further exploration of the history of world cultural exchanges, the history of world linguistics, the history of Chinese studies by Westerners, and Chinese International Education.

Keywords: Western countries; Chinese grammar; three hundred years; trace; three generations

A Panorama of Ancient Chinese Phonetic Study in Western Scholars

Abstract: In the 19th century, Western scholars began to use comparative and constructive methods to study ancient Chinese pronunciation based on Chinese rhyme table and rhyme books, Sanskrit-Chinese antiphons, Chinese dialects, and transliteration of foreign Chinese characters. They even understood the achievements of Qing scholars in analyzing poetic rhyme and Chinese character harmony. The scholars in the late Qing Dynasty were not familiar with foreign languages and failed to pay attention to the work of Western pioneers. Since the 1920s, a new generation of Chinese scholars has set their sights on the Western Sinology community, just when the Swedish Karlgren came to the fore, they have translated, imitated or argued around his research on Chinese phonology. In the second half of the 20th century, the translation and introduction of works by Karlgren and others continued. At the turn of the century, contemporary Western scholars' research works on ancient Chinese phonology have become a hot topic and a new object of translation or debate. As a part of the history of modern Chinese linguistics, the history of ancient Chinese phonetics in Western is worth exploring.

Keywords: Western scholars; ancient Chinese pronunciation; 19th century; 20th century; research history

A Panorama of Chinese Kinship Study in Western Scholars

Abstract: In the 16th century, Western missionaries came to East Asia-Southern Islands to teach in Manila, the Philippines and the southeastern coast of China, learning and researching Chinese language and writing, and spreading these knowledge to Europe. In the 17th century, Western scholars have speculated on the origin of Chinese language and designated it as the "origin language" of mankind. In the 18th century, mainly through the comparison of Chinese characters and ancient Egypt hieroglyphs, it is inferred that there is a connection between the two. In the 19th century, based on multilingual surveys, a series of explorations on East Asian language relations were launched, and the "Indo-Chinese language" (Leyden 1806, Brown 1837, Schott 1856), "Tibetan-Burmese" (Logan 1852), and "Burmese language family" (Smith-Forbes 1878, Avery 1885), and the "Indo-Chinese language family" (Kuhn 1883, Conrady 1896) including the Tibetan-Burmese language family and the Chinese-Thai language family (Kuhn 1883, Conrady 1896). In the 20th century, in addition to the first use of the term "Chinese-Tibetan language family" (Przyluski 1924), but emphasized the closer genetic relationship between Chinese and Thai and Austronesian languages (Wulff 1934), the position of Chinese in the super language family has attracted increasing attention. As a part of the history of modern Chinese linguistics, the research history of the kinship of Western Chinese is worth exploring.

Keywords: Western scholars; Chinese language; East Asia-Southern Islands; kinship; super language family

跋

一、匠

黄海之滨，锦绣古镇。深巷静陌，一座青砖小瓦、雕花门楼的院落。大门敞开，堂屋中一张斗拐八仙桌。如果你是木匠，下一步反应或举动是什么？

甲：在门口张望几眼，离开。

乙：走进去，与主人招呼，说要看看桌子。

丙：直冲进去，一头钻到桌子底下，细细观察其结构，然后出来抬起头，对主人连声称赞："好桌子！好桌子！"

甲可能是 A 型血，乙可能是 O 型血，丙无疑是 B 型血。作出第三种反应的——就是李葆嘉。

那是 20 世纪 70 年代，我执斧弄锯，周游四方。看到好家具，总是流连忘返，一定要弄清榫眼结构。我的结构观、功能观、认知观，以及信息论、系统论、耗散论，再如运筹学、协同论、图示法，就是从木匠技艺中领悟的。与友人谈做木工，友人却说我在谈哲学。在那个"破旧立新"的年代，这种斗拐八仙桌（制作工艺可追溯到明初）做过两张。

"大匠诲人必以规矩，学者亦必以规矩。"（《孟子·告子上》）

此为工匠精神……

二、哲

开卷通四海，闭门隐深山。探索学术史数十年，有三个比喻：首先是"侦探"，其次是"法官"，然后是"哲人"。第一阶段，蛛丝马迹，顺藤摸瓜，环环相扣，证据成链，所谓"草蛇灰线，结穴千里"。第二阶段，见微知著，条分缕析，合情合理，有如判词，所谓"无断章取义之嫌，措辞公允；有溯源沿流之趣，言简意赅"。第三阶段，融会贯通，史论结合，所谓"大略如行云流水，初无定质，但常行于所当行，常止于所不可不止"。

"欲以究天人之际，通古今之变，成一家之言。"（司马迁《报任安书》）此为哲人理性……

三、明

精骛八极，心游万仞。从纸质文本时代进入互联网时代，是人类史上的第五次信息革命。学术史研究需要大量早期文献，在纸质文本时代，早期一手文献难晓、难找，其研究难免盲点误区。近年来兴起的电子资源库（感谢制作和发布者）和互联网为许多古老文献的获取提供了可能。有了新见的早期资料，势必形成新的看法。而有了新的看法，又会去寻找未见的资料……史明则理明，理明则术无不明。

"观古今于须臾，抚四海于一瞬；然后选义按部，考辞就班。"（陆机《文赋》）此为遨游知识海洋的科学人！

四、匠心

中国古代，医家、匠人素有声誉。医家心仁，救死扶伤。《说文》："醫，治病工也。……得酒而使，从酉。王育说：一曰殹，病声。"异体"毉"，从巫。巫，以舞降神者也，兼行医术。医家，古有四大雅称：岐黄、青囊、杏林、悬壶，可谓仙风道骨，妙手回春。宋始，北方称"大夫"，南方称"郎中"，而难免宫廷宦气。然幼时，我们对医生一直心怀敬重之心。不期时至今日，行医近乎"行商"。某卫生院春联："好生意（合体：招财进宝）开门红；大财源（合体：日进斗金）行旺运"，横批"生意兴隆"。而小时候看过的医院对联有："但愿世间人皆健；何妨架上药生尘"。（白藏阁《医院春联可以贴"生意兴隆"吗？》，2019-02-11 https://www.sohu.com/a/29 4029506_650741）此乃积德行善、济世良药！

匠人智巧，目营心匠。《说文》："匠，木工也。从匚，从斤。斤，所以作器也。"《墨子·天志上》："譬若轮人之有规，匠人之有矩。"是为"木匠"。《韩非子·有度》："巧匠目意中绳，然必先以规矩为度；上智捷举中事，必以先王之法为比。"匠人之艺大矣，治国犹治木。贾岛《送令狐绹相公》："苦拟修文卷，重擎献匠人。"匠人之艺妙矣，制文犹制木。描述匠人的成语多矣，神工意匠、大匠运斤、匠心独运、宗匠陶钧、一代宗匠……

如今细思，早年木匠生涯，对我的人生态度和学术探索产生了若干影响，比如：运筹⟷操作、全局⟷细节、规矩⟷机变、分工⟷协同、质朴⟷雕饰。据说，被誉为"积极思考的救星"的美国牧师皮尔（N. V. Peale, 1898—1993）曾说过："态度决定一切，细节决定成败"（Attitude decides everything, details determine success or failure）。只要听到别人引用此句名言，我都要不厌其烦地修正："运筹决定成败，细节决定质量"——就是根据我做木匠的体验。

冷雨敲窗……，窗外几株高大的广玉兰，皆老叶黝黑。唯有正对我窗的一株嫩叶叠翠——也许，是我的生气感染了她。

是为后记。

东亭散人　李葆嘉　谨识

2019 年 9 月